―――― 叢書・ウニベルシタスより ――――

（表示価格は税別です）

987　根源悪の系譜　カントからアーレントまで
R. J. バーンスタイン／阿部・後藤・齋藤・菅原・田口訳　4500円

989　散種
J. デリダ／藤本一勇・立花史・郷原佳以訳　5800円

991　ヘーゲルの実践哲学　人倫としての理性的行為者性
R. B. ピピン／星野勉監訳　5200円

992　倫理学と対話　道徳的判断をめぐるカントと討議倫理学
A. ヴェルマー／加藤泰史監訳　3600円

993　哲学の犯罪計画　ヘーゲル『精神現象学』を読む
J.-C. マルタン／信友建志訳　3600円

995　道徳から応用倫理へ　公正の探求 2
P. リクール／久米博・越門勝彦訳　3500円

996　限界の試練　デリダ，アンリ，レヴィナスと現象学
F.-D. セバー／合田正人訳　4700円

997　導きとしてのユダヤ哲学
H. パトナム／佐藤貴史訳　2500円

998　複数的人間　行為のさまざまな原動力
B. ライール／鈴木智之訳　4600円

999　解放された観客
J. ランシエール／梶田裕訳　2600円

1000　エクリチュールと差異〈新訳〉
J. デリダ／合田正人・谷口博史訳　5600円

1006　加入礼・儀式・秘密結社
M. エリアーデ／前野佳彦訳　4800円

1007　悪についての試論
J. ナベール／杉村靖彦訳　3200円

1009　中世の戦争と修道院文化の形成
C. A. スミス／井本晌二・山下陽子訳　5000円

——— 叢書・ウニベルシタスより ———
(表示価格は税別です)

939 エピクロスの園のマルクス
F. マルコヴィッツ／小井戸光彦訳 2500円

943 吐き気 ある強烈な感覚の理論と歴史
W. メニングハウス／竹峰義和・知野ゆり・由比俊行訳 8700円

944 存在なき神
J.-L. マリオン／永井晋・中島盛夫訳 4500円

947 アーカイヴの病 フロイトの印象
J. デリダ／福本修訳 2300円

952 冒険のバロック 発見の時代の文化
W. フロイント／佐藤正樹・佐々木れい訳 6800円

955 神話の変奏
H. ブルーメンベルク／青木隆嘉訳 11000円

957 秘義なきキリスト教
J. トーランド／三井礼子訳 4800円

959 無知な教師 知性の解放について
J. ランシエール／梶田裕・堀容子訳 2700円

960 言説、形象（ディスクール、フィギュール）
J.-F. リオタール／合田正人監修・三浦直希訳 7000円

964 前キリスト教的直観 甦るギリシア
S. ヴェイユ／今村純子訳 2600円

966 動物論
E. B. ド・コンディヤック／古茂田宏訳 3000円

969 自律の創成 近代道徳哲学史
J. B. シュナイウィンド／田中秀夫監訳，逸見修二訳 13000円

971 イメージの前で 美術史の目的への問い
G. ディディ＝ユベルマン／江澤健一郎訳 4600円

977 弱い思考
G. ヴァッティモ編／上村・山田・金山・土肥訳 4000円

叢書・ウニベルシタスより
(表示価格は税別です)

071 キリスト教の中の無神論 上
E. ブロッホ/竹内豊治・高尾利数訳 2400円

072 キリスト教の中の無神論 下
E. ブロッホ/竹内豊治・高尾利数訳 2800円

084 ヨーロッパ精神の危機 1680-1715
P. アザール/野沢協訳 6600円

236 煉獄の誕生
J. ル・ゴッフ/渡辺香根夫・内田洋訳 7000円

350 宗教と魔術の衰退
K. トマス/荒木正純訳 品 切

623 中世の人間 ヨーロッパ人の精神構造と創造力
J. ル・ゴフ編/鎌田博夫訳 5200円

644 歴史と記憶
J. ル・ゴフ/立川孝一訳 4800円

700 マリア 処女・母親・女主人
K. シュライナー/ 内藤道雄訳 6800円

816 ピエール・ベール伝
P. デ・メゾー/野沢協訳 6800円

859 中世の旅芸人 奇術師・詩人・楽士
W. ハルトゥング/井本晌二・鈴木麻衣子訳 4800円

886 マルコ・ポーロと世界の発見
J. ラーナー/野崎嘉信・立崎秀和訳 4700円

895 啓蒙の精神 明日への遺産
T. トドロフ/石川光一訳 2200円

924 アウシュヴィッツ以後の神
H. ヨーナス/品川哲彦訳 2500円

935 権威の概念
A. コジェーヴ/今村真介訳 2300円

著　者

ジョルジュ・ミノワ（Georges Minois）

1946年，パリ南方エソンヌ県アティ=モン市生まれ．パリ第四ソルボンヌ大学，カシャン技術教育高等師範学校を卒業，歴史学の高等教育教授資格ならびに博士号，文学国家博士資格を取得．1971年からブルターニュ地方サン=ブリユーのリセの歴史学教授を務める（2007年まで）．ブルターニュ文化学士院会員．「歴史の商売人」と呼ばれるほど多産多様な歴史書の執筆で知られるが，その基軸にあるのは「教会」をめぐる心性史であり，主著『教会と科学』で古代ギリシア・ローマから現代にいたるまでのキリスト教と科学の関係を取りあげたほか，「老い」「戦争」「自殺」「地獄」「笑い」等アナール派ならではの主題に取り組み，膨大な一次資料，研究文献を読み解き主題をまとめあげる手腕には定評がある．邦訳書に『老いの歴史』『未来の歴史』（筑摩書房），『悪魔の文化史』『ジョージ王朝時代のイギリス』『ガリレオ』（白水社）がある．

訳　者

石川光一（いしかわ・こういち）

1948年東京生まれ．早稲田大学大学院哲学修士課程修了．フランス政府給費留学生，モンペリエ第3大学博士課程修了．元日本大学数授．訳書に『ジャン・メリエ遺言書』（共訳），『啓蒙の地下文書I，II』（共訳），トドロフ『啓蒙の精神』（以上，法政大学出版局），論文に「無神論への軌跡――ジャン・メリエの『覚え書』，その論理構成について」（『思想』1987年9月号），「十八世紀，フランス啓蒙思想における唯物論と無神論――唯物論史研究序説」（東京唯物論研究会編『唯物論』第77号，2003年）ほか．

《叢書・ウニベルシタス　1013》
無神論の歴史　下
始原から今日にいたるヨーロッパ世界の信仰を持たざる人々

2014年 7月 15日　初版第 1 刷発行

ジョルジュ・ミノワ
石川光一 訳
発行所　一般財団法人　法政大学出版局
〒102-0071 東京都千代田区富士見 2-17-1
電話 03(5214)5540 振替 00160-6-95814
組版: HUP　印刷: 三和印刷　製本: 誠製本

Printed in Japan

ISBN978-4-588-01013-2

人名索引

＊原則として原書巻末の人名索引を五十音順に並び変えて項目見出しとし，和名，欧文原綴り，生没年代，特記事項，頁数の順に記した。

ア 行

アイエ　Hayer, Jean-Nicolas-Hubert　[18c] 聖修派修道士／619
アイドネウス　Aidôneus　ギリシア神話の冥府の神，ハデスとも呼ばれる／47
アインシュタイン　Einstein, Albert　[19–20c] ドイツ生まれのユダヤ人理論物理学者／875, 913, 929
アヴィケンナ（イスラム名イブン・スィーナー）　Avicenne　[10–11c] ペルシアを代表する哲学者，医者，科学者／101
アヴェロエス（イスラム名イブン・ルシュド）　Averroès　[12c] アラブ・イスラム世界におけるアリストテレスの注釈者／93, 96, 99, 101-03, 106-07, 113, 151, 156, 161, 201, 217-18, 231, 238
アウグスティヌス　Augustin　[3–4c] 古代キリスト教の神学者，哲学者，説教者，カトリックの聖人／146, 149, 164, 173, 234, 469-70, 496
アクトン　Acton, Harry Burrows　[20c] 英国の政治哲学者／431
アコンチョ　Aconcio, Giacomo　[15–16c] イタリアの法学者，哲学者，神学者／387
アザール　Hazard, Paul　[20c] フランスの思想史家／276
アスクレピオス　Esculape　ギリシア神話に登場する名医／69, 79
アストリュック　Astruc, Jean　[17–18c] フランスの医師，近代聖書注解学の先駆者／610
アスパシア　Aspasie　[前 5c 頃] 古代ギリシアの女性，ペリクレスの愛人，修辞学や哲学に長じ，ソクラテスの「弁論の師」といわれた／52
アダム　Adam　旧約聖書『創世記』が伝える創造主ヤハウェによって創られた最初の人間／202, 251, 254, 421, 580, 622
アダン　Adam, Antoine　[20c] フランスの文学史家／348
アダン　Adam, Paul　[20c] フランスの宗教社会学者／141, 144
アッジェーロ　Ajello, Giambattista　[19c] イタリアの教員，ヘーゲル主義者／817
アテナ　Athéna　知恵，芸術，工芸，戦略を司るギリシア神話の女神で，オリュンポス十二神の一柱／69
アトレイデス　Atrides　ギリシア神話に登場する，ミュケナイ王アトレウスの子孫。アトレウスが弟を殺害したため父の呪詛を受け，次々に悲劇に見舞われる／73
アナクサゴラス（クラゾメナイの）　Anaxagore　[前 6–5c] 古代ギリシアの自然哲学者／47, 51-52, 57, 627

アナクシマンドロス（ミレトスの） Anaximandre ［前 6c］古代ギリシアの哲学者／ 46, 392
アナクシメネス Anaximène ［前 6c］古代ギリシアの自然哲学者／ 45, 47, 57
アニュトス Anytos ［前 5–4c］ソクラテス裁判の告発者／ 53
アバスク Habasque ［18–19c］フランス，ブルターニュ地方ルクーヴランスの助任司祭／ 725
アバディ Abbadie, Jacques ［17–18c］フランス，プロテスタントの護教論者／ 403, 413
アピシウス Apicius ［前 1c］古代ローマの美食家／ 296
アブー About, Edmond ［19c］フランスの作家，ジャーナリスト，芸術批評家／ 753
アブラ・ド・ラコニス Abra de Raconis, Charles François ［16–17c］フランスの哲学者，神学者／ 290
アブラハム Abraham 旧約聖書「創世記」に描かれる，ユダヤ教徒，キリスト教徒，イスラム教徒などいわゆる聖典の民の始祖／ 421, 468
アフロディテ Aphrodite 愛と美と性を司るギリシア神話の女神／ 69, 540
アベラール Abélard, Pierre ［11–12c］フランスの論理学者，キリスト教神学者，唯名論学派の創始者／ 109-10
アポロドロス Apollodore ［前 2c 頃］古代ローマ時代のギリシアの著作家／ 70
アマルリコス（ベネの） Amaury de Bennes ［12c］フランスの哲学者，神学者／ 108
アミロー Amyraldus, Moïse ［16–17c］フランスのプロテスタント神学者／ 433
アラール Allard ［18–19c］革命期フランスの民事委員／ 689
アラゴン Aragon, Louis ［19–20c］フランスの作家，詩人／ 868-69
アラトス Aratos ［前 4–3c］古代ギリシアの詩人／ 70
アラン Alain; né Emile-Auguste Chartier ［19–20c］フランスの哲学者／ 818
アラン Harrent ［19–20c］フランスの元聖職者，自由思想家／ 792
アラン・ド・リール Alain de Lille ［12–13c］フランスの数学者，物理学者，哲学者／ 109
アランソン Alençon,Gaston Jean Baptiste de France ［16c］フランスの貴族（公爵），国王アンリ四世とカトリーヌ・ド・メディシスの三男，オルレアン公／ 233
アリ Hali d'Abenragel ［10–11c］イスラームの天文学者，「天文学のプリンス」と呼ばれた／ 194
アリスタイオス Aristée ギリシア神話の英雄，アポロンとニンフのキュレネの息子，養蜂術の創始者／ 69
アリスタルコス（サモスの） Aristarque de Samos ［前 3–2c］古代ギリシアの天文学者／ 80
アリステオス Arsite ［前 7c 頃］叙事詩『アリスマペイア』の作者／ 366
アリステイデス Aristide ［前 6–5c］〈正義の人〉とたたえられた古代アテナイの政治家，将軍／ 627
アリストクセノス（タレントの） Aristoxène de Tarente ［前 4c 頃］古代ギリシアの音楽学者／ 57
アリストデモス（小） Aristodème le Petit ［前 5c］イタリアの都市，ヌマエの僭主／ 59
アリストテレス Aristote ［前 4c］古代ギリシアの哲学者／ 70, 80, 88, 93, 96, 101, 103, 105-08, 113-14, 117-18, 151, 161-62, 171, 231, 253, 276, 283, 329, 358, 370-72, 382-83, 440,

623, 979
アリストパネス　Aristophane ［前 5–4c］アテナイの喜劇作家／ 53, 57, 68
アル＝ファーラービー　Al-Farabi; Alfarabius ［9–10c］イスラム黄金期の哲学者，数学者，科学者，音楽家／ 101, 162
アルヴォン　Arvon, Henri ［20c–］フランスの作家，アナーキズム研究者／ 427
アルキビアデス　Alchibiade ［前 5c］古代ギリシア，アテナイの将軍／ 300
アルケラオス　Archélaos ［前 5c］古代ギリシアの哲学者／ 55-56
アルテュシウス　Althusius ［16–17c］ドイツ，プロテスタント神学者，哲学者／ 286
アルティガス＝ムナン　Artigas-Menant, Geneviève ［20c–］フランスの 18 世紀地下文学研究者／ 489
アルドアン　Hardouin, Jean ［17–18c］フランスのイエズス会士，古典学の権威，プリニウスの『博物誌』仏訳者／ 348, 627
アルヌー　Arnoux ［16c］フランスの聖職者，イエズス会士／ 184
アルノー　Arnauld, Antoine ［17c］フランスの神学者，ジャンセニズムの指導者／ 320, 356, 367, 419-20, 627
アルノー（サヴィニャンの）　Arnaud de Savignan ［14c］フランス南西部サヴィニャン村の農夫／ 138
アルノー（ベディヤックの）　Arnaud de Bédeillac ［14c］フランス南西部ベディヤックの農夫／ 140
アルノー・ド・セルヴォル　Arnaud de Cervole ［14c］フランス百年戦争期の大軍団外人傭兵隊長，自称《地区主席司祭》／ 142
アルバラグ　Albalag, Isaac ［13c］スペインのユダヤ人哲学者／ 101
アルビット　Albitte, Antoine Louis ［18–19c］革命期フランスの元在俗司祭，国民公会議員／ 680, 687
アルプ　Arpe, Pierre-Frédéric ［17-18c］『ジュリオ・チェザーレ・ヴァニーニ擁護論』（*Apologia pro Jul. Cæsare Vanini*, Neapolitano, 1712）の著者／ 380
アルファリック　Alfaric, Prosper ［19–20c］キリスト教史家／ 769, 781, 787
アルフォンソ＝マリア・デ・リゴーリ　Alphonse-Marie de Liguori ［17–18c］ナポリ出身のカトリック教会カトリックの聖人，テンプートル修道会の創設者／ 427, 513-18
アルフォンソ十世（賢王）　Alphonse X le Sage ［13c］カスティーリャ王国国王／ 114
アルベルト（ベーハムの）　Albert de Beham ［13c］ドイツのカトリック助祭長／ 113
アルベルトゥス・マグヌス（大アルベルト）　Albert le Grand ［13c］ドイツのキリスト教神学者／ 107
アルマン　Allemane, Jean ［19–20c］フランスの政治家，急進党員／ 750
アレクサンドル一世　Alexandre 1er ［18–19c］ロシア，ロマノフ朝皇帝／ 622
アレクサンドロス（アフロディシアスの）　Alexandre d'Aphrodise ［2c］小アジアの逍遙学派の哲学者 ／ 107, 162, 218, 238
アレクサンドロス（大王）　Alexandre le Grand ［前 4c］アルゲアデス朝のマケドニア王／ 59
アレッツ　Alletz, Pons Augustin ［18c］フランスのオラトワール会士，編纂者／ 594
アレティーノ　Aretino, Pietro ［15–16c］イタリアの詩人，劇作家／ 240, 244
アレル　Harel, Maximilien-Marie ［18–19c］フランスのフランシスコ会士，サンジェルマ

ン・デ・プレの助任司祭／596
アンヴァンダー　Anwander, Anton　［20c］ドイツのカトリック司祭，宗教学者／89
アンセルムス　Anselme　［11-12c］イタリア出身の神学者，哲学者，スコラ学の父，カトリックの聖人／93, 117-18, 361, 890, 901, 908
アンダーソン　Anderson, James　［17-18c］スコットランド，長老会派の牧師，近代フリーメーソンの創設に大きく貢献／621
アンティステネス　Antïsthène　［前5-4c］古代ギリシアの哲学者，キュニコス派の祖／79
アンドラーラ　Andrara　［17c］フランスのイエズス会聖職者／270
アンドレ　André　［17c］フランス，リセ・ルイ＝ル＝グランの校長／363
アンドレ　André, Jean　［16c］フランスの出版業者／212
アンドレーエ　Andreae　［16-17c］ドイツの著作家，神学者／286
アンフィクレイデス　Amphicleidès　［前6-5c］古代ギリシアの悲劇作家ソポクレスの父／80
アンブロシウス　Ambroise　［4c］ミラノの司教，四教会博士のひとり，カトリックの聖人／254
アンペール　Ampère, André-Marie　［18-19c］フランスの物理学者，数学者，電磁気学の創始者／774
アンリ二世　Henri II　［16c］フランソワ一世の子，王妃はカトリーヌ・ド・メディシス，宗教改革に徹底した弾圧を加えた／169, 269
アンリ三世　Henri III　［16c］フランス国王，ユグノー戦争中修道士アルマンにより暗殺される／184, 265-66
アンリ四世　Henri IV　［15-16c］ブルボン朝の始祖，カトリックへの改宗により宗教戦争を終結／208, 292, 311, 625, 729
イヴ（トレギエの）　Yves, Hélory de Kermartin; dit Yves de Tréguier　［13-14c］ブルターニュ地方トレギエの聖職者，カトリックの聖人／720, 735
イヴォン　Yvon, Claude　［18c］フランスの神学者，『百科全書』寄稿者／416
イエス・キリスト　Jésus-Christ　［1c］キリスト教において神の子，救い主として扱われる新約聖書中の中心人物／85, 102, 112, 115-16, 135, 149, 166, 180-81, 202, 219, 227, 229-31, 245-46, 253, 256, 259, 280, 287, 316, 334, 345, 347, 353, 369, 390, 470-72, 475, 522, 558, 567-68, 570, 577, 641, 689-90, 697, 703, 746, 756, 762, 779, 786, 798-99, 831-32, 851, 859, 898, 918, 929-30, 937-38, 946, 948-50, 960, 964, 972
イェンス　Jens, Peter　［17c］オランダ，ライデンの哲学博士／368
イザボー　Ysabeau, Claude-Alexandre　［18-19c］革命期フランスの元オラトリオ会士，国民公会議員／687
イザヤ　Isaïe　旧約聖書『イザヤ書』に登場する古代ユダヤの預言者／254
イシス　Isis　ギリシア・エジプト神話の女神，オシリスの妻／84
イニザン　Inizan　［18-19c］フランス，ブルターニュ地方ルクーヴランスの聖堂区司祭／725
イブン・アル＝ジャウジ　Ibn al-Jawzi　［13c］ダマスカスの年代記作家／113
イブン・サブイーン　Ibn Sab'în　［13c］イスラム勢力統治下のスペイン，アンダルシア地方の神秘思想家／113

イブン・トファイル　Ibn Tufayl ［12c］スペイン・アンダルシア地方のイスラム哲学者／100
イブン・バーッジャ　Ibn Bajja ［11-12c］スペイン・アンダルシア地方で活躍したイスラム哲学者／100
イブン・ブルド（バッシャール）　Ibn Burd, Bashar ［8c］ウマイヤ朝期ペルシャの詩人／102
イブン・ルシュド　Ibn Rushd ［12c］アヴェロエス（Averroès）のイスラーム名／101
イワーノフ　Ivanov ［20c］旧ソ連邦の作家／870
インスキップ　Inskip, Thomas Waliker Hobart ［19-20c］英国の貴族（子爵），政治家／864
インノケンティウス三世　Innocent III ［12-13c］ローマ教皇，教皇統治全盛期の教皇／150
インノケンティウス四世　Innocent IV ［12-13c］ローマ教皇，神聖皇帝フリードリヒ二世を破門／269
ヴァータニアン　Vartanian, Aram ［20c-］米国のフランス18世紀唯物論思想研究者／661
ヴァーニアン　Vahanian, Gabriel ［20c］米国の神学者／898
ヴァイスハウプト　Weishaupt, Adam ［18c］ドイツのイエズス会神学者／622
ヴァイヤー　Wier, Jean ［16c］神聖ローマ帝国ネーデルラント出身のプロテスタント医師，魔女裁判に反対した／191
ヴァカン　Vacant, Alfred ［19-20c］フランスの聖職者，『カトリック神学大辞典』の編者／92, 883
ヴァザーリ　Vasari, Giorgio ［16c］イタリアの画家，建築家／172
ヴァシュロ　Vacherot, Etienne ［19c］フランスの哲学者，政治家／788-89
ヴァニーニ　Vanini, Lucilio; dit «Giulio Cesare Vanini» ［16-17c］イタリアの哲学者，自然学者／161, 169, 260, 289, 293-94, 303, 343, 374-82, 432, 441, 443, 484, 519, 627
ヴァラディエ　Valadier, Paul ［20c-］フランスのイエズス会士，哲学者／968
ヴァラン　Varin ［18c］フランス，貴族ド・バブリエール家の従僕／507
ウアルテ　Huarte, Juan; Juan Huatre de San Juan ［16c］フランス出身のスペインの医師，哲学者／316
ヴァルラン　Varlin, Eugene ［19c］フランスの戦闘的社会主義者，パリ・コミューンおよび第一インターナショナルの闘士／748-49
ヴァレ　Vallée, Geoffroy ［17c］フランスの理神論者，パリで火刑死／181, 192, 260, 306
ヴァレ・デ・バロー　Vallée Des Barreaux, Jacques ［16-17c］フランスのリベルタン，イタリアの哲学者クレモニーニの弟子／260, 294, 326-27, 332
ヴァレリー　Valéry, Paul: Ambroise-Paul-Toussaint-Jules Valéry ［19-20c］フランスの作家，詩人，小説家，思想家／928
ヴァロン（ヴァロ）　Varron; Varro, Marcus Terentius ［前2-1c］古代ローマの学者，文人，政治家／81
ヴァンサン・ド・ポール　Vincent de Paul ［16-17c］フランスの聖職者，カトリックの聖人／286, 333, 342
ヴァンション　Vanchon, Rémi ［18-19c］フランス，シャンパーニュ地方エルビスの司祭

／684
ヴァンティミル・デュ・リュック　Vintimille du Luc, Charles Gaspard Guillaume de ［17–18c］フランスの貴族，パリの大司教／544
ヴァンドーム　Vendôme ［17c］フランスの貴族（公爵）／353
ヴァンドーム　Vendôme, César de Bourbon ［16–17c］フランスの貴族（公爵），アンリ四世の庶子／325
ヴァンニ　Vanni ［18c］フランスのイエズス会士／372
ヴィエイヤール＝バロン　Vieillard-Baron, Jean-Louis ［20c–］フランスの哲学者，ポワティエ大学およびパリ・カトリック大学教授／705
ヴィオー　Viau, Théophile de ［16–17c］フランスの詩人／278, 289, 294, 325, 327-28
ヴィゴール　Vigor, Simon ［16c］フランス，カトリックの神学者，論客／203
ヴィザジエ　Visagier, Jean ［16c］フランスの詩人／251
ウィストン　Whiston, William ［17–18c］英国の神学者，歴史家／425, 433, 435
ヴィック・ダジュール　Vicq d'Azyr, Félix ［18c］フランスの医師，解剖学者／610
ウィトゲンシュタイン　Wittgenstein, Ludwig ［19–20c］オーストリア生まれの英国の哲学者／906
ヴィラーニ　Villani, Giovanni ［13c］フィレンツェの年代記作家，政治家／114
ウィラーフバイ　Willoughby, Francis ［17c］英国の貴族（士爵）／390
ウィリアム三世　Guillaume III ［17–18c］オラニエ＝ナッサウ家出身の英国王・スコットランド王・アイルランド王／442
ヴィルガルドゥス（ラヴェンナの）　Vilgard de Ravenne ［11c］イタリアの文法学者／115
ウィルクス　Wilkes, John ［18c］英国の急進ジャーナリスト，政治家／443
ヴィルヌーヴ　Villeneuve, Simon de ［16c］フランスの人文学者／248
ウィルヒョー　Virchow, Rudolf Ludvig Karl ［19–20c］ドイツの医師，病理学者，先史学者，政治家／756
ウィルモット　Wilmot, John ［17c］王政復古時代の英国貴族，宮廷詩人／432
ヴィレ　Villers, Charles de ［18–19c］フランスの作家／776
ヴィレ　Viret, Pierre ［16c］スイスの宗教改革者／157, 170, 180-81, 206-08, 276,
ウィンスタンリー　Winstanley ［17c］英国のピューリタン革命の最左翼党派，ディガーズの指導者／388
ウートヴィル　Houteville, Claude-François ［17–18c］フランス，オラトワール会士，アカデミーフランセーズ会員／424-25, 635
ヴェーヌ　Veyne, Paul ［20c］フランスの古代ローマ史家 ／45
ウールストン　Woolston, Thomas ［17–18c］英国の神学者／424, 439, 517
ヴェーツェル　Wezel, Johann Karl ［18–19c］ドイツ啓蒙期の作家，哲学者／655-56
ヴェベール　Weber, Henri ［20c］フランスの中世・ルネサンス文学研究者／156
ヴェラ　Vera, Augusto ［19c］イタリアの哲学者，政治家／817
ヴェラース　Vairasse, Denis ［17c］フランスの作家／352-53
ウェルギリウス　Virgile ［前 1c］古代ローマの詩人／115, 590
ヴェルゴット　Vergote, Antoine ［20c–］ベルギーの精神分析学者，神学者／851-52, 933-34

ウェルズ　Wells, Herbert George; dit H. G. Wells　［19–20c］英国の作家／794
ヴェルタモン・ド・シャヴァニャック　Verthamon de Chavagnac, Michel de　［17–18c］フランス，モントーバンの大司教／608
ヴェルナー　Werner, Friedrich Ludwig Zacharias　［18–19c］ドイツの説教師，詩人，劇作家／623
ヴェルモレル　Vermorel, Auguste-Jean-Marie　［19c］フランスのジャーナリスト，パリ・コミューンの中心人物／758
ヴェルレ　Verlet, Henri; né Louis Joseph Henri Place　［19c］フランスの社会主義者，パリ・コミューンの闘士，『人民の声』の編集者／748
ヴェレイウス　Velleius Paterculus　［前1–1c］古代ローマの歴史家／83
ヴェンチュリーノ　Venturino, Diego　［20c］フランスの近代史家／416
ヴォヴェル　Vovelle, Michel　［20c］フランス近代史研究者／540-43, 678
ウォーカー　Walker, Brian　［17c］英国，ダーラムの住人／225
ヴォークワ　Vauquoy　［18–19c］革命期フランス，リヨン東方小都市クレミューの派遣議員／687, 695
ヴォーセル　Vaucel, Louis-Paul du　［17c］フランスの弁護士，神学者／367
ヴォクラン・デ・イヴトー　Vauquelin des Yveteaux, Nicolas　［16–17c］フランスの詩人，リベルタン／325-26
ヴォラン　Volland, Sophie　［18c］フランスの書簡作家，ディドロとの往復書簡で知られる／443, 601
ヴォルテール　Voltaire; François Marie Arouet　［18c］フランス啓蒙思想の代表者／29, 232, 261, 311, 353, 380, 405, 408, 415, 488-89, 492-93, 501, 515, 517, 532, 539, 579, 590-91, 595-600, 602-03, 606-07, 609, 612, 618, 623-30, 641, 643, 655, 696, 712, 714-15, 730-32, 746, 755, 762, 794, 796
ヴォルネー　Volney, Constantin-François Chassebœuf de La Giraudais　［18–19c］フランスの貴族（伯爵），哲学者，東方学者／535, 639, 703
ヴォルフ　Wolff, Christian　［17–18c］ドイツの哲学者，ドイツ啓蒙の先駆者／585
ウォルポール　Walpole, Horace　［18c］英国の政治家，小説家／630
ヴォワザン　Voisin　［17c］フランスの聖職者／294
ヴルグィーニャ　Volguine, V.P.　［20c］旧ソ連科学アカデミー会員，ブランキの専門家／494
ウルジオ　Ursio, Andrea　［16c］イタリアのアウグスティヌス修道会士／164-65
ウルダン　Hourdin, Georges　［20c］フランスのジャーナリスト，カトリック運動の推進者／164-65
ウルバヌス五世　Urbain V　［14c］アヴィニョン捕囚期のローマ教皇／142
ウルバヌス八世　Urbain VIII　［17c］ローマ教皇／384
ウルリヒ・ツヴィングリ　Zwingli, Uldrych　［15–16c］スイス最初の宗教改革者，スイスプロテスタント教会の創設者／166
エイキンサイド　Akenside, Mark　［18c］英国の詩人／443
エイヤー　Ayer, Alfred Jules　［20c］英国の哲学者，英国に論理実証主義を導入／907
エヴァ　Eve　旧約聖書『創世記』に登場する神が二番目に創造した人間で，最初の女性／217, 806

エウヘメロス　Evhémère　［前 4c］古代ギリシアの神話学者／59, 67, 69-70, 96-98, 135, 159
エウリピデス　Euripide　［前 6–5c］古代ギリシア，アテナイ三大悲劇詩人のひとり／68
エーコ　Eco, Umberto　［20 c–］イタリアの記号論哲学者，小説家，中世史研究家／971
エスカルピ　Escarpit, Robert　［20–21c］フランスの大学人，作家，ジャーナリスト／877
エストゥルネル　Estournel, Philbert　［18–19c］フランス東部，ローヌ＝アルプ県ランティリの司祭／682
エゼキエル　Ezéchiel　［前 6c］旧約聖書『エゼキエル書』に登場する古代ユダヤの預言者，ユダヤ教の父と言われる／604
エックハルト　Eckhart, Maître　［15–14c］ドイツのキリスト教神学者，神秘主義者／122
エッケ　Hecquet, Philippe　［17–18c］フランス，パリ大学医学部教授／410, 610
エティエンヌ　Estienne, Henri　［16c］フランスの印刷業者，書誌学者，人文学者／157, 159, 192, 212-13, 240, 261, 270
エドワーズ　Edwards, John　［17–18c］英国国教会牧師／434
エノー　Esnault　［17c］フランスの詩人／332
エピクテトス　Épictète　［1–2c］古代ギリシア，ストア派哲学者／7
エピクロス　Epicure　［前 4–3c］古代ギリシアの哲学者，エピクロス派の始祖／7, 37, 43, 48, 72-78, 81-82, 84-87, 90-91, 102, 110, 114, 172-73, 178, 180, 199, 201, 205, 207, 214, 216-18, 220, 222, 229, 235, 238, 241, 247-48, 251, 260, 263-65, 287-89, 291-92, 296, 303, 309, 318-20, 325, 329-32, 334, 340-41, 348-50, 353-55, 371, 373, 375, 377, 387, 406, 435, 437, 439-41
エピファニウス　Épiphane　［4c］キリスト教教父／50
エフル　Ayfre, Amédée　［20c］フランスの映画評論家／937
エベール　Hébert, Jacques　［18c］革命期フランスのジャコバン派内エベール派リーダー／616, 697, 709
エミエ　Haymier　［18c］フランス，パリ警察捜査官／568
エムリー　Hémery, Joséph　［18–19c］フランス，書籍監督官／544
エラール　Ehrard, Jean　［20c–］フランスの 18 世紀研究者／574
エラスムス　Erasme　［15–16c］ネーデルラント出身の人文学者／158, 165-68, 192, 223, 279, 437, 485, 570, 572-73, 598, 609, 623, 626, 640, 643, 651, 826, 979-80
エラン　Eslin, Jean-Claude　［20c–］フランスの神学者／965
エリアーデ　Eliade, Mircea　［20c］ルーマニア出身の宗教学者・宗教史家，作家／25, 31
エリウゲナ　Érigène, Jean Scot　［9c］アイルランド出身の神学者，哲学者，スコラ哲学の先駆者／108
エリオ　Herriot, Édouard　［19–20c］フランスの政治家，急進党員／750, 789, 875-76
エリザベス一世　Elisabeth Ier d'Angleterre　［16–17c］英国テューダー朝女王／265
エリヤ　Elie　［前 9c］旧約聖書『列王記』に登場する古代ユダヤの預言者，バアル崇拝に反対する，ヤハウェ信仰の守護者として描かれる／171
エルヴェ　Hervet, Gentien　［16c］フランスの人文学者／179, 210, 234
エルヴェシウス　Helvétius, Claude Adrien　［18c］フランスの唯物論哲学者，啓蒙思想家／489, 535, 581, 590, 601, 606-07, 614-15, 631, 637-38, 642-43, 690

エルクマン＝シャトリアン　Erckmann-Chatrian　［19c］フランスの作家，エミール・エルクマンとアレクサンドル・シャトリアンの共同ペンネーム／710
エルンスティウス　Ernstius, Henri　［17c］デンマークのコレージュ教授／260
エレミヤ　Jérémie　［前 7-6c］旧約聖書『エレミヤ書』に登場する古代ユダヤの預言者／41
エンゲルス　Engels, Friedrich　［19c］ドイツ出身のジャーナリスト，実業家，共産主義者，軍事評論家，思想家，革命家，国際的労働運動指導者／638, 793, 833-34, 942
エンペドクレス（アクラガスの）　Empédocle　［前 5c］古代ギリシアの自然哲学者／47, 71
オイディプス　Œdipe　ギリシア神話の登場人物。テーバイの王ライオスとその妻の子，「エディプス・コンプレックス」の語源／29
オウィディウス　Ovide　［前 1-1c］古代ローマの詩人／216, 261, 589
王充　Wang Chong　［1c］中国，後漢期の思想家／40
オージェ　Auger　［17c］フランスの聖職者，イエズス会士／270
オードサンス　Haudessens, René d'　［16-17c］南仏ボーリューの領主／312
オービジュー　Aubijoux　［16-17c］フランスの貴族（伯爵），モリエールの後援者／313
オーベスピヌ（家）　Aubespine, famille d'　［16c］フランスの名門貴族／210
オーラル　Aulard, Francois-Victor-Alphonse　［19-20c］フランスの歴史学者，ソルボンヌ大学フランス革命史講座主任教授／709
オザナン　Ozanam, Frédéric　［19c］フランスカトリックの歴史家，エッセイスト／709
オジエ　Ogier, François　［16-17c］フランスの聖職者，南仏シュメーユの小修道院長／307-09
オシリス　Osiris　冥府界で死霊を裁き，死者を復活させるエジプト神話の神／84
オスタッツ　Austatz, Guillaume　［14c］南仏アリエージュ地方モンタイユーの名士／138
オストロヴィキー　Ostrowiecki, Hélène Bah-　［20c］フランスの思想史家／311
オッカム（ウィリアムの）　Occam, Guillaume d'　［12-13］英国生まれのフランシスコ会士，後期スコラ学の代表的神学者，哲学者／96, 120-21, 140-41, 161, 371, 908, 979
オッキノ　Ochino, Bernardino　［15-16c］イタリアの宗教改革者／244-45
オックスフォード　Oxford　［16c］英国の名門貴族（公爵）／277
オドン　Odone, Jean-Angel　［16c］フランスの聖職者／249
オブリー　Aubry　［18c］フランス，メリエの生村マゼルニーの司祭／491
オリゲネス　Origène　［2-3c］古代ギリシアの神学者／98, 172, 229
オリンピオドロス（テーベの）　Olympiodore, de Thèbes　［5c］古代ギリシアの歴史家／52
オルテガ・イ・ガセット　Ortega y Gasset, José　［19-20c］スペインの思想家，哲学者／905
オルレアン（公爵夫人）　Orléans, duchesse d'; née Louise Henriette de Bourbon-Conti　［18c］フランスの貴族，オルレアン公ルイ・フィリップ一世の妃／425
オルレアン公（フィリップ二世）　Orléans, duc d'; Philippe II　［17-18c］フランスの王族（公爵），ルイ十四世の甥／313, 322, 356, 482
オレーム　Oresme, Nicole　［14c］フランスの哲学者／136

カ 行

カートホップ　Courthop, George　[17c] 英国の貴族／390

カアヌ　Kahane, Ernest　[20c-] フランスの化学者，合理主義者連盟事務局長／882

カール＝テオドール　Charles-Théodore　[18c] バイエルン選定候／622

カーワン　Kirwan, Richard　[18-19c] 英国の化学者，イエズス会士／773

カイウス　Caius, John　[16c] 英国の医師，人文学者／227

カイヨワ　Caillois, Roger　[20c] フランスの文芸批評家／28-29, 706

カヴァン　Caveing, Maurice　[20c-] フランスの数学史家／882

ガウス　Gauss, Johan Carl Friedrich　[18-19c] ドイツの数学者，天文学者，物理学者／774

カサノヴァ　Casanova, Giovanni Giacomo　[18c] ヴェネツィア出身の作家，漁色家／539

カザラ　Cazalat, Charles　[19c] フランスの自由思想家／752

カジミール・ド・ペゼイ　Casimir de Pesey　[19c] フランス，カプチン会修道士／373

カステラーニ　Castellani, frère Angelo　[17c] イタリアの修道士／382

カステリヨン　Castellion, Sébastien　[16c] フランスの人文学者，プロテスタント神学者／251

カストル　Castor　ギリシア神話に登場するティンダリオスとレダの間に生まれた双子の兄／69, 181

ガストレル　Gastrell, Francis　[17-18c] 英国国教会主教，理神論作家／439

カストロ　Castro, Issac Orobio de　[17c] ポルトガルのユダヤ人哲学者，自然学者／570

カストロ　Castro, Fidel　[20c-] キューバの政治家，革命家，社会主義者／918

カゾーボン　Casaubon, Isaac　[16-17c] スイス，ジュネーヴ出身の人文学者，碩学／384

カタラン　Catalan, Antoine　[16c] フランスの聖職者／180

ガッサンディ　Gassendi, Pierre　[16-17c] フランスの哲学者，数学者／277, 283, 311, 318-20, 334, 348-51, 355, 361-62, 372-73, 387, 394, 399, 407, 437, 443, 485

カッシウス　Cassius　[前1c] 古代ローマの将軍，ブルトゥスらとカエサルを暗殺／81-82, 218

ガッティ　Gatti, Stanislao　[19c] イタリアのヘーゲル学派哲学者／917

カトー（大カトー）　Caton；Marcus Porcius Cato; dit Cato maior　[前3-2c] 共和政ローマ期の政治家／598

カトゥルス　Catulle　[前1c] 古代ローマの詩人／216

カトリーヌ・ド・メディシス　Catherine de Médicis　[16c] フランス国王アンリ二世の妃，フィレンツェ，メディチ家の出身／213, 264

カドワース　Cudworth, Ralph　[17c] 英国，ケンブリッジ大学教授／392-93, 404, 414, 440

カバニス　Cabanis, Pierre-Jean Georges　[18-19c] フランスの医師，生理学者，哲学者／603, 613, 638

カファルリ＝デュ・フェガ　Caffarelli du Faiga, Jean-Baptiste　[18-19c] フランスの聖職者，ブルターニュ地方サン＝ブリユーの司教／719

ガファレル　Gaffarel, Jacques　[16-17c] フランスの東洋学者／277, 311

カプラ　Capra, Fritjof　[20c-] オーストリア出身の米国の物理学者，『タオ自然学』で知

られる／954
カブリエール　Cabrières, De　［18c］フランスの貴族／507
ガブリエル・デュ・ピュイ＝エルボ　Gabriel du Puy-Herbault　［16c］フランスの修道士，ラブレーへの攻撃で知られる／157
ガマーシュ　Gamaches　［16–17c］フランスの護教論者／290
カマラ　Câmara, Héder Pessoa　［20c］ブラジルの聖職者，オリンダとレシフェの大司教，解放の神学の先駆者／785
カミュ　Camus, Albert　［20c］フランスの小説家，戯曲家，評論家／903-04, 931
カラ　Carra, Jean-Louis　［18c］，革命期フランスのジャーナリスト，革命家／638
ガラ　Garat, Dominique Joseph　［18–19c］フランスの貴族（伯爵），弁護士，ジャーナリスト，政治家／710
ガラース　Garasse, François　［16–17c］フランスのイエズス会士／158, 166, 243, 261, 288-91, 294-97, 299-310, 318, 380, 627
カラベレーゼ　Carabellese, Pantaleo　［19–20c］イタリアの哲学者／817
ガラン（夫人）　Galland, Madame de　［17–18c］夫のアントワーヌは東方学者，『千夜一夜物語』の仏訳者／364
ガリアーニ　Galiani, Ferdiando　［18c］イタリアの経済学者，ナポリ駐仏大使秘書，ディドロの友人／496, 624, 632
カリマコス　Callimaque　［前 4–3c］古代ギリシア，ヘレニズム期の詩人，批評家／67
ガリレイ　Galilée, Galileo　［16–17c］イタリアの物理学者，天文学者，哲学者／247, 276-77, 282-84, 291, 359, 370-72, 444, 462
カルー　Callou, Jacques　［17–18c］フランス，ランス司教区参事会会員／480
カルヴァン　Calvin, Jean　［16c］フランス生まれの神学者，ルターやツヴィングリと並び称されるキリスト教宗教改革初期の指導者／157-59, 169, 174-75, 180-81, 191, 199-204, 211, 251-52, 255-56, 280, 293, 305, 307, 340, 349-50, 387, 507, 721, 755
カルヴィナック　Calvinhac, Gustave François Louis　［19–20c］フランス第三共和制下の政治家，独立社会党党員／754
カルス　Carus, Carl Gustav　［18–19c］ドイツの医師，画家／806
カルダーノ　Cardan, Jérôme; Cardano, Gerolamo　［16c］イタリアの数学者，医師，占星術師／171, 193, 219, 243, 303, 375, 384
カルディーニ　Cardini, Franco　［20c］イタリアの歴史家／268
カルトッフ　Kalthoff, Albert　［19–20c］ドイツの哲学者，神学者／788
カルナップ　Calnap, Rudolf　［19–20c］ドイツの哲学者，論理実証主義の代表的論客／906
ガルニエ　Garnier, Théodore　［19–20c］フランスのカトリック宣教師，キリスト教民主主義運動の創設者／762, 780
カルネアデス　Carnéade　［前 3–2c］古代ギリシアの哲学者／80
カルノ　Carnot, Lazare Hyppolite　［19c］フランスの政治家／809
カルピヌス　Calepinus Ambrosius　［15–16c］アウグスティヌス修道会士／178
カルフール　Carrefour　［16c］フランスの盗賊／266
カルメ＝ボーヴォワザン　Calmet-Beauvoisins, Marie-Antoine　［18–19c］フランス軍，工兵大尉／687

カール五世　Charles Quint ［16c］神聖ローマ皇帝，ハプスブルク家皇帝／ 240
カレ・ド・モンジュロン　Carré de Montgeron, Louis Basile ［17–18c］フランス，パリ高等法院評定官／ 559
ガレノス　Galien, Claude; Galenos ［1–2c］古代ローマのギリシア人医師／ 162, 217-18
カロ　Carot, Jaquette ［14c］フランスの婦人／ 138
カロ　Calot, Jacques ［16–17c］フランスの画家，『戦争の惨禍』で知られる／ 269
ガロディ　Garaudy, Roger ［20c–］フランスの哲学者，戦後フランス共産党の理論的指導者，旧ソ連邦軍のチェコ侵入後離党，ホロコースト否認論者／ 918, 946
カワード　Coward, William ［17–18c］英国の物理学者，論客／ 411, 436, 438, 441
カンダル　Candale, Henri de Nogaret de Fox- ［17c］フランスの貴族（伯爵）／ 313, 327
カンティモーリ　Cantimori, Delio ［20c］イタリアの歴史学者，政治家／ 164
カント　Kant, Emmanuel ［18c］プロイセンの哲学者，ドイツ観念論哲学の祖／ 120, 330, 581, 583-84, 713, 755, 950
カンパネラ　Campanella, Tommaso ［16–17c］イタリアのドミニコ会士，『太陽の都』の著者／ 231, 289-90, 350-51
カンフェルド　Canfeld, Benoît de ［16–17c］プロテスタントから改宗したカプティン会修道士，神秘主義者／ 502
ギアツ　Geertz, Clifford ［20c］米国の人類学者／ 382
キース　Keith, George ［17–18c］スコットランド出身のプロシア軍人，パリ駐在大使／ 487
ギーセンブルグ　Gieessenburg, Rudolf Charles d'Ablaing van ［19c］オランダの無神論者，メリエの『覚え書』全編の最初の活字本刊行者／ 494
キエ　Quillet, Claude ［17c］フランスの医師，詩人／ 312
キケロ　Cicéron ［前 2–1c］古代ローマの政治家，雄弁家／ 57-58, 69, 81-82, 174-75, 248-50, 320, 598
ギゾー　Guizot, François Pierre Guillaume ［19c］フランスの政治家，歴史家，首相／ 799
キネー　Quinet, Edgar ［19c］フランスの作家，歴史家／ 771, 807-08
キネシアス　Cynésias ［前 5c］古代ギリシア，デュオニュソス神を称える酒神讃歌の詩人／ 68
ギブソン　Gibson, Edmund ［17–18c］英国の神学者，法律家／ 439, 517
ギベール　Guibert ［19–20c］フランス，パリの司教／ 764
ギボン　Gibbon, Edward ［18c］英国の歴史家／ 443
ギヤール　Guillard ［18- 1 9c］フランス中部ロワール県モンタニィの司祭／ 681-82
ガスコイン　Gascoigne, George ［16c］英国の詩人，劇作家／ 227
ギュイヨー　Guyau, Jean-Marieq ［19c］フランスの哲学者，詩人／ 958
キュリー　Curie, Pierre ［19–20c］フランスの物理学者，妻（マリー・キュリー）やアンリ・ベクレルと共にノーベル賞受賞／ 755
ギュスドルフ　Gusdorf, Georges ［20c］フランスの哲学者，科学思想史家／ 20, 24, 27, 31, 120, 357, 622, 778, 805, 806, 974
キュブリエ　Cuvelier ［14c］フランスのトルヴェール（吟遊詩人），年代記作家／ 144
キュベル　Cubells, Monique ［20–21c］フランスのアナール派歴史学者／ 709

キュベレー　Cybèle　古代ギリシア・ローマで信仰された大地母神／84
ギュイヨン　Guyon, Claude　[18-19c] フランスの聖職者，カトリックの説教師／724
ギュイヨン夫人　Guyon, Madame　[17-18c] フランスの神秘家，キエティズム（静謐主義）の提唱者／355
キュング　Küng, Hans　[20c-] スイスのカトリック神学者／823, 897
ギヨム　Guillaume　[18c] フランス，イル・ド・フランス地方フレンヌの司祭／485, 498, 563, 575
ギヨム・ド・コンシュ　Guillaume de Conches　[12c] フランスの文法学者，哲学者／109-11
ギヨム・ド・サン＝ティエリ　Guillaume de Saint-Thierry　[11-12c] フランス，シトー会修道士，思弁的神秘主義の代表／111
ギヨム・フィルマ　Guillaume Firmat　[11-12c] フランスの隠者，カトリックの聖人／124
キリグリュー　Killigrew, Thomas　[17c] 英国の演出家／389
キリスト　Christ　イエス＝キリスト参照
キルケゴール　Kierkegaard, Søren Aabye　[19c] デンマークの哲学者，実存主義の創始者／119, 838, 903
ギヨタン　Guillotin, Antoine　[17-18c] フランス，ジャン・メリエ司祭の後任司祭／455
クーザン　Cousin, Victor　[18-19c] フランスの哲学者，政治家，折衷学派の祖／638, 788, 804
クーザン　Cousin, Bernard　[20c-] フランスの宗教史家／709
クートン　Couthon　[18-19c] 革命期フランスの国民公会議員／693
クザーニ　Cusani, Stefano　[19-20c] イタリアのヘーゲル派哲学者／817
クザーヌス　Nicolas de Cues　[15c] ドイツの哲学者，神学者，枢機卿／122, 501
クサントレ　Xaintrais　[18c] フランス，ラ・ロシェル司教区の村人／509
グジェ　Goujet, Claude-Pierre　[18c] フランスの司祭／245
ギュジェ　Guget, François　[16-17c] フランス，ブルゴーニュ地方のコレージュ教授／330
クセノファネス（コロフォンの）　Xénophane de Colophon　[前 6-5c] 古代ギリシアの前ソクラテス期の哲学者／7, 46
クセノフォン　Xénophon　[前 5-6c] 古代ギリシアの哲学者，歴史家／54
グツコー　Gutzkow, Karl Ferdiand　[19c] ドイツの著作家／776
クッペ・ド・ロワーズ　Coupé de l'Oise　[18-19c] 革命期フランスのオアーズ県出身の国民公会議員／682-83
クティエ　Coutiller, Jean　[17c] フランス，ソルボンヌ大学教授／363
クドロー　Coudereau, M　[19c] フランスの人類学者／758
クプレ　Couplet Philippe　[17c] 中国で宣教したイエズス会士／366
クラウス　Kraus (Karl Christian Friedrich)　[18-19c] ドイツの哲学者，「万有内在神論」を主張／806
クラーヴ　Claves, Étienne de　[16-17c] フランスの化学者／319, 373
クラーク　Clarke, Samuel　[17-18c] 英国の神学者／399, 401
クラークソン　Clarckson, Laurence　[17c] 英国の神学者／388

グラール　Goulard, Simon ［16–17c］フランスの神学者，人文学者／ 189, 265
グラッフ　Grafft ［17c］フランスの聖職者，イエズス会士／ 270
グラティアン　Gratien; né Jean Baptiste Guillaume Graziani ［18c］革命期ランスのオート・ノルマンディー地方セーヌ＝アンフェリウール県（現セーヌ＝マリティーム県）の（聖職者民事基本法に宣誓した）立憲派司教／ 709
クラテス　Cratès de Thèbes ［前 4–3c］古代ギリシア，キュニク派の哲学者／ 58-59
グラトリー（神父）　Gratry, Auguste Joseph Alphonse, dit «le père Gratry» ［19c］フランスの聖職者，哲学者／ 729
グラベール　Glaber, Raout ［11c］ブルゴーニュ生まれの年代記作家／ 115, 151
クラマーユ　Cramail, Adrien de Montluc-Montesquiou ［16c］フランスの貴族（伯爵）／ 312, 343, 379
クラマンジュ　Clamanges, Nicolas de ［14–15c］フランスの神学者／ 142-43, 147
グラモン　Gramont, Henri de ［17–18c］フランスの貴族（公爵），軍人／ 536
グラモン　Gramont, Gabriel Barthélemy ［16–17c］フランス，トゥールーズ高等法院長／ 380
グラモン　Gramont Philibert de ［17–18c］フランスの貴族（伯爵），軍人／ 536
クララ　Claraz, Jules ［19–20c］フランス，パリ近郊サン＝ジェルマン＝ロクセロワの元司祭，自由思想家／ 792
グランヴィル　Glanvill, Joseph ［17c］英国の哲学者，牧師／ 391
グランメゾン　Grandmaison, Léonce de ［19–20c］フランス，イエズス会神学者／ 745
クリヴェレフ　Kryvelev, Iosif Aronovitch ［20c］旧ソ連邦の思想史研究家／ 870
グリエ　Grillet ［17c］フランス，ユゼスの司教／ 287
クリシュナムルティ　Krishnamurti, Jiddu ［20c］インド生まれの宗教家，教育者／ 954
クリスティーナ　Christine ［17c］スウェーデンの女王／ 231, 281, 385-86
クリステラー　Kristeller, Paul Osker ［20c］米国の人文主義。ルネサンス研究者／ 162-63
クリティアス　Critias ［前 5c］古代ギリシアの政治家，哲学者／ 68
クリニアス　Clinias de Tarente ［前 4c］古代ギリシアのピタゴラス派の哲学者／ 64
グリニャン（夫人）　Grignan, Madame de ［17–18c］フランス，セヴィニエ夫人の娘／ 365
クリフォード　Clifford, Martin ［17c］英国の著作家，チャーターハウススクール校長／ 563
グリマレ　Grimarest; né Jean-Léonor Le Gallois ［17–18c］フランス，モリエールの伝記作者／ 341
グリム　Grimm, Friedrich Melchior ［18–19c］バイエルン出身のフランスの貴族（男爵），外交官，作家／ 488
グリュエ　Gruet, Jacques ［16c］スイスの公証人，リベルタン，無神論者，ジュネーヴのサン・ピエール大聖堂にカルヴァン批判の檄文を張り，拷問を受け，刑死／ 169, 211, 248, 252-57, 260
クリュシッポス（ソロスの）　Chrysippe de Soles ［前 3c］古代ギリシアのストア主義哲学者／ 69
グリンメルスハウゼン　Grimmetshausen, Hans Jakob Christoph von ［17c］ドイツの作家

／270
グルー　Grew, Néhémiah　［17, 18c］英国の解剖学者，生理学者／404
クロイツァー　Creuzer, Georg Friedrich　［16–18c］ドイツの考古学者，博物学者／806
クルーゾ　Clouzot, Henri-Georges　［20c］フランスの映画監督，脚本家，製作者／890
クルゼル　Crouseilhes, Dombideau de　［18–19c］フランス，ブルターニュ地方カンペの司教／724
クルタン　Courtin　［17c］フランスの聖職者，リベルタン／353
グルニエ　Grenier, Alber　［19–20c］フランスの歴史家，考古学者／81
グルニエ　Grenier, Pierre-Jules　［19–20c］フランスの医師／756, 794
グルニエ　Grenier, Fernand　［20c］フランスの政治家，第二次大戦期のフランス共産党代表／869
クレアンテス　Cléanthe　［前 4–3c］古代ギリシア，ストア派の哲学者 ／71, 582
グレール　Glaire, Jean Baptiste　［18–19c］フランスの聖職者，東方学者／772
クレール　Clair, Pierre　［20c–］フランスの思想史家／565
グレゴリウス（トゥールの）　Grégoire de Tour　［6c］フランスの司教，教会史家／136
グレゴリウス一世，大グレゴリウス　Grégoire le Grand　［7c］ローマ教皇，カトリックの聖人／136
グレゴリウス九世　Grégoire IX　［13c］ローマ教皇／112
グレゴリウス十六世　Grégoire XVI　［18–19c］ローマ教皇／150, 785
グレゴワール　Grégoire, Pierre　［16c］フランスの法曹家，哲学者／161
クレスペ　Crespet, Pierre　［16c］フランスの聖職者，神学者／219, 268
グレナ　Glénat　［18c］フランスの聖職者，『死の不安反駁』（*Contre les craintes de la mort*, 1757）の著者／599
クレマンソー　Clemenceau, Georges　［19–20c］フランスの政治家，ジャーナリスト／794
クレメンス十二世　Clément XII　［17–18c］ローマ教皇／621
クレモニーニ　Cremonini, Cezare　［16–17c］イタリアのアリストテレス学者／320, 326, 382-83
クレランド　Cleland, John　［18c］英国の小説家／490
クレレ　Cléré, René de　［18–19c］フランスの数学者／775
グロ・ド・ベスプラ　Gros de Besplas, Joseph　［18c］フランスの聖職者，ルイ十六世の弟ルイ・スタニシラス・グザヴィエ・ド・フランス，プロヴァンス伯爵（後のルイ十八世）の宮廷付き司祭／593
クローヴィス　Clovis　［5–6c］初代フランク国王／321, 945
クローチェ　Croce, Benedetto　［19–20c］イタリアの哲学者，歴史家／817, 929
クローデル　Claudel, Paul-Lous Charles　［19–20c］フランスの劇作家，詩人，作家，外交官／800
クロート　Cloots, Anacharsis　［18c］革命期フランスのプロシア出身革命家，無神論者／492
グロスレール　Groslaire　［18–19c］革命期フランスの国民公安委員／692
グロティウス　Grotius, Hugo　［16–17c］オランダの法学者／357
クロフト　Croft, Herbert　［17c］英国国教会主教／433-34

クロヘール　Klohr, Olof ［20c］旧東ドイツ科学的無神論講座正教授／870
クロワ　Croy ［19c］フランス，ルーアンの司教／714
クロワ　Croix, Alain ［20c］フランスの宗教史家／182
クロワゼ　Croiset, Jean ［17–18c］フランス，イエズス会士，聖心布教会宣伝者／416
ゲアハルト　Gerhardt ［17c］ドイツのルター派神学者／286
ゲーテ　Goethe, Johann Wolfgang von ［18–19c］ドイツの詩人，劇作家，小説家，哲学者／622, 804
ゲード　Guesde, Jules ［19–20c］フランスの社会主義者，政治活動家／741
ケニアール　Quéniart, Jean ［20c–］フランスの歴史学者／496
ゲバール　Gebhart, Emile ［19–20c］フランスの美術史家，文芸批評家／155
ケラー　Keller, Gottfried ［19c］スイスのドイツ語作家／830-40
ゲラン　Guérin, Daniel ［20c］フランスの歴史家，反植民地主義者，革命家／709
ケリー　別名タルボット　Kelly, Edward; Edward Talbot ［16c］英国の自称霊媒師／226
ケリュス　Caylus, Anne-Claude-Philippe de Tubières de ［17–18c］フランスの貴族（伯爵），考古学者，文人／488
ケリュス　Caylus, Charles de ［17–18c］フランスの教会人，ブルゴーニュ地方オセールの司教／488
ケリュス　Caylus, Marthe-Marguerite Le Valois de Villette de Mursay; dit «Madame de Caylus» ［17–18c］フランスの貴族（伯爵夫人），『ケリュス夫人回想録』の著者／563
ケルスス　Celse ［1c 頃］古代ローマの文人，『大百科全書』を著す／218, 229, 261, 280
ケルラー　Kerler, Dietrich Heinrich ［19–20c］ドイツの哲学者／884
ゲレメク　Geremek, Bronislaw ［20c］ポーランドの中世史家／130
孔子　Confucius ［前 6–5c］春秋時代の中国の思想家，儒家の始祖／366, 585, 682
コエフトー　Coéffeteau ［16–17c］フランスの司教 ／278
コーク　Coke, Edward ［16–17c］英国の法律家，政治家／227
コーサン　Caussin ［17c］フランスの聖職者，イエズス会士／288, 290
コーシー　Cauchy, Augustin=Louis ［18–19c］フランスの貴族（男爵），数学者／774-75
ゴーシェ　Gauchet, Marcel ［20c–］フランスの歴史家，哲学者，「レーモン・アロン政治研究所」所長／959
ゴーシャ　Gauchat, Gabriel ［18c］フランスの聖職者，ラングルの司教座聖堂参事会員／619
コース　Kors, Alan Charles ［20c–］米国の西欧思想史研究者／632
ゴーティエ　Gaultier, Abraham ［17–18c］フランス，ポワトー＝シャラント地方，ニオール出身の哲学者／368, 411
ゴーティエ　Gaultier, Jacques ［16–17c］フランスのイエズス会士／222
ゴーティエ　Gautier, Pierre Jules Théophile ［19c］フランスの詩人，小説家，劇作家／799
ゴーニロン　Gaunilon ［11c］フランスの修道士／118
ゴーラ　Gora ［20c–］インドの思想家，ヴィジャヤワーダ無神論者センターの設立者／941-42
コルドモワ　Cordemoy, Géraud de ［17c］フランスの歴史家，弁護士，デカルト派の哲

学者／362
ゴダン　Godin, André　[20c–] フランスの宗教心理学研究者／972
コタン　Cotin, Charles　[16c] フランスの聖職者／182, 287, 290, 349
コッタ　Cotta, Lucius Aurelius　[前 1c 頃] 古代ローマの執政官／82-83
コッブ　Cobb, Richard　[20c] 英国の歴史家，フランス革命史研究家／675, 691, 694-95, 702
ゴトフレー　Gottofrey　[19c] フランス，サン＝シュルピス神学校哲学教授，ルナンの『少年期，青年期の回想』に登場／781
コドリントン　Codrington, Robert Henry　[19–20c] 英国国教会司祭，人類学者／20
コトン　Coton, Pierre　[16–17c] フランスの聖職者，イエズス会士，国王アンリ四世の告解師／289, 292-93
コパン　Coppin, Richard　[17c] 英国の急進的パンフレット作家／388
ゴベ　Gobet, Jean-Baptiste-Joseph　[18–19c] フランス，パリの司教／682
コペルニクス　Copernic, Nicolas　[15–16c] ポーランド出身の天文学者，当時主流だった地球中心説（天動説）を覆す太陽中心説（地動説）を唱えた／282-83, 571, 625, 980
ゴメス　Gomez, Diego　[15c] ポルトガルの神学者／135
コメニウス（ヤン・アモス・コメンスキー）　Comenius, Johann Amos; né Komensky, Jan Amos　[16–17c] チェコのモラビア出身の宗教家，教育者／286
コラン　Collin, Remy　[19–20c] フランス，ナンシー大学医学部教授／926
コリンズ　Collins, Anthony　[17–18c] 英国の哲学者，理神論者／412, 436-39, 443, 517
コルビネーリ　Corbïnelli　[17c] フランス，セヴィニェ夫人の秘書／365
コルベール　Colbert, Jacques-Nicolas　[17–18c] フランスの聖職者，神学者／546
ゴルマン　Gaulmin, Guillaume　[16–17c] フランスの東洋学者，法律家／277
ゴルレ　Goorte, David van　[16–17c] オランダの神学者，近代原子論者の開拓者／373
コレッキ　Colecchi, Ottavio　[18–19c] イタリアの哲学者，数学者／817
ゴロヴキン　Golovkin, Gavrila　[19–20c] ロシアの貴族（伯爵），フランス革命後の反宗教活動家／861
コローニ　Coroni　[16–17c] フランスの聖職者／280-81
コログリヴォフ　Kologrivof, Ivan von　[19–20c] ロシアの宗教史家／860
コワイエ　Coyer, Gabriel François　[18c] フランスの聖職者出身の作家／496, 498
コワコウスキー　Kolakowski, Leszek　[20–21c] ポーランド出身の作家，哲学者／918
コンスタン（エリファス・レヴィ）　Constant, Alphonse-Louis, dit Éliphas Lévi　[19c] フランスの聖職者，神秘思想家／809
コンスタン　Constant, Benjamin, né Benjamin Constant de Rebeccque　[19–20c] フランスの小説家，政治家／904
ゴンソン　Gonson, John　[17–18c] 英国の大法官，貴族（士爵）／442
コンデ　Condé, Louis de　[17c] フランスの貴族（公爵），アンリ二世の息子，ルイ十四世期の将軍／269, 332-33, 364, 386
コンティ（神父）　Conti, Antonio Schinella, dit abbé Conti　[17–18c] イタリアの数学者，歴史家，哲学者／563
コンディヤック　Condillac, Étienne Bonnot de　[18c] フランスの哲学者，聖職者，ジョン・ロックの影響下に『感覚論』を執筆／496, 637-38, 690

ゴンデル　Gondel, David　[18c] フランス，アノーニュ＝サン＝マルタンの司祭／497
コント　Comte, Auguste　[18–19c] フランスの社会学者／16, 791, 797, 808, 834-36, 884
コント　Conte, Charles　[20c–] フランスの自由思想家／958
コンドルセ　Condorcet, Marie Jean Antoine Nicolas de Caritat　[18c] フランスの貴族（侯爵），数学者，哲学者，社会学者／417, 629
コンブ　Combes, Émile　[19–20c] フランスの政治家，《コンブ主義》と呼ばれる過激な反聖職者主義を展開／720-21

サ 行

サイキュラス（トマス・クレニウス）　Sicurus, Dorotheus; né Crenius Thomas 『教皇派，プロテスタント派教会における無神論の起源』(1684) の著者名／435
サイリ　Sailli　[17c] フランスの聖職者，イエズス会士／270
サヴァリー　Savary, Jacques　[17c] フランスの実業家，経済学者／312
サヴェーラ　Savella, Troîlo　[16–17c] イタリア，無神論の嫌疑により19歳で斬首刑／384
サヴォナローラ　Savonarole, Jérôme　[15c] フェラーラ出身のドミニコ会修道士，フィレンツェで神権政治を実施／242
ザカリ（アンジュ・ランベール）　Zacharie, de Liseuz; née Ange Lambert　[16–17c] フランスの修道女，ジャンセニスト批判の風刺文を書く／348
サガン　Sagan, Françoise　[20c] フランスの女流作家／929
ザクセン＝ゴータ＝アルテンブルグ（エルネスト二世）　Saxe-Gotha-Altenbourg, Ernest II　[18–19c] ドイツの貴族（公爵）／622
ザクセン＝ヴァイマール＝アイゼナッハ　Saxe-Weimar-Eisenach, Frédéric-Ferdinand-Constantin von　[18c] ドイツの貴族（公爵）／622
サド　Sade, Donatien Alphonse François de marquis de　[18–19c] 革命期フランスの貴族，小説家／581, 592, 613-14, 654, 656-57, 659, 914
サバティエ　Sabatier　[18–19c] 革命期フランス，アキテーヌ地方の都市ラ・レオル市長／689
サビヌス　Sabinus, Floridus　[16c] フランスの詩人／251
サブレ（侯爵夫人）　Sablé, marquise de; née Madeleine de Souvré　[16–17c] フランスの貴族，作家／365
サムエル　Samuel　[前 11c] 旧約聖書『サムエル記』に登場するユダヤの預言者／421
サラ　Sara　旧約聖書『創世記』の登場人物／782
ザラスシュトラ（ゾロアスター）　Zoroastre　[生没年代不詳] ゾロアスター教の開祖／705
サリンベーネ　Salimbene, Fra　[13c] フランスの年代記作家／114
サルトル　Sartre, Jean-Paul　[20c] フランスの哲学者，小説家，戯曲家／902-03, 931
サレット　Sarrette, Bernard　[18–19c] フランスの音楽家，パリのコンセルヴァトワールの創設者のひとり／693
ザロメ　Salomé, Lou Andreas　[19–20c] ロシア出身のドイツの女流文学者／842
サロモン　Salomon　[前 11–10c] 旧約聖書『列王記』に登場する古代イスラエル（イス

ラエル王国）の第三代の王／437
サン＝イレール　Saint-Hilaire, Jules Barthélemy de ［19c］フランスの哲学者，ジャーナリスト／39
サン＝シモン　Saint-Simon; né Louis de Rouvroy ［17–18c］フランスの貴族（公爵），当時の宮廷生活を伝える膨大な回想録を残す／344, 356, 481, 536, 538, 807, 809
サン＝ジュスト　Saint-Just, Louis Antoine Léon ［18c］革命期フランスの政治家，「革命の大天使」とあだ名された／616, 705
サン＝シラン　Saint-Cyran; né Jean-Ambroise Duvergier de Hauranne ［16–17c］フランスの神学者，ジャンセニズムをフランスに導入／310
サン＝ティバル　Saint-Thibal, Henri Descard de Saint-Bonnet ［17c］フランスの貴族，リベルタン／594-95
サン＝テヴルモン　Saint-Evremond ［17–18c］フランス最後のリベルタン／331-32, 355
サン＝テグジュペリ　Saint-Exupéry, Antoine de ［19–20c］フランスの作家／929
サン＝パヴァン　Saint-Pavin, Denis Sanguin de ［16–17c］フランスの詩人，リベルタン／332
サン＝ピエール　Saint-Pierre ［17–18c］フランスの聖職者，教育学者／496, 498
サン＝マルタン　Saint-Martin, Louis Claude de ［18–19c］フランスの弁護士，神智学者／710, 810
サン・レアル　Saint-Réal, César Vichard de ［17c］フランス，サヴォワ公国修史官／332
サンタヤーナ　Santayana, George ［19–20c］スペイン出身の米国の哲学者／796-97
サンチェス　Sanchez Franciso ［16c］ポルトガルの哲学者／115
サント＝アルドゴンド　Sainte-Aldegonde, Philippe de Marnix de ［16c］フランスの政治家，軍人，詩人，神学者／221
サント＝ブーヴ　Sainte-Beuve, Charles Augustin ［19c］フランスの文芸批評家，作家／285, 332-34, 348, 427, 799
サンバ　Sembat, Marcel ［19–20c］フランスの政治家／750
シーイエス　Sieyès, Emmanuel-Joseph ［18–19c］革命期フランスの聖職者，政治家，『第三身分とは何か』の著者／496, 499
ジークフリート　Siegfried, André ［19–20c］フランスの社会学者，歴史家，地理学者／716, 718, 737, 743
シシュポス　Sisyphe　ギリシア神話の登場人物／67
シェークスピア　Shakespeare, William ［16–17c］英国の劇作家／264, 275, 479
ジェームズ二世　Jacques II ［17c］英国・スコットランド・アイルランドの王，名誉革命で王位を奪われる／431, 434
シェニエ　Chénier, André ［18c］フランスの詩人，恐怖政治終了直前断頭台で刑死／613, 638
シェヌロン　Chesnelong, Pierre Charles ［19–20c］フランスの元老院議員／766
ジェネブラール　Genebrard ［16c］フランスの神学者，修道士／231
シェノー＝デュマルセ　Chesneau-Dumarsais, César ［17–18c］フランスの文法学者，哲学者／569, 595, 598
シェリング　Schelling, Friedrich Wilhelm Josephvon ［18–19c］ドイツの哲学者，ドイツ観念論哲学の代表者のひとり／804, 830-31

ジェルソン　Gerson, Jean de　［14c］フランスの説教家，神学者／147-48
ジェルディ　Gerdil, Hyacinthe-Sigismond　［18-19c］フランスの聖職者，大司教／775
ジェルリエ　Gerlier, Pierre　［19-20c］フランス，リヨンの枢機卿／876
ジェロミー（プラハの）　Jérôme de Prague　［14-15c］チェコの宗教改革者ヤン・フスの支持者／134
ジェンティーレ　Gentile, Giovanni　［19-20c］イタリアの哲学者，政治家／817
シガル　Sigal, Pierre-André　［20c］フランスの宗教史家／124
シクレ　Sicre, Raymond　［14c］フランス南西部オルノラック村の酪農家／139
シジエルト　Sygiert, Joseph　［18-19c］ポーランド，オッソリンスキ伯爵の司書官／535
ジッド　Gide, André　［19-20c］フランスの作家／929
シドナム　Sydenham, Thomas　［17c］英国の医師／304
シモニデス（ケーオスの）　Simonide de Céos　［前6-5c］古代ギリシアの抒情詩人／83, 162
シモン（魔術師シモン）　Simon le Magicien　［1c］聖書に登場するサマリア人，グノーシス派の開祖，シモン・マグスとも呼ばれた／194
シモン　Simon, Jules; né Jules François Simon Suisse　［19c］フランスの哲学者，行政官／748, 757
シモン　Richard, Simon　［17-18c］フランスのオラトリオ会士，聖書注解学者／334, 420, 423-24, 467
シモン・ド・トゥルネ　Simon de Tournai　［13c］オランダ生まれの司教座聖堂参事会員／115
シモン・ド・ファール　Simon de Phares　［15c］フランスの天文学者／193
シャール　Chasles, Pierre Jacques　［18-19c］フランス，元シャルトル聖堂区参事会員，政治家／417-18
シャール　Challe, Robert　［17-18c］フランスの作家／417-18
シャーロック　Sherlock, Thomas　［17-18c］英国の作家／439
ジャクロ　Jaquelot, Isaac　［17-18c］ナントの勅令廃止後オランダ，ハーグ（仏名ラ・エ La Haye）に逃れたフランス出身のプロテスタント神学者，牧師／368
シャサニオン・ド・モニストロール　Chassanion de Monistrol, Jean　［16c］フランスのプロテスタント神学者／174
シャサヌー　Chassaneuz, Barthélemy de　［15-16c］フランスの法学者／184
ジャダン　Jadin, Joseph　［17-18c］フランス，エトレピニー近郊のヌヴィオン＝シュール＝ムーズの司祭／497
シャッツマン　Schatzman, Evry　［19-20c］フランスの天文物理学者／882
シャトーヌフ　Châteauneuf, François de　［17-18c］フランスの聖職者，文人，外交官，ヴォルテールの名付け親／353
シャトーブリアン　Chateaubriand, François René　［18-19c］フランスの貴族（子爵），政治家，作家／768, 773
シャトレ　Châtelet, Emilie　［18c］フランスの数学者／425
ジャノーネ　Gianonne, Pietro　［17-18c］イタリアの歴史家。教皇の俗権や教皇庁の懲罰の過酷さを攻撃して破門され，のち獄死／485
シャフツベリー　Shaftesbury, Anthony Ashley-Cooper　［17-18c］英国の貴族（伯爵），哲

学者，政治家／517
シャプラン　Chapelain, Jean　［16–17c］フランスの詩人，文芸批評家／341
シャペル　Chapelle, Claude-Emmanuel　［17c］フランスの詩人／349, 351, 353
シャリエ　Charrier, Jules　［19–20c］フランスの聖職者，宗教史家／556
シャルダン　Chardin, Jean　［17–18c］フランスの旅行家，作家／407
シャルボネル　Charbonnel, Victor　［19–20c］フランスの元聖職者，自由思想家，雑誌『理性』の創刊者／792
シャルボネル　Charbonnel, Jean-Roger　［20c］フランスの自由思想家，歴史家／161, 282, 311
チャールズワース　Charlesworth, Maxwell John　［20c–］オーストラリアの哲学者，分子倫理学の開拓者／909
シャルル十世　Charles X　［18–19c］復古王政期のブルボン朝最後のフランス国王／771
シャロン　Charron, Pierre　［16–17c］フランスの哲学者，聖職者，カトリック神学者／238-39, 279, 281, 288, 296-97, 301, 303, 308-10
シャン　Chain　［18–19c］革命期フランスの中部ニエーヴル県出身政治委員会メンバー／688
ジャンカ　Junqua　［19–20c］フランスの元聖職者，自由思想家／792
シャンジュー　Changeux, Jean-Pierre　［20c–］フランスの分子生物学者／913
ジャンティエ　Gentillet, Innocent　［16c］フランスの弁護士，神学者／216-17, 383
シャントゥクレ　Chantecler, René de　［16–17c］フランスの弁護士，メッツの高等法院長／277
シャントゥロー　Chantreau, Pierre-Nicolas　［18–19c］フランスの歴史家，ジャーナリスト，文法家／699
ジャンヌ・ダルブレ　Jeanne d'Albret　［16c］フランス，アンリ四世の母親／208
ジャンヌ・デ・ザンジュ　Jeanne des Anges; Jeanne de Belcier　［17c］フランスのウルスラ聖堂会修道女，ルーダンの憑依事件の中心人物／390
シャンピオン　Champion, Françoise　［20c–］フランスの社会学者，国立研究所（CNRS）研究員／951-52
シャンフォール　Chamfort, Sébastien-Roch Nicolas de　［18c］フランスの詩人，ジャーナリスト，モラリスト／591
シュアール　Suard, Jean-Baptiste　［18–19c］フランスのジャーナリスト／489
ジュイニェ　Juigné, Antoine Éléonor Léon Leclerc de　［18–19c］フランスの枢機卿／507
シュヴァリエ　Chevallier, Pierre　［19–20c］フランスの政治家／802
朱子　Yang Chu　［前 4c］中国，春秋戦国時代の思想家／40
ジュステル　Justel, Henri　［17c］ルイ十四世の秘書官，のち英国に亡命し，王立図書館司書となる／353
シュタール　Stahl, George-Ernest　［17–18c］ドイツの化学者，医師，フロギストン（燃素）説を提唱／405
シュダン　Chedin　［18–19c］フランス，ブルゴーニュ地方ニエーヴル県の非キリスト教化運動推進者，元司祭／687
シュップ　Schupp, Johann Balthasar　［17c］ドイツの風刺作家，神秘主義者／286
シュティルナー　Stirner, Max, né Johann Kaspar Schmidt　［19c］ドイツの青年ヘーゲル

派哲学者／836, 838-39
シュテフェンス　Steffens, Heinrik　［18-19c］ノルウエー生まれのドイツの哲学者，科学者，詩人／804
シュトラウス　Strauss, David Friedrich　［19c］ドイツの歴史家，神学者／779, 788, 831-33, 898
シュピッツェル　Spitzel, Theophil Gottlieb　［17c］ドイツ，『無神論に関する歴史的・原因論的探求』の著者／4
シュペーナー　Spener, Philipp Jakob　［17-18c］ドイツのルター派教会牧師／286
シュマン＝デュポント（通称「息子のシュマン」）　Chemin-Dupontes, Jean-Baptiste; dit «Chemin fils»　［18-19c］革命期フランスの敬神博愛主義の創始者／704-05
シュミット　Schmidt, Wilhelm　［20c］ドイツのカトリック教会，神言会修道士，宗教史家，民俗学者／17
シュミット　Schmitt, Jean-Claude　［20c］フランスの歴史家／95-96
シュミット　Schmitt, Thérèse-Jean　［20c］フランスの歴史家／508
シュライエルマッハー　Schleiermacher, Friedrich Daniel Ernst　［18-19c］ドイツの神学者，哲学者／807, 837-38
シュラン　Surin Jean-Josephe　［17c］フランスのイエズス会士，神秘主義者／184
ジュリアン　Julien　［18-19c］フランス，トゥールーズのプロテスタント牧師／682
シュレーゲル　Schiegel, Karl Wilhelm Friedrich von　［18-19c］ドイツ，ロマン派の思想家，文芸評論家，詩人，小説家／831
シュレーゲル　Schlegel, Jean-Louis　［20c-］フランスの宗教社会学者／948, 969
ジュリュー　Jurieu,Pierre　［17-18c］フランス，カルヴァン派の神学者・作家，ピエール・ベールの論敵／411, 427
ジュルネ　Journet, Noël　［16c］フランスの神秘主義者，無神論者，メッツで火刑死／169, 219
ジョアン＝ランベール　Join-Lambert, Michel　［20c］フランスのオラトリオ会士，歴史家／714
ジョヴィヌス・ド・ソルキア　Jovinus de Solcia　［15c］イタリアの教会法学者／135
ショーヴィニー　Chauvigny, Claude de　［17c］フランスの詩人，リベルタン／353
ジョーヴェ　Jove, Paul　［15-16c］イタリアの医師，歴史家／163
ショーヴトン　Chauveton, Urbain　［16c］スイスのプロテスタント牧師／174
ショーヴラン　Chauvelin, Germain Louis de　［17-18c］フランスの政治家，国璽尚書／487
ショードン　Chaudon, Louis-Mayeul　［18-19c］フランスのベネディクト会士，伝記作家／491, 544
ショーペンハウアー　Schopenhauer, Arthur　［18-19c］ドイツの哲学者／757, 813, 836, 839-40, 844-45, 848
ショーメット　Chaumette, Pierre-Gaspard　［18c］革命期フランスのパリ・コミューン（パリ政府）検事／697-99
ショーリュー　Chaulieu, Guillaume Amfrye　［17-18c］フランスの聖職者，詩人，リベルタン／353-54, 538
ジョーレス　Jaurès, Jean　［19-20c］フランスの政治家，社会主義者／775, 982

ジョゼフソン　Josephson, Brian David　[20c–] 英国の物理学者，1973年ノーベル物理学賞受賞／954
ジョフロワ　Jouffroy, Théodore Simon　[18–19c] フランスの哲学者，政治家，ヴィクトール・クーザンの折衷主義を継承／802
ジョリ・ド・フルーリ　Joly de Fleury, Joseph Omer　[18–19c] フランスの法曹家，パリ高等法院大法官／631, 642
ショルヴィー　Cholvy, Gérard　[20c–] フランスの宗教史研究家／732, 811
ショルテュス　Scholtus, Robert　[20c–] フランスの聖職者，メッツ司教区司祭／970
ショワジー　Choisy, François Timoléon　[17–18c] フランスの司祭，文人／354
ショワズール　Choiseul, Étienne François　[18c] フランスの貴族（公爵），軍人，外交官，政治家／604
シラノ・ド・ベルジュラック　Cyrano de Bergerac, Savinien　[17c] フランスの剣豪，作家，哲学者／350-51
ジラルディ　Girardi, Jules　[20c] イタリア，ローマのサレジオ教皇庁立大学教授／889, 923
ジル・ド・ローム（アエギディウス・コローナ）　Gilles de Rome; Ægidius Colonna　[13–14c] イタリアの哲学者，神学者，「神学者のプリンス」とあだ名された／102
ジルベール　Gilbert, Claude　[17–18c] フランス，ディジョンの弁護士／572
ジルベール　Gilbert, Pierre　[20c–] フランス，リヨン神学部教授，『宗教科学研究』誌編集長／891
ジルベール・ド・ラ・ポレ　Gilbert de La Porée　[11–12c] フランスのスコラ学者，哲学者／109
ジレ　Gillet, Joseph　[18c] フランス，シャルルヴィルの主席司祭／481
シロン　Silhon, Jean de　[16–17c] フランスの哲学者，政治家，リシュリューの秘書／289
スアレス　Suarez, Francisco　[16–17c] スペインの神学者，哲学者／372
スイダス　Suidas　[9c] ギリシアの博物学者／56
スウィフト　Swift, Jonathan　[17–18c] 英国系アイルランドの諷刺作家，随筆家，政治パンフレット作者，詩人，司祭／432, 435, 443
スウィーテン　Swieten, Gottfried van　オーストリアの貴族（男爵），ハイドン，モーツアルトらとの文通で知られる／622
スウィッケン　Swicken van　[17–18c] パリのオーストリア大使館書記官／488
スウェーデンボリ　Swedenborg, Emmanuel　[17–18c] スウェーデン王国出身の神学者，神秘思想家／803, 810
ズヴォリーキン　Zvorykin, A.A.　[20c] 旧ソ連邦の思想史家／869
スール　Seuhl, Antoine　[19–20c] フランスの自由思想家／760
スカーギル　Scargill, Daniel　[17c] 英国，ケンブリッジ大学教授／435
スカリゲル　Scaliger, Joseph Juste　[16c] 年代記作家，歴史家／158, 179, 259
スキオピウス　Scioppius, Gaspar　[16c] ドイツの神学者／248
スキピオ・アエミリアヌス（小アフリカヌス）　Scipion Émilien　[前2c] 古代ローマの貴族，カルタゴを攻略し，スペインを平定した／81
スクルジペーク　Skrzypek, Marian　[20c–] ポーランドのフランス啓蒙思想研究者／535

スコット　Scot, Michel　[12-13c.]スコットランド生まれの占星術師／113, 254
スコトゥス　Scotus　[中世（年代不詳）]フランシスコ会士，ドミニコ会士／116
スコドルスキー　Suchodoiski, B.　[20c-]ポーランドの思想史研究者／535
シューヤンス　Schooyans, Michel　[20c-]フランス，ルーヴァン・カトリック大学教授／885
スコラーユ　Scorraille　[19-20c]フランスの聖職者，カトリック系雑誌『エトヴ』の編集者／773
スターバック　Starbuck, Edwin Diller　[19-20c]米国の宗教心理学の創始者／849
スターリン　Staline, Joseph; né JosephVissarionovitch Djougachvill　[19-20c]旧ソヴィエト連邦の政治家，軍人／859-60
スタックハウス　Stackhouse, Thomas　[17-18c]英国，国教会聖職者／439
スタティウス　Stace　[1c]古代ローマの詩人／290
スティルポン（メガレの）　Stilpon de Mégare　[前4-3c]古代ギリシアの弁証家／58
ステパノフ　Stepanoff　[19-20c]旧ソヴィエト連邦の反宗教活動家／859
ストゥップ　Stouppe　[17c]スイス，プロテスタントの軍人／365-66
ストッシュ　Stosch, Friedrich Wilhelm　[17-18c]ドイツの神学者，哲学者／534
ストラトン　Straton　[前3c頃]古代ギリシア，ペリパトス学派の哲学者／413
ストレプシアデス　Strepsiade　古代ギリシア，喜劇作家アリストパネズの『雲』に登場するソクラテスの対話者／54
ストロウスキー　Strowski, Fortuna　[20c]フランスの文学史家／282
ストロッツィ　Strozzi, Pierre　[16c]フィレンツェの傭兵隊長，のちフランスの元帥／270
ストロッツィ　Strozzi, Philippe　[16c]イタリアの傭兵隊長／193
スパヴェンタ　Spaventa, Bertrando　[19c]イタリアの哲学者，ヘーゲル学派／816-17
スピノーラ　Spinola　[17c]イタリアの聖職者／372
スピノザ　Spinoza, Baruch de　[17c]オランダの哲学者，デカルト，ライプニッツと並ぶ合理主義哲学者／139, 332, 334, 365-68, 394, 401, 407, 409, 411-13, 415, 421, 423-24, 432, 437, 439, 441, 443, 459, 465, 467, 485-86, 511, 513, 517, 519, 533-34, 563, 566, 585, 613, 629, 634-35, 638, 641-42, 804-06, 913, 957
スピンク　Spink, John Stephenson　[20c]英国の思想史家／282, 311-12, 330, 351, 374, 395
スペンサー　Spencer, John　[17c]英国ケンブリッジ大学コーパス・クリスティ・カレッジ校長／422
スペンサー　Spencer, Herbert　[19c]英国の哲学者，社会学者／17, 787
スミス　Smith Bridget　[17-18c]英国，リチャード・スミスの妻／574
スミス　Smith, Richard　[17-18c]英国，ロンドンの製本屋／574
スメール　Smahel, Frantisek　[20c]チェコの中世史家／184
ズュベール　Zuber, Christiane Klapisch-　[20c]フランスの社会史家／311
スライダン　Sleidan, Jean　[16c]ドイツ，ルター派歴史家／208
スリジエ　[16-17c]フランスの聖職者／290
セアーユ　Séailles, Georges　[19-20c]フランスの人民大学学長／796
セイデル・メンチ　Seidel Menchi, Silvana　[20c]イタリアの歴史家／164

セヴィニェ夫人　Sévigné, Madame de; née Marie de Rabutin-Chantal ［17c］フランスの書簡文学作家／365
ゼウス　Zeus　ギリシア神話の主神，全能の存在／47, 53, 68-69, 71, 75
セーヴ　Scève, Guillaume ［16c］フランスの詩人／249,
セーヴ　Sève, Bernard ［20c］フランス，リール第三大学美学，哲学教授／63, 122, 947
レーモン・スボン（ラモン・シビウダ）　Sebon, Raymond; né Ramon Sibiuda ［16c］カタルーニャ出身の医師，哲学者，モンテーニュ『エセー』中の「レーモン・スボンの弁護」で知られる／233
セギエ　Séguier, Antoine-Louis ［18c］フランス，パリ高等法院大法官／607-08, 631-32
セギエ（セギュール）　Séguir, Philippe de ［18–19c］フランスの貴族（伯爵），アメリカ革命軍の士官，外交官，政治家，歴史家／810
セクストゥス・エンピリクス　Sextus Empiricus ［2c 末頃］古代ギリシアの医者，哲学者／69, 87, 90
セザルパン（セザルピーノ）　Césalpin, André/Cesalpino, Andrea ［16–17c］イタリアの哲学者，医師，博物学者／161
セッフェ　Sépher, Pierre-Jacques ［18c］フランス，ソルボンヌ大学神学部教授，稀覯書収集家／568
セナンクール　Senancour, Étienne Pivert de ［18–19c］フランス，ロマン主義前期の作家／590, 592
セネカ　Sénèque, Lucius Annaeus ［前 1–1c］古代ローマの政治家，哲学者，詩人／162, 193, 318, 320, 354, 571, 598, 625, 643
ゼノン（キティオンの）　Zénon de Citium ［前 4–3c］古代ギリシアの哲学者，ストア派の創始者／69-70, 323
セマー　Semer, Thomas ［15c］英国ウースターの住人／132
セラピス　Sérapis　ギリシア神話とエジプト神話の習合神／84
セルヴィヤン　Servien ［17c］フランスの聖職者／353
セルヴェ　Servet, Jacques ［16–17c］フランスの神学者／290
セルヴェ（セルヴェトゥス）　Servet, Michel ［16c］スペインの神学者，三位一体説を批判したため，カルヴァンらによりジュネーヴで火刑死（1553 年）／204, 248, 256-57, 260, 755
セルティランジュ　Sertillanges, Antonin-Gilbert ［19–20c］フランスの神学者，道徳哲学者／929
セルトー　Certeau, Michel de ［20c］フランスの哲学者，歴史家／899
セレス　Serres, Louis de ［16–17c］フランスの医師／315
ゼンネルト　Sennert, Daniel ［16–17c］ドイツの医師，ウィッテンベルグ大学教授／373
ソーラン　Saurin, Elie ［17–18c］フランスのプロテスタント神学者／598
ソーラン　Saurin, Jacques ［17c］オランダ，ライデンのプロテスタントの牧師／380
ソーリー　Saury, Jean ［18–19c］フランス，聖職者出身の数学者，科学者／496
ソクラテス　Socrate ［前 5–4c］古代ギリシアの哲学者／44-46, 53-55, 59, 323, 437, 598, 627, 731
ソブール　Soboul, Albert　フランスの歴史家，フランス革命史研究者／685, 692, 698
ソフォクレス　Sophocle ［前 5c］古代ギリシア，アテナイの悲劇作家／80

ソメーズ（サルマシウス） Saumaise, Claude de; Salmasius ［16–17c］フランスの人文学者，哲学者／386
ソメーズ（通称ソメーズ・フィス） Mac-Antoine de Saumasie ; dit Saumaise fils; ［16–17c］クロード・ソメーズの息子／358
ゾラ Zola, Émile ［19–20c］フランスの小説家自然主義文学の代表者／775
ソルビエール Sorbière, Samuel ［17c］フランスの医師，文人，哲学者／312
ソレル Sorel, Georges ［17c］フランスの文人／312
ソロン Solon ［前7–6c］アテナイの立法者，ギリシア七賢人のひとり／241
ソンダーソン Saundrson, Nicholas ［17–18c］英国の科学者，数学者／598, 625
ソンナン Sonning ［17c］フランスの徴税請負人／353

タ 行

ダーウィン Darwin, Charles ［19c］英国の地質学者，生物学者／773, 849
ターナー Turner, Joseph Mallord William ［18–19c］英国ロマン主義の画家／393-94
ターレス Thalès ［前7–6c］古代ギリシアで記録に残る最古の自然哲学者，ミレトス学派の始祖，ギリシア七賢人のひとり／45, 49
ダーントン Darnton, Robert ［20c–］米国の18世紀フランス史研究者／607
ダイイ Ailly, Pierre d' ［14–15c］フランスの枢機卿，神学者／147-48
タイラー Tylor, Edward ［19–20c］英国の人類学者／16-17
ダヴィッド David, Augastin ［19c］フランス，ブルターニュ地方サン＝ブリユーの司教／726
ダヴィド・ド・ディナン David de Dinant ［12–13c］ベルギー出身の汎神論哲学者／108
タキトゥス Tacite ［1–2c］古代ローマの歴史家／320
タクシル Taxil, Léo, né Marie Joseph Gabriel-Antoine Jogand-Pagès ［19–20c］フランスの作家，反聖職者主義，反フリーメーソン主義者／494, 738, 753, 762
ダニエル Daniel 旧約聖書『ダニエル書』に登場するユダヤ人男性，キリスト教では預言者とされる／194
ダニエル Daniel, Gabireil ［17c］フランスの聖職者，イエズス会士 ／318
ダニエル＝ロプス Daniel-Rops, Henry ［20c］フランスの宗教史家／334
ダノー Daneau, Lambert ［16c］フランスの法学者，カルヴァン派の神学者／188
ダビデ David ［前11–10c］古代イスラエルの王／468
ダミアニ Damien, Pierre ［11c］イタリアの神学者，ベネディクト会修道士／111
ダミラヴィル Damilaville, Étienne Noël ［18c］フランスの文人，ヴォルテール，ディドロの友人／488, 624
ダムール Damour, Socrate ［18–19c］革命期フランスのジャコバン派活動家／690
ダラキ Daraki, Maria ［20c–］フランスのギリシア史研究家／67, 70-2, 79, 91
ダランベール Alembert, Jean Le Rond d' ［18c］フランスの 数学者，物理学者，百科全書派知識人の中心人物のひとり／489, 555, 598, 624, 628-29, 638, 640-41, 644
タルジェ Target ［18–19c］革命期フランス，北部ノール県リール市の無神論者／687
ダルジャンス Argens, Jean-Baptiste de Boyer d' ［18c］フランスの貴族（公爵），作家

／ 415, 517, 555, 590, 595, 601, 609
ダルジャンソン　Argenson, Marc René de Voyer d'［18c］フランスの貴族（侯爵），国王軍副将軍／ 501, 608, 639
タルマン・デ・レオー　Tallernant des Réaux, Gédéon［17c］フランスの作家，詩人／ 281, 326, 342, 343
ダルマンソン　Darmanson, Jean Marie［17-18c］フランスのデカルト派哲学者／ 362
タロ　Tarot［18-19c］フランス，ナント大学区視学官／ 716
ダンジョー　Dangeau Philippe de Courcillon de［17-18c］フランスの軍人，外交官，回想録作者／ 536
タンタルス　Tantale　ギリシア神話のゼウスの息子／ 75
ダンテ　Dante, Alighieri［13-14c］イタリア，フィレンツェ生まれの詩人，哲学者，政治家／ 114, 172
ダントン　Danton, Georges Jacques［18c］革命期フランスの弁護士，政治家，1793 年以降寛容派を結成しロベスピエールと対立，処刑される／ 694, 705-06, 709
タンピエ　Tempier, Étienne［13c］フランス，パリの司教／ 103-04
ダンマルタン　Dampmartin, Pierre de［16c］フランス，アランソン公の評定官／ 233
チェ・ゲバラ　Che Guevara［20c］アルゼンチン生まれの政治家，革命家，キューバ革命の指導者／ 918
チェージ　Cesi, Federico［16-17c］イタリアの科学者，自然学者／ 370
チェザリーニ　Cesarini, Virginio［16-17c］イタリアの詩人／ 371
チェッコ・ダスコリ　Cecco d'Ascoli［15-14c］イタリアの詩人，学者／ 136, 194
チェルヌイシェフスキー　Tchernychevski, Nikolaï Gavrinovitch［19c］ロシアの革命的民主主義者，哲学者，経済学者／ 829
チャーホフ　Chakhov, Alexandre［19-20c］ロシアのメリエ研究者／ 494
チャブ　Chubb, Thomas［17-18c］英国の理神論作家／ 436, 438
チョーサー　Chaucer, Geoffrey［14c］英国の詩人，代表作『カンタベリー物語』／ 225
チリングワース　Chillingworth, William［17c］英国の国教会牧師／ 434
チルンハウス　Tschirnhaus, Ehrenfried Walter von［17-18c］ドイツの哲学者，数学者／ 286
デ・ザス　Asses, Claude des［16c］フランス，パリの高等法院参事官／ 213
デ・ザス　Des Asses, Ruzé［16c］フランスの高等法院参事官／ 213
デ・ペリエ　Des Périers, Bonaventure［16c］アンリ四世の妃，マルグリトオ・ド・ナヴァルの近従小姓／ 193, 239, 248, 260-61, 263
デ・リュー　Des Rues, François［16-17c］フランスの作家／ 240
デ・ローマ　De Roma［16c］フランスのドミニコ会士／ 212
ディアゴラス（メロスの）　Diagoras de Mélos［前 5c］古代ギリシアの哲学者／ 53, 56-57, 83, 96-98, 201, 303, 376, 396
ディークマン　Diecmann, Herbelt［17c］オランダ，ヴィッテンベルグのルター派の神学者／ 380
ティエール　Thiers, Jean-Baptiste［17-18c］フランスの聖職者，神学者／ 550
ティエリ・ド・シャルトル　Thierry de Chartres［12c］フランスのプラトン学派の哲学者／ 109

ディオゲネス　Diogène d'Apollonie　[前 5c] 古代ギリシアの自然哲学者／57-58
ディオゲネス（オイノアンダの）　Diogène d'Oinoanda　[2c] 小アジアの哲学者，エピクロスの弟子／50
ディオゲネス（シノペの）　Diogène　[前 4c] 古代ギリシア，キュニク（犬儒）派の哲学者，諧謔と機知に富み，「樽のディオゲネス」と言われた／160, 288, 303
ディオゲネス・ラエルティオス　Diogène Laërce　[3c 頃] 古代ギリシアの哲学者，『ギリシア哲学者列伝』の著者／49, 50-51, 58, 79
ディオダーティ　Diodati, Elie　[16-17c] フランスのリベルタン／277, 311
ディオドロス　Diodore　[前 1c] 古代ギリシアの歴史家／69
ディオニシウス・スキュトブラキオン　Dionysios Skytobrachion　[前 2c] 古代ギリシアの神話学者／70
ディオニス・デュ・セジュール　Dionis du Séjour, Pierre-Achille　[18c] フランス，パリ高等法院評定官，天文学者／558
ディオニュソス　Dionysos　ギリシア神話に登場する豊穣とブドウ酒と酩酊の神／69
ディオペイテス　Diopeithès　[前 4c] 古代ギリシア，アテナイの将軍／49, 51-52
ディカイアルコス　Dicéarque　[前 4-3c] 古代ギリシアの哲学者，歴史家，地理学者／70
ディグビー　Digby　[17c] フランスの聖職者，士爵修道会士／245
ティソ　Tissot, Samuel Auguste André David　[18c] スイスの医師，『オナニズム』の著者／610
ティソ・ド・パト　Tyssot de Patot, Simon　[17-18c] フランスの作家／407
ティツィアーノ　Titien　[15-16c] イタリア，ルネサンス最盛期の画家／240
ティテュオス　Tityos　ギリシア神話に登場する巨人／75
ディドロ　Diderot, Denis　[18c] フランスの啓蒙思想家，唯物論哲学者，作家／489, 501, 555, 578-79, 581, 589-91, 598-601, 606, 609, 612-14, 616, 618, 623-25, 630, 638-39, 643, 645, 659-60
ディネ　Dinet, Dominique　[20c-] フランスの宗教史研究家／557-58
ティブルス　Tibulie　[1c] 古代ローマの詩人／216
ティヤール・ド・シャルダン　Teilhard de Chardin, Pierre　[19-20c] フランスのイエズス会士，古生物学者，地質学者，カトリック思想家／904, 918
ティロットソン　Tillotson, Johnr　[17-18c] 英国，カンタベリーの大司教／434
ティンダル　Tindal, Mathieu　[17-18c] 英国の理神論者／439, 443, 517
デヴァロア　Desvalois, Pierre　[20-21c] フランスの 教員労働組合運動活動家，社会党員／879
テーヌ　Taine, Hipolyte　[19c] フランスの哲学者，批評家，文学史家／753, 792, 801
テオドシウス一世，テオドシウス大帝　Théodose 1er, le Grand　[4c] 古代ローマ帝国皇帝／711
テオドレトス（キュロスの）　Théodoret de Cyr　[4-5c] 東ローマ帝国の神学者，司教／97
テオドロス（キレーネの　通称無神論者テオドロス）　Théodore de Cyrène; dit « Théodore l'Athée »　[前 4-3c] 古代ギリシアの哲学者／7, 53, 58-59, 80, 83, 96-98, 486
テオフィロス（コンスタンティノープルの）　Théophile de Constantinople　[9c] 東ロー

マ帝国アモリア王朝第二代皇帝／ 302
テオフラストス　Théophraste ［前 4-3c］古代ギリシアの哲学者，逍遙学派の学頭，博物学者，植物学の祖と呼ばれる／ 46, 59, 387, 394-96
デカルト　Descartes, René ［17c］フランスの哲学者，数学者／ 119, 164, 247, 283, 285-86, 320, 330-31, 334-36, 339, 350, 358-67, 369-72, 380, 393-94, 399, 402-03, 407-09, 411, 431, 437, 439-41, 443-44, 459-61, 463-65, 485, 563-65, 570, 572, 580, 623, 627, 634, 644, 665-66, 901, 953, 980-81
デキウス　Dèce; Gaius Messius Quintus Trajanus Decius ［3c］古代ローマ帝国皇帝／ 87
デグランジュ　Desgranges, Jean-Marie ［19-20c］フランスの聖職者，ブルターニュ，モルビアン県選出国民公会議員／ 762
デシャン　Deschamps, Dom Léger-Marie ［18c］フランスの聖職者，哲学者／ 496, 500-02, 613-14
デジレ　Désiré, Artus ［16c］フランスの聖職者／ 270
デステュット・ド・トラシー　Destutt de Tracy, Antoine ［18-19c］フランスの哲学者，政治家，イデオロギー学の創始者／ 614, 638, 788
デスネ　Desné, Roland ［20c-］フランスの 18 世紀研究者／ 455, 481, 494, 567
デスパール　Despars, Jacques, médecin ［14-15c］フランスの医師／ 316-17
デスピアード・ド・ラ・ボルド　Espiard de La Borde, François Ignace d' ［18c］フランスの科学者／ 498
デズリエール　Deshoulières, Antinette ［17c］フランスの女流作家／ 332, 355
テナール　Thenard, Louis Jacques ［18-19c］フランスの化学者，ゲイ＝リュザックとともにホウ素を発見／ 774
デフィウー　Desfieux, François ［18c］革命期フランスの極左活動家，非キリスト教化運動扇動者／ 693
デボーリン　Deborine, Abram Moiseevich ［19-20c］旧ソ連邦の哲学者，『マルクス主義の旗の下に』誌編集責任者／ 494
デボワ・ド・ロシュフォール　Desbois de Rochefort ［18-19c］フランス，アミアンの司教／ 674
デマデス　Démade ［前 4c］古代ギリシア，アテナイの弁論家／ 59
デメテル　Déméter　ギリシア神話に登場する女神，豊穣神／ 68-69
デメトリオス（ファレロンの）　Démétrios de Phalère ［前 4-3c］古代ギリシア，アテナイの弁論家／ 59, 68
デモクリトス　Démocrite ［前 5-4c］古代ギリシアの哲学者，レウキッポスを師として原子論を確立／ 47-49, 56, 62, 76, 121, 172, 218, 238, 247, 303, 371, 373, 387, 392, 635, 826, 979
デュ・アメル　Amel, Jean du ［17c］フランス，ソルボンヌ大学教授／ 363
デュ・アルド　Du Halde, Jean-Baptiste ［17-18c］フランス，イエズス会聖職者，歴史家／ 415
デュ・カンジュ　Du Cange, Charles du Fresne ［17c］フランスの歴史家，言語学者，哲学者／ 423
デュ・ゲクラン　Du Guesclin, Bertrand ［14c］フランス百年戦争期の大軍団（外人傭兵隊）隊長／ 144

デュ・テルトル　Du Tertre, Rodolphe　[18–19c] フランスのイエズス会士／414
デュ・パン　Du Pan, Jacques Mallet　[18–19c] スイスのジャーナリスト，政治扇動家／629
デュ・ファーユ　Du Fail, Noël　[16c] フランスの法曹家，作家／219
デュ・ベレー　Du Bellay, Joachim　[16c] フランスの詩人／179
デュ・ペロン　Du Perron, Jacques　[16c] フランスの枢機卿／158
デュ・ロンデル　Du Rondel, Jacques　[17c] スイス，カルヴァン派の牧師／349
テューバーヴィル・ニーダム　Turberville Needham, John　[18c] 英国の物理学者／405
デュアメル　Duhamel　[19–20 c] フランスの元聖職者，自由思想家／792
デュアメル　Duhamel, Georges　[19–20c] フランスの小説家／928
デュイレ・ド・サン＝プロジェ　Duilhé de Saint-Projet, Marc-Antoine-Marie-François [19c] フランスの聖職者／778
デュヴァル＝ル＝ロワ　Duval-Le-Roy, Nicolas Claude　[18–19c] フランスの数学者，海洋測量技師／725
デューイ　Dewey, John　[19–20c] 米国の哲学者，教育改革者，パース，ジェームズと並ぶプラグマティズムの代表者／880
デュヴェルネ　Duvernet, Théophile-Imarigeon　[18c] フランスの聖職者，『ヴォルテールの生涯』の著者／597
デュヴォワザン　Duvoisin, Jean-Baptiste　[17–18c] フランスの高位聖職者／612
デューラー　Dürer, Albrecht　[14–15c] ドイツの画家／267
デュカストリエ　Ducastelir, Adrien-Louis　[18–19c] フランス，イル＝ド＝フランス地方フルクーの司祭／685
デュクロ　Duclos, Charles Pinot　[18c] フランスの作家，歴史家／544, 559, 563, 601
デュパンルー　Dupanloup, Félix Albert Philippe　[19c] フランスの司教，神学校教師，ジャーナリスト／715, 757, 800
デュピュイ　Dupuy, Jacques　[16–17c] フランスのリベルタン／278
デュピュイ　Dupuis, Charles-François　[18–19c] フランスの碩学，科学者，政治家／636, 646, 690, 729, 787-88
デュピュイ　Dupuy, Pierre　[16–17c] フランスのリベルタン／278
デュプレオー＝プラテオリュス　Dupréau-Prateolus, Gabriel　[16c] フランスの神学者，哲学者／179-80
デュプレシー＝モルネ　Duplessis-Mornay, Philippe de　[16–17c] フランス，ユグノー派の指導者／233-37, 296
デュフレス　Dufresse　[18–19c] 革命期フランス北部ノール県リール市の無神論者／687
デュボー　Duveau, Georges　[20c] フランスの歴史家，社会学／732
デュボワ　Dubois, Guillaume　[17–18c] フランスの聖職者，政治家／498
デュポン・ド・ヌムール　Dupont de Nemours, Pierre Samuel　[18–19c] フランス出身の企業家，経済学者，米国の外交官／590
デュムーラン　Dumoulin, Pierre　[16–17c] フランス，プロテスタントの神学者／240
デュモン　Dumond, André　[18–19c] フランス，ピカルディー地方ソンム県の派遣議員／562, 688
デュラン　Durand, Guillaume　[13c] フランス，マンドの司教／142

デュルケム　Durkheim, Émile ［19–20c］フランスの社会学者／16, 18-19, 39, 789-91, 984-85
テュルタン　Turretin, François ［17–18c］スイス，ジュネーヴ大学神学部教授／534
テュルメル　Turmel, Joseph ［19–20c］フランスの聖職者，宗教史家／98, 769, 781, 785, 786
テュレンヌ　Turenne, Henri de la Tour d'Auvergne-Bouillon ［17c］フランスの貴族（子爵），将軍／340
テラソン　Terrasson, Jean ［17–18c］フランスの聖職者，文人／498
テルトゥリアヌス　Tertullien ［2c］カルタゴ出身のキリスト教神学者，キリスト論，三位一体論をはじめて系統的に論じた／146
デルベーヌ　Elbène, Alexandre d' ［17–18c］フランスの軍人／343
デルベロ　Herbélot, Barthélemi d' ［17–18c］フランス国王付き東方語公設通訳／417
テレージオ　Telesio, Bernardino ［16c］イタリアの哲学者／244, 351, 371, 410
テレーズ（幼きイエスの）　Thérèse de l'Enfant-Jésus; Maire-Françoise Thérèse Martin ［19c］フランス，カルメル会修道女，カトリックの聖人，ジャンヌ・ダルクの再来と言われた／746
テレサ　Thérésa, mère ［20c］カトリック教会修道女，「神の愛の宣教者会」創設者／746
テレンティウス　Térence ［前 2c］古代ローマの劇作家／81
デロッシュ　Desroche, Henri ［20c］フランスの社会学者，神学者／734
テンドリィヤーコフ　Tendriakov ［20c］旧ソ連邦の作家／870
ド・コセ　De Cossé, Charles II ［16–17c］フランス，アンリ四世治下の元帥／183
ド・デファン夫人　Deffand, Madame de ［17–18c］フランスの書簡作家，サロンの主催者／626
ド・ファーユ　De Fail, Noël ［16c］フランス西部　ド・ラ・エリサーユの領主，法学者，作家／219
ド・プラード　Prades, Jean-Martin de ［18c］フランスの神学者，『百科全書』寄稿者／415, 607
ド・レトワール　De L'Estoile, Claude ［16c］フランス王立図書館書記／261
ド・レトワール　De L'Estoile, Pierre ［16–17c］フランスの回想記作家／266
トゥー　Thou, François-Auguste de ［17c］フランスの国王諮問官，司法官／278
トゥーロン　Touron, Antoineé ［17–18c］フランスのドミニコ会士，伝記作者，歴史家／593-94
トゥキディデス　Thucydide ［前 5–4c］アテナイの歴史家／68
トゥサン　Toussaint, François-Vincent ［18c］フランスの弁護士，文人／606
トゥセル　Toussaert, Jacques ［20c］フランスの宗教史家／143
ドゥプラン　Deprun, Jean ［20c–］フランスの 18 世紀研究家／381
ドゥフレ　Deffay, Claude ［16c］フランスの検事／188
トゥリー　Toully, Antoine de ［17–18c］フランス，エトレピニーの領主／481
ドゥリール・ド・サル　Delisle de Sales, Jean-Baptiste-Claude ［18–19c］フランスの出版業者，哲学者／531, 590
トゥルヌミンヌ　Tournemine, René-Joseph ［17–18c］フランス，イエズス会士／415,

422, 459
ドエノー　Déhénault, Jean　[17c] フランスのリベルタン／354
ドービニャック　Aubignac, d'　[16–17c] フランスの聖職者／282
トーマス　Thomas, Keith　[20c] 英国，ウェールズの歴史家／38-39, 133
トーランド　Toland, John　[17–18c] アイルランドの自由思想家／424, 436-38, 441, 443, 517, 571
トーリサーノ　Taurisano　[17c] イタリア，ナポリの貴族（公爵）／375
トカンヌ　Tocanne　[20c] フランスの近世思想史家／311
ドクルー　Decloux, Simon　[20c] フランスの聖職者，イエズス会士／3
ドゴール　De Gaulle, Charles　[19–20c] フランスの陸軍軍人，政治家，フランス第五共和政初代大統領／882
ドストエフスキー　Dostoïevski, Fiodor Mikhaïlovitch　[19c] ロシアの小説家，思想家／973
ドーティエ・ド・サン＝ソヴール　Dauthier de Saint-Sauveur　[18–19c] フランス，オーヴェルニュ地方ル・ピュイの聖堂区参事会員／680
ドニーズ　Denyse, Jean　[17–18c] フランス，モンテスキューが学んだコレージュの哲学教師／403
ドノナン　Denonain, Jean-Jacques　[20c] ポーランドの歴史家／232
トビア　Tobie　旧約聖書『トビト記』に登場するイスラエル人トビトのひとり息子／298, 300, 306
トマ・ド・カンタンプレ　Thomas de Cantimpré　[13c] ベルギーの神学者，カトリックの聖人伝作家／115
ドマール　Daumard, Adeline　[20–21c] フランスの近代史研究者／730
トマサン　Thomassin, Louis　[17c] フランスのオラトリオ会士，神学者／413
トマジーニ　Tomasini, Giacomo Filippo　[17c] イタリアの大司教，文人，歴史家，メルセンヌの文通者／243
トマジウス　Thomasius, Christian　[17–18c] ドイツの哲学者，法学者／286, 358
トマス・アクィナス　Thomas d'Aquin　[12c] 中世スコラ学の代表的神学者，カトリックの聖人／106-07, 118-19, 162
トムスン　Thompson, Edward Palmer　[20c] 英国の社会史学者，社会主義者，平和活動家／733
トムソン　Thomson, Ann　[20c–] フランスの 18 世紀思想史研究者／571
トムソン　Thomson, John　[20c] 英国の歴史家／132
ドモチョウスキー　Dmochowski　[18–19c] ポーランドの貴族（公爵），ジャコバン派政治家／535
トラシュマコス　Thrasymaque　プラトン『国家』に登場する論者／68
トリアッティ　Togliatti, Palmiro　[19–20c] イタリア共産党の指導者／918
ドリヴィエ　Dolivier, Pierre　[17–18c] フランスの聖職者，『実践的説教』(1791) の著者／685
トリスタン　Tristan. Flora　[19c] フランスの社会主義者，フェミニスト／809
トリニウス　Trinius, Carl Bernhard von　[18–19c] ドイツの植物学者／534
トリボニアヌス　Tribonien　[6c] ビザンティン帝国の法学者／486

ドリュモー　Delumeau, Jean　[20c] フランスのキリスト教史家／92, 126, 149, 187, 949, 960
トルイエ　Trouiller, Joseph　[16–17c] フランスの医師／277
ドルトゥス・ド・メーラン　Dortous de Mairan, Jean-Jacques　[17–18c] フランスの数学者，天文学者，地球物理学者／563
ドルバック　Holbach, Paul-Henri Thiry, d'　[18c] ドイツ出身の貴族（男爵），フランスで活躍した唯物論哲学者／232, 443, 489, 493-94, 535-36, 567, 569, 581, 589-91, 595, 598-99, 602, 607, 614-15, 624, 628, 630-34, 636-38, 640-41, 645, 656, 659, 662-64, 666, 668-69, 813-14, 980
トレ　Tollet　[18–19c] フランス中部アン県の非キリスト教化運動推進者，元司祭／687
ドレ　Dolet, Étienne　[15c] フランスルネサンス期のラテン語学者，翻訳家，印刷・出版業者，人文主義者／166, 210, 248, 260, 755
ドレイパー　Draper, John Wiliam　[19c] 米国の科学者，哲学者，医師／775
トレーズ　Thorez, Maurice　[20c] フランスの政治家，フランス共産党書記長／867, 869
ドリュー　Drews, Christian Heinrich Arthur　[19–20c] ドイツの哲学者，著作家，しばしばニーチェを批判／788
トレモンタン　Tresmontant, Claude　[20c] フランスの中世哲学，科学哲学史家／47, 782, 784, 786, 887-89
ドレンヌ　Derenne, Eudore　[20c] ベルギーの思想史家／50
トロサン　Tolosain, Antoine　[16–17c] フランスの説教師／222
ドロドン　Derodon, David　[17c] フランスのカルヴァン派神学者，哲学者／288, 290
ドロフル　Deloffre, Frédéric　[20–21c] フランスの 18 世紀文学研究者／567
ドロン　Delon, Pierre　[20c] フランス労働総同盟（CGT）書記長／869
トロンサン　Tronchin, Théodore　[18c] フランス王室筆頭侍医／596
ドゥンス・スコトゥス　Duns Scot, John　[13c] スコットランド生まれの神学者，哲学者，トマス・アクィナス後のスコラ学の継承者／120

ナ 行

ナヴェ　Navez, Napoléon　[19–20c] ベルギーの自由思想家／750
ナッサウ　Nassau, Maurits von　[16–17c] オランダ提督，オランエ公／386
ナポレオン　Napoléon, Eugène Louis Jean Joseph Bonaparte, dit Louis-Napoleeon　[19c] フランス第二帝政期の皇太子／709-800
ナンシー　Nancy, Jean-Luc　[20c] フランスの哲学者／970
ナンセル　Nancel, NIcolas de　[16c] フランスの医師，人文学者／181
ニーヴァンティェト　Nieuwentyt, Bernard　[17–18c] オランダの医師，数学者／660
ニーチェ　Nietzsche, Friedrich　[19–20c] ドイツの哲学者，詩人／669, 813, 837, 842, 844, 845, 847-48
ニヴェ　Nivet　[18–19c] 革命期フランス，北部ノール県リール市の無神論者／687
ニカノール（キプロスの）　Nicanor de Chypre　[前 3c] オリエント国家エラム（スシアナ）の太守／70, 98
ニケーズ　Nicaise, Claude　[17–18c] フランス，ディジョン司教座聖堂参事会員，ベール

やライプニッツなどの学者との文通で知られる／363
ニコラ・ド・クラマンジュ　Nicolas de Clamanges ［14-15c］フランスの神学者／142-43, 147
ニコラウス（オートルクールの） Nicolas d'Autrecourt ［14c］フランスの唯名論哲学者／121
ニコル　Nicole, Pierre ［17c］フランス，ジャンセニスムの主要な論客のひとり／340, 420, 627
ニコレスク　Nicolescu, Basarab ［20c-］ルーマニア出身のフランスの物理学者／954-55
ニスロン　Niceron. Jean-Pierre ［17-18c］フランスの作家，資料編纂者／245, 258
ニフス（ニーフォ） Niphus; Agostino Nifo ［15-16c］イタリアの哲学者／163
ニュートン　Newton, Isaac ［17-18c］英国の数学者，物理学者／399-401, 425, 434, 444, 462, 628, 660, 914
ニュービギン　Newbigin, Leslie ［20c-］米国の神学者／898
ヌフシャトー　Neufchâteau, Nocolas François de ［18-19c］フランスの作家，政治家，農学者／699
ヌマ・ポンピリウス　Numa Pompilius ［前 8-7c］伝説的な古代ローマ第二代の王／241
ネージョン　Naigeon, Jacques-André ［18c］フランスの啓蒙思想家／232, 489, 493, 567, 638, 677, 678
ネスティス　Nestis　ディオゲネス・ラエルティオスの『ギリシア哲学者列伝』,「エンペドクレス」項中で水のたとえとして言及されるギリシア神話の神／47
ネッケル　Necker, Jacques ［18-19c］ジュネーヴ出身のフランス革命前のフランス王国の銀行家，政治家／597
ネルヴァル　Nerval, Gérard de ［19c］フランスのロマン派詩人／928
ノア　Noé　旧約聖書『創世記』に登場するノアの方舟で有名な人物／8, 237, 419, 421, 775, 780
ノアーユ　Noailles, Adrien Maurice de ［17-18c］フランスの貴族（公爵）／385
ノアーユ　Noailles, François de ［17-18c］フランスの貴族（公爵），将軍／488
ノース　North, Frederick ［18c］英国の貴族（侯爵），大英帝国首相／385
ノーデ　Naudé, Gabriel ［17c］フランスの王立図書館司書，リベルタン／243, 277, 281, 312, 320-22, 384, 486, 635, 762
ノーデ　Naudet, Paul ［19-20c］フランスの聖職者，キリスト教民主主義運動の指導者 ⊠
ノジャン＝ボートリュ（夫人） Nogent-Bautru, Madame de ［17c］フランスの貴族／343-44
ノディエ　Nodier, Charles ［18-19c］フランスの小説家，フランス幻想小説の祖／493

ハ 行

バークリ　Berkeley, George ［17-18c］アイルランドの哲学者，聖職者／400, 440-41
パーシャル　Purshall, G. ［17-18c］英国の医師／410
バータイア　Bertier, Charles ［17c］英国の作家／390
ハーディ　Hardy, Thomas ［19-20c］英国の作家，詩人／928-30
バートン　Burton, Robert ［17c］英国の医師／304-05

バーネット　Burnet, Thomas　[17–18c] 英国の聖職者，地理学者／ 334, 425, 433-34
ハーマン　Hamann, Johann Georg　[18c] ドイツの哲学者，文学者／ 586
バイエ　Bayet, Albert　[19–20c] フランスの社会学者／ 875
ハイデッガー　Heidegger, Martin　[19–20c] ドイツの哲学者，フッサールの現象学の継承者／ 898, 904-05
ハイネ　Heine, Heinrich　[18–19c] ドイツの詩人，批評家／ 713-14
ハイヤーム　Khayyâm, Omar　[11–12c] セルジューク朝ペルシアの学者，詩人／ 100
パイヨ　Payot, François de Liniéres　[17–18c] フランス中部リニエールの領主，詩人，最後のリベルタン／ 354-55
バウアー　Bauer, Bruno　[19c] ドイツの神学者，哲学者，青年ヘーゲル派の代表的な存在／ 788, 815, 831
パウロ　Paul　[1c] 初期キリスト教の伝道者，カトリックの聖人／ 85-87, 135, 157, 166, 173, 469, 641, 705-06
パウロ五世　Paul V　[16–17c] ローマ教皇／ 377
パウロ六世　Paul VI　[20c] ローマ教皇／ 872, 877, 880, 895
バーテンス　Baetens, Roland　[20c–] オランダの宗教史家／ 546
パガニーニ　Paganini, Gianni　[20c–] イタリアの哲学者／ 279, 282
バクーニン　Bakounine, Michel　[19c] ロシアの思想家，哲学者，無政府主義者，革命家。元正教徒で無神論者／ 795
バクスター　Baxter, Richard　[17c] 英国，清教徒の牧師，神学者／ 226
バクストン　Buxton, John　[17c] 英国の政治家／ 391
ハクスレー　Huxley, Julian Sorel　[19–20c] 英国の生物学者，ヒューマニスト／ 874
ハクスレー　Huxley, Thomas Henry　[19c] 英国の生物学者，「ダーウィンの番犬」の異名で知られ，「不可知論」の用語を作る／ 926
ハグノニデス　Hagnonidès　[前 4c] アテナイの民主制指導者／ 59
バサール　Basalù, Giulio　[16c] イタリアの修道士／ 165
バザン　Basin, Louis　[16–17c] フランスの医師／ 316
バショーモン　Bachaumont, Louis Petit de　[17–18c] フランスの作家／ 313, 499, 573
パスカル　Pascal, Blaise　[17c] フランスの哲学者，数学者，宗教家／ 282-83, 286, 297, 333, 339-40, 348, 352, 355, 356, 361, 365, 369-70, 627, 911, 928
パストゥール　Pasteur, Louis　[19c] フランスの生化学者，近代細菌学の祖／ 774
バソンピエール　Bassompierre, François de　[16–17c] フランスの聖職者／ 278
パタン　Patin, Guy　[17c] フランスの医師，作家／ 277, 281, 283, 318, 320, 328-29, 340, 384, 635
バッコス　Bacchus　ローマ神話のブドウ酒の神，ギリシア神話のディオニューソス／ 69
バッソ　Basso, Sébastien　[17–18c] フランス出身のスイスの物理学者，自然学者／ 373
バディウス　Badius, Conrad　[16c] フランスの印刷業者／ 158
バトウスキー　Batowski　[18–19c] ポーランド，ジャコバン派の政治家／ 535
バトラー　Butler, Samuel　[17c] 英国の風刺詩人／ 439
パナ　Panat　[16c] フランスの貴族（男爵），ヴァニーニの弟子／ 303, 343
バニー　Bagny　[16–17c] フランスの枢機卿／ 321
バニャン　Bunyan, John　[17c] 英国の伝道師／ 226

ハモント　Hamont, Matthew　［16c］英国の農耕用有輪車製造職人，イエスの神性を否定して火刑死／225
ハラー　Haller, Albrecht von　［18c］スイスの医師，詩人，博物学者／610, 623
パラケルスス　Paracelse　［15–16c］スイスの医師，錬金術師／171
パラティーヌ　Palatine, Élisabeth-Charlotte Bavière; dit « princesse Palatine　［16–17c］ルイ十四世の弟フィリップ・ドルレアンの妃，ドイツに住み多くの文人と文通／332-33, 537-38, 589
バラム　Balaam　旧約聖書『民数記』に登場する占い師／300
パラン（ビア）　Parent, Bias; né Jean-François Parent　［18–19c］革命期フランスの赤色司祭／684, 687-88
パラン・デ・クテュール　Parrain des Coutures, Jacques　［17–18c］フランスの貴族（男爵），作家，翻訳家／349
バランシュ　Ballanche, Pierre-Simon　［18–19c］フランスの作家，哲学者／806
パリ　Paris, Yves de　［17c］フランスの聖職者／290
パリ　Paris, François de　［17–18c］フランスの助任司祭，ジャンセニスト，死後埋葬された墓地は「サン＝メダーユの奇蹟」の舞台となった／557
バリ　Bary, René　［17c］フランスの修史官，修辞学者／364
ハリオット　Hariot, Thomas　［15–16c］英国の数学者，天文学者／227
パリス　Paris, Athanase　［18–19c］南仏アルルの非キリスト教化運動推進者，元司教／684, 687
ハリス　Harris, John　［17–18c］英国国教会牧師，作家，科学者／439
パリンジェニウス　Palingenius; né Oier-Angelo Manzolli　［16c］イタリアの医師，詩人，哲学／384
バルーフ　Barrough, Peter　［17c］英国の医師／304
バルザック　Balzac, Honoré de　［18–19c］フランス，19 世紀を代表する小説家／803
バルザック　Balzac, Jean Louis Guez de　［16–17c］フランスの文人／306, 309, 330
バルディジャーニ　Baldigiani, Antonio　［17c］イタリア，教皇庁顧問神学者／372
ハルトゼッカー　Hartsoeker, Nicolas　［17–18c］オランダの生物学者，物理学者／405
ハルトマン　Hartmann, Karl Robert Eduard von　［19–20c］ドイツの哲学者／836, 841
ハルトマン　Hartmann, Nicolaï　［19–20c］ドイツの哲学者，フッサールの影響下に独自の批判的存在論を展開／905
バルナバ　Barnabé　新約聖書『使徒言行録』に登場する初期キリスト教会メンバー／135
バルビエ　Barbier, Edmond Jean François　［17–18c］フランス，パリ高等法院弁護士，回想記作家／620
バルビュス　Balbus　［前 1c］古代ローマの軍人／69
バルブ　Barbe, Michel　［20c］フランスの自由思想家，アルプ・オートプロヴァンス県自由思想家グループ連合副執行委員長／945
バルベー・ドールヴィイ　Barbey d'Aurevilly, Jules　［19c］フランスの小説家／711
パルメニデス（エレアの）　Parménide　［前 6–5c］古代ギリシアの哲学者／7, 46-47, 108
バレ　Baret　［18–19c］南仏プロヴァンス地方ヴィトロールの司祭／683
パレ　Paré, Ambroise　［16c］フランスの外科医，解剖学者／188, 192

パローディ　Parodi, Dominique　［20c］フランスの哲学者／ 818
バロデ　Barodet　［19-20c］フランスの元神学生，自由思想家／ 792
パンクック　Panckouke, Charles Joseph　［18c］フランスの作家，出版業者／ 493
パンタール　Pintard, René　［20c］フランスの思想史家／ 162, 311, 317
ビアンキ　Bianchi, Serge　［20c-］フランス，レンヌ大学教授，フランス革命史研究家／ 684
ピウス九世　Pie IX　［19c］ローマ教皇，第1バチカン公会議を召集し，『誤謬表』を発表して近代社会との決別を宣言／ 149-50, 738, 785
ピウス十世　Pie X　［19-20c］ローマ教皇，のちに列聖／ 149, 150, 786
ピエール・デ・ヴィーニュ　Pierre des Vignes　［12c］神聖ローマ皇帝フリードリヒ二世の書記官／ 114
ピエラール　Pierrard, Pierre　［20-21c］フランスの歴史学者／ 734
ヒエロニムス　Jérôme　［4-5 c］ダルマティア出身の初代ローマ教会教父，カトリック教会唯一の公認聖書『ブルガタ』を作成／ 254
ヒエロン二世　Hiéron　［前 5c］第二次ポエニ戦争時のシラクサの僭主／ 83
ビオン（ボリュステネスの）　Bion de Borysthène　［前 3c］古代ギリシア，キニク学派の哲学者／ 80
ピカール　Picard, Marcel　［20c］フランス，セーヌ＝サン＝ドニ県バグノレの共産党活動家，歴史家／ 869
ピクト　Poctet, Bénédict　［17-18c］スイス，ジュネーヴ大学神学部教授／ 534
ピグレー　Pigray, Pierre　［16c］フランスの医師／ 191
ピコ・デ・ラ・ミランドラ　Pic de La Mirandole, Jean　［15c］イタリア，ルネサンス期の哲学者／ 516
ピコ＝ベロック　Picot-Belloc　［18-19c］革命期フランスの分遣隊長／ 689
ピション　Pichon, Thomas　［18c］フランスのブルジョワ，18 世紀の反宗教地下文書の収集家／ 490
ビスカッツァ　Biscazza, Girolamo　［16c］イタリアの貴族，無神論の嫌疑で火刑死／ 167-68
ピタゴラス　Pythagore　［前 6-5c］古代ギリシアの数学者，哲学者／ 10, 63, 589
ピダンサ・ド・メロベール　Pidansat de Mairobert, Mathieu-François　［18c］フランスの雑文家／ 607
ピッシーニ　Pissini, Andrea　［17c］イタリア，オリベト修道会神父／ 372
ヒッポダモス　Hippodamos　［前 5c］古代ギリシアの建築家，数学者／ 80
ヒッポン（メロスの）　Hippon de Mélos　［前 5c］古代ギリシアの自然哲学者／ 98
ヒッポン（レギウムの）　Hippon de Rhégium　［前 5c］古代ギリシアの自然哲学者／ 59
ビトー　Bitaud, Jean　［16-17c］フランスの化学者／ 319, 373
ピトドロス　Pythodoros　［前 5-4c］古代ギリシア，エレアのゼノンの弟子／ 50
ピナール　Pinard　［18c］フランス，ブルゴニュー地方ニトリの司祭／ 498
ピノー　Pinault　［18-19c］フランス，パリのサン＝シュルピス神学校数学科教授／ 781
ヒポクラテス　Hippocrate　［前 4-3c］古代ギリシアの医師／ 162, 265
ピュイ＝エルボ　Puy-Herbault, Gabriel de　［17c］フランスパリ大学神学部博士，フォントヴロー修道会士／ 157

ビュイソン　Buisson, Ferdinand Edouard　［19-20c］フランス公教育省視学官，大学人，プロテスタント牧師，平和主義者，政治家，1914年から1926年までフランスの非政府組織「人権同盟」の代表／741-42, 750, 757, 759, 775, 796, 972
ヒューム　Hume, David　［18c］スコットランド出身の哲学者，歴史学者，政治思想家／431, 443, 581-82, 583
ビュシー（夫人たち）　Bussy, Mesdemoiselles de　［17c］フランスの貴族，ビュシー伯爵の娘たち，詩人／365
ビュッソン　Busson, Henri　［20c］フランスの宗教思想史家／155, 162, 182, 232, 270, 311
ビュヒナー　Büchner, Ludwig　［19c］ドイツの医師，自然科学者，ドイツ自由思想家同盟を創設／756, 794, 849, 942
ビュフィエ　Buffier, Claude　［17-18c］フランスのイエズス会士，歴史・文法・哲学の著作を書く／414
ビュフォン　Buffon, Georges Louis Leclerc　［18c］フランスの博物学者，数学者，植物学者／575, 639, 660
ビュルヌフ　Burnouf, Eugène　［19c］フランスの言語学者，インド学者／788
ビュルマン　Burman Frans　［17-18c］オランダ人の物理学者，デカルトとの『対話』で知られる／359
ピュロン　Pyrrhon　［前4-3c］古代ギリシア，エリス出身の哲学者，懐疑論者／87, 291, 322-23, 341, 419, 517
ピラトゥス　Pilate, Ponce　［1c頃］ローマ帝国第5代ユダヤ属州総督／474
ヒル　Hill, Nicolas　［17c］英国の原子論哲学者／371, 387
ヒルト　Hiorth, Finngeil　［20c］ノルウェーの哲学者／39
ファーヴル　Favre, Robert　［20-21c］フランスの文学史研究家／588, 591, 596, 601
ファール　Phares, Simon de　［15c］フランスの天文学者／193-94, 353
ファブロ　Fabro, Cornelio　［20c］イタリアのカトリック聖職者，哲学者／87-88, 94, 427, 922
ファリナータ・デグリ・ウベルティ　Farinata degli Uberti　［13c］イタリア，フィレンツェの将軍／114
ファルー　Falloux, Alfred de　フランスの貴族（伯爵），歴史家，政治家／777
ファルネーゼ　Farnèse, Alexandre　［16c］イタリアの貴族（公爵），パルマ公およびピアチェンツァ公／269
ファン・ヘルモント　Van Helmont, Jean-Baptiste　［16-17c］フランドルの医師，化学者，錬金術師／347
フィアメンゴ　Fiamengo　［20c］旧ユーゴスラヴィアの宗教社会学者／870
ブイエ　Bouhier, Jean　［17-18c］フランス，ディジョン高等法院長／488
フィギエ　Figuier, Richard　［20c-］フランスの宗教史研究者／969
フィチーノ　Ficin, Marsile　［15c］イタリア，ルネサンス期の指導的プラトン主義哲学者／234
フィヒテ　Fichte, Johann Gottlieb　［19-20c］ドイツの哲学者／587
ブイヨン　Bouillon　［17c］フランスの貴族（士爵），リベルタン／353
ブイヨン（公爵夫人）　Bouillon, duchesse de　［17-18c］フランスの貴族，宰相マザランの姪／353

フィロデモス　Philodème　［前 2–1c］シリア出身のエピクロス派哲学者／ 57
フィンドレー　Findlay, John Niemeyer　［20c］南アフリカ出身の米国の哲学者／ 908
フーコー　Foucault, Jean　［15c］フランスのコルドリエ会修道士／ 131
フーコー　Foucault. Michel　［20c］フランスの思想家／ 899
ブーシェ　Bouchet　［18–19c］フランス，ガール県の司祭／ 680
ブーシェ　Boucher, Jean　［16c］フランスの神学者，カトリック同盟のメンバー／ 287, 290
フーシェ　Fouché, Joseph　［18–19c］フランス革命，第一帝政，復古王政期の政治家／ 676, 686, 688, 690, 698-99
フート　Voët, Gilbert; Voetius, Gisbertus　［16–17c］オランダの神学者，デカルトの論敵／ 358, 380
プーフェンドルフ　Pufendorf, Samuel von　［17c］ドイツの法学者／ 357, 423
プーラン・ド・ラ・バール　Poulain de la Barre, François　［17–18c］フランスのデカルト派哲学者，フェミニスト／ 364
ブーランヴィリエ　Boulainvilliers, Henri de　［17–18 c］フランスの歴史家，天文学者／ 366, 368, 413, 416-17, 558, 563, 570, 595
ブーランジェ　Boulanger, Nicolas-Antoine　［18c］フランスの技師，文人，哲学者／ 489, 535, 595, 612, 646
フーリエ　Fourier, Charles　［18–19c］フランスの社会思想家，空想的社会主義の代表者／ 809
ブールハーフェ　Boerhaave, Hermann　［17–18c］オランダの医師，物理学者／ 411, 643
ブーロー＝デランド　Boureau-Deslandes, André-François　［17–18c］フランスの科学者，作家／ 569, 598-99
フェーヴル　Febvre, Lucien　［19–20c］フランスの近代史家／ 94-95, 155-57, 159-60, 174, 178, 186, 240
フェステュジエール　Festugière, André-Jean　［19–20c］フランスの哲学者，ドミニコ会士／ 73
フェヌロン　Fénelon; né François de Salignac de La Mothe-Fénelon　［17–18c］フランスの神学者，作家／ 350, 367, 404, 459, 465, 482, 486, 574, 716
フェリーニ　Fellini, Federico　［19–20c］イタリアの映画監督／ 937
フェリックス　Félix, Célestin Joseph　［19c］フランス，イエズス会聖職者，説教師／ 771
フェリポー　Phélypeaux, Jacques-Antoine　［17–18c］南仏ロデーヴの司教／ 538
フェルテ　Ferté, Jeanne　［20c］フランスの思想史家／ 348
フェルネル　Fernel, Jean　［15–16c］フランスの天文学者，数学者，医師／ 304
フェレール　Feller, François-Xavier de　［18–19c］ベルギー，イエズス会の論客／ 595
フェレ　Ferré, Léo　［20c］モナコ出身の詩人，シャンソン歌手／ 879
フォイエルバッハ　Feuerbach, Ludwig Andreas　［19c］ドイツの哲学者，青年ヘーゲル派の代表／ 788, 818-19, 822-27, 829, 884
フォークト　Vogt, Augusut Christoph Carl　［19c］ドイツ出身のスイスの博物学者，医師／ 756, 849
フォークランド　Falkland　［17c］英国の貴族（士爵）／ 387
フォール　Faure, Sébastien　［19–20c］フランスの元神学修練性，無政府主義者／ 763,

792
フォシウス　Vossius, Isaac ［16-17c］スウェーデン，クリスティーナ女王の教授，宮廷司書官／386
フォックス　Foxe, John ［16c］英国の宗教家，プロテスタント迫害の歴史『殉教者伝』の著者／226
フォックス　Fox, Robin Lane ［20c-］英国の古代ギリシア・ローマ史研究者／87
フォルタン・ド・ラ・オゲット　Fortin de La Hoguette, Philippe ［16-17c］フランスの聖職者，ロングヴィル公の説教師／325
フォレスティ　Foresti, Antonio ［17-18c］イタリアの聖職者／422
フォワ　Foix ［17c］フランスの貴族（公爵），ヴォルテールの悲劇『アメリー，あるいはフォワ公』で知られる。／353
フォワニィ　Foigny, Gabriel de ［17c］フランスのユートピア小説家／350
フォンタニエ　Fontanier, Jean ［17c］フランスの神秘思想家，リベルタン，パリで火刑死／289
フォントネル　Fontenelle, Bernard Le Boner de ［17-18c］フランスの文人／29, 408, 426, 443, 544, 623, 634, 980
フォントラーユ　Fontrailles, Louis d'Astrac ［17c］フランスの陰謀家／313
フォンペリュテュイ　Fontpertuis ［17c］フランスの貴族（子爵），ジャンセニスト，フォンペリュテュイ夫人の息子／356
ブシャール　Bouchard, Jean ［17c］フランス，プリエール修道院司祭／560-61
ブシャール　Bouchard, Jean-Jacques ［17c］フランスの著作家／312
フス　Hus, Jan ［14, 15c］ボヘミア出身の宗教思想家，宗教改革者／149
フック　Hooke, Robert ［17-18c］英国の自然哲学者，博物学者／425
ブッシェ　Bouchet, Guillaume ［16c］フランスの文人／191
仏陀　Bouddha　仏教用語，仏陀（ブッダ）は仏ともいい，悟りの最高の位「仏の悟り」を開いた人を意味する，基本的には仏教を開いた釈迦ひとりを仏陀とする／705, 829, 846, 859
プッチ　Pucci, Francisco ［16c］イタリア，フィレンツェの思想家／244
ブッデウス　Buddeus, Johann Franz ; Jean Pierre ［17-18c］ドイツのルター派神学者／399, 613
ブトー　Boutauld, Michel ［17c］フランスの聖職者／292
フドリィア　Foudriat, Antoine　フランス，ブルゴニュー地方，サシーの司祭／498-99
ブニュエル　Bünuel, Luis ［20c］スペイン出身の映画監督，脚本家，俳優／879, 937
ブノワ　Benoist, Elie ［17-18c］フランスの歴史家，プロテスタントの伝道師／415
ブハーリン　Boukharine, Nikolai ［19-20c］ロシアの革命家，経済学者／858
ブルヒャルト（ホルムスの）　Burchard de Worms ［11c］ドイツの司教／143
プファイスター　Pfister, Oskar ［19-20c］スイスの牧師，教育学者／850
プファイファー　Pfeiffer, August ［17-18c］神聖ローマ帝国，ザクセン＝ラウエンブルグ公国の聖職者，東方学者／358
フュメ　Fumée, Antoine ［16c］フランスの貴族，政治家，国王私設諮問官／180, 203
フラ・サリンベーネ（アダムのサリンベーネ）　Fra Salimbene (Salimbene de Adam) ［13c］イタリアのフランシスコ会修道士／114

ブラール　Boulard, Fernand　[19-20c] フランスの社会学者，ガブリエル・ル・ブラの協力者，司教座聖堂参事会員／921
ブライト　Bright, Timothy　[16c] 英国の医師／304
フラヴァン　Flavin, Melchior de　[16c] フランス，トゥールーズの大修道院長／173, 265
ブラウン　Browne, Thomas　[17c] 英国の医師，文人／231
ブラウン　Brown, Thomas　[18-19c] 英国のスコットランド常識学派の哲学者／571
ブラックオール　Blackali, Offspring　[17-18c] 英国国教会主教，護教論者／426
ブラッドリー　Bradley, François Houang　[19-20c] 英国の哲学者／818
プラトン　Platon　[前5-4c] 古代ギリシアの哲学者／54, 60-67, 70, 78-80, 84, 88, 96, 108, 112, 171, 172, 253, 440, 589, 664-65
ブラバンのシゲルス　Siger de Brabant　[13c] フラバント公国（現オランダ）出身の哲学者／93, 104-05, 107
フラマリオン　Flammarion, Nicolas Camille　[19-20c] フランスの天文学者，作家／757
フラミュス　Feramus, Charles　[16-17c] フランスの弁護士／277
プラン　Peland　[17c] フランス，アンジェのコレージュ教授／363
ブラン　Blanc　[18-19c] フランス，ブルターニュ地方の司祭／682
フランクリン　Franklin, William　[17-18c] 米国の軍人，政治家／388, 731
フランコ　Franco, Niccolo　[16c] イタリアの詩人，作家／384
ブランコーヌ　Blancone, Jean　[17c] フランス，トゥールーズの修道士，聖職者／222
ブランシャール　Blanchard, Jean-Pierre　[18-19c] スイス，ソイエールの司祭／596
ブランシュヴィック　Brunschvicg, Léon　[19-20c] フランスの哲学者／29, 818
フランス　France, Anatole, né Jacques Anatole François Thibault)　[19-20c] フランスの小説家，批評家，ノーベル文学賞受賞／750-51
フランソワ　François, Laurent　[17-18c] フランス，ラザリスト会会員，神学者／400
フランソワ・ド・サール　François de Sales　[16-17c] スイスの神秘思想家，カトリックの聖人／286
フランソワ・ド・フォワ　François de Foix　[16c] フランスの司教／179
フランソワ一世　François 1er　[15-16c] フランス，ヴァロア朝第9代国王／155, 210, 240, 249, 267, 321-22
フランチェスコ（アッシジの）　François d'Assise　[12c] フランシスコ会の創設者，修道士，カトリックの聖人／149
ブラント　Blount, Christopher　[16-17c] 英国の軍人，密偵／227
ブランド　Blount, Charles　[17c] 英国の理神論者／433
ブラッドロー　Bradlaugh, Charles　[19c] 英国の政治家，無神論者／748
ブリアン　Briand, Aristide　[19-20c] フランスの政治家，首相，外相を歴任，ノーベル平和賞受賞／750
プリーストリー　Priestley, John　[18-19c] 英国の自然哲学者，非国教会派の神学者／443, 630
フリードリヒ＝ヴィルヘルム二世　Frédéric-Guillaume II　[18c] プロイセン国王，猟色家，薔薇十字団会員／622
フリードリヒ二世　Frédéric II　[13c] 神聖ローマ皇帝／102, 112-14, 136
フリードリヒ二世　Frédéric II　[18c] プロイセン王／487, 643

ブリエ　Beurrier, Pierre ［17c］フランス，パリのサン＝テティエンヌ＝デュ＝モン教会の司祭／345
ブリオー　Boulliau, Ismael ［17c］フランスの天文学者／311
プリオロー　Prioleau ［17c］フランス，プロテスタントの牧師／311
ブリサック　Brissac, Jean Paul Timoléon de Cossé ［17-18c］フランスの貴族（公爵），軍人，元帥／313, 538
ブリッグス　Briggs, E. R. ［20c-］英国のフランス文学史研究家／559
プリニウス　Pline ［1c］古代ローマの植物学者／162, 211, 217, 248, 303, 320, 440, 486
フリュー　Flew, Antony ［20-21c］英国の分析哲学者／908
ブリューゲル　Breughel, Pieter ［16c］フランドルの画家／267
ブリュエール　Bruaire, Claude ［20c］フランスのカトリック哲学者／122
ブリュネ　Brunet, Claude ［17-18c］フランスの医師，哲学者／406
ブリュノー　Bruneau, Laurent ［17-18c］フランス，アルデンヌ県ヴァルクの司祭／497
ブリュルジェ　Belurgey, Claude ［16-17c］フランス，ナヴァールのコレージュ教授／328
ブリンドリー　Brindley ［18c］英国，ロンドンの製本屋，リチャード・スミスの従兄弟／574
ブル　Bull, Georges ［17-18c］英国の神学者／433
プルーシュ　Pluche, Noël-Antoine ［17-18c］フランスの聖職者，自然学者／574
プルードン　Proudhon, Pierre Joseph ［19c］フランスの社会主義者，無政府主義者／747, 769, 793
ブルーノ　Bruno, Giordano ［16-17c］イタリア，ルネサンス期の哲学者，ドミニコ会士，コペルニクスの地動説を擁護して火刑死／169, 240, 245-48, 260, 291, 371, 375, 571
フルーランス　Flourens, Gustave ［19c］パリ・コミューンの中心人物のひとり／756
フルーリ　Fleury, André Hercule de ［17-18c］フランスの聖職者（枢機卿），政治家，ルイ十五世の実質的な宰相／631, 642
ブルギィヨー　Bourguillot, J.-R. ［18-19c］フランス，前シトー修道会士，元プレミー司祭／500
ブルグヴィル　Bourgueville, Charles de ［16c］フランス，ノルマンディーの歴史家／179
ブルクハルト　Burckhardt, Jacob ［19c］スイスの歴史家，文化史家／170
プルザンスキー　Pluzanski, Tadeusz ［20-21c］ポーランドの歴史哲学者，作家，詩人／918
フルシュレ＝ショパール　Froeschlé-Chopard, Marie-Hélène ［20c-］フランスの宗教史家／551
プルタルコス　Plutarque ［1-2c］帝政ローマ期のギリシア人哲学者，著述家／51-52., 58, 74, 82, 97
ブルダン　Bourdin, Jean-Claude ［20c-］フランスの18世紀思想，唯物論思想の研究者／660
ブルトゥーユ　Breteuil, Louis Charles Auguste Le Tonnellier de ［18-19c］フランスの貴族（男爵），外交官，政治家／538
ブルトゥス　Brutus ［前1c］古代ローマの政治家，カエサル暗殺の首謀者／81-82

フルトー　Fretault, Jean-Baptiste　[18–19c] フランス，ブルゴーニュ地方ニエーヴル県の司祭／680
ブルトマン　Bultmann, Rudolf　[20c–] ドイツ，マールブルク大学新約聖書学教授／898-99
ブルドロ　Bourdelot, Pierre　[17c] フランスの医師，ノアーユ公のイタリア旅行の随行者，スウェーデンのクリスティーナ女王の側近／312, 332, 385
ブルドン　Bourdon, Léonard　[18–19c] フランスの小学校長，政治家／693
フルニエ　Fournier, Jacques　[13–14c] フランス出身の異端審問官，のちのローマ教皇ブノワ十二世／137
ブルボン　Bourbon, Nicolas　[16c] フランスの詩人／249
フルリオ・ド・ラングル　Fleuriot de Langle, Paul Antoine Marie　[18c] フランスの貴族，海軍士官／598
ブルルロワ　Bourleroy　[17c] フランスのリベルタン／343
ブレイエ　Bréhier, Émile　[19–20c] フランスの哲学史家／105-06, 108, 120
プレヴォー　Prévost, d'Exile; né Antoine François Prevost　[17–18c] フランスの聖職者，各地の修道会を転々としながら『マノン・レスコー』などの小説，旅行記を書く／415, 496
ブレースウェート　Braithwaite, Richard Bevan　[20c] 英国の哲学者，科学哲学者，倫理学者，宗教学者／908-09
ブレーユ　Breil, André du　[16c] フランスの聖職者／265
プレシ＝パルソー　Plessis-Parscau　[18–19c] フランスの貴族（伯爵），王政復古期の王党派／724
ブレジー　Brégy, Charlotte Saumaise de Chazan　[17c] フランスの貴族（伯爵夫人），アンヌ・ドートリッシュの寵臣／358
フレシエ　Fléchier, Esprit　[17–18c] フランスの聖職者，説教師，ニームの司教／498
フレネル　Fresnel, Augustin Jean　[18–19c] フランスの物理学者，土木技術者／774
フレプル　Freppel　[19–20c] フランス，パリの司教／764
ブレル　Brel, Jacques　[20c] ベルギー出身のシャンソン歌手，作詞作曲家／879
フレレ　Fréret, Nicolas　[17–18c] フランスの歴史家，言語学者／425, 563, 569
プレロ　Plélo, Louis Robert Hipolite de Bréhan de　[17–18c] フランスの貴族（伯爵），ルイ十五世治下の上級官吏，外交官／563
フレロン　Fréron, Elie　[18c] フランスのジャーナリスト，論客／702
ブレンティウス　Brentius, Johan　[16c] ドイツのプロテスタント，ルターの協力者／205
ブロ　Blot, Claude de Cauvignu de　[17c] フランスの貴族（男爵），詩人／313, 353
フロアサール　Froissart, Jean　[14–15c] ベルギーの年代記作家／136
フロイト　Freud, Sigmund　[20c] オーストリアの精神分析学者／125, 850-51, 958
プロヴァイン　Provine, William B　米国の科学思想史家，生物進化論，集団遺伝学の権威／912
ブロエ　Broët　[16c] フランスの聖職者／182
プロー　Pellault, Étienne　[16–17c] 南仏サン＝ジレス小修道院長／277
フローベール　Flaubert, Gustave　[19c] フランスの小説家／731, 753

ブロカ　Broca, Paul Pierre　[19c] フランスの医師，解剖学者，人類学者／748, 792
プロタゴラス　Protagoras　[前 5c] 古代ギリシアの哲学者／49-50, 56, 97, 396
ブロック　Bloch, Olivier　[20c-] フランスの哲学者，ガッサンディ，唯物論史の研究者／635, 973
ブロッホ　Bloch, Ernst　[20c] ドイツの哲学者／42
プロディコス（ケオスの）　Prodicos de Céos　[前 5-4c] 古代ギリシアのソフィスト／68
プロペルティウス　Properce　[前 1c] 古代ローマの詩人／216
ブロワ　Bloy, Léon　[18-19c] フランスの小説家，随筆家／800
フロワモン　Froidmont, Libert　[16-17c] ベルギーの神学者，自然学者／361
ブロン　Belon, Pierre　[16c] フランスの医師／191
プロンジュロン　Plongeron, Bernard　[20c-] フランスの宗教史家，パリ・カトリック学院教授／620, 707
ベアトリス（プラニソルの）　Béatrice de Planissoles　[14c] フランス南西部プラニソルの農夫／138
ペイディアス　Phidias　[前 5c] 古代古代ギリシアの彫刻家／52
ベークマン　Beeckman, Isaac　[16-17c] オランダの物理学者／319
ヘーゲル　Hegel, Georg Wilheim Friedrich　[18-19c] ドイツの哲学者，ドイツ観念論を代表する思想家／502, 638, 793, 813-19, 830-32, 844-45
ベーコン　Bacon, Nocholas　[16c] 英国の政治家，大法官，フランシス・ベーコンの父／227, 289, 324-25, 389
ベーコン　Bacon, Francis　[16-17c] 英国の哲学者，近代イギリス経験論の祖／227
ベーダ　Bède; dit Bède de Vnérable　[7-8c] アングロサクソン期の英国の歴史家，神学者／254
ベーメ　Boehme, Jacob　[16-17c] ドイツの神秘主義者／285-86, 804, 955
ベール　Bayle, Pierre　[17-18c] フランス，啓蒙思想の先駆となった懐疑主義哲学者／517, 533, 539, 566, 594-95, 598, 611
ベール　Bert, Paul　[19c] フランスの生理学者，政治家／789, 794
ヘカタイオス（ミレトスの）　Hécatée　[前 6-5c] 古代ギリシアの歴史家，地理学者／68
ペコー　Pécaut, Félix　[19c] フランスの公教育視学官／756
ヘシオドス　Hésiode　[前 8c] 古代ギリシアの叙事詩人，『神統記』，『仕事と日々』の作者／70, 96
ベショネ　Béchonnet　[18-19c] フランス中部アリエ県の小都市ガンナの司祭／681-82
ペタゾーニ　Pettazzoni, Raffaele　[20c] イタリアの宗教史家／18
ヘッケル　Haeckel, Ernst Heinrich Philippe Aygusut　[19-20c] ドイツの生物学者，哲学者／756, 849
ベティサック　Betissac　[14c] フランス，ベリー公の財務官／136
ペトラルカ　Pétrarque, Francesco　[14c] イタリアの詩人，学者，人文主義者／103, 161
ペトロニウス　Pétrone　[1c] 古代ローマ，帝政期の政治家，文筆家／598
ベニシュー　Bénichou, Paul　[20-21c] フランスの文学史家／809
ベニテス　Benitez, Miguel　[20c-] スペインのフランス啓蒙思想，とくに地下文学の研究者／566
ベネ　Benet, Guillemette　[14c] フランス南西部オルノラック村の農婦／139

ベネディクティ　Benedicti, Jean　［16c］フランスの聖職者，フランシスコ会士／220-21, 240
ベネディクティス　Benedictis, Giovanni Battista De　［17–18c］イタリア，ベネディット・アレティーノ（Beneditto Aletino）のペンネームで知られる17世紀後半の代表的イエズス会士／372
ベネディクトゥス十四世　Benoît　［17–18c］ローマ教皇／401
ヘミングウェイ　Hemingway, Ernest　［19–20c］米国の作家／932
ヘラ　Héra　ギリシア神話に登場する女神，結婚と母性，貞節を司る／47
ヘラクレイトス　Héraclite　［前6–5c］古代ギリシアの自然哲学者／7, 45-46
ヘラクレス　Hercule　ギリシア神話の英雄／69
ペラジュ　Pelage, Alvare　［14c］スペインのコルドリエ会修道士，アルガルヴェ（ポルトガル）の司教／115-16
ベラルミーノ　Bellarmin, Robert　［16–17c］イタリアの枢機卿，神学者／286, 371
ベランジェ　Bérenger　［11c］フランス，アンジェの司教代理／111
ベランジェ　Béranger　［18–19c］南仏エロー県ラヴリュンヌの司祭／681, 731
ベリオ　Berriot, François　［20c］フランスの宗教史家／156, 160, 163, 170, 183, 228-29, 231, 252-53
ヘリオガバルス　Héliogabale　［2c］古代ローマ皇帝，太陽神の崇拝導入に努めたが失敗／296
ペリクレス　Périclès　［前5c］古代アテナイの政治家，アテナイの最盛期の礎を築く／51-52
ヘリデ　Hélidée　［16c］イタリア，ポンポナッツィの弟子／163
ベリュール　Bérulle, Pierre de　［16–17c］フランスの枢機卿，政治家／360-71
ベリンスキー　Belinsky, Vissarion Grigorevitch　［19c］ロシアの文芸批評家／809
ペルアス　Pérouas, Louis　［20c–］フランスの教会史家／508
ベルイマン　Bergman, Ingmar　［20–21c］スウェーデンを代表する世界的な映画監督／937
ベルクソン　Bergson, Henri　［19–20c］フランスの哲学者／22-23, 853
ベルジエ　Bergier, Nicolas-Sylvestre　［18c］フランスの神学者，反啓蒙思想の論客として知られる／573, 604-05, 632, 747
ペルセウス　Persée　ギリシア神話に登場する半神の英雄／69
ヘルダー　Herder, Johann Gottfried　［18–19c］ドイツの哲学者，文学者，神学者／586, 622, 776, 804
ベルトロ　Berthelot, Marcelin　［19–20c］フランスの化学者，科学史家，政治家，エスペランティスト／749, 775-76, 792, 796
ベルナール（オルトの）　Bernard d'Orte　［14c］南仏モンタユー村の住民／138
ベルナール　Bernard de Clairvaux　［12c］フランス出身の神学者，カトリックの聖人／109, 111, 149
ベルナール（シャルトルの）　Bernard de Chartres　［12c］新プラトン主義哲学者／109
ベルナール・ド・スネッフル　Bernard de Seneffe　［12c］フランス北西部スネッフルの領主／124
ベルナルディーノ（シエナの）　Bernardin de Sienne　［14–15c］イタリア出身のフランシ

スコ会士，説教家／245
ベルニ　Bernis, François-Joachim de Pierre de　[18c] フランスの枢機卿，外交官／539
ベルニエ　Bernier, François　[17c] フランスの旅行家，医師，エピクロス派の哲学者／349, 366, 407, 598
ペルヌー　Pernoud, Régine　[20c] フランスの中世史家／92
ペルピニャン　Perpinien　[16c] スペインのイエズス会士／179
ヘルモクレス　Hermoclès　[前 5c] 古代ギリシアの彫刻家／68
ペレル　Pérelle, Antoine-Robert　[17–18c] フランス，大評定院判事／563-65
ペロー　Perrault, Claude　[17c] フランスの医師，建築家／406
ベロー　Bérauld, Nicolas　[16c] フランスの出版業者／248
ペロワ　Perroy, Edouard　[20c] フランスの中世史家／94
ベン・アブヤ　Ben Avouyah, Elisée　[2c] ユダヤ教の異端者／41
ベントリー　Bentley, Richard　[17–18c] 英国の聖職者，批評家／436, 439
ベンボ　Bembo, Pietro　[15–16c] イタリアの枢機卿／163, 270
ボイル　Boyle, Robert　[17c] アイルランド・リズモア出身の英国の貴族，自然哲学者，化学者，物理学者，発明家／439
ホウィット　Howitt Alfred Wiliam　[19–20c] 英国の人類学者／17
ボエティウス（ダキアの）　Boèce de Dacie　[5–6c] イタリアの哲学者／104, 376
ポエルフィー　Poelffy　[18c] ドイツの貴族（伯爵）／622
ボーヴォワール　Beauvoir, Simone de　[19–20c] フランスの女性哲学者，作家／932
ポーコック　Pocock, Edward　[17c] 英国の東方学者／417
ボーゴン　Beaughon, Albert　[20c] フランス，「無神論者連合」の創設者／874
ボーシャン　Beauchamp, Alphonse de　[18–19c] モナコの歴史家／114
ボーダン　Baudin, Pierre　[19–20c] フランスの政治家，急進社会主義者／287
ボードー　Baudeau, Nicolas　[18c] フランスの神学者，経済学者，重農主義の代表者／496
ボードリヤール　Baudrillard, Alfred　[19–20c] パリの枢機卿，歴史家。アカデミーフランセーズ会員／778
ボードレール　Baudelaire, Charles　[19c] フランスの批評家，詩人，「フランス近代詩の父」／191
ボーム　Bohm, David　[20c] 米国の物理学者／954
ボーモン　Beaumont, Christophe de　[18c] フランス，パリの大司教，ジャンセニズムやルソーの『エミール』への攻撃で知られる／605, 608
ボーリュー　Beaulieu　[17c] フランスの貴族（男爵）／343
ボーリンブロック　Bolingbroke, Henry Saint John　[17–18c] 英国の政治家，哲学者／563
ホール　Hall, Granville Stanley　[19–20c] 米国の心理学者／849
ポール　Paul, Jacques　[20c] フランスの宗教史家／137
ポール　Paul, Jean-Marie　[20c–] フランスの思想史研究家／584, 596
ボーロ　Borro, Girolmo　[15–16c] イタリアの人文学者，自然学者／384
墨子　Mo Tseu　[前 5-4c ？] 中国戦国時代の思想家／40
ボゲ　Boguet, Henri　[16–17c] フランスの司法官，法学者／189

ボシャール　Bochart, Samuel　[16–17c] スウェーデン，クリスティーナ女王の廷臣／385
ボシュエ　Bossuet, Jacques-Bénigne　[16–17c] フランスの聖職者，神学者，「モーの鷲」と呼ばれた／95, 333-34, 336-37, 358-59, 367, 413, 420-21, 424, 444, 605, 625, 716, 747
ポスヴァン　Possevin, Antoine　[16–17c] フランスの聖職者，イエズス会士／238, 270
ポステル　Postel, Guillaume　[16c] フランスの東方学者，文献学者，神智学者／179, 211, 231, 239, 256-59
ボダン　Bodin, Jean　[16c] フランスの政治思想家／188, 279-81, 396
ボッカチオ　Boccace. Giovanni　[14c] イタリア，フィレンツェの詩人，散文作家／134-35, 192, 241, 384
ホッキング　Hocking, Guillaume　[19–20c] 英国の哲学者／818
ボッシェ　Boschet　[18c] フランス，イエズス会士，ジュリアン・モノワールの伝記作者／548
ポッジョ　Pogge　[14–15c] イタリアの碩学，哲学者／133-34
ホッブズ　Hobbes, Thomas　[16–17c] 英国の哲学者，近代政治思想を基礎づけた思想家／517, 519, 572, 598, 600, 634, 635
ボナール　Bonald, Louis-Gabriel-Ambroise de　[18–19c] 革命期フランスの著述家，反革命哲学者／747
ボナヴェントゥラ・ド・フルクロワ　Bonaventure de Fourcroy　[17c] フランスの作家，リベルタン／260-61
ボナパルト　Bonaparte, Charles Louis-Napoléon　[19c] フランス第二共和制大統領，のちフランス第二帝政皇帝／704, 748
ボナルド　Bonald, Victor de　[18–19c] フランスの政治評論家／397, 768, 780
ホノリウス・アウグストドネンシス　Honorius d'Autun　[12c] ドイツの修道士，神学者／130
ポプキン　Popkin, Richard Henry　[20–21c] 米国の哲学者，啓蒙哲学，近世初期哲学の専門家／279
ホメロス　Homère　[前 8c] 古代ギリシアの吟遊詩人，『イーリアス』と『オデュッセイア』の作者／96, 162, 329
ポモー　Pomeau. René　[20–21c] フランスの 18 世紀フランス文学研究者／597
ホラティウス　Horace　[前 1c] 古代ローマの詩人／115, 201, 377, 597
ポリニャック　Polignac, Melchior　[17–18c] フランスの枢機卿，外交官，詩人／538-39, 604
ポリュビオス　Polybe　[前 3–2c] 古代ギリシアの歴史家／70, 81
ホリヨーク　Holyoake, George　[19–20c] 英国の政治活動家，思想家，女性解放運動を創始し，「世俗主義」(secularism) の用語を発案／748
ボルゼ　Bolser, Jérôme　[16c] フランスの聖職者／255
ポルックス（ポリュデウケス）　Pollux　ギリシア神話に登場するティンダリオスとレダの間に生まれた双子の弟／69
ポルフュリオス（テュロスの）　Porphyre de Tyr　[3–4c] ローマの新プラトン派の哲学者／87, 216, 218
ボレ　Boret, Aycard　[14c] フランス南西部ベディヤックの農夫／140

ボワ　Bois, Paul　[20c-] フランスの社会学者，歴史家／716, 718, 766
ボワイエ　Boyer, Pierre　[19-20c] フランスの文学史家／794
ホワイトヘッド　Whitehead, Alfred　[19-20c] 英国の数学者，哲学者，ラッセルとともに記号論理学を確立／909
ポワレ　Poiret, Pierre　[17-18c] フランス，カルヴァン派の神学者，神秘思想家／366
ボワンダン　Boindin, Nicolas　[17-18c] フランスの作家，劇作家／544-45, 559-60, 608
ポン　Pont, René du　[19-20c] フランスの元海軍士官，作家，ジャーナリスト／287
ポンペオ・コロンナ　Pompeo Colonna, Francesco Mario　[17-18c] イタリアの貴族，哲学者／410
ボンヘッファー　Bonhöffer, Dietrich　[20c] ドイツのルター派（福音ルーテル派）の牧師／898
ポンポナッツィ　Pomponazzi, Pietro　[15-16 c] イタリア，ルネサンス期の哲学者，錬金術師／160, 162-64, 218

マ 行

マーシャム　Marsham, John　[17c] 英国の貴族（準男爵），年代記作家／422
マールブランシュ　Malebranche, Nicolas　[17c] フランスのオラトリオ会修道士，哲学者／119, 336, 357, 361, 366, 399, 403, 408, 418, 460-62, 464, 485-86, 570, 627, 634, 980
マーロウ　Marlowe, Christopher　[16c] 英国の劇作家，詩人／227
マイイ　Mailly, François de　[17-18c] フランス，ランス大司教／480-81
マィエ　Mayer, Jean Frédéric　[17c] フランスの貴族／231
マイモニデス　Maïmonide; né Rabbi Moshé ben=Maimon　[12-13c] スペイン，ユダヤ教のラビ，哲学者／101
マウトナー　Mauthner, Fritz　[19-20c] オーストリア・ハンガリー帝国領ボヘミア出身の哲学者，作家／4
マキャヴェリ　Machiavel, Nicolas　[15. 16c] イタリア，ルネサンス期の政治思想家，フィレンツェ共和国の外交官／209, 214, 216, 218, 241-43, 290, 303, 375, 984
マグリートン　Muggleton, Lodowick　[17c] 英国の庶民派宗教指導者／388
マクロビウス　Macrobe　[4c] 古代ローマの哲学者／99
マザラン　Mazarin, Jules　[17c] イタリア出身のフランスの政治家，枢機卿／320, 342
マシヨン　Massillon, Jean-Baptiste　[17-18c] フランス，クレルモンの司教／509-14, 558
マスカルディ　Mascardi, Agostino　[16-17c] イタリアの文学者，歴史家／371
マタイ　Matthieu　新約聖書の福音書に登場する人物でイエス・キリストの十二使徒のひとり，カトリックの聖人／467, 949
マチエ　Mathiez, Albert　[19-20c] フランスの歴史学者，フランス革命史研究家／709
マチュー　Matthieu, Pierre　[16-17c] フランスの作家，脚本家，修史官／221
マクタガート　McTaggart, Jean　[19-20c] 英国の哲学者／818
マックニコル　McNicholl, A. J.　[20c] 米国の哲学者／797
マツケリ　Mazzuchelli, Giammaria　[18c] イタリアの作家／114
マトゥーリ　Maturi, Sebastiano　[19-20c] イタリアの哲学者，ヘーゲル学派／817
マドレ・デ・ディオス　Madre de Dios, Geronimo de la　[16c] スペインのカルメル会修

道士／231
マニャン　Magnen, Jean Chrysostome　［16–17c］フランスの哲学者／319, 373
マネト　Manéthon　［前3c］古代エジプトの歴史家，神官／421
マビヨン　Mabillon, Jean　［17–18c］フランス，ベネディクト会修道士，歴史家，古文書学者，「歴史考証学の父」と称される／423
マブリー　Mably, Gabriel Bonnot de　［18c］フランスの哲学者，空想的社会主義の先駆者／496, 614
マヘーシュ　Mahesh, Maharishi　［20–21c］インドの宗教家，超越瞑想の創始者／954
マホメット　Mahomet; Muhammad Ibn Abd al-Muttalib　［6c］イスラム教の開祖／102, 112, 115-16, 135, 229-31, 242, 245, 303, 346, 417, 492, 608-09, 682, 698
マユール　Mayeur, Jean-Marie　［20c–］フランスの歴史家／796, 971
マラー　Marat, Jean-Paul　［18c］スイス生まれの革命期フランスの革命家，医師／693
マラーナ　Marana, Giovannni Paolo　［17–18c］ジェノバ出身の貴族，『トルコ皇帝の密偵』の著者／368
マランファン　Malenfant　［16–17c］フランス，トゥールーズ高等法院の書記／379
マリタン　Maritain, Jacques　［20c］フランスの哲学者，新トマス主義者／30, 887
マルクス　Marx, Karl Heinrich　［19c］ドイツの共産主義運動，労働運動の理論的指導者／16, 37, 46, 81, 93-94, 494, 620, 638, 733, 769, 793, 813, 826-30, 833-34, 839, 852, 858, 860, 863, 869-71, 876, 884, 894, 917-18, 942, 961
マルグリット　Marguerite, Victor　［19–20c］フランスの小説家，劇作家／750
マルグリット　Marguerite, Paul　［19–20c］フランスの作家，ヴィクトールの兄／750
マルグリット＝マリー・アラコック　Marguerite-Marie Alacoque　［17c］フランスのカトリック教会聖母訪問会修道女，幻視者／333
マルグリット・ド・ナヴァール　Marguerite de Navarre　［16–17c］フランス王アンリ四世の妃，「王妃マルゴ」とも呼ばれた／261
マルコ　Marc　新約聖書「マルコによる福音書」の著者とされる人物，カトリックの聖人／467
マルコ　Marco　［16c］イタリアのベネディクト会士／165
マルコ　Marco, Salvatore di　［20c–］イタリア共産党の指導者／918
マルシャン　Marchand, Prosper　［17c］フランスの書誌学者／134
マルセル　Marcel　［17c］フランスの聖職者，イエズス会士／270
マルセル　Marcel, Gabriel　［20c］フランスの劇作家，哲学者。キリスト教的実存主義の代表／120
マルゼルブ　Malesherbes, Chrétien Guillaume de　［18c］フランスの行政官，植物学者，ルイ十六世の法廷弁護人のひとり／606
マルタ（ベタニアの）　Marthe, de Béthanie　新約聖書に登場する女性，キリストの磔刑のあと，南仏のサント＝マリー＝ド＝ラ＝メールに漂着し，タラスコンに移住したとされる／391
マルタン　Martin, André　［17c］フランスのオラトリオ会士／363
マルタン　Martin, Hervé　［20c］フランスのジャーナリスト，風刺日刊紙『カナール・アンシェネ』の記者／123, 125
マルタン・デュ・ガール　Martin du Gard, Roger　［19–20c］フランスの小説家／787, 928

マルティアリス　Martial　［1-2c］古代ローマの詩人／ 216
マルティーニ　Martini, Carlo Maria　［20–21c］イタリアの枢機卿，イエズス会士，ミラノ大司教／ 971
マルティネッティ　Martinetti, Piero　［19–20c］イタリアの哲学者／ 817
マルファン　Marfaing　［18–19c］フランス中部アリエ県の司祭／ 681
マルロー　Malraux, André　［20c］フランスの作家，政治家／ 977
マレ　Maret, Henry　［19c］フランスの聖職者，神学者，『ユニヴェール』誌寄稿者　⊠
マレ　Marais, Matthieu　［17–18c］フランスの法曹家，パリ高等法院弁護士／ 344
マレシャル　Maréchal, Sylvain　［18–19c］革命期フランスの作家，詩人，革命派政治家／ 492, 590, 598, 614, 647, 649-50, 654, 666, 698, 705
マレジュー　Malézieu, Nicolas de　［17, 18c］フランスの数学者，アカデミー・フランセーズ会員／ 353
マレルブ　Malherbe, François de　［16–17c］フランスの詩人，批評家／ 281
マロ　Marot, Clément　［15–16c］フランスの詩人／ 308
マロル　Marolles, Michel de　［16–17c］フランスの聖職者，歴史家／ 278, 311, 317, 349, 351
マン　Mann, Thomas　［19–20c］ドイツの作家／ 929
マンジュノー　Mangenot, Eugène　［19–20c］フランスの聖職者，『カトリック神学辞典』の編者／ 92, 779, 883
マンジョ　Menjot, Antoine　［17c］フランスの医師／ 373
マンゾーリ　Manzoli　［17c］イタリアの貴族（侯爵），無神論の嫌疑で 1637 年に斬首刑／ 384
マンチーニ　Mancini, Giulio　［17c］イタリア，ウルバヌス八世の侍医，サン・ピエトロ司教座聖堂参事会員／ 384
マンデヴィル　Mandeville, Bernard de　［17–18c］オランダの作家／ 435
マンドーザ　Mendoza, Jean de　［16–17c］スペインの司教／ 174
マンブール　Maimbourg, Louis　［17c］フランスの聖職者，イエズス会士／ 166
マンフレーディ　Manfred de Hohenstaufen　［13c］神聖ローマ皇帝フリードリヒ二世（シチリア王フェデリーコ）の子／ 114
ミーニュ　Migne, Jacques Paul　［19c］フランスの聖職者，『ミーニュのギリシア・ラテン教父著作集』の編者／ 604
ミオサン　Miossens　［17c］フランス国王近衛隊長／ 343
ミシェル　Michel, Patrick　［20c–］フランスの宗教学者／ 949
ミシカ　Missika, Jean-Louis　［20c–］フランスのジャーナリスト，社会学者／ 891
ミシュレ　Michelet, Jules　［18–19c］フランスの歴史家，ソルボンヌ大学，コレージュ・ド・フランス教授／ 705, 771, 799, 808
ミトラ　Mithra　古代西アジアからギリシア・ローマにかけて英雄神として崇められた神／ 84
ミトン　Mitton, Damien　［17c］フランスの作家／ 332, 344
ミルナー　Milner, Max　［20–21c］フランスのエッセイスト，文芸批評家／ 754
ミハイロフ　Mikhailov, T. M.　［20c］ロシアの宗教社会学者／ 870
ミュシャンブレ　Muchembled, Robert　［20c］フランスの近代史研究者／ 127, 549

ミュレ　Muret, Marc-Antoine　［16c］フランスの人文学者／192-93, 259-60
ミラネージ　Milanesi, Giancarlo　［20c–］イタリアの社会学者／961-63
ミラボー　Mirabaud, Jean-Baptiste de　［17–18c］フランスの文人，翻訳家／425, 569-70, 572, 590
ミル　Stuart Mill, John　［19c］英国の哲学者，経済学者／834
ミルトン　Milton, John　［17c］英国の詩人，共和派の運動家／389, 437, 754
ミロン＝デルソル　Millon-Delsol, Chantai　［20c］フランスの哲学者／965
ムーア　Moore, George Edward　［19–20c］英国の哲学者，分析哲学を提唱／907
ムナセアス（パトラスの）　Mnaséas de Patras　［前2c］古代ギリシアの雑文家／70
ムニエ　Menier, Jean　［16c］フランスの領主／212, 489
ムニュ　Menu　［18–19c］フランス中部ロワール県の非キリスト教化運動推進者，元聖職者／687
ムラトーリ　Muratori, Ludovico Antonio　［17–18c］イタリアの作家，歴史家，言語学者／423
ムラン・ド・サン＝ジュレ　Melin de Saint-Gelais　［15–16c］フランスの詩人／308
ムリナス　Moulinas, René　［20c–］フランスの歴史家，アヴィニョン大学教授／709
メーストル　Maistre, Joseph Marie de　［18–19c］フランスの貴族（伯爵），カトリック思想家，王党派／285, 747, 774
メーヌ（公爵夫人）　Maine, duchesse du　［17–18c］フランスの貴族，サロンにヴォルテールやフォントネルなどを招く／365
メスメル　Mesmer, Franz Anton　［18–19c］ドイツの医師，「動物磁気」と呼ばれるものの提唱者／810
メゼンティウス　Mezentius　ローマ神話におけるエトルリア王／303
メッツ　Metz, Johann Baptist　［20c–］ドイツのカトリック神学者／325, 927
メッテルニヒ　Metternich, Franz Georg Karl von　［19c］ドイツの貴族（伯爵），オーストリアの外交官，政治家／622
メティエ　Métier, Germain　［18–19c］フランス，パリ南東部ムランのジャコバンクラブ書記／685
メディチ　Médicis, Cosime de　［15–16c］イタリア，フィレンツェの名門商人／322
メディチ　Médicis, Jules de　［15–16c］イタリアの枢機卿，後の教皇クレメンス七世／163
メディチ　Médicis, Laurent de　［16c］イタリア，メディチ家，コジモの子／322
メトシュラ　Mathusalem　旧約聖『創世記『に登場する人物，方舟で知られるノアの祖父にあたり，969歳で死んだと記される／299-300
メニャン　Maignan, Emmanuel　［17c］フランスのミニム会修道士，数学者，天文学者／349, 362
メネトラ　Menetra, Jacques-Louis　［18–19c］フランス，パリのガラス職人，『我が人生の記』を残す／545
メユーラ　Meilheurat　［18–19c］フランス中部アリエ県ムーラン郡の司祭／682
メランドン　Mérandon, Gaspard　［18–19c］フランス中部ソーヌ＝エ＝ロワール県の非キリスト教化運動の推進者，元聖職者／687
メリエ（司祭）　Meslier, Jean, dit «le curé Meslier»　［17–18c］フランス，シャンパーニ

ュ地方エトレピニーの司祭,『遺言書』と呼ばれる体系的な無神論の手書き本三冊を残す/ 41, 276, 317, 334, 368, 381, 445, 451-55, 457-70, 472, 476-97, 499, 502-04, 528, 562, 565, 571-72, 587, 620, 635, 669, 678, 722, 785, 980
メリメ　Mérimée, Prosper　[19c] フランスの小説家/ 799
メルクリウス　Mercure　ローマ神話の商売の神/ 262
メルシエ　Mercier, Louis-Sébastien　[18–19c] フランスの作家, ジャーナリスト/ 527-28, 530-32, 590, 618, 704
メルセンヌ　Mersenrie, Marin　[16–17c] フランスの哲学者, 数学者, ミニモ会士/ 231, 243, 247, 261, 265, 278, 283-84, 286, 289, 291, 315, 318, 348, 358-59, 380, 387, 635
メルロー=ポンティ　Merleau-Ponty, Maurice　[20c] フランスの哲学者/ 901, 904
メレ　Méré ; né Antoine Gombaud　[17c] フランスの貴族(士爵), 詩人, 哲学者, パスカルとの交流で知られる/ 332, 344
メレトス　[前 4c] 古代ギリシアの詩人, ソクラテス裁判の原告/ 53
メンデルスゾーン　Mendelssohn, Moses　[18c] ドイツのユダヤ人哲学者, 啓蒙思想家/ 535
モア　More, Thomas　[15–16c] 英国, ルネサンス期の法律家, 思想家/ 195
モーセ　Moïse　[前 13c 頃] 古代イスラエルの民族指導者/ 102, 112, 115-16, 135, 166, 194, 202, 205, 219, 227, 229-31, 237, 242, 245, 253-54, 257, 303, 329, 346, 418-19, 421-25, 434, 437, 470, 562, 605, 607, 609-10, 705, 771, 782, 851
モーツァルト　Mozart, Wolfgang Amadeus　[18c] ドイツの作曲家, 演奏家, 古典派音楽の代表/ 597
モーベック　Maubec　[17–18c] フランス, モンペリエ医学部教授/ 411
モーペルテュイ　Maupertuis, Pierre Louis Moreau de　[17–18c] フランスの数学者, 著述家/ 401, 595, 598, 643, 646
モーラ　Morra, Gianfranco　[20c–] イタリアの社会学者, 随筆家/ 817
モーリー　Maury, Jean Siffrein　[18–19c] フランス, パリの大司教, 作家/ 496
モノー　Monod, Jacques　[20c] フランスの分子生物学者/ 910-11
モノワール　Maunoir, Julien　[17c] フランス, イエズス会宣教師/ 548, 551
モフレ師　Mauffret, Dom　[18c] ブルターニュ地方, ベガールのシトー会大修道院修道士/ 499-500
モベール・ド・グーヴェ　Maubert de Gouvest, Jean-Henri　[18c] フランスの冒険家, 文人/ 609, 638
モラ　Mollat, Michel　[20c] フランスの中世史家/ 94
モラーヌス　Molanus　[16c] フランスの神学者, サン=ピエール司教座聖堂参事会員/ 286
モラン　Morin, Jean-Baptiste　[16–17c] フランスの天文学者/ 320
モラン　Morin, Jean　[16c] フランスのごろつき大尉/ 213
モリエール　Molière; né Jean-Baptiste Poquelin　[17c] フランスの喜劇作家, 俳優/ 302, 341
モルレ　Morellet. André　[18–19c] フランスの聖職者, 作家,『百科全書』寄稿者/ 496, 568, 632
モレ　Molé, Mathieu　[16–17c] フランス, パリ高等法院主席検察官, 国璽尚書/ 308

モレーリ　Moreri, Louis　[17c] フランスの碩学，『歴史大辞典』の著者／114
モレオン　Mauléon, Auger de　[16–17c] フランスの貴族，碩学／277
モレスコット　Moleschott, Jakob　[19c] オランダの哲学者，生理学者／756, 849
モレリー　Morelly　[18c] フランスの聖職者，空想的社会主義の先駆者／496, 614, 617-20
モワニェ　Moignet　[18–19c] 革命期フランスの国民公会議員／693
モワニョ　Moigno, François Napoléon Marie　[19c] フランスの聖職者，数学者／488, 775
モンコニー　Moncony　[17c] フランス，モンコニーの領主／311
モンソン（夫人）　Monson, Lady　[16c] 英国の貴族（男爵夫人）／226
モンタギュ　Montagu, Robert　[17c] 英国の政治家，廷臣／390
モンタゼ（アントワーヌ二世）　Montazet, Antoine (II) de Malvin de　[18c] フランス，リヨンの司教／594
モンタランベール　Montalernbert, Charles-Forbes-René de　[19c] フランスの貴族（伯爵），ジャーナリスト，歴史家，政治家／729, 925
モンテーニュ　Montaigne, Michel de　[16c] フランスの思想家，『随想録』の著者／94, 191-92, 233, 296, 387, 485-86, 517, 641-42, 899
モンテスキュー　Montesquieu, Charles-Louis de Secondat　[17–18c] フランスの貴族（男爵），啓蒙期の哲学者，思想家／398, 414-15, 588-59
モンテユス　Montéhus; né Gaston Mardochée Brunswick　[19–20c] フランスのシャンソニエ（風刺歌謡作者）／739
モンフォーコン　Montfaucon, Bernard de　[17–18c] フランス，サン＝モール修道会士，考古学者／423
モンベル（夫人）　Montbel, Madame de　[17c] フランソワ・パイヨの愛人／355
モンモランシー（アンリ二世）　Montmorency, Henri II de　[16–17c] フランスの貴族（公爵），アンリ四世の名付け子，大提督，ヌーヴェルフランス（新大陸植民地）総督／294, 327

ヤ 行

ヤコービ　Jacobi, Friedrich Heinrich　[18–19c] ドイツの哲学者，その立場は信仰哲学と言われる／588, 806
ヤスパース　Jaspers, Karl　[19–20c] ドイツの精神科医，哲学者，実存主義哲学の代表者／584
ヤハウェ　Jéhovah　旧約聖書中の唯一神を表すヘブライ語名／825, 859, 984
ヤロスラフスキー　Yaroslavsky, Emilian.　[19–20c] ロシアの「無神論同盟」創設者／859, 864, 867
ユヴェナリス　Juvénal　[1–2c] 古代ローマの風刺詩人／115
ユーグ　Hugues, Clovis　[19–20c] フランスの詩人，小説家／753
ユーゴン・ド・ブルジュ　Hugon de Bourges, Pierre　[14–15c] フランスの司教／148
ユヴラン　Huvelin　[19–20c] フランスの聖職者／764
ユーロン　Hullon, Jean-Baptiste　[16–17c] フランスの聖職者，国王付き教戒司祭／317

ユエ　Huet, Pierre Daniel　[17-18c] フランスの碩学／365, 370, 402, 419-20, 423
ユエ　Huet, François　[19c] フランスの哲学者，自由思想家／756
ユグニー　Hugueny　[18-19c] 革命期フランス，トゥールーズの民事委員／676
ユゴー　Hugo, Victor-Marie　[19c] フランス，ロマン主義の詩人，小説家，フランス第二共和制の政治家／758, 764, 803, 805
ユダ（イスカリオテの）　Judas Isacariote　新約聖書の四つの福音書，使徒行伝に登場するイエスのいわゆる十二人使徒のひとり，イエスを裏切ったことから，裏切り者の代名詞として扱われることが多い／474, 800
ユピテル　Jupiter　古代ローマ人の神，のちにゼウスと同一視される／84, 205, 250, 698
ユリアヌス　Julien　[4c] 古代ローマの皇帝，異教に改宗し「背教者」と呼ばれた／238, 280, 303
ユリウス三世　Jules III　[15-16c] ローマ教皇／486
ユルスト　Hulst, Maurice Le sage d'Hauteroche d'; dit Mgr Hulst　[19c] フランスの聖職者，カトリックの説教師／771
ユング　Jung, Carl Gustav　[20c] スイスの精神科医・心理学者／125, 852
ユング（ユンギウス）　Jung; Jungius, Joachim　[16-17c] ドイツの博物学者，数学者，哲学者／286
ヨアキム（フロリスの）　Joachim de Flore　[11-12c] イタリアの文献学者，歴史哲学者／257, 948
ヨシュア　Josué　旧約聖書『民数記』や『ヨシュア記』に登場するユダヤ人の指導者／421, 424
ヨセフ　Joseph　旧約聖書『創世記』に登場するイスラエル人を大飢饉か救ったとされる人物，ヤコブの子，カトリックの聖人／689
ヨナ　Jonas　旧約聖書『ヨナ記』の主人公／299, 772, 778
ヨハネ　Jean　新約聖書に登場するイエスの使徒のひとり，カトリックの聖人／166, 467, 831
ヨハネ＝パウロ二世　Jean-Paul II　[20c] ポーランド出身のローマ教皇，史上初のスラブ系教皇／149, 877, 918, 964
ヨハネ二十三世　Jean XXIII　[20c] ローマ教皇，第二バチカン公会議を主宰，エキュメニズムを推進／149
ヨブ　Job　旧約聖書『ヨブ記』の主人公／41, 194, 254

ラ 行

ラ・ヴァリエール　La Vallière; né Louis César de La Baume Le Blanc　[18c] フランスの軍人，愛書家／231
ラ・サブリエール　La Sablière, Margurite Hessein de　[17c] フランス，サロンの主催者／340, 353
ラ・シャペル　La Chapelle　[18c] フランスの聖職者，数学者，発明家／489
ラ・シャラード　La Chalade　[16c] フランスの大学教授／260
ラ・セール　La Serre　[17-18c] フランス陸軍中尉，『宗教の検討』の作者と目される／425

ラ・ヌー　La Noue, François de　［16c］フランスの大尉／ 181, 213-16, 224
ラ・バリエール　La Barrière　［18c］フランス，書籍卸売人／ 489, 568
ラ・ファール　La Fare, Charles Auguste　［17–18c］フランスの貴族（侯爵），詩人，回想記作家／ 353
ラ・フォンテーヌ　La Fontaine, Jean de　［17c］フランスの詩人／ 340, 350, 353, 598
ラ・プリモディ　La Primaudaye, Pierre de　［16c］フランスの国王顧問官／ 217, 304
ラ・ブリュイエール　La Bruyère, Jean de　［17c］フランスのモラリスト／ 337-40, 717
ラ・フレスネイ　La Fresnaye　［16–17c］フランスの医師／ 289
ラ・ブロス　La Brosse, Gui de　［16–17c］フランスの植物学者，王立植物園長／ 329
ラ・ペイレール　La Peyrère, Isaac　［16–17c］フランスのリベルタン，千年至福論者／ 334, 421
ラ・メトリー　La Mettrie, Julien Offray de　［18c］フランスの哲学者，医師，啓蒙期の代表的な唯物論論者／ 487, 489, 570-71, 575, 595, 602, 606, 610, 616, 625, 637, 643-46
ラ・モット・ル・ヴァイエ　La Mothe Le Vayer, François de　［16–17c］フランスの懐疑論哲学者／ 243, 277, 282, 322, 325
ラ・モノワ　La Monnoye, Bernard de　［17–18c］フランスの弁護士，詩人／ 232, 244, 261
ラ・ラメ　La Ramée, Pierre de　［16c］フランスの論理学者，哲学者／ 259
ラ・リヴィエール　La Rivière　［17c］フランスの貴族／ 313
ラ・ルベール　La Loubère, Simon de　［17–18c］フランスの詩人，シャムの外交官／ 366
ラ・ロッシュ＝シャンドリュー　La Roche-Chandrieu, Antoine de　［16c］フランスの貴族(男爵)，プロテスタントの伝道師，外交官，軍人／ 158
ラーナー　Rahner, Karl　［20c］ドイツのイエズス会士，作家，神学教授／ 886-87
ライク　Reik, Theodor　［19, 20c］オーストリアの精神分析学者／ 852
ライプニッツ　Leibniz, Gottfried Wilhelm　［17c］ドイツ・ライプツィヒ生まれの哲学者，数学者／ 119, 231, 340, 363-64, 399, 401-02, 405, 423, 441
ライマー　Rymer, Thomas　［17–18c］英国の修史官／ 423
ライマールス　Reimarus, Hermann Samuel　［17–18c］ドイツの文人，哲学者／ 585
ラインマン　Reimman, Jakob Friedrich　［17–18c］ドイツ，ルター派神学者／ 161
ラウ　Lau, Theodor-Ludwig　［17–18c］ドイツの哲学者／ 534, 572
ラヴァイヤック　Ravaillac, François　［16–17c］フランス，アンリ四世の暗殺者／ 625
ラヴァショル　Ravachol; né François Claude Koënigstein　［19c］フランスの無政府主義者／ 740
ラヴァル　Laval, Antoine de　［16c］フランスの山林行政長官／ 220
ラヴォー　Laveaux, Jean-Charles; dit Jean-Charles Thibault de Laveau　［18–19c］革命期フランスの文法家，歴史家，恐怖政治下の『山岳党新聞』編集者／ 697
ラニョー　Lagneau, Jules　［19c］フランスの哲学教授／ 818
ラクル　Racle, Louis　［18c］フランス東部，ジュラ県セルノン村の農民／ 506
ラグレ　Lagrée, Jacqueline　［20c–］フランスの哲学史研究者／ 958
ラコルデール　Lacordaire, Jean-Baptsite-Henri　［19c］フランスの聖職者，説教師，ジャーナリスト，政治家／ 777
ラコンブ　Lacombe　［17c］フランスの聖職者／ 290
ラッセ　Lassay; né Armand de Madaillan de Lesparre　［17–18c］フランスの貴族（侯爵），

文人，リベルタン／609
ラッセル　Russell, Bertrand Arthur Wiliam ［19-20c］英国の論理学者，数学者，哲学者／872, 875, 907-08, 931
ラッツィンガー　Ratzinger, Joseph Aloïs ［20c］ドイツ，ミュンヘン大司教，ローマ教皇ベネディクト十六世／886, 949
ラップ　Rapp, Francis ［20c］フランスの中世史家／129
ラディカーティ　Radicati, Alberto ［17-18c］イタリア，ピエモテ地方の貴族，ロンドンに亡命／573, 599
ラトゥール　Latour ［18-19c］革命期フランス，南東部バス＝ザルプ県の派遣議員／687
ラナッサ　Lanassa ［前 2c］マケドニア王デメトリオスの妻／68
ラノー　Lanneau ［18-19c］フランス中部ソーヌ＝エ＝ロワール県の非キリスト教化運動推進者，元聖職者／687
ラバ　Labat, Jean-Baptiste ［17-18c］フランス，ドミニコ会の宣教師／414
ラパン　Rapin ［17c］フランスの聖職者，イエズス会士／318
ラファエル　Raphaël, Paul ［20c-］フランスの自由主義者／875
ラファルグ　Lafargue, Paul ［19-20c］フランスの社会主義者，ジャーナリスト，カール・マルクスの娘婿／755-56, 794
ラフィトー　Lafitau, Joseph-François ［17-18c］フランス，イエズス会宣教師，民俗学者／414
ラプランシュ　Laplanche, Jacque Léonard ［18-19c］革命期フランス革の派遣代議員／687
ラプランシュ　Laplanche, François ［20c-］フランス，18 世紀プロテスタンティズム研究者／780
ラブル　Labre, Benoît Joseph ［18c］フランスの聖職者，「神の放浪者」と呼ばれた，カトリックの聖人／761
ラブルー　Labroue, Henri ［19-20c］フランス，急進党員，反人種主義者／674
ラブルース　Labrousse, Elisabeth ［20-21c］フランスの女性哲学者，ピエール・ベール研究者／426
ラブレー　Rabelais, François ［14-15c］フランス，ルネサンス期の代表者／92, 155-60, 177-79, 239-40, 308, 315, 486, 980
ラブロース　Labrosse ［18c］フランス，アルデンヌ県の司祭／491
ラボー・ド・サン＝テティエンヌ　Rabaut de Saint-Etienne ［18-19c］革命期，南仏ニームの三部会代表／696
ラミー　Lamy, Guillaume ［17c］フランスの医師／373-74, 406, 412, 575
ラミー　Lamy, François ［17-18c］フランスのベネディクト会士，護教論者／367, 403-04
ラムネー　Lamennais, Jean-Marie de ［18-19c］フランスの聖職者，プロエルメルキリスト教教育兄弟会の創設者／722-23
ラムネー　Lamennais, Félicité Robert de ［18-19c］フランスの元聖職者，キリスト教社会主義者／727-29, 738, 764, 769, 771, 774, 777-78, 785, 802
ラムパイア　Lampire, Tom ［17c］英国メルクシャムの機織り工／388
ラモワニョン　Lamoignon, Guillaome de ［17-18c］フランスの法曹家／488

ラランド　Lalande, André　[19-20c] フランスの哲学者，『技術的・批判的哲学語彙集』の著者／805, 924
ラルエット　Lalouette, Jacqueline　[20c-] フランスの自由思想史研究者／748, 751, 761, 869
ラルディロール　Lardeyrol, Firmin　[18-19c] 南仏アルルの非キリスト教化運動推進者，元司祭／684, 687
ラルマン　Lallemant, Pierre/Petrus　[18c] フランスの聖職者／593
ラロック　Laroque, Patrice　[19c] フランスの哲学者，リヨン，カオール，リモージュ大学区講師／799
ラング　Lang, Andrew　[19-20c] スコットランドの小説家，文芸批評家／17
ランクル　Lancre, Pierre de Rosteguy de　[16-17c] フランスの国王諮問官／189, 191
ランクロ　Lenclos, Ninon de　[17-18c] フランスの宮廷人，才人，文芸サロンを開く／343, 353, 559, 598, 782
ランゲ　Lange, Friedrich-Albert　[19c] ドイツの歴史家，哲学者／46, 638
ランゼー　Ramsay, André Michel　[17-18c] スコットランド出身のフランスの貴族（士爵），作家，哲学者／419, 575
ランデ　Lindet, Robert-Thomas　[8-19c] フランス，ノルマンディー地方ウール県の元司教／702
ランノー　Lanneau　[18-19c] フランス中部ローヌ県の非キリスト教化運動推進者，元聖職者／687
ランベール　Lambert, Yves　[20-21c] フランスの社会学者／921, 966, 970
リアール　Liard, Louis　[19, 20c] フランスの哲学者，行政官／775
リアンクール（フランソワ七世，ド・ラ・ロシュフーコー）　Liancourt; François VII de La Rochefoucauld　[17-18c] フランスの貴族（公爵），ルイ十四世の狩猟長／340
リオトゥレ　Lioterais　[17c] フランス，ヴァニーニの弟子／343
リシエ　Richer, Léon　[19-20c] フランスのジャーナリスト，自由思想家／756
リシュタンベルジェ　Lichtenberger, André　[19-20c] フランスの社会主義運動史研究家／685
リシュリュー　Richelieu, Armand Jean du Plessis de　[16-17c] フランスの政治家，枢機卿／269, 313, 390
リシュリュー　Richelieu, Armand Jean de Vignerot du Plessis de　[16-17c] フランスの貴族（公爵），海軍士官／538
リトレ　Littré, Emile　[19c] フランスの哲学者，辞典編集者／764, 779, 832
リニュロール　Lignerolles　[16c] フランスの宮廷人／169
リノン・デュ・ヴァル　Linon du Val　[13c] フランスの異端審問官／107
リヒター（通称ジャン・パウル）　[18-19c] ドイツの小説家／577-78, 585
リペール　Ripert　[18-19c] 革命期フランスの急進革命委員会リーダー，元司祭／684
リベラ　Libera, Alain de　[20c-] フランスの中世哲学研究者／107
リュイーヌ　Luynes, Louis Charles d'Albert　[17c] フランスの貴族（公爵），モラリスト，デカルトのラテン語作品の仏訳者／364
リュイエ　Ruyer, Raymond　[20c] フランスの思想家，哲学者／914
リュイリエ　Luillier, François　[17c] フランスのリベルタン／312

リューバ　Leuba, James Henri　[19-20c] 米国の宗教心理学者／850
リューボック　Lubbock, John　[19-20c] 英国の先史学者／16
リュカス　Lucas　[17c] スピノザの最初の伝記作家／367
リュクルゴス　Lycurgue　古代ギリシア，スパルタの伝説的立法家／241
リュコン（トロアースの）　Lycon de Troas　[前 3c] 古代ギリシア，ペリパトス学派の哲学者／53, 920
リュサック　Russacq　[19-20c] フランスの元聖職者，自由思想家／792
リュシリウス　Lucilius, Caius　[前 2c] 古代ローマの風刺詩人／81
リュスティジェ　Lustiger, Jean-Marie　[20-21c] フランス，カトリック教会の高位聖職者，枢機卿／891
リュッソ　Russo, François　[20c-] フランスの聖職者，イエズス会士／916
リュバック　Lubac, Henri de　[19-20c] フランスの神学者，枢機卿／16, 884
リングサイス　Ringseis,Johann Nepomuk von　[18-19c] ドイツの医師，政治家／716
ル・イール　Le Hir, Althur- Marie　[19c] フランス，パリのサン＝シュルピス神学校聖書学教授／780-81
ル・ヴェリエ　Le Verrier, Urbain Jean Joseph　[19c] フランスの数学者，天文学者／774
ル・クートゥー　Le Couteux　[17-18c] フランス，パリの地下文書販売業者／567
ル・グラン　Le Grand, Antoine　[17c] フランスの哲学者，フランシスコ会士／349
ル・クレルク　Le Clerc, Jean　[16-17c] オランダの神学者，プロテスタント牧師／367, 404-05, 407
ル・コール　Le Corre, René　[20c-] フランスの詩人／957-58
ル・ゴビャン　Le Gobien, Charles　[17-18c] フランス，イエズス会の作家／412, 414
ル・ゴフ　Le Goff, Jacques　[20c] フランス，アナール学派の中世史家／92, 125
ル・コルネック　Le Cornec　[18-19c] フランス，ブルターニュ地方北部パンポルの司祭／723
ル・サージュ　Le Sage, Hérve-Julien　[18-19c] フランス，ブルターニュ地方サン＝ブリユーの司教座聖堂参事会員／543
ル・ジューヌ　Le Jeune, B.　[18c] フランス，アルデンヌ地方，ロキニーの住人／509
ル・ダンテック　Le Dantec, Félix　[19-20c] フランスの生物学者，科学哲学者／794
ル・ドリュ　Le Dru, François-Roch　[18-19c] 革命期フランスの海軍佐官／736
ル・ノブレ　Le Noblet, Michel　[17c] フランス，ドミニコ会士，ブルターニュ地方の宣教師の指導者／549
ル・ピカール　Le Picard, François　[16c] フランスの聖職者，説教家／204
ル・プティ　Le Petit, Claude　[17c] フランスの貴族（男爵），詩人／353
ル・フェーヴル・ド・ボドリ　Le fèvre de La Boderie, Guy　[16c] フランスの詩人，学者／204, 234
ル・ブラ　Le Bras, Gabriel　[19-20c] フランスの法曹家，宗教社会学者／5, 505-07, 541, 722, 743-44, 919-20
ル・ブラン　Le Blanc　[17c] フランスの聖職者，イエズス会士／270
ル・フランソワ　Le François, Alexandre　[17-18c] フランスの医師／410
ル・ベグ　Le Bêgue　[17-18c] フランス，ランス司教区総代理／455

ル・ムール　Le Meur　[19–20c] フランス，アンジュ・カトリック大学教授／921
ル・メ　Le Mée, Pierre　[19c] フランス，ブルターニュ地方サン＝ブリユーの司教／727
ル・メートル・ド・クラヴィーユ　Le Maître de Claville, Charles François Nicolas [17–18c] フランス，ルーアンの財務長官／594
ル・メール　Le Maire, Guillaume　[13–14c] フランス，アンジェの司教／144, 147
ル・ロワ　Le Roy, Édouard　[20c] フランスの哲学者，数学者／119
ル・ロワ・ラデュリ　Le Roy Ladurie, Emmanue　[20c] フランス，アナール派の代表的歴史学者／94, 137, 139-40, 190, 498, 558
ル・ロワイエ　Le Loyer, Pierre　[16c] フランスの悪魔研究家／174, 188, 194, 218
ルイ九世（聖ルイ）　Louis, Saint　[13c] フランスの国王，カトリックの聖人／146
ルイ十三世　Louis XIII　[17c] フランス国王，アンリ四世の子／311, 326
ルイ十四世　Louis XIV　[17–18c] フランス，ブルボン朝第三代国王，「太陽王」と呼ばれた／149, 323, 332-33, 340, 356, 394, 536, 565
ルイ十五世　Louis XV　[18c] フランス，ブルボン朝第四代国王／563, 605
ルー　Roux, Jacques　[18c] 革命期フランス，聖職者出身のアンラジェ（過激）派の指導者／685
ルーヴェ　Louvet, Jean-Baptiste　[18c] 革命期フランスの作家，政治家／703
ルヴェール　Levert, Paule　[20c–] フランスの聖職者，イエズス会士／916
レヴェック兄弟　Levesques frères　[17–18c] フランス，Jean と Gérard の兄弟で活躍したジャーナリスト／569
ポール・レヴェック　Lévêque, Paul　[20c–] フランスの歴史家／745
ルーボー　Roubaud, Pierre-Joseph-André　[18c] フランスの重農主義者，ジャーナリスト，文法学者／496
ルカ　Luc　新約聖書の『ルカによる福音書』および『使徒行伝』の著者とされる人物，カトリックの聖人／467
ルキアノス　Lucien　[2c] 古代ギリシアの風刺詩人／86, 134, 166, 216, 261, 291
ルキニオ　Lequinio, Joseph　[18–19c] 革命期フランスの国民公会議員／698
ルクトゥー　Lecouteux, Claude　[20c] フランスのドイツ中世文学研究者／136
ルクリュ　Reclus, Paul　[19–20c] フランスの外科医／750
ルクレール　Lecler, Henri　[20c] フランスの思想史家／311
ルクレティウス　Lucrèce　[前 1c] エピクロス哲学を奉じた古代ローマの詩人／74-76, 78, 81, 85, 92, 134, 172, 201, 212, 217-18, 238, 240, 248, 251, 303, 341, 348-49, 371, 464, 485, 538, 604, 647, 979
ルジャンドル　Legendre, Gilbert Charles de　[17–18c] フランスの貴族（侯爵），文人／416
ルソー　Rousseau, Jean-Baptiste　[17–18c] フランスの詩人，劇作家／353, 545
ルソー　Rousseau, Jean-Jacques　[18c] スイス生まれの哲学者，政治学者，教育学者，思想家／487, 599, 602, 605, 607, 614, 618, 632, 690, 698, 702, 731, 755
ルソー　Rousseaux, François　[19c] フランスの自由思想家／765
ルター　Luther, Martin　[14, 15c] ドイツの神学者，牧師，説教家，ルーテル教会の創始者／149, 155, 157-58, 161, 166, 180, 192, 208, 211, 257, 280, 295, 340, 380, 385, 507, 533, 584, 721, 727, 793, 806, 844

ルツ　Ruth　旧約聖書『ルツ記』に登場する異邦人である，モアブ人の女性／421
ルッジエーリ　Ruggieri, Cosimo　［16–17c］イタリアの天文学者，カトリーヌ・ド・メディシスの諮問官／303
ルナチャルスキー　Lounatchersky, Anatoli Vassilievitch　［19–20c］ロシア，ボリシェビキの政治家／862
ルナン　Renan, Ernest　［19c］フランスの作家，文献学者，歴史家，哲学者／98, 103, 161, 493, 556, 587, 720-22, 736, 752, 769, 771, 775, 780-83, 785-86, 788, 792, 797-801, 810, 831, 930
ルノーブル　Lenoble, Robert　［20c］フランスの哲学史家／171, 911
ルフェーヴル　Lefèvre, André Joseph　［19–20c］フランスの政治家／750
ルフェーヴル　Lefèvre Nicolas　［17–18c］フランスの聖職者，1700年に無神論の嫌疑によりランスで火刑死／484
ルフラン　Lefranc, Abel　［19–20c］フランスの文学史家／156
ルブラン　Lebrun, François　［20c–］フランスの近代史研究者／498
ルフラン・ド・ポンピニャン　Lefranc de Pompignan, Jean-Jacques　［18c］フランスの詩人／579, 604
ルブルヴィエット　Rebreviettes, Guillaume　［17c］フランス，エスクーヴルの領主，作家／287, 290
ルベスク　Lebesque, Morvan　［20c］フランスのジャーナリスト，エッセイスト／877
ルボン　Lebon, Joseph　［18c］革命期フランスの革命家，パ＝ド＝カレー県の元オラトワール会士／687
ルルー　Leroux, Pierre-Henri　［18–19c］フランスの哲学者，政治家／809
ルルス　Lulle, Raymond　［13–14c］マジョルカ人の文人，哲学者／103
レイ　Ray, John　［17–18c］英国の植物学者／426
レイ　Ley, Hermann　［20c］ドイツの哲学史家，無神論史研究者／93
レイ＝メルメ　Rey-Mermet, Théodule　［20c］フランスのレダンプト会士，カトリック作家／890
レイモン　Raymond de l'Aire　［14c］フランス南西部ティニャック村の農民／138
レヴィ　Lévi Éliphas　［19c］フランス，パリ出身の詩人，魔術師／809
レヴィ　Lévis, Charles Eugène de　［17–18c］フランスの貴族（伯爵，侯爵），軍人／538
レヴィ＝ストロース　Lévi-Strauss. Claude　［20c］フランスの社会人類学者，思想家／23, 125, 899
レヴィ＝ブリュール　Lévy-Bruhl, Lucien　［19–20c］フランスの社会学者，民俗学者／16, 30
レヴィル　Réville, Albert　［19–20c］フランスのプロテスタント神学者／789
レウキッポス　Leucippe　［前5c］古代ギリシアの哲学者，原子論の祖／47
レーヴ　Loew　［20c］フランスの聖職者／896
レーウェンフック　Leeuwenhoek, Antoni van　［17–18c］オランダの商人，科学者，歴史上はじめて顕微鏡を使って微生物を観察／444
レーニン　Lénine, Vladimir Oulianov　［19–20c］ロシアの革命家，政治家／769, 793, 826, 828-30, 858, 917
レーマン　Lehmann, Friedrich Rudolph　［20c］ドイツの哲学者，神学者／20-21

レーモン　Raemond, Florimond de　[16–17c] フランスの司法官，歴史家／ 221-22, 231, 258
レーン・フォックス　Lane Fox, Robin　[20c] 英国の歴史家／ 87
レオナルド・ダ・ヴィンチ　Léonard de Vinci　[15–16c] イタリアルネサンス期を代表する芸術家／ 171
レオミュール　Réaumur, René Antoine Ferchault de　[17–18c] フランスの物理学者，自然学者／ 623
レオン十世　Léon X　[15–16c] ローマ教皇／ 102, 241, 486
レカルボ　Lescarbot, Marc　[16–17c] フランスの弁護士，旅行家，作家／ 174
レギウス　Regius, Henricus　[16–17c] オランダの哲学者，医師／ 361
レギノン・デ・プルム　Réginon de Prüm　[9–10c] 南ドイツ，アルトリップ出身の中世年代記作家，教会法学者／ 143
レジェ　Léger, Antoinne　[17–18c] スイス，ジュネーヴ大学神学部教授／ 534
レシジュ　Lessius　[16–17c] フランスの聖職者，イエズス会士／ 289
レジス　Régis, Pierre Sylvain　[17–18c] フランスのデカルト派哲学者／ 363, 403
レタ　Retat, Laudyce　[20c–] フランスの宗教史家／ 797-98, 801
レッシング　Lessing, Gotthold Ephraïm　[18c] ドイツの詩人，劇作家，啓蒙思想家／ 534, 585-86, 588, 804
レップ　Lepp, Ignace　[20c] フランスの作家／ 904
レティフ・ド・ラ・ブルトンヌ　Rétif de La Bretonne; né Nicolas Edme Restif　[18–19c] フランスの作家／ 498
レトランジュ　L'Estrange, Roger　[17–18c] パンフレット作家，英国の貴族（士爵）／ 389
レトワール　L'Estoile, Claude de　[17c] フランスの劇作家／ 261
レトワール　L'Estoile, Pierre de　[16–17c] フランスの回想記作家／ 266
レドンディ　Redondi, Pietro　[20c–] イタリアの科学思想史家／ 371
レーナル　Raynal, Guillaume-Thomas　[18c] フランスの聖職者，作家／ 496, 526, 535, 555, 607, 632
レニエ・ド・ラ・プランシュ　Régnier de La Planche, Louis　[16c] フランスの歴史家／ 169
レネ　Lainez　[17c] フランスの詩人／ 332
レミ　Rémi, Nicolas　[16–17c] フランスの法曹家／ 188
レムリー　Lémery, Nicolas　[16c] フランスの薬剤師，化学者／ 366
レモン　Rémond, René　[20–21c] フランスの歴史家，政治学者／ 877
レリー　Léry, Jean de　[16–17c] フランス，旅行家，」作家／ 175-77
レルミナ　Lermina, Jules　[19–20c] フランスの小説家，ジャーナリスト／ 740
ロヴェーレ　Rovere, Antonio　[17c] イタリアの修道士／ 382
ロヴェル　Lovell, Thomas　[16c] 英国のノーフォーク州ヘヴィンガム出身の軍人，行政官／ 225
老子　Lao-Tseu　[前 7–6c] 世紀中国の思想家，道家の祖／ 40
ロオー　Rohault, Jacques　[17c] フランスのデカルト派哲学者／ 351
ローダー　Lauder, John　[17–18c] スコットランドの指導的法曹家／ 390

ローダーディル　Lauderdale, John Maitland ［17c］スコットランドの貴族（公爵），政治家，法曹家／390
ローノワ　Launoy ［17c］フランスのリベルタン／311
ローマ　Roma, De ［16c］フランス，ドミニコ会士／212
ローラン　Laurent, Henri-Joseph; dit Dulaurens ［18c］フランス，聖職者出身の作家／496, 500
ローリー　Raleigh, Walter ［16–17c］英国の貴族，文人／193, 227
ロクロール　Roquelaure, Antoine Gaston de ［16–17c］フランスの将軍／312-13, 340, 342, 344, 348
ロケット　Roquette, Gabriel de ［17–18c］フランスの司教／344
ロザーノフ　Rozanov ［20c］旧ソ連邦の作家／870
ロジ　Rauzi, Pierre ［14c］フランス南西部，テイニャック村の農民／139
ロジェ　Roger, Jacques ［20c］フランスの科学思想史家／623, 660
ロシュ　Roche, Daniel ［20c–］フランスの歴史家，アンシャン・レジーム社会，文化史研究者／633
ロスケリヌス　Roscelin ［11–12c］フランスのスコラ学者，アベラールの師，普遍論争における唯名論の最初の提唱者／112
ロスタン　Rostand, Jean ［19–20c］フランスの生物学者，科学思想史家，作家，倫理学者，脚本家エドモン・ロスタンの息子／877, 911, 931
ロック　Locke, John ［17–18c］英国の哲学者，医師／352, 390-91, 393, 415, 424, 430-31, 437, 443
ロックロワ　Lockroy, Édouard ［19–20c］英国の哲学者／764
ロッシュマン　Rochement ［17c］フランスの貴族，モリエール『ドン・ジュアン』の批判者／344
ロト　Loth 旧約聖書『創世記』に登場する人物，ソドムから脱出する際後ろをふり返った妻は「塩の柱」になったと伝えられる／125, 300
ロトンド　Rotondo, Antonio ［20c–］イタリアの近代文学史研究者／223
ロネ　Launay, Gilles de ［17c］フランスのガッサンディ派の哲学者／373
ロネ（嬢）　Launay, Mademoiselle de ［17c］フランスの女流作家／365
ロビネ　Robinet, André ［20c］フランスの哲学者，哲学史家／501-02
ロビネ　Robinet, Jean-Baptiste-René ［18–19c］フランスの自然主義哲学者，『百科全書』寄稿者／613, 618, 639-40
ロビノ　Robinot, Louis-Augustin ［19c］フランス，教会参事会員／575
ロビノー　Lobineau, Guy Alexis ［17–18c］フランス，ブルターニュの歴史家，ベネディクト会士／547
ロビンソン　Robinson, John ［20c–］英国，国教会派神学者／898
ロビンソン　Robinson, Richard ［20c］カナダの無神論者／942
ロベール　Robert, Pancrace ［18–19c］フランス，プロヴァンス地方の小都市マノスクの司祭／680
ロベール・O. ジョアン　Johann, Robert O. ［20–21c］米国の哲学者，キリスト教倫理学者／924
ロベール・ド・サン＝ヴァンサン　Robert de Saint-Vincent, Pierre-Augustin ［18c］フラ

ンス，パリ高等法院評定官／558
ロベスピエール　Robespierre, Maximilien François Marie Isidore de ［18c］革命期フランスの政治家，ジャコバン派リーダー，「ルソーの血塗られた手」と呼ばれた／616, 633, 692, 694, 699-702, 705, 709
ロマン　Romains, Jules; né Louis Henri Jean Farigola ［19-20c］フランスの作家，詩人／928
ロマンヴィル　Romainville ［17c］フランスの貴族／312, 342
ロミエ　Romier, Lucien ［19-20c］フランスの歴史家，ジャーナリスト／183
ロムルス　Romulus　伝説上の古代ローマの建国者／303
ロラン（夫人）　Roland, Manon; dit Madame Roland ［18c］革命期フランスの革命指導者，ジロンド派の女王と呼ばれた／554-55
ロリミエ　Lorimier, René ［19-20c］フランスの元聖職者，自由思想家／792
ロリュロ　Lorulot, André ［19-20c］フランスの自由思想家，アナーキスト，個人主義者／876-77
ロワジー　Loisy, Alfred ［20c］フランスのカトリック神学者／98, 786
ロング　Longue, Louis Pierre de ［17-18c］フランス，コンティ公に仕えた作家，パンフレット作者／606
ロングヴィル　Longueville ［17c］フランスの貴族（公爵），フロンドの乱の指導者／325
ロンサール　Ronsard, Pierre de ［16c］フランス，ルネサンス期の詩人／158
ロンジャーノ　Longiano, Sebastiano Fausto da ［16c］イタリアの人文学者／244
ロンバルド＝ラディーチェ　Lombardo-Radice, Lucio ［20c］イタリアの数学者，教育者，イタリア共産党指導者／918

ワ 行

ワイアー　Weyer ［17c］英国の医師／304
ワイズ　Wise, Thomas ［17-18c］英国国教会牧師／440
ワグナー　Wagner, Nicolas ［20c-］ドイツのフランス近代思想史研究者／620
ワシク　Wasik, W. ［20c-］ポーランドの思想史研究者／535
ワレンシュタイン　Wallenstein, Albrecht von ［16-17c］ボヘミアの貴族（公爵），軍人／269

原　注

第Ⅳ部　不信仰の十八世紀

第10章　メリエ神父の宣言（1729年）

(1)　Jean Meslier, *Copie d'une autre lettre dans laquelle étoit la précedente,* dans *Œuvres complètes de Jean Meslier,* éd. par Jean Deprun, Roland Desné, Albert Soboul, Paris, Anthropos, 3 vol., 1970–1972, t. III, p. 203〔「先の書簡に添えられた別の書簡の写し」，石川光一・三井吉俊訳『ジャン・メリエ遺言書』所収，法政大学出版局，2006年，819頁〕.

(2)　Jean Meslier, *Copie de la Lettre écrite par l'auteur à messrs*〔マニュスクリ19458ではmessieursとなっている〕*les curés de son voisinage, op. cit.,* t. III. p. 185〔「近隣の司祭の方々に宛てて，著者がしたためた書簡の写し」，同前，807頁〕.

(3)　*Ibid.,* p. 187–188〔同前，808頁〕.

(4)　*Ibid.,* p. 194〔同前，812頁〕.

(5)　*Ibid.,* p. 197〔同前，813–814頁〕.

(6)　*Ibid.,* p. 199〔同前，815頁〕.

(7)　*Ibid.,* p. 182〔同前，805頁〕.

(8)　Jean Meslier, *Mémoire,* chap. 75, *op. cit,* t. II, p. 334〔前掲『ジャン・メリエ遺言書』，574–575頁〕.

(9)　*Ibid.,* chap. 76, *op. cit.,* t. II, p. 348〔同前，585頁〕.

(10)　*Ibid.,* chap. 72, *op. cit.,* t. II, p. 280–281〔同前，537–538頁〕.

(11)　*Ibid.,* chap. 9, *op. cit.,* t. I, p. 81〔同前，48頁〕.

(12)　*Ibid.,* chap. 27, *op. cit.,* t. I, p. 311〔同前，217頁〕.

(13)　Jean Deprun, Introduction à *l'Anti-Fénelon,* dans *Œuvres complètes de Jean Meslier, op. cit.,* t. III, p. 216.

(14)　*L'Anti-Fénelon,* 126, dans *Œuvres complètes de Jean Meslier, op. cit.,* t. III, p. 296.〔『反フェヌロン』は，フェヌロンの『神の存在の証明』の余白にメリエが書き遺したと思われる注記へのジャン・ドゥプランによる命名である。これらの注記が書かれた『神の存在の証明』は三部が現存するが，いずれもメリエの筆跡ではなく，筆写生のものと思われる〕

(15) Jean Meslier, *Mémoire*, chap. 85, *op. cit*, t. II, p. 473〔前掲書，670–671 頁〕.

(16) *Ibid.,* chap. 81, *op. cit*, t. II, p. 431, note 1.

(17) *Ibid.,* chap. 89, *op. cit*, t. III, p. 43–44〔同前，731 頁〕.

(18) *Ibid.,* chap. 68, *op. cit*, t. II, p. 190〔同前，474 頁〕.

(19) *Ibid.,* chap. 70, *op. cit*, t. II, p. 221〔同前，496 頁〕.

(20) たとえばマルク・ブルデルの以下の著書を参照。Marc Bredel, *Jean Meslier l'enragé, prêtre athée et révolutionnaire sous Louis XIV*, Paris, 1983, p. 200.

(21) *Œuvres complètes de Jean Meslier, op. cit.*, t. III, p. 14〔前掲『ジャン・メリエ遺言書』，711 頁〕.

(22) *Ibid.*, chap. 89, *op. cit*, t. III, p. 38〔同前，728 頁〕.

(23) *Ibid.*, t. III, p. 40〔同前，729 頁〕.

(24) *Ibid.*, t. III, p. 44 et 45〔同前，732 頁〕.

(25) *Ibid.*, chap. 91, *op. cit*, t. III, p. 60〔同前，741 頁〕.

(26) *Ibid.*, t. III, p. 65〔同前，743 頁〕.

(27) *L'Anti-Fénelon*, 4, dans *op. cit.,* t. III, p. 235–236.

(28) *Ibid.*, 24, t. III, p. 245.

(29) *Ibid.*, 80, t. III, p. 276.

(30) Jean Meslier, *Mémoire*, chap. 14, *op. cit*, t. I, p. 113–114〔前掲『ジャン・メリエ遺言書』，69 頁〕.

(31) *Ibid*, chap. 13, *op. cit*, t. I, p. 108.〔ミノワの引用文は本文 108–109 頁にかけてのメリエの文章の要約である〕

(32) *Ibid*, chap. 283, *op. cit*, t. I, p. 335 et 336〔同前，234 頁〕.

(33) *Ibid.*, t. I, p. 330〔同前，230 頁〕.

(34) *Ibid.*, t. I, p. 344〔同前，241 頁〕.

(35) *Ibid.*, t. I, p. 361〔同前，254–255 頁〕.

(36) *Ibid*, chap. 263, *op. cit*, t. I, p. 242〔同前，161 頁〕.

(37) *Ibid*, chap. 31, *op. cit*, t. I, p. 391〔同前，276 頁〕.

(38) *Ibid*, chap. 32, *op. cit*, t. I, p. 397〔同前，281 頁〕.

(39) *Ibid*, chap. 273, *op. cit*, t. I, p. 307〔同前，214 頁〕.

(40) *Ibid.*, t. I, p. 306〔同前，213 頁〕.

(41) *Ibid*, chap. 20, *op. cit*, t. I, p. 191–192〔同前，216 頁〕.

(42) *Ibid.*, t. I, p. 197〔同前，130 頁〕.

(43) *Ibid*, chap. 39, *op. cit*, t. I, p. 477〔同前，338 頁〕.

(44) *Ibid.*, t. I, p. 497〔同前，353 頁〕.

(45) *Ibid.*, t. II, p. 483〔同前，678 頁〕.

(46) *Ibid*, chap. 37, *op. cit*, t. II, p. 486〔同前，686 頁〕.

(47) *Ibid*, chap. 36, *op. cit*, t. I, p. 424〔同前，301 頁〕.

(48) *Ibid*, chap. 27, *op. cit*, t. I, p. 315〔同前，219 頁〕.

(49) *Ibid*, chap. 18, *op. cit*, t. II, p. 157〔同前 451–452 頁〕.

(50) 以下のわたしたちの研究を参照されたい。*Le Couteau et le poison. L'assassinat politique en Europe* (*1400–1800*), Paris, 1997.

(51) Jean Meslier, *Mémoire*, chap. 96, *op. cit*, t. III, p. 129〔前掲書, 784 頁〕.

(52) *Ibid.*, t. III, p. 139〔同前, 787 頁〕.

(53) *Ibid.*, chap. 97, *op. cit*, t. III, p. 176–177〔同前, 504 頁〕.

(54) *Ibid.*, chap. 2, *op. cit*, t. I, p. 37–38〔同前, 28 頁〕.

(55) メリエに関するもっとも完璧な伝記は, 今日でもなお以下にあげるドマンジェのものである。Maurice Dommanget, *Le Curé Meslier, athée, communiste, révolutionnaire sous Louis XIV*, Paris, Julliard, 1965.

(56) Candide Chalippe, *Oraison funèbre de Mgr F. de Mailly*, Paris, 1722, p. 24.

(57) Saint-Simon, *Mémoires*, Paris, Gallimard, «Bibliothèque de la Pléiade», t. VII, p. 819.

(58) Joseph Gillet, *Camille Le Tellier de Louvois*, Paris, 1884, p. 197.

(59) *Œuvres complètes de Jean Meslier*, *op. cit.*, préface, t. I, p. XXVI.

(60) *Ibid.*, chap. 2, *op. cit*, t. I, p. 31–32〔前掲書, 17–18 頁〕.

(61) *Œuvres complètes de Jean Meslier*, *op. cit.*, préface, t. I, p. LXXXI.

(62) Jean Meslier, *Mémoire*, chap. 59, *op. cit.*, t. II, p. 160〔前掲書, 153–154 頁〕.

(63) *Ibid.*, chap. 97, *Conclusion*, *op. cit*, t. III, p. 175–176.

(64) Voltaire, *Extraits des sentiments de Jean Meslier*, Paris, Gallimard, «Bibliothèque de la Pléiade», vol. *Mélanges*, p. 501.

(65) Voltaire, *Correspondance*, éd. Bestermann, t. 50, p. 80.

(66) 以下の『ジャン・メリエ全集』のロラン・デスネによる序文参照。*Œuvres complètes de Jean Meslier*, *op. cit.*, préface, t. I, p. LXII.

(67) François Ravaisson, *Archives de la Bastille*, t. XII, Paris, 1881, p. 231.

(68) J. K. Kossakowski, *Ksiadz pleban* (*Le Curé*), Varsovie, 1786.

(69) Geneviève Artigas-Menant, «Quatre témoignages inédits sur "Testament" de Meslier», *Dix-huitième siècle*, n° 24, 1992.

(70) この点については下記の討論会報告を参照されたい。*Actes du colloque international de Reims, 17–19 octobre 1974, sur le Curé Meslier et la vie intellectuelle, religieuse et sociale* (*fin XVII*^{e}*-début XVIII*^{e} *siècle*), Reims, bibliothèque de l'université. そのなかでもとくに以下の諸論文を参照されたい。Patrick Doussot, «L'archaïsme de Meslier». 本報告はメリエのなかにフスのかすかな記憶があることを示している。Khatchic N. Mondjian, «Meslier et l'orientation démocratique populaire dans le matérialisme français de 18e siècle», Jacques Chaurand, «Tromper et se tromper: Jean Meslier et le sens de l'écriture», Roland Desné, «Meslier et son lecteur», Pierre Retat, «Meslier et Bayle: Un dialogue cartésien et occasionaliste autour de l'athéisme».

(71) 下記文献参照。*Œuvres complètes de Jean Meslier, op. cit.*, t. III, p. 503.

(72) Charles Nodier, *Mélanges tirés d'une petite bibliothèque*, Paris, 1829, p. 182.

(73) 先のロラン・デスネ序文参照。*Œuvres complètes de Jean Meslier, op. cit.*, préface, t. I, p. LXIII–LXXIX.

(74) Marian Skrzypek, «l'Atheisme de Meslier et l'athéisme marxiste, dans *Actes du colloque de Reims, op, cit.*, Nicolas Petrovitch Sokolov, *Histoire de la libre pensée et de l'athéisme en Europe,* Moscou, 1966; Boris Fëdorovic Porchnev, *Jean Meslier et les sources populaires de ses idées*, Moscou, 1955; I. P. Voronitsine, *Istoria ateizma*, Riazan, 1930. なお『ソビエト大百科事典』初版（1926–1947）にはメリエに関する長大な項目が記載されている。

(75) Marian Skrzypek, «La fortune de Jean Meslier en Russie et en URSS», *Dix-huitième siècle*, 1971, n° 3, p. 117–143.

(76) Jean Quéniard, *Culture et société urbaines dans la France de l'Ouest au XVIIIe siècle*, Paris, 1978, p. 243.

(77) 先のロラン・デスネ序文参照。*Œuvres complètes de Jean Meslier, op. cit.*, préface, t. I, p. XXVII.

(78) 以下の諸文献参照。Antoine Bernard, *Le Sermon au XVIIIe siècle*, Fontemoing, 1901; Jules Candel, *Les prédicateurs français de la première moitié du XVIIIe siècle*, Paris, 1904.

(79) Roland Mortier, «Meslier et le statuts de l'ecclésiastique», dans *Actes du colloque de Reims, op. cit.*, p. 111–119.

(80) Esprit Fléchier, *Mémoires de Fléchier sur les Grands jours d'Auvergne en 1665*, Paris, 1856, notice par Sant-Beuve. p. 195.

(81) Emanuel Le Roy Ladurie, *Le Territoire de l'historien*, t. II, Paris, 1978, p. 378.

(82) エルヴェ・ル・ゴッフの下記文献参照 Hervé Le Goff, *Bégard, le petit Citeaux de l'Armorique*, Guipavas, 1980, p. 355.

(83) André Robinet, *Dom Deschamps, Le maître du soupçon*, Paris, 1994.

(84) Lettre de Dom Deschamps à Amdorffer. 上記ロビネの文献参照。

第11章　無宗教と社会

(1) Jean Meslier, *Mémoire*, chap. 60, *op. cit*, t. II, p. 157〔前掲『ジャン・メリエ遺言書』，452 頁〕.

(2) Gabriel Le Bras, *Études de sociologie religieuse*, 2 vols., Paris, 1955.

(3) *Ibid.,* t. I, p. 60.

(4) ル・ブラの前記文献参照。*Ibid.,* t. I, p. 64.

(5) *Ibid.*

(6) *Ibid.,* t. I, p. 65.

(7) *Ibid.*, t. I, p. 249.

(8) *Ibid.*, t. I, p. 252.

(9) Thérèse-Jean Scmitt, *L'Organisation ecclésiastique et la pratique religieuse dans l'archidiaconé d'Autun 1650 à 1750*, Autun, 1957.

(10) Louis Pérouas, *Le Diocèse de La Rochelle de 1648 à 1724*, Paris, 1964.

(11) Nicole Perin, «Quelques aspects de la vie religieuse dans les campagnes ardennaises au temps de Meslier», dans *Actes du colloque international de Reims, op. cit.*, p. 41-78.

(12) *Œuvres complètes de Massillon*, Paris, 1922, t. XV, p. 218.

(13) *Ibid.*, p. 217.

(14) *Ibid.*, p. 221.

(15) *Ibid.*, p. 234.

(16) *Ibid.*, p. 263.

(17) *Ibid.*, p. 235.

(18) *Ibid.*, p. 226.

(19) *Ibid.*, p. 230-232.

(20) *Ibid.*, p. 265.

(21) Alphonse-Marie de Liguori, *Courte dissertation contre les erreurs des incrédules modernes, connus sous le nom de matérialistes et déistes*, dans *Œuvres complètes*, t. 18, Paris, 1835, p. 132.

(22) *Ibid.*, p. 134.

(23) *Ibid.*

(24) *Ibid.*, p. 206.

(25) *Ibid.*, p. 207.

(26) *Ibid.*, p. 233.

(27) *Ibid.*, p. 238.

(28) *Ibid.*, p. 150.

(29) Alphonse-Marie de Liguori, *Contre les matérialistes qui nient l'existence de Dieu*, dans *Œuvres complètes*, t. 18, Paris, 1835, p. 216.

(30) *Ibid.*, p. 17.

(31) *Ibid.*, p. 2-3.

(32) Alphonse-Marie de Liguori, *Réflexions sur la vérité de la révélation divine contre les principales objections des déistes*, dans *Œuvres complètes*, t. 18, Paris, 1835, p. 216.

(33) *Collection des procès-verbaux des assemblées générales du clergé de France depuis 1500 jusqu'à présent*, 9 vol., Paris, 1767-1778.

(34) Georges Minois, *Censure et culture sous l'Ancien Régime*, Paris, 1995, p. 231-234.

(35)　*Collection des procès-verbaux des assemblées générales du clergé de France depuis 1500 jusqu'à présent, op. cit.*, t. VII, 2e partie, 1778, col. 1227.

(36)　*Ibid.*, col. 2233.

(37)　*Ibid.*, col. 707.

(38)　*Ibid.*, col. 708.

(39)　*Ibid.*, col. 716.

(40)　*Procès-verbal de l'assemblé générale du clergé de France de 1780, au couvent des Grands Augustins*, Paris, 1782, p. 335.

(41)　Georges Minois, *op. cit.*, p. 240–242.

(42)　*Ibid.*, p. 244–252.

(43)　Louis-Sébastien Mercier, *Tableau de Paris*, Amsterdam, 1783.

(44)　*Ibid.*, t. 3, p. 92.

(45)　*Ibid.*

(46)　*Ibid.*, p. 90.

(47)　*Ibid.*, p. 93.

(48)　*Ibid.*, p. 91.

(49)　*Ibid.*, t. 7, p. 33.

(50)　*Ibid.*, t. 6, p. 114.

(51)　*Ibid.*, t. 7, p. 166–168.

(52)　*Ibid.*, t. 7, p. 128.

(53)　*Ibid.*, t. 7, p. 55.

(54)　下記文献注記より引用。*Œuvres complètes de Jean Meslier, op. cit.*, t. I, p. 420, note 1.

(55)　ロジェ・ストフェンネガーの下記文献参照。Roger Stauffenegger, *Église et société à Genève au XVIIe siècle*, Paris, 1984, t. I, p. 384.

(56)　*Ibid.*, t. I, p. 443.

(57)　Martin Fontius, «Littérature clandestine et pensée allemande», dans *Le Matérialisme du XVIIIe siècle et la littérature clandestine*, sous la dir. de Oliver Bloch, Paris, 1982, p. 251–262.

(58)　Moses Mendelssohn, *Morgenstunden oder Vorlesungen über das Dasein Gottes*, dans *Schriften zur Metaphysik und Ethik*, t. I, Lepzig, 1880, p. 300.

(59)　Marian Skrzypek, «La diffusion clandestine du matérialisme français dans les Lumières polonaises», dans *Le matérialsime du XVIIIe siècle et la littérature clandestine*, sous la dir. de Olivier Bloch, Paris, 1982, p. 263–271.

(60)　前記文献中より引用。Marian Skrzypek, *art. cit.*, p. 263.

(61)　同上。Marian Skrzypek, *art. cit.*, p. 264.

(62)　Saint-Simon, *Mémoires*, Paris, Gallimard, «Bibliothèque de la Pléiade», t. II, p. 857–858.

(63) *Lettres de la princesse Palatine*, éd. Mercure de France, 1981, p. 175.
(64) *Ibid.*, p. 133.
(65) *Ibid.*, p. 386.
(66) Saint-Simon, *op. cit.* t. I, p. 570.
(67) *Ibid.*, t. I, p. 455.
(68) *Ibid.*, t. II, p. 663.
(69) *Ibid.*, t. II, p. 463.
(70) *Ibid.*, t. VII, p. 666.
(71) Cardinal de Bernis, *Mémoire*, éd. Mercure de France, Paris, 1981, p. 52.
(72) *Ibid.*, p. 65.
(73) Michel Vovelle, *Piété baroque et déchristianisation en Provence au XVIIIe siècle,* Paris, 1973, p. 601.
(74) *Ibid.*
(75) *Ibid.*, p. 602.
(76) Gabriel Le Bras, *Études de sociologie religieuse*, Paris, 1955, t. I, p. 241.
(77) Michel Vovelle, *op. cit.*, p. 614.
(78) *Ibid.*, p. 291.
(79) Chaudon, *Nouveau Dictionnaire historico-portatif*, éd. de 1804.
(80) D'Hémery, *Journal de la Libraire*, année 1753, BN, Ms. Fr. 22158, f° 186.
(81) Ducros, *Mémoires secrets*, Paris, éd. de 1864, t. I, p. 34.
(82) ミシェル・ヴォヴェルの下記文献参照。Michel Vovelle, *Mourir autrefois, Attitudes collectives devant la mort au XVIIe et XVIIIe siècles*, Paris, 1974, p. 56.
(83) Gabriel Le Bras, *op. cit.*, t. I, p. 241.
(84) ガブリエル・ル・ブラの前記文献参照。Gabriel Le Bras, *op. cit.*, t. I, p. 44.
(85) François Billacois, « À vau-l'eau? La religiosité des mariniers de Loire », dans *Homo religiosus*, Paris, 1997, p. 597–603.
(86) Roland Baetens, « La population maritime de la Flandre: une religiosité en question (XVIe–XVIIIe siècle) », dans *Foi chrétienne et milieux maritimes, XVe–XXe siècle*, Acte du colloque du Collège de France, 23–25 septembre 1987, Paris, 1989, p. 86.
(87) *Ibid.*, p. 102.
(88) Alain Cabantous, « Morale de la mer, morale de l'Église (1650–1850) », dans *Foi chrétienne op. cit.*, p. 274–292.
(89) Guy-Alexis Lobineau, *Les vies des saints de Bretagne et des personnages d'une éminente dignité qui ont vécu dans la même province*, Rennes, 1724, p. 176.
(90) Georges Minois, « Les missions des jésuites dans les îles bretonnes dans la

première moitié du XVIIe siècle», dans *Foi chrétienne op. cit.*, p. 19–36.

(91) Alain Croix, *Cultures er religion en Bretagne au XVIIe et XVIIe siècles*, Rennes, 1995.

(92) Xavier-Auguste Séjourné, *Histoire du vénérable serviteur de Dieu, Julien Manoir de la Compagnie de Jésus*, 2 vols., Paris, Henri Oudin, 1895.

(93) Robert Muchembled, *Culture populaire et culture des élites dans la France moderne (XVe–XVIIIe siècle)*, Paris, 1978.

(94) Jean-Baptiste Thiers, *Traité des superstitions*, Paris, 1679.

(95) Marie-Hélène Froeschlé-Chopard, «Les visites pastorales de Provence orientale du XVIe au XVIIe siècles», *Revue d'histoire de l'Église de France*, n° 171, juill.-déc. 1977, p. 273–292.

(96) Louis Michard et Georges Couton, «Les livres d'états des âmes. Une source à collecter et à exploiter», *Revue d'histoire de l'Église de France*, n° 179, juill.-déc. 1981, p. 261–276.

(97) *Pratique du sentiment de pénitence ou méthode pour administrer utilement*, Paris, 1711, p. 200–201.

(98) *Ibid.*, p. 508.

(99) ジョルジュ・ミノワの下記論文に引用されている。Georges Minois, *Un éhec de la réforme catholique en Basse Bretagne: Le Trégor du XVIe au XVIIIe siècles*, thèse d'État dactyl., 4 vols., université de Rennes–2, 1984, t. IV, p. 998.

(100) *Mémoires de Madame Roland*, éd. Claud Perroud, Paris, 1905, t. II, p. 91–92.

(101) *Ibid.*, p. 93.

(102) *Ibid.*, p. 109.

(103) Abbé Charrier, *Histoire du jansénisme dans le diocèse de Nevers*, Paris, 1920, p. 146. こうした見解は以下の諸研究によっても確認される。Edmond Préclin, *Les jansénistes du XVIIIe siècle et la Constitution civile du Clergé*, Paris, 1928; Jean-André Ordioni, *La Résistance gallicane et janséniste dans le diocèse d'Auxerre (1704–1760)*, Auxerre, 1932.

(104) Dominique Dinet, «Le jansénisme et les origines de la déchristianisation au XVIIIe siècle. L'exemple des pays de l'Yonne», dans *Du jansénisme à la laïcité. Le jansénisme et les origines de la déchristianisation*, sous la dir. de Léo Hamon, Paris, 1987, p. 20.

(105) *Ibid.*, p. 23.

(106) *Ibid.*, p. 26.

(107) Emmanuel Le Roy Ladurie, «L'ethnographie à la Rétif», dans *Territoire de l'historien*, Paris, t. II, 1978, p. 379.

(108) フランソワ・ブリューシュの下記文献参照。François Bluche, *Les magis-*

trats du parlement de Paris, (*1715-1771*), Paris, 1960, p. 248.

(109) E. R. Briggs, « L'incrédulité et la pensée anglaise en France au début du XVIIIe siècle, *Revue d'histoire littéraire de la France*, XLI, 1934, p. 534.

(110) *Archives de la Bastille*, éd., Ravaissson, t. XIV, p. 221.

(111) Ducros, *op. cit.,* p. 38.

(112) E. R. ブリッグスの前記論文より引用。E. R. Briggs, *op. cit.*, p. 526.

(113) *Ibid.*, p. 530.

(114) *Ibid.*, p. 526.

(115) *Ibid.*, p. 528.

(116) Pierre Clair, « Déisme et athéisme de 1665 à 1715 à travers les journaux », dans *Recherche sur le XVIIe siècle*, 2, Paris, 1978, p. 109-122.

(117) *Le matérialisme du XVIIIe siècle et la littérature clandestine,* sous la dir. de Olivier Bloch, Paris 1982, *Les Matérialistes au XVIIIe siècle,* présenté par Jean-Claude Bourdin, Paris, 1982. 以下のウェードの著作は古くから知られているものだが，いくつかの欠落がある。Ira O. Wade, *The clandestin Organisation of Philosophic Ideas in France from 1700 to 1750*, Princeton, 1938.

(118) Miguel Benitez, « Qu'est-ce qu'un manuscrit clandestin? », dans *Le matérialisme du XVIIIe siècle, op. cit.,* p. 13-29.

(119) *Spectatrice danoise*, II, 1750, p. 467.

(120) Frédéric Deloffre, « Un "système de religion naturelle": du déisme des *Difficultés de la religion* au matérialisme du *Militaire philosophique* », dans *Le matérialisme du XVIIIe siècle..., op. cit.,* p. 67-80.

(121) Roland Desné, « Sur un manuscrit utilisé par D'Holbach: L'Histoire critique de Jésus, fils de Marie », dans *Le matérialisme du XVIIIe siècle..., op. cit.,* p. 169-176.

(122) *Ibid.*, p. 174

(123) ギュスターヴ・ランソンの下記論文より引用。Gustave Lanson, « Questions diverse sur l'histoire de l'esprit philosophique en France avant 1750 », *Revue d'histoire littéraire de la France*, t. 19, 1912.

(124) John Stephenson Spink, *op. cit.*, p. 325.

(125) アラン・ニデールストの下記論文より引用。Alain Niderst, « L'Examen critique des apologistes de la religion chrétienne. Les frères Lévesque et leur groupe », dans *Le Matérialisme du XVIIIe siècle, op. cit.,* p. 46.

(126) *Ibid.*, p. 59-61.

(127) Anne Thomson et Françoise Weil, « Manuscrits et éditions de l'Examen de la religion », dans *Le matérialsime du XVIIIe siècle..., op. cit.*, p. 219-226.

(128) Migel Benitez, « Orbio de Casto et la littérature clandestine », dans *Le Matérialsime du XVIIIe siècle..., op. cit.*, p. 149-165.

(129) Anne Thomson, «la Mettrie et la littérature clandestine», dans *Le Matérialsime du XVIIIe siècle..., op. cit.*, p. 235–244.

(130) *Ibid.*, p. 240.

(131) クラウディア・スタンカーティの下記論文より引用。Claudia Stancati, «La Dissertation sur la formation du monde et les origines du matérialisme», dans *Le matérialisme du XVIIIe siècle, op. cit.*, p. 109.

(132) Miguel Benitez, «La tentation du gouffre. La pluralité des mondes dans la littérature clandestine», dans *Le Matérialisme du XVIIIe siècle..., op. cit.*, p. 115–128.

(133) *Ibid.*, p. 122.

(134) Pierre Rétat, «Érudition et philosophie. Mirabaud et l'Antiquité», dans *Le Matérialisme du XVIIIe siècle, op. cit.*, p. 91–99.

(135) Henri Coulet, «Réflexions sur les Méditations de Lau», dans *Le Matérialisme du XVIIIe siècle, op. cit.*, p. 31–43.

(136) Bernard Tocanne, «Aspects de la pensée libertine à la fin du XVIIe siècle. Le cas de Claude Gilbert», dans *Dix-septième siècle*, n° 127, avril-juin, *1980*, p. 213–224.

(137) 自殺の問題に関しては，以下の拙論を参照されたい。*Histoire du suicide. La société occidentale face à la mort volontaire*, Paris, 1995.

(138) Jean Ehrard, *L'Idée de nature en France dans la première moitié du XVIIIe siècle.* Paris, 1963, éd. A. Michel. 1994, p. 94.

(139) La Metterie, *L'Homme machine*, 1748, p, 108〔杉捷夫訳『人間機械論』岩波文庫，1968 年，88 頁〕.

(140) Albert Chérel, *Un aventurier religieux au XVIIIe siècle: André-Michel Ramsay*, Paris, 1926.

(141) *Collection intégrale et universelle des orateurs sacrés*, éd. Migne, t. 76, col. 2.

第 12 章　キリスト教の基礎の再検討と理神論のためらい

(1) Johann Friedrich Richter, *Siebenkäs*, éd. Aubier, Paris, 1963,

(2) *Ibid.*, p. 456.

(3) Diderot, *Principes de la philosophie morale, ou essai de M. S** A. Cooper Comte de* [*Shaftesbury*] *sur le mérite et la vertu, avec réflexions*, Amsterdam, 1745, p. 12, note.

(4) Voltaire, *Dictionnaire philosophique*, art. «Théiste»〔高橋安光『哲学辞典』，「有神論者」項，法政大学出版局，1988 年，385 頁〕.

(5) Jean-Jacques Le Franc de Pompignan, *Questions diverses sur l'incrédulité*, Paris, 1751, p. 3.

(6) David Hume, *Dialogues sur la religion naturelle*, éd. M. Malherbe, Paris, 1987, IX〔福鎌忠恕・斎藤繁雄訳『自然宗教に関する対話』法政大学出版局，1975 年，100–101 頁〕.

(7) *Ibid*., IV〔同前，52 頁〕.

(8) *Ibid*., p. 158〔同前，162 頁〕.

(9) Karl Jaspers, *Deucalin 4*, n° 36, 1952, p. 247.

(10) Jean-Marie Paul, *Dieu est mort en Allemagne*, *Des Lumières à Nietzsche*, Paris, 1994, p. 71.

(11) *Ibid*, p. 46.

(12) Fichte, *Werke*, 1798–1799, I, 5, p. 354.

(13) ハンス・ライゼガングの下記文献参照。Hans Leisegang, *Lessings Weltanschauung*, Leipzig, 1931.

(14) Montesquieu, *Œuvres posthumes*, éd. 1789, p. 215.

(15) ロベール・ファーヴルの下記文献参照。Robert Favre, *La mort au siècle des Lumières*, Lyon, 1978, p. 511.

(16) *Ibid*, p. 532.

(17) Voltaire, *Correspondance*, Besterman 4014.

(18) ロベール・ファーヴル前掲書より引用。Robert Favre, *op. cit.*, p. 533–534.

(19) Etienne Pivert de Senancour, *Rêveries sur la nature primitive de l'homme*, t. I, éd. Cornely, Paris, 1910, p. 19.

(20) ロベール・ファーヴル前掲書より引用。Robert Favre, *op. cit.*, p. 508.

(21) *Procès-verbaux des assemblées générales du clergé de France*, 1775, pièces justificative, p. 715.

(22) Petrus Lallement, *Les Saints Désirs de la mort*, Paris, 1673, p. 51.

(23) Bayle, *Dictionnaire historique et critique*, art. « Bion Borysthémie ».

(24) Marquis d'Argens, *Lettres juives*, La Haye, 1736, V, p. 205.

(25) Robert Favre, *op. cit.*, p. 95.

(26) ロベール・ファーヴル前掲書より引用。Robert Favre, *op. cit.*, p. 96.

(27) Jacques Necker, *De l'importance des opinions religieuses*, dasn *Œuvres complétés*, éd. Treuttel et Würtz, 1820–1821, t. XII, p. 355.

(28) ロベール・ファーヴル前掲書より引用。Robert Favre, *op. cit.*, p. 172.

(29) D'Holbach, *Système de la nature*, I, p. 228.

(30) Chamfort (Sébastien-Roch Nicolas de), *Maximes et pensées*, dans *Œuvres complètes*, t. I, p. 362.

(31) Diderot, *Correspondance*, t. III, p. 275.

(32) Robert Favre, *op. cit.*, chap. « le goût de la mort », p. 415–466

(33) ロベール・ファーヴル前掲書より引用。Robert Favre, *op. cit.*, p. 463.

(34) Jean-Jacques Rousseau, *Œuvres complètes*, t. IV, p. 1075.

(35) La Mettrie, *Système d'Epicure*, dans *Œuvres philosophiques*, I, 257.

(36) Robert Favre, *op. cit.*, p. 212.

(37) たとえば以下のハンウィックの論文を参照。Andrew. Hunwick, «*Nouvelles remarques critiques sur le Nouveau Testament*. Un manuscrit clandestin inédit», *Dix-huitième siècle*, n° 24, 1992, texte de 1756.

(38) Voltaire, *Dictionnaire philosophique*, art. « Athée ».

(39) *Démonstrations évangéliques*, Paris, éd. Jacques Paul Migne, 18 vol., 1865.

(40) Nicolas-Sylvestre Bergier, *Traité historique et dogmatique de la vraie religion*, Paris, 1780, t. V, p. 283.

(41) François Laplanche, *La Bible en France entre mythe et critique, XVIe–XIXe siècle*, Paris, 1994, p. 97- 106.

(42) Monique. Cottret, «Le catholicisme face au déisme. Autour de l'*Émile*», *Revue de l'histoire de l'Église de France*, n° 203, juill.-déc. 1993.

(43) Barbara de Negroni, *Lectures interdites, Le travail des censeurs au XVIIIe siècle, 1723–1774*, Paris, 1995, p. 195.

(44) Georges Minois, *Censure et culture sous l'Ancien Régime*, Paris, 1995, p. 181–230.

(45) バルバラ・ド・ネグローニ前掲書より引用。Barbara de Negroni, *op. cit.*, p. 205.

(46) Robert Darnton, *Éditons et sédition. L'Univers de la littérature clandestine au XVIIIe siècle,* trad. franç., Paris, 1991, p. 172.

(47) 「試論」,「神学士号取得論文」,「小前提」「通常の大前提」が四部を構成する。

(48) John Stephenson Spink, «Un abbé philosophique: l'affaire de J.–M. de Prades», *Dix-huitième siècle,* 1971, n° 3, p. 145–180.

(49) Vicq d'Azyr, *Mémoires*, t. VII, p. 25.

(50) Ms. 1191 de la Bibliothèque Mazarine. この地下文書については以下のロラン・モルティエの論文を参照。Roland Mortier, «Les *Dialogues sur l'âme* et la diffusion du matérialisme au XVIIIe siècle», *Revue d'histoire de la France,* 1961, p. 342–358.

(51) Le Clerc, *Bibliothèque choisie*, t. X, p. 322.

(52) Jean-Baptiste Duvoisin, *Essai sir la religion naturelle*, 1780, art. 6, p. 109.

(53) Nicolas Boulanger, *L'Antiquité dévoilée par ses usages*. éd. de 1765, livre VI, chap. 1.

(54) この点については，ジャン・エラールの主著を参照。Jean Ehrard, *L'idée de nature en France dans la première moitié du XVIIIe siècle*, Paris, 1963, rééd., 1994.

(55) Jean François Buddeus, *Traité de l'athéisme et de la superstition*, Amster-

dam, 1740, p. 100.

(56) D'Holbach, *Système de la nature*, 1770, I, chap. IX. (éd. Alive, 1999, t. II, p. 238–239)〔高橋安光・鶴野陵訳『自然の体系』I，法政大学出版局，1999 頁，106 頁〕.

(57) *Ibid*〔同前，107 頁〕.

(58) Helvétius, *De l'Homme, de ses facultés et de son éducation*, dans *Œuvres complètes de M. Helvétius*, t. V, 1784, Section X, chap. VII〔根岸国孝訳『人間論』第 10 巻第 7 章，明治図書，1966 年，114–173 頁〕.

(59) *Dialogues sur l'âme*, p. 145.

(60) *Ibid.*, p. 142.

(61) *Ibid.*, p. 144.

(62) *Ibid.*, p. 172.

(63) Nicolas Wagner, *Morelly, le méconnu des Lumières*, Paris, 1978, p. 57–58.

(64) *Ibid.*, p. 341.

(65) Louis-Sébastien Mercier, *Tableau de Paris*, Amsterdam, 1783, t. VI, p. 146.

(66) Abbé Gauchat, *Lettres critiques ou Analyse et réfutation des divers écrits modernes contre la religion*, Paris, 1762, p. 96.

(67) Nicolas Wagner, *op. cit.*, p. 247.

(68) *Ibid.*, p. 334.

(69) アンヌ＝マリ・フランシの下記論文より引用。Anne-Marie Franchi, « La franc-maçonnerie en Europe », dans *Religion et laïcité dans l'Europe des douze*, sous la dir. de Jean Baubérot, Paris, 1994, p. 207.

(70) José-A. Ferrer Benimeli, « Franc-maçonnerie et Église catholique. Motivations politiques des premières condamnations papales », *Dix-huitième siècle*, 1987, n° 19, p. 7–20.

(71) Georges Gusdorf, *Du néant à Dieu dans le savoir romantique*, Paris, 1983, p. 395.

(72) Jacques Roger, *Les sciences de la vie dans la pensée française au XVIIIe siècle*, Paris, 1963; rééd. Paris, 1993, p. 771–772.

(73) John Pappas, « Voltaire et la guerre civile philosophique », *Revue d'histoire littéraire de la France*, 1961, p. 525–549.

(74) Ferdinando Galiani, *Correspondance avec Madame d'Espinay*, Paris, 1881, I, p. 103.

(75) ジョン・パパスの下記論文より引用。John Pappas, *art. cit.*, p. 541.

(76) *Ibid.*, p. 543.

(77) *The letters of Horace Walpole*, éd. Toynbee, Oxford, 1904, t. VI, p. 352.

(78) Bernard Nicholas Schilling, *Conservative England and the Case against Voltaire*, New York, 1950, p. 198.

第13章　無神論的唯物論の表明

(1)　ドルバックの下記文献より引用。D'Holbach, *Système de la nature*, Paris, fayard, 1991, t. II〔前掲『自然の体系』II, 2001年, 284頁〕.

(2)　Alan Charles Kors, *D'Holbach's Coterie. An Enlightenment in Paris*, Princeton, 1976.

(3)　ジャン＝ルイ・デュマの下記文献参照。Jean-Louis Dumas, *Histoire de la pensée. Philosophies et philosophes*, Paris, 1990, p. 295.

(4)　Daniel Roch, *Les Républicains des lettres. Gens de culture et lumières au XVIIIe siècle*, Paris, 1988, p. 243.

(5)　以下の諸研究による。Olivier Bloch, *Le matérialisme*, Paris, «*Que sais-je?*», 1985; *Le Matérialisme du XVIIIe siècle et la littérature clandestine*, éd. par Oliver Bloch, Paris, 1982; *Les Matérialistes français de 1750 à 1800*, éd. par Roland Desné, Paris, 1965; *Les Matérialistes au XVIIIe siècle*, éd par Jean-Claude Bourdin, Paris, 1996; «Le matérialisme des Lumières», *Dix-huitième siècle*, n° 24, 1992.

(6)　Olivier Bloch, «L'héritage libertin dans le matérialisme des Lumières», *Dix-huitième siècle*, n° 24, 1992.

(7)　D'Holbach, *Essai sur les préjugés, Ou De l'influence des opinions sur les mœurs et sur le bonheur des Hommes*, 1770, chap. III.

(8)　Sylvain Auroux, «Condillac, inventeur d'un nouveau matérialisme», *Dix-huitième siècle*, n° 24, 1992.

(9)　Olivier Bloch, «Sur l'image du matérialisme français du XVIIIe siècle dans l'historiographie philosophique de la première moitie du XIXe siècle: autour de Victor Cousin», dans *Images aux XIXe siècle du matérialisme du XVIIIe siècle*, Paris, 1979.

(10)　Jean-Claude Bourdin, *Hegel et les matérialistes français du XVIIIe siècle*, Paris, 1992.

(11)　Olivier Bloch, «Marx, Renouvier et l'histoire du matérialisme», *La Pensée*, n° 191, février 1977, p. 3–42.

(12)　Freidrich-Albert Lange, *Histoire du matérialisme*, trad. fraç., Paris, 1910.

(13)　Roselyne Rey, «Les paradoxes du matérialisme de Robinet», *Dix-huitième siècle*, n° 24, 1992.

(14)　D'Alembert, *Œuvres*, 1821–22, t. V, p. 304.

(15)　*Ibid.*, p. 303.

(16)　Diderot, *Réflexions sur le livre «De l'esprit» par M. Helvétius*, dans *Œuvres complètes*, Paris, 1982, t. IX, p. 245.

(17) La Metterie, *L'Homme machine*, discours préliminaire.

(18) *Ibid.*

(19) Diderot, *Œuvres*, Paris, édit. L. Versini, 1994, t. I, p. 1118.

(20) ロラン・デスネの下記文献参照。Roland Desné, *Les Matérialistes français de 1750 à 1800*, Paris, 1965, p. 113.

(21) Sylvain Maréchal, *Le Lucrèce français*, Paris, 1798, fragment, XCIX.

(22) Sylvain Maréchal, *Dictionnaire des athées*, Paris, 1800, Discours préliminaire.

(23) Claude Miquet, «Les damnées de l'*Aufklärung*: Johann Carl Wezel: Belphegor (1776)», *Dix-huitième siècle*, 1971, n° 3, p. 331–336.

(24) Jean Deprun, «Sade et le rationalisme des Lumières», *Raison présente*, n° 55, 1980, p. 29.

(25) Marquis de Sade, *La Nouvelle Justine*, chap. IX.

(26) Jean-Claude Bourdin, *Les Matérialistes au XVIIIe siècle*, *op. cit.*, p. 201.

(27) Diderot, *Pensées philosophiques*, éd. Robert Niklaus, Genève, 1950, p. 15〔野沢協訳『哲学断想』,『ディドロ著作集 I 哲学 I』法政大学出版局, 1976 年, 10 頁〕.

(28) Paolo Casini, «Newton, Diderot et la vulgate de l'atomisme», *Dix-huitième siècle*, n° 24, 1992.

(29) Jacques Roger, *op. cit.*, p. 599.

(30) Aram Vartanian, «From Deist to Atheist: Diderot's Philosophical Orientation 1746–1749», in *Diderot Studies*, I, 47–63. 他方, ディドロの理神論は慎重を期して偽装された無神論にすぎない, とマックス・ヴァルトフスキーは考える (Max Wartofsky, «Diderot and the development of Materialist Monism», *Diderot Studies*, II, Syracuse, 1952)。

(31) D'Holbach, *Système de la nature*, éd. Josiane Boulad-Ayoub, Paris, 1990, p. 178〔邦訳対応箇所不詳〕.

(32) *Ibid.*, livre II, chap. IV〔前掲『自然の体系』II, 60–63 頁〕.

(33) *Ibid.*, livre II, chap. V〔同前, 91 頁〕.

(34) *Ibid.*, livre II, chap. XI〔同前, 220–228 頁〕.

第V部 神の死の世紀 (19 世紀)

第 14 章 革命期の非キリスト教化運動 民衆的無神論の出現

(1) Henri Labroue, «La société populaire de la Garde-Freinet», *Révolution française*, t. 54, 1908, p. 145.

(2) ベルナール・プロンジュロンの下記文献参照。Bernard Plongeron,

Conscience religieuse en Révolution, Paris, 1969, p. 146.

(3) ジョルジュ・ミノワの下記論文より引用。Georges Minois, *Un éhec de la réforme catholique en Basse Bretagne: Le Trégor du XVIe au XVIIIe siècles*, thèse d'État dactyl., t. IV, Rennes 1984, p. 1014

(4) Richard Cobb, *Les Armées révolutionnaires, instrument de la terreur dans les départements*, Paris-La Haye, 1963, p. 645.

(5) Georges Minois, *La Bretagne des prêtres en Trégor d'Ancien Régime*, Bras-pars, 1987.

(6) Richard Cobb, *op. cit.*, p. 645–646.

(7) ロラン・デスネの下記文献参照。Roland Desné, *Les Matérialistes français de 1750 à 1800*, *op. cit.*, p. 107.

(8) *Ibid.*, p. 108.

(9) Michel Vovelle, *Religion et Révolution. La déchristianisation de l'an II*, Paris, 1976; Bernard Cousin, Monique Cubells, René Moulinas, *La Pique et la croix. Histoire religieuse de la Révolution française*, Paris, 1989.

(10) ポール・クリストフの下記文献参照。Paul Christophe, *1789, les prêtres dans la Révolution*, Paris, 1986, p. 146.

(11) *Choix de rapports, opinions et discours prononcés à la tribune nationale depuis 1789 jusqu'à ce jour*, Paris, 1820, t. XIII, p. 236.

(12) Bernard Cousin, Monique Cubells, René Moulinas, *op. cit.*, p. 178.

(13) Serge Bianchi, «Les curés rouges dans la Révolution française», *Annales historiques de la Révolution française*, 1964, p. 377.

(14) Assemblée nationale, Documents déposés, DIII 30, 2.

(15) Richard Cobb, *op. cit.*, p. 657.

(16) *Ibid.*, p. 669.

(17) *Ibid.*, p. 676.

(18) *Ibid.*, p. 677.

(19) *Ibid.*, p. 679.

(20) *Ibid.*

(21) *Ibid.*, p. 678.

(22) *Ibid.*

(23) *Ibid.*, p. 658.

(24) *Ibid.*, p. 687.

(25) *Ibid.*, p. 680.

(26) Albert Soboul, *Les Sans-culottes parisiens de l'an II*, Paris, 1962, p. 924.

(27) *Ibid.*, p. 978.

(28) Richard Cobb, *op. cit.*, p. 672.

(29) Richard Cobb, *op. cit.*, p. 643.

(30) *Ibid.*, p. 651.

(31) Bernard Cousin, Monique Cubells, René Moulinas, *op. cit.*, p. 192.

(32) Albert Soboul, *op. cit.*, p. 294.

(33) Albert Soboul, *op. cit.*, p. 828.

(34) ミシェル・ヴォヴェルの下記文献参照。Michel Vovelle, *Mourir autrefois, Attitudes collectives devant la mort au XVII*ᵉ *siècle et XVIII*ᵉ *siècle*, Paris, 1974, p. 222.

(35) *Ibid.*, p. 978.

(36) Bernard Plongeron, *op. cit.*, p. 111–112.

(37) Richard Cobb, *op. cit.*, p. 688.

(38) Bernard Cousin, Monique Cubells, René Moulinas, *op. cit*, p. 192.

(39) François-Alphonse Aulard, *Le Culte de la raison et le culte de l'Être suprême*, Paris, 1892.

(40) Jean-Louis Vieillard-Baron, «Phénoménologie de la conscience religieuse», *Dix-huitième siècle*, 1982, n° 14, p. 167–190.

(41) Roger Caillois, *L'Home et le sacré*, Paris, 1950; Gallimard, «Folio», 1991, p. 176–177.

(42) フリードリヒ・シュライエルマッハーは1799年公刊の『とりわけ宗教を侮蔑する教養人士の宗教論』において，フランス革命の宗教的広がりを研究した。またオランダ人で哲学者，数学者のヘムステルホイスは，啓示宗教を拒否し，内的宗教の絶対的な支配力を声を大にして叫んだ。「人間は気違いだ。神とは何かを学ぶとよい。神という言葉，そしてこの言葉の骸骨を揺りかごにいる子どもたちが綴りを言えるように教えることはやめたらよい。そんなものはあまりにも人間的すぎるのだ。子どもたちにはきちんと感じるように教えればよい。そうすれば，持って生まれた正義と敬虔さを身につけるようになるだろう」。

(43) Bernard Plongeron, «À propos des mutations du "populaire" pendant la Révolution et l'Empire», dans *La Religion populaire. Approches historiques*, Paris, 1976, p. 131.

(44) ベルナール・プロンジュロンの前記文献参照。Bernard Plongeron, *op. cit.*, p. 146.

(45) François-Alphonse Aulard, *Le Christianisme et la Révolution française*, Paris, 1925.

(46) Bernard Cousin, Monique Cubells, René Moulinas, *op. cit.*, p. 207.

(47) *Scéances de l'Ecole normale recueillis par des sténographes*, rééd. 1800, p. 118.

(48) Jules Amédée Barbey d'Aurevilly, «À un dîner d'athées», *Les Diaboliques*, Paris, Garneir-Flammarion, 1967, p. 236–237.

第15章　実践的無神論の高まりとその闘い

(1)　Heinrich Heine, «De l'Allemagne depuis Luther», *Revue des Deux-Mondes*, 15 novembre 1834; p. 408.

(2)　Nadine-Josette Chaline, «Une image du diocèse de Rouen sous l'épiscopat de Mgr de Croy (1823-1844)», *Revue d'histoire de l'Église de France*, n° 160, janv.-juin, p. 53-72.

(3)　Michel Join-Lambert, «La pratique religieuse dans le diocèse de Rouen sous Louis XIV (1660-1715)», *Annales de Normandie*, 1953, p. 245-274; «La pratique religieuse dans le diocèse de Rouen de 1707-1789», *ibid*,, 1955, p. 35-49.

(4)　Gabriel Le Bras, *op. cit.*, t. I, p. 69.

(5)　ジョルジュ・ギュスドルフの下記文献参照。Georges Gusdorf, *Du néant à Dieu dans le savoir romanesque*, Paris, 1983, p. 270.

(6)　André Siegreid, *Tableau politique de la France de l'Ouest sous la IIIe République*, Paris, 1913; Paul Bois, *Paysans de l'Ouest. Des structures économiques et sociales aux options politiques depuis l'époque révolutionnaire*, Paris-La Haye, 1960.

(7)　Paul Bois, *op. cit.*, Paris, Flammarion, 1971, p. 70.

(8)　*Ibid.*, p. 69.

(9)　Pierre Lévêque, «Vigne, religion et politique en France aux XIXe siècle et XXe siècles», dans *Du jansénisme à la laïcité*, sous la dir. de Léo Hamon, Paris, 1987, p. 139-166.

(10)　Jean-Pierre Rocher, «Évolution politique et religieuse du département de l'Yonne dans la première partie du XIXe siècle», dans *Du jansénisme à la laïcité, op. cit.*, p. 124.

(11)　Archives de l'évêque de Saint-Brieuc, «Enquête sur l'état spirituel du diocèse».

(12)　Georges Minois, *Un échec de la réforme catholique en Basse Bretagne: Le Trégor du XVIe au XVIIIe siècles, op. cit.*

(13)　Archive de l'évêque de Saint-Brieuc, lettres de Mgr Caffarelli, 3 août 1811, 17 octobre 1814.

(14)　G. Hoyois, «En quête d'une chrétienté: la Bretagne», *Revue nouvelle*, juin, 1956, p. 605.

(15)　Ernest Renan, *Souvenirs d'enfance et de jeunesse*, Paris, Garnier-Flammarion, 1973, p. 94-95.

(16)　トレゴール地方について，ある種の「自分自身が子どもの頃に実際に体験し，選挙期間中には幾人かのきわめて影響力ある急進主義者たちがつのらせていた反聖職者主義的神秘主義」をル・ブラは話題にしている（*Études de sociologie religieuse, op. cit.*, t. II, p. 605)。「辛辣で反抗的なトレゴール地方の気風が聖職者への批判に有利に作用し，時としてその要求をジャンセニズムに近いものにした。とはいえ，そこにはジャンセニズムを誹謗する者たちほどの影響力はなかった」(*Ibid.*, p. 606)。

(17) Archives de l'évêché de Saint-Brieuc, registre «*État morale de paroisse, 1846–1849*».

(18) Claude Langlois, *Le Diocèse de Vannes au XIX*^{e} *siècle, 1800–1830*, Paris, 1974.

(19) Claude. Langlois, *Le Diocèse de Vannes au XIX*^{e} *siècle, 1800–1830*, Paris, 1974.

(20) Yves Le Gallo, *Clergé, religion et société en Basse Bretagne*, 2 vols., Les Éditions ouvrières, 1991, t. II, p. 729.

(21) Yves Le Gallo, *Ibid.*, p. 795.

(22) *Ibid.*, p. 736.

(23) *Ibid.*, p. 1037.

(24) Félicité de Lamennais, *Essai sur l'indifférence en matière de religion*, Paris, s.d., Introduction, t. I, p. 4.

(25) *Ibid.*, p. 18.

(26) *Ibid.*, p. 47.

(27) *Ibid.*, p. 297.

(28) *Ibid.*, t. II, p. 124.

(29) Montalembert, *Des intérêts catholiques au XIX*^{e} *siècle*, Paris, 1852, p. 67.

(30) ゴワイヨーの下記文献参照。Georges Goyau, *Un tournant d'histoire religieuse: 1830, catholicisme et libéralisme*, Paris, 1930, p. 13.

(31) Adeline Daumard, *Les Bourgeois de Paris au XIX*^{e} *siècle*, Paris, Flammarion, 1970, p. 326–327.

(32) Claude Langlois, *op. cit.*

(33) Gustave Flaubert, *Madame Bovary*, II, 1, Paris, Gallimard, «Bibliothèque de la Pléiade», 1951, p. 361–362.

(34) Gérard Cholvy, «Réalités de la religion populaire dans la France contemporaine (XIXe siècle-début XXe siècle)», Dans *La Religion populaire. Approches historiques*, sous la dir. de Bernard Plongeron, Paris, 1976, p. 149–170. 以下の論文も参照されたい。«Christianisme et monde ouvrier» dans des *Cahiers du mouvement social*, n° 1, Paris, 1975.　またイタリアに関しては次の論文を参照されたい。G. Veruca, «Anticléricalisme, libre pensé et athéisme dans le mouvement ouvrier et socialiste», dans *Chiesa e religiosità in Italia dopo l'Unita (1861–1878)*, Milan, 1973.

(35) Histoire religieuse de la Grande Bretagne, sous la dir. de Hugh McLeod,

Paris, 1997, p. 317.

(36) Edward Palmer Thompson, *The making of the English Working Class*, Harmondsworth, 1969, p. 386.

(37) *Histoire religieuse de la Grande-Bretagne, op. cit.*, p. 337. 著者たちが強調するのは，1890年から1930年にかけての労働者地域社会あるいは家族内での生活における宗教の計り知れない重要性」(328頁）である。

(38) Pierre Pierraud, *La vie ouvrière à Lille sous le Second Empire*, Paris, 1965, chap. IX.

(39) Henri Desroche, *Les Dieux rêvés. Théisme et athéisme en utopie*, Paris, coll. « L' athéisme interroge », 1972.

(40) Geneviève Massignon, *Contes traditionnels des teilleurs de lin de Trégor*, Paris, 1965,

(41) *Le journal de Paimpol*, 21 février 1904.

(42) *Ibid.*, 16 février 1908.

(43) *Le Réveil des Côtes-du-Nord*, 18 février 1904.

(44) *Journal de Paimpol*, 12 juin 1887. 以下のフランソワ・シャッペの論文を参照。François Chappé, « La IIIe République et la mer à Paimpol; combats et défaites de l'anticléricalisme maritime », dans *Foi chrétienne et milieux maritimes*, Paris, 1989, p. 293–295.

(45) Michel Lagrée, « L'évolution religieuse des pêcheurs bretons (milieu XIXe siècle-milieu XXe siècle », dans *Foi chrétienne et milieux maritimes, op. cit.*, p. 141.

(46) André Siegfried, *Tableau politique de la France de l'Ouest sous la IIIe République*, Paris, 1913, p. 394.

(47) René Rémond, *L'Anticléricalisme en France de 1815 à nos jours*, Paris, 1976, p. 33. エドアール・エリオは1925年3月20日の講演で，この区別をしようと試みたが，無駄なことだった。「皆さん，国家宗教と使徒伝来の宗教のどちらかを選ばねばなりません。宗教が霊的手段だけですまし，もはや聖職者を頼りにしなくなれば，ここだけの話，宗教にはわれわれ〔反聖職主義者〕以上に尊敬に値する守護者がいなくなってしまうのです」。だが，この限界は実際には一度も守られはしないことになるだろう。

(48) Ferdinand Buisson, « La crise de l'anticléricalisme », *Revue politique et parlementaire*, oct. 1903, p. 5–32.

(49) Gabriel Le Bras, *op. cit.*, t. II, p. 369.

(50) *Ibid.*, p. 304.

(51) *Ibid.*, p. 370.

(52) *Ibid.*, p. 306.

(53) Paul Lévêque, « Vigne, religion et politique en France au XIXe et XXe siè-

cle» dans *Du jansénisme à la laïcité*, Paris, 1987, p. 139-166.

(54) *Ibid.*, p. 67.

(55) Léonence de Grandmaison, *La Religion personnelle*, Paris, 1930, p. 7.

(56) ピエール・オートマンの下記文献参照。Pierre Haubtmann, *Pierre Joseph Proudhon, genèse d'un antithéiste*, Paris, 1969, p. 120.

(57) Georges Hourdin, «Conversions du christianisme à l'athéisme», dans *L'Athéisme dans la vie et la culture contemporaines*, t. I, Paris, 1967, p. 418.

(58) Jacqueline Lalouette, *La libre pensée en France 1840-1940*, Paris, 1997.

(59) Jacqueline Lalouette, *op. cit.*, p. 39.

(60) André Lefèvre, *La Démocratie*, 20 juin et 1er août 1869.

(61) Jacqueline Lalouette, *op. cit.*, p. 102.

(62) Jacqueline Lalouette, *op. cit.*, p. 102.

(63) Max Milner, *Le Diable dans la littérature française de Cazotte à Baudelaire, 1772-1861*, Paris, t. II, p. 494.

(64) Jacqueline Lalouette, *op. cit.*, p. 158.

(65) Ferdinand Buisson et Charles Wagner, *Libre pensée et protestantisme libéral*, Paris, 1903, p. 84.

(66) Mgr Dupanloup, *Avertissement à la jeunesse*, Paris, 1863, p. 7.

(67) M. Coudereau, «De l'influence de la religion sur la civilisation», *Bulletin de la Société d'anthropologie*, t. II, Paris, 1867, p. 582.

(68) Ferdinand Buisson et Charles Wagner, *op. cit.*, p. 49.

(69) *L 'Anti-clérical*, 17 décembre, 1881.

(70) Jacqueline Lalouette, *op. cit.*, p. 189-202.

(71) Jacqueline Lalouette, *op. cit.*, p. 339.

(72) *Collection complète des lois, écrits, ordonnances, règlements et avis du Conseil d'État*, 1887. Discours de M. Chesnelong au Sénat, p. 454.

第16章　信仰から不信仰へ　代用の信仰箇条

(1) Chateaubriand, *Essai historique, politique et moral sur les révolutions anciennes et modernes considérées dans leurs rapports avec la Révolution française*, Londres, 1797.

(2) Francisco Bethencourt, *L'inquisition à l'époque moderne. Espagne, Portugal, Italie, XVe siècle-XIXe siècle*, Paris, 1995, p. 189-190.

(3) Georges Minois, *L'Église et la science. Histoire d'un malentendu*. 2 vols, Paris, 1990 et 1991.

(4) Célestin Joseph Félix, *Le progrès par le christianisme*, Paris, 1864, p. 50.

(5) ジャン・コンビによる上記文献参照。Jean Comby, *Pour lire l'histoire de*

l'Église, Paris, 1986, t. II, p. 176.

(6) 以下の文献参照。*De Darwin au darwinisme: science et idéologie*, Congrès international pour le centenaire de la mort de Darwin, Paris, Vrin, 1983.

(7) *Revue des questions scientifiques*, 1888, t. I, p. 379.

(8) ノーマン・ハンプソンの下記文献参照。Norman Hampson, *Le siècle des Lumières*, trad. franç., Paris, 1972, p. 233.

(9) *Ibid.*, p. 229.

(10) John William Draper, *Les Conflits de la science et de la religion*, 6e éd., trad. franç. Paris, 1879, p. 278.

(11) Herder, *Lettre concernant l'étude de la théologie*, dans *Werke*, X, Berlin, 1879, p. 278.

(12) Gutzkow, *Werke*, Iéna, 1872, IX, p. 176.

(13) Charles de Villers, *Essai sur l'esprit et l'influence de la réformation de Luther*, 1804, p. 217.

(14) Ferdinand de Lamennais, *Essai sur l'indifférence en matière de religion*, 1817, p. 226.

(15) Georges Gusdorf, *Du néant à Dieu dans le savoir romantique*, Paris, 1983, p. 262.

(16) *Ibid.*, p. 258.

(17) フランソワ・ラプランシュの下記文献参照。François Laplanche, *La Bible en France entre mythe et critique, XVIe–XIXe* siècle, Paris, 1994, p. 138.

(18) *Ibid.*, p. 168.

(19) Ernest Renan, *Souvenirs d'enfance et de jeunesse*, Paris, Garnier-Flammarion, 1973, p. 144.

(20) *Ibid.*, p. 162.

(21) *Ibid.*, p. 154.

(22) *Ibid.*, p. 170.

(23) Claude Tresmontant, *Le Problème de l'athéisme*, Paris, 1972, p. 414.

(24) Ernest Renan, *op. cit.*, p. 179–181.

(25) Georges Hourdin, «Conversions du christianisme à l'athéisme», dans *L'athéisme dans la vie et la culture contemporaine*, t. I, Paris, 1967, p. 409.

(26) Charles Dupuis, *Origine de tous les cultes ou Religion universelle*, éd. de 1831, p. 249.

(27) Étienne Vacherot, *La Métaphysique et la science, ou Principes de métaphysique*, Paris, 1858.

(28) Paul Bert, «La suppression des facultés de théologie», dans *À l'ordre du jour*, Paris, 1885, p. 242.

(29) Émile Durkheim, *Les Formes élémentaires de la vie religieuse*, éd., Quadrige,

1990, p. 614–615.

(30) *Ibid.*, p. 610–611.

(31) アントワーヌ・ヴェルゴットの下記論文より引用。Antoine Vergote, « Analyse psychologique du phénomène de l'athéisme », dans *L'Athéisme dans la vie et la culture contemporaine*, t. I, Paris, 1967, p. 237.

(32) Jacqueline Lalouette, *op. cit.*, p. 87.

(33) Pierre Boyer, *Une brune. Scène de la vie d'in carabin*, Paris, 1868, p. 106.

(34) Félix Le Dantec, *L'Athéisme, 1906*, p. 39 et 55.

(35) *Ibid.*, p. 38.

(36) Bakounine, *Dieu et l'Etat*, éd. Publico, s.d., p. 19.

(37) カルロス・ドス・サントスの下記論文より引用。Carlos Dos Santos, « Athéisme et naturalisme: G. Santayana », dans *L'Athéisme dans la philosophie contemporaine*, 1979, p. 538.

(38) A. J. McNicholl, « Santayana y su concepto de la religion », *Estudios filosophicos*, 2, 1953, p. 168.

(39) George Santayana, *Ultimate religion*, dans *Obiter Scripta*, Londres, 1936, p. 221.

(40) Laudyce Retat, *Religion et imagination religieuse: leurs formes et leurs rapports dans l'œuvre d'Ernest Renan*, Paris, 1977, p. 279.

(41) *Ibid.*, p. 11.

(42) *Ibid.*, p. 484–485.

(43) Sainte-Beuve, *Nouveaux Lundis*, t. VI, p. 1–23.

(44) ジャン・ポミエの下記文献参照。Jean Pommier, *Renan*, Paris, 1923, p. 164.

(45) Guizot, *Lettre à Madame Lenormant*, 6 juillet 1863.

(46) Mérimée, *Lettre à une inconnue*, Paris, 1874, t. II, p. 230.

(47) Michelet, *Bible de l'humanité*, Paris, 1864, p. 434.

(48) Patrice Larroque, *Opinion des déistes rationalistes sur la Vie de Jésus selon Renan*, Paris, 1863.

(49) *Libre Pensée,* 28 octobre 1866.

(50) Archives de l'évêché de Saint-Brieuc, Lettre pastorale de Mgr David, 1864.

(51) Ernest Renan, *Questions contemporaines*, 1870, I, p, 240

(52) Laudyce Retat, *op. cit.*, p. 369.

(53) *Ibid.*, p. 369–370.

(54) ジャクリーヌ・ラルエットの前記論文より引用。Jacqueline Lalouette, *op. cit.*, p. 170.

(55) *Manuel de droit canon conformé au code de 1917*, Paris, 1949, art. 1032, p. 545.

(56) ジョルジュ・ギュスドルフの下記文献参照。Georges Gusdorf, *Du néant à*

Dieu dans le savoir romanesque, Paris, 1983, p. 150.

(57) Friedrich Daniel Ernst Schleiermacher, *Discours sur la religion*, trad. franç., Paris, 1944.

(58) Georges Gusdorf, *op. cit.*, p. 150.

(59) Abbé Maret, *Essai sur le panthéisme dans les sociétés modernes*, Paris, 1840, p. XLII.

(60) Victor Cousin, *Rapport à l'Académie sur la nécessité d'une nouvelle édition des* Pensées *de Pascal*, Paris, 1842, p. XLII.

(61) Georges Gusdorf, *op. cit.*, p. 178

(62) *Ibid.*, p. 179.

(63) *Ibid.*, p. 105.

(64) Jacobi, *Werke*, II, p. 55.

(65) ポール・ベニシューの下記論文より引用。Paul Bénichou, *Le temps des prophètes. Doctrines de l'âge romantique*, Paris, 1977. *Religion saint-simonienne. Recueil de prédications*, t. I, p. 515.

(66) Edgar Quinet, *L'Ultramontanisme*, dans *Œuvres complètes*, t. II, p. 389.

(67) P. Bénichou, *op. cit.*, p. 494.

(68) Edgar Quinet, *Le Christianisme et la Révolution française*, dans *Œuvres complètes*, t. III, p. 346.

(69) Paul Bénichou, *op. cit.*, p. 312.

(70) Edmund Tayler Weiant, *Sources of Modern Mass Atheism in Russia*, Newark, Ohaio, 1953.

(71) P. de Ségur, *Mémoires*, t. I, p. 96.

(72) Gérard Cholvy, «Réalités de la religion populaire dans la France contemporaine, XIXe–début XXe siècle», dans *La Religion populaire, Approches historiques*, Paris, 1976, p. 149–170.

第17章　体系的な無神論あるいは神の死のイデオロギー

(1) D'Holbach, *Le Bon Sens*. ジャン・クロード・ブルダンの下記論文より引用。Jean-Claude Bourdin, «L'Athéisme de D'Holbach à la lumière de Hegel», *Dix-huitième Siècle*, n° 24, 1992.

(2) Hegel, *Philosophie de la religion*, I, 17.

(3) こうしたヘーゲルとドルバックとの対置から，ジャン＝クロード・ブルダンは正当にもそれを現代の問題に重ね合わせ，こう主張する。「無神論は《歴史的》であること以外に注目すべきメリットがあるのか，と問うことができる。そしてこの場合それは，今日ではそうした主題そのものが消滅したかどうかと尋ねることでもある。とはいえ，自由思想がありとあらゆる敬神家あるいはもっとも愚劣な非合理主義者からたえず脅かされ続けてきたことを考慮すれば，それを再考する必要がありはしないだろうか。明らかに，われわれの無神論の伝統を考慮し，ドルバックの諸々の著作をその荒々しい解放の力を回復させながら，再読することが有益となろう」(art. cit., p. 226)。

(4) Hegel, *Philosophie de la religion*, éd. Lasson, I, 184.

(5) Hegel, *Phénoménologie de l'esprit.* ジャン＝マリ・ポールの下記文献参照。Jean-Marie Paul, *Dieu est mort en Allemagne. Des Lumières à Nietzche*, Paris, 1994, p. 146.

(6) Gianfranco Morra, « Athéisme et idéalisme », dans *L'Athéisme dans la philosophie contemporaine*, Paris, 1970, p. 98–107.

(7) *Ibid.*, p. 107.

(8) *Ibid.*, p. 115.

(9) *Ibid.*, p. 137.

(10) ハンス・キュングの以下の文献参照。Hans Küng, *Dieu existe-t-il ?*, trad. franç., Paris, 1978, p. 229.

(11) Ludwig Feuerbach, *L'Essence du christianisme*, éd. Gallimard, 1968, p. 93〔船山信一訳『キリスト教の本質』岩波文庫，上，2004年，11頁〕.

(12) *Ibid.*, p. 129–130, 135〔同前，67, 77頁〕.

(13) *Ibid.*, p. 143–144〔同前，90–91頁〕.

(14) *Ibid.*, p. 153〔同前，105頁〕.

(15) *Ibid.*, p. 425〔同前，下，152頁〕.

(16) Hans Küng, *op. cit.*, p. 250.

(17) Ludwig Feuerbach, *op. cit.*, p. 345〔前掲『キリスト教の本質』下，27頁〕.

(18) *Ibid.*, p. 345–346〔同前，28頁〕.

(19) *Ibid.*, p. 90〔邦訳該当箇所不詳〕.

(20) *Ibid.*, p. 331〔前掲書，下，6頁〕.

(21) Karl Marx, *Introduction à la critique de la philosophie du droit de Hegel*, dans *Critique du droit politique hégélien*, Paris, 1975, p. 198〔真下信一訳『ヘーゲル法哲学批判序説』大月書店，国民文庫，1970年，329–330頁〕.

(22) Karl Marx, *Manuscrit*, 1844〔城塚登・田中吉六訳『経済学・哲学草稿』岩波文庫，2004年，216頁〕. ジョルジュ・マリ・コティエの以下の論文より引用。Georges Marie Cottier, « *Marx* », dans *L'Athéisme dans la philosophie contemporaine*, *op. cit.*, p. 184.

(23) グスターヴ・ウェッターの下記論文より引用。Gustav Wetter, « Le marxisme-lénisme », dans *L'Athéisme dans la philosophie contemporaine*, *op. cit.*, p. 224–225.

(24) *Ibid.*, p. 228.

(25) Friedrich Engels, *Dialectique de la nature*〔菅原仰訳『自然の弁証法』大月書

店，国民文庫，上，32–33 頁〕．ジョルジュ・マリ・コティエの下記論文より引用。Georges Marie Cottier, «*Engels*», dans *L'Athéisme dans la philosophie contemporaine*, *op. cit.*, p. 211.

(26) アンリ・ド・リュバックの下記文献参照。Henri de Lubac, *Le Drame de l'humanisme athée*, éd., 10–18, 1963, p. 133.

(27) *Ibid.*, p. 136.

(28) Max Stirner, *Der Einzige und sein Eigentum*, Stuttgart, 1891, p. 412〔草間平作訳『唯一者とその所有』岩波文庫，下，1988 年，326 頁〕.

(29) Lou Andreas-Salomé, *Friedrich Nietzsche in seine Werken*, Vienne, 1894.

(30) Friedrich Nietzsche, *Le Gai Savoir*, trad〔村井則夫訳『喜ばしき知恵』第三書，河出文庫，2012 年，217–218 頁〕．下記のリシュタンベルジェの文献参照。Henri Lichtenberger, *La Philosophie de Nietzsche*, Paris, 1923, p. 20.

(31) Friedrich Nietzsche, *Zarathoustra*, IV, 6, trad., Bianquis, Paris, 1946, p. 505.

(32) *Ibid.*, p. 509.

(33) Paulus Lenz-Medoc, «La mort de Dieu», dans *Satan*, Paris, 1948, p. 628.

(34) ゲオルク・ジークムントの下記論文より引用。Georg Sigmund, «Athéisme et vitalisme: Nietszche l'athée», dans *L'Athéisme dans la philosophie contemporaine*, *op. cit.*, p. 379.

(35) Friedrich Nietzsche, *L'Antéchrist*, 1889.

(36) Friedrich Nietzsche, *Aurore*, aphorisme 95.

(37) Friedrich Nietzsche, *Le Gai Savoir*, aphorisme 108.

(38) Friedrich Nietzsche, *Zarathoustra*, *op. cit.*, p. 61–63.

(39) ゲオルグ・ジークムント前掲書 p. 399 より引用。

(40) Granville Stanley Hall, *Adolescence, Its Psychology and its Relations to Physiology, Anthropology, Sociology, Sexe, Crime, Religion and Education*, Appleton, 1904.

(41) Edwin Diller Starbuck, *The Psychology of Religion: An Empirical Study of the Growth of Religious Consciousness*, New York, 1899.

(42) *Ibid*, p. 161.

(43) James Henri Leuba, *The Psychological Origin and the Nature of Religion*, Londres, 1909.

(44) Sigmund Freud, *L'Avenir d'une illusion*, éd. PUF, 1963, p. 33.

(45) Ernest Jones, *La Vie et l'Œuvre de Sigmund Freud*, trad. franç., Paris, 1961, p. 464.

(46) Antoine Vergote, «Interprétation psychologiques du phénomène religieux dans l'athéisme contemporain», dans *L'Athéisme dans la vie et la culture contemporaine*, t. I, vol. 1, Paris, 1967, p. 463.

(47) Theodor Reik, *Das Ritual. Probleme der Religionspsychologie*, Leipzig-

叢書・ウニベルシタス　1013

無神論の歴史　下

始原から今日にいたるヨーロッパ世界の信仰を持たざる人々

ジョルジュ・ミノワ
石川光一 訳

法政大学出版局

目次

第Ⅳ部　不信仰の十八世紀

第十章　メリエ神父の宣言（一七二九年）　451
スキャンダル　451／神は存在しない　456／唯一の存在は物質である　460／啓示批判　466／イエス、《大狂信者》　470／狂者の歴史　474／ジャン・メリエの生涯と秘密　479／十八世紀におけるメリエ思想の伝播　487／メリエ、フランス革命からソ連へ　492／メリエの亜流たち　495／ドン・デシャンとその『無神論神学』　500

第十一章　無宗教と社会　504
司牧視察の総括　信仰離れの開始　505／精神的権威の無理解――マシヨン　509／護教論者の弱点――アルフォンソ・デ・リゴーリ　513／フランス聖職者の狼狽（一七五〇―一七七五年）　518／狼狽からパニックへ（一七七五―一七八二年）　521／パリ、不信仰の中心地　メルシエの証言　527／中央ヨーロッパにおける反軽信主義の広がり　533／上流社会からとられた例　大貴族、高位聖職者、上層ブルジョ

ワジー　536／小ブルジョワ、職人、船頭、船員　542／無神論――キリスト教の産物か？　聖と俗の分離　548／教義上の行き過ぎとジャンセニズムの責任　553／不信仰の普及――カフェ、クラブ、新聞　559／無神論、理神論の地下手書き本　566

第十二章　キリスト教の基礎の再検討と理神論のためらい　577

理神論あるいは空虚の恐怖　577／証明不可能だが存在する神――ヒューム、カントそしてドイツ哲学　581／無となることへの否《いな》　588／無神論者の死と信仰者の死　593／悲観論のなかで手を取り合う信仰を持つ者と持たない者　599／信仰擁護者たちの戦線分裂　603／霊魂、精神、自然――ためらいと政治問題　609／理神論、無神論、反聖職者主義――モレリー　616／反合理主義と懐疑論の派生態　621／ヴォルテールと《不信仰者間の内戦》　624

第十三章　無神論的唯物論の表明　631

無神論者の陰謀という神話　631／唯物論の起源と一般的特徴　634／懐疑論的無神論（ダランベール）と実践的無神論（エルヴェシウス）　638／人間機械論から当たり前の無神論へ　643／《無神論者とは何か？》（シルヴァン・マレシャル、一八〇〇年）　650／逸脱――ドイツの虚無主義的無神論とサドの無神論　654／不安げな無神論者ディドロ、そして穏やかな無神論者ドルバック　659／《無神論者とは何か》（ドルバック、一七七〇年）　666

第Ⅴ部　神の死の世紀（十九世紀）

第十四章　革命期の非キリスト教化運動　民衆的無神論の出現　673

反聖職者主義　673／赤色司祭と無神論聖職者　メリエの亜流たち　678／無神論の宣教師たち　686／村の無神論者たち　691／無神論と理神論のあいだで揺れるリーダーたちの絶えざるジレンマ　696／代用宗教？　701／反聖職者主義の総括　707

第十五章　実践的無神論の高まりとその闘い　713

無宗教のツール・ド・フランス　714／ひとつの事例、ブルターニュ地方　718／教会当局の不安の激しさ　726／不信仰の社会的ヴァリエーション　730／反聖職者主義の役割　736／不信仰の諸要因――トリエント公会議以降の信仰　743／自由思想、不信仰の先兵　747／自由思想、教会への反動か　751／『神との戦争』（ポール・ラファルグ）　755／闘いのさまざまな面　762

第十六章　信仰から不信仰へ　代用の信仰箇条　768

近代世界と隔絶した教会　769／神学と聖書釈義学の怠慢　776／神学校と聖書を介した信仰から不信仰へ――ルナン、テュルメル、ロワジ、アルファリック　781／宗教史、不信仰の学校　787／無神論への道、あるいは十九世紀における信仰の失い方

791／神を懐かしむ人々　796／信仰箇条の大混乱　801／いくつもの新しい教会　807

第十七章　体系的な無神論あるいは神の死のイデオロギー　812

ヘーゲルの合理主義とその観念論的後継　813／フォイエルバッハと人間学的無神論　818／マルクス、レーニンと社会＝経済的無神論　826／歴史主義的無神論　830／シュティルナー、ショーペンハウアー、ハルトマンの心理学的で絶望的な個人主義的無神論　836／ニーチェ、神の死から狂気へ　842／心理＝生理学的・精神分析学的無神論　848

第Ⅵ部　確かさの終焉（二十世紀）

第十八章　無神論と信仰　戦争から休戦へ？　857

ソ連邦における《神なし》運動（一九二五―一九三五年）　858／《無神論》運動の停滞と政治的豹変（一九三五年）　864／一九四五年以降のマルクス主義諸国における戦闘的無神論　869／非マルクス主義的無神論運動　871／一九五〇年代―八〇年の合理主義者の闘い　875／休戦に向かうのか？　881／教会による無神論者の《取り込み》　883／人は神の存在を証明できるか　890／無神論に向き合う神学　893

第十九章　神という仮定、時代遅れの問題？　901
実存主義──自由を名目とした神の放棄　902／分析哲学にとっての神問題の無意味さ　905／科学──神を否定するか、あるいは概念を見直すか　910／マルクス主義の柔軟化　917／社会学的調査と不信仰の測定　918／カテゴリー（無神論者、不信仰者、不可知論者、宗教的無関心者）の終焉　922／二十世紀において信仰を失うこと──いくつかの例　928／支配的となった無神論に関する心理学と社会学　932

第二十章　キリスト教二千年を経ての不信仰──いかなる総括か　939
不信仰の重要性と戦闘的無神論の困難　940／信仰の分散──神から精神へ　945／信仰の修繕と取り込みの試み　948／超科学の誘惑とそのあいまいさ　953／無神論から無関心へ　956／若者たちと神──大規模放棄　960／《宗教への回帰》──ひとつの幻想　967／意味の喪失に向かって　972

結論　二十一世紀は非宗教的となるか　977

訳者あとがき　987
原　注　(64)
人名索引　(1)

◉上巻目次

序　論

第Ⅰ部　古代と中世における無神論

第一章　はじめに——信仰か不信仰か

第二章　古代ギリシア・ローマの無神論

第三章　中世の無神論?

第Ⅱ部　ルネサンス期の破壊的無神論

第四章　ルネサンス期の不信仰の背景

第五章　十六世紀の無神論に関する証言
第六章　批判的無神論（一五〇〇―一六〇〇年）

第Ⅲ部　ひとつの精神の危機からもうひとつの精神の危機へ（一六〇〇―一七三〇年）

第七章　ヨーロッパ精神の第一の危機、リベルタン的懐疑論者（一六〇〇―一六四〇年）
第八章　偉大な世紀の不信仰に向かって（一六四〇―一六九〇年）
第九章　ヨーロッパ精神の第二の危機、理性と無神論（一六九〇―一七三〇年頃）

凡例

一、本書は、ジョルジュ・ミノワ著『無神論の歴史――始原から今日にいたるヨーロッパ世界の信仰を持たざる人々』(Georges Minois, *Histoire de l'athéisme, Les incroyants dans le monde occidental des origines à nos jours*, Paris, Fayard, 1998)の全訳である。

一、原注は巻末に各章ごとにまとめた。原注はその多くが引用文の典拠や参照事項に関するもので、研究史的にも貴重なものであり、そのまま仏語で載せた。また邦訳のあるものはできるかぎり該当書、引用頁を掲げたが、訳文は訳者の責任において変えたものもある。

一、原文のイタリック表記は、本書では二重括弧に入れるか、傍点をつけて表した。

一、必要と思われる訳者による補足は本文中に〔 〕で補った。

一、聖書からの引用文の日本語訳は、バルバロ訳『聖書』(講談社、一九八五年)による。ただし一部の人名表記等は日本聖書協会編『新共同訳聖書』(一九八七年)に従った。

一、本書に表れる人名については『西洋人名辞典』(岩波書店、一九八二年)、地名については『コンサイス外国地名事典』(三省堂、一九九〇年)に従い、そこに見られない項目の日本語表記もできるだけその表記法に従った。

一、人名索引は、原文のアルファベット順を五十音順に変え、簡単な説明をつけて巻末にまとめた。

無神論の歴史　下

第Ⅳ部　不信仰の十八世紀

第十章

メリエ神父の宣言（一七二九年）

一七二九年六月末、フランス北東部アルデンヌ県、メジエール近郊のエトレピニーという田舎の聖堂区の司祭が司祭館で息を引き取った。それがジャン・メリエ、この地方の出身で、四十年来聖堂区の首席にあった。ということは、この人物は司教や教区民たちの満足がいくようにその職責をきちんと果たしたということだ。教区民たちはメリエを誠実な人と見た。

スキャンダル

テーブルの上には、一通の書簡が置かれ、「……の司祭殿へ」と書いてあるだけで、ほかに手がかりはない。だからこれは、故人を弔問にやって来るであろう最初の同僚にあてられていた。中身は手の込んだものだった。ジャン・メリエはそこで、「今ではもう、真実を口にするのをなお控えなければならないいわれがあるとは思えません」、と宣言した。そして、このはじめの書簡に収められた、もうひとつ別の書簡についてメリエは、「この手紙について皆さんがどのようにお考えになるか、どのようにおっしゃるか、

またこのような考えを抱き、このような志を立てたわたしのことを何とおっしゃるか、わたしには分かりかねます。おそらくこうした企てをわたしの狂気、無謀さの表れと思われるでしょう……[1]」、と告げた。悪魔の仕業か！

ではもうひとつの書簡を開いてみよう。それは「近隣司祭の方々へ」あてられていた。そしてそこにあるのは、驚きそのものだった！　半世紀のあいだ秘蹟を司ってきたまじめな司祭が、宗教は「誤謬、うそ、ペテン」でしかないと暴露し、自分たちの信仰と完全に袂を分かって、宗教を捨てるよう同僚たちに勧めようというのだ。

あなたがたの宗教があなたがたに教え、あれほど絶対的に強制してあなたがたに信じさせていることを信じる理由と、またそれを信じない理由を十分秤にかけてみてください。皆さんの精神の自然の光に正しく従えば、この世にあるあらゆる宗教は人間の発明でしかなく、超自然的で神的なものとしてあなたがたの宗教が教え、強制的に信じさせていることはすべて実際には誤謬にすぎず、うそにすぎず、あやかしやペテンにすぎないことが、少なくともわたし同様十分に、またわたし同様確実に、あなたがたにも理解していただけるものと、わたしは確信しております[2]。

基調は定められた。「わたしを罵倒する」ことは無駄です、とメリエは書く。同僚たちの最初の反応を予見していたのだ。それよりも、「わたしが言ったことが本当なのかを知る」ように努めてください。もしできるのであれば、わたしに反論してください。でももしわたしの主張に納得されたら、声を上げてください。

真理そのもののために、そしてあなたがたが日々目にしておられるように、圧制とむなしい迷信の耐えがたいくびきの下で嘆き悲しむ民衆のために。［…］またこの世をかくも強力に支配しているかくも忌まわしいかくも多くの誤謬や、かくも有害なかくも多くの悪弊に反対して、存命中に自分の考えを述べる勇気がわたしと同じようにあなたがたにもないのであれば、少なくとも今は沈黙していて、せめていまはの際に真理の側に立ち、皆さんの考えを述べるべきです。(3)

あなたがたは偶像崇拝者です、そうメリエは説く。

あなたがたは現にねり粉と小麦粉の取るに足らないちっぽけな像を拝み、偶像崇拝者たちがやるように木や石膏の像、金や銀の像を敬っているのです。(4)［…］皆さん、あなたがたは空虚な書物をそれにもかかわらず神聖なもの、神なるものと呼んで、象徴的・寓意的・神秘的に解釈し説明しては、時間を無駄にしています。あなたがたは好き勝手な意味を、その書物にあたえているのです。自分たちででっち上げておいて、おおいに好んであたえる、あの見事な霊的で寓意的な意味なるものを手だてとして、あなたがたはその書物に好き勝手なことを言わせているのです。それも、その書物のなかにはなく、いまだかつてありもしなかった真理なるものを、そこに見つけるように、そして見つけさせるようにです。(5)

あなたがたは、興奮して奏効的恩寵かそれとも充足的恩寵かを議論されます。そしてさらに皆さんは哀れな民衆を嘲弄され、地獄の永遠の責め苦で脅かすのです。

そして皆さんは、民衆を支配し、略奪し、圧し潰し、破壊し、抑圧し、そして民衆を打ちのめすあらゆる禍、あらゆる悲惨の源をなす連中の公的な盗みや言語道断な不正に対しては、一言も口を開かれません[6]。

「皆さんの首長」(キリスト)が皆さんに、盲人が盲人の案内をしたら、ふたりとも穴に落ちてしまう〔マタイによる福音書第一五章一四節〕、と言いました。そして皆さんはご自分を盲目へと導いているのです。とはいえ、善と悪、真と偽、そして真理と誤謬、うそやペテンとを識別できる、学問と知恵の鍵を握っていらっしゃるのは皆さんです。あなたがたは全員そのために報酬を受けているのです[7]」。それでも、皆さんが何をお考えになられようと、わたしは意に介しません。死者は生者の手が届かないところにいるからです。死者は何ものでもないのです。

その苦いアイロニー、その虚無主義的悲観論、その完璧なまでの唯物論的無神論、そしてその社会への反抗、メリエのすべてがこの長く悲壮な書簡のなかにあった。ずっと以前から無神論者であり、自分が信じてもいないことを教えることに生涯を費やし、自分に沈黙を強いた政治＝社会システムに対する限りない遺恨を抱え、自分はそれを味わうことができないことは百も承知で後世に向けての自分の報復を準備した。この報復、それはただ手紙だけではなかった。それは膨大な手書き本であり、メリエはそれを聖堂区の裁判記録保管所に託した。そこにあったのは、細かな文字で埋め尽くされたおのおの三六六葉からなる三冊であり〔この数字は近隣司祭宛書簡に見られるものであり、フランス国立図書館が保存するメリエの手書き本三冊はそれぞれ、三一一葉、三三三葉、三五八葉を数える〕、次のような文言が書かれた灰色の紙に包まれていた。

わたしは、人々の誤謬、悪弊、虚栄心、狂気、悪意を見、認めてきた。わたしはそれを憎み、嫌った。存命中それを口にする勇気がわたしにはなかった。だが少なくともいまはの際にそれを語ろう。この目の前にある『覚え書』をわたしが書くのは、人にこのことを知ってもらいたいためであり、この本を目にされ、万一よいかもしれないと思われて読まれるすべての方に真理の証言として役立ちうるためなのです。

手書き本の題名はもっと明白に述べていた。

エトレ……およびバレ……の主…司…、J……M……による、人々の指導と統治に関わる一部の誤謬と悪弊についての思索と見解の覚え書。世のすべての神々とすべての宗教の虚偽と虚妄を示す、明瞭なる論証が見られるもの。同人の死後、その教区民に宛られ、彼らとそのすべての同胞に真理の証言として役立たしめんとす。ソレハ、ソノ人達ト、異邦人達トノ前デ、証言スルタメデアル。

そこに何があるかは明白だったが、かなり厄介なことであった。教会内部で不信仰や異議申し立てが起こっていたこの時期、これほどのスキャンダルを表沙汰にすることは問題外だった。それが、司教総代理ル・ベグが考えたことであり、彼はただちに現場に駆けつけた。事件をもみ消さなければならない。メリエはこっそりエトレピニーの城館の庭に埋葬され、教区民たちには気が狂ったとか悪魔つきになったとかのあいまいな説明があたえられ、七月九日には新しい司祭、ギヨタン神父が任命された。

『覚え書』には何が収められていたのだろうか。きわめて冗長でとっつきにくい文体、そのうえ長い文章やくり返しが多く、ロラン・デスネが監修した版では印刷されたもので一二〇〇頁にもなる。著作は八

章に分けられ、それぞれの章が「宗教の虚偽と虚妄の証明」を構成する。

一、宗教は人間の発明でしかない
二、信仰、「盲目的信心」は誤謬、あやかし、ペテンの原理である
三、「幻影や神の啓示なるもの」の欺瞞性
四、「旧約聖書の預言なるものの虚妄と虚偽」
五、キリスト教の教義と道徳の誤謬
六、キリスト教は大王たちの悪弊と専制を正当化している
七、「神々の存在なるもの」の虚妄
八、魂の霊性と不死という観念の欺瞞性

ここではこの内容豊かな著作の主要テーマを提示するにとどめて、そのほかのすべての根底にあるもの、神は存在しないということから始めることにしよう。神が存在しているならば、そのことは明らかに広く知れ渡り、認められたはずなのだから。

神は存在しない

本当になにがしかの神が、あるいはなにがしかの限りなく完全な存在がいて、人々から愛されよう、崇拝されようと望んだのであれば、自分が愛されたい、崇められたい、仕えられたいと望むすべての男女に、自分をはっきりと、あるいは少なくとも相応に知らせることは、この限りなく完全な存在なるものの理性、正義さ

らには義務にすら属することでしょう。(8)

同様に神のことについて、人々があ̶あだこうだと言い合っているままにしておかないで、神ははっきりと自分の意志を知らせることでしょう。それでいて、神を信じること以上のことは望まない人々がたくさんいるのだ。この「神なるもの」の頑迷な沈黙を前にして、われわれを無知のうちに放置して神はわれわれを揶揄しているのか、それとも神は存在しないかを結論しなければならない。メリエが続けて言うには、「キリスト崇拝者たち」は数多くのしるし、自然の美しさ、神の僕たちの作品、キリストの生涯で神はご自分を知らせていると主張する。だがそのしるしがそれほど明白だったら、誰もが信じただろう。

わが敬虔で信心深いキリスト崇拝者たちは、ここでいともあっさりとこう言うでしょう。自分たちの神は人間理性の明るい光によってではなく、信仰の闇の光によって、信仰を通じて得られる愛と愛徳という純粋な動機によって知られ、愛され、崇拝され、仕えられることを主に望まれるのであって、それは自分たちが主張しているように、人間の精神をへりくだらせ、その尊大さを打ち砕くためなのです。(9)

こんな条件のもとでは、誰であれどんなことでも信じさせられる。神を信じるために人間は理性を放棄しなければならないのであれば、もはやペテンには限りがなくなる。これはおかしなやり方だろう、限りなく善で賢明な神が自分を知らせるやり方としては。

かくも善良で、かくも美しく、かくも賢明で、かくも偉大で、かくも卓越し、かくも感嘆すべきで、かく

も完全で、かくも愛すべき等々と言われるこのような存在について、まずわたしの心に浮かぶ最初の考えは、本当にそのような存在があったとすれば、誰ひとりその存在の真実性を少しも疑えないほどきわめて明らかに、きわめてはっきりと見えるようにわれわれの感覚に現れるに違いない、ということです。〔…〕反対にそんなものは存在しないと信じ、言うだけの十分な理由があるのです。(10)

くわえて、これほどみじめな世界、禍、悪徳、悪意に満ち、そこでは人が苦しみ、死んでいくそんな世界を、それほど完全な存在がどうした創造されたというのだろうか。この世界は生物種が互いに殺し合うことでしか生き延びられない閉ざされた場所、そんな自然の「驚異」をどうやったら口にできるのか。それが原罪なるものの帰結だなどとどうやったら言えるのか。悪は自然につきもので、不可欠なのだ。さもなければやがて人や動物が溢れ、地球はそれを支えきれなくなってしまうだろう。

メリエはまた神の存在の「証明」、とくにあいまいで矛盾する観念であるにもかかわらず、神の「観念」から出発する存在論的証明のむなしさを示すことにこだわる。信仰はしたがって盲目的信心であり、理性を働かせることの放棄である。宗教とは、

宗教がその信心について語る一切を、人が絶対的にそしてただ単に信じることを求めます。ただなんの疑いも抱かないだけでなく、さらには探求もせず、その理由を知ろうと望みを起こすことなどなおさらしてはならないのです〔『トリエント公会議の公教要理』第一条一九頁〕。というのも宗教によれば、その理由を好奇心にかられて求めることは無分別な思い上がりであり、神に対する大逆罪だからです。(11)

信仰は賜物、教会はそう宣言する。それではなぜすべての人がこの賜物を授からないのか。「彼らが信仰を欠いているからなら、なぜ彼らは持たないのですか、その信仰を。それではなぜ彼らは信じていないのですか、そんなへまな連中を。あれほど偉大であれほどすばらしいことを信じ、行うことは彼らにとってきわめて栄光に満ち、きわめて誉れとなるはずなのに[12]」。

神の不在を示すために、メリエはかなりフェヌロンの著書、『神の存在の証明』に依拠している。メリエはこの本を詳細に研究し、注記し、その証明をひとつひとつ論破した。この書物は一七一三年に書かれ、無神論、とくにデカルト主義とスピノザ主義を反駁したイエズス会士トゥルヌミンヌの論考をつけて一七一八年に出版された。フェヌロンはそれとともに自然の美に基づく宇宙論的証明、論理学的証明も用いた。メリエはこの本を熱心に読んだ。そして彼のところには手書きの注で埋め尽くされた一部が見つけられた。おそらくメリエはそれで『反フェヌロン』を作ろうとの意図を持っていた。多分メリエは『覚え書』とこのフェヌロンの注記を並行させて仕事をしていたのだろう[13]。

実際この注記には神の存在への同様の反論が見られる。フェヌロンが自然への称賛を叫び、その驚異によって神がフェヌロンに啓示するところにはどこであれ、メリエは冷たく「むなしい論議」とコメントしている。メリエはカンブレの大司教〔フェヌロン〕の矛盾を好んで取り上げる。フェヌロンはあるときには人は無神論を考えることはできないと書いておいて、別のあるときには「無についてわたしが抱く認識」について語るのだ。フェヌロンが神を自らによって存在し、したがって存在のあらゆる階梯を超えていると語る際には、メリエは「むなしい推論。存在は自分自身によって現にあるものとして存在する。だからといってそのことから、存在がその本質において限りなく完全であるということは帰結しない」、とコメントする[14]。エトレピニーの司祭によれば、必然的な存在は当然存在する。しかし、そのことはこの存在が

限りなく完全であることを意味するものではない。「むなしい推論。著者はここで必然的な存在と限りなく完全な存在を混同している」。

唯一の存在は物質である

そして唯一の必然的な存在、それは物質である。メリエの唯物論は全面的なものである。この唯物論は部分的にはデカルト哲学に依拠し、それに司祭は全体として敬服しているが、いくつかの側面は受け容れていない。メリエによれば、デカルト派は「神崇拝をするすべての哲学者のうちでももっとも理にかない、もっとも分別をわきまえている、というのも世界の秩序は自然の力だけに依存していることを示したからである」。そうであるならば、メリエも敬意を払っていたマールブランシュは、どうしてこんなことが言えたのだろうか。

万物が時間とともにひとりでに自分を整えられるように、神が万物を一挙に配置していなかったら事物の全秩序は覆されるだろうとか、運動の諸法則によって万物が置かれたのとは異なる秩序に神が万物を置いたとしても、万物はその法則の力によりみな身を翻し、現にわたしたちが目にしている秩序に自分を置くだろうなど、どうして言うことができたのでしょうか。というのもここでこの著者自身、明らかに矛盾し、混乱しているからです。なぜなら、物質は自分自身ではどんな運動も持つことはできず、物質が持つ運動はすべて必然的にその最初の作り手である神に由来すると主張する以上、万物が時間とともにそれ自体で自らを整えられたとは言えなかったはずです。(15)

方法の点でも、また厳密さを追求し、誤った明証さに疑問を投げかけるその論証の精神の点でも、メリエはデカルト主義者である。しかし彼はこの方法を使って唯物論を証明しており、メリエが存在論的証明を唯物論的次元へと移したことで、メリエの注解者たちはメリエを「デカルト派最左翼」と呼ぶことができた。[16] 必然的で唯一の存在は、物質なのである。デカルト主義者マールブランシュに範をとり、メリエは数学的真理のような永遠の真理を認め、そしてそこから世界、物質の永遠性に関する結論を引き出し、創造という考えをしりぞける。永遠の真理はどんな意志にも依存しない。永遠の真理はそれ自体によって必然的なものである。

同様にメリエは、有名なデカルトのコギトの意味を変える。わたしたちが考えているのは明らかであり、それゆえ存在があり、そしてこの存在は純粋に物質的である。

> われわれのうちにあって物質でないものは何ひとつ、たしかにわれわれは見ることもなければ、感覚することもなく、また認識しません。眼を取り去ってごらんなさい、何が見えますか。何も見えません。耳を取り去ってごらんなさい、何が聞こえますか。何も聞こえません。手を取り去ってごらんなさい、何に触れますか。体のほかの場所できわめてぎこちなく触れるものを除けば、何にも触れません。頭や脳を取り去ってごらんなさい、何を考えられますか、何を認識しますか。何ひとつ考えられませんし、認識しません。[17]

それなしにはわれわれは何ものでもなくなってしまう、この物質の彼方にどうような名目で目に見えない実在を想定しようというのだろうか。存在、それは物質なのだ。「物質的存在は万物のうちにあり、万物は物質的存在から作られ、万物が最後に物質的存在、つまりは物質そのものに還元されることは明らか

です」、とメリエは言う。[18]

この物質は永遠である。無からの創造という考えはばかげている。ばかげているのは、時間の創造も同様であって、時間はそれ自体時間のうちに位置づけなければならない。神は時間によってではなくその本性によって世界に先行する、神はある種の仕方で世界を包含していると主張しても、なんの役にも立たない。なぜなら、そうなると神と世界は共存するものと仮定しなければならなくなるからである。くわえて、時間を創造するために神はどれだけの時間を必要としたのだろうか。ばかげているのは、空間の創造という考えである。この創造以前、神はどこにいたのか。どこにもそんな場所などありはしない。「ところでどこにもいないものは存在せず、存在しないものはどんなものも創造できない」[19]。ばかげているのは、運動の創造という考えである。運動を創造することは、不動であると前提されている神のうちに変化を想定することだからである。またばかげているのは、物質の創造という考えである。物体を備えない存在がどうやって物体を創造することができるというのだろうか。

物質がそれ自体のうちに運動という特性を備えていなければ、それゆえ世界のなかで起こることはすべて、善悪も含めて、神に負うことになる。メリエ司祭は科学者ではなく、形而上学者である。ある批評家たちは、この科学という分野でのメリエの不備をいくぶん安易に皮肉ってしまったのかもしれない[20]。メリエはたぶんニュートンを知らなかっただろうし、ガリレイについても何も語っていない。彼の書棚には科学の著作は収められていなかったようで、この分野の知識をメリエはすべてマールブランシュからくみ取っている。だがそのことは、当時流布していたさまざまな仮説を考慮に入れることの妨げとは少しもならなかった。「証明七」で、メリエは宇宙に限りがないことを示し、二つの相反するテーゼを検討する。第一の場合物質は不可分の原子から構成されているのか、それとも無限に分割可能か、という問題である。

には各無限列は無限量の原子から構成され、第二の場合では物質の各部は無限な部分から構成される。どちらの場合でも、物質はしたがって無限である。

唯物論者として、メリエはもちろん霊的な魂の存在を否定する。この点に関して、メリエはあらためてデカルト派と袂を分かつ。人間には当然魂がある。生命の大本であるが、それは物質的なものである。「物体もなく、物質もなく、姿もなく、色もなく、どんな延長もない存在とはいったいどんなものなのか、と好きなだけ考え、くり返し考えてみてください。それでもあなたがたはそれがどのようなものたりえるかについて、明晰判明な観念をけっして抱けはしないでしょう[21]」。メリエによれば、デカルト派は不動で、変質せず、永遠な実体である霊的な魂を支持しているが、自己矛盾に陥っている。なぜなら彼らは、「あらゆるわれわれの思考、あらゆるわれわれの認識、あらゆるわれわれの知覚、あらゆるわれわれの知覚や欲求や意志はすべてわれわれの魂の様態であることを認めています。［…］魂は壊敗の原因であるさまざまな変質を受けやすく、したがって魂は不壊でもなければ不死でもないことを彼らは認めなければならない[22]」からだ。

それでは感情や思考は何に由来するのだろうか。言いうることは、物質は思考し、あるいは感情を抱くということである。「というのも、苦痛や快感や喜びや悲しみ……などであるのは正確には物質ではないからです。そうではなく、物質がそのさまざまな変様によって、苦痛や快感や喜びや悲しみ……の感情を、生命ある物体のなかで作り出しているのです[23]」。

それでは、魂とは何か。魂とは、

われわれのうちにあって、手足やわれわれの体の目に見える諸部分を構成するそのほかのより粗大な物質

よりもずっと微細でずっと活潑な物質であるにすぎません。［…］この微細で活潑な物質が死の瞬間にどうなるのかと尋ねられたら、ためらうことなく、まるで軽い蒸気や軽い発散物のように、ちょうど人が急に吹き消したり、炎を維持する燃焼物質がなくなったりして、少しずつひとりでに消えていく蠟燭の炎のように、この物質は分解してすぐ空中に四散すると答えられるでしょう(24)。

メリエはしたがって自分の責任において、ルクレティウスのうちに見いだした微細物質という考えをふたたび取り上げる。

司祭は忘れずに、この領域におけるデカルト派の不統一を指摘する。たとえばマールブランシュは、思考は「魂の生命」と言っていた。それでは、魂が考えていないとき、思考は存在しないのか。睡眠中は、思考はどうなるのだろうか。考え続けている、デカルトはそう断定した。しかし、目が覚めたときには、そんなことは忘れられてしまう。根拠のない断定だ。それに胎児の魂、それは何を考えるのだろうか。

何ひとつまだ母親の胎内にいる子どもの感覚を通過してはいません。この子どもはまだ何ひとつ見たことも、何ひとつ聞いたことも、まだ何ひとつ味わったことも、何ひとつ感じたことも、それゆえ何ひとつ知覚したこともなく、つまりはまだどんな思考、どんな認識もその知性には存在しませんし、したがってまだ何ひとつ考えてはいないのです。この子どもがまだ何も考えてはいないのに、わがデカルト派が主張しているように、霊的で不死である魂が本当にこの子どもにあるとしたら、デカルト派が主張するように、この子どもの魂の本質がその思考に存するのではないことは明白です(25)。

違う、どう考えても物質とは別物の魂など存在しない。仮にそうだったとするならば、

魂は物質を認識するよりもずっとよく自分自身のほうを認識するでしょうし、そしてどうやったら自分が物質を認識できるのかということは理解を絶することですらあるでしょう。それにまた魂が物質を認識できると仮定したら、囚人たちが自分を牢獄の壁から区別できるのと同じく、確実に自分を物質から区別できたことでしょう。(26)

メリエはこのことを足場にして、当時流行していた「あまりにもばかげた」考え、輪廻説を断固としてしりぞける。

メリエの『反フェヌロン』はすでにすべてのこうした唯物論的な側面に取り組んでいた。おそらくはかなり乱暴なやり方で、司教が神、「想像上の手」に帰したすべての性質を自然に移し換えた。「自然がいたるところに存在し、いたるところで作用し、すべてを行うのはいつでも自然であることを、われわれははっきりと目にしています。見ることもできず、どこにもいない別の存在がそれ自身で、人がただあるだろうと想像するにすぎないものであると主張するよりも、自然が自分自身で現にあるところのものであると主張することのほうがさらにいっそう自然でいっそう可能性が高いことなのです(27)」。

このことは、メリエが自然を神格化していることを少しも意味しない。メリエには汎神論者的なところはまったくひとつもない。メリエにとって、形而上学的な性質をスピノザの偉大なる全体に付与することなど論外だった。メリエは一個の純粋な無神論的唯物論者だった。くわえて、メリエは動物機械というデカルト派の考えを拒絶する。

生命をあたえられていない物質は考えることができないと思うのは自然なことですが、生命をあたえられた物質は考えることができると思う方がずっと自然です。それに、動物がただの機械だと自分たちに向かって主張する人がいたら、どんな人でも笑いを抑えることはできませんが、それは動物に生命がないなどとはどうしても思えないからです[28]。

論法として、メリエはしばしばもっともありそうもないことを滑稽なまでに誇張するという手段、もっとも信じがたい信仰を持ち出す人に対して自分が展開することを証拠立てるという手段を用いる。

その本性からして本質的に不変不動であろう神が、それにもかかわらずなにがしかの物体を動かすことができると、どこで覚えたのですか。いかなる延長もいかなる部分も持たないであろう存在が、それにもかかわらず広大で、いわばいたるところ限りなく広がっていると、どこで覚えたのですか。頭も脳もないであろう存在が、それにもかかわらず限りなく賢明で、聡明であると、どこで覚えたのですか。いかなる質もいかなる感覚できる完全性も備えていないであろう存在が、それにもかかわらず限りなく善で、限りなく完全であると、どこで覚えたのですか。手もなければ足もなく、自分からは動くこともできないであろう存在が、それにもかかわらず全能で、本当に万物を作ったと、どこで覚えたのですか。誰がそのようなことを経験したのですか[29]。

啓示批判

これらの問いに信仰者たちが答えられるのは、メリエによれば、彼らには正しい観念の唯一の基準であ

る感覚的経験が欠けているため、ただ啓示に依拠する場合のみである。これはエトレピニーの司祭にとって、聖書への容赦ない批判に打って出る好機だった。明らかにメリエは、この問題に関わるスピノザの著作も、リシャール・シモンの著作も知らなかった。しかしメリエには、自分なりの論法があった。

まず、聖書や福音書の記述の真実性をわれわれに誰が保証するのか。これらのテキストがどのように編まれたのか、福音史家とは誰なのかをわれわれは知ってさえいない。マタイ、マルコ、ルカ、ヨハネという四人の名前は何を隠しているのか。彼らが信ずるに値し、彼らのテキストが時代とともに変えられたことも歪められたこともないと、誰が請け合うのか。非宗教的な歴史のテキストに対してはあれほど厳しく要求するというのに、なぜこの題材でははじめに見た者の証言を受け入れるのか。聖書外典と呼ばれるほかのものもあるのに、なぜこの四つの物語が選ばれたのか。その証言がまちまちなのをどう説明するのか。「では、あれほど古くあれほど多くの世紀を経た、幾千年も前の事柄についての話にどんな確実性がありえるのでしょうか。しかもそうしたことが伝えられたのは、外国人で名もなく地位もなく権威もない連中によってでしかなく、そんな連中があのように異常なまでにほとんど信じがたい事柄をわれわれに語っているのです[30]」。これらのテキストを選択したのは教会だった。だが何を目的としてだろうか。

旧約聖書について言えば、検討は示唆に富むものである。この気違いたちの物語はなんの意味があるのか。至上の英知と至上の善性とみなされた神に指揮されたこの殺戮と犠牲は何なのか。自然の法則に挑むこの人を唖然とさせる奇蹟は何なのか。そしてメリエは、歴史批判の初歩的な規則に念を押す。

それらについての話になんらかの確実性があるために、知っておかなければならないことはこういうことです。

一、そういった類の物語の最初の著者だと言われている人々が、本当にその著者であるかどうかということ。
二、そうした著者が誠実で信用できる人物だったかどうかということ。
三、そうした奇蹟なるものを伝える人々が、自分が伝える事実のあらゆる付帯状況を十分に検討したかどうかということ。
四、そうした事実を伝える書物や古い史書が、ほかの多くの書物と同じく、時を経るなかで改竄され歪められなかったどうかということ。(31)

聖書の支離滅裂さ、あの大洪水、地上のすべての動物のカップルを乗せることができる方舟といったばかげた作り話を列挙するのは、メリエにとって多すぎて選択に迷うほどである。アブラハムの妻と褥をともにしようとしたゲラルの王〔アビメレク〕の邪魔をするために手出しし〔創世記第二〇章六節〕、自分の民の人口を数えたことでダビデ王を罰するために七万人も死なせた〔サムエル記下第二四章一五節〕神をどう考えたらよいのだろうか。霊的・象徴的あるいは寓意的な解釈を言い立てても、窮地を脱せはしないのだ。そんなことをすれば、テキストについてどんなことでも言えてしまうだろう。そしてまさにそれこそ、「キリスト崇拝者たち」がしていることなのだ。

彼らは、そういう結構なあらゆる霊的・寓意的・神秘的意味なるものを好きなようにでっち上げ、また好きなようにでっち上げ哀れな民衆の無知をむなしく育み、培っているのです。〔…〕そうした意味で彼らがわれわれに提出し、そのような意味を付してわれわれに語り聞かせるのは、もう神の言葉ではありません。ただの彼ら自身の考え、妄想、彼らの偽りの想像力による空疎な観念にすぎません。ですから、そんなものにどん

な考慮も注意も払う価値などありません。[32]

それにしても、誰がこんな寓意的解釈を発明したのだろうか。「あの偉大なミルマドラン」〔「宗教的大指導者」の意。マラナ『トルコ皇帝の密偵』からの転用〕のパウロです。約束が成就しないことを目の当たりにして、パウロはそれに象徴的な意味をあたえた。そしてそれ以降、

わがキリスト崇拝者たちは、先の約束と預言に関し、それが表現されているまま文字通りに受け取ろうとすることは無知、あるいは精神の低俗さであると見なしています。そして、神の意図と意志の精緻で巧みな解釈者という役割を自分たちがたしかに果たしていると信じ、言葉の文字通りの自然な意味を捨てて、神秘的・霊的と呼ぶ意味を、また寓意的・天上的・教訓的と名づける意味をそれらにあたえているのです。[33]

このうまいやり方を使えば、

有名なドン・キホーテ・デ・ラ・マンチャのあらゆる演説、あらゆる行動、あらゆる冒険を同じように寓意的・象徴的に解釈しようとすれば、〔…〕好きなだけそこにまったく超自然的で神的な知恵を見いだすことができるでしょう。[34]

そしてメリエは、聖書のいくつかのエピソードについて教父たちがあたえた驚くべき解釈の四〇頁にも及ぶアンソロジーを提示する。教父たちはそれで、聖アウグスティヌスのように成長したわけではなかっ

た。アウグスティヌスは出エジプト記の一節について以下のような見事な解釈をあたえた。

お前はわたしの顔を見ることはないが、わたしの後ろは見るだろう、と神はモーセに言いました。それが象徴するのはこういうことです。神の顔とは肉眼では見ることができない神なるものを意味し、その後ろとはイエス＝キリストの人間性を象徴し、これは人が目で見ることができるのです。だから、神はモーセが自分の後ろを見るだろうと言ったのです。というのも、ここでモーセの姿で象徴されるユダヤ人は神の子をその人間性において見たからです。(35)

聖書の預言に関しては、有名なユダヤ人との契約をはじめとして、それが実現しなかったことを誰でも確かめることができる。

なぜなら、今その契約なるもののどんな確かなしるしも見られませんし、いまだかつて見られたことすらないからです。それどころか逆に、神から永遠に享受するようにと約束し、あたえたと称する土地と国が幾世紀も前から所有できないままでいることが明らかに見られるからです。(36)

イエス、《大狂信者》

さて中心人物、キリスト教の創始者に移ろう。イエスはたしかに実在した、そのことはメリエも認める。しかしこの人物は、「才能も、知性も、学問も、技量もなければ、世間ではまったく軽蔑されていた取るに足りない男で、気違い、狂人、惨めな狂信主義者、そして不幸なろくでなし」である。(37)この精神異常者

は、「大狂信者」だった。

キリストが抱いたような、これほどむなしく、これほど誤った、これほど滑稽な、これほどばかげた、そしてこれほど突拍子もない考えや想像力を抱くには、キリスト自身があるいは誰か彼に似た別の人物が今またやって来て、自分は心のなかにこんな考え、こんな想像力を持っているとわれわれに言ったり、示したりしたら、その者を今でもキリストの時代にキリストがそう思われていたのと同じように、妄想家として、気違いとして、狂信者としてしか見ないに決まっています(38)。

この常軌を逸した寓話を操る気違いは、さらに邪悪な面を持っていた。彼は苦しみを賛美し、一方で自分はすべての人々を救済するために、他方で自分はすべての人々を盲目にするために来たのであり、大部分の者は地獄に墜ちると宣言する。自分はこの世に不和をもたらすために来たと彼は言明し、偽りの王国を約束する。

イエスの教義は首尾一貫していない。食べ物や着る物を思い煩うな、そうイエスは断言する。空の鳥たちのごとく、摂理を信ぜよと言う。

そんな約束を人間があてにするさまは、さぞかし見ものでしょう。人間はいったいどうなるのでしょうか。もし一年、二年だけでも働かずにいたら。耕さずにいたら。種を蒔かずにいたら。収穫せずにそして穀物を蓄えずにいたら。そうやって空を飛ぶ鳥の真似をしてですか。その後になって敬神家を装い、この天の王国とその義を敬虔に探し求めてもどうにもならないでしょう。だからといって、天の父は人間に入り用なものをいっ

そう格別にあたえるでしょうか[39]。

神の国は近づいた、そうイエスは言った。「まもなく到来するとイエスが約束し、預言してから二千年近くがすぎたからには、もしその約束や預言が本当だったたなら、とっくの昔にそれが成就されるのが見られたことでしょう[40]」。その成り行きの結果について言えば、教訓的なものだった。禍、罪、苦悩がたえずこの世にあるばかりか、悪化するだけ、そしてキリスト教徒たちがほかの者たちよりよいということはない。メリエの深い悲観主義が、次の数節で炸裂する。「人々は毎日ますます悪徳に染まり、邪悪になり、この世に悪徳と不正が洪水のように溢れているのです。わがキリスト崇拝者たちが地上のほかの民よりも聖潔で賢明で有徳であるとか、その統治、その習俗において規律正しいとか自慢できるとさえ思えません[41]」。

それにくわえて、地獄に行かなければならないたくさんの魂があると言われる。それでは、あの贖罪の物語とは何なのか。痛ましい挫折なのかそれともいんちきか、二つにひとつである。メリエは後者による決着を選択する。キリストが本当に神だったなら、「キリストの奇蹟で第一のもの、もっとも偉大なもの、もっともすばらしいもの、もっとも賞賛すべきものは、すべての人間を有徳で賢明で肉体的にも精神的にも完全にすることでしょう。その奇蹟で第一のもの、主要なものは、この世からすべての悪徳、すべての罪、すべての不正、すべての不法、すべての悪事を完全に取り除き、追い払うことだったでしょう[42]」。

くわえて、もしキリストが本当にすべての人間を救済するために来たのであれば、もしその犠牲が本当に世のすべての罪人《つみびと》にとって価値あるものであれば、なぜさらなる悔悛が求められねばならないのか。なぜ今でも地獄に墜ちる人がいるのか。神はわれわれの自由に反して行動することはなく、われわれの意志

に逆らってもわれわれをお救いくださる、とキリスト崇拝者たちは答える。無茶苦茶な議論だ。自分の子どもたちが破滅に身を投げるのをわざと避けようともしない家長について、何と言ったらいいのだろうか。子どもたちの自由を尊重しないといってその父親を非難するのだろうか。それでは神はどうなのか。神は、限りなく善で限りなく力があるのに、数百万の自分の息子や娘たちが地獄に墜ちるのを平然と眺めている。神は、自分自身の被造物の壊滅をじっと眺めている。これまでこれ以上ばかげたことを何か見ただろうか。

彼ら（キリスト崇拝者たち）に対してこうも言うことができます。彼らが仮定しているように、神は全能で限りなく賢明なのだから、人間から自由を奪わずとも、その心、その精神、その欲望、その傾向、その意志をいつでもうまく導き、また指導して、人間たちがどんな悪事、どんな罪も犯そうとは望まないようにできるはずですし、そして人間の自由を奪うこともなく、傷つけることもなくありとあらゆる悪徳や罪を容易に防げるはずでしょう(43)。

それだけではない。人類の地獄堕ちというこのおぞましい難局はただひとつの罪、原罪によって引き起こされたのだ。それこそまさに、その性質も知られてさえいない罪をただひとりがたった一度だけ犯したことを理由にして、数百万という自分の被造物を永遠の責め苦のなかに投げ込む限りなく善である神なのだ。くわえて限りなく賢明で力ある神が、自分は不動なもの、泰然たるもの、不変なものであるのに、その被造物のひとりの行いによって傷つけられたと感じることがあるだろうか。

それにしても、これはあんまりだ。自分の子を遣わして人間たちに殺させることよりほかに、人間の誤りを償わせるましなことを神は何も見つけなかった、というのだ。そして人間たちに救われたければ、最

初のものよりさらにいっそう重大な罪を犯すようにし向けたのだ。なぜなら、キリストの磔刑なしには贖罪はなく、そしてキリストの磔刑はなによりも人間によって実現されねばならないからだった。人類の救済は、ユダ、ピラトゥスとほかの幾人か、本質的に贖い終わることのないユダヤ人のおかげで成就される。すべての人がキリストを愛していたとしよう。その死を誰が望んだだろう。贖罪という神のプランはどうなるのか。神は悪をもって悪を制するというわけか。リンゴと神殺しであれば、後者のほうが人類の地獄堕ちに相当するのではないだろうか。

それではまるで、限りなく賢明で限りなく善である神なるものが、何でもないことやどうでもよいことのために人間たちに対してひどく腹を立て、まったく情け容赦なく怒り、しかもあらゆる罪のなかで最大なもの、つまりその愛しい神なる子を十字架にかけ、残酷にそして恥ずかしげもなく死なせるという人間が犯した恐るべき神殺しによって、神は慈悲深くもその怒りを鎮め、人間たちと和解した、というようなものでしょう。(44)

狂者の歴史

「そうであれば、道理をわきまえ、分別のある人々にこれほど奇妙でこれほどばかげたことをどうやって納得してもらえるのでしょうか」。司祭はこの玄義に納得しない。さらに、その理想を「苦痛と苦悩への愛と探求」におくキリスト教の道徳にどう言うべきなのか。この道徳は、涙し、苦しむ者たちは幸いであると宣し、完徳を自然の欲求に反するもののうちにおき、邪悪な者に逆らわず、その者がなすがままにせよと求める。キリスト教徒たちがこんな原理を当てはめていたら、大混乱になっただろう。

限りなく善で限りなく賢明な全能の神が、そんな禍やそんな苦しみを無辜の人々に遣わそうというのは驚きです。もっと大きな善が口実ですか。彼らの忍耐力を鍛えるのが口実ですか。浄めるためですか。徳を完成させるためですか。そうしておいて天国でもっとたくさんの栄光、もっとたくさんの幸せを得させるためですか。(45)

キリスト崇拝者たちはあの世の幸をわれわれに語る。

キリスト崇拝者たちは情報を得ようとして、あの世に見に行ったのでしょうか。それはかくかくしかじかだと誰から聞かされたのでしょうか。あの世についてどんな証拠があるのでしょうか。彼らが自分たちの信仰から引き出すと称する証拠を除いたら、もちろん何ひとつありません。そんな信仰は、自分で見てもいないこと、誰も一度も見たことがないこと、そしてこれからもけっして見ないことについての盲目的信心にすぎません。(46)

それではなぜ神は、すべての人にではなく、幾人かに恩寵を施すのか。神は正しいのではないか。神は全能ではないか。だがあの三位一体という物語は何なのか。そしてひとかけらのパンへのあの偶像崇拝は何なのか。

あなたたち自身、かくも愚かに自分たちの神を作り、崇め、食べると信じている民族なのです。あなたたちの神にしてあなたたちの神なる救い主、イエス＝キリストの体と血、魂と神なるものだとあなたたちの司祭

から信じ込まされている小麦粉の小さな像を、あなたたちは現に作り、崇め、うやうやしく敬虔に食べているのです。(47)

求めよ、さらばあたえられん、とキリストはわれわれに言った。それではなぜ未だに多くの悲惨事が、多くの戦争が、多くの異端があるのだろうか。わが教会は永遠に朽ちることがないともキリストは言った。なるほど。「宗教に関して、人間がいつも今ほど愚かで盲目であることはけっしてないでしょう」、とメリエはある種のまれな楽観主義をきらめかせて書いている。(48)

さらに今日、人々は本当にこんなくだらない話を信じているのだろうか、と司祭は問いかける。そんなふりをしてはいないだろうか。この指摘は興味深い。なぜなら、それは四十年にわたる告解師としての経験に基づいているからである。旧体制下の告解師以上にキリスト教徒たちの信仰について知っている者がいるだろうか。ところがメリエはキリスト教徒たちの確信についてほとんど納得していないようだ。以下に引用する数行はきわめて重要なものである。それは、旧体制期の社会のキリスト教教化運動についての多くの問いを投ずることに通じるからである。

世間一般の人々については、宗教上の勤めはずっときちんと行ってはいても、その大部分が宗教上の真理についても、宗教から教えられることについても、わたしが今しがた話した人々以上に確信を持っていることはほとんどないことが、その生活習慣や暮らしぶりからも十分に分かります。そして民衆のなかでも多少とも分別や良識を備えた人々は、なるほど人文諸科学においてまったく無知だったとしても、そうした問題について人が信じ込ませようとすることの虚妄と虚偽をかいま見、あるいはなんらかの仕方で感ぜざるをえません。

ですから、そうした問題で他人から聞かされることを人々が信じる、いやむしろなんとか信じようとしているのは、無理強いされ、自分の意に反し、自分自身の〔精神の〕光に反し、自分の理性に反し、自分本来の考えに反してでしかありません(49)。

メリエは、教会に対して大きな不満を抱いていた。教会はわれわれのことなどほとんど歯牙にもかけないが、メリエとっては重大な問題だった。圧政と社会的不正義を支えていると、メリエは教会を弾劾する。人間は本来平等である。ところが、貴族たちは力ずくでこの平等を打ち壊し、それからは民衆の大半を貧困のうちにつなぎ止めている。あの一連の寄生虫ども、聖職者、法曹人、代官、兵士が貧しい人々の労働で生きている。そして教会は、不正に抗して闘おうともせずに、人間による人間の搾取に神の加護をあたえる。このすべての頂点に専制君主、国王が居座っている。そんな者は闇に葬られるべきなのだ(50)。メリエは、小生産単位を基礎とする共産主義型社会の再組織化を勧める。

メリエはそれほど革命を強く説いてはいない。同僚たちに過激な思想を隠すように求めているので、メリエは一時的には理性が進歩して、世界の状況が改善されることを信じたように思われる。しかしその論考は、怒りに満ちた悲観主義の宣言で終わっている。結論で、メリエは人間の狂気に絶望する。「できるものなら王国の端から端まで〔…〕わたしの声を響き渡らせたいのです。力の限りわたしはこう叫びたかったのです。ああ、人間たちよ、あなたがたは狂っている。そんなふうに導かれるに任せ、あれほど多くのばかげたことをかくも盲目的に信じるのは気違い沙汰だ。と(51)」。あなたがたの神父たちの言葉にもう耳を貸さないように。それに彼ら自身、自分たちが口にすることを信じてさえいないのだ。

ですから、あの宗教のむなしく、迷信に満ちた勤めをすべて完全にうち捨ててください。宗教の偽りの奥義のあの気違いじみた盲目的な信心を、皆さんの精神から追い払ってください。そんなものを頼りにしてはいけません。私利を得ることに汲々としている皆さんの司祭どもが信仰のことで皆さんに言うことは何もかも無視してください。彼ら自身、大多数はそんなことを何ひとつ信じてはいないのです。信仰のことで連中が信じてもいないことを、皆さんは彼ら以上に信じようとなさるのですか。(52)

しかしもし宗教を廃絶したら、邪悪な者たちはもう地獄を怖れなくなり、犯罪が数を増す、と言われることだろう。たとえ欺瞞であっても、宗教は有益な欺瞞である。これに対して、ずっと以前から邪悪な者たちはもはや地獄を恐れず、多くの者たちは真理を何ひとつ気にかけない、とメリエは反論する。何にもまして、そうした者はかなりいる。人間は自分が望むものを信じ、自分が考えているように振舞う、だからメリエとしては、自分はこんな気違いの家、人間喜劇にはうんざりであり、自分は無へと旅立つ、と答える。

そうなれば、ひとがこれをどう考えようと、どう判断しようと、それについて何を言おうと、何をしようと、この世の何事もわたしはほとんど気にかけません。人々が一致協力しようと、好き勝手に振る舞おうと、何をしようと、そんなことはもうまるで身になりません。わたしはすでにほとんど世事とは関わりがなくなっています。わたしが今ともに歩もうとしている死者たちには、すべてがもうどうでもよいのです。死者はもう何にも関わらず、もう何も気にかけません。ですからわたしはこの文書を無という言葉で閉じることにします。それに、わたしはもうほとんどただの無でしかありませんし、やがてまったくの無となるのです。(53)

なんとシェークスピアを思わせずにはいられない言い回しだろうか。「人生は歩き回る影法師、あわれな役者だ、舞台の上でおおげさにみえをきっても、出場が終われば消えてしまう。白痴のしゃべる物語だ、わめき立てる響きと怒りはすさまじいが、意味など何ひとつありはしない」。メリエの無は、マクベスの無と響き合う。

自分の遺体についてジャン・メリエは幻想を抱かないし、あらかじめその是非を決める者たちに軽蔑の言葉を投げかける。

司祭たち、説教師たちが〔…〕その時わたしのからだをも好きなようにすればよいのです。引き裂こうが、切り刻もうが、丸焼きにしようが、煮込もうが、さらにそうしたければ何かお気に入りのソースで食べようが、そんなことに少しも痛痒を感じません。その時にはわたしは完全に彼らの埒外にあるでしょうし、もう何ひとつわたしを怖れさせることができるものなどありません。(54)

ジャン・メリエの生涯と秘密

この無神論司祭、かつて宗教と信仰に抗して書かれたもののなかでもっとも過激な告発の著者は相対立する感情的な評価の対象となるだろう。その著作以外には、わたしたちはその人となりについてほとんど知らない。とはいえ、類まれな意志によって突き動かされた人物を思い描くには、それで十分である。

一見ありきたりの経歴の持ち主だった。(55) この織物商人の息子は聖堂区の学校に通ったが、そこで知性と学問への嗜好で際だち、両親から勧められ、おそらくは司祭の助言もあってのことだろう、聖職へと進む。

何か特別の使命感があったわけではない。だがメリエはこの選択をためらわず受け入れた。とはいえメリエによれば、自分の『覚え書』でそれを告白しているように、かなり早い時期に信仰への疑いを抱いたようだ。

世の中にこれほど多くのこれほど大きな禍を引き起こすさまざまな誤謬と悪弊に、わたしは幼少の頃から半ばは気づいていました。［…］わたしは若いときに両親を喜ばすため唯々諾々と聖職者の職に導かれるままになりました。その暮らしは一般の人の暮らしより穏やかで平和なもので世間的にも重んじられますから、両親はわたしがこの職につくのを見て、たいそう満足でした。とはいえ、なんらかの世俗的な利点やこうした職のたっぷりとした実入りをねらって、誤謬とペテンに満ちた職業を営みたいと思ったのでないと、わたしは言い切れます。

メリエはランスの神学校で五年間学業に励み、その間世間でも評価を受けていた教会参事会員のジャック・カルーの指導を受けた。一六八九年に聖職者として叙階され、ただちに二十五歳でエトレピニーの主任司祭に任命された。農民、木こり、ブドウ栽培者からなるこの聖堂区は、メリエにとってやはり臨時主任司祭となったバレーヴの聖堂区と併せて相当の収入を保証してくれた。

この地方の聖職者は権威には従わないという強い伝統を持っており、司祭が社会的不平等や不正に反対して、あるいはジャンセニストを支持して平然と意見を述べることも稀ではなかった。こうした潜在的な反抗的気風にメリエは確実に当初から染まっていたが、一七一六年にはついにひとつの事件を起こしてしまう。この年、一七一〇年からその職にあったランスの大司教、フランソワ・ド・マイイは、反抗的な聖

職者に対して不満足であることを表明した。高慢で権威主義的で上級貴族の予断に浸りきった、この高位聖職者には、田舎司祭の遺恨を買うに足るだけの欠点を備えていた。一七二二年に書かれたド・マイイの伝記さえ、「ド・マイイは、全面的に従わない者はいつでも役目を減らすか、追い立てることに決めていた」と記した。[56] サン＝シモンは、「ド・マイイの憲法（ウニゲニトゥス勅書）に対する激しい怒り」のために『回想録』でしばしばド・マイイをとりあげたが、ド・マイイは「まったくの野心家の司教で、野心と憎悪にかられたとどまる所を知らない迫害者」と描いた。[57] ジレ神父の言葉はそれ以上だった。「ド・マイイのやり方は乱暴で、もの言いは軍隊的、処置は手早く、その助手たちは和解の精神の持ち主というよりも闘争的精神の持ち主だった」。[58] さらにロラン・デスネは「ド・マイイ猊下は暴君、怒りっぽい質の人物だった」とその人物像をまとめ上げた。[59]

さて、一七一六年に司教は、エトレピニーの領主、トゥリー殿から一通の告訴状を手に入れた。それは、農民たちを不当に扱ったという理由で、メリエ司祭が日曜の説教の際にトゥリー殿を紹介するのを拒んだ、というものだった。司教はメリエの先走ったやり方を非難したが、次の日曜日司祭は説教壇からこう宣言した。

> これが哀れな田舎司祭の運命なのです。大司教は、大貴族ですから、司祭たちを軽蔑し、話を聞いてもくれません。耳を貸すとしても、貴族のためだけです。ですからこの地の領主に忠告しましょう。アントワーヌ・ド・トゥリーのためにわれわれは神に祈りましょう。神が彼を回心させ、貧しき者を悪し様に扱わず、孤児からすべてを取り上げたりしないよう、彼に恩寵をあたえられますように。

領主の新たな告訴。司教はメリエを召還し、厳しく叱責し、一ヶ月の神学校留め置きという罰をあたえたうえに、メリエの聖堂区を視察し、メリエについての厳しい報告を作成した。そのなかでは、司祭は「無知で、尊大で、頑固で、善意の者ではあるが十分の一税の最高額を得ているために教会をないがしろにし、ものごとの決定に口出しし、人の意見に耳を貸さず、自分の考えを正そうとしない。また自分の利益に強く固執し、信心深い外部の者にはまったく無関心で、ジャンセニストである」のが特徴だと記された。さらに、教会がひどい状態におかれ、メリエの家には自分の従姉妹だと称する十八歳の女中がいる、そういうことを斟酌せず、教会にブルジョワ向けの席を設けた、と非難された。

この出来事が、メリエの人生で唯一の事件だった。一六八九年、一六九六年（「司祭殿は聖書やほかの良書を所有している」）、一六九八年（「彼には満足している」）、一七〇三年（「行い良好」）、一七〇四年、一七〇五年、一七〇六年といった具合に、メリエはそれまでは司教たちからきわめて高い評価をあたえられていた。同様に、一七一八年以降評価は正しいものに戻される。司祭は恨みを内懐に収めたが、復讐の計画を練り上げた。いずれにしても、この事件がおそらくは『覚え書』を書こうとメリエを決心させるきっかけの役割を果たしたのだろう。

というのも、メリエは一七一八年の日付を持つフェヌロンの『神の存在の証明』を使っているので、この仕事はこの年以前には始めていないだけでなく、そこで「わがフランスの前の摂政、かの有名なオルレアン公」を話題にしているが、オルレアン公が亡くなるのは一七二三年十月六日のことだから、一七二四年以前でもないことをいくつかの兆候が示しているからである。したがって、この仕事はメリエの人生の晩年という日付を持つことになる。死後に世に問うことになる論考をこうして書こうとしたのはなぜだろうか。メリエは、冒頭そのことを自分から説明する。

親愛なる友人の皆さん、私が人々の行動と統治と、またそのさまざまな宗教と習俗とについて考えていたことを生前あなたがたに公に語ることは私に許されませんでしたし、それはあまりにも危険で困った結果を招くことにもなったでしょうから、せめて死後にそのことを話そうと私は心に決めました。［…］それは私たちがみな不幸にもその中で生まれ生きてきたさまざまなむなしい誤謬から、私の力の及ぶ限りできるだけ早くあなたがたを目覚めさせようと努めるためです。私自身もそういう誤謬の内にみなさんをつなぎとどめる義務を負わされるという、いやな思いを味わってきました。そんな義務を負わされるのは私にとっても本当に不愉快だったからです。またたからこそ、皆さんも気づかれたかもしれませんが、私は終始いやいやながらかなりお座なりにその義務を果たしたにすぎません。

その通りであれば、メリエはなんの熱意も示さなかったことになるが、そんなことも、一七一六年の出来事を別にすれば、上級者の注意を引くこともまったくなかった。自分の態度が偽善と非難されることを意識して、メリエは自分に熱意が欠けていたことを聖堂区民に思い起こしてもらう。「皆さん、ここで私が非難している見解をやはり私も分け持っていると一度でもあなたがたに考えさせたとは思いません」。「宗教の神秘的な愚にもつかぬ事柄を重んじるほど愚かだったこともありません」、そうメリエは付け加え、自分では偽りだと分かっている教義を教区民たちに四十年間も教えることに何度も良心がとがめたことがあったと告白している。メリエが誠実だったとしても、メリエ自身が漏らしているように、そうしたあり方は精神的にきわめて落ち着きのよくないものだったに違いない。

それでもやはり私はあなたがたにこの宗教を教え、少なくとも幾度かはそれについて話し、あなたがたの聖堂区の司祭として負わされたこの偽りの責務を何とか果たさねばなりませんでした。そういう時には辛いことに、まったく自分の見解に反して振る舞い語らねばならず、たまらぬ不快を感じました。私が憎み、断罪し、内心で唾棄するばかばかしい誤謬とむなしい迷信と偶像崇拝を、その私があなたがたに抱かせるのですからたまらぬ不快を感じたのです。〔…〕ですからまた私は自分の聖務の無意味な役目一切、とりわけあなたがたに対して行うように義務づけられていた、あの偶像崇拝の迷信的なミサのお勤めとか、むなしく滑稽な聖体拝領とかいうもの一切を激しく憎みました。それらを行わなければならず、特に普段より少し注意を払い、もったいぶって執り行わなければならない時など内心では幾千回もそれらを呪いました。というのは、そんな時あなたがたは普段よりもうすこし敬虔な様子で教会にやって来て何かのむなしい祭祀に連なったり、神自身のものだと信じ込まされている言葉に普段よりもうすこし神妙な様子で聞き入ったりするのを私は見ているだけに、あなたがたの誠実さを私がそのように悪用するのはいっそう不当であり、したがって私はいっそう非難され責められるに値すると思えたからです。そのため、もったいぶったけばけばしいこういう類の祭祀や、自分の聖務の無意味な役目に対する嫌悪がますますつのり、そういう場で自分の悲憤を隠すことも心中に感じている憤慨を抑えておくこともほとんどできなくなり、みさかいなく怒りを爆発させる寸前に到ったことが幾百回もあるほどでした。(60)

メリエは脅えを大げさに言っているわけではない。メリエの存命中、幾人もの司祭が反宗教的な立場をとったために生命を代償に支払わなければならなかった。ルフェーヴルは一七〇〇年前後にランスで火あぶりにされたが、「甦ったヴァニーニ」とあだ名されていた。一七二八年には、〔イル・ド・フランス地方の〕

フレンヌでギヨム司祭が無神論の嫌疑で逮捕された。もっとも司祭は修道院から逃亡して事態を切り抜けた。それに反して、ナポリの人で反教会文書の著者だったピエトロ・ジャノーネは、生涯を牢獄で終えた。だからこそ、メリエは秘密裡に仕事を進めることを決めたのだ。いつからだろうか。メリエの示唆は漠然としている。その不信心が早熟なものだったという言明にもかかわらず、体系的で全面的な無神論に到達するには、長きにわたる成熟の時を必要としたと想定してよいだろう。いずれにせよ、復讐への欲求にかられて書くのではなく、真理への愛から、不正と悪意を前にした嫌悪、あらゆる宗教のペテンの仮面をはぎ取りたい欲求からなのだと言う必要を、メリエは感じていた。

同じように、メリエの源泉についての問いを立てることができる。メリエの文体、その粗野な言い回し、冗長な文章はあざ笑われもする。それでもやはり、メリエには力強く、時には繊細な思想がある。その文体は完全に首尾一貫している。「言葉のもっとも専門的な意味で、ジャン・メリエは哲学者だった」、正当にもジャン・ドゥプランはそう断言している。[61] ひとりの唯物論者で無神論者である哲学者として、メリエは独自の世界像を持っていた。彼は多くの論者から、とりわけ彼がそう呼んでいるように「分別あるモンテーニュ殿」から知識を汲み取り、エピクロスやルクレティウスへの言及をモンテーニュの本に見つけた。とはいえ、メリエはガッサンディ主義者でもなければ、スピノザ主義者でもなかった。メリエの方法は、何にもましてデカルト的だったし、明晰で判明な観念しか受け容れなかった。それに彼がデカルトを知ったのは、マールブランシュを介してだった。メリエは何度も『真理の探究』を引用している。

メリエはまた、あまりにも忘れ去られてしまうのだが、聖書、福音書、教会博士たちについても知悉している。神学校で五年間哲学と神学を修めたのだ。四十年のあいだくり返し新約聖書を読んだし、キリスト教の創設者たちの文献は隅から隅まで知っており、こうしたテキストをじっくりと考察することによっ

て、メリエは無神論者になったのである。すでに見たように、メリエにもっとも欠けていたのは科学的なものだった。実際、彼の書棚には、あまり本が置かれてはいなかったようだ。『覚え書』の引用をもとにメリエの書棚を再構成することが試みられた。古代ギリシア・ローマの作品については、どれがモンテーニュからの借用かうかがい知るのは困難だった。近代人については、ラブレー、マールブランシュ、フェヌロン、ノーデ、シャロン、マラナの『トルコ皇帝の密偵』をメリエは所有していた。ごくわずかの著作を、メリエは何度もくり返し読んでは、また読み返した。くわえて外部、たとえばほかの無神論者と接触したとの証拠は何もないことを、わたしたちは知っている。メリエはおそらくは孤独のうちに自分の仕事をしたのであろう。とはいえ、数多くの無神論者が存在することを、メリエは確信していた。『反フェヌロン』で、メリエは「人が思っている以上におそらくは多くいるのです」、と記した。メリエはまた古代ギリシア・ローマではディアゴラス、テオドロス、プリニウス、トリボニアヌスの、そして近代ではたとえばスピノザ、ユリウス三世、レオン十世の著作を引用している。そのなかにはきわめて知性に富んだ人々が数えられる。「無神論は、迷信深いわが神崇拝者たちが吹聴するほど、奇妙でも怪物じみた考えでもないのである[62]」。

残るのは、この膨大な著作の執筆と清書に関わる具体的な問題である。メリエの熱意と意志は、自分の司祭館で数年間にわたって仕事をしながら、けっして誰にも自分の計画を打ち明けることなく、刊本で三五〇〇頁、手書き本で千頁にもなるこの作品を細かな字で鵞鳥の羽ペンを使って筆写したという事実を勘案して計られなければならない。二回もくり返してメリエは、冬の夕べにろうそくの火の下、衰えていく視力で自分の作品を筆写している。おそらくは、全体として千時間以上の時間をこの仕事に費やしたことだろう。こうした著作を揺るぐことなく完成させるには、宗教に対する多大な怨嗟を必要としたはずであ

る。

メリエは、幻想は抱かなかった。自分の死後に、中傷されるだろうことは分かっていた。それでどうだと言うのだろう。種を蒔き、自分よりも才能ある知性の持ち主がかがり火をまた手にしてくれることを願ったのだ。「こうした問題を適切に取り扱い、しかるべく正義と真理の側を支持することは、それこそ才知や権威ある人の仕事でしょうし、学識ある筆の立つ人々、そして雄弁な人々の仕事でしょう。そうした人々であれば私とは比較にならないほど上手にこれをやってのけるでしょう」(63)。

十八世紀におけるメリエ思想の伝播

メリエの死後における三冊の貴重な手書き本の歴史は、かなり謎めいている。二十三年にわたってその足跡は消えてしまうが、世の中からまったく消え去ってしまったのではなかった。一七三四年、メリエの死から五年後に、いくつかの筆写本や要約がパリを徘徊し、十ルイ金貨以上の値で引っ張りだこだった。一七四〇年代には、百近くの写本が噂にのぼった。おそらくは原本がメジエール、ルッテル、サント・ムヌーの裁判所書記や公証人の手元に置かれていたあいだに筆写され、やがて国璽尚書ショーヴランに届けられることになるが、届けられたのは一七五二年のことだと記録されている。

これ以降、流布を押しとどめるものは何もなかった。一七四八年には、ラ・メトリがベルリンで、「経緯を多くの人々が知っているこの田舎司祭は、もっとも徳に秀でた人物であり、その無神論を示す三部の手書き本が見つかったとのことだ」、と語っている。フリードリヒ二世は、自分の書斎にそのうちの一冊を所有していた。全ヨーロッパがメリエを知っていた。キース卿は、この「多くの人の話題になっている田舎司祭の著作」をルソーに送ろうと申し出た。一七六二年に、「好奇心のある人」なら誰もがその写し

を持っていることは事実だ、とグリムは述べた。〔パリ〕高等法院長ラモワニョン、ディジョン高等法院長ブイエ、ド・ケリュス伯爵、ド・ノアーユ将軍、それにド・フルリー大司教の遺産相続人に関しても、そのことが確認される。一七六四年には、パリのオーストリア大使館書記官、ヴァン・スウィッケンは、自分の友人の一人が五〇ドカード〔一七五〇年頃で八ルーヴル二〇スーに相当〕で写本を売ろうとしていると書いた。

ヴォルテールはメリエ、いやむしろ『ジャン・メリエの覚え書の抜粋』をおおいに売り込み、ヨーロッパ中に広めた。この小品は、実際には原著の完全な曲解だった。後半の三つの証明をカットし、理神論的著作として表され、次のような言葉で終わっていた。「最後にわたしは、この宗派にかくも囚われの身となっている神に、キリスト教がその公然たる敵となっている自然宗教にわたしたちを立ち返らせてくれるように切に願います。神はわたしたちに、自分たち自身がされたくないと思うことは他人にしてはならないと教えてくれているのですから(64)」。改ざんは意図的だった。ヴォルテールはメリエの名前を利用して、社会を破壊するような箇所、また無神論的な箇所は取り除いて、自分自身の思想を広めようとした。というのも、フェルネーの哲学者は、エトレピニーの哲学者に実際にはなんの共感も抱いてはいなかったからである。一七六二年に、ヴォルテールはこう書いている。「メリエの文章は長すぎ、退屈すぎ、おまけに反抗的すぎる。それに引き替え抜粋は短く、原本で読まれるに値するものすべてを含んでいる(65)」。ヴォルテールは、五三通の書簡でメリエに言及している。ヴォルテールにとって、メリエは教会に対するその闘いのもってこいの武器だった。「人々を欺いたことで神の許しを請う司祭の遺言書以上に効果的なものが何かあるとは思えません」と彼は一七六二年にダミラヴィルにあてて書く。もっとも、ヴォルテールは自分の『抜粋』を流通させるまでに、二十年近く自重した。とはいえ、ヴォルテールはすべての書簡でそれを自慢している。つまり本物のメリエは、その唯物論的無神論のおかげで危険極まりなかったのだ。ヴォ

ルテールによる理神論者のメリエは売れ行きがよかった。六ヶ月後には再版しなければならなかったほどだった〔この第二版からは『ジャン・メリエの遺言書』と改題され、それがメリエの名前をさらに広めるものとなった〕。

ほかのフィロゾフたちはそんな罠にはかからなかった。作品『エルテロマンヌ』が示しているように、ディドロは『覚え書』すべてを読んでいた。エルヴェシウス、ラ・メトリ、ネージョン、ドルバックも同様だった。ドルバックは、司祭と唯物論的無神論を共有していたが、『良識について』(一七七五年)でヴォルテールが隠蔽した箇所を復元した。ディドロと協力して、ドルバックはすでにニコラ＝アントワーヌ・ブーランジェの唯物論的著作を一七六一年〔『暴かれた古代』〕と一七六五年〔『東方専制主義の起源の探究』〕に出版していた。メリエの『覚え書』は、ムニエ・ド・ケルヌーに着想をあたえて一七七三年に『レ・プティト・ザフィッシュ』誌に無神論に好意的な記事を書かせるにいたったが、この記事は検閲の圧力で取り下げられてしまった。

メリエを読んだおかげで無神論に改宗するという証言さえあったもっとも衝撃的な例は、ラ・シャペル神父のそれだった。神父は王国検閲官であり、一七四六年出版の『幾何学教育』の著者で、四十歳前後まで善良なキリスト教徒として過ごしたが、ジャン＝バティスト・シュアールによれば、ダランベールにこう語ったそうだ。「わたしは一度も宗教について深く考えたことがありませんでした。でも、わたしは『トラシュブロス〔からレウキッペへの〕手紙』、それにジャン・メリエの『遺言書』を読みました。そのおかげでわたしはよく考えるようになり、自由思想家となりました[66]」。

『覚え書』と『抜粋』は、とどまることなく流通し続けた。一七四三年の取締り報告書は、「トレピニーの司祭の著作」の卸売り人、ラ・バリエールという人物を取り上げている[67]。一七八六年に出されたポーランドの書籍にもそのことが記載されていた[68]。ジュヌヴィエーヴ・アルティガス＝ムナンが最近発見した

〔一九八一年〕資料によれば、このようにたくさんの量が伝播することは、人が思っていたよりもずっと早かったことが確認されている。[69] ごくありきたりのブルジョワ、トマ・ピション（一七〇〇―一七八一）ははじめロンドンに、ついでジャージー島に居を構えたが、その書類のなかにはメリエの著作についてのピションの意見を求める書き手あての一七三七年の手紙が含まれていた。返事は、まずピションが『覚え書』すべてを読んだことを示していた。彼は八つの証明を話題にしているからである。さらに、『覚え書』の一冊が二二〇〇冊を越えるピションの蔵書からやがて発見されることになる。ピションの答えは否定的だった。「これは、怪物のようで、恐ろしく、吐き気を催させ、ただ地獄にしか値しません。こんなものは一部しかありませんように。それを手にした者の務めは、永遠の忘却のうちに葬り去るためにその場で火にくべることです。〔…〕とはいえ残念ながらこの高価な著作にはいくつもの版があります」、そう書きながらピションは自分の一部を燃やさずに丁寧にしまっておいた。このトマ・ピションは、メリエを「憂鬱症患者」と呼んだが、それはそれとしてこの文学に魅力を感じていたようだ。ピションはほかの地下文書も所有していて、さらには自分自身『不信心を奨励する論説紹介』と題された手書き本を書いた。その書簡集からは、さらに英国の小説家、ジョン・クレランドの長い自筆の手紙が発見されたが、それはクレランドがメリエの作品を探していることを告げていた。

願い通りに、エトレピニーの司祭は人々の良心を揺さぶることに成功した。おそらくは大多数の田舎の信者たちの心を動かすことはなかっただろう。人民の宣教師、その農民的な気質、その思想のいくつかのアルカイックな面、むき出しで感情的な反応に重きを置いたこと、これらは多くの批評家が注目した要素でもあるが、[70] メリエの言説は知的なものであり、その文体に眉をしかめはしたものの、フィロゾフたちはそこから考察の手がかりを得て、活用した。なぜならメリエとは、一個の体系であり、一個の論理構成で

はあるが、おそらくは何にもましてひとりの人間であり、ひとりの司祭であり、その感動的な証言は心に訴えかけずにはおかないからである。

十八世紀来、不思議で魅力的なこの人物について、公正な詳報を得ようとの努力がされてきた。一七六〇年前後に、匿名の『要約』という形で最初の伝記が書かれたが、これは大司教館に保管されていた資料を使った聖職者による作品だった。メリエはクリュシーのベネディクト会士、ルイ＝マユール・ショードン師の『反哲学辞典』にも顔を見せた。調子は明らかに褒められたものではなかったが、二頁の注記は次の言葉で結ばれていた。「キリスト教に対するこの不忠者の反抗は、孤独な暮らしによって、また探求のおかげて困惑し、死後に自分の父親の杼《ひ》を飾ろう〔メリエの父親は織物業を営んでいた〕とのむなしい希望に突き動かされた、熱した脳の成果である」。

一七八三年には、エトレピニーの隣の聖堂区であるマゼルニー〔メリエの生村〕の司祭、オブリーは大司教の要請で報告書をまとめた。同時代人の記憶によれば、メリエは「風変わりな人物」で、閉じこもりがちで、説教では「キリスト教徒はこう言っている、キリスト教徒はこう望む、キリスト教徒はこう信じる」といった言い方を用いて、キリスト教の信仰を自分の立場として表明しないことに固執した、とオブリーは伝える。これは、『覚え書』での「皆さんもお気づきになったでしょうが」という、メリエの言葉を裏付けるものである。オブリーは、「当時は悪意そのものだったと知る者もなかった微笑みで」と、そこに悪魔的な色彩をつけ加える。

一八二二年に、アルデンヌ県〔フランス北東部、エトレピニーはこの県に位置する〕の別の司祭、ラブーロスがアルデンヌ県立古代美術館学芸員あてにメモを書いた。そのなかでラブロースは、メリエが一切の食べ物を拒んで自ら死を選んだことをはじめてほのめかした。無神論者が自殺したかもしれないということは、

「病んだ脳と堕落した心」と形容された人物の肖像をいっそう暗いものとすることとなった。

メリエ、フランス革命からソ連へ

革命は、暴君たちの死を願ったこの司祭を褒め称えることになるだろう。一七九三年十一月十七日、ワーズ県の代議士、アナシャルシス・クロートは国民公会での演説のなかで、自分自身の著作『マホメット教の証明の確かさについて』を「わたしは一人のイスラム教徒をほかの宗派の連中の足下に放り投げてやった。彼らは互いに非難し合うのだ」と自慢した。クロートはその演説を締めくくるにあたって、ジャン・メリエの彫像を建立し、それを理性の神殿に安置するように呼びかけた。

したがって、宗教の仇となった者たちは十分人類に貢献したことが認められなければならない。まさしくこの資格において、職務放棄した最初の聖職者をたたえて理性の神殿に彫像を建てることをわたしは要求する。国民公会の好意ある政令を得るには、彼の名をあげれば足りる。彼こそは大胆不敵、寛大にして範となるに足る者、シャンパーニュの地、エトレピニーの司祭、ジャン・メリエだ。その哲学的『遺言書』はソルボンヌ〔パリ大学神学部〕に、そしてすべてのキリスト崇拝者の徒党に困惑をもたらすだろう。旧体制の下で色あせたこの誠実な人物の記憶は、自然の体制の下で復権されなければならない(71)。

請願は成功せず、一八〇〇年にシルヴァン・マレシャルが刊行した『古今無神論者辞典』の力を込めた讃辞でメリエは満足するしかなかった。つまり司祭は、革命家たちさえも怖れさせたのだ。革命の主だった者たちはヴォルテール的な理神論に忠実だったからだ。

ドルバックの友人、ジャック＝アンドレ・ネージョンは、一七九一年から九四年にかけてパンクックの『方法論的百科全書』向けの哲学の巻を編集していたが、社会秩序の維持には宗教が必要との理由からヴォルテールが意図的に歪めた、メリエの無神論がどれほど重要かをあらためて位置づけ直した。もっともネージョンによれば、ヴォルテールもまた無神論者だった。「もし神が存在しなければ、神を作り出さなければいけない」と書いた人物が信仰を持っていることはありえない。「魂の物質性、人間の諸行動の必然性、物質の永遠性」をヴォルテールが認めていることに、神の存在と和解できる余地はないとされた。

一七九一年にある出版者がそれまでは匿名で刊行されていたドルバックの『良識について』の作者をメリエとしたことからも、メリエの名は革命時に十分知られていたと判断される。この改竄は確かな成功をもたらし、十九世紀、二十世紀にいくつもの版が出された。

とはいえ、メリエは相変わらずもっと大胆な者さえも不安に陥れた。十九世紀には、出版者たちはあえてメリエの本を出そうとはしなかった。そして、この件で相談を受けたエルネスト・ルナンもそれには答えなかった。知識人たちに距離をとらせたのは司祭の大胆な不敬ぶりだけではなく、嫌気を起こさせるその文体の重さや田舎臭い特徴だった。「粗野な唯物論」に対する、また形式的にも優雅さに欠ける点に対する極度の軽蔑が、一八二九年にシャルル・ノディエによってこう言い表された。

世界の運命に深い影響をあたえたのは、才能としてはもっとも無能、学説としてはもっとも危険なもののひとつである、あのドルバック一党の、いまわしい無味乾燥さそのもので、重苦しく、冗長で、意味不明な唯物論である。たしかにメリエ司祭はわけもなく不死性に反抗したのではなかった。彼はヘロストラテス〔古代

ギリシア・イオニアの羊飼い。功名心から紀元前三五六年エフェソスのアルテミス神殿に放火した〕の不死を切望することさえできなかったのだ。わたしは彼からなにかを引用しようとする。だがペンはわたしの手をすり抜けて落ちてしまう。退屈だからというよりも、嫌気と憤りからなのだ。[72]

こうした見解を自由思想家や唯物論者たちが分け持っていたわけではなかった。レオ・タクシルが一八八一年にやった改竄には目をつぶろう。タクシルはドルバックの著作三種をメリエの名前で出版したのだ。さてロラン・デスネは、オランダ人、ファン・ギーセンブルグが出会わざるをえなかった困難の跡をたどっているが、ギーセンブルグは大胆にも一八六四年にメリエの『覚え書』三巻、五五〇部をアムステルダムで印刷した[73]〔彼の名は正しくはリュドルフ・シャルル・ダブラン・ファン・ギーセンブルグ (Rudolf Charles d'Ablaing van Gieessenburg)、彼が刊行したメリエの『遺言書』には編者として《リュドルフ・シャルル》の名を冠した〕。彼は確固とした合理主義者で、《デジェラード》という無神論者団体の創立者のひとりだった。一八五九年に彼はブリュクセルの出版者たちとコンタクトをとったが、彼らにはそんな出版が採算の採れるものだとは思えなかった。実際、十四年間で売れたのは三百部だけだった。

とはいえ、この版が二十世紀のメリエの再発見の契機となり、この版を元にいくつもの翻訳が出された。成功がもっとも顕著だったのはソ連邦においてだった。多くのマルクス主義の思想家たちが司祭の《素朴な》無神論とカール・マルクスのそれとの間の類似性を強調した。[74] メリエについての科学的探求がロシアで事実一八七六年から、アレクサンドル・チャーホフによって開始され、一九一八年に最初のマルクス主義的解釈、V・P・ヴルグィーニャの解釈が現れた。一九二五年にロシア語でA・デボーリンにより『覚え書』の要約版が公刊されたが、この本はメリエのうちに「十八世紀の無神論と唯物論の創始者」を見て

いた。〔リュドルフ・シャルル版を元にした〕完全なテキストが出たのは一九三七年のことである。[75]

メリエ司祭の存在は人々の想像力を強く刺激し、そして不信仰の歴史に名をとどめた。この人物の孤独のなかでのねばり強さ、ある者には悪魔的に見え、ほかの者には見事に人間的に見えるその勇気は、メリエを本物の神話に仕立て上げることにおおいに貢献した。唯心論や理神論にいささかの譲歩さえまったくしないその思想の極端な性格は、当時のフィロゾフや自由思想家の臆病さと対照的だった。唯物論の論理を極限まで推し進め、メリエは無神論の究極にまで到達した。それを前にしては、いかなる大胆な者も尻込みしてしまうのだった。誰にも知られずに書き、法の手の届かないところで一挙に自分の思想を一度だけで表に出してしまおうとしたので、メリエは存命中に本を出す作家たちを取り巻いた言葉遣いに用心をするということを無縁なものとすることができた。とはいえ同時に、こうした企てを実行するには、人並みならない力がこの人物には必要だった。

人から信じるよう求められることについて、よく考えてみてください。これが、メリエのメッセージの核心だった。そしておそらくは、条件反射で耳をふさぎ、何も聞かないように呪詛の言葉を口にする人々は別にして、ある人々にとっては、信仰に関する個人的な探求の口火を切ることにメリエが貢献したのであろう。

メリエの亜流たち

ひとりのメリエが世に知られたのであれば、幾人のメリエが隠されたままでいたことだろうか。十八世紀の司祭の幾人が秘密裡にメリエの無神論を共有し、しかし死後においてさえ一度もそれをあえて公言することなしに済ませてしまったことだろうか。信仰を持たない、醜聞だらけの怪しげな聖職者、リベルタ

ン司祭、あるいは当時の資料のなかで引きも切らない理神論や非正統的な作家たちの相当な数を考慮すれば、このように問いを立てることも許されるだろう。誰もが、メリエと同じような教育を受けたのだ。聖書について、その内部での個人的な考察からこのように結論に到達したのは、本当にメリエひとりだったのだろうか。この点は問題とできよう。この時代の一番大胆で、一番反体制的な思想のいくつかは、聖職者たちの手になるものだった。たとえばマブリー、モーリー、シェイエス、プラード、ルー、コンディヤック、モレーリー、ガリアーニ、サン＝ピエール、レーナル、モルレ、プレヴォー、ソーリー、ボードー、ルーボー、コワイエ、デシャン、ローランがそうで、それにほかの一群の無神論者、唯物論者、リベルタン、共産主義者、自由思想家の作品が加わった。

聖職者の教育は、部分的にはこうした状況の悪化が起因した。神学校の創設以来、僧侶たちは閉ざされ、人里離れた場所で、世俗文化の交流もなしに教育された。信仰心がまず優先され、行い、道徳、司教となるに足る聖潔さ、お勤めの執行、スコラ神学、聖書、それがすべてだった。哲学の初歩はあったが、歴史はなく、ましてや科学などほとんど余地はなかった。聖堂区に一度赴任すれば、これら聖職者たちは、司祭館に隔離され、四六時中監視される。フランス西部で聖職者たちの書斎を調査したジャン・ケニアールは、まったく正当にもこう記す。「司教たちの意図は、［…］要するに配下の司祭たちのあいだで個人的な自由や伝統的な大事な書物に思いを巡らすことに時間を費やさないよう制限することだった。とくに禁令が出されたわけではなかったが、教育は少しずつかつて神学校で受けた聖トマスや聖アウグスティヌスに関する神学の授業が優先されるようになる。というのも、こうした聖職者たちを同じ思想の鋳型に流し込んでおいたほうが今ではずっとよかったからである」[76]。だから、聖職者たちのあいだには司教教書、もろもろの教書、時には教父の書いたものや聖トマスの著作、教理問答集、護教論の書物などが見られた。世

俗的な著作がほとんど見られないことは、かえって聖職者の思想と世俗思想のあいだに横たわる乖離が増大している証拠だった。

これらの司祭たちはそれゆえ、不信仰の側からのしだいに力を増す議論を前にして完全に武装解除の状態だった。そして彼らがものを考え始めると、今度は彼らの信仰そのものが危険にさらされた。ところが、ものを考える司祭たちは、十八世紀になると田舎であってもしだいに数を増した。多くの者にとって、その場合ジャンセニズムが酵母の役割を果たした。というのも、メリエの近隣の司祭をはじめとして多くの司祭たちの場合、ジャンセニズムが刺激となって反体制的な態度をとるようになったからである。一六三五年から、アノーニュ゠サン゠マルタンの司祭、ダヴィッド・ゴンデルは貴族への辛辣な批判で注目された。一七一六年には複数の司教視察調書が、スダン地方における騒々しく文句ばかり言う司祭たちの多くの例を警告している[77]。とりわけ心配の種となったのは、おそらくはメリエの友人だったと思われるヴァルクの司祭、ローラン・ブリュノーのように、オランダへ旅行する傾向があることだった。「およそ三年前に一ヶ月旅行をしたために、ブリュノーがオランダに旅行することを、猊下は断固として禁じられた」との文面が視察調書に読み取れる。エトレピニーから三キロのヌヴィオン゠シュール゠ムーズの司祭、ジョゼフ・ジャダンは、「しばしば二週間留守にし、年に八日か十日リエージュに行く。[…]横柄で、反抗的、こそこそして、上に反抗する者を好む、[…]オランダから禁書を持ち込ませていると疑われており、[…]この者は司教区で一番反抗的で、一番の頑固者である」。ほかの者たちも「反抗的」、「理屈屋」とレッテルを貼られた。自分の同僚の事情が分かっていたメリエは、彼らの信仰をそれほど確信していたわけではなかった。「彼らのうちの大部分は、そうしたことを自身では何ひとつ信じていません」、そうメリエは書いた。そして、幾人かの司祭は自分の不信仰を隠すために教義を教える代わりに道徳を説教したのではな

いかとの仮説を発表することもできた[78]。

完全な不信仰とまでは行かなかったが、何人かの神父は自分の話をわざわざ相対的なものとして表した。たとえばフランソワ・イニャス・デスピアード・ド・ラ・ボルド（一七一七—一七七七）は一七五二年の『諸国民の精神』において、紀行文学からアイデアを得ながら、宗教は文明ごとに変わるものであることを示した。一七六四年には匿名の神父が、『プリュシトシ、あるいは豊かなる貧しさ』で奇妙な社会思想を主張した。ほかの者たちは、デュボワ神父やサン＝ピエール神父のように、その企てでいっそう有名となり、無神論との評判を残したが、それほど重要でない位階しか持たず、テラソンやコワイエ同様三文文士を形づくっていた。ジャンセニズムが、彼らのあいだで禁書を読むこと、また反抗を勇気づけた[79]。

ほかの者たちは、激しく聖職者を攻撃する文書を広めた。たとえば、『三詐欺師論』にきわめて類似した作品を書いたとして一七二八年に投獄されたギヨムがそうだった。ギヨムの同僚、ルブランも同じ嫌疑を受けて一七四九年にバスティーユに閉じこめられた。フレシエはオーベルニュのある司祭のことを伝えているが、この司祭は「神のことを悪し様に言おうともし、悪ふざけから始めて、終には天と地を攻撃する不敬と瀆神の言葉で締めなければならないと信じ込んだ。彼は捕まり、一年の追放とそれ相応の賠償の刑を受けた[80]」。

レティフ・ド・ラ・ブルトンヌは『わが父の生涯』で、本物のキリスト教徒というよりもむしろ篤志家であるような幾人かの司祭のことを伝えている。たとえばブルゴーニュ地方、ニトリのピナール司祭は一七一〇年前後には、「クルジスの司祭ほど信心深くはなかったが、司祭はこの近辺で見かけられるただひとりの使徒のような人物だった」と評された。同じくブルゴーニュ地方、サシーの司祭、アントワーヌ・フドリィアについて、エマニュエル・ル・ロワ・ラデュリは次のようなポートレートを残している。

無神論者で唯物論者、そしてベールの弟子であるフドリィアはもうひとりの別のメリエだった。しかし呑気者で享楽家で、共産主義者ではなかった。彼も自分の教区民たちの快楽には寛大だった。主流にとどまっている同僚たちを、物知り顔をして民衆をたぶらかすうぬぼれ屋と見なしていた。自分の反宗教的・反キリスト教的な意見を隠し立てもせず、夕食のあいだ、エドムやそのほかのニトリの友人たちの前でそれを言いたい放題にまき散らした。聖職者としての勤めは続けてはいたが、それは彼にとって、田舎者を敬神につなぎとめておく手段である以上に、彼らを教育し、育てて倫理へと至らしめるための手段だった[81]。

そうしたケースは旧体制の終わりには、その数を増した。神を信じない不品行の司祭が、バショーモンの『秘録』にはごまんといた。そこに見られるのは、あらゆるモラルの規範を失い、キリスト教とは無縁のものとなった社会の姿だった。そうした社会で、ある者たちは不品行や不信仰からまっすぐ痙攣派のジャンセニストに移行した。手持ちぶさたな教会参事会員たちは反宗教的になったり、きわめて疑わしい書物を著したりした。たとえば、トレギエの教会参事会員で小冊子、『究極の主である神と人間の宗教的熱情について』の著者、シェイエスがそうだった。

修道会に属する聖職者たちにもやはり感染した。多くは大小の修道院長やただの修道士だったが、彼らに敵愾心を持ち、自分たちの場がないと感じる時代にあって、彼らは信仰を失った。くわえて、革命初期における大量の宗教生活の放棄そのものがこうした危機を表わすことになる。ひとつの例をあげよう。ブルターニュ地方、ベガールのシトー会大修道院の修道士、モフレ師は聖書に代えて『百科全書』を《枕頭の書》にした。そのうえ彼は教会財産の国有化にあたっても、『百科全書』を手放すことを拒んだ。無神

論者として、彼は「人間の能力を凌駕する教義を深めても、またそれを研究してさえも心が楽しんだことは一度もなかった」と記す。還俗すると、モフレはかつての修道女と結婚することになるが、彼女にとってモフレは三人目の夫だった。同じ修道院の別の修道士、ブルギィヨー師はきわめて重要な聖職放棄状にサインしている。

わたくし、前シトー修道会士、元プレミー司祭、J・R・ブルギィヨー、三十五歳は、本日まで十年以上僧職を奉じて参りましたが、これほど長期にわたり自分が教わってきた誤りを認め、これまでわたくしが教えてきた宗教上の格率の誤り、あやかし、ペテンを誠心誠意告白し、ここにその放棄と公の場でも内心でも聖職者のあらゆる勤めを停止することを宣言し、ここに署名いたします。[82]

ドン・デシャンとその『無神論神学』

そのほかの元聖職者たちもペンを執った。たとえば、『香具師マタイ』の著者、アンリ＝ジョゼフ・ローラン（一七一九―一七九三）は、この小説で自由思想を圧迫していた教会と宗教を攻撃した。さらに有名だったのは、サン＝モール派のベネディクト修道会士で、一七四五年から六二年までトゥールのサン＝ジュリアン大修道院の修道士、次いで一七七四年のその死にいたるまでモントルーユ＝ベレの小修道院長だった、レジェ＝マリー・デシャンだった。この奇妙な聖職者は、自分の修道会を出ようとしたことは一度もなく、そこで最大の自由を得ながら、ほとんど無神論的と言える形而上学体系を自分のために作り上げ、それを未刊のままになった原稿に『真の体系』として書き留めた。一種実証主義の予兆のようなものだったが、そこで彼は人類の発展を三つの段階に分けた。それは、本能に基づく機械的な集合である未開

状態、人の法と神の法を口実にした不平等と抑圧に基づく社会である、法律状態〔この段階では、神の観念は、抑圧的で疎外をもたらす不平等である道徳を基礎づけるために用いられる〕、前の段階に引き続いて、宗教が解体され、神学が形而上学に取って代わられ、神の観念はこの開明された無神論にあっては、《全一体》すなわち真理、そしてこの《全一体》すなわち生の時間となった共産主義である、習律状態の三段階だった。

ドン・デシャン〔〈ドン〉は「師」を意味するベネディクト修道会などの尊称〕は、彼を幾度となくレ・ゾルムの城館に招いたヴォワイエ・ダルジャンソン侯爵から庇護されており、啓蒙のフィロゾフたちよりもずっと大胆だったが、彼らからは蔑視されていた。ヴォルテールはデシャンの形而上学をからかい、ディドロは、ドン・デシャンが一七六九年に書いた『時代精神についての手紙』が、検閲を受け禁止されることを求めた。フィロゾフたちは、ドン・デシャンの前に《沈黙の壁》で対抗した。というのも、アンドレ・ロビネによれば「自分たちよりも左翼的な者たちが溢れることがないよう、フィロゾフたちは気を配っていた」からであり(83)、くわえてドン・デシャンは彼らを蒙昧主義の狂信者とみなしていたからである。

この聖職者は、どうにも分類のしようがなかった。彼は啓蒙の文化を否認し、それを「半啓蒙」と呼び、さらに神学、有神論、理性の崇拝を否認し、当代の知識人は無神論という概念を十分掘り下げていないと考えた。《無知な無神論》、《ばかばかしい無神論》、《フィロゾフたちの無神論》、《半啓蒙の無神論》に対して、ドン・デシャンは《開明された無神論》を対置する。それは、宗教と唯物論を同時に投げ捨て、各自がその一部である存在、実在に直面する《無》に啓示によって至ろうとするものだった。

ドン・デシャンの著作、それをデシャンは《無神論概論》として発表したが、クザの枢機卿〔ニコラウス・クザーヌス〕の否定神学との確かな類縁関係を持っていた。この枢機卿の思想それ自身には潜在的に不

信仰の芽が含まれていた。神はすべての断定を超えており、極限が合一する点に位置する。神については何も断定できず、神のすべての属性を否定することしかできない。「まさしくこの点においてこそ、哲学者があらゆる哲学の共通原理、すなわち矛盾するものは互いに排除するという原理ですまそうとするならば、哲学者が誰ひとり到達せず、また到達することもできない絶対的に秘匿された神学が存するのである」。「理解することをやめたならば、思考は無知の闇に自ずと位置することになり、この闇を意識する時、それは思考が求める神の現存のしるしとなる」(84)。これこそ、ドン・デシャンが《真の無神論》と呼ぶものである。

この点で、神の極限における探求が神の否定と符合し、それにより人間は神をわがものとすることから免れることができる。アンドレ・ロビネが示したのは、この時代の精神性が、《霊的無神論者》とロビネが名づけたものにまさしくかなりの位置をあたえていることである。たとえば、受動的・能動的無化の理論で知られる、ブノワ・ド・カンフェルドがそうだった。同様に神秘主義者の《暗い夜》との結びつきを証明することもできよう。ドン・デシャンの命名による、この《無神論神学》の驚くべき到達点は、神学よりもいっそう哲学的だった。この神学が過去の思潮を想起させるとすれば、それはまた来るべき大思想の前兆ともなっていた。ドン・デシャンの《全体》、その《実在》は少しずつ形を整えていくことになるが、ヘーゲルの「精神」を連想させるものではないだろうか。

ドン・デシャンはいずれにせよ、社会的＝政治的な理由から実定的な宗教を投げ捨てるが、この理由は共産主義の予兆とも言えるものである。「宗教は道徳的不平等と所有に依拠しており、それが同時に平等と財貨の共有の妨げとなっている。このように事態が進行することが法律状態の本性だからである」。

流行の理神論の傍らで、しかし先駆的な仕方で、ドン・デシャンは多少ではあるが洗練されたメリエの

相貌を表す。おそらくメリエは、この紆余曲折し、捉えがたい思想のなかに認められはしないだろう。それにしても、このふたりの司祭は、自覚的な無神論の要求が社会の再編成の基礎となるという同じ知的道筋をたどっていた。

第十一章

無宗教と社会

自分たちの説教者以上に「その宗教が真実だということを大部分の人はほとんど確信していない」とメリエ司祭は断言し、こうつけ加えた。「これはあまりにも真実なものですから、一番従順な人々の大部分までもが、宗教が教え、宗教が力ずくで信じ込ませようとすることを信じるのに、あのような矛盾やあのような困難を感じているほどです。〔人間の〕本性はそこに隠された矛盾や、隠された対立を感じ取ります。人が信じ込ませようとすることに、自然理性がいわばおのずと抗議するのです(1)」。

ということは、実際信じることがもはやそれ自体では立ちゆかないということだった。あらゆるレベル、あらゆる階層に対して、自分には説得する術が必要だということを聖職者はわきまえなければならなかった。信仰はもはや当然のことではなくなっていたからである。その証拠は溢れかえっていた。そしてここではじめて、もはや単に幾人かの検閲官や護教論者の個人的な見解ではなくて、最初の宗教社会学的調査の結果が問題とされることになるのである。

司牧視察の総括　信仰離れの開始

このような次第で司教視察、あるいは司牧視察と言われるものを宗教社会学的調査と呼ぶことができるが、それらは近況報告などではなく、視察はしだいに組織だって行われ、その調書は十七世紀中頃からますます数を増して保存される。視察の原則はよく知られており、それは次のようなものだった。司教あるいはその代理人が二年か三年ごとに聖堂区を巡回するのだが、その目的は現場の具体的な状態また信者たちの精神状況、また司祭が勤めを果たすやり方を調べることだった。一冊の調書が、注意書きや勧告を含んで作成される。

この貴重な資料の科学的な調査は、その多くをガブリエル・ル・ブラの『宗教社会学研究』に負っている。[2] 著者は最初に注意深く典拠の限界を示す。社会的圧力がその理由だが日曜礼拝はどこでも共通であり、そのために無関心派、不服従者、無神論者の数を算定することは困難である。どれほどの人間が強制から、あるいは単なる順応主義から教会に行ったのだろうか。司教区視察質問事項は、たとえば一六六四年のオーセールでの場合のように、「誰か異端者、瀆神家、高利貸し、内縁の夫であるような者がいるかどうか、誰か復活祭の祭日で毎年信仰告白や聖体拝領をやらない者がいるかどうか」を明らかにするよう示唆していた。とはいえ、その追跡は難しかった。

宗教からの離反に関するもっとも明確な、定量化できる基準のひとつは、信仰告白や日曜の聖体拝領の無視だった。一六八二年のオーセール司教区といった田舎では、事例数はきわめて多様だった。セットフォンでは二三〇人中一人、サン＝プリヴェでは四六〇人中二人、シャストネーでは三二〇人中三人だが、メリー＝ル＝セックでは五五〇人中六〇人、シャペル＝サン＝タンドレという小集落では一七〇九年に四〇人という具合だった。都会では、公証人、法務官、役人、貴族、居酒屋の主人たちのあいだで総数はず

っと多く、多くの場合家族全員が日曜礼拝をやめてしまった。十八世紀には状況はさらに悪化した。オーセール司教区のサン＝ピエ＝ル＝ド＝ラ＝ヴァレでは、一七八〇年に一五〇〇人中五〇〇人は復活祭を祝わず、四十歳から六十歳までの者、四、五人が一度も聖体拝領を受けなかった。サンス、オータン、マコン、ディジョン、ブザンソン近隣の司教区でさえも同様の事例が確認された。シャロン司教区の場合、いくつかの聖堂区では一六九八年にすでに六パーセントから八パーセントのお勤めを拒絶する者がおり、十八世紀中葉にはさらに数を増し、メニル＝シュール＝オジェでは五八八人中一〇〇人、モエランでは一〇〇〇人中一九人、ジヴリーでは四〇〇人中一〇八人、ヴィレ＝ル＝セックでは三〇〇人中九〇人、ジニーでは六〇〇人中二〇〇人だった。ルーアン司教区では、これとは逆に一六九一年には反抗者は六四人しかいなかった。

なるほどこれら遺棄者のなかに、単なる怠け者、内縁の夫、再改宗者、誰もが認める罪人《つみびと》、強き精神の持ち主や無神論者を加えることはできないが、このことは「すでに都市生活に参加していた諸階級の無関心への傾斜をかなりの程度際だたせていた」、とガブリエル・ル・ブラは書く(3)。一七三〇年代からは、シャロン司教区の司祭たちは、理屈好きで反抗的な精神の持ち主の数の増加を記している。ラ・グランジュ＝オ＝ボワの司祭は、こう確認している。「柏の木はミサにも告白にも行かないが、それでも大きくなるのをやめはしないといった具合に、多くの者たちはしばしば、ほとんど宗教など持ち合わせていないのではないかと思わせるもの言いをする。多くの者は、地獄のことを話題にして、悪徳に染まる口実として地獄は満杯で、もう気にかけることは何もないなどと言ったりする(4)」。これがまったく因習にとらわれない農民たちの姿だった。フランス東部、ジュラ県のセルノンでは、一七二九年にルイ・ラクルという人物が、十年も秘蹟を揶揄し続けた挙げ句、「死んだ後に自分のために人が鐘を鳴らしてくれようと、自分のため

に祈りを捧げてくれようと、そんなことはどうでもいい、だがブドウ酒を一びん自分の頭に置いてくれて、ヴァイオリンの音を聞かせてくれ、そうやって自分を茨の茂みに埋葬してくれるかは気にかかる」、と公言した。[5] リベルタンたちは女性と下品な振る舞いに及ぶためにしか教会に来ない、とヴォーベクールの司祭は伝えている。《理屈屋の懐疑主義》がはびこり、不作法がその数を増した。一七四七年には、ペルテス、ポセス、コールの司祭たちが信仰の衰退、「宗教心の少なさ」、「宗教心の消滅」を嘆いた。ソンピュイでは同じ年に、「相当数のリベルタンが神聖な礼拝の前に定期的に墓地や教会の戸口に集まり、歌や身振りや口上で、なんとか入ろうとして教会に近づく女性たちをののしった」[6]。

司教区は、革命前夜には広範なキリスト教からの離反に見舞われたようだ。一七七二年、ジュイニェ猊下は視察後にこう記している。「都会では礼拝に通う者はほとんどなく、田舎では都会同様ほんの些細な口実を持ち出しては主日のあいだも普段の仕事を休まないで済むようにするか、力ずくであるいは世間体から仕事を慎んだとしても、それは楽しみに耽るためだった」。フランス南西部でも同様の現象が確認され、それには居酒屋の亭主、下僕、船頭、元兵士などのかなりの数の教会からの離反が伴った。

これらの信仰忌避者のなかにどれだけの無神論者、どれだけの不信仰者がいたのだろうか？　たとえば一七六二年のこの人物、「ド・カブリエール殿の従僕、ヴァランはどんな時でも自分はルター派でもない、カルヴァン派でもない、再洗礼派でもない、ローマ教会でもないし、信仰告白はしたくないと言い張って死んだ。亡くなったのは三月二十八日で、当該聖堂区に彼の埋葬場所はなかった」。確かなことは、十八世紀後半にはかなり確固とした宗教的無関心の伝統があったことである。「《古き時代の普遍的で熱情溢れた信仰》はわたしにはどんな時でも神話としか映らなかった」、とガブリエル・ル・ブラは書く[7]。同時にル・ブラは、「革命期のもろもろの出来事、そこで宗教的一体性が壊滅するのだが、そうした出来事はこ

の世紀、そして先行する数世紀に及ぶ人々のあらゆる知的で活動的な暮らしぶりに由来している」とも述べた[8]。近代無神論は産業革命や幾人かの最左翼思想家の大脳からいきなり生まれた創造物ではなく、あらゆる社会階級におけるかなりの長期にわたる文化的成熟の結果である。これまでわたしたちが語ってきたのも、とりわけきわめて多岐にわたるこの知的な歩みだった。低階層の人々の暮らしに関わる古文書のおかげで、本当の一体性など一度も存在しなかったこと、そして一部の民衆のあいだでは礼拝からの逸脱、あるいは礼拝への順応にも不信仰が隠されている可能性があることが確認された。

別のいくつかの例を見てみよう。テレーズ＝ジャン・シュミットの研究によれば、オータン司教代理区では日曜のミサへの欠席が一六七〇年から九七年のあいだにすでに顕著になっていた[9]。一六六五年には、ポムルーの地方長官はムーランを「かなりリベルタンな町」と見なした。聖職者への反発や瀆神の言動は日常茶飯事で、一六八六年には、「聖務中の礼を欠き、非宗教的な罪と違反、聖なる神の御名への侮辱、悪口、瀆神」への訴訟手続きが行われた。子どもの洗礼を急ぐこともなくなり、とくに貴族のあいだでは、三歳、五歳、さらには十一歳の女子の洗礼が報告されている。一六九三年に教会当局は、「かなりの数の教区民が自分たちが執り行う復活祭のお勤めに満足していない」、と幾人もの司祭たちが記録簿で不平を漏らしていることを報告した。これが、特徴的な拒絶だった。一六九一年から一七二九年にかけて、十一の聖堂区で、公証人、判事、官吏、収税官などの複数の反抗者が数えられた。ある者たちは、「宗教のお勤めをまったくせず」、たとえば一六九〇年のモンソルの場合、あるいは一七〇六年のブラニーの男とその息子のように、「反逆者」を自称し、また別の者たちは気違いを名乗った。一六九一年、ブルボン＝ランシーでは、ひとりの母親とその娘が三十年来聖体拝領を受けていなかったが[10]、

同時期のラ・ロシェル司教区では、ルイ・ペルアスは一握りのリベルタンしか見つけられなかった。

たとえばそのひとりがクサントレという男で、一六七四年には七年前から信仰告白をしていないことが分かった。視察監督官は一六九五年に、「宗教を取るに足らないものとするリベルタンたちの止まることを知らない放縦」を報告しているが、たとえばラ・シャテニュレでは幾人もが「驚くべき不敬から、宗教の秘蹟について駄洒落を言って揶揄した」。アルデンヌ地方では一六七八年にロキニーで、「B・ル・ジューヌと名乗る不敬者は十年前には復活祭を祝わず、若者を堕落させ、無神論者だと公言していた」ことを教会当局が伝えている。[11] ヴリーニュ＝オー＝ボワの司祭は、自分から、「教会の儀式を嘲笑した」。一六八〇年に、ヴィレ＝ドヴァン＝ダンではある人足が十年以上も教会に通っていなかった。一七〇五年には、ナントゥーユで三ヶ月前から駐在している士官が一度もミサに出席せず、聖列や軍隊のためのお祈りを無視したために、「教区民のあいだに噂や醜聞が広がった」、と司祭が指摘した。こうした例はいくらでもあげられよう。

精神的権威の無理解──マシヨン

教会当局は一七二〇年代頃から不信仰の隆盛を嗅ぎ取っていた。それまで、状況はきわめてちぐはぐだった。一六四五年から一七〇〇年にかけて、オート＝ブルターニュでラザリスト修道会士たちが行った一六二回の布教活動でフランソワ・ルブランはリベルティナージュや自由思想のごくわずかなケースしか見つけられず、それはたとえば布教師のきびしい要求への反発といった類だった。その後では、当局者の繰り言が習慣化し、それは動きを抑えられない彼らの無能ぶりを映し出していた。一七一七年から四二年までクレルモンの司教だったジャン＝バティスト・マシヨンは、『不信仰について』という小論で、「自分たちが理解できないものはすべて疑わしいとする気の狂った連中が世の中に溢れている」ことを確認した。[12]

マシヨン自身は不信仰を理解する努力はせず、それを放蕩のせいにした。

不信仰とは、道徳を欠き、実直さを欠き、気骨を欠いた人間のことであり、その者は自分の情念以外の戒律、自分のよこしまな性行以外の掟、自分の欲求以外の主人、権威を恐れること以外の抑制、自分自身以外の神をもはや待たない。親不孝な息子なのだ。なぜなら、偶然がたったひとりきりで父親を自分にあたえてくれたと信じるからだ(13)。

マシヨンの分析はこの上なく一面的だった。人は快楽におぼれて反軽信主義になる、つまり、「その暮らしぶりが堕落するばするほど、戒律はその者に疑わしいものとなり、理性を失えば失うほど、人間は獣に似たようなものだとなんとか納得しようとする(14)」。無神論者は誰もが実践的無神論者であり、理論的無神論は詭弁と誤謬論理の入り交じった、放蕩の言い訳のための見せかけにすぎないというわけだ。

もし宗教が理性を用なしにする玄義しか示さず、情念を悩ます戒律や掟を宗教に加えることもなかったならば、不信仰者は稀かもしれないと図々しくも言う者があるだろう。信じようが、否定しようがどうでもよいような抽象的真理とか誤謬はほとんど人の関わるところではない。唯一の真理の虜になっているそのような人々がわずかに見受けられ、そうした人々は純粋な思弁のいくばくかの熱烈な擁護者の側に立つようになるのだが、そんなものはいかなるものとも関わりがなく、ただそれを真理だと思い込んでいるだけにすぎない(15)。

別の論文『強き精神について』で、マシヨンはもう一度その点に立ち返る。

理性の力と唯一の卓越性が自分たちを俗人の偏見の上に高めてくれ、不信仰というおぞましい立場に立たせてくれたことを、不敬者たちがわたしたちに説得しようとしても無駄なことだ。それこそ、彼らの心根の弱さと堕落なのだ。[16]

無神論者の議論は弱々しいものである。

反軽信主義者を自称するこの者たちの大部分を掘り下げてみれば、彼らは俗習の偏見に反対して抗議の声を上げるが、彼らはあらゆる学問に対して、どこでもいつの時代でも世間では言い古されてきた古くさい通り一遍のいくつかの疑問しか持ち合わせていないこと、また彼らは人づての訳の分からない言葉しか知らず、検討もせずにそれを受け容れ、訳も分からずにそれをくり返していることが分かる。[17]

これこそまさしく、反軽信主義者が空疎な定式である教義を理解もせずに受け容れるとして、信仰者を非難したことだった。この非難が逆方向で見られるのは驚くべきことだ。つまり、マシヨンからすれば、フランスの反軽信主義者は浅薄すぎて自分でものを考えられないというわけだ。そうなると、自分ではそれについて何も理解していない体系を外国から借り受けるのだが、そうした体系、とりわけ「かのスピノザ、いくつもの宗教を抱え込んだ挙げ句、ついには何ひとつ持たなくなり［…］自分自身のためにあの不敬の不可解なカオス、あの混濁と闇の著作を作り上げたが、そこでは神を信じないという唯一の欲求がこの著作を読む者たちの退屈と嫌悪感を支えることができた、あの怪物[18]」の体系には彼らに根拠をあたえる

という唯一の利点があった。女性、「いくつかの点に関しては無知であることが利点であるに違いない性」であるという女性さえもあえて疑おうとする。それは社交界で自分に趣味があると思わせ、際立ち、世知に長け、当世風であるように見せ、放蕩者の取り巻きと話を合わせるためなのだ。実際、

反軽信主義者には、自分がそうでない者になりすます偽りの勇気がある。信じるものは何にもないとたえず自慢し、それを自慢できるおかげで、自分でも納得できるといった具合だ。［…］われわれの時代はとくにこうした半信徒に溢れている。彼らは軽信や偏見が宗教に加えた可能性があったものすべてを宗教から剝ぎ取るとの口実で、信仰からそれに従う利点のあるものすべてを奪い取る。往々、われわれに不敬の言葉を口にさせるのは自由思想の集団である。世人は、われわれが快楽と不敬に縛りつけられている者でもあるかのようなふりをしたがる。放埒であるのは恥ずべきことと思うものの、われわれの時代の無秩序の目撃者やその共犯者たちを前にしてまだ信仰のあるふりをするのも恥だと人は思い込む。まだ信仰を持っている放蕩者の一部はか弱く、卑しい者たちである。放蕩がそれなりの体裁を構えるには、そこに不敬と自由思想がなければならない。さもないと、修練所にいる新米の修道士のような放蕩者になり果てるだろう。わずかばかりの宗教心も、さらにはいくぶん子どもじみたもの、学生臭さがすぎるものに見えてしまうのだ。[19]

マシヨンは無神論者たちの徳性を信じようとはしなかった。彼はこう言う、「人はわれわれに往々彼らが自慢するその誠実さや厳格な行動基準を褒めそやすが、自分が求めることはすべて許されると思っているこういう輩に、人間ではあるにしても、なにがしかの徳が残っているのだろうか[20]」。連中は偽善者で、聖書をもの笑いの種にし、おまけにあらゆる原理を喪失した絶望者なのだ。

ある人々にとって、まったくの知的誠実さを備えながら、非宗教的な世界観を持つことが可能だということを、マシヨンは受け入れようとはしない。彼の狭隘な態度は、宗教の信頼回復にとってあまりふさわしいものではなかった。とはいえ、こうした態度は、十八世紀の教会のほとんどすべての責任ある地位にある者、少なくとも彼ら自身が無神論者でない人々が共有していたものだった。

護教論者の弱点――アルフォンソ・デ・リゴーリ

世紀末には、イタリアでのカトリック教、トリエント公会議の指導者のひとり、アルフォンソ＝マリア・デ・リゴーリ（一六九六―一七七八）の証言が見られる。この時代反軽信主義は、マシヨンの頃に比べて地歩を固めていた。昔は、「不敬や狂気と非難されないように、無神論者たちは身を隠したものだった」、とリゴーリは嘆く。今は、「わがイタリアの胸中にあっても〔…〕彼らはやすやすと自由思想家、偏見なき精神の持ち主との評判を得、自分たちの考えを神に、宗教に向けて放つ(21)」。無神論は見せかけにすぎず、真面目にとることなどできない、というお決まりの考え方だった。

本当に無神論者になれるのか。「真の無神論者が存在するか否かを知ることは依然として問題である。だが疑問を差し挟む余地のないこと、それは自発的な無神論者が大勢いることである(22)」。マシヨンと違わず、リゴーリも無神論者の立場に身を置くことはできなかった。「わたしは、宇宙の創造主にして統治者である神がいないと彼らが完全に確信するにいたるなどとは絶対に信じないし、信じたくもない(23)」。当然、「怪物」スピノザがいて、「彼は完璧な無神論者だったから、《呪われた者》と呼ばれるほうがずっとふさわしいだろう」が、その体系はこの勇敢な宣教師の理解を凌いでおり、そのためにリゴーリはスピノザを精神錯乱者と見なした。

自然を見つめること以上に簡単なことがあるだろうか。これらすべての美しいものは自分で存在できるのだろうか。魂について言えば、もし魂が物質であれば、われわれは真理について、また非物質的な思弁に満足を感じられるだろうか。「魂の不死の第一の証明は、人々の一般的な合意に存する」。

リゴーリはまた実存的な怖れや不安につけ込む。「反軽信主義者たち、反対のことを自分に納得させようとする彼らの努力さえも、その人生が無分別のど真ん中にあっては、とりわけその精神が情念により、また感覚の呵責ない刺激によりさらに不可解なものにされているときに、彼らをさいなむ不安から解き放たれることはないのだ[24]」。実際、リゴーリは賭けの論理をまた取り上げる。「さあ言ってくれ、お願いだから、こうわたしは彼らにたずねよう。あんた方の理屈の真実さに自分の生命を賭けてみるかね。きっと、できないだろう。やれば、そんなもののと引き替えに永遠の生命を危うくすることにならないかね[25]」。

信仰、それは幸いなのだ。つまり、「反軽信主義者はその不信仰にあって幸せに生きることができない。幸いである者だけが啓示の光に満足し、神への信仰を守り、幸いである者だけが個人の幸福をこの世で享受できる[26]」。リゴーリはここでロマン主義的護教論で展開されることになる議論のひとつ、すなわち宗教とは慰めであるとの議論を導入する。「不幸な反軽信主義者たちよ、その不運、その凶事にもかかわらず彼らに慰めをあたえてくれる者はひとりも見つけられないのだ[27]」。

マシヨンとは反対に、リゴーリは理屈をこねる。それが時代的現象だったのだが、リゴーリは守勢に回っており、軽蔑するだけではもはや手に負えない反軽信主義が相手だった。とはいえ、リゴーリが闘うつもりの理神論者たちや無神論者たちを前にしては、彼の護教論の弱さは一目瞭然だった。キリスト教が本物の啓示宗教だということがどうしたら分かるのか。それをわれわれに告げるのが啓示だと。啓示が正統だとどうしたら分かるのか。それをわれわれに告げるのが教会だと。教会は、啓示の上に成り立っている

のではないか。啓示とは、臣民を隷属させておくための君主たちの作りものではないのか。「啓示が本当のところ欺瞞にすぎないときでさえも、われわれはそれを慈しまねばならない」。これは、「神がいなかったならば、神を作り出さねばならない」とのヴォルテールの議論そのものだった。いずれにしても、これは多神教にとっては真実たりえたとしても、当然のことながらキリスト教には当てはまらなかった。

啓示宗教は、狂信主義や戦争の一要因ではないのか。いったい誰の責任なのだ。真理の受け入れを拒む、教えに従わない者たちだ。その証拠は、カトリック教徒ばかりの王国では異端者は排除され、秩序と平和が君臨していることだ。したがって、戦争の要因は非カトリック教徒である。この議論は意表を突くものだったが、避けようのないものだった。

聖アルフォンソ・デ・リゴーリは、さらに別種ではあれ同工異曲の議論を持ち出す。無神論者たちの反論はこうだ。もし神が存在するなら、それは明白な形であらねばならない。答弁、神が明白である必要はない。そうだったとしても、われわれはあの計り知れない福を手に入れられず、その福はわれわれにとっては永遠の地獄、すなわち何も信じない自由に値するかもしれないのだ。だがわれわれが信仰を持たないならば、われわれには弁解の余地がない。神から遣わされたしるしは明白だからである。神は明白でないと同時に明白なのだ。

さらには、信仰上の事柄ではわれわれにとって理解し難いことのほうが、われわれの幸福にかなっている。もしそれらが明白なものであれば、もはやわれわれのうちにはそれを信じる自由はなく、必然的なもの、それに同意したところでなんの功徳もないようなものしかなくなるからである[…]。

他方で、われわれの信仰は明白である。なぜなら、信仰を抱こうとはしないことは単に軽率であるだけで

なく、狂気でさえあると偉大なピコ・デ・ラ・ミランドラが述べたように、信仰の信憑性の根拠は明白だからである［…］。

そしてここにおいて、一方でわれわれがそれを信じる功徳を持てるように、信仰の真理がわれわれに隠されていることを、また他方で反軽信主義者たちが信仰の真理に従うのを拒むどんな口実も持てないように、信じる根拠がわれわれに隠されていることを望まれた神の摂理をわれわれは褒めたたえるだろう(29)。

この手の議論が有効だった試しはほとんどない。そのことにリゴーリが気づいた気配はなかった。リゴーリは無邪気に、「唯物論や理神論に対してここに提出されることになる証明は、すべての偏狭な人々にその誤りを納得させるのに十分すぎるものである」と記す(30)。これは幻想だったが、時代遅れの護教論と勝ち誇る反軽信主義のあいだでますます広がっていくずれを示した。同時にそれは、信仰の後退をも示す。リゴーリは記す。わたしは改宗する目的で証拠を求めている者たちのために書くのではなく、「すでに信仰を持ち、その信仰のうちで慰められることを求める人々のために」書くのだ、と。とにかく、信仰を持つことはそれほど恐ろしいことではない。この一七八〇年代にあって、過ぎ去った時代の栄光に包まれ、勝ち誇った宗教からはほど遠い位置にわたしたちはいるのだ。くわえて、リゴーリはその時代の暗澹たる収支決算をする。

近年、不敬の言葉と相互に矛盾する事柄にあふれた大量の悪疫の書が出版された。これらの書物はフランス語で書かれている［…］。すべてのこれらの著作では、宗教は政治的理由あるいは苦痛への怖れから生まれたと言われ、神の存在が否定され、すべては物質だと言われるのだ。神は認めるが、啓示宗教は否定する。そ

して、神は被造物に煩わされはしないと言っては、神の摂理を否定する。人間の魂は獣の魂と同類であり、魂は必然的に、自由がないままに行動し、肉体とともに死ぬと言う……(31)。

リゴーリは続けて、事情はわれらが仇敵プロテスタントにあってもましなわけではないと言う。そしてロンドンの主教、エドマンド・ギブソンの書簡を引用する。「ロンドンというこの大都会は無宗教の市場になってしまったようだ。そこでは、習俗を破壊する術を金貨で買うことができる。不敬と不道徳のあいだで、結びつきは密接である」。責任は誰にあるのか。かの不敬なもの書きたち、ホッブズ、スピノザ、コリンズ、ティンダル、ダルジャンス、ヴォルテール、トーランド、モンテーニュ、ウールストン、サン＝テヴルモン、シャフツベリー、ロック。そしてかの「不敬の輩ピエール・ベール」、彼こそは懐疑の種を蒔き、「ありとあらゆる不敬をかき集め、時にはそれを擁護し、時にはそれと闘うことに専心するが、信仰の真理ともども反軽信主義者たちの誤りについても、万事を疑うことが自分の体系にほかならないというのがそのやり方だった」。

リゴーリにとって、不信仰者たちのなかでもっとも疑わしい種族は理神論者たちであり、彼らは啓示宗教を否定する。リゴーリは理神論者をいくつものカテゴリーに振り分ける。ある者たちは懐疑論者かピュロン主義者で、万事を疑う。あるいは偽善者で、「外面的にそして本心を隠してしか宗教を守らない」。あるいは政治家かホッブズ主義者で、彼らにとって正しい宗教とは君主の宗教である。そして自然主義者か無関心主義者で、自然宗教の一派である。

とりわけ、若者たちは理神論に惹きつけられやすい。このことを確認すると、リゴーリは普段の自分の議論にさらに激しさを加える。宗教はおしなべて優劣がないというのか。そんなことはない、われわれの

宗教が最良のものだ。それが唯一真実であり、唯一啓示されたものであり、われわれはほかの宗教を、たとえば「人間のためというよりも獣のために作られた宗教に帰依している者を意味するイスラム教徒」を許してはならない。自然宗教では足りない。

われわれの主張では、人間が最終目的地に到達するには、自然宗教だけでは足りず、神の本性とその属性、魂の本性、その霊性と不死性、神に対する一切の務め、神に捧げる義務のある特別な礼拝を思い違えていることを、自然宗教は確実に、そしてなんの怖れもなしに知らなければならない。これらの知識なしには、聖性も救いも宗教も存在しない。(32)

フランス聖職者の狼狽(一七五〇―一七七五年)

アルフォンソ・デ・リゴーリの愚にもつかない答弁は、教会当局の狼狽ぶりに即したものだった。フランスでは、教会当局が世紀の半ばから声をそろえて、聖職者総会の発意として繰り言の合唱を始めた。こうした不平のくり返しは、年を追うごとに数を増してゆくが、それは王国内での不信仰の増大の反映だった。(33)

第一回の警告が一七五〇年にこう発せられた。「この上なく残酷なやり方で宗教が辱めを受けている、もっとも不敬な書物と破廉恥な誹謗文書」で、われわれは「水浸しになっている」と司教たちははっきりと述べた。一七五八年に、聖職者は理神論者の書物に不安を覚え、『国王に奉る覚え書』では、「これらの悪人どもが[…]、容認されているだけに余計悩みの種でございます」と不平を託《かこ》っている。一七六五年

の『新覚え書』には、いっそう厳しく務めに服し、「思想の自由の危険な結果」について信者たちに注意を喚起することが必要だ、と記された。司教会議が狙っていたのはどんなときでも「玉座と権威にある者たちに揺さぶりをかけ、宗教をその根本から攻撃する同種の書物」だった。

一七七〇年には、緊張は一段と強まった。「毎日何か新しい不敬の出版物が見られ」たのだった。非難すべき箇所を取り出すことさえもうできなかった。汚染されているのはいくつもの著作まるごとだった。日付上最新のもの、『自然の体系』は高位聖職者たちにこう言わせた。「不敬が越えられない限界はない。その最新のもののひとつでは、純粋の無神論が、ホッブズ、ヴァニーニ、スピノザもあえてやろうとはしなかった大胆さで説かれることになった」。この書物は、「人間精神が今まで厚顔にも生み出したおそらくは最上の犯罪的作品」である。

反撃しなければならなかった。総会は、宗教のためにペンを執ることを神学者たちに呼びかけた。だがそれにくわえて、宗教がもの笑いの種にならないようにできる才能のある人物を見つけ出さなければならなかった。できる限りの安全策をとるため、初期の護教論を再編集することが取り決められた。それはつまるところ、近代の哲学者たちの攻撃に対して、一五〇〇年もさかのぼる議論を持ち出して、古くさい衛兵に救援を求めるよりほかなかった教会の弱さの告白だった。

これとは違ったやり方もあった。高位聖職者たちは『不信仰の危険に関する信者たちへの警告』を本にすることに決めた。それは司教区で配布する必要から作られた、二つ折り版三十三段のテキストだった。学識をちりばめた退屈な表現が読者である民衆の心を打つことはほとんどなかったが、議論のいくつかは洞察力に欠けてはいなかった。キリストの死後一七〇〇年も経って、キリスト教徒である人々に、宗教の基礎をあらためて説明しなければならない非礼を詫びた後で、著者たちは社会的効用という議論に取り組

んだ。民衆は、宗教を必要としている。フィロゾフたちさえ、そのことは認めている。あらゆる宗教のなかで最高の宗教である、キリスト教を民衆から奪い取ることは、結局のところ迷信をはびこらせ、さらに悪い結果に至ることにしかならない、というのだ。

教えられることがなければ、とくに大衆は自分から恥知らずになったりはしない。真理を知らない場合に、大衆は作り話や嘘をでっち上げる。歩むべき道を知らない場合には、道に迷うより仕方がない。［…］大衆が宗教なしではいられないということは、それだからこそ彼らのなかで福音書への信仰を弱らせるよりも、彼らを迷信から守ってあげることが必要だということを意味する。ひとりの民衆が確信を失えば、それだけその者は迷信深くなる。

ある種鮮やかな分析を示す、別の議論もあった。それによれば、理性と「開明された」人間として生きるために必要な文化のレベルに到達することなど民衆にはできはしないことを、フィロゾフたちは分かっており、彼らは実際には権力を知のエリートに限ることを目的とし、その一方で宗教を奪われた民衆は迷信に溺れることになるのだ、という。ある種のテクノクラート支配、科学支配の予告である。

フィロゾフたちは、かなり執拗に人間の偏見、その無知、その弱さを強調しているにもかかわらず、勤勉さを欠き、研究には不向きな民衆、あるいはいつでも自分の仕事や自分の快楽に気を取られている世間一般の人々が、真理の探究に必要な時間を融通し、真理の認識に到達しうると想定する。だがそれは知識があり、教養のある人々の階級にのみ限られることになるだろう。そのためには天から高い才能を授けられ、市民生活の

務めを投げ捨て、研究と討論に完全に没頭し、何を信じ、何をなさねばならないかを知らねばならない。

第三の攻撃、それはこうだった。フィロゾフたちはわれわれに平等を語る。だが、「自然の目からすれば、力、精神、能力、財産、すべては不平等だ。そして自然から恩恵を受けられない者へのこうした不平等なものごとの配分は何ものも償えない」、ところが、教会、教会こそは真の平等、すなわち神の目の前での各人の平等を語るのである。さらに教会は弱い者たち、人生の敗者たちに慰めをあたえる。「これこそが、情念の激しさと世の有為転変に宗教が差し出す強力な償いである。ところがフィロゾフたちの社会では、敗者は簡単に捨てられ、そこにはこうした哲学が表す社会的無秩序というあらゆる危険がまといつく。フィロゾフたちは真理を懐疑でとって変えようと提案する。ところが、「方法的懐疑が真理に導いてくれたとしても、現実のやむことのない懐疑は真理から遠ざかってしまう。したがって選ばれねばならないとしたら、それはあらゆる状態において最悪の選択となる」。

一七七〇年の聖職者総会は、『悪書の印刷について国王に奉る覚え書』で、王権への訴えをくり返した。総会は、政府にエネルギーが欠けていることに憤激する。「同様の無秩序がなお続き、反軽信主義者が宗教や法に刃向かうということが、いったいどうして起こるのでしょうか。［…］不敬の隠れ家、そこから有害な作品を広める印刷業者、それを小売りする欲深い小売人、どうして彼らが愚にもつかないあんな仕事にかまけていられるのでしょうか[34]」。不敬虔は、コレージュにさえ入り込み始めた。

狼狽からパニックへ（一七七五―一七八二年）

そんな不平が、一七七二年には『コレージュにおける教育に関して国王に奉る覚え書』でまたくり返さ

れ、「不信心が学問や文学が染まっている悪弊のおかげで広まっております」と現状を訴える。一七七五年の総会議はほとんどパニック状態で、その前に立ちはだかっていたのは「あらゆる世代、あらゆる職業、あらゆる身分に入り込んでいる反軽信主義である。そこに見られるのは、そのおかげで不敬が瀆神の書物を広められるお咎めなしの状態、宗教とはもっとも異質の書物に毒を注ぐ不敬の巧みさ、公約となり、その支持者たちの支配的な見解となった怪物じみた無神論、不敬が注ぎ込む独立の精神、習俗へのその取り返しのつかない影響である(35)」。

初期の古い護教論を翻訳し、印刷しなければならない。そうなれば、現下のカトリックの護教論者のペンに力を貸してくれるだろう。「不敬という害毒が数を増しているように思われます。[…] 無神論、このあらゆる法、あらゆる社会の破壊システムが、大胆に仮面で隠すこともなく社会に姿を現しているのです」。もっとも有害な悪書のリストが作られた。そこには、とりわけ『トラシュブロスからレウキッペへの手紙』、『自然の体系』、『イエス＝キリストの批判的歴史』、『両インド史』、『五十人の説教』、『聖なる流行病』、『キリスト教暴露』が含まれ、

これらの書物は、無神論に手を貸しあるいは無神論を説いており、唯物論の毒に満ち、習俗の決まりを無にし、悪徳と徳の混同を導き入れ、家族の平安を損ね、家族を結びつける感情を打ち消しうるものであり、あらゆる情念、ありとあらゆる無秩序を認め、聖書への侮蔑を吹き込み、聖書の権威をひっくり返し、イエス＝キリストから授かった力を教会からはぎ取り、教会の勤めを中傷する傾向にあり、臣民が君主に反抗し、暴動や騒擾をあおることにこそふさわしいものである(36)。

『宗教と習俗の弱化についての建言』では司教たちが、はじめのうち反軽信主義者は「自分たちの毒舌の被いに使おうとしてイスラム教徒や世俗の寓話のかげに」身を隠したが、今では堂々と自分をさらけ出していることに注意を喚起した。「その敬虔さがかつては教会の慰めだった」婦人たちまでもが信仰を失ってしまう。それこそ本物の大津波だった。

さらには、なんという速さで反軽信主義がその帝国を広げていることだろうか。反軽信主義は首都にたまり場を設けては人を堕落させ、またすでに災禍はわが地方に及んでいる。不敬は町や田舎、文人の書斎、世間のありきたりの会話、あらゆる世代、あらゆる職業、あらゆる市民階級を侵している。(37)

さらにもう一度、政府の無責任なやり方がやり玉にあげられた。

非宗教的な書物が政府から出版許可を得られない場合でも、允可はそうした書物には必要ではないかのようです。カタログに掲載され、公売にかけられ、個人の家々に持ち込まれております。王族の館の玄関で見せびらかされております。

こうしたことすべてが悪い結果をもたらす。「民衆から宗教を奪い取ってごらんなさい。そうすれば貧困が荷担した、あらゆる過激な行動に走る背徳が目にされるでしょう(38)」。

総会議は、新たに『キリスト教の功徳と不信仰の有害な役割に関する信者たちへの警告』を出版することを決定し、それまでユダヤ教、古代ギリシア・ローマの異教、イスラム教、プロテスタンティズムを敵

としたきたが、今やさらに悪質な脅威が自分たちの前に立ちはだかっていると宣言した。「無神論がキリスト教を無に帰そうとしている」。「今日、反軽信主義は一個の宗派を形づくり、当然起こるべきこととして、内部ではその信仰の対象ごとに分かれてはいるが、啓示の権威に反抗する点では軌を一にする」(39)。高位聖職者たちはそのためにさらにもう一度悲痛さを交えながら信徒たちを説得しようと試みた。テキストはキリスト教の七つの功徳を列挙したが、それは万人に確かさによる平安と啓示による保証をもたらすものだった。

庶民の精神に見合った、その点では庶民の弱さという思いに基づき、またそれに対して埋め合わせをすることを神がお拒みにはならないしかるべき確信に基づいた道、日々この世の免れられない仕事に追い回される多くの者たちに必要な道、そして強固な天才や学者たちにも望ましい道、こうした道が彼らの疑いを鎮め、彼ら自身のあるいはほかの者たちの誤認に対して安心をもたらすのである。

こうして、宗教は哲学よりもいっそう平等なものとなった。というのも、前者は万人に確かさを分けあたえるが、他方後者は懐疑を広め、真理の認識を知のエリートにのみとっておくからである。宗教の別の功徳は、宗教が徳には報償をあたえ、悪徳には良心の呵責によってブレーキをかけ、罪の許しを告解によって保証し、不幸な者の慰めとなり、不死の希望をあたえ、公共の秩序を守ることである。テキストは、懐疑を抱いている者たち、もはや信仰を持たない者たち、そしてまだ信仰を持っている者たちへの呼びかけで締めくくられる。

このテキストを読むと、旧体制末期にカトリックであるフランス、「教会の長女」であり、「万人一致の

お勧め」の地に、はたしてまだカトリック教徒がいたのだろうかと自問してしまう。司教たちが用いたドラマティックな調子は、否定しがたいパニックを露呈しており、それはただ司牧としての懸念を表しているのではなかった。彼らからすれば、不信仰と不服従は結びついていた。貴族階級のすべての構成員、彼らは社会秩序の転覆を危惧していた。そのために、彼らは王権に執拗に呼びかけた。行動し、厳罰をもって臨み、予防策をとらねばならなかった。信仰と社会秩序の、無神論と革命精神のあいだの結びつき、そうしたものは十九世紀の保守階級の議論の中心となるものだったが、すでにはっきりと姿を現していた。

この結びつきは一七八〇年の司教総会ではっきりと表明されたが、そこでは国王にあててこう書かれていた。

左様でございます、陛下。恐るべき禍が一番恐ろしい災害によって陛下の国家の広大な領土を脅かしております。反宗教的で反乱をけしかける文書が、罰せられもせず首都の城壁の内側から王国の辺境の地まで広まり、君主制のあらゆる部署で無宗教と放縦の破壊的な毒を流そうとしております(40)。

おそらく司教たちは、自分たちに向けられて放たれる蒙昧主義との非難を感じ取ったのであろう。実際、自分たちは思想を豊かにするのだと、彼らは弁解している。つまり、こうである。「才知の炎を消すこと」も、「無知だ、迷信だと、陛下の人民を非難すること」も、われわれは望んでいない。われわれの目的は、「社会秩序の幸いなる調和」を脅かす思想が公に幅をきかすことを妨げることなのだ。「教会はその子らに開明された服従のみを命じる」。

『悪書について国王に奉る覚え書』で、司教たちはさらにもう一度行政当局と教会当局が緊密に協力す

ることを国王の行政職に説得しようと試みる。必要なのは、「双方の権力の受託者が相互に意見をはっきりと伝え、助け合うことである。もはや黙許はあってはならず、検閲官を慎重に選ばねばならず、検閲官は一点でも宗教が関わる問題が見つかれば、神学者に知らせなければならない。「もっとも反抗的な瀆神の言葉を散りばめた書物の著者だと公言する」ような「元修道士」、ここではレーナル神父がその例にあげられたが、そうした神父には厳罰を加えなければならない、とされた。

六月二十一日、アルルの大司教は、あまりにもちぐはぐであり、あまりにもバラバラで、ほとんど知られず、ほとんど守られていない書店登録に対して、また小売人の仕事、「市民の習俗にとって往々にして致命的である職業」に対して、印刷の自由に対して、黙許に対して、あまりにも弱すぎた、宗教に害をなす護教論的著作の出版に対する長大な論告を発表した。なされなければならないのは、「信仰の大儀を守ると称する競技者すべてに無差別に闘技場が開かれないよう防止策をとることである。もっとも勝利に満ちた武器が無能者の手に渡ったら実際どうなるだろうか。弱い弁明は息絶え、反軽信主義の首領たちの魅惑的な教えによって開始された背教が成し遂げられる」。不信仰者たちの攻撃でひびが入った、自分たちの城壁を目の前にした教会の弱さの告白だった。

一七八二年の総会議で、アルルの大司教は破局的状況への繰り言を並べ立てた。学校はおろか女子修道院さえもが無神論のプロパガンダに曝されている、というのだ。それを受けて司教たちは、「宗教と習俗を攻撃する傾向のあるいかなる書物の編集、印刷、販売、配布」をも禁じることを目的とした、検閲に関する王令法案を作成した。この法案についてはほかの箇所でその細目を取り扱ったが[41]、それはフランスの書物の一切をカトリック聖職者の管轄下に置こうとするものだった。同時に全司教に対して、報償をあたえるため、それぞれの司教区で宗教に役立つ書物を書いている著者の名前と作品名を知らせてくれるよう

に要請した。さらに、最良の護教論の作品には年金の形で賞をあたえる一種のコンクールを開催することさえ提案した。

同時に教育を改革して、教会の統制を強化することは至上命令だった。というのも、学校は哲学精神によって奪い取られていたからである。[42] 暴風が吹き荒れ始める七年も前に、司教たちは王権の無気力に狼狽させられていた。反宗教的で革命的な危機が堰を切るのは、澄み渡った空の下ではなかった。これらのテキストがそのことを示している。あらゆる形態での無神論がすでに十八世紀後半になると、抵抗しがたい力として認められていたのである。

パリ、不信仰の中心地　メルシエの証言

司教たちは脅威を大げさにしすぎてはいないだろうか。この問いに答えるために、セバスティアン・メルシエの距離を置いた証言を検討しよう。メルシエは一七七〇年代、八〇年代のパリの世論を細かく観察した。[43]『十八世紀パリ生活誌、タブロー・ド・パリ』は教訓的である！　この本の主だった印象は、無関心である。パリの人々の多くはもうほんのひとかけらの宗教的関心も持っていないかのようだ。「十万人以上もの人々が哀れむように礼拝の様子を見つめている。教会で見かけられるのは、ただ行きたいからそこにいる人だけだ。年に数日は教会が人で溢れることもあるが、セレモニーが見物人を惹きつけているのだ。会衆の少なくとも四分の三は女性で占められる」[44]。

宗教は、別の時代の事柄であるかのようだった。いくつかの点では、不敬、無神論、瀆神さえも乗り越えられてしまったかのようであり、人々は究極の無関心に達していた。そのために、ある司教はこう言わなければならなかった。「時々は瀆聖があってくれればよかったのに。そうすれば、われわれのことも考

えてもらえただろうに。だが人々はわれわれに礼を失することさえ忘れてしまっている」[45]。まさに明白だった。もう司祭たちをからかいもしないのだ。「ミサについて冗談を言うのは、かつら師の小僧たちしかもういなかった」。ただ何人かの老婦人たちがまだジャンセニズムについて議論していた。四旬節に肉抜きの食事をすることもなくなった。そして復活祭を過ぎると、「教会はふたたび荒涼となった」。晩課はもう幾人かの物乞いを惹きつけるだけで、そのために一般に「乞食オペラ」と呼ばれた。各々が自分の望むものを信じた。「宗教的自由がパリでは最大限可能だった。あなたの信仰についてどんな釈明も求められない。あなたは教会に足を踏み入れることもあなたの司祭の顔を見ることもなしに、三十年間聖堂区に住むことができる[46]」。フリーメーソン、「ユダヤ人、プロテスタント、理神論者、無神論者、ジャンセニスト、無宗派主義者」が、それだから気ままに暮らした。どこでも誰も宗教についてもう口を開こうとはしなかった。それは、決定的な判決が下された古くさいやり方だった。数世紀の間教えられ続けてきたあとで、まさにその時が来たのだった[47]」。

パリの人々は、《無宗派主義者》だった。このメルシエの新語は、残念なことだが、《無》についてうずく思いを強調したメリエの『覚え書』の終焉を思わせた。エトレピニーの司祭は、『覚え書』を死後自らに下されるであろう不当な判決に対する理性の法廷への上訴文で締めくくったが、この訴訟に勝利したのだろうか。メルシエを読みながら、そう問うのは当然のことでありえよう。パリの人々はもうお祈りはしない。ほかの秘蹟をすべて投げ捨て、始めたのは終油の秘蹟だった。

聖職者が入れるのはもう下層民の家だけだった。この階級には門番がいなかったからだ。ほかの病人のところはどこでも、病人の臨終準備がされていた。それでいそいで聖堂区に人を遣り、司祭が息せき切って聖油

を持ってかけつける。ところがもう誰もいない。〔…〕善意は事実だとの評判だけはとれた。〔…〕利口者はひっそりとあの世に旅立った。司祭はくどくどと言い訳をしながら近づくのだが、終油を用いることでショックをあたえないように、そして醜聞の種にならないように気をつけた。(48)

婚礼もやはり後退した。洗礼に関しては、戸籍登記に姿を変えたため盛んだった。大多数の者にとって、それはすでに厄介な行政手続きのひとつ、できるだけ少ない支出ですませたい物入りな厄介事以上のものではなかった。父親は代父、代母を探すのだが、それは恥ずかしい行為だった。

少し恥ずかしげに彼はあなたにものを頼む。できればなしで済ませたい些末な仕事だったからだ。迷惑にならなければ、一番近い親戚にそれを頼む。〔…〕代父はドラジェ〔アーモンドなどの実を糖衣でくるんだボンボン〕を代母にあたえ、洗礼はロンバール通りのお菓子屋の利益に姿を変え、お菓子屋は教会から最初に秘蹟を授かる者に格別の尊敬を払う。〔…〕幾人かの金持ちも、つまるところ、今日では一番貧しい者たちと同じようにやっている。聖堂区の教会の門番を代父に、女の物乞いを代母として玉座に座らせるのだ。一エキュやれば、乞食は侯爵殿の信仰厚き司祭の前でミサの答唱をすることになる〔…〕。

代父は誰もがクレドを唱えなければならなかった。一〇〇人中、九八人はその意味が分からない。洗礼盤の傍らで自分の信仰の象徴がもう分からなくなっているカトリック教徒たちの日常茶飯事となった光景に出くわさないように、司祭は人々がクレドを小声で口にするようにさせた。

人並み以上に気むずかしい授洗者は、クレドがはっきりと意味が分かるような大きな声で唱えられるよう代父に求めるが、代父のほうは、「調子はちゃんと覚えていますが、台詞までは覚えておりません」と答える

始末だった。[49]

これがまさに十八世紀、人は皆カトリックであるフランスの首都の有り様がこれだった。悔い改めの秘蹟はますます行われなくなった。「告解に行くという習慣は少しずつ失われた。高位の者たちのあいだではまったく姿を消した」。まだ告解に行くのはどんな人だろうか。告解者の主だった者は、「大概偽善者であるにせよ真面目であるにせよ幾人かのブルジョワ婦人、自分の終末を思い描く老婦人、くわえて告解を終えたとたんに女主人の目には泥棒に映るたくさんの召使いたちからなっていた。生徒たちもむりやり連れて来られた」[50]。とはいえ、結婚したければ、告解室に足を向けなければならなかった。多くの場合、若者は十二年、あるいは十四年も告解室に行かなかったが、この手続きは人目につかないようにさっさと片付けられた。「そういう場合、教会のなかをぶらつき、若者は司祭が群がる告解室を目の片隅に認める。告解室を盗み見する。ある種の困惑を隠そうともせずこっそりと告解室に入る」。若者は、もちろんお祈りも分からなかった。それにもかかわらず、司祭たちはこうした客を好意的に迎えた。客に事欠いていたのだから、文句はつけられなかった。それで「誠実に、教会に一時《ひととき》従順にしたことで満足できるようにもてなした」。

セバスティアン・メルシエは、無神論者は好みではなかったが、無神論者がとくに富裕階級で、その態度は考え抜かれた末のものではないにしても、数を増していることは認めた。

われわれは、そのことを隠し立てはしない。無神論は首都であまりにもはびこっている。それも、不幸な者、貧しい者、苦悩を背負っている者、つまりおそらくは生きることの辛い重荷を嘆く権利をもっとも有する人々

のあいだだけでなく、金持ち、人生の安逸をむさぼる裕福な人々のあいだではびこっていた。同時にこの嘆かわしい誤りは大部分の人の場合理性に基づくものではなく、むしろよく考えなければならないのは忘却、無頓着、気晴らし、抑えの効かなくなった快楽への嗜好がこの誤りの元になっているということだ。またほかの人々の場合、無神論はものが見えなくなった魂だった。その魂にはひとかけらの感性もなかった。無神論を公言する者はもはやまともな社会では、古くさくて、信用ならない文句をくり返す哀れなオウムでしかなかった[51]。

《無神論者》という語が誤って逆の意味で使われたが、このことからさらにはっきりと分かるのは、強迫観念に取り憑かれた文化の特徴である。「ある男が家で金曜日にポトフを食べたとしよう。信心深い婦人は、川カマスを食べながら、そんな輩は無神論者だと決めつける」。メルシエからすれば、真の無神論者は稀だった。大部分はただの懐疑論者だった。それに大衆はそうした思想をすべてまぜこぜにし、『自然の体系』と理神論者ドゥリール・ド・サルの『自然の哲学』を取り違えたりした。「哀れな体系の中で意固地になっている無神論者よりも、わたしは狂信家のほうがずっと好きだ」とメルシエは記す。それにひきかえ、メルシエは説教師を笑いものにして、聖職者には辛辣な批評を加える。

こちらには、垢だらけの僧衣に身を包み、すっかりむくみ、汗だくの太った修道士がいて、向こうには優雅な衣装、白のスルプリをまとい、髪を理神論者風にカールさせた聖堂区の神父がもったいぶって、うまい調子でレトリックの花を咲かせて軽口をたたいているのが見える。この神父は、司祭の前でとってつけた雄弁をひけらかす。太った教会管理人たちもいる。［…］さらに向こうには無愛想な狂信家がいて、怒りを爆発させ、

口から泡を飛ばし、自分が哲学と呼ぶものやフィロゾフに対峙しようとしていた。彼は、その敬虔な怒りで聴衆につけ込もうとした。どっと押し寄せてきたジャンセニストたちを前に、そしてやはり駆けつけてきた何人かの文人を前に、大声を張り上げげた。だがこの変人の大げさな身ぶりや言い回しに声を潜めた笑いが起きただけだった。(52)

メルシエは神学校やその寄宿生を厳しく批判した。

この群れ［神学生たち］は一般に愚か者たちだ。それというのも、連中はコレージュの教育を受けただけの百姓みたいな者の集まりで、田舎から駆けつけ、こんな場所に閉じこめられ、やがて助任司祭職に就き、その後はその地位からなにがしかの聖職者としての人足仕事に移るのだ。

女子修道院について言えば、「過度の好奇心、狂信主義、信心家ぶった振る舞い、修道院特有の愚劣さ、修道女の猫っかぶりが支配している。古代の迷信のこの嘆かわしい記念碑は、哲学がその光明を広げている都会の真ん中にある(53)」。それは、邪悪な女子修道院長に指揮された、野蛮さの残り滓と不道徳の巣窟だった。

パリの神父たちは、状況に取り残された。彼らは慎重になり、不信仰者の大量の存在という現実に適応しなければならなかった。つまり、「神を信じない者たちの脇を彼らとぶつからずに通り抜ける術を心得なければならなかった」。もはや師とは見なされず、神父たちは諦めて侮辱に耐えなければならなかった。ヴォルテールがパリにやって来て、民衆が勝ちどきを上げたとき、「幾人かの貴族、すべての聖職者はた

だの平民、ただの反軽信主義者が民衆の注目と歓声の的になっているのを目の当たりにして、散々文句を並べ立てた」。人々はまだ巡礼に加わっていたが、本当は何を信じていたのだろうか。無知は深刻で、首都でさえもその例に漏れず、たとえばパリでたくさんの信者がパリ西方のヴァレリアン山に出かけていき、そこはキリストが十字架に架けられた場所だと信じていた。

中央ヨーロッパにおける反軽信主義の広がり

状況は、ヨーロッパのほかの場所でもよくはなかった。十八世紀の始めのことだったが、『トルコ皇帝の密偵』にはこんな文章が読める。

この種のリベルタンはなにもフランスの宮廷でしかお目にかかれないものではありません。そうではなくヨーロッパ中で普通に見られます。この病は伝染します。感染は聖職者にも市民にも、貴族にも庶民にも同じように広がっています。そんな次第ですから、無神論のなにかひとかけらでも持っていない者は才知ある者とは見なされないのです。[54]

ヨーロッパ精神の危機は、プロテスタントにとっての聖地ローマたる、ジュネーヴでも感じられた。一六七六年に、「ノーレンベルグ出身でルター派の哲学生、ジュバールと名乗る男が［…］才知あるところをひけらかそうとでもしたのか、人が考えられるもの以外には何も真理とは認められないと言った普段のもの言いから、無神論の疑いをかけられた」[55]。一六八七年には、「幾人ものあいだで見つけられた無神論の萌芽」に人々は不安を覚えた。理神論者、スピノザやベールの愛読者が数を増した。そのために、宗務局

は一七一五年八月二日次のような決議を採択した。

われわれは一七一四年十二月十四日になされた提案を審理した。これはさる六月七日にすでに審理されたものである。[…]本提案は、不敬と理神論に関わるものである。本件に関しては、さる六月七日の打開策を承認する旨通告された。それは以下のごとくである。一、キリスト教の真理、そしてキリスト教の基礎をなす真理を強力に説く、宗教の個々の真理を頻繁に説き、必要とはいえそれだけでは足りない道徳だけに拘泥しない。二、好機を活かして対話のなかで宗教の真理を語る。俗人が宗教を攻撃する人物と一緒の場合には、宗教の利益を擁護することがその責務であることを、牧師は各自その者に遠回しに伝えなければならない。三、これらの主題に関してなんらかの書物を作成することが必要であるため、神学教授、ピクト殿、レジェ殿、テュルタン殿にご協力を要請した。最後に、宗教に対して悪口をなそうとする者たちを神聖な宗務局に召還することが決定された。[56]

隣国ドイツでは、[57]ドイツ語で《フライガイスター》と呼ばれる自由思想家が無視できないグループを形づくった。もっともグループは教会当局からリベルタン、無神論者、理神論者、唯物論者の群れ同様侮蔑の目で見られた。グループを代表する思想家、ストッシュやラウはスピノザから着想を得ていた。一七四九年の匿名書、『自由思想家、自然主義者、無神論者たち』は彼らをさまざまなカテゴリーに分けて弁護しようと企てた。一七五九年に出されたトリニウスの『自由思想レキシコン』には、ドイツで多数の無神論的地下文書が流通し、その多くはラテン語あるいはフランス語で書かれていると記されている。一七七四年から七七年にかけてドイツの第一級の論者、レッシングは、『一無名者の断章』ではじめて自由検討

の立場を擁護した。さらに一七八三年にはメンデルスゾーンが知識人のあいだに広がる感覚論的実証主義を嘆いたが、それは「唯物論への傾向を持ち、今日共通のものとなる怖れがあり、他方で、その本性からして、感覚の手に入るものは目で見、手で触れようとする渇望があり、興奮する性行があった」[58]。

さらに東のポーランドについては、近年にいたるまで、フランス啓蒙と結びついた、地域的な真正の無神論の存在を歴史家たちが無視してきたことを、マリアン・スクルジペークが明らかにした[59]。たとえば、十八世紀において「無神論はわが国では無視されてきた。それというのも、啓蒙期のポーランド文学では、幾人かの著者はおそらくはそうした立場に接近したであろうが、それをはっきりと表明したいかなるテキストもわれわれは知らないからである。この点で、ずっと首尾一貫しているフランス人とはわれわれは異なっている」、と一九五八年にW・ワシクは主張した[60]。B・スコドルスキーの確認によれば、「フランス啓蒙哲学とのわれわれの結びつきは、この哲学が唯物論と無神論のもっとも決定的な原理を形成している分野で一番弱いものだった、エルヴェシウスも、ドルバックもわが国では評価されなかった」[61]。

実際には、一七七〇年代にエルヴェシウスの思想も、またとりわけドルバックの思想もポーランドで知られていた。ドルバックの『普遍道徳』は写本の形で翻訳され、国民教育委員会の庇護の下で道徳教育に用いられた。『人間にあたえられえた自然の声』と題された小冊子は、『自然の体系』の最終章を採録したものだったが、国中に広められた。たとえば『無神論者の祈り』のようなほかの著作も一七九〇年代には浸透し、ポーランド・ジャコバン派のドモチョウスキーやバトウスキーのような作家たちは、フランスの唯物論者たちから十二分にアイデアを得た。無神論的著作の密輸入（作品は害のない書物のなかに隠された）もきわめて重要なものだったようであり、さらにドルバック、ヴォルネー、ブーランジェ、レーナルらの大部の著作も十九世紀初頭には翻訳された。中心的な翻訳者のひとりがJ・シジエルトだった。ポー

ランド史の固有の問題が理由となって、嗜好は政治論文や道徳論文に向けられたが、それでも反宗教的著作も堂々たるもので、『キリスト教の分析』、『三詐欺師論』、『ザパタの問いかけ』、『宗教に関する異議』があった。当然のことながら、無神論文学もポーランドに読み手がいたのである。
ハンガリーでもやはり、一七七五年の日付を持つ『無神論者の祈り』や一七九四年の『自然の法典要約本』の翻訳が発見された。ロシアの市場はさらに大きな意味を持ち、ここでも思想的指導者となったのはドルバックであり、貴族に限られてはいたもののインテリゲンチャ向けにロプーキンやプニーネがその著作を翻訳した。

上流社会からとられた例　大貴族、高位聖職者、上層ブルジョワジー

ヨーロッパ中いたるところで、範となったのはいずれにせよ貴族だった。フランスでは、ルイ十四世の治世の終わり頃から、幾人かの大貴族が、たとえばサン゠テヴルモンの友人のグラモン伯爵（一六二一―一七〇七）のように、その不信仰ぶりを公言してはばからなかった。一六九六年に伯爵は一度危篤状態になったことがあった。ダンジョーが国王から派遣されて、伯爵が神と和解できたか確かめようとした。すると伯爵は夫人に、「妃よ、気をつけておられないと、ダンジョーはあなたから余の回心をくすねましょうぞ」、と言った。なおいっそうためになる場面は、一六七八年の伯爵の兄、グラモン公爵の死の床だった。告解師が教義を唱えている間、公爵はそれを完全に無視していたが、「これは本当のことですか、マダム」、と公爵夫人にたずねた。主人がそうだと答えると、公爵は叫んだ。「そうですか、ではこういたしましょう。急いで信じることにしなければ」。サン゠シモンはまた別のバージョンを用意して、それをグラモン伯爵に当てはめた。「八十五年ものあいだ苦しんできたのに、死を目前にした一年間伯爵夫人は伯

爵に神のことを語り続けた。［…］とうとう夫人に向き直って、《それにしても、伯爵夫人、あなたはそんなことが本当に正しいとお思いですか》、とたずねた。それから、自分のために主禱文が唱えられるのを聞いて、《伯爵夫人、このお祈りは美しいものだ、あなたが何かなさったのですか》と彼女にたずねた。伯爵はどんな色合いのいかなる宗教も持ち合わせていなかった[62]」。

おそらくはこうした逸話に実際以上の価値を置いてはならないだろう。しかしそれにしても、この逸話はいくつかの兆候を形づくっており、そのことは回想記作者や書簡文作者たちが広く認めていることでもあった。一六九九年に、パラティーヌ大公妃はこう伝えている。「この国では信仰は消え入り、無神論者でありたいと望まない若者をもうひとりも見つけられないほどです。それにさらに滑稽なのは、パリでは無神論者ぶる者が宮廷では篤信家を装うことです[63]」。大公妃自身信仰に困難を抱えており、一六九六年八月二日付の手紙で驚くべき懐疑論を披瀝する。

わたくしの底意地の悪い判断からことを推し量りますと、わたくしどもが亡くなるときにはすべて消滅し、わたくしどもが作られている要素の各々はそれぞれまた形を変えて、木や草や、何でもよろしいのですが、何か別のものとなって、もう一度生命ある被造物のお役に立つのでは、とむしろ信じたいように思います。神の恩寵、そのことについてわたくしが思いますに、それは魂が不死であるとわたくしどもに信じさせることにしか役立ちません。と申しますのも、とくに人が亡くなられた後どうなったかを目にいたしますと、わたくしどもの場合でそうした考えが自然に精神に起こらないからです。［…］神の善性とは何かをわたくしどもが理解できないことをさらによく証明しているのは、わたくしどもの信仰が教えてくれることによれば、神ははじめにふたりの人間を創造されておいて、神自身が二人に過ちを犯す機会をあたえられていることです。実際、ふ

たりに木に触れることを禁じておいて、その後で罪を犯さなかった者すべて、この人たちは生まれてもいませんのに、その者たちへの呪いの言葉を取り消すなどということを、どうして神は必要とされたのでしょうか。わたくしの意見では、神が罪を犯せない者たち、犯さなかった者たちを罰しておられることから鑑みますと、こんなことはまったく善性や正義に反しております(64)。

パラティーヌ妃は、ブリサック公、「あの大放蕩者、ろくでなし、臆病者のくせに、神も自分の言葉も信用しない男(65)」、そしてリシュリュー公のような、数多くのリベルタンや無神論者と知り合いだった。サン＝シモンはほかの無数の例を引いている。たとえばブルトゥーユ男爵は、主禱文が唱えていたことさえ自分は知らないふりをし(66)、あるいはレヴィ侯爵のような人物は、結婚誓約書を作る段になって、侯爵が一度も洗礼を受けたこともなく、一度も聖体を拝領したこともなかったことが分かった。「そんな次第で、同じ日にレヴィ侯爵に洗礼式を執り行い、はじめての告解とはじめての聖体拝領をさせ、夜午前零時にパリのリュイネス館で結婚させせなければならなかったのだ(67)」。

聖職者においても、事情がましになるわけではなかった。大修道院長、次いで枢機卿になったポリニャックは、『反ルクレティウス』を書くことになるのだが、きわめて疑わしい暮らしぶりだった(68)。一六九〇年からロデーヴの司教を務めた、ジャック＝アントワーヌ・フェリポーについて言えば、彼は神も悪魔も信じていなかった。司教は、「自宅に公然と愛人たちを囲い、彼女たちのもとを死ぬまで離れず、人が来れば自由に見せずはおかなかった。また時々は自分が神を信じていないと言うのを人が聞いてもそのままにしていた(69)」。司教ばかりではなかった。たとえば、ショーリュー神父がその例で、「きわめて人付き合いがよく、気だてのよい放蕩者で、易々と詩を作っては大向こうをうならせ、宗教を鼻にかけることもな

い」[70]。

ベルニ枢機卿によれば、宮廷の奥でも摂政時代の雰囲気はどっかりと無神論に染まっていた。

宗教に関して大胆な考えを抱く者は誰でも摂政に愚痴をこぼす権利を持っていた。ベールの辞典の新版が自分に献呈されることを、摂政は許可したが、この危険な本はすべての人の手に渡った。良い値でこの本を読み、人は学者になり、躓きの原因となる枝葉末節を身につけ、日々異議が唱えられるのを目にした。婦人方さえ、偏見から解放され始めた。反軽信主義の精神とリベルティナージュが手を携えて世間を行き来している。摂政の無宗教とその放蕩ぶりは、主人の徳も悪徳も盲目的に見習うことが根っからの性となっている国民のなかに易々と物まねを見つけることになる。退廃がほとんどどこででも見られるものとなり、唯物論、理神論、ピュロニズムを誇示する。信仰は民衆のあいだから、ブルジョワジーのあいだから、そして世の中から追い払われてしまった。福音を信じることなど、もう品のよいことではないのだ[71]。


それでは、ヴォルテールから「麗しのバベ」とあだ名され、人に知られた放蕩者、そしてローマに使節として赴いて、一風変わった夜会に出席し互いに愛人を交換して、カサノヴァに焼きもちを焼かせた、ベルニ枢機卿は何を信じていたのだろうか。一七三七年に、ポリニャックの助言をもとに、枢機卿は無神論に反駁する長大な詩を書き上げた。「枢機卿殿はわたくしのほうが上手に書けると仰せですが、枢機卿殿は唯物論者を攻撃しただけのこと、わたくしなら同じ作品ですべての不敬と闘えます。このポリニャックの助言は、わたしの才能に火をつけた。その時から、わたしは『宗教』と題した詩を書き始めた[72]」。宗教、いったいベルニ枢機卿のどこを叩けばそんな声が聞こえて来るのだろうか。ひとつだけ確かなことがある。

同時代の人々は、俗世の者であれ宗教界の者であれ、その者たちの敬虔な書き物よりもその振る舞いからいっそう影響を受けた、ということだ。摂政に関することでは、その例はあまりにも知られすぎていてここで取り上げる手間もいらないほどである。摂政の内心の確信がどのようなものであるにせよ、民衆は摂政が無神論者だったと記憶し、それは次の歌の一節のような、おびただしい風刺文が証言している通りである。

摂政は神なるものをお信じではないとの噂、
だがそれこそ見事なペテン。
プルトス〔富〕、キュプリス〔アフロディテ、愛〕、ブドウ〔酒〕の神が
摂政には三位一体の代役なのだ。

模範が上から示されるのだから、社会階梯を下るにつれて多くの物まねが見られても驚きはしない。そのことはまた不信仰の伝播という問題に帰着する。こうした現象は、その振る舞いが参照事項として役立つような、ある社会カテゴリーから発した伝染性のものなのだろうか。十八世紀のプロヴァンス地方における非キリスト教化についてのミシェル・ヴォヴェルの模範的な研究が、ここでは方法論的なモデルの役割を果たしてくれるだろう。問いははっきりとこう立てられる。「お勤めからの離反は、エリートに始まってしだいに下方向に展開していく模倣によって生じたのだろうか。さてまず第一にエリートたちの均一な振る舞いというものがあるのだろうか。こうした問いに答えることは単なる記述解釈を越えて進むことになる。それは、〈どのように〉と問うことで〈なぜ〉に答えることである。模範はどこからやって来た

のだろうか」[73]。

プロヴァンスの域内では、模範は西の大都市から、とくにマルセイユから、そして世紀前半以降の遺言書における宗教的傾向の驚くほどの減少が示しているように、仲買人の大ブルジョワジーからやって来た。「ブルジョワたちが手本となり、いくらかの遅れを伴って、一七五〇年代まで信仰者たちの防波堤だった小店主や職人たちのささやかな世界を支配し、この分野はやがて衰退していった」[74]。このモデルは、しかしながら小さな町にしか当てはまらなかった。そうした町では、土地の名士たちが職人や農民の世界よりもずっと信仰に熱心なままでいたことが確認されている。「当時から、大都市のブルジョワジーの変わりやすさに対して、小さな町や村の名士たちの相対的な無気力を対置し、閉ざされた小宇宙での防御的な反応を想定しようとの試みが見られた」[75]。

大ブルジョワジーのあいだでは早い時期に宗教的衰退が確認されたが、それは一七〇〇年から開始され、一七五〇年から加速された。その一方は仲買人たち、他方には法服貴族や自由業の者たちがいた。小店主たちブルジョワジーはかなり遅れてその後を追ったが、一七六〇年から突然堰を切ったように衰退が始まった。こうした運動の起源に関して、ミシェル・ヴォヴェルは主としてそれを生活スタイルに位置づける。卸売業、法曹、自由業に従事するブルジョワジーは外部に開かれ、さまざまな情報に接し、それが価値の相対化をもたらした。兵士、船乗り、渡し守、小売人、大道芸人、あらゆる旅回りの職業でも、やはり早期の宗教的後退が確認された。ガブリエル・ル・ブラは、すでにそのことに注目した。不服従者は、「誰もが放浪者、渡し守、車曳き、兵士たちであり、定住民はその身分から自立的な性格を示した。商人、職人、ブドウ園経営者であり、貴族、官吏、外科医などの名士がそれだった」[76]。

女性たちはといえば、いたるところでかなり長い間信仰心を抱き、聖務に参加した。旧体制について、

もっとも納得できる説明は社会・文化的な説明である。つまり、女性は庶民階級にあっては、男性にくらべてかなりの割合で従順で、人の言いなりになり、文盲が多い。文化的劣勢と従属の習慣のせいで、女性たちが教会に見いだした保護と援助の必要が生まれていたのである。ブルジョワジーの場合、宗教教育に限られることによって、世俗思想への接近が閉ざされていた。

小ブルジョワ、職人、船頭、船員

その深い信仰に関してほとんど明白な証言が残されていない、中位や下位の社会層すべてについても、やはり不信仰を計る基準という問題が立てられる。宗教社会学はその点で、この不信仰という問題を外面的な振る舞い、有意味と判断された動作から推論することに還元される。主日や復活祭のお勤めの退潮、ミサ、献金、墓所の選択、遺言書の書き方が基準とされた。これらのやり方をひとつにまとめあげることだけが唯一、それらしく非キリスト教化を語るためのかなりの高みへと到達することを可能にする。ところで、あらゆる調査が示しているように、こうした現象は十八世紀では否定しがたいものだった。さらにもう一度ミシェル・ヴォヴェルとともに、そこから確認されることを強調しておかなければならない。「歴史家が目の当たりにするのは、十八世紀の過程を通じて、革命の危機がキリスト教的旧体制と非キリスト教化の過程にある十九世紀とのあいだに設けた不連続性の外観を決定的に打ち壊す、新しい立場が全体として生まれていることである」(77)。

相変わらず不信仰現象の評価を困難にしているのは、民衆レベルでは、民衆が沈黙していることである。何かを信じていないとき、ひとはそのことを口にしはしない。信仰を持たない者は、参加者を数えられるような儀式に参加したりはしない。「無宗教者はなかなか探し出しにくい。社会的圧力の流れがここでは

あまりにも強く働きすぎていて、内面にあるものを吐露することは非常にまれだった[78]」、とミシェル・ヴォヴェルは書いている。ヴォヴェルの定式に従えば、この点ではわたしたちは《沈黙の収束》を推し量るよりほかないのである。

とはいえ、十八世紀にあって、この沈黙は耳を聾するほどのものだったことはほぼ間違いない。あらゆる点で、ブルジョワジーのエリートたちの宗教からの離反が調査により確認された。寄進、信徒集団への参加、日曜のお勤め、ミサの依頼、司教区や修道院で聖職に就くことが極端に減少した。神学校はどこでも、ブルジョワジーの子弟が職人の子弟に比べて数が後退したことが確認されている。レンヌでは後者の数は、一七二〇年以降一七六〇年から八〇年にかけてのあいだに総人員の一八パーセントから三六パーセントに増加した。聖職者になろうとする者の状況は、ブルターニュにおいてさえ志気を喪失させるものだった。ユゼル出身の司教座聖堂参事会員、ジュリアン・ル・サージュは、一七七七年に自分の意志で修道士になると決めたとき、周囲の誰もが断念させようとした様子を語っている。「ある者たちはわたしを気違い扱いしたが、もちろん大まじめだった。ほかの者たちは黒胆汁質による嫌人症扱いをした。これはどちらもほとんど同じことだった。もっとも慈愛に富んだ者たちまでわたしをひとときの熱情にだまされていると判断した。このことについては、数ヶ月の修練期間もわたしを癒してはくれなかった」。

全体として、在俗司祭の募集は一七四〇年から八九年のあいだに二五パーセント減少し、それには顕著な地方的差異が伴った。後退は明らかだったが、オーセール司教区では一七二〇年以降、ラングル司教区とクタンス司教区では一七三〇年以降、サン＝マロ、トゥールーズ、エクスの司教区では一七四〇年以降、レンヌやボルドーでは一七五〇年、ランス、ルーアン、ギャップでは一七六〇年からのことだった。使命感を持たないばかりか、無神論者であるような聖職者が数を増し、最上級者にまで及んだ。その姿はパリ

の大司教、ヴァンティミル猊下に見ることができる。ヴァンティミルは死の床で告解師の言葉をさえぎって、こう言った。「ムッシュー、それで結構です。確かなこと、それはあなたの僕、そしてあなたの友人としてわたしが死んでいくことです」。正規の聖職者のあいだでは、壊滅的だった。一七六五年には、聖職者総会議は、八つの修道会と二九六六の修道院のうち四五八の閉鎖を決めた。

こうしたブルジョワジーの関心の低下には、トリエント公会議以降のカトリック教会から離れて理神論に好意を持つ者から、完全な無神論にいたるまで、さまざまな色合いがあった。ある者たちはもはやためらうことなく、時にはいくぶんシニカルな態度を見せながら自分の不信仰をひけらかした。たとえば、ニコラ・ボワンダン（一六七六―一七五一）がそうで、ボワンダンはジャンセニズム論争をもっけの幸いと利用した。ショードンは、ボワンダンについてこう記している。「ボワンダンは、その無神論にもかかわらず、迫害や懲罰を免れた。その理由は、イエズス会士とその論敵たちの論争のなかで、ボワンダンがジャンセニストに反対して、あちこちのカフェで長口舌をふるったおかげなのだ。ド・ラ・プラースの話では、ボワンダンは自分と同じ考えの者にこう言って不安がらせたそうだ。《あなたはジャンセニストの無神論者ですから拷問に合うでしょうな、しかしわたしはモリナ主義の無神論者ですから無罪放免になるでしょう》」[79]。

ボワンダンは、とはいえ名うての無神論者として警察のブラックリストに載せられていたし、エムリー書籍監督官はボワンダンに関する誤解の余地のない警句を集めまわっていた[80]。おそらくボワンダンは単に、どんな時でも機会があれば反対の声をあげようとしている懐疑論者であるにすぎなかったのだろう。ボワンダンはフォントネルにあてて、「わたしは何に対してであれ言い分があります」と書いており、デュクロはこう伝える。「ボワンダンはもっとも重大な事柄について既成の見解と闘おうとしています。そのお

かげで、彼は不敬との評判を立てられましたが、ある日のこと、わたしにはそのことを後悔していること、またそのために自分の暮らしにたいへんな迷惑が及んでいることを告げ、人はそうした見解をけっして表沙汰にしてはならないし、そんなことを考えない方がずっと幸せだ、と打ち明けてくれました。周知のように、ボワンダンは、詩人ルソーのものとされている諷刺歌謡で無神論者扱いされていました」[81]。

職人の世界も、とくに一七六〇年から七〇年代にかけて非キリスト教化の波に侵された。この現象は、フランス中を経巡る旅の修行をし、さまざまな世界とコンタクトを持ち、大概は世間からはみ出し、統制の目を逃れ、そうやって反抗心や反聖職者攻撃を振りまくその放浪生活によって強められた。そうした者のひとり、パリ出身のジャック゠ルイ・メネトラは、司祭を「ペテンが作り出し、無知が支え、狂信主義と迷信が推進するありとあらゆる幻想《キマイラ》を手立てとして、王権に続く二つめの権威をうち立てる反道徳的な連中」、と定義した[82]。

居酒屋の主人も、かなり早い時期から非キリスト教化された社会カテゴリーを形づくった。久しい前から、彼らは神父とは敵対関係にあり、日曜日の朝の男性客の奪い合いをした。居酒屋は、正真正銘のアンチ教会となり、司教区視察の際には決まって呪詛の対象とされた。「居酒屋では、集まりが開かれ、そこでは町場の者と土地の者、そこに住む者と通りがかりの者が入り交じり、町のパンフレットにゴシップの種を提供している。会話は好き勝手であり、あらゆる考えに誰もが口を出した。ここは村のサロンだった。その家の主人の検閲も教会に仕えることよりは、むしろ教会に反する方向に働いた[83]」。

別の職業も教会当局の検閲の対象とされたが、それは川船の船頭だった。聖堂区の監督外に置かれ、自立し、不敬との評判が立てられた。オーセール司教区、クーランジュ゠シュール゠ヨンヌの司祭からの一六八二年の報告では、船頭はこう定義されている。「この土地の住民ほぼ全員の職業は、水上の仕事であ

り、パリまで運ばなければならない筏や船団を整えることである。この職業に従事する者たちが、まるで売春婦のように瀆神や嘲罵の言葉をはき続けていることは周知である。この種のくだらないことにどれだけ自分たちが染まっているかを、彼らは旅の道筋のあちこちでひけらかしている」[84]。もっとも、ニコラ・コルベールが一六八四年から八七年にかけて警告しているように、定められた時に復活祭のお勤めができなかった船頭たちの多くがその後にお勤めを行っており、職業についての否定的評価は相対的に見られなければならない[85]。

船乗りたちの世界についても同様な論争がある。船乗りという仕事は、とくにこの時代、信仰に関しては相矛盾する側面を持っていた。強力で、恐ろしく、威大でもある自然を前にした危険や弱さが宗教感情を吹き込む一方で、自由で、自立し、人と隔たり、異なった世界を訪れ、港々の居酒屋で放埓な暮らしを営むことは実践的無神論の要因となった。ロラン・バーテンスは、十六世紀から十八世紀にかけての船乗りたちの宗教性について以下のような問いを立てた。「船乗りは、日々の暮らしの気遣いから、どの程度神やあの世のことへの信仰に必要な態度や努力を身につけられるのか。過酷な労働と貧しさは、どの程度神への信仰を無にしないだろうか。さらには、恐怖によって、むしろ否定的な仕方で吹き込まれたものとして、信仰がありはしないだろうか」[86]。バーテンスの研究はフランドルの船乗り世界に関するものだが、乗組員たちがどれほどそれぞれの身の置き場に委ねられていたかを示している。東インド会社の船団に付き添いの司祭が任命されるのはきわめて異例だった。司祭たちは怪しげな人物をしばしば目の当たりにしたが、たとえば一七二一年のダンケルクの奴隷船、《トゥールーズ伯爵》号の副船長の殺害に加わった助任司祭をお払い箱にして、司教たちはほっとしたものだった。「船員たちは、ダンケルクやオーステンデといった社会でかくもむごたらしく顕わにされた非キリスト教化の過程の最初の犠牲者だった。したがっ

て宗教の勤めという指標による宗教性に代わって、多くの場合船乗りの個人的信仰を認めなければならないという考えも当然受け入れられよう」[87]。

また別の研究は、船乗り世界での瀆神行為の習慣を強調しているが、これは全欧の船舶についてトリエント公会議以降の聖職者が、またプロテスタントの牧師もくり返し追い払おうとしたが無駄に終わった行いだった[88]。瀆神は、それ自体無神論の兆候ではない。聖職者による何度もくり返される唖然とするほどの禁止にもかかわらず、それが生き延びているということは、少なくともそうした禁止が無視されていることの表れである。各地の軍港での乗組員の総数が往々一万人を越える大型船の停泊が、道徳的混乱や非キリスト教化の要因だったことは、やはり否定しがたい。深く信仰に彩られた地、ブルターニュの北西レオンの反聖職者主義の飛び地、ブレストはその典型例だった。

既成の枠からはみ出したもうひとつ別の世界が、公式の信仰から離れている点で注目される。それは、ヨーロッパ沿岸の大小の島々である。これらの島の住民は大概見放されていて、司祭は誰ひとりこんな世界の果てに引きこもろうとはしなかった。たとえばブルターニュ半島の先端、大西洋に浮かぶサン島には、十七世紀の前半、神父はいなかった。やって来るのは、一七二五年にロビノー師が確認しているように、取るに足らない質の連中だった。「自分から民衆の迷信に身をゆだねるか、あるいは少なくとも欲得ずくで迷信を許してしまうような無知で不品行な司祭たちが見られた。くわえて、人や動物の病を治す力があるとか、そのために聖書外典にある務めを行うのだとか民衆に信じ込ませた」[89]。

さらに、一六四〇年にイエズス会の宣教師たちが英仏海峡の西、ウサン島に上陸したとき、彼らが目にしたのは、キリスト教徒とは呼びがたい住民たちだった。住民は誰をとっても基本的な信仰や祈りについて知らず、神は四人だろうか、五人だろうかとためらい、新参者たちのぶしつけな質問に腹を立て、《ず

いぶんと知りたがり屋ですな、あなたがたよそ者は。あんまり知りたがりすぎますよ》、とイエズス会士ジュリアン・モノワールに言った。[90] 何世紀にもわたる迷信の保管場所だった、こうした島嶼部は正確に言えばかつて一度もキリスト教化されたことはなかった。住民たちは自分たち固有の信仰システムを持っていたので本物の不信仰というものではなかったが、このシステムを特徴づける聖俗のふるい分けの欠如は、ある観点からすれば実践的無神論という表現を可能とするものだった。ここに見られるのは、ほとんど前宗教的と言ってよいレベルであり、魔術と生きている神話のレベルだった。俗なるものは、消えてなくなってしまうほどに聖なるもののうちに統合されていた。これは、無神論の前宗教的形態のひとつである。

無神論──キリスト教の産物か？　聖と俗の分離

十七世紀の宣教師たちは、この種の多くの事例を大陸の田舎に発見して仰天した。「いくつもの場所で、不敬虔や迷信に身をゆだねて、真の神の礼拝を捨てるまでになっている」とボッシュ神父は書いたが、ボッシュ神父はマノワール神父が訪れたバス＝ブルターニュ地方の宗教的無知の例を数多く伝えている。また宣教師たちの到着はかなりの敵愾心を引き起こしたし、彼らの生命さえ時には危険にさらされた。「嘲笑、ののしり、脅し、また時としてさらに拳や手荒な扱いがあった」、とボッシュは語る。一六五七年にはブルターニュのブルブリヤックで、また一六四六年にはサン＝テュランで不穏な群衆が群がった。失敗は明らかだった。反対は農民たちから起こっただけではなかった。小貴族も宣教師たちに向けて発砲した。カンペ、コンカルノー、ランデルノー、ドアルネでは、ブルジョワや軍人たちまでもが宣教師に耳を貸そうとしなかった。[91]

こうした反対派を、宣教師たちはとくにその積極的な教育法のおかげで追い払った。彼らの演出の天分

と出し物のおかげで、はじめ不審の目を向けていた農民の群れも惹きつけられていった。[92] 絵が描かれた大きな図版を用いたことで想像力がかき立てられたわけだが、そこで使われたテーマから、イエズス会士たちが挑んだ障害がどんなものだったかが分かる。それは不敬、不信仰、偶像崇拝、異端、妖術、降霊術、棄教だった。ノブレ神父がフィニステールで使った図版には、地獄に続く大きな道が描かれていたが、この道とは、「自分自身の知恵を過信することであり、［…］教会がわれわれに教えることよりも大昔のことを信じること、［…］いくつかの信仰箇条は信じるが、ほかのものは信じない態度であり、［…］超自然的な信仰よりも人間の意見のほうを選ぶこと」にあった。

宣教師たちの努力は基本的には、聖なるものと俗なるものの分離に向けられたが、これがおそらくトリエント公会議の精神の中心的な指標だった。聖なるものから世俗的な夾雑物を取り除き、超越性を再興し、人間が細工をしたり、文句を並べ立てたりできないところへ置くことが問題だった。仕事は山のようにあり、結果は重大だった。

用いられた手段は、必要に応じて使い分けられた。宣教、教理問答、告解、伝道、信心会、それらが地方と中央の世俗権力に引き継がれて、広大な文化革命キャンペーンを企てたが、それはカトリックの国でもプロテスタントの国でも同様に行われた。信仰と勤めのレベルにおいて、正統を欠き、遺棄すべきものである《迷信的なもの》と、知的に処理され内面化された書物に出てくる敬虔さという新たな理念によって定義された、正統な聖なるものとのあいだの仕分けが行われた。エリートの文化が適用されて、民衆の文化よりも優れたものとされ、民衆の文化の主要な部分が消し去られた。ロベール・ミュシャンブレが、この文化変容の壮大な仕事の跡をたどっている。[93]

聖なるものは、コード化され、分離され、守護され、文化生活の細部にいたるまで美化された。教会の

合唱隊からの一般信者の追放、これ以降合唱隊は手すりで仕切られた内陣に閉じ込められる。礼拝行進では聖人と俗人は厳格に分けられ、行進自体も厳しい規則が定められ、俗人はただの礼拝の見物人の状態に落とし込められる（これ以降人はミサに《立ち会う》ことになる）。不敬を益するものとして非難の的になった民間祭事の禁止、そして宗教行事からのあらゆる迷信の痕跡の一掃が行われた。

この心性の変革を成し遂げるには、ゆうに二世紀を必要とすることになる。しかし十八世紀からいくつかの結果は明らかになった。まず、聖なるものの分離、これはそれまで聖なるものに生命を吹き込んでいた日々の体験を切り離すことだった。したがって、それは聖なるものが衰え、数分間の日常の勤めに還元され、やがて消滅するのを目の当たりにする危険を冒すことだった。というのも、聖と俗との結びつきは宗教改革者が考えているよりもさらに遠くまで進んでいるからである。十八世紀の後半になると、教会と国家の分離を主張する声が高まったが、これはトリエント公会議の改革論理の路線上のものだった。

他方で、教会当局が遂行した迷信に対する闘いは、すでに明らかにした、あの曖昧な特長を保持していた。何にせよ奇跡について声高にしゃべることを信者たちに禁じておいて、同時に聖体の秘蹟という不変の奇蹟を信じるように命ずるのだが、これは難しい務めだったし、批判精神の普及がそれをさらに複雑なものにした。たとえば、神の光を受けた信仰心の名にかけてジャン＝バティスト・ティエールが激しく糾弾した迷信の際限のないリストには、(94) 聖水や塩や聖香油の、あるいは単に十字架の効能のような、あるいは秘蹟や悪魔祓いで使われるいくつかのラテン語の決まり文句に帰せられる奇蹟の力といった、正統な宗教的儀式と比べられるようなものがありはしないだろうか？　そういうようなものとして受け容れなければならない、聖書の奇蹟については、問題としないことにしよう。迷信に対してあまりにも騒ぎ立てると、すべての超自然的なものが根こぎにされる恐れがあるのではないだろうか？　迷信との闘いでは、聖職者

は厄介な同盟者に遭遇しただけに、この点では譲歩を余儀なくされた。同盟者であるフィロゾフたちは、その立場から、すべてをひとまとめにして投げ捨てた。ある意味では、トリエント公会議以降の聖職者は合理主義の思うつぼにはまっていたのだ。

そして第三に十七、十八世紀の啓示宗教には、小うるさい道徳管理が伴った。信者たちは上層部の監督下に置かれた。一五八一年から八六年にかけて、ルーアンとボルドーの公会議は、《非パスカリスト》〔復活祭での聖体拝領さえも受けない者〕の名簿の保管を命じた。多くの司教区で、司祭たちはその名前を司教に伝達しなければならなかった。司教視察の基礎資料として使われた質問表には、聖堂区に不信仰者がいるかどうか、教会に来ない者がいるかどうか、といった質問が書かれていた。布教のあいだモノワール神父は、一点から五点まで敬虔度を記した個人別カードを作っておくように司祭たちに助言した。マリ＝エレーヌ・フルシュレ＝ショパールは、十六世紀から十八世紀にかけてプロヴァンス地方での司教視察において疑わしい例が増加していることに注目した。一五五一年には、唯一この地方のグラースに関する司教視察だけが、「聖俗を問わず、公の場でも自宅でも、われらの聖なる信仰に反する異端的なあるいは破廉恥な言葉を吐き、公にする者はどのような人物でも」、告発するよう要請していた。一六八〇年からは、ひとりひとりの気晴らしからミサの服装まで、すべてが記載されなければならなくなった。[95] 十七世紀末には、記帳は多くの聖堂区で《魂の記録簿》に具体化され、そこにはひとりひとりの信者の一番内面的な暮らしに関するあらゆる情報までもが記載された。[96]

告解はしだいに宗教裁判の様相を呈し、告解師のマニュアルには懐疑や起こりうる不信仰の誘惑に関する質問が並べられた。ヴェルダンの司教が作成した、『悔悛の秘蹟のお勧め』は一七一一年のものだが、悔悛する者にこうたずねるよう勧めた。

信仰に反する思想に同意したことはなかったか。教会がわれわれに教えることが本当ではないと思わなかったか。たとえば、教会がわれわれを地獄のことで脅すのは、そうした類のことだと思わなかったかどうか。それは何度あったのか。進んで信仰の真理を疑いはしなかったか。どれだけ自分の不信仰を外に向かって表さなかったか。それは何度あったのか。また言葉にせよ、ほかの手段を使ってにせよ、自分が信じていないというしるしを見せなかったかどうか。もしそうであれば、その罪は保留事項で司教だけが裁け、破門という重罪を伴う。そうしたしるしを誰も認めなかったとしても、それと分かれば十分である。

自分の邪な考えを他人に伝えたことはなかったか。それは何回、何人にか。自分の過ちを他人に吹き込むつもりはなかったかどうか。そうしたことに囚われているのであれば、一生懸命目を覚まそうとせざるをえない。

たとえば異端者のところでなら救われると言って、誤った宗教を称えたり、認めたりしたことはなかったかどうか。何回か、何人の人々の前でそうしたのか。[97]

たえず顔を出す懐疑が、不信仰の増大を前にした聖職者の強迫観念じみた怖れをさらけ出していた。マニュアルはさらに、こうしなければいけないと記す。

カトリック教会から教えられることすべてを信じたくなかったのであれば、あるいはいくつかの信仰箇条を自分の意志で疑いたかったのであれば、そして自分の疑いを誰か他人に打ち明けたのであれば、何人にか、何回かを言わなければならない。

たとえばそうすれば自分が救われるからと、言葉やほかの目に見えるしるしによって何か誤った宗教に賛成した覚えはあったかどうか。夢を信じ、良い日もあれば悪い日もあると信じ、易者に伺いを立て、教会が認めていないしるしや御幣や祈禱、あるいはそこに認められる結果とはなんの関わりもない別のもので病気が治るとか治してもらえると信じるように、迷信をもてあそんだことがないかどうか。(98)

この手のレベルの厳しい尋問が道徳の領域、とりわけ性に関わる領域に適用されると、結果的に拒絶反応を引き起こすことになる。トリエント公会議以降の聖職者の息詰まるような監視は次世代に不信仰の武器を提供し、不信仰はこうしたやり方を告発するのに有利な立場を得るようになる。いたるところ懐疑が見えると信じ込んでいると、終には本当に懐疑が姿を現す。自分の群れを保護しようとして、高位聖職者たちは、とくに農村社会では、多くの場合ただ不信仰への道を示したにすぎなかった。ブルターニュの奥地では、トレギエの司教が一七六八年から不信仰の増大を嘆き、農民のあいだでさえ信仰が嘲笑の的になっていることを書き留めた。信仰を取り戻すために、司教はサクレ゠クール修道会を興したが、その「会員は、福音に顔を赤らめることはもうけっしてなく、恐れることなく本物の堅固な敬虔心を掲げることをいっそうの義務としなければならない。何ということだ！ 敬神家と見られはしないかとの恐れが、どれほど哀れな魂を後に引き戻していることか」、と司教は述べた。(99)

教義上の行き過ぎとジャンセニズムの責任

無神論の増大は、それがプロテスタントにせよカトリックにせよ一部は教会側の態度の結果であるだけに、その増大に抵抗する防波堤はあまりにも非力であった。その頑なな厳格主義のおかげで、教会は自ら

信者の一部を信仰からの離反へと追いやった。この過程を如実に示すのが、ロラン夫人の証言である。少女時代、夫人は敬虔な教育を受けた。むさぼるように本を読み、活発で早熟な知性を持っていたため、夫人は十四歳前後、一七七二年から七五年にかけて信仰から遠ざかり始めた。ロラン夫人の知的道程は、多くの同世代の若者たちのたどった道の典型だった。その道は、トリエント公会議以降の信仰が教義上の行き過ぎに走っていることの反省から、まずは懐疑へと進むことになる。

確固とした、そして首尾一貫した精神をもって、わたくしが真面目に信仰告白した宗教のなかでも、わたくしに嫌悪感を催させた一番の問題、それは宗教をよく分からない人、知らない人をすべて誰も彼も断罪してしまうことでした。神ご自身の手で創られた弱い作物であり、たくさんの危険のただなかへと地上に投げ出され、またすでにあれほど苦しめられている無知の闇に放り込まれた、この無数の個人を永遠の責め苦にゆだねる創造主という考えは狭量、笑止、残忍なものに思えました。この問題で、わたくしは間違いを犯している。それは明らかです。ほかのことでもそうではないでしょうか。検討してみましょう。カトリック教徒の誰であれこのような推論をした場合には、教会はそうした人々を教会からすれば正しい道から逸れた者とみなすことができます。わたくしにはっきりと理解できることは、なぜ司祭たちは盲目的に隷属することを望むのか、検討もせずに採用し、不平も言わずに崇拝するこの宗教的信仰をあれほど熱心に説教するのか、ということです。それが彼らの帝国の基盤であり、人々が理性を働かし始めれば、そんなものは崩壊してしまうのです。

断罪の残忍さに続いて、さらにわたくしに衝撃的だったのは、無謬性のばかさ加減でしたが、それに気つくやすぐさまそうしたものをなにもかもわたくしは拒絶しました。それでは、真なるものとして何が残るのでしょうか。こうしたことが数年間にわたって絶えざる探究の対象となりました。それは活気に満ちたものでし

たが、ときには名状しがたい不安に襲われもしました[100]。夫人の信仰を揺るぎないものにしようと、告解師は彼女に護教論の著作を貸したが、これは逆効果だった。

もっともおかしかったこと、それは彼らが反駁しようと称する人々の考えをわたくしが知ったのは、これらの著作を通じてだったことです。そこから、わたくしは自分の手に入りそうなタイトルを集めました。そうして、『寛容論』、『哲学辞典』、『百科全書問題』、ダルジャンス侯爵の『ボン・サンス』、『ユダヤ人の手紙』、『トルコ皇帝の密偵』、『習俗論』、『精神論』、ディドロ、ダランベール、レーナル、『自然の体系』が次々とわたくしの手を通り過ぎていきました[101]。

これこそが、トリエント公会議以降の教会がどのように無神論者たちを生み出したか、その手本だった。あるいは理神論者とも言えよう。ロラン夫人は、その非情さに嫌気がさして、唯物論にまでは行かなかったからである。

無神論者はわたくしの目からすればけっして偽りの精神の持ち主ではありません。無神論者とは、敬神家といるときと同じように、あるいはそれ以上に心地よく生活をすることができます。無神論者はいっそう理性を働かせるからです。でもセンスに欠けています。わたくしの魂は無神論者の魂と完全に一体化することはありません。もっともすばらしい光景にも無感動ですし、わたくしが好意を示しているときでも、三段論法を探

すのです。[102]

ロラン夫人の思考の歩みに見られる多くの事柄は、エルネスト・ルナンのそれを予告している。トリエント公会議以降の教会が打ち立てたあれほど入念な教義の構造物の内側は、すべてが互いに支え合っていため、狂いのない一点の懐疑が建物全体を危機にさらした。そこから、あのように信仰の内容について個人が考察することすべてを禁じようとする聖職者の懸念が生じたのだった。確かなことは、キリスト教の硬直化した様式が、そのようなものとして受け容れるよう定められたため、十七世紀や十八世紀において俎上にあげられ、部分的には無神論の原因となったことである。自由な検討を禁止する、そうなれば文化の発展は批判精神を勢いづかせる方向に傾き、断然自信の喪失を引き起こす。人類の大半に永遠の地獄の責め苦を背負わせるといった行き過ぎた主張は重大な誤りであり、多くの信者を不信仰へと駆り立てるものだった。この点に関する教会の言い方は、ほかの多くの点同様、やがて変わることになる。

ジャンセニズムも、非キリスト教化という意味では十八世紀にやはり否定しがたい役割を演じた。とくにジャンセニズムの主要拠点だったオーセール旧司教区内では、そのつながりはきわめてはっきりしていた。この司教区では一六六四年以来、ジャンセニズムに反対する教義表明に署名を拒否した司祭は三一人を数え、それに司教座聖堂参事会員、幾人かの神父や修道士が加わった。一七一七年から五四年にかけて、ケーリュスの司教はこの地方を《セクト》の主要拠点とみなしたが、「かつてあれほどキリスト教的だったオーセールの地において、ジャンセニズムは議論の余地なく、ほぼ全域でほとんど壊滅的な信仰喪失の原因となった」と一九二〇年からシャリエ神父が主張してきたが[103]、二十世紀の歴史家たちはほぼ一致してこの事実を認めている。

近年、ドミニク・ディネがこの件をふたたび取りあげ、事実を確認している。つまり、ジャンセニスムは、聖堂区という最小限の役職にだけ協力したため、司教や修道士になる道を減らし、聖職者の価値を下げ、信仰上のいくつかの表現に不信を投げかけ、勤めの減少をもたらし、破廉恥、滑稽と評価されたサクレ＝クール修道会の献身的活動のような教育事業を混乱させ、厳格主義のエスカレートを引き起こしたが、これはある人々を駆り立てて秘蹟やお勤めの拒絶に至らしめた。モンモランの住民自身がこのことについて、一七四一年に以下のように司教にあてて苦情を述べている。「猊下、わたしどもは司祭様に申し上げることは何もありません。ただ告解についてあまりにも厳格すぎることについてだけ、不平を申し上げます。司祭は何度もわたしどもを呼び出すのですが、これが嫌でたまりません。ですから、復活祭を祝った者はごくわずかしかおりません」[104]。

くわえて、啓蒙の世紀のまっただなかで超自然的なもの、奇蹟、病気の治癒、痙攣の出現に好意的だったジャンセニストの傾向が宗教価値の低下にさらに貢献した。迷信と闘い、同時にあまりにも信仰深く自分を見せるような聖職者は、誰もが信頼を失ってしまう。ところが、その見本のようなパリ助任司祭の逝去の年であった一七二七年以降も、サン・メダールだけでなく〔「聖者」として敬愛されていた助任司祭フランソワ・ド・パリの葬儀がパリのサン・メダール教会で行われ、参列者たちが別れの挨拶をしている最中に一連の超常現象が起こったとされる〕、オーセール司教区でも痙攣や病気の治癒が数を増した。一七三二年から三三年にかけて体がなかば麻痺していたセヌレーの代官の女中がサン・メダールで痙攣を起こし、麻痺が治った。ケーリュス司教はそのことで盛大に神に感謝を捧げたが、そのために《セヌレーの喜劇》についての何冊もの諷刺冊子のターゲットにされる羽目になった。そこにはこう書かれていた。「あの奇蹟とあの聖パリを使って、わが司教はどうするつもりなのだ。それこそまさしく、人々に狂気をもたらそうとする聖なる戯言ではない

か。そんな聖人など余計なお世話だ。気違いになった聖女のなんと見事な奇蹟ではないか」[105]。

一七三〇年からは、オーセール司教区では教区民の離脱が数を増し、一七六七年以降それが加速した。サン＝ペルラン・ドーセール聖堂区では、一七六七年に、もう誰も晩課の典礼には出席せず、住民の半数以上が復活祭を祝わず、子どもたちにもうカトリック要理を教えず、四分の一が教会に通うことをまったくやめてしまったが、こうしたことにさらにほかの同様な事例もつけくわえて、ドミニク・ディネはこう結論した。「十八世紀のジャンセニズムはそれゆえ、これまでときとして考えられてきた以上に、ヨンヌ地方では非キリスト教化の要因であることが分かる」[106]。

さらにエマニュエル・ル・ロワ・ラデュリは、「家族的で家庭的な親密さという重苦しい繭へと」、家族が内に籠もるよう促すことで、ジャンセニズムが長期的に見れば宗教からの乖離を準備した事実を強調する[107]。もう教会へは行かず、聖職者を中傷し、いかめしい顔つきでテキストの瞑想に生きるジャンセニズムは、自ら信仰の生命たる集団的な源泉から離脱し、そのことによって長期的には信仰を失う危険を冒すものである。ジャンセニズムがくり広げる異議申し立ての習慣が不信仰の要因であることは、すでに一七二四年にマシヨンが注目していた。「それこそが無宗教を広めることであり、俗人にとっては、宗教を論じることから懐疑まで、また懐疑から不信仰まではそう隔たりがない」のである。

ジャンセニズム問題は、終にはパリの高等法院にまで予期しない結果をもたらすことになった。この偉大なる法廷には、幾人かのフリーメーソンの評定官が名を連ね、そこにはたとえばブーランヴィリエのような理神論者や、信心深い同僚のロベール・ド・サン＝ヴァンサンから「イエス＝キリストの支配を無きものとし、キリスト教のすべての聖堂を打ち壊すと誓約」した、「性格的にも原理的にも無神論と無宗教を奉ずる人物」と評された、ピエール＝アシル・ディオニス・デュ・セジュールのような無神論的唯物論

者が含まれていた[108]。ところが、彼らとジャンセニストはイエズス会に対しては客観的には同盟を組んでいたのだ。さらにジャンセニズムから無神論への移行、またその逆も幾度も確認された。高等法院評定官カレ・ド・モンジュロンは青年期に信仰を失ったが、サン・メダール墓地での病気の治癒を契機に信仰を取り戻していた。

不信仰の普及——カフェ、クラブ、新聞

不信仰の伝播は、十八世紀には社会的コミュニケーションの新たな手段、カフェやクラブやサロンでの論談、新聞、禁書の闇取引などの登場によって加速された。サロンでの議論の中継地としてのカフェの役割は、幾度となく強調されてきた。そこでは、新しい思想が伝えられ、そのおかげで文字の読めない広範な大衆まで巻き込むことができた。「紛れもない事柄として、無宗教は、あのニノン・ド・ランクロの自由な優雅さを求める社会を越えて伝播した可能性があったと想定しても許されよう。というのも、真面目なブルジョワたちと労働者たちはカフェのおしゃべり屋や公園の新聞屋とまた会えるのが楽しみだったからである」、とE・R・ブリッグスはフランスにおける英国思想の伝播に関する研究のなかで記した[109]。十八世紀初頭から警察は、無神論者の巣窟ではないかと疑いながら、こうしたカフェに注意深い目を注いできた。密偵の報告からは次のような文章を読むことができる。「パリには、カフェやらあちこちで宗教を幻想《キマイラ》のごとく語るいわゆるご立派な精神の持ち主がおります。なかでもボワンダン氏は、ドーフィーヌ通りの角のカフェ・コンティで一度ならず異彩を放っております。もっともボワンダン氏を数に入れなくても、無神論者や理神論者の数は増えるでしょうし、多くの者たちが英国のように自己流の宗教を作り出すことでしょう[110]」。有名人ボワンダンは、デュクロが「自分が聴衆の真ん中にいることが分かるやたちまち、

ボワンダンは自分の雄弁が引き寄せる喝采をいつも追い求めた。六十歳を過ぎてもまだこんな子どもじみた野望にとらわれたままだった」と確認しているように(111)、聴衆を見つけると頭に血がのぼる質《たち》だったようだ。

カフェのもうひとり別の中心人物が不信仰の煽動者として、警察の報告書に定期的に姿をあらわしている。ブシャール神父がそれで、リュクサンブール公園でやはり長口舌をふるった。一七二八年九月十二日に、密偵はこう報告している。

ブシャール神父殿は途切れることなく、宗教についてしゃべりまくっています。大胆にも、どんな宗教もすべてよいもので、知識さえ得られるのであれば、各人が神を作ることも許されると言っています。神に捧げる礼拝は人間の発明品なのだから、人は自分の思い通りに神を作り出せばいいとも言います。聴衆から顰蹙を買いましたが、神父はリュクサンブールでも同じようにこのおしゃべりをしました(112)。

十一月十日には、別の密偵が後をつけた。

ブシャール神父殿のおしゃべりは、無神論主義者ぶっており、もっとも神聖な秘蹟についてもほとんど敬意を示すことなく語り続けました。

また別の報告は、一七二九年四月十四日付でこう述べている。

ブシャール神父殿は以前よりもよくなったわけではありません。〔…〕復活祭というこの聖なる季節に教会が盛大に祝う秘蹟はばかげていて、作り話はまったくのでっち上げだと、当たり前な顔をして口にしています。ところが神父は、神がいることには同意します。もっともこの神はどんな時でも冷徹なままですが。

別の神父たちも、同様な口ぶりで注目された。

哲学し、万事を懐疑に曝すことに口を出す者たちもいることを、やはりご報告することも務めと存じます。とりわけ彼らは、信じなければならないどんな聖史も俗史もないと言っております。ベルティエと名乗るある神父は、聖母マリアの被昇天は敬虔心から出た作り事だと言っております（一七三六年十月四日）(113)。

わたしたちが通常は書かれたものを通してしかお目にかかれない世界についての、言葉で語られたこのあまりにも短い概要からではあるが、当時宗教についてのきわめて大胆な考えを公に表明することができたことが分かる。信仰の批判や自由な検討が速やかに進められ、書物がわたしたちに伝える以上にそれが確実に一般化していた。二つ折り本のなかに限られると思ったような見解が、一般の人々によって議論されていたのである。

カトリックの教えはフランスでは衰退傾向にあると、かなり一般のこととして、また聖職者を名指しして言われております。〔…〕宗教は無知な庶民を抑えるための政治の引き綱以上のものではないが、とはいえ今の時代を支配するすべての混乱の原因が、聖職者たちの堕落からのみ生じていることを庶民は完璧に理解して

いるため、この宗教を同じ庶民に課すこともできない、と言う別の者もおります（一七三七年五月二十七日）。こうした発言がカフェ・コンティを、カフェ・グラドを、そしてとりわけ信仰を持たない者たちの出会いの場所、カフェ・プロコープを駆け回った。

ここでは新しいオペラが話題になり、その台詞には無神論を吹き込む何行かの詩に関するものが見られます。たとえばこんなふうに。「自然は自らその結果を生み出す」といった具合です（一七二八年十月二十二日）[114]。デュモンなる者がいて、国王の外套持ちと称しておりますが、この者はコメディー＝フランセーズ向かいのカフェ・プロコープに日参し、限りなく無神論を匂わせる会話をしていることを、ご報告することも務めと存じます（一七三八年一月九日）。

リュクサンブール公園では、オルフェーヴル通りに住むゴーティエなる者が一七二九年に、『三詐欺師論』やメリエばりのおしゃべりをした。

朝の宮殿でも、午後の公園でもリュクサンブールではどこでも、ある男の話を何度も耳にしました。これに注目するのが務めと存じます。と申しますのも、この話は極めつけの無神論者のものだからです。その者が言うには、第一に宗教は人の手になるものにすぎず、モーセは専制政治によって当時の民衆を服従させる術を心得ていた暴君であり、その同じ民衆をだますためにモーセは礼拝を発明し、地上の専制君主たちがそれを見倣った、と申しております[115]。

ルイ十五世〔一七一五年即位〕の治世の始めにパリじゅうでこうした話を耳にしえたことは、世論や無神論に対する人々の精神の慣れについて雄弁に物語っている。カフェ・プロコープの常連の幾人かは、さらにサロンのいっそうひっそりとした世界に集まった。コンティ、フレレ、ブーランヴィリエ、デュクロらがボーリンブロックの家やド・ケリュス夫人の家で顔を合わせた。そこにはまたドルトゥス・ド・メーランのような学者やプレロ伯爵もいて、伯爵は一七二五年前後に「ギヨム司祭の不敬の書を研究するための、ある種スピノザ主義的な寄り合い」を組織した。

有名なアントルソル・クラブでは、秘密の議論が重ねられてスピノザに関心を寄せていたが、同時に英国思想にも興味を示し、その紹介者のひとりがイタリア人の神父、アントニオ・コンティだった。クラブには、合理主義、懐疑主義を併せ持ち、科学と哲学に情熱を寄せ、デカルト哲学の素養を身につけ、一七三五年に亡くなった大評定院判事ひとりも加わっており、その人こそアントワーヌ＝ロベール・ペレルだった。英国思想の崇拝者だったペレルは、全教会から禁じられていたマーティン・クリフォードの『人間理性論』の長大な数節を書き写した。さらにペレルはスピノザにも惹かれた。その『考察集』に、ペレルはこう記す。「魂と肉体といった実体についてわれわれが抱く観念から、両者の区別や、神の実在を臆面もなく結論することほどばかげたことは実際何もないだろう。〔…〕このような体系は、実のところいくぶんスピノザ主義的であろうが、だからどうしたと言うのだ」。

ペレルの書簡は懐疑精神の見本であり、神の存在に関するあらゆる古典的証明に反論をくわえていた。「自然の見事な秩序や配列からとられた神の存在に関する俗な証明、〔…〕説教師たちのあの凡庸な議論」について、ペレルはこう主張する。

宇宙に認められるこうした配置は〔…〕、それほど大した驚異ではない。なぜなら、宇宙とは、無限に分割され、円を描いて動かされたために、自分の運動の中心の周囲に無限の渦動を作り出す微粒子にほかならないからである。〔…〕それが知性を必要とするだろうか。〔…〕創造について言えば、ほとんど考えもつかないということはさておき、物質はつねに存在したはずだったし、またつねに存在するだろう、とデカルト風に証明することは容易である。

運動が物質の属性のひとつであれば、もはや創造主は必要なくなる。そうなると、「見事な秩序を神の存在の異論の余地のない証拠とみなす哲学者たちは負けを認めなければならない、とわたしは思う」。ペレルはそう言う。そうなればそんな証明は価値のないものとなり、諦めなければならないということが理屈だが、それは敬神家たちには受け容れられないだろう。

《それゆえ、神は存在する》などという結論を出す著者は誰かから非難の矛先を向けられるとたちまち、結論がうまく導き出せてもいないのに、それは無神論者の口ぶりだと大声をあげる。もっともこうした証明の権威を失墜させることはできないという点には、わたしも同意する。その木陰で説教師たちはそうした事例をたくさん数え上げ、見事に描き出したりできるからだ。こうした証明は聴衆にも大変な印象をあたえ、聴衆は無味乾燥なだけの論証的な幾何学的証明よりも、大概何も証明しない、感情に訴えるかなり強烈な演説にたいていいっそう感動するものだ。

デカルトの存在論的証明は何にも増してペレルを惹きつけた。だが、この証明が打破されれば、すべての証明が打破される。「必然的な存在が可能であれば、必然的な存在が存在する。それゆえ、この存在が不可能であることを証明する者は誰であれ、神は存在しないと証明することになる」。まるでメリエのような議論である。メリエはある存在が必然であると証明することは、その存在が必然的に完全であると証明することにはならず、さらには当の必然的な存在は物質にほかならない、と宣言した。これがアントルソル・クラブで熱心に議論された問題だった。

こうした問題を伝える新聞も、とくにフランス、とりわけ外国で出版されフランスに持ち込まれた作品の最新情報を報じて、理神論や無神論といった考え方を広めるのに貢献した。加えられた注釈は敵意に満ちたものでさえあったが、そうしたことは無神論的著作ではほとんど日常茶飯事であり、タイトルをもらしただけで、そのことが好事家たちの関心を引き、その書物を地下市場で手に入れようとさせるのだった。このことはどれだけ支払う用意をしておかなければならないか、という問題は引き起こさなかったようだ。

新聞の普及は開明的な世論の形成にかなり貢献した。調査目録に載せられたものは、一六一四年から一七八九年までフランスで一二〇〇紙を数えたが、十八世紀後半では公共の場で記事を読み上げるというやり方のおかげでその影響は減少した。それでも新聞愛好家の集まりが一七五〇年代の終わりに姿を現し、一七六一年にはパリで最初の文学閲覧室が創設され、ほとんどいたるところで、読書会が開かれた。たとえば、一七七五年のレンヌの読書会は裕福な顧客のために開かれ、入会金が二七リーブル、月会費が二四リーブルもした。

このように新聞で流された最新情報を通じて、ルイ十四世の治世の終わり頃から、理神論や無神論の登場が重要なものとなったことが確認される。ピエール・クレールは《理神論》の語が五十回、《無神論》

の語が一四〇回、十七世紀の末から十八世紀初頭にかけてジャーナリズムに登場したことを数え上げている。[116]

新聞には寛容の問題や自由検討の問題が溢れていたが、宗教における理性の役割や自然宗教、迷信、軽信、狂信主義、教会の批判書、礼拝や聖職者の役割について語るのはずっと後になってからだった。無神論という問題は、スピノザやベールについての著作を通して理解された。資料も豊富で注釈もつけられた著作目録からは、一六八〇年代以降になると文芸共和国において不信仰に関する論争が重大化してきたことが分かる。

無神論、理神論の地下手書き本

新聞が話題にしなかったこと、それは非合法な地下の流れ、とくに反宗教的地下手書き本の流通だった。最近の研究から明らかになったことは、こうした不法流通の量の多さであり、この研究によって十八世紀初頭の無神論の伝播について新たな領域が開かれた。[117] 一七〇〇年から一七五〇年にかけて、数葉の小さな風刺文書から膨大な唯物論の著作まで、数多くの手書き本がヨーロッパ中で手から手へと伝えられた。ミゲル・ベニテスは、今日各地の大きな図書館に散らばっている手書き本一三〇点を発見した。[118]

これらの手書き本は、当時むさぼるように求められ、その値段が天文学的数字に達することもあった。時としては、その法外な価格からわざわざ手で書き写すことのほうが好まれた手書きの作品すらあった。それがたとえば一三〇頁の『宗教の検討』であり、それについては『デンマークの女流見物人』に次のような記述がある。「オランダやイギリスの出版許可は、いくつものキリスト教に反対する著作を生み出した。これらの書物は、むさぼるように読まれた。そのうちの一冊がこの都市にも流れてきて、あまりにも

高い値段で売られたので、何人かは自分の手で書き写して、二〇エキュで人に売り渡した」[119]。

こうした手書き本の複製は、筆写生のアトリエで職人的なやり方で遂行された。たとえば、パリにあったル・クートゥーのアトリエがそうであり、一七二五年に捕まったが、クートゥーは九人の店員を雇っていた。こうしたやり方のおかげで、いくつかのテキストは、一七二一年のフランクフルトにおける『三詐欺師論』のように、百部まで複製できた。『新しい思考の自由』（一七四三年）あるいは『魂の自然誌』（一七四五年）などのように、いくつかの論文は刊本と同時に手書き本の形でも流通した。もっとも、だいたいは刊本が手書き本に取って代わった。

手書き本は筆写される際にしばしば書き直しが行われ、もともとの意味を完全に損なってしまうこともあった。フレデリック・ドロフルは、一七一〇年前後にシャールが書いた『宗教に関する異議』にかんするそうした事例を見事に示してくれた[120]。最初の修正が一七三二年から五〇年のあいだに行われたが、これは聖職者への攻撃を強調し、理神論の方向を明確にし、無神論に反駁をくわえている数節を削除した。その後、著作はネージョンとドルバックの手に移り、まったくの唯物論の著作、『軍人哲学者』のタイトルで一七六七年に世に出された。

ドルバックはいつもそうだった。ドルバックが一七七〇年に『正統派の著作を典拠とした、マリアの息子イエスの批判的歴史、ユダヤ人、サルヴァドール著』と題された手書き本に手を入れ、それをもとに『イエス＝キリストの批判的歴史』を書いたのも、そのやり方だった。ベルリンでオリジナルの手書き本を発見したロラン・デスネが、男爵がここでも同じ手法を用いてどのようにして理神論的傾向の著作を唯物論的な書物に仕立てかを示してくれた[121]。手書き本から明らかなのは、イエスは野心を抱いた熱狂的なペテン師で、民衆の信じやすい心をうまく利用した、ということだった。すべての奇蹟は否定されるか、策

略として説明された。たとえば、イエスがパンと魚を集める場面〔マタイによる福音書一四節、一三節〕は「奇蹟的な」取り分けの実施前にカモフラージュされたものだった。一七五五年頃に書かれたある手書き本の著者は、多くの読者が、「無宗教の精神があらゆる著作に広げる礼儀正しさと真理の外見のおかげで、今日ではその数が驚異的に膨れあがったこの種の読者」が得られるのは確かだと考えていたのがわかる(122)。

だから不信仰の著作には広範な顧客がいたのだ。そして、聖職者たちがそれを最後に手に入れる者になるというわけでもなかった。セッフェ神父(一七一〇—八一)のコレクションは六九九三点を数え、地下手書き本のもっとも豊かなコレクションのひとつだった。

地下文書の配給元は、ネットワークの一番弱い環を形づくっていた。警察に監視され、あるいは密告の犠牲となり、時には逮捕されもした。一七二九年八月九日、パリ市警は密告のメモを受け取ったが、そこにはこう記してあった。「シャリテ通り近く、サン＝ドミニク通りのカフェで暮らすマチューあるいはモルレオン氏は、不敬の言葉や神の存在や神そのもの、そしてイエス＝キリストの道徳に反する格言に満ちた幾種類もの著作の写しを卸したり、小売りしたりしております。神父やほかの者たち、大勢が彼のところに来て、そうした著作の写しを相当高い値段で買っております(123)」。エミエ捜査官は現場に駆けつけ多くの不敬の書を発見したが、店員は捜査官に、「こうした手書き本を自宅に持っていないような高等法院の官吏はいません」と証言した。幾人もの仲買人がバスティーユに放り込まれた。一七四一年にはラ・バリエールが、また一七四七年にはニヴェール県ラ・マルシュのあるコレージュ教授が、そして『宗教の主要な格率が基礎を置く偏見の墓碑(124)』を売ろうとしたヴェルサイユのフランシスコ会の修道士がひとり投獄された。手書き本の荷包みは押収されたが、たとえば一七六六年アヴィニョンでは、「宗教と道徳に違反する」四四個もの本の包みが見つかった。もっとも大多数の膨大な書籍は苦もなく人の手に渡っていった。

これらの手書き本は匿名だったが、世論は幾人かの名前を口にした。ニコラ・フレレ（一六八八―一七四九）、ジャン＝バティスト・ド・ミラボー（一六七五―一七六〇）、セザール・シェノー・デュマルセ（一六七六―一七五六）らの名前があげられた。近年の研究のおかげで時には誤って特定された著者が訂正されることもあった。たとえば、『キリスト教護教論の批判的検討』の場合である。この該博な著作は一七三三年前後に執筆されたもので、初期キリスト教護教論の信用を失墜させるためにさまざまな参照事項を集め、それと同時にキリスト教は、迷信、不確かなこと、さらには欺瞞にしか依拠していないことを示した。その結論は、「宗教が明白な証拠に基づくと確信した後のことを除けば、どのような宗教体系も認めないのがもっとも確かな立場である」、というものだった[125]。

作品はフレレのものとされてきた。しかし現代の批評家は、これがドルバックの無神論者一派の周到な作戦によるものであることを明らかにした。ドルバックは、フランス学士院終身書記ミラボーのような、あるいは碑文アカデミー終身書記フレレのような、亡くなった著名人の名前を計画的に利用して、自分の陣営の作家に仕立て上げ、そうやって実は存命中の著者を隠した。実際ここで問題とされるのは確固たる理神論者で、その書簡から理神論的傾向が当時どれほど広がっていたかが伺われる、レヴェック兄弟の著作だった[126]。

幾人かのあまり知られていない著者の役割が、今日では分かるようになった。その役割とは、大胆な思想が練り上げられる革新的なサークルと大衆との仲介者としての役割であり、サークルの反キリスト教的作品が大衆にあまり刺激的にならないように文章を整えることだった。それが、ブーロー＝デランドの場合であり、デランドは一七一七年には『哲学の批判的歴史』を、一七四一年には『ピグマリオン、あるいは生命を吹き込まれた彫像』という唯物論的著作を著した。

地下手書き本は、二つのカテゴリーに分けられる。まず文化的・歴史的視点から、宗教を偏見に基づき、思想と科学の発展を阻害し、狂信主義に肩入れする人間の発明とみなす者たちがいる。多くの場合理神論的傾向を持ったこうした論文が世紀の前半では主流だった。それからより哲学的で科学的で、信仰の根拠そのもの、精神的なものへの信心を攻撃する唯物論の手書き本が数を増していた。

第一のタイプの早い時期の例は、ブーランヴィリエ＝ミラボー＝デュマルセ一派のものと思われる『良き信仰の開明を求める、宗教の検討』である[127]。さらにこのカテゴリーに、キリストの神性を批判した著作を入れることができる。スペイン系ユダヤ人、オロビオ・デ・カストロの名前で流通した、『汚名を返上したイスラエル、あるいは論破されたイエスの神性』や『メシア論』である[128]。

無神論の著作は、魂の物質性を論じた。ある者はエピクロスの伝統に立って、魂は微細な粒子から構成され、それが身体のなかを循環し、生気をあたえると考えた。ほかの者たちは動物や人間の生命を、物質の配列の高度な複合性に帰属させた。このことを『物質的霊魂』の著者が説明したが、著者は前記二つのテーゼのいずれにも与せず、動物精気説と魂の働きに関する機械論的で決定論的な考え方に資するためにマールブランシュの権威に訴えた。ここでもまた、デカルトの遺産が唯物論の形成にきわめて重要な位置を占めた。

人間を単なる機械とする考え方は、周知のようにラ・メトリの『人間機械論』にたどり着く。この本は、そうした議論を極端にまで推し進めたもので、「魂のすべての機能は脳とすべての身体の適切な配置に依存しており、外見的にもその機能がこうした配置そのものでしないかのように見えるほどである。[…]魂はしたがって無内容な言葉であり、まともな精神の持ち主はそれをわれわれのなかでものを考える部署に名前をつけるためだけに用いなければならない」と明言した。この結論にいたるために、ラ・メトリは

医学知識を利用し、それによって人間の理解力は形而上学よりも生理学に由来するはずだとする、この職業の抱く懐疑論的伝統に身を置くこととなった。とはいえアン・トムソンが指摘したように[129]、ラ・メトリはメリエの『覚え書』や『テリヤメッド』、また『宗教の分析』などを参考にしており、地下文学に多くを負っていたことは否定できない。とくに『宗教の分析』は、道徳や善悪は教育によってわれわれにあたえられ、社会との関係によってのみ妥当とされるとするラ・メトリの考え方に影響をあたえた。そうしたアイデアを一七四八年の『反セネカ論』から得たと、ラ・メトリははっきり認めている[130]。

唯物論的な地下手書き本は、さらに創造のあらゆる可能性を否定することで、世界の起源に関する理論を広げた。それはたとえば、トーマス・ブラウンのものとされる二冊の著作、『肉の復活論』（一七四三年）と『世界形成論』（一七三八年）だった。後者では推論よりも経験が優先されて、こう主張される。「われわれがうち立てた原理とそこから合理的に引き出される結論からすれば、世界の原因は世界の内にあると容易に考えられる[131]」。著者は、創造の不可能性に関する数学的論証を推し進め、トーランドの『セレナへの手紙』を参照して、物質のみが運動の原因であると説明する。

また別の論文は、汎神論的な視点に立って、たとえば『神、世界、人間に関する哲学的省察』や『被造無限論』のように、世界の複数性という仮説を論じた[132]。コペルニクス的な宇宙論を手がかりにして、この著者たちは、ちょうど『甦るジョルダーノ・ブルーノ』と同じく、「ご覧のように、見事に証明されたこの仮説は、宗教の誤りを誰も論破できないくらいに証明した。地球が動くという見解は世界の複数性という見解にまっすぐ結びつくものである」、と述べた[133]。また、このことはキリスト教を打ち砕くが、だからといって理神論を打ち壊すものではないとも主張した。

さらには往々にして異教的な古代ギリシア・ローマ思想から議論が引き出され、それが物質の永遠性を

前提とさせ、生命原理をあたえた。とくに、たとえば、『世界に関する古代人の見解』、また『魂の本性に関する古代人の見解』といった手書き本はミラボーのものとされたが、そこで著者ミラボーはそうした古代思想を源泉として用いた。こうしたやり方は始まるとすぐに、その限界を感じさせずにはおかなかった。というのも、過去に眼差しを注ぎすぎて、ミラボーは、当時すでに時代遅れになっていた考え方に閉じこもってしまうからである[134]。
指摘しておかなければならないのは、こうした地下文学のなかに、フランスではあまり知られていないドイツ人の作家の大胆な作品が含まれていたことである。それが、ラウだった。一七一七年にまとめられた、ラウの『神、世界、人間についての哲学的省察』〔この年ラウはラテン語手書き本として本書をまとめ、のちに自らこれを仏訳した。その死後、一七七〇年に上記の『神、世界、人間に関する哲学的省察』、また『理神論教理問答、あるいは神、世界、人間に関する哲学的省察』というフランス語の題名を掲げ、ラテン語版とフランス語版を並べた羅仏版が公刊された〕は無神論的唯物論を唱えた。それは厳密には汎神論とみなされるべきものであるが、神と自然とをまったく区別しなかった。ラウはまた創造について語っているが、それは年代記的なものというよりも、論理的な次元のものだった。つまり創造は、可能的な存在から実在的な存在への移行を意味するものだった。死とは、神＝世界との自然な結合である。ラウの一般的傾向はエピクロス的だった。つまり、死の不安、宗教の偏見、人間中心主義から派生する恐怖を追い払おうとするものだった。多くの点でラウは、メリエ同様、彼ら以上に有名な後継者たちよりもさらに遠くまで進んだ[135]。

そして、こうした地下文学にはいくぶんユートピア的な面があった。たとえばディジョンの弁護士、クロード・ジルベール（一六五二―一七二〇）の作品、『カルジャヴァ物語』がその例で、作品はエピクロス主義とデカルトとホッブズを模範とし、反キリスト教的理神論を展開した。この物語は一七〇〇年に書か

れ、旅行記に刺激された理神論風の考え方を表したものだった。[136] この著作はおそらくは著者自身の手で廃棄され、今日では一部のみが残存している。

こうして、十八世紀初頭からすべての社会層に不信仰が入り込んだ。主日の礼拝に行かない農民から理神論者の司法官や無神論者の貴族まで、非キリスト教化の酵母が一六八〇年から一七二〇年の危機的な年代にかけて発酵した。人は議論をし、理性を働かせ、抗議し、地下の手書き本を読み、カフェやクラブで弁論家の演説を耳にした。信心家たちは気をもみ、反撃に出、護教論の数を増し、信仰が後退しているせいだと言い、道徳心の低下や習俗の退廃を嘆いた。だがそうして騒ぎ立てても、ただ無神論の増大するざわめきをつのらせるばかりだった。

無神論は、たとえば推定される自殺者数の増加の原因と見られた。たとえば、「今日では哲学の悪弊がこうした犯罪の弁護をしようと望むまでに持ち上げられています」とベルジエ神父は『百科全書』の「自殺」の項目で書いている。バショーモンはその『秘録』でこの機会をとらえて忘れることなく釘を刺し、こう述べた。「この種の熱狂の犠牲となった著名人が、二ヶ月前から十人以上数えられる。こうした生命ノ倦怠はいわゆる当代の哲学の帰結である。この哲学は本物の哲学者になるにはあまりにも弱すぎるたくさんの精神の持ち主を駄目にした」(一七六二年五月二十一日)。自殺が貴族たちの流行になっていた英国では、検閲官が直接無神論を非難した。

たしかに、いくつかの唯物論の論文、そしていくつかの自死のケースは、こうした批判に根拠をあたえた。たとえば、一七三二年にロンドンに亡命していたピエモンテ地方の貴族、ラディカーティは『死に関する哲学的論説』をエピクロス風に書いた。彼によれば、世界は物質の法則だけに導かれていて、死は単にひとつの存在様態から別の存在様態に変わることにすぎない。自然は世界をわれわれの幸福のために配

置した。「もはや幸福に達することはできないとなればただちに、人生がわれわれの重荷になったとき人生に別れを告げる権利をわれわれは持っている」のである。

数週間後の四月に、ロンドンの製本屋リチャード・スミスとその妻、ブリジットは二歳の娘を殺害し、自分たちも部屋で縊死した。二人は三通の手紙を残したが、そのうちの一通は従兄弟のブリンドリーにあてられていて、自分たちの行為を理神論の視点からこう説明していた。

われわれはこう結論しました。世界には第一動因はなく、つまり全能なる存在は実在しません。もっとも神のお力は認めておりますが、それだからといって、どう考えても世界が情け容赦のないもので、人間という邪悪な種族に少しも似つかわしいものではなく、また世界は被造物の不幸を悦びとするのだ、と納得せずにはいられません。このことを確信し、いかなる懸念もなしに、われわれの魂を主の御手にゆだねます。そして心から主の御心に従います[137]。

そのために、不信仰はあらゆる禍の源として非難された。このことは、社会の安定の基礎をなすと考えられた宗教、政治、道徳に関わる当局者たちの怖れを表した。神、裁く神への信仰は善と悪との分離の保証だった。正面から見れば宗教は堂々たるものだったが、建物は懐疑に蝕まれていた。護教論の著作が次々に出版されたことがそのことを十分に証明した。とはいえ、それが役に立たなかったことに異論の余地はなかった。たとえば、フェヌロンによっても、またプルーシュ神父によっても用いられた目的因による護教論が、どれほど「リベルタンのあいだでなんらかの宗教的不安を引き起こすというよりも、むしろ傷つきやすい魂の持ち主を鎮めるためのもの」にならざるを得なかったかを、ジャン・エラールが示して

くれた[138]。そうこうするうちに、ビュフォンが強調したブタの足にある無用の二本の指から、『人間機械論』で展開された怪物たちのけんかにいたるまで、人が信じさせようとすればするほど、自然が完全なものではないことにフィロゾフたちは気づき始めた。ラ・メトリは、目は見るために作られているのではなく、その器官が結果として視覚を生じされるのだと説明した。導き手の役割を偶然にゆだねるのを拒んだとしても、そのことから必然的に神が恩恵を受けるわけではなかった。ラ・メトリは、こう記す。「偶然をやっつけたからといって、そんなことは至高存在の実在を証明はしない。偶然でもなければ、神でもない、別のものが存在するからである。それは自然だと言おう。したがって、自然について詮索することが好きな幸せな人々がそれを証明しているように、自然の研究は不信仰者を作るだけだ[139]」。一六七五年以来、人間は「自然の愛し子」どころか、原子の偶発的な配列と自然淘汰の産物にすぎない、と医師のギヨム・ラミーは主張していた。

同様に、キリスト教以外の宗教的信仰における象徴的解釈を基盤とする護教論も、そうした解釈をキリスト教の教義と同一視することをめざしたが、すぐにキリスト教に背を向けてしまった[140]。というのも、聖書それ自体に象徴的解釈の余地があり、またランゼー騎士が晩年の作品で示したように、聖書全体が見事に理神論体系に収められるものだったからである。

宗教的信仰という領域における十八世紀の新しさとは、おそらくは相対性の発見であろう。教義上では、もはや絶対的なものは存在しない。すべては不信仰という意味内容で解釈可能であり、信仰はそれ自体是非とも必要だというものではなくなり、それ以外の立場も可能であり、また擁護されるべきもの、さらに尊敬されるべきものとなる。それはまさしく、やがて教会参事会員ルイ＝オーギュスト・ロビノが苦々しい思いで認めなければならなくなることだった。

不信がキリスト教の単純さに取って代わりました。それほど知識があるわけでもないのに、彼らはずっと理屈屋に、ずっと図々しくなりました。その分よけいに自分たちの司牧を信頼しなくなり、その言葉を信じる気持ちがなくなっています。信仰の真理を伝えるだけでは足りず、今ではそれを彼らに証明しなければなりません。(141)

ところが、その証明に異議が唱えられた。潜在的であれ、顕在的であれ、不信仰はいたるところに存在した。不信仰は、多様な形態をとる。というも、不信仰はまだその表し方を求めている最中だったからである。二つの大きな傾向が、伝統的な信仰の敵対者として覇を競っていた。理神論と無神論的唯物論である。世紀末になっても、どちらが不毛なものとなったキリスト教に勝利するか、誰も分からなかった。

第十二章

キリスト教の基礎の再検討と理神論のためらい

一七九六年、啓蒙の世紀終わりぎりぎりにドイツで奇妙な小説、フランスではジャン・ポール〔パウル〕の名で知られた、ヨハン゠フリードリヒ・リヒター（一七六三―一八二五）の作品、『ジーベンケース』が登場した。ある叙情的な見せ場で、キリストが登場する。墓場で、救いを求める死者たちに責め立てられ、キリストは死者たちにぞっとするような知らせを告げなければならない。こうだった。「キリスト、奴は神ではないのかだと。神などであるものか」。世界じゅうをたずね歩いたあとで、イエスは自明の理に屈し、涙ながらに告白する。あなたがたもわたしも、われわれは皆孤児なのです。われわれに父はいません(1)」。

理神論あるいは空虚の恐怖

一挙に憂慮すべき光景が開かれた。神のいない永遠、永遠の虚無、それをリヒターは黙示録的な文体でひとつの光景として取りあげた。

わたしが見たのは、永遠という巨大な蛇がとぐろを巻いて立ち上がった姿だった。蛇は宇宙のぐるりを取り囲み、とぐろを解き、宇宙を二重に締めつけた。やがて蛇は自然の周りで幾千もの仕方でとぐろを巻き始め、世界という世界を互いにぶつけさせて壊した。やがて蛇は無限の聖堂を押しつぶし、かみ砕き、それを墓地の教会ほどの大きさに縮めた。そしてすべては重苦しく、悲しげに、胸を締めつけるような不安のなかで起こった。(2)

この啓示は同時に、終わりのない絶望を生み出す存在の愚かさの啓示でもあった。リヒターは、無神論を発見した人間をとらえる実存的な不安を表明した。また優れた小説家として、リヒターはこの不安を材料に神の存在証明を行った。

リヒターの小説は、やがて信じられるものとなる神なき世界という光景を前にした十八世紀の知識人たちのためらいの啓示でもあった。深淵を目のあたりにして、多くの者たちは後ずさりした。ひとつは、神のような存在は存在しえないことを理性によって論証することであり、もうひとつはそこから生まれる実存的な結果を引き受けることである。それこそがまさしく、啓蒙の世紀の中心問題だった。この世紀は、神の観念を打ち壊すためなら何でもしたが、無神論という新しい時代に入るのをためらった。多くの者はそれを拒み、途中で、理神論の段階に立ち止まった。問題は、この立場が恒久的な立場なのか、それとも多くの人が考えるように、避けようもなく無神論へと導く流れのなかの一時的な局面なのか、ということである。幾人かの哲学者は、しかもけっして少なくない数の哲学者が、ディドロのように極限までこの発展に沿って進んだ。

ディドロが、個人的にたどった思想の道程は明らかではない。くわえて、ディドロは《理神論者》と

《有神論者》を区別した。「理神論者は神を信じる者だが、すべての啓示を否定する。有神論者は反対に啓示を認めようとする者だが、とっくに神の存在は認めている[3]」、とディドロは書く。彼によれば、有神論の段階がキリスト教の段階に先行し、その後に理神論の段階が続き、その段階で啓示は必要ではないことが理解される。ヴォルテールもやはりこの二つの用語を区別していたが、「有神論者」の語のほうをはっきりと好み、自分自身のためにこの語を要求した。「有神論者とは、延長するもの、植物であるもの、感覚するもの、考えるものすべてを形づくり、これらの種を保存し、残虐非道に及ぶことなく罪を罰し、徳ある行為には善意をもって報いる、善良かつ強力な至高存在の実在をはっきりと確信する者のことである。有神論者は、神がどのように罪を罰せられるのか、どのように善行に報いるのか、どのように罪を許されるのか、知らない。なぜなら、神がどのようにお働きになるかを知っているとうぬぼれるほど、有神論者は図々しくはないからである。それでも、有神論者は神が働かれ、神に義があることを知っている[4]」。ルフラン・ド・ポンピニャンも同意見だった。有神論者は、理神論者よりもはっきりとした信仰を持っており、その神はよりよく定義されている。「有神論者という名前は、単に神の存在を信じるだけでなく、さらに神に礼拝を捧げる義務、神が源泉である自然法、人間の自由意志、魂の不死、あの世での懲罰と報償を信じる者にあたえられた。理神論者という名前は、神の存在に限り、それ以外のことは誤謬や不可解なこととみなされた[5]」。

こうした用語法からは、無数の中間的な立場があったことが垣間見られる。それがまた理神論の弱さの表れでもあった。理神論の基軸は、神によって世界と人間の心のうちに置かれた自然法の承認だったが、この立場は、目的論の敗北やこの世の中に悪が存在することは抗いがたいことだとする気持ちによって、一七五〇年以降ほとんど破産状態にあった。そのため、理神論者たちは難しい立場に追い込まれた。原罪

によるキリスト教的な《説明》を退けながら、神慮の捉えがたさというキリスト教の議論を用い、結局はふたたび教会に与するか、それとも無神論を受け容れるかという状況にいたった。理神論が十八世紀を過ぎるとほとんど生きながらえることができなかったのは、まさしくそのためだった。

理神論は、その基礎がすべて疑問視されてしまったキリスト教をもはや受け容れられないものの、理由はさまざまだがまだ神を必要とする人々にとっては、事実上問題先送りの状態だった。ちなみにその神は、実在を合理的に証明することが断念された神だった。世紀の前半から、宇宙論的証明という考え方そのものが、たとえば世界の美しさや秩序といった観念のきわめて相対的な特徴を論じた『真理の探究試論』といった匿名文書で反駁されていた。一七三八年には、『世界形成論』が「数学的に真」でないすべてのものに関する懐疑を奨励し、摂理の考え方をみじんに砕き、生物変異論を大筋で仕上げ、こう述べた。「最初の人間は牡蠣以上にものを考えてはいなかった。その才能の広がりも自分たちの欲求を越え出ることはなかったに違いなく、多くもなかった」。一七四三年には、『魂の存在と神の存在に関する省察』がデカルトの非物質的実体を断固として拒否した。誰もが自分のイメージ、自分の都合のいいように神を創造するが、神の観念はたくさんの問いを提出する。いわく、なぜ神はもっと完全な世界を作れなかったのか？なぜ神は世界を作ったのか？《自らの栄光のために》創造したとは何を意味するのか？ ところが、この論文は、民衆はなにがしかの宗教を必要とすることを認め、ただ《ものごとをわきまえた人々》だけが神なしで済ませられるとした。

別の者たちはさらに大胆で、神のなかに役にも立たず、わけも分からない発明を見ていた。なぜ諸々の原因の連鎖を神までたどらなければならないのか？ なぜ自然の世界の外に霊的な次元を仮定するのか？善良で万能という考え方は、アダムの堕罪や原罪によって食い違ったものになり、神の次元への信仰は、

経験を犠牲にして想像力を特別扱いするもので、科学の発展を遅らせる。このような神を必要とすることは、どこから由来するのか。政治的術策による説明にくわえて、しだいに心理学的な動機づけがなされた。ディドロによれば、「すべての物神崇拝、すべての多神論は、人間の無知、人間の不幸、人間の信心深さから説明される」。エルヴェシウスによれば、満たされることのない人間があの世の不思議の国をでっち上げ、自分に幸福への欲求を満たしたのだった。サドやドルバックは、そこにさらにペテンの結果を見ていた。

証明不可能だが存在する神――ヒューム、カントそしてドイツ哲学

いずれにしても、神を証明することはもはや問題外であった。神が実在する《しるし》が価値を持つにしても、もうそれは信仰を持っている人々にとっての話だった。宇宙論的証明は自然のあちこちに見られる失敗で信用を失い、万人の一致という主張は議論の対象とされ、実際証拠としての価値を持たなかった。論理的・形而上学的証明について言えば、それはヒュームの経験論とカントの批判主義によって打ち落とされた。

デイヴィッド・ヒュームによれば、すべてわれわれの観念は世界に関する具体的な経験に由来するものであるから、われわれは無限の概念、したがって神の概念を抱きようがない。さらに、存在とは証明されず、実感され、確認されるものである。《必然的な存在》の語は、意味をなさない。

あることを事実で論証する、あるいはそのことをアプリオリな議論で証明すると称することには明らかにばかげたところがあります。論証しきれるものは何ひとつありません。その逆が矛盾をきたすというのであれ

ば話は別ですが。判明に考えられることには何ひとつ矛盾は含まれません。実在するとわれわれが考えるものはすべて、実在しないとも考えられます。ですから、そのものの非存在が矛盾となるような存在は実在しません。結論として、実在が論証されたとしても、そのような存在は実在しないのです[6]。

類推によってしか、したがって神を限定し、その無限性を顧慮せずにしか、人は神を定義できない。だが神を存在しないものすべてによって定義する否定神学を実践する神秘主義者たちのように寓意をすべて拒否したら、人はどの点で無神論者から区別されるのだろうか。「神の絶対的な了解不能性を認められる、あなたがた神秘主義者は、万物の第一原因は知られておらず、知られることもないと主張する懐疑論者や無神論者と、どう違うのですか[7]」。

こんな具合に、わたしたちは懐疑論へと導かれる。そうした懐疑論をヒュームは一七五〇年から五一年に書かれた同時期の二つの作品、『宗教の自然史』、『自然宗教に関する対話』で展開した。ヒュームによれば、宗教は直接的・原始的な所与ではなかった。民衆的で、多神教的で、有神論的で迷信を抱えた宗教の最初の形態はけっして合理的で、博識な自然宗教にいたることはできない。宗教の《迷信的な》形態と《哲学的な》形態とのあいだに立って、ヒュームは賛成も反対もしない。両者はともに、神慮や神意の適用を宇宙のなかに見つけ出せると信じた、幻想の犠牲者だった。悪の存在はさらに、この二つの宗教形態を破滅させる。その理由を、ヒュームはこう説明する。「真の結論、それは万物の根源がこうした原理すべてにまったく関知しないことであり、寒暖よりも善悪を、湿気よりも乾燥を、重いものよりも軽いものを好むこともない」。

『対話』で議論をする三人の人物のうち、クレアンテスは漠然とした道徳的理神論を、デメアは伝統的

な宗教を、フィロは懐疑論的な立場をそれぞれ擁護するが、この懐疑論的な立場がヒュームのものだった。物質はそれだけできわめてうまい具合に自分を組織できることを示して、著者はこう結論する。

どんな宗教体系でも、重大な、克服しがたい困難に陥るものである。論争し合う者は誰でも自分の番になれば、攻撃的な闘いをしかけ、敵のばからしさ、野蛮さ、教義の危険さを暴露できるうちは勝ち誇る。だがすべては、結局のところ懐疑論者のための完全な勝利を準備するにすぎない。懐疑論者は彼らにこう言うのだ。どのような主題に関してであれ、なんらかの不条理にわれわれが同意することはけっしてないという明らかな理由から、いかなる体系も当の主題に関して困難を免れることはけっしてないのだと。判断の全面的な中止だけが、ここでは唯一われわれにとって苦境を切り抜ける道なのだ。

ヒュームの言に従えば、しかしながら懐疑論は真の信仰に向かう一段階であるにすぎない。「哲学的懐疑論者であるということは、文人にあっては、真の信仰者、真のキリスト教徒であることに向かう第一歩であり、もっとも本質的なことである」(8)。こうした歩みは、理神論者のためらいの典型だった。つまり、神の確実性はひっくり返すが、神が完全にいなくなってしまうことには決心がつけられないために、その可能性にはしがみつこうとするのだ。

同様の歩みがカントに見られる。カントの神の存在証明への批判は容赦がなかった。創造の観念も、さらには無条件的な必然性の観念も人間精神は概念的思考の対象とはできない。このことは物理・神学的証明や宇宙論的証明をかき消す。存在論的証明はどうかといえば、神の観念を定立することが存在の承認を十分に意味するとしても、まったく同様にそうした観念を定立しないことも可能であるとカントは主張す

る。「《神は存在しない》と言われる場合、全能であれ、そのほかのどのような賓概念も所与のものではない。なぜなら、それらはすべて主体とともに消滅するからであり、そうなればこの思考のうちにはもはやいかなる矛盾もなくなるからである」。実在は、ただ意識によってのみ定立されるにすぎない。

したがって、神が存在することを証明するのは不可能である。とはいえ、神が存在することをカントは確信している。そして《純粋理性》が到達できないものを、《実践理性》が取り戻す。道徳的要請が、唯一神への信頼できる接近法である。悪へと救いがたく運命づけられている、というきわめてペシミスティックでルター主義的な世界では、人間は至高の善を渇望するが、そこへは道徳によってしか到達することができない。カントの人間の見方はきわめて暗いものである。わけの分からない理由から、人間は生来悪人だった。地上で目に映るものがどんな議論よりもはっきりとそのことを証明している。もっともカントは、道徳的要請の価値を認める。だがこの価値は、神の存在が明証的ではないことを必要とする。それを証明できたとしたら、われわれの行いは道徳的ではなく、機械的なものになる。カントを解釈しながら、カール・ヤスパースはそのことについてこう説明した。「ここでわれわれがなんらかの知を所有しえたならば、われわれの自由は麻痺してしまっただろう。あたかも、神がもっとも崇高なもの、自由の即自存在をわれわれのために創造されることを望まれたとしても、この存在を可能とするには、神は自ら身を隠さざるをえなかったかのようにすべての議論が進行する」(9)。

神の存在証明を打ち壊して、神の存在が道徳にとって不可欠なものであることをさらによく示そうとするこうしたカントの弁神論は、カントなりの仕方で神の観念を失うことをためらう時代の逃げ口上を例証している(10)。「カントはふたたび神を創造して、人生に意味をあたえた」、ジャン＝マリー・ポールはそう書いている。カントからすれば、有徳な無神論者などいたとしてもばか者にすぎない。無神論者に、悪事を

働くのを控えねばならない理由はない。

大部分のドイツ哲学者もやはり中間的な態度をとり、神を相対化しながらも、完全に神と縁は切れずにいた。クリスチャン・ヴォルフ（一六七九―一七五四）は、論敵からはスピノザ主義者であるとか、無神論者だと非難された。実際には、ヴォルフは超越的な神の存在や魂の霊性に疑問を抱いたことはなかったが、ヴォルフの神は無関心で孤独だった。人間は自力で乗り切らねばならなかった。道徳は自然法の問題であり、自然法は理性に依存する。こうした視点からは、悪はただ判断の誤りにすぎなくなる。ヴォルフは孔子のなかにキリスト教道徳に近い道徳原理を見つけるが、キリスト教はほかの多くの宗教のひとつにほかならなかった。

ライマールス（一六九四―一七六五）は、キリスト教のなかにある非合理的なものを無条件に捨て去る必要があると考えた。それはまた、レッシング（一七二九―一七八一）の意見でもあったが、レッシングの本当の信仰がどのようなものかは確かではない。若いときに神学教育を受けたレッシングは、啓示は今では時代遅れだと考えた。なぜなら、理性は、同じ結果を獲得できるだけの発達段階に到達しているからである。わたしたちの前に現れるのは、啓示の真理が理性の真理に姿を変える状況である。神について言えば、それは理念、象徴的観念の別名だった。人間はもはや既成の宗教を必要とはしなくなっていた。それに、そんなものはどれも大差なかった。人間は合理的なやり方で、善のために善を行いながら、報償を目的とせずに振る舞うことができる。しかし、リヒター同様レッシングは、死へと道を開く無神論者の世界の無限な空虚を前にしてパニックにとらわれた。レッシングはこの虚無を輪廻説で埋め合わせようとした。輪廻説によれば、誰もが、無数の再生の過程で完成の域に達することができた。この永続性は、また蜂の巣をモデルにした権威主義的民主主義型の社会構成のおかげで、集団的でもあった。つまり、各人の

救済には全体の救済という条件がつけられていた。それが、一七八〇年の『フリーメーソンの対話』で展開された考えだった。

そして、神の死は実存的な次元で姿を現す。それについて、ジャン＝マリー・ポールは次のように述べている。

> 神の死は虚空を穿った。それをこの思想家は、まるで恐怖に囚われ、我を忘れたかのようにすぐに埋めにかかった。もし死とともに決定的に終焉するのであれば、人生に意味はない。［…］輪廻説は、死の恐怖からの逃走か、あるいは人生にふたたび目標をあたえようとする絶望的な試みだった。［…］偉大さとは自ら進んで存在の虚無を引き受けること、そのことの承認を拒む者にとって、個々に文化人類学的なユートピアを思い描くか、象徴としての動物の集団的なユートピアを思い描くかしか選択の余地はなかった。レッシングは、提示されたこの二つの選択肢をともに受け容れた。［…］一挙に、神の死は生へと姿を変えた。(11)

ハーマン（一七三〇―一七八八）もまた、懐疑論者や合理主義者となった同時代の人々とは逆の道筋をたどることによって、虚無の危険を前にした理神論者の同様な不安を代弁した。ハーマンは一七五七年に改宗し、その時から信仰者の立場をとったが、それだけがハーマンにとって、根本的なペシミズムを緩和することができる道だった。生まれなかったほうがずっとよかったと考えるハーマンによれば、無神論は絶望へ導く。ハーマンの友人、ヘルダー（一七四四―一八〇三）も彼と同じ怖れを抱き、宗教の破壊者、アウフクレールング〔啓蒙〕に反対した。神のあとは人類が引き受けるだろう、十九世紀におおいに展開されることになるこうした考えを、ヘルダーは一七七四年の小論、『人類を形成するに資する歴史哲学別

見』で説明した。

この考えは、さらにいっそう高名な哲学者、フィヒテ（一七六二―一八一四）の考えでもあった。フィヒテは熱心に神が存在しないことを証明しようとしたが、それにもかかわらず無神論者と呼ばれることを拒んだ。本質的な実在は、完全に自由な我、主体だった。「すべて人間は本性的に自由であり、誰ひとり彼以外の法を彼に課する権利はない」。われわれの行為は、すべての人間が「理性ならざるものに対して完全に自由、自律、独立したものとなること」をめざさなければならず、各人の運命は人類共有の運命に結びついており、人類は神を必要としない。この神の概念は、「個別的実体である限りは不可能であり、矛盾である」。神、それは世界の道徳的次元を表し、理想であり、個と全との完成を担保するものである。「生き、作用するこの道徳的次元は神そのものである。それ以外の神をわれわれは必要とはせず、またそれ以外の神を考えることはできない[12]」。

そうなれば、真の無神論者、それはキリスト教徒ということになる。無神論者は神の座を占めて、神を永遠の至福という自分たちの欲求の奉仕者にする。無神論者の神は、彼らのエゴイズムに仕える《禍の偶像》となる。実現しなければならないのは、理想的人間だが、それは現在の人間、大衆、民衆、群衆とは無縁である。この最上級の道徳によって超越化された人間、それはエリートであり、たとえば一世紀後のルナンの場合にあたる。自我は、そうなると神的存在、自身の成就を可能とする一種の神となった人間のなかに見いだされることになる。これこそ、まさに一種の無神論であろう。このことに、疑問の余地はない。とはいえ、それはメリエ流の完璧な無神論ではない。神的なものが個人の内面生活に移されているからである。

ここにわたしたちはすでに、超人、キリスト教の神に代位する使命を担った神格化された人間の起源を

見る。レッシングはやがてヤコービに、「たぶんわたし自身が至高存在であって、今は極度の収縮状態にあるのです[13]」、と打ち明けてしまうことになる。これがある種の洒落か否かは定かではない。天才の崇拝、偉大な人間と自然の創造主の息吹の賛美が、神の継承者、自身の運命の主人公である人間、超人を準備した。というのも、十八世紀の多くの思想家にとって、とくにドイツの思想家にとって、神の座が空いたままでいることはできないからである。神が死ねば、人間万歳なのだ！

無となることへの否《いな》

実際に問題なのは、個人が無となるという問題に解決をあたえることだったが、それに正面から向き合うことは拒絶された。さらに幾人かは気持ちのうえでも、真の無神論は不可能だと考えた。たとえば自分には考え方として、不死なしにものごとを考えることはできない、とモンテスキューは宣言した。

> 魂の不死が誤りだったとしても、不死を信じないことをわたしは悔やむでしょう。申し上げてしまえば、わたしには無神論者たちほどの慎みはありません。彼らがどう考えるか分かりませんが、わたしとしては自分の不死という考えを一日だけの至福と取り替えたくはないのです。神そのものであるように自分が不死だと信じることに惹かれます。啓示された観念とは別に、形而上学的な観念が、諦めようにも諦めきれないわたしの永遠の幸福へのきわめて強い希望をわたしにあたえてくれるのです[14]。

ロベール・ファーヴルの偉大な研究、『啓蒙の世紀における死』は、自分が無になることがありえることを人がはじめて感じとり、無になることを拒絶しようという文学、したがってまた社会の執念とも化し

た時代の欲求を示した。《休息》、《平安》、《まどろみ》、《隠れ家》、《忘却》、《避難所》、《無感覚》が口にされるようになるが、それは恐怖に満ちた現実からの言葉の上の逃げ場だった。ディドロ、ドルバックそしてほかの無神論者たちが口を揃えて《深い闇》や《永遠の虚無》を語っても、無駄だった。想像力は怯え、理性はいきり立った。「誰も死にたくなかった。ひとりひとりがまさしく、途絶えさせたくないと自分が望む考え方の結果として存在している」、とモンテスキューは書いた。

無神論者自身、こうした考えに耐えきれなかった。「ああ、人間よ。お前は自分が束の間のものでしかないことを、一度でも考えたことがあるのだろうか」、とドルバックは自問し、感受性の鋭いディドロは、「無となることに対してわれわれの誰もが抱く恐怖」をとりあげ、地獄へ行ったほうがずっとましではないかと考える。「地獄にいたほうが、地獄で自分の父親、母親、恋人、友人、子どもたち、懐かしい人々すべてと再会するほうが、ずっと気持ちがいいのではないか」、とディドロは言う。

とはいえ、虚無は各人の運命だった。そうだったとしても、生き続けるほかの道はないのか。輪廻転生説は、世紀初めに大流行した魅力的なひとつの解決だった。もっとも、パラティーヌ大公妃の良識はなかなか言うことを聞かなかった。「あの世のことについて人々がわたくしどもに仰られることは、どれも理解しがたいことです。以前にどうだったかを思い出すことができたならば、わたくしには輪廻転生説のほうが好ましく思えます。と申しますのも、死に臨みながら、自分が完全には死んでいないと思えるのは、大きな慰めとなるでしょうから。けれども事がどう運ぶのか、その進み具合を考えますと、気持ちよくはありません」(一六九六年七月)。「魂とは何なのか、どうやって魂が別の身体に移ることができるのか、わたくしには思いもつきません」(一六九六年八月二日)。ところが、哲学者たちのほうは、それほど哲学的ではなかった。それもやむをえないことだった。いずれにせよ、ピタゴラス、プラトン、オウィディウス、

ウェルギリウスは輪廻転生説を信じた。インド人たちはいつでもそのことを信じていた。ダルジャンス侯爵、ミラボー、ヴォルテール、ドゥリール・ド・サール、メルシエ、デュポン・ド・ヌムールはこの考えに近かったし、シルヴァン・マレシャルはためらわずに《輪廻転生論者》を『無神論者辞典』に加え、「輪廻転生説は本物の自然の体系である」と述べた。ところが、セナンクールは、そう信じるのが生きていくことを容易にすることは認めても、それを「ばかげた見解」と呼んだ。ディドロによれば、それは「詰まるところ怪物じみた教義」でさえあり、ドルバックも同意見だった。

不死の慰めは、種の存続に居場所を見いだせないのだろうか。エルヴェシウスはそんなふうに考えていたようであり、ディドロは『百科全書』の「百科全書」項で、「個人は移ろうが、種に終わりはない」と書いた。もっともディドロは、ドルバック同様、種が形を変えることを認めた。それだけでなく、過去も未来も包摂することを可能とする普遍的理性に参与することによって、人は「永遠のものとなる」とディドロは主張した。

生き続けるもうひとつの仕方、それは血のつながりだった。「一家の父は永遠である」と、無神論者シルヴァン・マレシャルは書いた。模範、モデル、励ましがあれば、教育によって個人の記憶が伝えられる、そうマレシャルは断言する。きわめて異端的なレミ神父も、同じ論理に執着した。

一家の父たる者たちよ、おぞましき考えを退けなさい。死は、あなたがたに及ぶいかなる権利も持たない。あなたがたの手からすり抜けていく日々は、あなたがたの子どもたちの上にふたたび降り注ぐのだ。あなたがたの魂は、あなたがたの仕事や領地と同じく、あなたがたから子どもたちに受け継がれていく。あなたがたの名前もさらにその息子たちに伝えられ、息子たちはそれをまたほかの者たちに託すだろう。彼らのおかげで、

あなたがたは勝利を収めた者として時代を越えて、自然の庇護のもと旅を続けるのだ。[15]

文学にせよ、何であれさまざまな作品が、また覚え書や回想録が文章になれば、それらはすべてわたしたちの記憶を恒常的なものとすることに役立つ。もっともドルバックが書いているように、「無用な人間はそっくりそのまま死んでしまう」。墓所という問題も部分的にはそうした機能をはたしたこともあっただろう。

そしてこうした不死の代用品はきわめてわずかだったが、それを察知する者が必ずいた。ロベール・ファーヴルによれば、十八世紀という時代の天分は「まさしく現世的なものであり、また啓示宗教とはなんの関わりもない新たな不死の全方位的な探究」に投資された。[16] そして最後にはそうした不信仰の作家たちは、自分たちの希望を文学作品に込めたが、これは別の方法で、ドイツ哲学が超人を作り出そうとしたことにつながるものだった。「天才」は「神のごとき者」である、と一七六七年にシャンフォールは書いた。つまり、「働きは持続において際限がないのだから、延長の領域でも才能には際限がない」のである。結果、永遠の生命は数多くの知識人のなかでも少数のエリートに限られることになる。それ以外の者たちは、死が運命と定められる。「戻りたまえ、凡庸なる精神の持ち主よ、永遠の闇のなかへ」、そうヴォルテールは、父なる神に成り代わって、最後の審判を下すかのように彼らに言い放つ。[17] ディドロはもっと率直だった。「凡庸な人間は獣のように生き、死ぬ。生きていた間は卓越したことは何もせず、この世の者でなくなる時に人の話題になることは何もない。その名は語られず、墓所は知られることもなく、草に隠れて分からなくなる」。作品によって、文学の天才、フィロゾフは不死となる。「この種の不死はただ幾人かの者たちだけが意のままにできるのであって、ほかの者たちは獣のように朽ち果てる」[18]。

感動的でもあるがまた忌まわしくも、フィロゾフたちは不死という破局的な難破からの救命ボートへの乗船券を独り占めするのだ。とはいえ、ある者たちは恒久化へのこうした夢想の虚妄さと幻想を予測していた。感じやすい無神論者のセナンクールは、不死への渇望というこの病から人間を救うことが唯一の解決策だと考えた。「全面的な破壊、永遠の無という、この考えはなんと厄介なものでしょう。われわれを疲れさせ、全生涯にわたって働かせ、そのことを考えるために死のおののきがわれわれの存在を貫きます。その冷酷なまでの怖ろしさにすべての天才、すべての徳が乾ききり、消え去ってしまうことでしょう[19]」。自分のエネルギーを現世に注ぎ込むことでしか、人はこの不安を鎮めることはできない。

それは、いくぶんかはこの運命の瞬間に勝利をもたらしてくれる感覚の絶頂の飽くことなきくり返し、苦痛を、さらには死さえもくり返す歓びによって、「人としての暮らしという空間のなかで不死を演じる意思[20]」を表明することで、サド侯爵が考えたことでもあった。それだからといって、軽蔑すべき人間という種の取るに足らない願望、《不死の狂気》にサドはいささかも譲歩はしなかった。

サドは例外だった。教会はこの機を逃さず、フィロゾフたちの立場のこうした脆さを利用した。一方では、不死を自分たちだけに取っておこうとするこれら作家たちの極度のエリート主義を公然と非難することによって、一七七五年の聖職者会議は、『警告』でこの立場から次のように非難した。

歴史の記録にとどめるべき名声は、大部分の人間には禁じられている。そんなことができると思い込んではならない。そのあいだにも、人々は満たすべき重要な義務を誰もが負っているのだ。だが、こうした名声への期待に関する確かな証明は、少数の人々にとって補足的で下位の動機となりえても、庶民にとっては真の動機とはなりえず、また誰にとってであれ、徳の主たる動機とはならない[21]。

他方で聖職者たちはどれほど不死への願望が人間精神に根づいているかを受け容れ、そのことが、永遠という考えの始原性、そしてそれが超自然な性質のものであることの事実上の証明とした。神が、不死のこうした痕跡をわれわれのうちに置かれたのだ。

無神論者の死と信仰者の死

自分の信仰あるいは不信仰によってどんな前途が開かれるのかという問題に誰もが直面するのが、死の間際だった。いったいどちらが一番安心できるのか、それともどちらが一番恐ろしいのか。この問題は、信仰を持つ者と持たない者の論争の主要点となった。もっとも、そのために論敵の立場の恐怖政治じみた特徴を証明するための統計戦争が行われることになるのだが。そうした事例の調査目録が作られ、それが記録された。カトリックの護教論者は、無神論者の怖ろしい死というテーマに広く訴えた。グロ・ド・ベスプラ神父は、一七五九年にこの件で、『自由思想の典礼書、あるいは死の床にある当代信仰を持たない者一覧』を著し、一七五六年にはトゥーロン神父による『信仰を持たない者たちに差し出された神の手』三巻が出され、さらに神父は一七五八年に、『不信仰と真の信心の比較、あるいは存命中また死の間際の義人と対比された不敬』をつけ加えた。さらに大胆だったのは、匿名文書『世界の始めから今日までのもっとも有名な不敬の者たちの痛ましい死の集成』だった。

無神論者の死は、数多くの著作に見せ場を提供した。その典型的な例を引用しよう。ピエール・ラルマン神父の作品である。

かの無神論者たちは、死が遠ざかっていると思っているうちは死を無視するが、死が近づくとほかの者より千倍も弱気になる。犯した罪への後悔が心を切り裂き始める。だが彼らの耳は聖なる教えに耳を閉ざしたままなのだ。耳を貸すのは人が自分の病を語る時だけ。薬が効かないといっては愚痴をこぼし、近づいて来る者とは誰彼なく言い争い、目はうつろで、怒りに燃える。それでも口からは瀆神の言葉が飛び出して来る。この恐ろしい状態に、彼らは世間じゅうからうち捨てられるのだ。家屋敷は遺産相続人や使用人たちに荒らされる。思うことはただ、自分たちの魂が悪魔の残忍さにゆだねられている間、自分たちの財産をどう確保しようか、ということだけだが、大概は、この世で持っていた全財産のうち彼らに残るのは、死んだ後埋葬するのに足りるくらいの額にしかならない(22)。

証言は数を増した。一七三四年には、「臨終を前にかの精神の自由なるものを取り消し、限りない後悔にとらわれない者はひとりもいない」、とル・メートル・ド・クラヴィーユは断言した。トゥーロン神父によれば、「死に臨んで不敬者と同列視されたいと願う信者など見かけられないのと同様、その時になれば気違いでもない限り、キリスト教徒として生きてきて、本物の信者として死ねればと願わないリベルタンはいなかった」。一七七四年に、死の瀬戸際で不敬者は「罪人であることを告白して義人となり、涙を浮かべながら自分の不信仰を宣誓して捨てた」ことをアレッツ神父は確認した。一七七六年には、思い上がりからの例外がいくつかあるが、一般法則として不信仰には恐ろしい死がつきまとうことをリヨンの司教、モンタゼが認める。ベール自身『歴史批評辞典』で、信仰を持たない者たちの罪を悔いる死の事例を語り、無神論者サンティバルの迷いから覚めた言葉を引用しているが、サンティバルは仲間の罠にはまったと考えた。「《死にそうになると、連中は面よごしなことをするのです。自分の顔に泥を塗り、それまで

の言いぐさを取り消し、ほかの連中と同じようにきちんと告解し聖体をいただいて死ぬのです》、とサンティバルは言った。普通は大の迷信家になるのに、とつけ加えることもできただろうに[23]」、そうベールは書いた。事実ベールは、疑うだけで個人的確信は持たず、死を前にして取り乱す偽の無神論者と、確固とした真の無神論者を区別した。

このことがまた、最後の瞬間の改宗という問題を引き起こした。ベールによれば、こんな問題はなんの価値もなかった。ダルジャンス侯爵は理神論者だったが、侯爵によれば、死を前にして一番もろいのは無神論者であり、彼らは至極簡単に伝統的な信仰に戻ってしまうが、それに対して理神論者は自分自身に関してずっと合理的、ずっと論理的である。「それこそ、無神論者のお決まりのやり方なのです。完璧な健康を享受している間は、神の存在を信じることを拒否し、少なくともできることはやってしまい最後を迎えることにする。というのも、どんな悪徳に染まってもかなりの平静さを保てると思い込んでいるからです。ところが、この世から離れる段になるやいなや、彼らの偽りの哲学は消えてなくなります[24]」。そして、教会はこの悔悛を受け容れた。ドルバックはそれを破廉恥と見た。なぜなら、それは「もっとも腹黒く、もっとも山積みにされた罪を見事に消し去る」からだった。

教会は、無神論への価値ある勝利として、高名な無神論者や理神論者のご利益たっぷりな死を見せつけて、自分が最後の言葉を握っていると告げることもできた。一七七三年の『哲学的教理問答』で、フェレールはちょうどそんなふうに、ラ・メトリ、ブーランヴィリエ、シェノー・デュマルセ、ブーランジェ、ダルジャンスらの死の間際の会話を紹介した。モーペルテュイとの会話もやはり悪用された。このモーペルテュイの言葉については、モーペルテュイがカプチン会の二人の修道士に見とられて死んだことを理由に、ヴォルテールからは揶揄の対象とされた。

ヴォルテール、理神論者であり、この時代きっての名士に関しては露骨なまでに待ちきれない思いで、その最後の瞬間を人々は待ちわびた。ヴォルテールの象徴的な死をめぐって流された風評は、この問題の大きさに見合ったものだった。信心家の側はこれをもっけの幸いと、コチコチの不敬の徒がやり場のない怒りに駆られて死んだと言って、忌まわしいキャンペーンの大合唱をくり広げて、世論を喚起した。きわめて沈着冷静、学識のあるロベール・ファーヴルも、このことには憤激した。何人かの「偏狭だが誠実な」精神の持ち主がかかった「中毒」を話題にし、「死と地獄堕ちの恐怖に範例を垂れた文学の世紀が、愚かな信心家のうす汚い陰口によって幕を閉じる」ことを、ファーヴルは嘆いた。(25)

とりわけそうした特徴を持つものとされたのは、一七八一年の忌まわしい著作、『ヴォルテール。その生と死に関する興味深い細部にわたる集成』の著者アレル神父であり、またブランシャール神父だったが、ブランシャール神父は以下のような格好例を描き出した。

われらが不敬の徒の首領の人となりのうちにこの時代がつい最近見いだした例ほど胸を打つ、どんな例があるだろうか。どれほどの不安、怒り、怖れの高まりが死ぬ前のわずかな時間に起こったことだろうか。国王筆頭侍医トロンサン殿がある人物にあててヴォルテールが亡くなる当日に書いたことだが、わたしはヴォルテールの作品のとりこになった人々がその証人になってくれることを願っている。彼らの目をさますには、ヴォルテールにこれ以上のことは必要ないだろう。危篤状態になってあの男が、《神は、ほかの者と同じように、わたしを見捨てられるのか》、と声にならない声で叫ぶのが一再ならず耳にされた。重くのしかかった全能者の腕を感じた、その時にしか自分の誤りを告白できないとはなんたる不幸。罰を受ける、その時にしか神を認められないとはなんたる哀しさ。(26)

だがまたさらに忌まわしいのはモーツァルトであり、そのときパリにいて、こう記した。「不敬の徒、偽善者の親玉、ヴォルテールがくたばりました、言ってみればまるで犬のように、まるでけだもののように。これが報いです」（一七七八年七月三日付書簡）。

ルネ・ポモーが明らかにしてくれたように、尿閉、コーヒー、阿片がこの死の間際の重病人の苦痛や不安を説明している。そして正確には自分で願ったように、ホラティウスのように死にはしなかったとしても、「当然請け負えることですが、ヴォルテールは穏やかに、偉大なる存在と合体する哲学者の忍従と安らぎをもって亡くなりました」、とデュヴェルネ神父は書いた。

信仰家たちにとって、不敬の徒は後悔しながら、あるいは激しい恐怖のうちで死ぬべき者だった。生き続ける見通しも、救いの見通しもないのだから、絶望に打ちひしがれるべきだった。それには、護教論者は誰もが同意見だった。プロテスタントのネッケルはさらに奇妙なことに、そこに恐怖の別な理由をつけ加えた。

蒼穹に宙づりとなった灼熱の天体の激しい炎には、不幸の感情を受け容れる余地はない。われわれ自身の感覚的部分が、何か見知らぬ力に負けて、今度は自分の番となって痛みと嘆きの場に引きずり込まれないとは、何ものも保証してはくれない。いずれにせよ、おののくことなしにこうした言葉を口にすることはできない。何ものも、そう、何ものも盲目的な自然の法則あるいは展開のおかげで、永遠の苦悩がわれわれの残酷で怖ろしい運命にならないとは、保証してはくれないのだ。(27)

無神論者の側では、永遠の地獄堕ちの刑を言い渡しかねない最高法廷に出頭する恐怖を味合わせながら、人々を死に追いやるキリスト教を弾劾した。『無神論者辞典』でシルヴァン・マレシャルは、不安を煽るキリスト教徒をこう描き出した。「死の床で、罪人のように、最高判事の来訪に身を震わせていた。応報者かそれとも報復者である神という観念のおかげで、最後の自然な心情の吐露に身をゆだねることもできなかった。家族、友人を冷たく遠ざけ、最高法廷に出頭する心づもりをした」。逆に、無神論者は、「自分の良心以外に誰にも自分の行いを釈明することもない」ために、毅然としてあるいはなんの憂いもなく、ソクラテス、キケロ、カトー、セネカのごとく死に臨む。『軽口を叩きながら死んだ偉人考』（一七一二年）で、ブーロー＝デランドは、ペトロニウスの死、洗練されたエピクロス主義者の甘美な臨終を模範として示した。信仰者たちが証拠もなしに主張した、臨終ニ際シテ悔悛した不敬の徒という言いぐさに、ベール、サン＝テヴルモン、ホッブズ、ニノン・ド・ランクロといった穏やかにあるいは《勇敢に》死に臨んだ人々のリストでデランドは応戦し、それにヴォルテールはベルニエ、シューリュー、ソーランやたくさんのほかの人々をつけ加えた。ところが、フェルネーのフィロゾフ〔ヴォルテール〕はモーペルテュイに関してきわめて厳しい態度を示し、態度の豹変からブーロー＝デランド自身も、さらに《茶番》に降伏したためシェノー＝デュマルセも、そして「まるでばかのように」死んだラ・フォンテーヌも非難された。ディドロは、不信仰者の理想的な死を盲人ソンダーソンの死を通して描き上げたが、俗権の要請にいささかも譲歩することなく、最後にはダランベール同様《キリスト教徒のごとく》葬られた〔今日その遺体はドルバックとともにパリ一区のサン＝ロック教会の聖母礼拝堂に埋葬されている〕。

聖職者による死の恐怖の悪用は、フィロゾフたちから猛烈に非難された。フルリオ・ド・ラングルからすれば、カトリックの聖職者たちは自分たちの茶番で人々を「死の恐怖で死ぬほどの思いをする」よう仕

向けた。「これからは、死にお祓いをし、死を呼び起こし、死を招き寄せ、死が引き起こす恐怖、死が生む禍を二倍にも、三倍にも、百倍にもする、そして大概は結局のところ死の恐怖で死にいたらしめる聖職者の黒服、ラバ、スルプリ、像、松明、葬式の支度をわれわれの寝台から遠ざけなければならない」[28]。ドルバックによれば、それこそが恣意的なやり方であって、困難な瞬間にある精神の弱まりを利用しているのだった。「奴らは、死だとか、最後の審判だとか、地獄だとか、地獄の責め苦だとか、永遠だとかいう怖ろしい言葉であなたを身震いさせ、何ものも決定を取り消すことができない、融通の利かない裁き手という言葉ひとつであなたを真っ青にするのだ。か弱い被造物への復讐の執行者に仕立てられたあの悪魔たちを、自分のまわりに見ているとあなたは思い込むのだ[29]」。

とはいえ、死はそれ自体では何ら怖れるに足らない、と無神論者たちはくり返したし、ドルバックはその先頭に立って、『死の不安考』で恐怖を追い払おうと努めた。一七五七年にその著『死の不安反駁』では死をもてあそぶキリスト教徒たちの悪用を非難し、「死は何ものでもない」、とグレナは断言した。それはまた、一七三三年に『死に関する考察』を出した、ラディカーティが考えたことでもあった。

悲観論のなかで手を取り合う信仰を持つ者と持たない者

フィロゾフたちがもたらした《慰め》は、ペシミズムを解きほぐせなかった。死は、わたしたちをこの世の禍から解放してくれる。それだから、とドルバックはこう書く。「この世へのわれわれの執着を減じ、その結果として死を愁いなく見つめさせてくれる、なにがしかの原理を立てることが有効なのだ」。生を軽蔑できれば、それで多分死に耐える手助けになるだろう。ディドロ、ヴォルテール、ルソー、ブーロー＝デランドはそろって生きる不幸についての苦渋に満ちた一文を書いていている。そのことを確認したうえで、

ディドロは、こう書く。「ひとつの徳、すなわち正義しか、ひとつの努め、すなわち幸せになることしか存在しない。そしてこのことから当然導き出される帰結は、生を過大評価せず、死を怖れないことである」。ここでまた出会うのは、十七世紀のリベルタンにすでに認められた、穏やかなペシミズムを支持する言葉遣いである。

シャンフォールとともに、さらなる一歩が踏み出される。シャンフォールによれば、死の苦痛を減らすには、実存の不都合に難癖をつけるだけでは問題にならない。悪いのは、実存そのものだった。「生きることが病なのだ。死はその妙薬だ」。人間の生についてのシャンフォールの見方は、根本的に否定的だった。「災禍溢れる自然と災難に満ちた人間本性が社会を必然なものとする。社会の不都合は統治機構の必然性をもたらし、統治機構は社会の不幸をつのらせる」(30)。この段階にいたると、絶望は取りかえしがつかない。そのため、シャンフォールは自殺する。

大多数のフィロゾフはそこまでは行かなかった。しかし、社会の進歩への彼らの確信なるものという広く伝えられた考えとは反対に、ペシミズムはその著作にたえず顔をのぞかせていた。人間本性の善性について、彼らは深刻な懐疑を抱いていたのだろうか。「人間以上にどう猛な、どんな動物が自然にいるだろうか」とディドロは、《万人ハ万人ニ対シテ狼》とのホッブズの言葉を思わせるようにたずねる。ヴォルテールに続いて、人類の歴史をたどりながら、「どんな時代でも、悪者の数は一番多く、一番強かった。[…]どれほど幸せに生まれついても、情念にかられた者が何でもできるときにたくさんの悪事をはたらかないのは稀なことだ。人間の本性は邪悪だ、だから生きることは大きな幸福ではなく、死ぬことは大きな不幸ではない」、とディドロは認めた(31)。人類史のパノラマから引き出された教訓、それは「世界は齢を重ねても無駄で、変わることはなく、個人が完成することはあっても、種の全体は良くも悪くもならず、

悪意ある情念はそのままだ、ということだ」。

デュクロやエルヴェシウスも、同じように幻滅の悲哀をにじませて現実を確認していたことが分かる。エルヴェシウスは、「自然人は自分が自分の肉屋であり、調理人であり、その手はいつも血に汚れている」と考えた。教育はこの人間を少し洗練させる。とはいえ民衆である人間は、流血を好む本能から野獣に近い状態にあり、重罪の執行に大喜びする。「幸福な人間とは人の弱みを持った者であり、それは空腹を満たしたライオンなのだ」。このような状態で有効な統治機構とは、すでにダルジャンスが勧めたように、獣をたじろがせる術を知る統治機構である。なぜなら、「人間は、善よりもいっそう多く悪に傾いていることは否定できない」からである。

まさしくこの点で結局はあれほどに人の目を欺くものとなる、この十八世紀における信仰者と不信仰者のあいだの驚くべき合意が存在した。この世の生への嫌悪、ある者には《涙の谷》であり、ほかの者にはばかげた夢想だったとしても、人生は生きる労をとるにも値せず、われわれが期待しうる最善のものは、死なのである。これは、死への《移りゆき》を実存の主たる出来事とする、ある種のキリスト教求道生活でのよく知られたフレーズのくり返しだったが、それは同時に幾人かのフィロゾフのライトモチーフでもあった。ロベール・ファーヴルはそのことを雄弁に証拠立てた[32]。このテーマに関して、ファーヴルが提出した膨大な資料から、わたしたちは以下のディドロの意味深長な数行を取り出してみよう。それはソフィー・ヴォランあての書簡でディドロが生についての自分の考えをまとめたものである。

痛みと叫びのただなかで愚かさに抱かれて生まれ、無知、誤謬、窮乏、疾病、悪意、情念にもてあそばれ、やがてまた一歩一歩と愚かさに引き戻される、生まれてアーアーと口をきき、耄碌してたわごとをくり返すま

で、ありとあらゆるペテン師といかさま師のあいだで暮らし、消え去るのは、あなたの脈をとる者とあなたの頭を悩ます者のあいだ。どこから来たのか、なぜ来たのか、どこへ行くのかも知らない。これが、われわれの先祖や自然のもっとも重要な現在と呼ばれるもの、生きることなのです。[33]

死、したがってそれはこれほどまでに願われた苦しみの鎮まりなのだ。ドルバックはそれをくり返してやまなかった。そうだったとしても、虚無は怯えをもたらす。ヴォルテールはその考えに馴染めなかった。ルソーはそれを拒絶したが、そのために絶望的なエネルギーを費やした。ルソーは不死を信じたかった。それで呪文のような文体をつかって、そのことを信じ込もうと試みた。「ちがう、あの世を期待しないでいられるには、わたしはあまりにもこの世で苦しみすぎた。形而上学のどのような精妙さもすべて、魂の不死の瞬間、慈愛溢れる摂理についてわたしに疑いを抱かせることはできない。わたしはそれを感じ、信じ、望み、期待し、息をひきとる間際まで擁護する[34]」。だが、言葉で足りるのだろうか。ラ・メトリによれば、まったく疑問の余地はない。人間＝機械の後に続くのは虚無だった。「死はすべての終わりである。死後は、くり返すが、深淵、永遠の虚無なのだ。すべてが語られ、すべてが行われ、善の総量と悪の総量は等しい。手をかければかけるほど登場人物の数は増える。笑劇の幕は閉じたのだ[35]」。それを嘆かなければならないのだろうか。死は怖れるべきものでもなければ、望むべきものでもなく、深い眠りとして受け容れるべきものだ。フランス守備連隊付き医師として一七四二年に、ラ・メトリは多くの者が死んでゆくのを目の当たりにした。そしてラ・メトリに従えば、死は多くの場合穏やかなものであり、死は「一歩一歩やって来るのであり、突然襲いかかることも傷つけることもない」。すべてをねじ曲げるのは想像力、やがて訪れる瞬間、最後の審判と地獄の怖ろしいイメージを作り出す、説教師によって狂わされた想像力

なのだ。カバニスの場合、各人が死を平穏なものとするために仕事をしなければならないその時に、司教教書が伝える恐怖を直接問題とした。カバニスによれば、《安楽死》あるいは死を甘美なものとする術は、瀕死の病人に最後の瞬間までつきそうことを目的とする「瀕死の病人の精神状態」に関する研究から手に入れられる。[36]

つまりは、十八世紀の不信仰者たちは、死の瀬戸際でたえずためらったのだ。虚無が本当に地獄より好ましいのだろうか。問いは立てられたが、答えは気質によってさまざまだった。ヴォルテールはためらい、そしてそこから生じる必然的な諦めを、『虚ろな夢想』で表した。夢の中で、ヴォルテールは地獄を訪れ、この怖ろしい場所を逃げ出し、次に天国を訪れるが、その「冷酷な美しさ」から遠ざかり、ついに虚無が自分に近づいて来るのを目の当たりにする。虚無は「煙が一杯で、風で埋め尽くされて」いたが、ヴォルテールはその腕に身を投げる。「その胸に宇宙全体が投入されるがためである」。有頂天にはなれないが、これがもっとも真実らしい運命なのだ。そうであれば、そう考えることに慣れたほうがよい。実際、教訓は「死ぬということをわきまえておかなければならないが、生命を保つこともわきまえておかなければならない」ということだった。

信仰擁護者たちの戦線分裂

疑いもなく、聖書注釈問題や倫理・社会問題の論争では、不信仰思想がずっと容易に振る舞えた。聖書批判は攻撃の手数を増やし、合理主義の名のもとに聖典の信用を失墜させた。[37] ヴォルテールは、神の信用を落とす物語を語ることによって、哲学のプロパガンダ以上に無神論者を作り出しているとして聖書を非難する。

無神論者がいるからといって、彼らをとがめなければならないのか。われわれを糧にして肥え太った人々が叫ぶ。「雌ロバが口をきいたことを確かなこととして信じなさい。魚が男を飲み込み、三日後には男を元気活発にして海岸に戻したことを信じなさい。世界の神がユダヤ人の預言者に糞を食べるように（エゼキエル書）、また別の預言者には二人の淫行の女を買うように、そしてこの淫らな女たちの子を作るように命じたこと（ホセア書）を疑ってはいけません。［…］こんな愚にもつかないばか話が、弱く無謀な精神の持ち主、そしてそれと同じように堅固で賢い精神の持ち主を憤激させる。彼らはこう言う。《われわれの師がすべての存在のうちでもっとも非常識で、もっとも野蛮に神を描いたのだから、神はいない》[38]。

表向き、防戦は大量だったが、下手だった。一七六〇年から七〇年のあいだに毎年二〇冊を越える護教論の著作が登場した。『論考』、『反駁』、『覚え書』、そして『名誉挽回した信仰』、『正当化されたる信仰』と題された論文が積み重ねられた。ミーニュ神父の手でまとめられた『福音主義論証』は、十八世紀の日付を持つ一七五を越える著作を収めている[39]。一番慎ましいものから一番大胆なものまで、誰もがこの仕事に手を出し、そこにはたとえば『宗教に肩入れする覚え書、無神論者、理神論者、リベルタン反駁』の著者ショワズール、『不信仰そのものにより不信仰から名誉挽回した宗教』を書いたルフラン・ド・ポンピニャン、『名誉挽回した宗教』をまとめたベルニス、『反ルクレティウス』を公刊したメルキオール・ド・ポリニャックなど思いがけない人物が含まれていた。けれども、苦労してまとめ上げられた一万二千行ものラテン語の詩句に、どれほどの有効性がありえたのだろうか。

もっとも熱心な護教論者のひとりがベルジエ神父で、一七八〇年にパリで公刊された神父の『真正宗教

の歴史、教義論考』は一世紀のあいだに八回も再版されることになる。ベルジエの考えでは、人類になされたひとつの原初的な啓示があり、そこから自然宗教が派生するが、自然宗教は啓示された与件から隔たり、中国人たちの宗教のような、世俗的で異国風な宗教を作ってしまい、そこにはもはや真理を縛るものしか見いだせない。聖書に関しては、ベルジエは全体として、一世紀前のボシュエの立場を維持し、すべての書が正統なものであり、モーセ五書はすべてモーセの手になるもので、書かれた内容は真実であるとした。反対者は反駁の対象というよりも、軽蔑の扱いだった。「ひとつの節と他の節との矛盾なるもの、年代記とは一致しない若干の難点、聖書の著者によってある書につけ加えられた数節が、いくつかの語についてはは文法的注釈を必要とするにせよ、ひとまとまりになっている歴史に反対して、何を証明するというだろうか[40]」。

聖書の擁護に際して表れる、こうした事なかれ主義はフィロゾフたちの思うつぼだった。まさしくベルジエは、フィロゾフたちからの嘲笑の的となった歴史的真理をまたぞろとりあげたのだ[41]。弱さの別の原因、それは信仰を擁護する者たちの間の激しい不和だった。その明々白々な例が、理神論的立場を示しているからとの理由でなされた、一七六二年の『エミール』の発売禁止だった。ジャンセニストたちと、パリの大司教、クリストフ・ド・ボーモンからルソーに反論せよとの命を受けたベルジエ神父とのあいだで、原罪をめぐる論争が起こった。神父は、ジャンセニストたちから激しく攻撃されたが、神父は《善良すぎる神》を提出していると非難されたのだった。そして論争が続けられているあいだに、読者たちは『エミール』に走った[42]。

それというのも、反宗教的著作はさらに検閲の躊躇も利用したからである。ルイ十五世の統治下で発売禁止とされた哲学書の数の少なさは、確認してみれば驚くべきものだった。哲学書全体のわずか八パーセ

ント、それに対してジャンセニストたちの著作は執拗に追求され、禁書の六四パーセントにあたる。[43] まず可能な説明は、発売禁止や反駁が往々にして著作を絶滅させるよりも、それを世に知らせるのに役だったという事実である。[44] 一七四〇年以前発売禁止の対象となったのは、ヴォルテールの『哲学辞典』、ロングの『マラバールの王妃たち』(一七三四年)だけだった。

一七四六年には、ディドロの『哲学断想』、ラ・メトリの『霊魂の自然誌』を「宗教と良俗に反する」として発売禁止とする高等法院の論告のなかで、検事総長は無神論の作品については沈黙したままにしておいて、いくつかの重要な著作に注意が差し向けられるようにしたほうがよいと説明した。実際、一七四八年の自然宗教的護教論、トゥサンの『習俗論』の場合が好例だった。

反宗教的との理由による発売禁止は一七五〇年以降突然数を増すが、その効力は相異なる検閲機構の競合のおかげで減少した。一七五八年に公刊され、はっきりと唯物論の立場を示し、この著作に対して信仰者の側を大同団結させてしまう、エルヴェシウスの『精神論』のような著作でさえ、どうやら目を通している間どうしようもなくぼんやりしていた国王検閲官の允許を受けて世に出されたのだった。出版統制官マルゼルブが施した修正にもかかわらず、ソルボンヌの神学者たちは、非難に値する放任主義だとして俗権を責め立てた。情け容赦のない取り消し文を、エルヴェシウスは書かなければならなかった。

拙著に収められている教義はすべて誤った準則、偽りの命題の連続であり、そのいくつかは異端、不敬、瀆神からの借り物であること、またこの教義は唯物論と習俗の退廃へと人を導くものであることを、わたしは認める。この教義は、人間の自由とその不死、万人の心に刻まれた正義と不正義の観念に攻撃を加えている。[…] 一言で言えば、わたしは、拙著『精神論』を闇の作品とみなし、できるものなら消し去ってしまいたい

し、またそれを誰もが永遠の侮蔑をもって断罪するよう乞い願うものである。[45]

一七七〇年には、教会当局間の不一致の新たな例が見られた。聖職者会議は、宗教に対してとくに攻撃的な七つの書物をリストに掲げたが、内訳はドルバックが七冊、ヴォルテールが一冊だった。高等法院では、大法官セギエが二人に対して厳しい論告をしたが、司法官たちが聖職者たちの言いなりになっているように見えることを嫌って、公告しないことに決めてしまった。そして三年ものあいだこの件については沈黙したままでいた。不信仰は後退したことを口実にしたが、発売禁止を再開したのは一七七四年『良識について』と『人間論』に対してだった。ところが、反宗教出版物の消費は拡大する一方だった。書店が出入りの商人に話を持ちかける禁書の注文のなかで、ロバート・ダーントンの研究によれば、宗教批判の書物が最大の占有率を示した。それは全体の二九・四パーセントとなり、もっとも人気があったのはヴォルテール、ドルバック、ピダンサ・ド・メロベールであり、レーナル、ルソー、エルヴェシウスは遠く及ばなかった。[46]

教会にとっては、理神論という形で表される不信仰は、それが神学の要塞を占領し始めただけに、よけい恐るべきものとなった。一七四八年から五一年にかけて、三十歳代の聖職者、ジャン＝マルタン・ド・プラードはパリで自分の神学論文四部を博士論文審査にかけた。[47]一七五二年一月からソルボンヌは、この博士論文からとられた十の命題を禁じたが、そこでは知識は感覚に由来すること、有神論はキリスト教以外のすべての宗教に勝ること、キリストの奇蹟は聖体の秘蹟に勝るものではないこと、教皇と中世神学者たちの権威は理性に勝るものではないこと、モーセは彼のものとされるテキストすべての著者ではないこと、宗教は比較の対象となることが主張された。「それでは、神がその啓示の委託場所とされたこの宗教

はどうなるのか。ここに姿を見せるのは異教、マホメット教、ユダヤ教だが、それを一言でまとめればキリスト教となる。どんな宗教も自分の奇蹟、神託、殉教者を高らかに誇っているのだ」。

パリの大司教、クリストフ・ド・ボーモンは一七五二年の教書で、そう不安を表している。「ひとたび不遜で居丈高な理性が権威に対する嫌悪感と侮蔑をこれらの高名な学派に導き入れると、[…]そこでは俗世間の新奇さが神聖にして尊敬に値する歴史の古さに勝ってしまう」。ド・ボーモンは、プラード神父の論文のなかにひそむ「考え抜かれ、結び合い、支え合う不信仰の計画、無宗教を見つけ出し、予告する無数の表現」を告発する。

したがって事は重大だった。理神論が、注解という間接的な手段を使って神学部に入り込もうとしているのだ。身柄拘束の命令を受け、プラード神父はダルジャンソン侯爵の領地に逃亡し、次いでオランダ、さらにプロシアへと亡命した。パリ警視総監はすぐさま名高いカフェ、プロコープでの調査を命じた。プロコープは評判通りの恥知らずたちの集まりで、そこではリベルタンのボワンダンがいつものように「存在殿とジャコット」、つまり神と宗教についての長口舌を披露していた。信仰に対する陰謀がありはしないか。肝心の思想は巷のなかだった。セギエが一七七〇年にはまたこの陰謀と出会うことになる。一七五二年六月には、今度はモントーバンの大司教、ミシェル・ド・ヴェルタモン・ド・シャンヴァニャックが事件に関心を持ったが、その教書は細かなことにはこだわらなかった。

これまでのところ、地獄はいわば一滴一滴とその毒を吐き出してきた。今日ではそれは誤謬と不敬の奔流となって、信仰、宗教、徳を飲み込もうとすることだけをめざしている。過ぎ去った時代には、いくつかの教義を攻撃する宗派が生まれるのが見られた。だがそうした宗派も大部分の教義は守った。今日の時代になって

はじめて、不敬の徒がそれらすべてを一度にひっくり返す体系を作ろうとするのが見られるが、その体系は瀆神の精神の持ち主を後押しし、神々の複数性に関する異教の盲目さとマホメット教の狂信主義をキリスト教と比べようとさえする始末だ。

それに続けて、「ほかの理神論者たちに道を切り開いた」のは、エピクロス主義者だと司教は述べた[48]。明らかに、高位聖職者たちは理神論も無神論も区別していなかった、しかしそれは彼らだけではなかった。教会当局者のあいだでは、何もかもごた混ぜにするのがルールで、厳密な教義から離れる者は誰もかもひとまとめにされた同じ汚名を着せられた。こうした態度は、十六世紀来変わることがなかった。そして十八世紀のいくつもの大論争でも、それが見られたのである。

霊魂、精神、自然――ためらいと政治問題

この論争の中心テーマのひとつは、依然として魂の本性という問題であり、そこに死後の運命がかかっていた。不信仰の陣営では、問題に関して意見は相当分かれていた。ダルジャンスやラッセ侯爵は、この問題は解決することができないと考えた。ヴォルテールはためらった。一七三四年にヴォルテールは唯物論的な解決に傾いたが、唯物論が何でもかんでも無神論を意味するものではないことを強調した。つまり、神は十分に思考する物質を作ることができたというわけだ。ディドロもやはり、長い間ずっとかなり不確かなままでいた。旧約聖書はこの問題についてきわめて慎重だったこと、またモーセのものとされた書も不死にはけっして触れていないことも、必ず指摘されることである。ある者たちは、『イロクォイ人の手紙』のモベール・ド・グーヴェのように、魂の不死の証明のばかばかしさを暴き出した。

医師たちは、論争のなかでますます重要な役割を果たした。もっとも医師たちの哲学的考察を伴った報告は、必ずしもつねにすばらしいというものではなかった。アストリュック、ティソ、トロンシャン、エッケ、ハラーは、全体として哲学的考察に敵意を持っていたし、その一方でフィロゾフの側でも、個々人に不自然な手術をするといった、医学についての猜疑心の残りかすが滞っていた。とはいえ、ラ・メトリを始めとする、革新的な医師たち全体は、有機的物質の属性としての物質的霊魂を承認する側に傾いた。世紀末になると、一七七六年に王立医学会を創設したヴィック・ダジュール（一七四八―九四）も啓蒙的見解に与するようになり、「宗教、医学、天文学にもたらされた悪弊は、禍の三大源泉、狂信主義、ペテン、迷信の結果である」、と主張した。[49]

魂の本性に関する数多くの論文から、何が問題か、そして何をためらっているかを特徴的に示す論文を一点取り上げよう。一七五五年前後に書かれた地下文書、『魂についての対話』である。[50]著作は二部からなり、まず唯物論的傾向の、パリサイ人とサドカイ人の七つの架空の対話、それに理神論的傾向の体系的な論述が続く。

最初の二つの対話では、モーセの書物では不死への、また旧約聖書全体では地獄への言及が欠如していることがはっきりと強調された。ことのついでに、対話者たちは、異端審問所が目を光らせているイタリアとは違って、フランスではこうしたことをどれほど自由に議論できるかに注目する。「半世紀前からここではかなり自由にものを考えている。魂の不死を認める人も火刑にはなりませんし、否定する人もなりません。その行いを称賛しない限りは、キリストを磔にした人でさえ火刑にはならないのだ、とイタリア人に言ってやりました」。こうした断言は差し引いて聞かなければならない。一六九八年にはボナヴェンチュール・ド・フルクロワが自宅から三冊の試論を押収され、そのうちの一冊が魂の物質性に関するもの

だったためにバスティーユに収監されているからである。しかし時代は変わった、と論文の著者は考える。魂の物質的で可死的な特徴は多くの著作によって確立されており、それはたとえば『物質的霊魂』、『可死的霊魂』、『魂とその不死について』、『魂の本性についての古代人の見解』、『魂の本性についての哲学者の考え』などであり、これには伝統の重みを引き合いに出してもなんの役にも立たなかった。「伝統の古さからは、せいぜい、伝統が伝えてきた誤謬はきわめて古いものだと結論することができる」からだ。

それから対話は方向を変え、別の主題に移る。四番目の対話は、キリスト教は神を起源とするものではなく、権力によって定められたと論証する。この対話では、聖体の秘蹟、地獄、天国の三つの教義をとくにひどいものと考える。五番目の対話は、宗教と道徳という大問題に移る。社会の統一を守るためには、宗教が必要であるとの伝統的な考えを、ひとりのキリスト教徒がやって来て擁護した。というのも、宗教を持たない人間は「そうなればやがてなんでも許してしまうようになる」からだった。ベールの議論があったにもかかわらず、有徳な無神論者という考えは、キリスト教徒も理神論者も納得させられなかった。神への信仰と社会秩序の結びつきは、ル・クレールによってはっきりと打ち出された。

さらに一般的に認められていることですが、人類の諸事を司る目に見えない力を認めなければ、社会が存続することは不可能です。その存在に対して人々が抱く怖れと崇拝が、裁判官たちが脅しに使う拷問よりもいっそうの効果を人々にもたらし、この世での人々の至福が存する義務を遵守するように仕向けるのです。無神論者たちでさえあえてこのことを否定はしません。それだから、宗教は容易に社会を正常に保つための政治家たちの発明にすぎないと、彼らは仮定するのです。(51)

同じようなやり方で、デュ・ヴォワザンはこう主張する。

無神論者たちは、したがって自分から社会の敵、転覆者として名乗りをあげたのだ。なぜなら、彼らの教説が反論の余地のない証拠に基づいていると仮定しても、服従という結びつきを断ち切り、また法の権威を覆しかねないそうした真理の認識から人々を遠ざけておくのが公共の利益にかなうからである。(52)

したがって、まさしくそこにこそ理神論者と無神論者の鋭い分水嶺があった。ヴォルテールに率いられた理神論者たちは、人々を従属に縛りつけておくにはひとつの宗教が必要であり、何にせよお人好したちに幸せをもたらす思考習慣をかき乱すことは無用だ、と考えた。『魂についての対話』の著者もこの意見に賛同しており、無神論たちの熱心な宣伝はまったく認めなかった。著者によれば、「そこに自分の至福を見いだしている人々をけっして誤謬から覚ます」ことはしてはならなかった。

しかしだからこそ、誤謬のうちで人は生きられるのかと問われるのだ。違う。大部分の無神論はそう答える。「白状すれば、人々にとっては危険だとわたしが思ういくつかの真理を、わたしの体系は人々の目から隠している。幸福と理性の光が手を携えて同じ歩調で歩けなかったならば、同胞たちに理性の光よりもいっそうの幸福をわたしは望みたいのだ」、ブーランジェはそう書いた。(53) またディドロによれば、人々の不幸の源である、キリスト教の反社会的道徳から人々を解放しなければならず、啓蒙の光を、とりわけ唯物論を広める必要があり、それによって人間は幸福になるはずだった。したがってペテンの代表者である聖職者とは闘わねばならなかった。

さらに、キリスト教道徳は自然に反するものとして糾弾された。これは、十八世紀の中心的議論だった

が、そこでは自然の観念は偉大なものとされ、さらには神格化されさえした[54]。ある意味では、ここで無神論者たちは、ジャンセニストのような過激なキリスト教徒と一致して、キリスト教道徳と自然との対立を主張した。とはいえ、ジャンセニストたちは人間本性の悪を理由にキリスト教道徳を称えたが、無神論者たちは自然の善良さを根拠にキリスト教道徳に憤慨した。これがひとつの理由となって、キリスト教護教論者たちは、自然主義と無神論を同列視し、そこに《下品》という形容詞を結びつけ始めた。一七一七年にラテン語で書かれ、一七四〇年にフランス語に翻訳された『無神論および迷信についての論考』でヨーハン・ブッデウスは、「もっとも下品な自然主義は、自然あるいはむしろ宇宙以外に神を認めないものだ。それが汎神論あるいはスピノザ主義である。なぜなら、スピノザはこの自然主義の第一の復興者であって、努めてそれに美しい色彩をほどこそうとした。疑いもなく、このような意味で解された自然主義は本物の無神論である[55]」。

理神論者と無神論は自然の一体性を強調するが、このことはこの統一に関する意見の多様性を排除しない。自然のなかに破壊力とうちに働く悪を見いだしたサドを除けば、意見はむしろ肯定的なものだった。アンドレ・シェニエは、エトナ火山まで足を延ばして、《恵み深く、純粋な》自然をたたえた。まさに問題なのは、この統一という考え方で、不活発な物質から思考への移行を説明することができるか、だった。デシャンのように、思考に胚、岩石や植物に感覚を認めることもできれば、ディドロのように、あらゆる分子に不可分で目に見えない感性を仮定するか、またロビネのように、宇宙を有機的な全一体とする生命の芽生えの結果を物質のなかに見ることもできる。カバニスは、『自然学と道徳の関係に関する回想録』で、人間機械論の立場をとりながら、どのように複合体の段階から物質が生命あるもの、思考するもの、そして思考を脳の《分泌物》とする決定論的な考え方にいたるかを探究した。彼らは生得観念を一切排し、

自分なりの仕方で「われわれの観念はすべて感覚に由来する」とのロックの命題をとりあげた。エルヴェシウスによれば、それは文化的なタイプの決定論的過程をたどるものであり、それゆえにエルヴェシウスは『精神論』で、われわれの感覚的経験の動因である教育に第一義的な役割をあたえた。あるいはディドロによれば、それは自然学的なタイプの決定論的過程だった。その過程がどのようなものであれ、人間は自然的存在であり、因果関係の連鎖のなかに位置し、そのことは原罪に基づくキリスト教道徳という考えを排除する。

社交的動物である人間にとって、唯一の有徳的活動とは集団に奉仕することである。ドルバックによれば、「教育、法、世論、模範、習慣、気遣い」が個人の社会性を形づくらなければならず、また個人の利害が共同体のそれに合致するものであることを個人に納得させなければならなかった。

そこにまた同様に政治的・社会的問題が提出されるが、それがまた無神論者と理神論者の不一致の別な要因となった。あまり影響力を持たなかった少数派は集団主義を絶賛した。たとえばおそらくはキリスト教教育の影響であろうが、デシャン神父がそうだったし、あるいはシルヴァン・マレシャルは「わたしは王たちを好きではないし、金持ちたちもそれに劣らず好きではない」と自然の口を借りて言わせている。サドによれば、私的所有は不平等と自然の悪を増大させるにすぎなかった。一般的に言って、マブリー、ルソー、モレリーのような理神論者は私的所有の擁護者であり、ジロンド派のブルジョワジーやフランス革命期の総裁政府のイデオローグの思想的基盤となった無神論的唯物論者たちよりも社会的には先を行っていた。デステュット・ド・トラシーによれば、民衆道徳を迷信と偏見の禁止、さらに私的所有を基礎として打ち立てる必要があった。

聖職者に唯々諾々として従う愚かな下層民のあいだからどのように宗教精神を根絶やしにできるのか。

すでに見たように、ある者はそんなことは必要なく、宗教的偏見に基礎を置く民衆道徳と理性に基礎を置くエリートの道徳を共存させたままでかまわないと考えた。さらに、自然の不平等という事実に照らしてみれば、誰もが啓蒙された道徳原理を自分のものにできるわけではなかった。それを、ドルバックはこう説明する。

各個人間に見いだされる人類の多様性が、各人のあいだに不平等をもたらし、この不平等が社会の支えとなる。[…]人間の多様性とその不平等の結果として、弱者は強者の庇護のもとに身を置くことを余儀なくされる。強者が自分に有用と判断したときに、もっとも弱い者たちの知識、才能、仕事に頼らざるをえないのも、この庇護という名目のためである。こうした自然的不平等が、国家に奉仕する市民を国家が高く評価するように仕向けるのである[56]。

こうした不平等は、実際自然的なものである。人間は、「その繊維や神経の組織、配置によっても、またそうした神経を働かせ、そこに運動を刻印する物質の本性、質、量によっても本質的に異なっている[57]」。こうした自然の不平等は、教育によって修正できるのだろうか。ある者はそう考え、『良識について』や『携帯神学』のように、民衆向けのシンプルな唯物論のマニュアルを作り上げた。この分野で一番楽観論者だったエルヴェシウスは唯物論の教理問答の作成を提案し、自分でも『人間論』の一章をさいてその例とした[58]。それにくわえて、政権がこの再教育を手中に収めることも受け容れなければならないのだろうか。その最初の経験を目にするにはフランス革命まで待たなければならないのだが、そこに現れるのははあまりにもしばしば不寛容な総裁政府の風貌となるだろう。

逸脱であるにせよ、宗教的信仰がそれ自体悪、排除すべき狂信主義の要因とみなされた瞬間から、このしっぺ返しはほとんど不可避的なものだった。「無神論的にならない限り、世界はけっして幸せにならない」、そうラ・メトリは『人間機械論』に書いた。このような断言は、人々に幸福を課す寛大な改革者による反宗教的迫害を暗黙のうちにあらかじめ正当化していた。そうした改革者なら、同様な正当化をディドロのなかにも見つけられるだろう。ディドロによれば、「神への信心は、信仰者とほとんど同じくらいの狂信者を作るか、作るはず」だからである。だとしたら、「迷信以上に不寛容な、礼拝に無神論を仕立て上げる」ことを望んでいると、サン＝ジュストがエベール派を非難したことは驚くに当たらないだろう。ロベスピエールはまったく同じ論法で、共和国暦二年に、無神論者の《ごろつきども》を物理的に排除して、フランス民衆の義務である宗教として至高存在の礼拝の制度化を要求したのである。宗教現象の本性の深い分析の欠如は、十八世紀のフィロゾフたちをただ単なる宗教の完全撲滅の追求へと導いた。しかしそれは啓蒙の不信仰の両端、理神論と無神論のあいだの溝を深めただけだった。

理神論、無神論、反聖職者主義——モレリー

両者の関係はまた、『魂についての対話』の中心問題でもあった。『対話』の著者は、「ドグマティックな唯物論者、つまり確固たる原理から導き出された、一連の正しい帰結によって自分の見解へと導かれた者には好意的だった[59]」。著者によれば、論理は理神論者を唯物論へと導く。それというのも、理神論者の神は、「物質を動かすこと以外には、ただひたすら自分の信奉者の土地に雨を降らせ、自分があたえた仔牛の世話のために雌牛を信者に授ける」ことしかしない神だからだ。

著者はさらに、「理神論者よりも簡単に、キリスト教徒は無神論に移ることができると、サドカイ派が

考えても間違いを犯すわけではない。［…］両極は簡単に結びつき、信じすぎるともう何も信じられなくなる」[60]。その証拠として著者はこう告げる。「宗教改革が行われた国々では、ある種の理神論を引き受けた。これらの諸州には、無神論者はほとんどいない。イタリアで、そんなことが信じられるだろうか。英国やオランダを除けば、大陸では千倍も信じられはしないだろう」[61]。

神の存在についての反論の余地のない証拠をわれわれに持ってきてほしい。そうすれば信じる以上のことを求めたりはしないだろう、と著者は結論する。

いずれにしてもお信じいただきたいのは、神の存在に関する明晰な証拠があったならば、無神論者と人から呼ばれる人々はそうした見解のもっとも熱心な支持者となったであろう、ということです。そうした見解は自尊心を満たし、後押しするだけなのです。彼らは論証よりほかには期待しません。なんという運命のいたずらから、できればなんとしても彼らに反論しようとするとか、あるいは事実が本当でないならば彼らを迫害することになるのでしょうか[62]。

理神論と無神論の関係は十八世紀ではかなり混沌としていたし、こうした混乱はそれぞれの支持者の作品に加えられたさまざまな評価によっても助長させられた。ひとつの典型的な例が、モレリー神父だった。神父は結局のところきわめて謎の多い人物で、ヴィトリ＝ル＝フランソワの町に関係があり、そこでおそらく生活の糧を得るために貴族の温情を求める代書人をしていたものと思われる。モレリーの伝記作者がもしかすると自分はふたりの違う人物を扱っているのではと自問するほど、知られることの少ない人物だった[63]。

一七四三年に、モレリーはきわめて折衷的な内容の『人間精神試論』を公刊し、次いで一七四五年に『人間心情試論』を著し、そこで自然的平等、感情の優先、幸福の欲求といった主題を展開した。すでにモレリーは、聖職者による社会支配に反対して抗議の声をあげたが、無神論者ではなかった。一七五三年の『バジリアード』で、モレリーは宗教の立場に戻る。この本はモレリーの主著のひとつだが、そこでモレリーは感覚的経験に基盤を置く理神論を表明し、魂の不死を受け容れるとともにすべての永遠の責め苦は拒絶した。その批判が、聖職者に向けられていることは明らかだった。聖職者への憎悪は、ルソーというよりもヴォルテールにモレリーを近づけたが、モレリーの理神論の本質的特徴がそこにあった[64]。モレリーによれば、対立する立場にあった唯物論は、極度の苦しみと絶望に由来する。唯物論者たちは《悲しく》、《陰気な》連中だが、真面目で誠実だった。

一七五五年に公刊されたモレリーの『自然の法典』は、反聖職者主義を頂点にまで押し上げた。いわく、「下劣な宦官ども」が「忌まわしい陰謀の徒党」を組んで、「幾千もの子どもじみた言動」で王室を自分の影響下に置いているのだ。モレリーは、宗教の隣人愛や社会的側面をも攻撃した。彼はまた宗教の欺瞞にも憤慨し、死すべき者たちの条件に限界を設けることも拒んだが、これは真の超人あるいは神人の未来における出現を匂わせていた。似たような書名や考えのために、この本は長いあいだディドロのものとされてきた。そしてメルシエは、『十八世紀パリ生活誌、タブロー・ド・パリ』で、自然に関する著作が相次いで出版されることがどれほど公衆の精神に混乱を招いているかを指摘する。

これらの『自然の体系』、『自然の法典』、『自然の書』、『自然について』、ロビネのもの、『自然の哲学』、『自然の解釈』といった書名、さらにドゥ・リール殿とかリール神父とかいった似通った名前が、かなりの田舎者

の精神のなかで大混乱を引き起こし、彼らは名前も作品も取り違えている。この大混乱に終止符を打たねばならない。『自然の法典』の著者は匿名氏なのだ[65]。

いずれにしても、『自然の法典』は右も左もない反発を引き起こし、その論理とは逆にこの本は無神論的著作として扱われた。一七六〇年の『名誉を挽回した宗教』で、ジャン・ニコラ・アイエはモレリーのとくに辛辣な攻撃の対象となった所有、財産の不平等、そしてそれを緩和するものとしての隣人愛の擁護を試みた。これらすべては原罪に由来するものであって、原罪を否定するものは無神論者以外の何者でもありえないからであった。

教会の擁護者たちの反発は、不敬の輩が教義や霊的信仰を攻撃することだけでは満足せずに、社会機構にまで攻撃を仕掛け、その不敬が個人的に著者たちに関わるような場合には、いっそう激しかった。一七六二年にゴーシャ神父は『批判書簡』で、《地獄の法典》、《怪物の法典》、《放蕩者の法典》、《唯物論者の法典》に怒りを爆発させた。「もっとも確固たる唯物論者でも、その怪物的な矛盾を『法典』ほどには遠くまで推し進めることはけっしてできないだろう。それは、実際にはあらゆる限界を超える闇、享楽趣味、慢心、誘惑であり、人々に洪水と死の記念碑を残すためだけに書かれたのだ[66]」。ゴーシャによれば、モレリーは混じりけなしの無神論者であって、理神論というのは言葉のうえのことにすぎない。つまり、教会の胸の内から離れた瞬間に、人は無神論者なのだ。こうしたあまりにも感情的すぎる反発には、おそらく別の原因があり、それはモレリーが自分の神、天上と地上のあらゆる力を備えた自分の怖ろしい神に挑んでいるためだった。「さらに長期にわたって、『法典』は所有しているすべての人々、神をわがものとしているすべての人々を恐怖に陥れた。その意味では、ゴーシャのテキストは宗教感情の歴史の興味深い資料

である」、とワグナーは記している。[67]

モレリーの死後も、評価は対立したままだった。バルビエによれば、モレリーは理神論的精神の持ち主だがきわめて宗教的だったし、マルクス主義の歴史家たちによれば、彼はメリエに近い立場だった。[68]ベルナール・プロンジュロンによれば、モレリーの著作は十八世紀の中流ブルジョワジーが抱いた国家転覆意思の典型だった。こうした多様性が明らかにしているように、啓蒙の理神論をとらえることは困難だった。それが、哲学的プロパガンダによって弱体化された、既成教会の信用を失墜した枠組みの埒外で精神的変革を求める気持ちと結合した、揺れ動く現実だった。理神論者たちは、神の否定という決定的な一歩を踏み出すことを自ら禁じた。その理由はさまざまだった。虚無への怖れ、社会的大混乱への気遣い、死の拒絶、自然を介した神的なものへの至極当然な感情などだった。

理神論者たちはもうキリスト教の神を信じることはできなかったが、まだ神を信じることを必要とした。彼らのなかには、合理主義者と同じくらい感傷的的な神がかりもいた。彼らの新たな信仰の探究は、キリスト教の基礎が粉みじんに砕け散り、二十世紀末の大衆の宗教を求める感情を予感させるような世界のなかで、心を慰めるものでもあれば同時に理性的でもあった。教会の、そして教会の強制の圏外でこのように神を必要とすること、それが十八世紀の知的エリートたちを突き動かし、二世紀を経た後に大衆運動となったのである。

そのことで利益をうるのは、当時はメスメールやスヴェーデンボリが典型的な産物だったが、今日同様秘教、オカルティズム、心霊主義を基盤とする非合理的な運動であったり、またフリー・メースンのようにヒューマニズムと社会進歩を基礎とするかなり思弁的な合理主義者の運動であった。

反合理主義と懐疑論の派生態

周知のことだが、十八世紀初頭にアングロサクソン系プロテスタントのただなかで生まれた近代の思弁的フリーメーソンは、伝統的な宗教的教義は退けはしたものの、無神論とは完全に対立した。その最初の基本法は一七二三年と三八年に改訂され、アンダーソン基本法と呼ばれるが、プロテスタントたちのグループによって作成された。ジェームズ・アンダーソン自身が長老会派の牧師だった。第一条は、その立場を明確にしている。

メーソンは、約定によって、道徳法に従うことを強制され、正しく芸術を理解していれば、愚かな無神論者や不信心なリベルタンにはならない。かつては、それぞれの国でメーソンたちが、それがなんであれその国や土地の宗教に与することを余儀なくされたとはいえ、それぞれの意見は各自にゆだね、すべての人々が一致している宗教だけに従うことはもっとも適ったことであった。つまり善良かつ公明正大なる人物、そのおかげで人並み外れた者となれる宗教的信仰の持ち主とみなされたのである。このことによって、フリーメーソンは同盟の中心、永遠に距離をとったままでいることができる者たちのあいだに堅い友情を結ぶ手段とならねばならない。(69)

路線はしたがって、各人に宗教信仰の完全な自由をゆだねながらも、はっきりと理神論的だった。そのことがまさしく教会の目からはフリーメーソンを疑わしいものとしたのだった。とはいえ、十八世紀には二千人近い聖職者がそのなかに数えられた。(70) 教皇クレメンス十二世は、理神論者や無神論者との接触がシンクレティズム、無関心主義あるいは自然道徳を助長するのではとの怖れから、一七三八年にフリーメー

ソンをはっきりと禁じた。ベルギーの司教たちは同じ年に、教皇に足並みをそろえた。プロテスタントの世界でも反応は同じように敵意に満ちたもので、オランダでは一七三五年に、ジュネーヴでは一七三六年に、そしてスウェーデンや自由都市ハンブルクでも一七三八年にフリーメーソンは禁止された。

フリーメーソンの内部でもごくわずかのあいだに、反主流派あるいは組織にとらわれないロッジが現れ、秘儀を極めようとしたが、ただちに神の啓示に身をゆだねる神秘思想に溺れた。このことはまた、世紀末における精神的変革の必要と、それがある種の人々にとっては神秘主義の記憶を呼び覚ますものであることを例証するものだった。ロシアのアレクサンドル一世は神秘主義者だったし、プロイセンのフリードリヒ・ヴィルヘルム二世は薔薇十字団のメンバーで幻視者だった。「オカルト科学が懐疑主義や啓蒙哲学の主知主義にうんざりしていた人々の精神に影響力を及ぼした」、そうジョルジュ・ギュスドルフは書いている(71)。

ドイツはとくにこの運動の影響を受けた。バイエルンでは、百科全書派の弟子でもあった、アダム・ヴァイスハウプトが最初にフリーメーソンに惹かれ、ミュンヘンのロッジに加わった。その後、フリーメーソン思想とイエズス会の双方から着想を得て、ヴァイスハウプトは自分自身の組織、《完全可能性主義者の会》を一七七六年に創設した。同年に《パヴァリア啓明結社（イルミナティ）》と改称し、反聖職者主義と唯物論を基礎とし、ヴァイスハウプトは一七八四年には会員が二五〇〇人いると主張した。そのなかにはザクセン＝ヴァイマール公爵、ザクセン＝ゴータ公爵、またポエルフィー伯爵、メッテルニヒ伯爵、そしてファン・スウィーテン男爵などの君主や大貴族がいたが、それだけでなくゲーテやヘルダーの名も見られた。この成功は薔薇十字団や心霊主義会の不安を呼び起こし、彼らはイルミナティをフランス唯物論の煽動者として告発した。一七八五年三月、バイエルン選帝侯カール＝テオドールはこの集団を禁止し

た。数年の後、秘教の信奉者だった劇作家ツァハーリアス・ヴェルナーは、『谷間の息子たち』でイルミナティを唯物論と無神論の悪しき力の代弁者と描き出した。いくつもの逸話は、十八世紀末の宗教の風景の瓦解の特徴を表していたが、それは無神論だけがこの瓦解の唯一の勝利者ではなかったことを示した。当時盛んになった神秘主義や秘教の集団は実際には、反啓蒙主義、狂信主義、不寛容という面では教会に勝るとも劣らなかった。こちらでは教会と無神論が対立し、敵同士が合理的思考を尊重していたが、この二極的な対立に続いたのは雑然とした混乱、不協和音、バベルの塔であり、そこではあらゆる戯言が本領を発揮し、また誰もが他人を説得できると期待してはいなかった。不信仰に対する信仰の闘いから勝利者は出ることはなかったが、つねに敗者となったのは理性だった。

というのも、この理性は最後には力を使い果たし、反対する理由に役立とうとしても徒労に終わるだけだったからである。時として、理性は理性を用いる者にも背いて、懐疑論へと方向転換させる。こうして理性は、十八世紀無神論者の主要な武器となり、アリストテレス＝トマス的世界の科学と世界体系を打ち壊したが、すぐに理性はもはやエピクロスの世界の静的世界観を受け容れることはできないことが明らかとなった。その不変性が発展のいくつかの指標とは矛盾したからであり、この発展はそれはそれである種の目的論を正当化するものでもあったからである。進化論による統合が果たされるまでは懐疑論の時代であり、この懐疑論はデカルト哲学の機械論の見事な確実さと好対照をなした。そのために、ジャック・ロジェは生命科学の領域で、十八世紀を《懐疑論の時代》と特徴づけることを提案したのである。「懐疑論は、レオミュールやハラーの流儀でキリスト教的でありえたが、フォントネルの流儀で理神論的、どれほど違っているにしてもヴォルテールの流儀で理神論的、そしてディドロの流儀で無神論的でありえたが、それでも相変わらず懐疑論だった。そして、宗教的でも自然学的でもありえる懐疑論の立場のこうした曖

味さが、それはそれとして注目に値するのである」[72]。

ヴォルテールと《不信仰者間の内戦》

信仰と不信仰の対立から生まれた懐疑論の最大の証人であり、またその演じ手はヴォルテールだった。信仰の問題に関わるヴォルテールのキリスト教や無神論哲学との関係は複雑であり、理神論者たちの極度のためらいの典型例でもあったが、唯物論へと一歩を踏み出す以前の、また「哲学的内戦」とも呼びうるようなある種第三の立場を形づくっていた[73]。ヴォルテール自身、この用語を用いた。ドルバックの『自然の体系』が公刊されたときに、「これは不信仰者間の内戦です」、そうヴォルテールは一七七〇年にダランベールにあてて書き送っている。

聖職者のあいだに恐怖の叫びをあげさせたこの事件では、フェルネーの哲学者〔ヴォルテール〕は敬神家の側に立った。そのことを、ガリアーニ神父は皮肉を込めてこう注釈する。「きわめて愉快なことにわれわれは、ヴォルテールが自分の見解をトーンダウンさせ、宗教の庇護者の仲間に自分を数えて得意になり、宗教を迫害する代わりに擁護し、奨励しかねない地点にまで到達しています」[74]。ところが、ヴォルテールはそれを一度たりともおかしいと思ったことはなかった。「わたしは、あの連中を機転が利くとは思っておりません。彼らは神と悪魔、偉大な人物と聖職者を同時に攻撃しています」、と無神論者たちについて書いている。ヴォルテールの無神論者陣営からの離反は一七六五年に決定的となっていたが、このとき、ディドロからの示唆もあって、ダミラヴィルが自然発生説に関する新しい理論や化石がどれほど一直線に無神論に導くものかをヴォルテールに示そうとやって来た。そういうことならと、ヴォルテールはこの理論、「人間精神の永遠の恥辱」に反論するありとあらゆる書類を積みあげ、キリスト教への攻撃の手を緩

めることにした。キリストをうまく利用して理神論者に仕立て上げようとし、善良なる司祭としての相応の愛情を込めた口ぶりで、いずれにせよキリストは「深く愛し、尊敬すべき人物」だと言うのである。

実際、当初こそ穏やかな言い方ではあったが、ヴォルテールはつねに無神論に反対した。一七四九年には、ディドロの『盲人書簡』に登場するソンダーソンの唯物論に抗議している。もっともディドロからは安心もあたえてもらった。「無神論者たちと十分平穏に暮らしてはおりますが、わたしは神を信じておりますす」、そうヴォルテールは綴る。だが翌年になると、ラ・メトリの『反セネカ論』にさらなる警告を発する。ラ・メトリのこの本に対して、「無神論者の国王は狂信的なラヴァイヤック〔一六一〇年にアンリ四世を暗殺したカトリック修道士〕よりも危険である」し、「死後の苦痛や報償を信じることは、民衆が必要とする歯止めなのだ」と反旗を翻す。形而上学的な原理以上に、無神論の実践的な帰結がヴォルテールを不安にさせていることが、ここから読み取れる。ヴォルテールの神は、既成秩序に保証をあたえてくれる神であり、十九世紀のブルジョワたちの神だった。そしてその神がヴォルテールの有名な標語、「神がいないならば、神を作り出さねばならない」、を言わせるのである。

おそらくは哲学史の分野で、ヴォルテールは神の観念の破壊に貢献したことであろう。ヴォルテールの『風俗試論』は、ボシュエの『世界史論』の正反対に位置し、中国から始まってインド、ペルシア、アラビア、ローマと辿ってようやくキリスト教へといたるが、これこそ真の歴史上のコペルニクス的転回であり、『ミクロメガス』が宇宙の中心にいると思い込んだ人間を嘲笑したのとまったく同様に、啓示宗教の役割を相対化した。

けれどもそこでも科学の場合同様、ヴォルテールは自身の思想の極限まで進むことを拒む。教会に攻撃を仕掛ける場合でも、ヴォルテールは間接的な攻撃のほうを選び、権力を信用して必要な改革を決定させ

た。実際神の存在という問題を深める決心をすると、「わたしは、存在するものを探求することに決めました」、とド・デファン夫人に書き送る。その結果が『無知なる哲学者』で、そこでは賛成、反対を証拠立てるすべての体系が投げ捨てられ、神と普遍道徳という観念に後戻りした。

そうした懐疑論は、一七六四年の『哲学辞典』にも、とくに《魂》の項目でまた顔を出す。聖書は魂のことを語っていないが、哲学者たちはおおいに語るとはいえ、ほとんど確信していない。「魂がそのおかげで感覚する自分の肉体を離れる際に、この魂が感じる様態に関する体系をほとんど人は持ち合わせていない。魂は耳なしでどのように音を聞くのか、鼻なしでどのように匂いを嗅ぐのか、手なしでどのように物に触るのか、そして魂はどのような肉体をふたたび身にまとうのか、二歳のとき、あるいは八十歳のときにまとっていた肉体だろうか」。魂はおそらくは非物質的ではあるが、実際には誰ひとりそのことについては何も知らない。「われわれを動かすものを魂と呼ぶことにしよう。われわれの知性の限界のおかげでそれ以上のことをわれわれはほとんど知らない。人類の四分の三はそれ以上進もうとはしないし、思考する存在に心を煩わすこともない。残りの四分の一がそれを探している。これまで誰も見つけてはいないし、これからも見つけられないだろう」。物質が創造されたのか、永遠なのかが分からなかったのと同じように、運動が物質にとって本質的なのかも、また何が思考を生み出すのかなどということも分からない。信仰について言うなら、定義は簡潔明瞭である。いわく、「信仰は、それが不可能であるがゆえに、そのことを信じることに存する」。

ここから〔『哲学辞典』の〕《無神論、無神論者》の項目に移ろう。古代ギリシア・ローマには、完全に有徳な無神論者がいたことを、ヴォルテールは認める。懐疑論者やエピクロス学派であり、「ローマの元老院議員や騎士身分の市民は正真正銘の無神論者だった」。無神論者からなる社会も可能である。そのこと

を否定し、中国人を無神論者扱いする者は、自家撞着に陥っている。くわえて中国人は無神論者ではなく、それは「カフラーリア人、ホッテントット人、トピナンブー人がそうでないとの同じこと」なのである。トピナンブー人たちに神がいないからといって、神の存在を否定したりはしない。「そうした者たちは嘘偽りのない子どもというものであって、無神論者でもなければ、有神論者でもない。何ものでもないのだ」。すでに古代ギリシア・ローマでも、無神論の語は名誉を損なっていた。「仲間内のチンプンカンプンから袂を分かった哲学者は誰もが無神論者だと言われて、狂信者やペテン師たちからは責め立てられ、間抜けからは非難された」。アナクサゴラス、アリスティデス、ソクラテスが、その例である。近年では、不愉快極まりないガラースがいたるところで無神論者を目の敵にしていたし、ガラースの同僚のアルドアンはデカルト、アルノー、パスカル、ニコル、マールブランシュを同じやり方で論じていた。ヴァニーニはといえば、「大して役にも立たない危険な衒学者」だが、おそらくは無神論者ではなかった。

無神論は、しかしながら「唾棄すべき許し難い教説」であり、「統治する人々のあいだでは有害な怪物であり、どれほどその暮らしぶりが罪のないものであっても、書斎人にとってもそれは同様である。というのも、その書斎から連中は公の場にいる人々の心に入り込めるからである」。おそらく無神論は狂信主義よりはましであるが、迷信よりも害をもたらす。つまり、「疑いもないことだが、洗練された都市では宗教をまったく持たないよりも、ひとつは持っていたほうがずっと有益である」。

真の無神論者は享楽主義者ではない。享楽主義者は宗教のことなど考えもしないからだ。真の無神論者とは、「その多くは学者だが、慎みを欠き、頭の働きが悪く、創造、悪の起源、その他の難問を理解できないため、物質の永遠性と必然性に救いを求めてさ迷っている輩である」。

神への信仰は政治的に必要だ。わたしは無神論者の国王は欲しくない、とヴォルテールは言う。無神論

者はわたしを殺させるだろうし、またもしわたしが国王なら無神論者の廷臣など欲しくない、わたしに毒を盛るからだ。「したがって君主にとっても、人民にとっても至高存在、創造主、統治者、報酬者、報復者という観念が心の奥深くに刻まれていることが絶対に必要である」。

だが神のご加護をもって、旧約聖書の作り話をもとにしたばかげた神なるものをわれわれに指し示した聖職者たちのペテンに由来する無神論は退勢している。

今は、昔ほど無神論者はいません。それは、胚のない植物は存在せず、意図のない胚は存在せず、小麦は腐敗から生じるものではないことを哲学者たちが認めて以来のことです。哲学者ではない幾人かの幾何学者が目的因を拒絶していますが、真の哲学者は目的因を認めています。そしてよく知られているある作家が言ったことですが、教理問答の先生は子どもたちに神を告げ、ニュートンはそれを賢者たちに証明するのです。

楽観論だが、長続きはしなかった。二年後ドルバックの『キリスト教暴露』は、無神論がなお健在であることを、ヴォルテールにつきつけた。いくつもの小著でのヴォルテールの激しい反発のおかげで、ヴォルテールは《ドルバック派》から《こちこちの信仰者》扱いされることになった。極めつけの悪口だったが、それにヴォルテールは『エスカルボティィエ神父殿のマイマイ』で、また『自然の卓越性について』で応え、さらに『A・B・C〔あるいはAとBとCの会話〕』ではまったく哲学者らしくない頑なさで、「そうだ。青二才め、わたしは神を信じているのだ！」、と断言する。実際、友人のダランベールはヴォルテールの気力が低下しているのを感じて、『A・B・C』の件でこう書き送った。

神が存在するということが十分ありうることであり、また同時に世界は永遠であることに、著者は疑いを抱いています。著者はこうしたすべてのことについて、何が何やらまったく見当のつかない者のように語っています。しかし著者なら喜んで縛り首にされる裏切り者に対した例のスイスの大尉のように言えたはずだと思います。裏切り者からあの世があるかどうかたずねられて大尉は、《結構だ、それが分かればたっぷり百エキュあたえよう》、と言ったのです。(75)

ダランベールはたしかに事態を正確に把握していた。結局のところユダヤ人のスピノザが正しかったように思われるとヴォルテールに書くことで、ダランベールはいくぶんにせよさらに遠くまで背中を押した。物質が実在する唯一のもので十分にありえるのだから、長老〔ヴォルテール〕は無神論者に譲歩する心づもりをしなければならない。「この隠された力が必然的で、永遠で、力に溢れ、知性的な存在でありさえすれば、わたしは彼らと同意見です」、とダランベールは記した。

ところがヴォルテールは、少なくとも公には無神論の敷居をけっしてまたごうとはしない。もっとも、個人的には無神論を認めたということもありうるのだ。たとえば、デュ・パンの『回想録』に伝えられる逸話は、そのように理解される。一七七〇年九月に、ヴォルテールが友人たちをフェルネーに迎えたときのことだ。デュ・パンは、こう記している。

ある晩夕食の席でヴォルテールがダランベールやコンドルセにエネルギーに満ちた教訓をあたえているのを見かけました。召使いたちを全員邸宅から追い出し、食事の真っ最中に、こんなふうにふたりのアカデミー会員に語ったのです。「さてお二方、神への反論をお続けください。だがわたしは自分の召使いから首をかか

れたり、ものを盗られたりするのは今夜はごめん被りたいので、召使いたちがお二人のお話を聞かなくてちょうどよかったのです。[76]

本当なのか、嘘なのかは分からない。だが逸話はヴォルテールにとってのもっとも決定的な関心を示している。何にもまして実践的な関心、社会秩序を維持するという関心であり、論理的帰結を顧慮することなく、具体的状況から求められたあらゆる手段を用いることである。実践的というよりもいっそう体系的な精神の持ち主だったドルバックは、そうした態度は迷信に近いものともみなした。「有神論から迷信へはまったくもって一歩の差しかないのです」とドルバックは書いている。無神論者の側では、老いたヴォルテールに嘲笑を浴びせかけた。ウォルポールによれば、「奴は石頭の信心家、あれは理神論者だ」、とあるサロンでは言われていた。[77] ジョン・プリーストリー、彼もまたヴォルテールが気弱な者扱いされているのを耳にしたし、ディドロはヴォルテールを《似非信仰家》と評した。[78]《石頭の信心家》、《似非信仰家》、《コチコチの信心家》、こうした無礼を腹に収めるには、ヴォルテールが自分の自然宗教の必要性をしっかりと納得しておくことが必要だった。だが啓蒙的見解をもって前進した少数派の目には、ヴォルテールが時代遅れの化石としか映らなかった事実は、この時代、勝利を収めつつある無神論を前にした理神論の衰退を物語っていた。教会が数世紀にわたって築きあげてきた教義によるあらゆる防御策を神の存在から奪い去ってもなお神の存在にしがみつくことは、神の存在を弱体化し、未来を担うのは自分だと考えられるようになった無神論的唯物論からの直接の攻撃にさらすことなのである。

第十三章　無神論的唯物論の表明

無神論者の陰謀という神話

一七五九年からすでに、弁護士ジョリ・ド・フルーリは、エルヴェシウスの著書『精神論』の弁護をしながら、「唯物論の支持を目的とし、独立や習俗の退廃を吹き込むために考案された計画や組織された結社が存在することを、人に隠しておいてよいのだろうか」、と疑問を呈していた。無神論者の陰謀という思惑が世間に向けて放たれたのだ。幾人ものアンチフィロゾフの立場の著者によって指摘されてきたこの陰謀は一七七〇年、ドルバックの『自然の体系』が出た年に新たな高まりを見せる。ただちに大法官セギエは高等法院を前にして、こう宣言した。

われわれのなかに不敬、不敵の党派が生まれた。この党派はその誤った知を哲学の名で飾り、その壮麗なる外観のもとにあらゆる知識を所有していると称した。この一派の者たちは、人類の指導者として立ち上がった。《思想の自由》、これが彼らの叫びであり、またこの叫びが世界の隅々に響きわたった。片方の手で、彼ら

は玉座を揺るがそうとし、もう一方の手で彼らは祭壇を転覆しようとした。彼らの目的は信仰を根絶やしにすることであり、宗教制度、市民制度に関して、人間精神に別のやり方をさせることである。そしていわば革命が執行されたのだ。彼らの新たな仲間は数を増し、その格言が広まった。王国は、その古き礎《いしずえ》が揺らいでいる。(1)

かくして、宗教を排除し、無神論的唯物論を吹き込むことを目的とし、文化を覆す具体的な秘密の企てが存在することになった。陰謀の中核は《ドルバック党》、あるいはルソーの表現に従えば《ドルバックの徒党》であり、彼らはサン゠トノレ通りの男爵のサロンやグランヴァルの屋敷に集まった。周知のように、ここから男爵自身の手で数多くの無神論文書が編集され、発行され、それがさらに古今の唯物論的著作の翻訳の広範な企画を促すことになった。

当然のことだが、こうした陰謀説は批判を引き起こさずにはいなかった。フリーメーソンの陰謀、あるいはユダヤ人の陰謀同様、唯物論者の陰謀など存在しなかった。アラン・チャールズ・コースの研究書はそのことを十分に示している。(2) リーダー、密会場所、メンバーを誰もが承知していた陰謀説など真面目なものとは思えなかった。くわえてドルバックのサロンはきわめて幅広いものだった。きわめて進取な気風の持ち主もいて、その多くはレーナル、ガリアーニ、モルレのような神父たちだが、ときには啓蒙の敵手ベルジエ神父も顔を出せば、穏健な思想の持ち主やアカデミー会員、徴税請負人、さらには警察の密偵もいた。このサロンが他のものに比べて優れているのは、セギエや他の聖職者たちからはひどく顰蹙を買ったが、何にもまして思想の自由を実践している点にあった。サロンでは、あらゆる領域での大胆な発言が聞かれた。もっとも、これらの優れた精神の持ち主たちは社会的には体制順応主義者だった。

厄介な状況であり、やがて生真面目なロベスピエールから痛烈な批判を浴びることになる。

この一派は、政治の問題ではいつでも民衆の権利以下にとどまり、道徳の問題では宗教的偏見の破壊のさらに上を行く。その主導者たちは専制主義を糾弾しておいて、専制君主の食客になっている。彼らはときには宮廷に反対する書物を、ときには廷臣たちへの献辞を作り出す。彼らは自分の書物を誇りながら、控えの間では平伏するのだ。(3)

ダニエル・ロシュの定式に従えば、この「結果として体制順応主義を生き、同時に大胆にものを考える意識の二重性」(4)を、どう解釈すべきだろうか。こうした外見上の二面性は、権力が言語を二枚舌的に用いていることと結びつけてはじめて理解可能となる。権力は、サロンのいくつかの抗議にはまったく寛容の態度を示しておいて、公式には禁書処分にし、検閲を行うが、著者にはまったく手も触れず、書店や小売人を逮捕する。ドルバックのサロンは、唯物論のショーウインドウだったが、黙認され、監督下におかれ、たがをはめられ、そこにはいくつかの批判的表現があっても、世俗精神によってその辛辣さが弱められる一種の安全弁だった。

だからといって世論に映るのは、無神論的唯物論の著作が数を増したおかげで、解釈やら反発やらを引き起こし始めている事態だった。というのも、かつて一度もそうした見解がこれほど大量に、これほどおおっぴらに発信されたことはなかったからである。言葉遣いに気をつけ、仮装をし、言葉の二重の意味をもてあそぶゲームは終わった。たしかにそれは十六世紀来、この種の文学に付きものだった。これからは唯物論者、無神論者という肩書きが求められた。《唯物論者》の用語は一七〇二年にさかのぼり、しだい

に辞書に採録されるようになる。トレヴー辞典は、一七五二年に次のような悪意に満ちた定義をあたえる。「危険な教説であり、それに基づいて幾人かの哲学者は、哲学者という名にも値しないが、すべてが物質であると主張し、魂の不死を否定する」。一七六二年のアカデミー辞典は中立的で、「物質以外の実態を認めない人々の見解」と記した。

もっとも自分の立場を擁護しようとする者たちは、あまりにも論争的すぎると考えられ、すでにかなりの侮蔑的な意味合いを持たされていた《唯物論》という用語はほとんど使わなかった。この語はそれ以上に反対者たちによって、非難、さらには侮蔑的言辞として、さらには長い間それに《粗野な》というあざけりを表す形容詞を伴って使われた。ドルバックは、そのことをくり返し記している。「唯物論は人間をただの機械にしてしまうと、われわれは非難される。これはすべての人類にとって不名誉なことと判断されたのだ」。「唯物論は、世間の噂では、人間の品位を落とすお話にならない体系であり、人間を獣の列に貶める」。さらに好んで使われた用語は、運命論、自然主義、必然の体系であり、とりわけ無神論だった。

唯物論の起源と一般的特徴

啓蒙の唯物論は近年の優れた研究の対象となり、この研究によってその一般的特徴が明らかになった(5)。先行する無神論の諸形態との結びつきは、否定しがたかったが、それは間接的なものだった。ガサンディについては、もうほとんど読まれていなかったし、原子論についての命題のいくつかが残されていただけだった。ホッブズは時たま使われたが、その政治的絶対主義が理由だった。スピノザはずっと好意的に見られたが、それもスピノザの著作が巻き起こした論争を通じて知られる、という具合だった。デカルトは、その形而上学的ドグマティズムのおかげでいくぶん信用を失墜していたが、弟子のフォントネルやマール

ブランシュはまだアイデアを供給していた。ロックの感覚論が、認識論の一般的枠組みを提供した。われわれの観念はすべて感覚に由来するとしたが、それが概念そのものに対するある種の懐疑論を動機づけるものとなった。つまり、人間精神が持つ知識は現象で停止してしまう。それ以外のものは抽象的概念であり、それは外観を了解可能とするための形式論理に依存する。これは唯名論への回帰だった。そしてその最初の犠牲者は言うまでもなく宗教的知識だった。なぜなら、もしわたしたちの抱くすべての観念が感覚に由来するのであれば、超越的なものに関するすべての知識は排除されるからである。

啓蒙の唯物論におけるリベルタン的遺産も無視しがたいものである。[6] オリヴィエ・ブロックが示すように、十七世紀のリベルタンをめぐる論争は、実際文献学上の宝庫だった。メルセンヌは危険を察知して、はじめ一六三二年の『創世記においてしばしば登場する諸問題』に収めていた不敬の著作リストを自分で削除してしまった。一六六二年にギィ・パタンは、ノーデが読んだ著作を数え上げた。つまり、唯物論者たちは大部分同じ泉で渇きを癒していたというわけだ。幾人もの司教座聖堂参事会員の書棚から実物が見つかった、一七五四年刊行の『人をおおいに笑わせる術』は、「もっとも有名で、刊本であれ手書き本であれ、不信仰に味方し、読めば弱い精神にとって危険なものとなる書物の概要」を掲載していたが、そこにはデモクリトスからメリエにいたる名前が掲げられ、途中にはホッブズやスピノザの名も見られた。

リベルタンに関しては、ある者たちは隠匿という古くさいこだわりを依然として持ったままだった。匿名や偽名の書、偽の刊行年や偽の刊行地、あらゆる逃げ道が用意された。たとえばウートヴィル神父の『事実により証明された宗教』では宗教擁護の論陣が張られたが、意図的に反論よりも劣った議論が展開された。また『不信仰について、不信仰者たちにキリスト教を遺棄させる根拠の検討』は終始無神論の告発だったが、『生と死の同一性』におけるのと同様に、内容は完璧に無神論的だった。こうした予防策は

世紀末まで見られた。というのも、一七九五年になってもまだ、自著『あらゆる礼拝の起源』で無神論は明白だったのに、デュピュイは次のようなどのようにもとれる序文を書いていたからである。「神、あるいは至高にして、生命があり、知性を備え、この上なく力があり、永遠で、人間には理解不能な原因は存在するのだろうか。それこそ、わたしが検討することではないし、検討することは無用であるとわたしは思う」。とはいえ、こうした予防策は一七五〇年代からはきわめて稀になった。著者たちは、広い範囲で自分たちの思想を伝え、一般化させようとして、直接またときにはプロパガンダじみた調子で自分の思想を表明したからである。

あれほどリベルタンの特徴だったエリート主義は、その必然的帰結である個人主義や冷笑主義ともども消えることはなかった。知識人、アカデミー会員、碩学、本の虫だった著者たちは、幾人かの例外を除いて民衆を軽蔑した。それでも、読者の輪は広がった。ドルバックによれば、今訴えかけなければならないのは、無用な寄生虫である王族と哲学の教えを受ける能力のない庶民のあいだに位置する、「文字を読み、自分の頭でものを考える人々」、つまりはブルジョワジーに対してだった。

かくして、すべての作家は国民の中間域を視野に入れねばならない。彼らは書物を読み、良き秩序に関心を抱き、身分の高い者と低い者とのあいだで、いわば釣り合いのとれた中間層をなしている。国民のうちで本を読み、ものを考える人々はもっとも怖れる必要のない人々である。大変動は狂信家、大野心家、聖職者、兵隊、愚かな庶民たちによってもたらされるが、彼らはものを読まず、理性を働かせない。(7)

無神論思想の有効な伝播には、政府の働きが不可欠だったが、これが政治問題を引き起こし、同時に教

会と結びついた絶対主義との闘いを正当化する。けれども、啓蒙専制君主制は、それほど解決にならない。ドルバック男爵は、こう指摘する。「専制主義は、一個の統治形態と見なすことはできない。それは当然のことながらあらゆる形態の不在、あらゆる法令の欠如である」。

啓蒙の唯物論の核心的テーゼは、もちろん厳格な一元論の肯定にあった。唯一の実在、物質が存在し、それが運動を備え、そのさまざまな結合が、生命のないもの、生命のあるもの、思考するものからなる宇宙のあらゆる外観を整える。最大の問題は、物質がこれらの諸形態をどのように生み出すかを説明することだった。生理学的・化学的・物理学的といった複数のモデルが対立していたが、一般的な傾向は機械論的というよりも生気論的だった。人間が、論争の中心にいた。もはや思考する実体としてではなく、むしろ組織された物質としてであり、良いものなのか、悪いものなのか決めかねていた自然のなかに置かれていたが、このことが道徳的問題を提起した。それは、こうだった。唯物論者たちは価値に関わるあらゆる超越の観念、あらゆる神なるものの観念を拒否し、《聖職者のペテン》に起因する宗教現象の正体を暴こうとした。道徳的価値には、ある者はたとえばラ・メトリのようにどちらかといえば個人的側面、他の者はエルヴェシウスやドルバックのように集団的側面を強調するという違いはあるが、幸福という個人的な欲求を一般的利益の充足と一致させる、功利主義的な基礎以外は持ち合わせていなかった。

どちらもともに、コンディヤック、その《感性の変成》理論に多くを負っていた。この理論によると、あらゆる認知機能は感覚に由来し、だんだんと複雑なシステムを積み重ね、最後にはもっとも抽象的な数学システムへといたる。精神の遺伝学的な理論を入念に仕上げながら、コンディヤックは、もっとも高度なものも含めて精神的なものの基盤を物体のなかに定着させた。コンディヤックは依然として、物質とは区別された神の原理を保持していたが、この神はほとんど亡霊にすぎなかった[8]。

こうした一般的な考え方から出発して、それぞれの著者は、そのオリジナリティーを発揮した。見解の多様性は運動の内部でときには深刻なものとなったが、それは未熟さゆえの欠点でもあった。論証の代わりを果たす恐れがあり、科学的・心理的基盤の不十分さを覆い隠す情熱がそれだった。断固とした口調は、ときには極度に問題を単純化し、そのために唯物論がそのなかで醸成されていた論争の雰囲気を悪化させた。そのことから、十九世紀の思想家が、無神論者までもが自分たちの先駆者に注いだ侮蔑の眼差しが説明される。たとえば、ヴィクトール・クーザンは唯物論の重要性を最小限に抑えた。[9] そしてヘーゲルは、あらゆるものを自分の体系に取り込んだが、啓蒙の唯物論は多かれ少なかれ経験論やスピノザ主義に解消された。[10] マルクスやエンゲルスは、この唯物論にほとんど余地をあたえず、機械論に還元した。[11] ランゲは、啓蒙の唯物論をコンディヤックの感覚論の発展過程の偶然の産物とした。[12] 要するに、啓蒙の唯物論は単に歴史的な関心の対象でしかなく、哲学の知識に大したものはもたらさなかったことになる。これはおそらく、多分に幾人かの思想家の過激に走った命題の評判の悪さに基づく不当な評価であろう。注目される人物を幾人か簡単に検討することで、この運動の豊かさを再構成することが可能となるだろう。

懐疑論的無神論(ダランベール)と実践的無神論(エルヴェシウス)

たとえば、雑文家ジャン゠ルイ・カラ(一七四二―九三)、詩人アンドレ・シェニエ(一七六二―九四)、医師ピエール゠ジャン・カバニス(一七五七―一八〇八)、やがて元老院議員となるデステュット・ド・トラシー(一七五四―一八三六)、カプチン会修道士で軍人となるジャン゠アンリ・モベール・ド・グーヴェ(一七二一―六七)、ディドロやドルバックの友人ジャン゠アンドレ・ネージョン(一七三八―一八一〇)、一七五七年に罷免され、その後はオルムの城館に引きこもり、そこが破壊思想の巣窟と化したマルク゠ル

ネ・ド・ヴォワイエ・ダルジャンソン（一七二二―一八二〇）、やがて元老院議員となり、確かな医学知識の持ち主だったヴォルネー（一七五七―一八二〇）などの幾人かが無神論に関わりを持つのは、その著作のごく限られた側面でしかないか、あるいは後になってしか認められない面においてでしかなかった。だがこの簡単なリストからも、影響を受けた職業分野の多彩さ、そしてブルジョワや貴族の優位性が認められる。それ以外の著名人については、その無神論の不確実な性格から、ここではあまり足を止めないことにしよう。たとえばビュフォンがその例で、ディドロはビュフォンの人物像をこう書き留めている。

彼らの不寛容は、誠実さを強制し、哲学に道化の衣装をまとわせた。だから、後世の人は、自分にはわけの分からない彼らの矛盾に驚いて、その本当の考えについては態度を決めかねるしかなくなるだろう。ビュフォンは、ここでは唯物論者たちのあらゆる原理を提出し、あそこではまったく逆の命題を差し出すのだ。

ビュフォンほど有名ではないがやはり立場がはっきりしないのがブルターニュ地方レンヌ出身の雑文家、ジャン＝バティスト＝ルネ・ロビネ（一七三五―一八〇二）であり、一七六一年のロビネの論文『自然について』は、たとえば一七六二年七月一日の『ジュルナル・アンシクロペディック』の評者のように、これを解説しようとする人々を当惑させた。

この作品は、自然の秘密を詳説するとの名目で宗教の謎を根底から解き明かすために書かれたと思われ、われわれにはその意図が果たされているように思われるが、また別の人々は著者のことを無神論者だ、唯物論者だと非難することだろう。しかしながら、あまりにも軽々しくそうした名前で呼ぶことは慎まなければなら

ない。この作品のなかには、著者がキリスト教徒であることを証拠立てると思われる箇所が含まれている。［…］もっとも鋭敏な読者は、著者の宗教について疑問を抱くことだろう。それを証明する箇所は短く、まれで、逆に不愉快な結果を導くことができる箇所は多岐にわたり、数も多いからである。

この本は、実際には検閲の脅威を理由にしてまだ幾人かの唯物論者がまとっていた曖昧さの典型であった。しかし、やり方は間違ってはいなかった。無神論者の議論に反論しようとすると、書き手は、読者が説明してもらう必要がないほどその誤りが明白であると言うか、そうなれば無駄足になるのだがすでに他の機会に反論したものであると言うか、さらには反論をより深いものにする必要があると言うかであるが、この場合は当の議論をさらに強固なものにすることになるからである。くわえて本書の編者は、この作品に見られる誤りはおのずと自滅し、したがって本書を読まれて真理をより強固なものとすることが有益である、とあとがきに記している。ロビネは神をとっておいた。だがそれはエピクロス流の神であって、不在の神、名前しかない神だった。そうはいっても、一七七八年前後には、ロビネは宗教の立場に戻り、さらには検閲官になるのである[13]。

もっとも有名な人々もこうした躊躇を免れなかった。慎重派のモデル、ダランベールは一七六四年にロシアの女帝にこう書いている。「皇后陛下から励ましのお言葉を賜りましたのですから、愚か者たちのごうごうたる非難もものともいたしません。愚か者たちは大声を上げることしかいたしませんし、不幸にも彼らの大部分は権力を手中にはしておりませんから」。一七七〇年にドルバックの『自然の体系』が公刊されたとき、ダランベールは、信仰への正面攻撃に批判を加えた。ダランベールによれば、これは戦術的な誤りだった。反対に「繊細さと忍耐を用い、間接的にそしてそんなことは考えてもいないそぶりで誤り

を批判する」必要があり、「家に大砲を向ける」ことは避けなければならなかった。「家を守ろうとする人々は、窓という窓から銃を雨あられと撃つからだった」。くわえて、そのときダランベールはドルバックのサロンに足を運ぶのをやめるのである。

ダランベールの内に秘められた思想とはどんなものだったのだろうか。ある時期には、理神論風なもの言いを採用し、いずれにしてもイエス＝キリストは「一種の哲学者」であると書き、聖職者や迫害を嫌い、「キリスト教はその始めには混じりけのない理神論に他ならなかった」と書いた。すべてを変えたのが、聖パウロだった。

したがって、キリスト教を原初の状態に立ち返らせることが、人類におおいに貢献することになるだろう、とわたしは考える。報酬者であり、報復者であり、迷信に劫罰をあたえ、不寛容を嫌い、互いに愛し合い、支え合う人々の側からの礼拝だけを求める神を人々に説くだけに限らなければならない(14)。

また別の機会には、ダランベールはスピノザ主義者を自称した。結局は、自分からヴォルテールに書いているように、ダランベールは懐疑論者だったように思われる。「神かけて誓いますが、理性派のあのあらゆる形而上学の闇のなかで、わたしには懐疑論しか見つけられませんでした。物質についてであれ、他の何についてであれ、わたしには判明な観念も、ましてや完璧な観念などもありません」。結局、正しいのはモンテーニュだった。

したがってわれわれは、世界の最良の意思によって、いずれにせよ宇宙のなかに物質的で有限で従属的な

神のみを認識し、承認することを余儀なくされるのです。それが神の意図であるかは分かりませんが、神の存在の熱心な支持者たちの意図するところでないことは確かです。もっとも彼らでも、われわれが無神論者やスピノザ主義者に対するのと同じようにわれわれを愛してくれるでしょう。彼らを和らげるには、懐疑論者となりましょう。そしてモンテーニュとともに、《わたしは何を知っているか？》とくり返しましょう。(15)

クロード＝アドリアン・エルヴェシウス（一七一五—七一）には、こうしたためらいはなかったし、その無神論的唯物論のアプローチには思弁的なものは何もなかった。この世紀でもっとも反響を呼んだ著作のひとつ、『精神論』（一七五八年）でエルヴェシウスが問題に取り組んだのは実践的な観点、道徳の視点からだった。その形式は意表を突くもので、さまざまなアイデアがあちこちに分散していたが、その背後にたどたどしくはあったがなんとか理を尽くそうという意思が秘められていた。注記をうまく使うことで、おそらくはいくぶん無気力だった検閲官の監視の目をごまかすことができた。しかしそれだからといって、世間の顰蹙を買うのは避けられず、雪崩のような非難を引き起こし、ついには屈辱的な取り消しを迫られた。それに対するエルヴェシウスの対応は、一七七二年の遺作、『人間論、その知的機能とその教育について』に見られる。弁護士ジョリ・ド・フルーリによれば、『精神論』は「もっとも恥ずべき、もっとも低劣な情念の法典であり、唯物論と無宗教がキリスト教とカトリック信仰への憎悪を吹き込むために口にできるすべてのことの弁明の書」だった。実際には、エルヴェシウスは神の存在の問題にはほとんど触れず、反自然的であり、この世の事象への侮蔑の念を鼓舞し、幸福に反対すると非難して、宗教の制度的・道徳的役割に攻撃を集中させた。宗教道徳は人間性を失わせるものであり、たとえば南米のカリブ人やマリアナ人、ペルーのチリグアノ族、アフリカのジャガ族のような無神論を奉ずる人々の存在は、そうした

道徳が社会にとっても、個人の徳にとっても必要ではないことを証明しているのだ。同書の内容は、ディドロによって以下のような四つの逆説にまとめられた。

感性は物質の一般的属性である。知覚し、推論し、判断する、これが感じることである。第一の逆説。［…］絶対的な正義も不正義もない。一般的利害が才能の尺度であり、徳の本質である。第二の逆説。［…］人間のあいだの違いを生み出すのは教育であって、身体組織ではない。そして人間は自然の手を離れるとき、誰もがほとんど同様に何にでもなれるように生まれてくる。第三の逆説。［…］情念の最終目標は自然学的な善である。第四の逆説。(16)

したがって宗教が非難されたのは、とりわけ宗教がもたらす実存的な帰結に関してだった。

人間機械論から当たり前の無神論へ

医師のジュリアン・オフレー・ド・ラ・メトリ（一七〇九—五一）のアプローチはまったく別物だった。この実験的手法と機械医学の祖だったブールハーフェの弟子は、エルヴェシウス同様『魂の自然史』（一七四五年）以来世間の顰蹙を買う運命にあった。さらにライデンに亡命し、そこで一七四七年に『人間機械論』を公刊したが、このうえなく挑発的な題名だった。非難があまりにも激しかったため、ラ・メトリはさらに遠くベルリンまで逃げなければならなかったが、そこでフリードリヒ大王に伺候していたモーペルテュイやヴォルテールのところに足繁く通った。それでもラ・メトリは同じ路線を頑なに守り、さらには『人間植物論』（一七四八年）、『反セネカ論』（一七四八年）、『機械を凌ぐ動物論』（一七五〇年）、『エピ

クロスの体系』（一七五〇年）、『享楽術』（一七五一年）と論文を発表して、その態度を硬化させた。ダランベールの慎重さとは逆に、ラ・メトリは挑発者として唯物論や無神論を隠すどころか、それが自分の立場であるとして、こう主張した。「哲学者としてものを書くこと、それは唯物論を教えることなのだ。どうだ。何か不都合でもあるというのか。この唯物論は根拠がはっきりしているのだから、そしてもっとも偉大な哲学者や医師のあらゆる観察と実験の明白な結果なのだから[17]」。

ラ・メトリの唯物論の体系は首尾一貫した全面的なものだったが、それは人間に関する経験的・医学的研究から引き出された断定命題に依拠していた。つまり、「人間の身体はそれ自体バネを備えた一個の機械である」。だがこの機械は、極度に複雑で、生命、感情、思考を生み出すことができた。そしてデカルト主義者たちは重大な過ちをおかした。「彼らは、まるでそれを自分の目で見、きちんと計算したかのように、人間のなかに二つの実体を認めた」。ラ・メトリは長い論証から、それとは逆に次のような結論へと導かれた。「したがって思い切って、人間は機械だと、そして宇宙のなかにはさまざまに変容したただひとつの実体があるだけだ、と結論しよう」。

この事実がもたらす道徳的帰結は、重大なものだった。徳や他者への愛を打ち壊すどころか、人間＝機械という考え方はわれわれをわれわれの同胞に近づけるものだったが、冷酷だと非難されずにはおかなかった。しかし、われわれが機械であると知ることは、われわれの虚栄心を抑えつけ、他人をよりいっそう理解できるように手助けしてくれる。「なぜわたしが人間に多少の尊敬を抱いているかご存じですかな。それというのも、わたしは心から人間を機械だと思っているからです。それとは反対のことを仮定すれば、社会が評価に値するとはほとんど考えられないのです。唯物論は、人間嫌いの対極に位置するのです」。人間＝機械の道徳は自然に基づき、ただひとつの目的を持つ。各人の幸福を保証することである。それに

対して宗教に由来する社会道徳は、統治者たちの利益を表明するにすぎず、秩序を維持することだけを目的とする。宗教は聖職者がわれわれに課したものであって、彼らは二千年以上も前の古いいくつかのテキストを除けば、なんの根拠もない真理を押しつけ、しかもそれは神に由来するとわれわれに向かって断言する。

聖職者たちは、見事で雄弁な説教に尾ひれをつけるにぴったりのあれこれの約束を口にし、人々の精神を焚きつける。彼らは、理性を働かせる苦労をまったくせずに、自分たちが引き合いに出すことは何もかも証明してみせる。要するに彼らは、神のみぞ知るなにやら聖書の外典らしき怪しげな権威を人が信じることを望み、この権威の雷が、もっとも理性に逆らうものを盲目的に信じようとはしないだけの分別を備えた人は誰であれ打ち砕き粉塵に帰すことを望んでいるのだ(18)。

真の道徳は自然の道徳であり、自然はわれわれをして欲求の充足のうちに幸福を求めるよう促す。人生を愛し、人生を享受する、それがラ・メトリが提案する快楽主義者の理想である。これは、ほかの大部分の唯物論者の意向ではなかった。無神論、それこそ反道徳主義だと主張する人々に、ラ・メトリが攻撃の武器をあたえてしまうことを彼らは心配した。ドルバックは、ラ・メトリのことを「本物の狂気に取り憑かれた者」と呼び、「放蕩と習俗の乱れを説いた」連中にくわえて引き合いに出す。ディドロもまたまったく不公正であり、ラ・メトリを「判断力を欠いた著者で、〔…〕極悪人が罪を、堕落した者が悪徳を犯しても安心させてやることだけに心を砕いているようであり、そのおおざっぱだが危険な屁理屈からは〔…〕道徳の基礎についての初歩的な考えさえ持ち合わせていないもの書きの姿を浮かび上がる(19)」。

これこそがまたしても、ラ・メトリがその特例だったが、十八世紀の無神論的唯物論者たちの運動に統一が欠如していることの好例だった。たとえばもうひとりの非妥協的な唯物論者、モーペルテュイと比べれば、ラ・メトリは人間精神の埒外にある問題に関する思弁をほとんど問題視していなかった。「もののごとの起原にさかのぼることは、われわれには絶対に不可能である。さらに物質が永遠であるかそれとも創造されたかということ、神が存在するかそれとも存在しないかということは、われわれの心の平安にとってどうでもいいことである。終わりまで行ったところで知ることもできないこと、われわれをさらに幸せにするものでもないことで、あんなにも悩むとは、なんという狂気だ」とラ・メトリは言う。

同様に一七八八年に碑文アカデミー会員、やがて国民議会議員となる弁護士のシャルル＝フランソワ・デュピュイ（一七四二―一八〇九）にも思弁の影はない。デュピュイは一七九五年に『すべての礼拝の起源あるいは普遍的宗教』を公刊し、一七九八年には『すべての礼拝の起源の要約』が出版され、好評を博した。そこでデュピュイは自分の唯物論を自然の景観のうえに基礎づけたが、自然の頂にはこう記されていた。「わたしは、現在、過去、未来にわたって存在するものである。死すべき者はいまだかつて何人といえどもわたしを覆うヴェールをうがった者はいない」。誰も宇宙の誕生を目にした者はない。それであれば、なぜ因果の無限系列にすがり、物質に関する霊的原因という当てにならないものにかかずらうのか。

土木技師、『百科全書』の協力者、『暴露された古代ギリシア・ローマ』の著者、ニコラ＝アントワーヌ・ブーランジェ（一七二二―一七五九）が、自然の大災害が人間精神に及ぼす印象によって宗教の起源を説明し、自分なりの無神論の探求に努めたのはやはり自然の景観という面においてだった。

たとえば高等法院の弁護士、マザリンヌ図書館の副司書だったが、暦の日付に当てられた聖人の名前を著名人のそれに置き換えた『清廉人暦』を公刊したために一七八四年に解雇され、一七八八年には投獄さ

れたシルヴァン・マレシャル（一七五〇―一八〇三）のケースでは、やはり自信たっぷりの実践的無神論を見ることができる。マレシャルは、その『神についての道徳詩』で、こんな具合に形而上学の問題を無視する。

宇宙は原因、宇宙の外に何もなし
宇宙を祭壇に祭り上げるは、宇宙を暗くせんと望むこと
哀しいかな、われらはむなしくそれを知ろうと求める。
［…］
あるいは神は存在し、あるいは神の存在は
われらの知性にとっては禁断の果実か。

一七八一年にマレシャルはルクレティウスの仏訳を公刊したが、これは今日でも無神論者の参照に耐えるものとなっている。そのなかで、マレシャルは創世記の次のようなパロディーを引き合いに出す。

人間は、《神を作ろう、われわれの似姿であるように》と言った。
神は作られた、そして作り手はその作品を崇めるようになる。

神はその役割を果たした。それはもはや人間が姿を変えた似姿ではなかった。民衆の服従を確保するために、まだ神を信じることが必要だと思う人々に対して、マレシャルは激しく抗議する。「まっとうな軽

罪裁判所があれば、足りるだろう」、そして「聖職者の秘密警察には、密偵の熱心な見張り程度の価値もまるでありはしない」。

人は、民衆のために神を要求する。民衆は自分の主人に従順になることを学ぶために神を必要とする。また主人たちは自分の行政を軽減するための神なしには済ませない。それには、こう答えよう。支配される者にとっても、また支配する者にとっても神は必要ない。神は前者にはもうほとんど影響することはなくなっている。神は民衆に暴政をふるう者たちに対する抑制とはなりえないことが分からないほど、民衆は野蛮ではない。

ただし、一〇〇万人のうち自分の信仰を理性のはかりにかける人はおそらく五〇人にもならない。民衆は言葉を聞いただけで信仰を受け容れる。祖先がそうだったら無神論者になるのと同じように、民衆はカトリックである。神は、役に立つどころか、邪魔になっているのだが、息子は父から、父は祖父から受け継ぐという理由で、家族のなかで手から手へと伝えられ、細心の注意を払って守られる古い家具に似ている。[20]

「無知で犯罪者」で、たえず宗教の作り話を振りまき、そうしたことすべてが嘘だということを確実に知っているにもかかわらず、そうする聖職者は格別に憎むべき存在である。

聖職者は、母親を盲目にし、娘たちを抱き込み、
もっと慧眼な息子たちの場合は、その精神を発育不全にし、
そうやっておきながら、自分は祭壇の裏側でつばを吐き、ほくそえむ。[21]

一八〇〇年に、シルヴァン・マレシャルは『無神論者辞典』をパリで出版する。その冒頭に、マレシャルは「無神論者とは何か」と題した巻頭言を掲げる。ある意味では、このテキストは無神論の歴史の時代を画するものである。というのも、ここではじめて、無神論が当たり前のこととして姿を現したからである。それはもはや、挑発的なリベルタン、用心深い碩学、曖昧な知識人、追いつめられた反抗者、人を蔑む大貴族、二つの顔を持つ司祭、懐疑論的だったり独断論的であったりする哲学者ではなかった。そうではないのだ。今から二世紀前に生まれたマレシャルの無神論者は、人並みで、単純で、徳を備え、自然で、慎ましく、賢明で、自由で、健全で、他人にあたえる教訓など持ち合わせず、それを他人から受け取るつもりもないひとりの人間である。善良な市民であり、とはいえ厄介事からは距離を置き、権利と義務とを尊重する。無神論者、それは自分の信条を楯にとることもなく、社会のなかで毅然として暮らし、自分のものとは異なる見解を抱く他人とも肩を並べる者の意味である。無神論者は社会の諸悪と悪しき諸制度を嘆くが、それには従う。マレシャルの無神論者は観念した者であって、もう世界の変革を求めようとはしない。先輩のバブーフ主義者たちによる一七九六年の失敗が、いくぶん哀しげなこの肖像画に表されていない。無神論者は死以外に待つものはないことを知りながらも、人生を生きる。それは賢者の生き方だった。だがその知恵の条件とは、問いを立てないことである。それが実践的無神論者であり、当時の人であればそうした人物をたくさん目にすることができた。そしてこの点においても、マレシャルの肖像画は時代を画するものだった。マレシャルが描き出したのは、信仰のことなど考えることすらせずに、不信仰を生きるごく当たり前な数百万の市民だった。無神論者はもはや、人の好奇心を惹く例外ではなくなっていた。

この肖像画には、もうひとつ興味深い特徴があった。マレシャルは、この日常的になった無神論を「神

なるものの存在を疑わなかった幸福な時代」への回帰として紹介した。言い換えるなら、わたしたちの当初の図式に従えば前知性的で、自然との十全とした調和のうちにある神話意識への、前宗教的であり、したがって前無神論的な段階への回帰である。もちろん、むなしい回帰だった。心理学の分野でも、心性の分野でも、また信仰の分野でもけっして後へ戻ることはできず、過去は消し去ることができない。否定はされても、過去はたえず存在し、全体重をかけて現在にのしかかる。マレシャルの無神論者は、ある意味で当代世界の諸々の闘争を免れることができると思い込む幻想である。

だがこうしてマレシャルは、自由思想家たちが具現しようと努めたモデルのひとつを定式化するのであり、それは過去二世紀にわたる無神論の諸側面のひとつの反映である。だからこそ、かなり長いものだが、「本当の無神論者の肖像」を以下に掲げる意義があると言えよう。

《無神論者とは何か?》(シルヴァン・マレシャル、一八〇〇年)

だからどうだと言うのだ。真の無神論者とは、あの黄金時代の人間である。無神論者は、自省し、本人の意志に反してあるいは本人の知らないうちにつなぎとめられた絆から自由となり、人類のあの太古の状態に文明を経めぐりながら溯り、自分の周囲のあらゆる色合いの偏見を盗み取り、そして神なるものの存在を疑いもしなかった幸せな時代、幸せだと思えた時代、家族として務めを果たすだけで幸せになれた時代にできる限り接近する者のことだ。無神論者は、自然人なのだ。

とはいえ、今日ではより複雑になり、より狭くなった球体のうえに立たされて、無神論者は市民としての務めを果たし、必然の命令に身をゆだねる。政治制度の醜悪な土台のうえで呻吟し、かくも悪しくこの制度を

組織した者たちに侮蔑の眼差しを注ぐのだが、無神論者は自分が属する公的秩序に従う。しかし、無神論者が一党のあるいは世論の領袖となる姿は見られない。人の役に立つ輝く仕事に導く大道で、人が無神論者に出会うこともない。自分が立てた原理に導かれて、風俗の退廃に曝され、あるいは退廃をもたらす同時代人のただなかで無神論者は暮らす。それはまるで汚染された砂浜を横切りながら、爬虫類の毒から身を守ろうとしている旅人のようだ。無神論者がこの状態から解放されるのは、蛇たちのシューシューという音が耳を聾するほどになったときだ。無神論者はこれら悪をなす生き物たちのあいだを歩むが、そのものたちの楽しげに這いまわる仕草を真似ることもない。

したがって真の無神論者は、エピクロス主義者の振りはするが実のところ、《神は存在しない、だから道徳は存在しない、だからすべてがわたしに許される可能性がある》とやつれきった自分の心のうちで怖れるところなくつぶやく放蕩者にすぎないような、そんな遊蕩者ではない。

真の無神論者は、神という幻想《キマイラ》が、民衆である人間に課すためにでっちあげられたものだと知りながら、自分ではそれを軽蔑するこの神の名で、民衆を操る国事に関わる者ではない。

真の無神論者は、偽善者で、征服への道を開くために、国民が信奉する礼拝の守護者として国民を服従させているのだと国民に告げ、親しい者たちに囲まれると国民の信じやすさをもの笑いの種にする英雄たちの数には加わらない。

真の無神論者は、聖職者の欺瞞という消しがたい性格によって長い年月汚され、この汚らわしい職業が儲かるものであることをやめるや、衣装を変え、意見を変え、破廉恥にも自分が迫害した聖人たちの列に加わろうとする邪な輩ではない。

真の無神論者は、出会った宗教のしるしすべてを辻々で焼き尽くしながら歩み、本能しか持ち合わせてい

ない平民に理性の崇拝を説教する悪魔憑きではない。

真の無神論者は、声を荒げて考え方の使い道をあざ笑い、自分が乗る馬や手なずけた女のように暮らす輩の一員ではない。

真の無神論者は、むろん学者社会の椅子に安住する一党ではない。彼らはたえず良心を欺き、自分の考えを偽り、哲学の公明正大な歩みを遅らせるのが正しいことだと認めては、くだらない個人的利益に、あるいは哀れむべき政治的配慮に与するのだ。

真の無神論者は、この世で自分だけが無神論者であってほしいと願い、大多数が無神論になったら、無神論であることをやめてしますような慢心した半可通ではない。奇をてらう悪癖がこうした輩にあっては啓蒙の哲学に取って代わる。自尊心が、自分の神なのだ。そうなっても神がこの者にだけとっておくのは理性の光で、それに耳を傾けることしかできない。そして残余の人間はそれに値しないというわけだ。

真の無神論者は、悪い考えだからと、自分の見解に赤面する、小心翼々とした、無気力な主義を奉ずるだけの哲学者、真理の友ではあっても卑怯者であるために、真理に従うよりも、真理を危うくする哲学者ではない。この者が寺院に足繁く通っているのが見かけられるが、それは不敬虔の疑いをかけられて自分の箔を落とさないためである。こんな輩は用心深さを通り越して小心さが習わしとなった利己主義者であり、太古の偏見の一掃はいつでも時期尚早に思えてしまう。神のことは怖れはしないが、人間は心配の種だ。自分が安全な場所で安んじて生きられるためなら、人間など宗教戦争や内乱で死んでしまえばいい、そう願う。

真の無神論者は、ごく易々と自分の想像力以外になんの手助けもなしに、世界を製造するという栄誉を一身に担ったからという理由だけで、神には目もくれないドグマティックな自然学者にはまだいたっていない。

真の無神論者は、《わたしは、神なぞひとりもいなくても、賢明でいられる》とほざきもしなければ、《嫌

だ！　神なんかひとりもいらない》とぬかしもしない。

真の無神論者は、このうえない詭弁を弄して、神の存在に反対するために理性を働かせはしない。真の無神論者は、耳目を騒がすことを良しとせず、子どもじみた虚栄心から自分の原理を公にすることなどしない、慎み深く、穏やかな哲学者である。無神論はもっとも自然に適い、もっとも単純な世界に関わることだからである。

神なるものの存在には賛成の議論も反対の議論もせずに、無神論者は自分の道をまっすぐ進み、他人が神のためにすることを自分のために行う。それは、神なるものに気に入られるためではなく、自分とうまく折り合いをつける、つまり徳を実践するためである。

誰か他人に、神にさえも服従するには自尊心が強すぎるので、無神論者は自分の良心以外からは指図を受けない。

無神論者には、守るべき宝がある。自分の幸福だ。自分を大切にする者は、自分にとって何が禁じられ、何が許されているかをわきまえ、この点では他人の助言に従ったり、他人の真似をすれば赤面することになるだろう。

無神論者は、名誉を重んずる人間である。自分の手で、自分自身の名前で作ることができる素晴らしい作品を神のせいにしなければならないことを恥辱とする。強いられた善の道に走りあるいは悪の道に逸れることも潔しとはしない。無神論者は、自分の意向で善を求め、悪を避ける。このことでは、人は無神論者に一任できる。

どれほどの素晴らしい行いが神に帰されてきたことだろう。だが、この神はそうした行いをなす偉人の心だけを自分の信条としているのだ。

もっとも完璧な無私公平こそ、無神論者の意思決定の基礎である。無神論者は、自分に権利と義務があることを承知している。もったいぶることなく権利を行使し、強制されることなく義務を履行する。秩序と正義こそ、無神論者の神であり、神に捧げるのは、ただ自由な犠牲のみである。ただひとり、賢者のみが無神論者たるに値する。(22)

これが、シルヴァン・マレシャルの要約した《無神論者》だった。

逸脱——ドイツの虚無主義的無神論とサドの無神論

シルヴァン・マレシャルの当然のごとき無神論者から、サド侯爵の先鋭化した無神論者へといたるあいだには、両者の相対立する考え方を隔てるありとあらゆる断崖絶壁が存在する。有徳な無神論は自然の善性の無条件な肯定と、自然を見習わなければならないという、典型的な形而上学的前提に依拠している。だがたまさか、自然が根本的に悪いものだったとしたらどうだろうか。この世の光景を目の当たりにして、自然をそのように思い描くことがそれほど突飛だろうか。

すでに確認したように、啓蒙期の信仰を持つ者の側でも、信仰を持たない者の側でも、ペシミズムが同じようにかなり広がっていた。だが一般的には、前者にあっては救済の約束が、後者にあっては進歩の約束があり、どちらの側にあってもペシミズムは克服されるものだった。だがそれにくわえて、約束を信じないこともできた。そうなると、展望は絶望的となる。十八世紀の複数の作家がこの道筋をたどった。しかし、そうした彼らの考えは往々闇に閉ざされ、道を逸れた。というのもそう考えると、信仰を持つ者も持たない者もともども混乱させられるからだった。この極端な絶望からの論理的帰結は、実際ニヒリズム、

人類の集団的自殺だったが、それは生命保存の本能に反していた。あらゆる格率と同じように論証は不可能だったが、生きていることは生きていないことよりもいっそう価値がある、あらゆる代価を払っても生命は虚無よりもいっそう価値がある、といった格率の背後には、この本能が影を潜めているのだ。

こうして、ドイツ啓蒙の一潮流がまるごと過激で絶望的な唯物論に転じたが、そこでは神の死に続くものは何もなかった。いかなる現世でのメシア信仰も、いかなる希望もなく、絶対的な悪である世界に期待できるものは、何もなかった。その代表者のひとりが、小説家でエッセイスト、一七七六年公刊の『ベルフェゴール』〔キリスト教における七つの大罪のひとつ「怠惰」を司る悪魔〕[23]の著者、ヨハン・カール・ヴェーツェルである。ヴォルテールの『カンディード』のブラックなバージョンともいえるこの作品において、ただの物理学的・化学的機械である人間は避けようもなく絶対的決定論に押しやられるが、この決定論はあらゆる理想を幻想に転じるのであって、つまりは「人間に起こる事柄を一方から他方へと突き動かす必然性に誰が抗うことができるのか」と言うよりほかない状態となる。人間の歴史は絶えざる争闘、万人の万人に対する戦争の歴史である。この争いでは、「ガンジス川から東ドイツのシュプレ川まで、さらには南洋の海にいたるまでつねに正しいのは勝利者だ」。あらゆる理想は仮面にすぎない。抑圧された者のために闘う。手に入るのは、挫折と忘恩だけだ。自由のために反乱を起こす。それはひとつの力関係を別の力関係に置き換えることだけをめざした闘いを、イデオロギー的煙幕で覆い隠すことだ。それにしても誰のために、なんのために？　死がやがてすべての人に訪れる。自分の番になったところで、消え去るまでの数年間過ごせるだけなのに、未来の世代のためにより良い世界を残してやろうというのか。それで満足か。いずれにしても、この世界をその起源からたどって見るといい。「人類の一部が死ぬほどがつがつ食らうために、他の者たちは死ぬほど虐待を受けるのだ」。だから、偶然と必然の思いのまま、運命の瀬戸際まで

滑り落ちていったらいい。「どうでもいいではないか。重さのない木ぎれのように、偶然と必然の大河をわれわれは漂っているのだ。沈むに任せようか。おやすみ。泳ぐのはやめだ」。

ドイツ啓蒙の領袖たちは、尊敬に値することを求めるさなかで、ヴェーツェルが正しいかどうか一時といえども自問すらしなかった。無神論的唯物論は前向きな思想家を必要としていたのである。ヴェーツェルとその一党は、したがって奇っ怪な連中というレベルに格下げされた。

同じくこうしたカテゴリーに放り込まれたのが、もうひとりの著名な無神論的唯物論者、サド侯爵だった。きわめて厄介な人物で、誰ひとりサドとの父子関係も血縁関係も認めたがらなかったのだが、サド自身はいつもドルバックの哲学を引き合いに出した。ジャン・ドゥプランはサド侯爵が啓蒙の合理主義の矛盾の産物であることを論文で指摘し、問題の所在を明白に位置づけた。啓蒙の合理主義が「当初こそ言及はしたものの、最後にはかすんでしまった人間存在に内在する悲劇の重大さを、サドはそれとは逆に強調し、増幅し、きわめて現実的な事実そのものを歪めてしまう。一個の完璧な合理主義が存在するならば、それはこの悲劇の重大さを損なうことなく、またロマンチックに高唱することもなく、ただ正面からそれと向き合わねばならないように思われる[24]」。

形而上学の次元では、サドは事実、当時の唯物論的潮流の諸観念を踏襲している。『ジュリエットの物語』では、登場人物デュランの口から、全面的な無神論が語られる。

自然を学べば学ぶほど、いっそう人は自然からその秘密をもぎ取れるようになります。自然のエネルギーを知れば知るほど、いっそう人は神の無用さを確信できます。神の偶像の建立はすべての幻想《キマイラ》のうちでも、もっとも唾棄すべきもの、もっとも嘲笑すべきもの、もっとも危険でもっとも軽蔑すべきものです。この恥ずべ

き作り話は、怖れや期待から万人のうちで生まれた、人間の狂気の最終帰結なのです。魂に関して、微細物質というかなり時代遅れの考え方をサドは採用する。

人間の霊魂は、かのエーテルという液体、源が太陽のなかにある限りなく微細な物質の一部にほかなりません。この霊魂を、わたしは世界の霊魂一般として見ているのですが、それが宇宙に存在するもっとも純粋な火なのです。

ここまでは、特筆すべきことは何もない。ところが、そこから自然についての考え方に映ると、事態は悪化する。サドは、同時代の多くの知識人同様、自然をペシミズムの方向から見ているが、そこからきわめて大胆な道徳的帰結を引き出す。自然の、社会の禍を取り除こうとする大昔からの人類の失敗の教訓を銘記し、自然と人間は悪だとサドは結論する。そのことで人はサドを非難できるだろうか。神学者たちはこの点に抗議する資格はなかった。彼ら自身数世紀も前から同じことを確認してきたのだ。だがサドは論理をさらに推し進める。悪である自然は、われわれに悪を行えと教える。まず自然は何にもまして破壊力なのだ。

わたしが自然の秘密を嗅ぎつけようとすればするほど、自然にはただ人間に害を及ぼすことしか心にないことが分かった。あらゆる自然の働きに従ってみようではないか。自然が、結局は強欲で破壊的な悪意あるものだということ、結局は支離滅裂で不愉快な疫病神でしかないことが分かるだろう。悪魔のような自然の手が

この世でわれわれのうえに広げた限りない悪に、一時でも目を凝らしてみよう。われわれを創造して、これほど不幸にすることがなんの役に立つのか。わが哀しき個人が、自然が作り出した者すべてと同様に、なぜこれほどの不完全さに満たされて、自然の実験室から出てきたのか。人の命を奪う自然の技は犠牲者だけを形づくることしか望まなかった、[…]悪が自然の唯一の要件である。ただ血と、涙と、自然の創造の働きが持って生まれた喪の哀しみで大地を覆うためだ、それは自然が自分のエネルギーで振りまいた禍を広げるためだけだと言えはしないか。(25)

この実子を疎む母のような自然は、われわれに残忍さを教え、それをわれわれのうちに刻み込む。

残忍さ、それは悪徳であるどころか、自然がわれわれのうちに刻み込んだ第一の感情である。子どもでも、分別のつく年頃になるずっと以前に自分のガラガラをたたき壊し、乳母の乳首を食いちぎり、鳥を絞め殺す。[…]だからといって、自然が堕落の連続だなどと結論するのはばかげている。そんな考え方は間違いだ。同じことをくり返そう。残忍さは、自然の懐にある。われわれは誰もが、なにがしかの残忍さを背負って生まれてくる。それは教育だけが正せるものだが、教育は自然には存在しない。[…]残忍さは、文明によって退廃させられる前の人間のエネルギーにほかならない。したがって、残忍さは徳であり、悪徳ではない。お前たちの法律、お前たちの罰、お前たちのやり方を取り去ればいい。そうなれば、残忍さから危険な結果が生まれることはもうなくなる。なぜなら、残忍さが働いてもすぐに同じやり方でやり返されてしまうからだ。残忍さが危険なのは、文明状態においてである。被害をこうむった者は、被害をはね返す力や手段がほとんどいつも手に入らないからである。だが反文明状態においては、弱者に働いても、自然法則によって強者に譲る者にしか

被害を及ぼさないために、残忍さにはいささかの不都合もない。

ここには明らかに超人の道徳へと向かう逸脱が見られるが、そこには個人の幸福は他者の不幸のなかに存するとの、きわめて《サド的な》アクセントが付随する。自然と合致した人間は、悪意ある人間である。それに、犯罪者を生み出すのは自然なのだ。

殺人者なら、一言で言えば自然のなかにいる。戦争、ペスト、飢饉と同じだ。それは、自然がそれを手立てにしてわれわれを打ちのめすあらゆる禍同様、自然のやり方のひとつなのだ。だから、人殺しは自然を攻撃するものだとあえて唱える者がいるとすれば、それはペストや戦争あるいは飢饉が自然を苛立たせるとか、罪を犯していると言うのと同じくらい非常にばかげたことを口にすることになるのだ。

不安げな無神論者ディドロ、そして穏やかな無神論者ドルバック

ドニ・ディドロ（一七一三—八四）の著作には、時間的に継起する、あるいは同時的に理神論や無神論といった可能な限りすべての形態をとる唯物論が見いだされる。というのも、この人物はドグマに縛られることはなく、ただひとつの立場に安住できないからである。ものごとの複雑さに敏感なため、ディドロはさまざまな見解の弱点をも見抜き、自身がたえず進化した。往々にして対話の形をとるディドロの作品形式そのものが、変化に富み、堂々めぐりをする思想全体を捉えることをいっそう難しくしている。ディドロの思想は、たとえ主著といえども、ひとつの作品のなかにけっして収めきれるものではない。「思索家、あるいは詩人として、だがけっして実証主義者の先駆けとしてではなく」、ディドロは唯物論のさま

ざまな側面を提示したとジャン＝クロード・ブルダンは記している。[26] つまりディドロは、あれこれの立場に全面的にしがみつくには、あまりにも繊細すぎたのである。そうするには、ディドロは人間精神の欠陥を十分すぎるほど意識していた。もちろん、ディドロにも自分の判断があった。だが、それを不可侵の真理とはしなかった。「われわれは、闇のなかをさ迷っているのです。この闇は他の人々にとっても、そしてわれわれにとってもわれわれ自身なのです」、とディドロは書く。

おそらくは、ディドロは当初理神論者だったのだろう。一七四六年の『哲学断想』にそれ以外のどんな意味合いをあたえられるだろうか。そこでディドロは、自然に対する熱狂を思いのままに表して、神という自然の組織者の手柄を一目瞭然にする。

わたしが訴えかけるのは、あなたの理性の光、あなたの良心にだ。誰であれ人間の知性の働き、行いや振る舞いのなかに、一匹の虫のメカニズム以上の知性、秩序、明敏さ、影響を一度だって認めたことがあっただろうか。思考の働きが偉大なニュートンの著作に封印されているのと同じように、コナダニの目にもはっきりと神の手が刻印されてはいないだろうか。[27]

ディドロはニュートンを絶賛し、物質の「内的な力[28]」としての引力の観念を幾度となく用いている。しかし、『盲人書簡』以降ディドロを無神論の方向へと発展させたと思われるのはもうひとりの科学者、ビュフォンだった。「ディドロにとって、理神論から無神論への移行は、まずもってニーヴァンティエトからビュフォンへ、巧みに創造され、職人技で整えられた自然から、いくつもの無秩序な力の不安定な均衡が秩序そのものである混沌とした宇宙への移行を意味した」、とジャック・ロジェは記す。[29] アラン・ヴァ

ータニアンもこれと同意見だった。[30]

これからはもはや神はなく、始めるにしても「キリスト教徒の神、自分のカモはおおいに重んじはしても、自分の子どものことはほとんどまったく顧みもしない父親」からだった。神なるものは、すでにあまりにも多くの災禍をもたらした人間の発明にすぎない。

もしどこかの人間嫌いから人類を不幸にしろと持ちかけられたら、理解の及ばない存在を信じること以上に不幸をうまく作り出せることがあるだろうか、それについてなら人々が互いにわかり合えることはけっしてないだろうし、自分の生命以上に大切にしようとするからだ。

したがって、道徳は神なるものへの信仰に依拠すべきものではない。

誠実な人士を作るのは良い法律ではなく、神への信仰だと信じる民族が文明の進歩を遂げたとは、わたしには思えない。[…]神への信仰は、信仰者とほぼ同じくらいの数の狂信家を作っているし、作るに違いない。くわえて、ひとは自由ではなく、その振る舞いは厳格な決定論的プロセスのうちに組み込まれている。

——なんですって、わたしが自分からこの窓を飛び出そうとしているのに、わたしがわたしの主人じゃないと言われるのですか。

——違いますね。

——それでは、もし飛び出したら。

——あなたが気違いであり、自由人ではないと、わたしに証明してくれることになるでしょうね。

キリスト教の道徳は、自然に反している。この道徳は、神への絵空事の愛に便宜を図るために、家族としての人の結びつきを弱める。それは、「わたしの知るかぎりもっとも反社会的な道徳」であり、さらには本質的な務めを犠牲にして、絵空事の務めを創造する。

真面目なご婦人を中傷するよりも、聖杯に小便をすることのほうがいっそうひどいことかどうか、司祭たちにたずねてごらんなさい。《聖杯に小便！　神をも恐れぬ仕業！》、と答えることでしょう。そんな次第ですから、中傷にはどんな罰もありませんが、瀆神には火刑が待っているのです。そしてこれこそが、社会におけるもろもろの犯罪の万全たる真の区別をひっくり返す結果になるのです。

神を信じないことが真の哲学へと向かう必要な第一歩であり、この一歩はもっぱら物質的である自然の統一を肯定し、「生まれ、生き、移り変わる、つまり形を変えること」を確信することを要請する。最後に、もっとも首尾一貫し、もっとも確固とし、もっとも非妥協的な無神論的唯物論の擁護者、ドルバック男爵（一七二三—八九）に触れるとしよう。ドルバックの成長過程は国際色豊かだった。ドイツのカトリックの家庭に生まれ、パリで教育を受け、ウィーンで爵位を授けられ、一七四四年から四九年までオランダに住み、その後は最後までフランスに居を構えた。フランス国籍を取得し、きわめて多彩な集会場所、パリでの有名なサロンを主宰した。

ドルバックの知己を得た者は誰もが、ドルバックのことを親切で、慎みがあり、徳が高く、寛大で、良き父親、良き夫だと言った。王室秘書官の官職の所有者として、ドルバックは品行方正な暮らしを送り、一七八九年にパリ一区のサン・ロック教会に埋葬された。周知のように、万事に興味を示したこの碩学は数十巻の著作を著し、『百科全書』のおよそ四四〇項目を執筆したが、それにもかかわらずその作品のどれにも署名はしなかった。公式には、ドルバックは何ひとつ著作を著してはいないのだ。

ドルバックの作品は、その流儀にならって書かれた。作品の表に現れるのは、穏やかな図太さであり、それは極限にまでいたった唯物論を表明する場合でも同じであり、自分を疑うことをまったく知らなかった。批評家たちはドルバックのなかに、どちらかと言えば反宗教的・反聖職者主義的な段階、無神論的唯物論を肯定した段階、そして政治的・道徳的段階をはっきりと区別しているが、そうしたことは単にアクセントの問題である。というのも、その主義の根本は不変だからである。この根本は厳密な機械論的唯物論であり、全面的な無神論、自然主義的な道徳を帰結する。ドルバック自身がその好例だったが、運命論と静謐なストア主義が、この謎に満ちた人物の内部にまで浸透し、自由意思は神話であり、必然性、著書『良識について』が感謝を込めて受け容れるようにと勧めた、あの必然性によってわれわれは誰もが導かれていることを確信させる。

これは、それほど簡単なことではなかった。というのも、われわれは宗教と信仰に取り巻かれているからだった。宗教や信仰を正面から検討し、それを捨て去り、聖職者のできあいの答弁と闘い、偏見と社会の圧力に無頓着でいられるには勇気を発揮することが必要だった。信仰を持たず、理性に従うには、勇気を発揮することが必要だった。ところが、「人々はいつでも単純なものよりも耳目を驚かすもの、そして自分が理解できるものよりも理解できないもののほうを好む。自分に馴染みのものは軽蔑し、自分たちが

評価の埒外に置かれているものしか勘定に入れない。曖昧な観念を持っているものについては、そこに何か重要で、超自然的で、神のごときものが含まれていると結論する。要するに彼らに必要なのは、自分の想像力をかき立て、自分の精神を鍛え、自分の好奇心を堪能させてくれる神秘だが、そんなものは、好奇心が見当もつかない謎に関わる段になって、これは探り甲斐があるぞと判断したときにしか、もはや作用しないものなのだ」[31]。

たしかに、理性はそれほど興奮させもしなければ、熱狂させることもなく、想像力よりも地味なものである。だがドルバックの気質は、こうした合理主義にまったくおあつらえ向きだった。

人間における摩訶不思議なものへのこうした嗜好、こうした想像力の優位からこそ宗教が生まれ、たとえばプラトンのような幾人かの《幻想《キマイラ》の創造者たち》が、われわれの目の前にあるものは存在せず、そして唯一の実在は人の目にとまるものではないと信じ込ませて、それをわれわれにとって尊敬すべきものにした。

あらゆるものがわれわれに証明してくれるように、自然とその諸部分はいたるところで人間の最初の神だった。[…]（人間は）自分が考えもつかないものは何もかも摩訶不思議なものだと思い描いてしまう。人間の精神はとりわけ自分の考察の手をすり抜けるようなものを捉えようとして働き、経験が及ばなくなるともはや自分の想像力しか当てにしなくなる。そしてそれが幻想《キマイラ》を育む。

その結果、自然とその力を精妙に区別した思弁家たちは、次から次へとこの力に幾千もの理解不能なものをまとわせることに力を注いだ。まるで自然という存在が目に入らないかのように、彼らは自然から精霊、知性体、非物体的な存在、つまりはわれわれが認識するものとはまったくかけ離れた実体を作り上げた。[…]

あの幻想《キマイラ》の偉大な創造者、プラトンは、目に見え、手で触れるものしか認めない者は、目に見えないものの現存と実在を認めることを拒否する愚か者、無知なる者だと言う。われらが神学者たちもわれわれに同じことをくり返す。つまりは、わが西欧の諸宗教はプラトンの夢想に明らかに侵されているのだ。そんなものは明らかに、エジプト、カルデア、アッシリアの聖職者たちのわけの分からない観念と理解しがたい形而上学の産物でしかない。(32)

偏見と習慣の力は、大衆を理性に立ち戻らせようと試みた明敏な人々の努力にもかかわらず、こうした誤謬を永続させるほどだった。明敏な人々は政治的・宗教的権威からたえず排除され続けた。その一方で神学者たちは、一者である神の存在の証明にあくせくしていた。むなしい証明だった。

神についてはたえず語られるのに、これまでのところ誰ひとりその存在を証明するまでにいたっていない。もっとも卓越した精神の持ち主たちもこの暗礁に乗り上げ挫折するのを余儀なくされた。もっとも啓発された人々も、誰もがもっとも重要と見なす点では一致しているこの事柄については口ごもるだけだ。それは、まるでわれわれの感官では及びもつかず、精神にはまるで捉えどころのない対象に関わることが必要であるかのようだ。(33)

神の存在を証明すると称した人々のあいだで、デカルトはもっとも無駄骨を折った者のひとりである。デカルトの証明方法は、それが求めたものの逆に達した。あるものが存在するのはそのものの観念をわれわれが持っているためではなく、またどんな仕方であれ精神や完全性や無限の観念を人は持つことができ

ない。「それゆえにデカルトが無神論と非難されたのも当然である。神の存在についてあたえた弱々しい証明を、デカルト自身がきわめて強力に打ち砕いているからである」。

《無神論者とは何か》(ドルバック、一七七〇年)

無神論者は存在する。しかも数多く存在するし、もし人が理性を用いさえすれば、その数はさらに増えただろう。それにしても、精確には無神論者とは何だろうか。シルヴァン・マレシャルに先駆けること三十年、ドルバックは彼なりに無神論者の典型的な肖像画を描き出した。この二人が出した肖像画から違いを推し量ることができるが、この違いは実践的無神論と理論的無神論との差異でもある。マレシャルの無神論者は、無神論者として生き、ドルバックの無神論者は無神論者として考える。両者はともに自信があり、落ち着き払い、あきらめ顔で、幻想や熱狂とも無縁である。両者ともどもこう言っているようだ。世界は存在する。われわれはしばしそこに存在する小さな点、それがすべてなのだ、と。両者ともどもよく分かってはいても、無意識のうちに抗いがたいものを無理に抑えている。なぜだろうか。

無神論者とは、実際何者なのか。それは自然に、経験に、そして理性に人々を立ち返らせることを求め、人類に害をなすキマイラたちを退治する者のことである。無神論者とは、物質とそのエネルギー、諸特性、その活動の仕方に思いを巡らせた結果として、宇宙の諸現象や自然の働きを説明するのであって、それとは反対に自然をきまぐれで、説明も見極めもつかず、人間の幸福にとっては無用なものでしかない観念的な諸力、架空の知性体、理屈だけの存在、そんなものを思想としない思想家のことである。〔…〕

無神論者を、熱狂することもなく、経験と自分の感官の証言に導かれ、自然のなかに実際見いだされるもの、

あるいはそこで自分が知りうるものだけを自然のなかに見、本質的に活動的でたえず形を変え、さまざまに組み合わされ、それ自体さまざまな特性に恵まれ、われわれが目にするあらゆる存在を生み出せる物質だけを認め、またほかに認めようがない人々だと理解してはどうだろう。無神論者を、架空の原因には頼らず、運動の諸法則だけで、もろもろの存在間に現存する諸関係で、その親近性、類似性、引力、斥力、釣り合い、複合、解体で人は万事を説明できると確信している自然学者だと理解してはどうだろう。無神論者を、精神が何なのか分からず、ただそれが作用することだけが目に見え、物体的・感覚的・自然的なもろもろの原因に精神性をあたえる必要性を認めず、宇宙の原動力を宇宙から分離して、その力を大いなる全体の外部に位置する存在に、まったく考えもつかず、その居場所も定かでない存在にあたえたほうが、この原動力をよりよく知る方法となるとは思わない人々だと理解してはどうだろう。無神論者を、自分の精神には否定的属性や神学的抽象観念など考えもつかず、そんなものは神に帰される人間の資質やその道徳的特質とは両立しないと心底認める人々、あるいは、純粋理性には人間としての資質や機能を実現するのに必要な器官が欠けているのだから、そうした到底相容れない混交からはまともな存在は引き出せないと主張する人々だと理解してはどうだろう。無神論者を、人類を惑わし、きわめて有害な痴呆状態に人類を陥れるのに打ってつけのおぞましく、ちぐはぐな属性を備えた亡霊を斥ける人々を指すと思ってはどうだろう。くり返すが、この種の思想家が無神論者と呼ばれる人々であれば、その存在は疑いようもなく、彼らの数はきわめて多くなっているだろう。そして健全な自然学と正しい理性の光明がもっと広がっていたならば、そのとき彼らは狂気でもなければ　悪でもない者、それどころか偏見を持たず、その意見がたとえ無知と呼ばれようと、久しく人類の禍の真の原因である学問やむなしい仮説よりもはるかに人類に役立つ者と見なされることだろう。［…］

無神論者とは、なんであれ神の存在を信じない者である。それにしても、理解もできず、もろもろの相容

れないものを合わせ持つ存在が実在すると確信できる者など、ひとりもいはしないのだ。(34)

それは亡霊を、純然たる無に等しいほどに理解しがたい存在を崇拝するすべての信仰者を無神論者と呼んでしまえるほどだ、とドルバックはつけ加える。さらには、無神論と否定神学は、霊的存在のむなしさという点についてはかなり同意見であるように見受けられる。それでは無神論者とは、「自分が崇拝する幻想《キマイラ》についてどんな観念も持っていないと告白することを自ら強いた」者たちのことだろうか？　それでは無神論者とは、「自分たちの神の存在の証明についても、特性についても、働き方についても互いに同意見になることなどけっしてありえない」者たちのことだろうか？　それでは無神論者とは、「自分が理解してもいないことについてたえずつべこべと議論をし、神に帰している無数の不完全さのおかげで、自分たちの神を台無しにする神学者たち」のことだろうか？　それでは無神論者とは、「信じやすく、人の口車に乗り、伝統だからと、それについては自分たちの霊的指導者からあたえられた観念以外には何も持ち合わせがない存在の前にひざまずく凡俗の民」のことだろうか？

違う、それは本物の無神論、自覚し、考え抜かれた無神論ではない。考え抜かれた無神論は、大衆の手が届かないものである。「けっして理性を働かせない大衆について言えば、無神論者の議論は自然学者の体系と同じく大衆向けに作られてはいない」。だからといって、民衆の道徳として宗教が必要だと言ってはならない。

そうした宗教が、節度の無さ、泥酔、蛮行、暴力、不正、ありとあらゆる行き過ぎに民衆が身をゆだねるのをおしとどめるのを目にしただろうか。神についてのどんな観念も持たない民衆が、はたして理性的な存在

にもっとも不似合いな不和や悪徳が支配するのが見て取れる、多くの信じやすい人々以上に醜悪なやり方で振る舞うなどということがあるだろうか。

ドルバックとともに、無神論は成人の域に達する。自分に自信があり、人を信頼するこの無神論者には、唯物論というひとつの哲学、機械論というひとつの科学、自然の法則というひとつの道徳があった。教会は今や、自分たちの前に武器を手にし、決定的な大闘争、一世紀の後にニーチェがその結果を、「神は死んだ。神を殺したのはわれわれだ」と宣言することになる、神に向けての最後の闘いの準備を整えた敵を抱えていた。

十八世紀は不信仰、とりわけ懐疑の時代だった。この時代になって、メリエからドルバックにいたる、全面的な、とはいえ依然としてなかば非合法的なあり方での無神論がはじめて表明された。この時代はまた、とりわけ理神論という神を救うための最後の試みが見られた時代でもあった。十九世紀、この時代もまた無神論のイデオロギー体系を確立しようとする試みとの壮大な直接対決を経験することになる。それは、神の死の時代となるに違いない。

第Ⅴ部　神の死の世紀（十九世紀）

第十四章

革命期の非キリスト教化運動　民衆的無神論の出現

一七九〇年から一八〇〇年にかけての十年のあいだに、フランスでは信仰と不信仰の力関係が突然の変貌をとげ、やがてあらゆる色合いの反響がヨーロッパ中に響きわたることになる。不信仰という現象は、理神論と無神論といった二つの中心的な構成要素の形をとって、なかば非合法的な書物、カフェやサロンでの会話から登場したが、いきなり現実のなかに躍り出た。公的生活の場面でのこの攻撃的で勝ち誇った、ときには国家の支持を得た不信仰による不意打ちは、近代史におけるきわめて重要な出来事だった。

反聖職者主義

この運動は革命期の非キリスト教化運動と総称されるものだが、その理由はこの時期の反宗教的エネルギーの引き金となったのがキリスト教を排斥しようとの意思だったからである。しかしそれ以上に、一部の見解のなかには、あらゆる形態での宗教的信仰と決着をつけようとの意思が見受けられた。運動の激しさから、その起源、形態、成果について深く考察することが求められるようになり、以下の三点がそれか

ら二世紀のあいだ熱のこもった論争の対象となった。

まず自明なことであるが、こうした一連の反宗教的熱狂が瞬時に顕わにするのは、ヨーロッパ第一のカトリック王国の内部で、住民のかなり多くの部分ではすでにかなり以前から、そしてそれなりの深刻なレベルで非キリスト教化が進行していたことである。旧体制下で、教会の掟を守る義務が課す順応主義のもと、無関心は、司教視察が思いもよらないほど広がっていた。信教の自由が宣言されたと思ったら、教会に通う信者の数はたちまち減ってしまったのである。たとえばヴァール県のラ・ガルド・フレネでは、「住民たちがカトリックの教えと縁を切る際の容易さ、つまりは晴れやかさを考慮するならば、このフランス南東部の大都市の住民が旧体制末期にすでに精神的にも、習俗のうえでも世俗化していたのではないかと問わざるを得なくなる」、とアンリ・ラブルーは記している(1)。

しかし、人々は信じないだけではもはや満足せず、礼拝を司る神の僕を攻撃した。反聖職者主義は、革命期の非キリスト教化運動のもっとも明白な側面だった。人々が聖職者に攻撃を仕掛けるのは、聖職者が同時に信仰体系と政治行政体系をともに体現していたからだった。聖職者のなかにひとまとめにされて放り込まれたのは、トリエント公会議以降の宗教関係の情け容赦のない検閲官、踊りや居酒屋を禁じた者、弱みを持った人々をしつこく追い回した者、教会法の違反を告げる報告書を印刷した国王の官吏がいたが、さらに迷信の詰まった宗教を取りあげて、代わりにうろ覚えで実際の生活をいっさい斟酌しない教理問答の決まり文句を使った見かけ倒しの知的な装いの宗教を民衆に押しつけようとした者が含まれていた。革命期の反聖職者主義は、民衆のレベルでは、主知主義化された聖職者と深刻な宗教的無知のなかに取り残された信仰者である大衆とのあいだの溝を明らかにした。アミアンの司教、デボワ・ド・ロッシュフォール自身、そのことを一七九五年にこう認めた。「多くのキリスト教徒が、今このときに神の道を投げ捨て

てしまい、自分ではわけの分からない宗教を放棄してしまったかのように見え、自分たちの信仰に関してこれまで好んでくり返してきた些細な疑問にさえほとんど応えられない状態になっているのは驚くべきではないか?」[2]。

一七九〇年代における聖職者に対する拒絶――聖職者は当時もはや脅威といえるものではなくなっていた――そして人々が聖職者を迫害する執拗さは、人々がもはや望まない宗教への拒絶だった。だが彼らが聖職者を追い回す際に示した攻撃性からは、信仰の拒否以外の別の動機があることを推察させる。その第一は、これほど長い間だまされてきたとの感情が生み出す憎悪だった。それは、たとえば一七八九年にトレギエの愛国者たちが司教に送ったパンフレットから浮かび上がる。

あなたがたは聖人面をして信者たちに互いに殺し合うよう説教した。それは、かつてあなたがたが無知で愚かで狂信的な民衆に、気前よく振る舞ったあの輝かしい御利益を自分たちのためにとっておくのが目的だった。あなたがたはお人好しの司祭たちに命令を出したが、司祭たちは何が問題であるかはまったく理解せず、またそれを疑うことさえせずに、あなたがたのどこの司教区でも教義を売って歩くあなたがたの共犯者だった[3]。

さらにはどこにでも顔を出し、とくに告解によってたえず私生活に介入し、女性への影響力を行使して、教区の男性からは許しがたい冒瀆、ある種の姦淫をしていたと見られた者たちへの積年の恨みも考慮に入れなければならなかった[4]。リチャード・コッブによれば、この点では「女房を寝取られた男の反聖職者主義」と言うことも可能だった。十八世紀には内縁関係を持っていた司祭も少なくなかっただけに[5]、この語は時として文字通りの意味にとられもしたが、より一般的には告解室を手立てとした司祭たちの女性への

影響力が告発の対象とされた。それこそが、出張でパリに来たジェール県代表、ダルティゴエィットが幾分粗野な言葉遣いによってではあるが、言いたいことだった。「お前たち、いやらしいあばずれめ、お前たちはみんな［僧侶たちの］売女だ。なかでもとくにいやらしいミサに通う奴、見てくれだけのお勤めに出る奴はみんなそうだ」。ほとんど同程度に礼儀を欠いて、リヨンで出された『デュシェーヌ神父の従兄弟の大旅行』も聖職者たちを罵倒した。「なんですって、ジャン・フートル、あなたは亭主たちをだまして、女房たちをののしって私生児を作らせることにうんざりじゃないんですか。もう坊主なんてたくさんだ、ちくしょうめ。みんな兄弟になりましょうよ。［…］嘘つきはもうたくさんなんです、怠け者はもうたくさんですよ」。そしてトゥールーズの民事委員、ユグニーはベック＝デュ＝タルンを視察して、「狂信に向けて、とりわけこの点での誘惑にひっかかりやすい女房たちに向けて激しい非難を浴びせ、亭主たちは革命を成し遂げたが、革命を後退させるのは女房たちの責任ではないかと言った」。

宗教の女性化は、仮に十九世紀以降に顕著になるにしても、すでに旧体制末期に明らかに認められたし、反フェミニズムと反聖職者主義はそのことの必然的な帰結だった。伝統的な家族のただなかで男性に支配される女性は、司祭の傍に避難所と慰めを見いだしたのだったが、このことは司祭に対する男性側の怒りをつのらせるだけだった。愛国者マジュエルは、ボーヴェで自分の部隊にこう宣言した。「われわれが闘っているのは狂信と迷信だ。嘘つきで、教義はペテンにすぎず、影響力と言ったら、女たちの信じやすさに基づいているだけの坊主たち、これがわれわれの敵だ(6)」。

さらに社会的に上級のレベルでは、反聖職者主義は宗教を排除するために必要な前提条件と見られた。一七九三年に、フーシェは『ローヌ県とロワール県における教育』を著し、こう記した。

聖職者たちは、フランスの不幸のただひとつの原因である。〔…〕共和主義者には、その祖国をおいて神はなく、その自由をおいて崇めるべきものはない。共和主義者は元来宗教的である。なぜなら、共和主義者は善良であり、正義であり、勇気ある者だからである。愛国者は徳を称え、老いた者を敬い、不幸な者を慰め、貧しい者の負担を和らげ、裏切り者に罰をあたえる。神の手へのなんというオマージュだろう！

一七九〇年には、国民公会あての建白書でネージョンは、聖職者の職務はいわば第二の本性のようなものであり、実際には信仰者でなかったとしても、司祭たちに拭いがたい烙印を押したと明言した。自分の利益、自分の特権にしがみつくことで、司祭は聖職者の心性を身につけるのだが、それはいつでも教会の考え方を人々に課すよう聖職者に促すものだった。

司祭の僧服が、知らず知らずのうちにその思想に、そしてその性格にきわめて特徴的な変化を引き起こし、たとえ正しい精神の持ち主といえども生涯それに抑えつけられる。数多くの司祭をわたしは知っている。注意深く、自分が何者かをほぼ示してくれる状況で、わたしは彼らを観察した。その結果、ほかの点ではどれほど神を信じなくなっていても、口ぶりやもの言いあるいは振る舞いに、どこかしら聖職者の風をとどめていないような人にはこれまでひとりも会ったことはなかった。幻想を抱くべきではない。聖職者の本当の神、それは彼の利益だ。ただこの結びつきによってのみ、聖職者はその身分を保っているのだ(7)。

ネージョンはさらに先まで進む。こうした聖職者たちは、同じように即座に護教論的に反応するのだが、その実懐疑論者、さらには無神論者であり、肉体に突き動かされて行動し、いわば一種の国家内国家を形

成していると言う。

多くの者は、自分たちが教えることを一言も信じていない。彼らは精出してお人好しを作り出すが、自分たちはそうではない。《大部分の時間を学校で議論をしたり、教えたりすることに費やす者ほどほとんど納得してはいない》と言った者がいるが、それは経験から言っているのであり、こうした観察はかつてパリのソルボンヌで学位を授かり、この神学部を見事な不信仰の学校と見ている近代哲学の観察とも合致している。その者はまた、こうも言っている。《毛皮のマントの下にあるいは理神論あるいは無神論を隠し持っていないソルボニストはほとんどいない。彼らはソルボニストのなかでもいっそう不寛容で、支離滅裂であるにすぎない。また持って生まれた気質からか、利害からか、偽善からかそうなのだ。連中こそ一番役に立たず、一番付き合いにくく、一番危険な国家的問題である(8)》。

赤色司祭と無神論聖職者　メリエの亜流たち

ネージョンはここで、依然として十分に明らかにされていない点、神を信じなくなった聖職者の驚くべき数という点に触れている。フランス革命が明らかにしたのは、フランスにおける数千人にのぼるメリエ司祭の存在だった。保守的な歴史記述によって長い間隠蔽されてきたが、こうした現実はミシェル・ヴォヴェルやその他の人々による調査が示した数字で一目瞭然となった(9)。全体では、一七九三年に二万人の聖職者が聖職を離れた。すなわちこの年職務にあった聖職者の六六パーセントに当たる。いくつもの集団的な動きがまさに問題である。ミシェル・ヴォヴェルが研究の対象としたフランス南東部の二十一県では、四五〇〇例の聖職放棄が数えられ、これは一県あたり二〇〇人に相当するが、そのうち主任司祭が六〇パ

ーセント、助任司祭が一六・五パーセントだった。彼らは平均年齢が四十九歳六ヶ月だったから、使命感が揺らぐ若者ではなく、旧体制下の神学校教育の典型的産物であり、その背後には二五年間の司祭職が控えていた。都市も農村も同じようにどちらも影響を被った。ヴォークルーズ県では、一七一件中一二一件が農村部で発生したが、これに対してブッシュ＝デュ＝ローヌ県の二五〇例の聖職放棄のうちマルセイユが一四二例を示した。その内訳は、判明している限り以下の通りである。助任司祭七〇人、正規修道士二四人、主任司祭一四人、礼拝堂付き司祭七人、聖職録所有者五人、司教座聖堂参事会員二人だった。パリでは一五〇〇人の聖職者のうち四一〇人の聖職放棄者を数え、これが全体の二七パーセントにあたった。その比率は、イル＝ド＝フランス地方のプロヴァン郡とオーヴェルニュ地方のアリエ地方では七〇パーセント（一一六人中八一名）、フランス西部のオート＝ギャロンヌ県では五五パーセント、南仏のアレス郡では四二パーセント、かつてのセーヌ＝エ＝オアズ県の一部だったコルベーユ郡では三五パーセントだった。

これらの数字にどんな価値があるのだろうか？　これらの聖職放棄が裏に隠しているのは何だろうか？　さまざまな圧力をかけられ、あるいは脅迫を受け、また時の流れから、そして怖れからといった聖職放棄が行われた場合の諸条件を考慮すれば、大部分のケースはまったく鵜呑みにはできない。とくに、なんのコメントもなしに叙階状を送り返すだけで済ませた人々、またたとえば同じ日に聖職放棄したマルセイユの四八名の聖職者などがそうだった。しかしこれらのケースの一〇パーセントから一五パーセント、およそ二五〇〇人の場合は、聖職放棄に先立ってキリスト教からの離脱措置がまずとられたし、放棄には、たとえばそれなりに熱狂を帯びた棄教証書の公開の場での読み上げといった、意図的なこれ見よがしの振る舞いが伴った。ある者たちは、やったのは自分たちのほうが先だと主張し、それからは積極的に、また好

きなように非キリスト教化運動の動きに加わったのである。

ときとして、出来合いのテキストが用意され、それに聖職放棄者のサインが記された。たとえば、ローヌ・アルプ地方のアン県で派遣議員アルビットがまとめたものがその例だった。

わたくし、……年以来……の資格で僧職にあったわたくしは、かくも長きにわたって自分が説いてきた誤りをはっきりと認め、……の市町村当局の立ち会いのもとに、これを永遠に放棄することを宣言し、ここに署名いたします。またすべての聖職の刻印と働きを誤り、幻想、ペテンとしてこれを撤回し、放棄し、拒否することを宣言いたします。

とはいえ大概、聖職放棄者は自分の手でテキストを書き、自分の行動の理由を説明したのだが、それには熱烈な棄教の決まり文句が添えられていた。発見された一六二の宣言各々について見るならば、多くの者が言及したのが、民衆の軽信ぶりに基礎を置く《偏見》、《迷信》、《誤り》、《愚かさ》、《子どもっぽさ》だった。プロヴァンス地方の小都市マノスクの司祭、パンクラース・ロベールは、「あまりにも長いあいだ宗教の戯れ言にたぶらかされてきた、フランスの民衆は目を覚ました」と記し、南仏ガール県の司祭、ブーシェは、「すべての偏見の作り手と、宗教を称するすべての誤謬に死を」と痛罵し、ニースのリクルミは、キリスト教の教義が「精神の自由に反対する可能なかぎりのがらくたの寄せ集め」であるかのように語り、ブルゴーニュ地方のニエーヴル県のジャン＝バティスト・フルトーは公式に洗礼名を捨て、オーヴェルニュ地方のル・ピュイの聖堂区参事会員ドーティエ・ド・サン＝ソヴールは、「不可解で一貫性を欠き、不正で悪意に満ちたものが創造主だとするすべての考え方を主に似つかわしくなく、これをぶち壊

すものと怖れをもってみなすが故に」、このことを至高存在に訴えかけた。また南仏エロー県ラヴリュンヌの司祭ベランジェは、自分の熱狂ぶりをこう表現した。「狂信主義は息をひきとる瀬戸際に立っている。その終焉のときは後悔に包まれ、自分が人々の軽信さから奪い去ったものを理性に返すのだ。皆さんには、狂信主義の抜け殻を進ぜよう」。また別の者たちは、その《聖職のぼろ切れ》について語った。

ある者たちは心からの信仰告白をし、過去の二枚舌を告白し、自分が民衆をだましたこと、自分が教えたことを一度として信じはしなかったことを認め、許しを求めた。アリエ県の小都市ガンナの司祭ベショネも同様だった。

市民諸君、わたしは十年前から司祭を勤めている。考えもつかない運命から、感じやすい魂を持って生まれ、真理のために作られたこのわたし、わたしが欺瞞の祭司となった。[…] 今日わたしの再生の証として、皆さんにこう宣言しよう。内心の礼拝こそ至高存在の思し召しにあずかるものであり、至高存在の目に適うには忍耐、行いの誠実さ、寛大さが必要とされることを心底わたしは信ずるものである。さらには、聖職を投げ捨て、ローマの敬虔なる暴君の狂信的な軍隊を離れ、これ以降は真理にのみ奉仕することを宣言する。わたしは真理の兵士、使徒でありたい。(10)

アリエ県の司祭マルファンは「聖職者の身分に就く義務を負うという誤りを犯したことを許してくれるよう求め」、ロワール県のモンタニィの司祭ギヤールはこう告白した。「市民諸氏よ、自分でも信じていないことをあなたがたに告げることで、わたしは長いあいだあなたがたをだましてきた。だがわたしはひとりきりだったので、あなたがたに本当のことを言う勇気がなかった。[…] わたしは誓絶し、地に伏して

許しを乞い、自分のスータンを破り、民衆に跪く」。

さらに、別の者たちは弁解を試みた。南仏ガール県では、自分が司祭にとどまっていたのは人民に奉仕し、「ただもっと狂信と闘えるようになるためだった」とエストゥルネルが説明し、アリエ県のベショネもこう宣言した。「わたしが祭壇に近づいたのもごくたまにでしかなかったし、それには日に日に強まる嫌悪感が伴ったのだ」。多くの者は、ただ家族から後押しされて修道会に加わったと証言した。ブルターニュ地方のサロンでは、「自分の聖職録は亡くなった父親が自分に及ぼした強制の結果でしかない」とブランが述べ、中央山地のロアール県ではギヤールが自分は「迷信だらけの教育のおもちゃ」だったと主張し、アリエ県のムーラン郡ではメユーラが三十八年間勤めていたが、それは「はじめは強制で、そのあとは習慣から」だった。当局もだまされはしなかったし、聖職放棄者の書類に書かれた注記には「極めつけの放蕩者」、「女好き」、「リベルタン」、「いつでも法に従うが、抜け目がない」と記され、それが必ずしもお世辞とは言えなかった。

パリでは、国民公会を前にして、ゴベ司教に付き従った幾人かの聖職者が棄教を宣言した。自分たちの叙階状を破り捨て、その振る舞いに彼らはささやかな演説で花を添えたが、そこで彼らは理性と至高存在の加護を求めた。オアーズ県出身の国民公会議員、クッペはあらためて自分自身が田舎司祭であり、正義の実現のために働いてきたことを告げた。高位聖職者の場合、八五名の宣誓司教のうち二四名が聖職を放棄し、二三名が棄教した。

運動はさらにカトリック以外の宗教にも及んだ。複数のユダヤ教のラビが南東地方、ロレーヌ地方、アルザス地方で退任し、同様に南仏ガール県では五一人のプロテスタントの牧師が退任した。トゥールーズの牧師ジュリアンは国民公会を前にして、「ジュネーヴの神、ローマの神、マホメットの神あるいは孔子

の神を崇拝する有徳の士には同じ運命が待っていることを説きながら、至高存在に報いるために」、自分の時間を捧げてきたと宣言した。[11] そのあとで、ジュリアンとかつての司祭クッペは公会の前に足を進め、「まるでふたりの占い師のように笑みを浮かべながら」抱き合い、「互いに心からの率直さをもって、それぞれの宗教は聖職者の大風呂敷によってのみ支えられてきたという点で意見の一致をみた」。[12]

したがって問題となるのはバラバラな幾人かの個人の動きではなく、集団的な運動であったが、このことについては、教会の栄光ともいうべき反抗的な聖職者たちが犠牲となり、新たな殉教者を生み出した迫害にスポットがあてられたことによって、長いあいだ遠回しのベールがかけられてきた。棄教した司祭たちは、汚れた神の僕であり、無意味な例外として扱われたのだ。資料は、こうした解釈の欺瞞性を暴く。当初から集団的だったかどうかは確認できなくとも、この動きは否定できないものであり、そうした司祭たちは聖職には戻らなかった。多くは、四五〇〇人から六〇〇〇人と推定されるが、正式な婚姻届を出して結婚し、子どもを作った。南東地方では、結婚した一一九人の司祭のうち、四一人が教師、四七人が行政官、他の者たちは卸人、軍人、職人、農夫となった。

これら自発的な棄教司祭はたとえば、「崇拝の対象として理性のみに従おう」としたプロヴァンス地方ギャップの元司祭、あるいは「あらゆる信仰を捨て、自由と平等の崇拝のみを説く」、やはりプロヴァンス地方ヴィトロールのバレのように、無神論者だった。あるいはまた、司祭たちが宣言しているように、至高存在を信じ、《自然宗教》、《内面の信仰》に忠実だった。

こうした棄教者の誠実さの証拠は、ある者たちは一七九〇年からそうなったのだが、そのときはまだどんな圧力も彼らに及んでいなかったことである。新たな政治風土、宣言された自由があれば、それだけで司祭たちが一歩を踏み出すのに足りた。はじめての結婚、それはシャンパーニュ地方エルビスの司祭レ

ミ・ヴァンションであり、一七九〇年五月十一日のことだった。同じ年の九月に、今度はパリ五区にあるサン゠テティエンヌ゠デュ゠モン教会の司祭が結婚し、「結婚式が執り行われたことは、非キリスト教化運動実施のかなり前のことだったので、数百の司祭たちには衝撃だった。しかしこの挙行は圧力とは無関係だった」、とセルジュ・ビアンキは説明する。[13] もうひとつ別の例、それはイル゠ド゠フランス地方のボワシーズ゠ル゠ベルトランで一七八七年から司祭を務めていたフランソワ・パランだった。教育を受け、フランス革命の初期に運動に熱狂的に加わり、《反狂信主義》、反聖職者主義の新聞、『村の新聞』に寄稿した。無神論者だったので、迷信や教区民たちの愚かさを激しく攻撃し、「村民たちは、九日間祈禱や聖体の秘蹟や万を越す神々の話をわたしから聞きたいと望んでいる。あなたがたの趣味は、もうわたしの趣味ではない」と述べた。「理性、哲学、真理、道徳」、これこそが徳の形だった。

聖職者の身分を捨てると捨てないとにかかわらず、多くの聖職者が積極的に非キリスト教化運動に加わり、ときには急進革命委員会のリーダーとなった。たとえばある報告によれば、「この徒党の頭になったのは、元司祭のファルマンとラルドノル［フィルマン・ラルディロル］、元司祭のリペール、ポワトゥー地方の町、元アングレーム司教補佐助任司祭長パリス、元大修道院長のクストンとジャケであった」。[14] これら元聖職者たちの反宗教的熱情には革命の当事者たちもいささか狼狽さえしたようだった。たとえば、『トゥールーズ革命新聞』の記者はこう記した。「このコミューンの聖職者の大部分は、それまで多大の熱意と情熱で果たしてきた聖職を放棄してしまった。この放棄のおかげで、彼らの政治の道への歩みは拍車がかけられた。民政上、あるいは軍事上の働き口が、今では彼らの野心に満ちた金銭欲の唯一のターゲットとなっている」。[15]

その他の司祭たちも、個人的には無神論者ではなかったが、内部で《狂信主義》と闘うことでその務め

を果たした。たとえばその例がイル゠ド゠フランス地方のフルクーの司祭、アドリアン゠ルイ・デュカストリエで、パリ、サン゠ジェルマンの革命監視委員会にあてて、こう記した。「悲憤慷慨した無神論以上に、わたしは狂信主義を心配しています。[…] 全世界に開かれたわたしの眼は十七世紀の狂信主義を殲滅したのですから、自分の宗教を実践しながら、わたしは未来の狂信主義を打ち壊しているのです(16)」。

とくに活動的だったのは、《赤色司祭》とあだ名された人々だった。この表現は十九世紀末リシュタンベルジェの著作に登場したが、その後さまざまな意味合いで用いられた。アルベール・ソブールによれば、この用語は厳密には信仰者にとどまりながら、同時に愛国者として、またキリスト教徒として闘争に加わった司祭たちを意味するものだった。年齢三十五歳から五十歳で、地方の教区の司祭だったが、社会的不正に抗議して反抗に及んだ。彼らは、ある種解放の神学の先駆けだった。もっとも有名だったのは、ジャック・ルーで、現在のポワトゥー・シャルラント地方のサント司教区でコゼの、ついでサン゠トマ゠ド゠コナックの司祭を務め、またパリ五区のサン゠ニコラ゠デュ゠シャルドネ教会の助任司祭、さらにパリのコルドリエ・クラブ、グラヴィリエのセクシオン〔区会〕のメンバーとなり、フランス革命期の過激派、〈アンラジェ〉〔怒れる人々〕の中心人物のひとりとなった。ルーは一度も叙階状を返却せず、「血に飢えた無神論者」を批判した。一七九三年九月に逮捕され、一七九四年二月に、ルーは監獄で自殺した。同様にパリ南西部の小村モーシャンの司祭、ドリヴィエも信仰者のままだった。それとは違ってパリ南東部、ムランのジャコバン・クラブの書記だったジェルマン・メティエはこのとてつもない委員会を取り仕切り、数多くの逮捕状を発行したが、一七九三年十一月に聖職を放棄している。

非キリスト教化運動に加わった者たちのなかでも、自分たち自身の教会を執拗に破壊した聖職者のこうした比率の高さは、どう説明されるのだろうか。おそらく、ある程度はむりやり職に就かされた事情も考

慮しなければならないだろう。しかしより一般的に問題となるのは、伝道書が示した諸原則をその論理的帰結まで追い求めた人々だった。啓蒙哲学の影響下で生まれ、教育を受け、彼らはさらに自分たちの聖堂区民の日常的貧困と土地の貴族の尊大さを身近に知っていた。キリスト教道徳の理論的には平等主義的な基礎と権力と特権にあぐらをかいた教会の反平等主義的なやり方との対照が、偽善的とみなす宗教の放棄へと彼らを追いやったのだ。くわえて二十年、三十年、実際にはその人生のすべてを聖職に捧げてきたこの人々は、ありとあらゆる憎しみ、恨み、欲求不満をつのらせ、教会に対して復讐を果たさなければならなかった。それがために、彼らのなかの幾人かは極度に敵意に満ちた激しさを示したのであった。

すでに旧体制下でも、わたしたちが注目したように啓蒙の合理主義から影響を受け、理神論者や無神論者になった多数の剃髪聖職者知識人がいた。フランス革命は、下位聖職者のあいだにもその亜流がいたことを示した。そして宗教のあらゆる痕跡を消し去ろうともっとも熱心に活動したリーダーのなかにはかつてのオラトリオ修道会士、フーシェのような元修道士がいた。フランス中部ニエーヴル県への派遣議員の名目で、一七九三年九月にフーシェは「宗教のシンボルマーク」すべての破壊、「教会外での聖職者の僧服着用禁止、埋葬地は人家から隔てられ、植樹され、眠りの彫像を立て、《死は永遠の眠りである》との碑銘を添える」ことを命じた。フーシェはまた、年金を受けるすべての聖職者が結婚し、子どもをひとり養子にするか、あるいは貧しい老人に食べ物をあたえるかしなければならないと宣言した。そして、共和国と自然宗教の礼拝を創設する意思を示し、祖国の祭壇の上で自分の娘に洗礼を授け、ニエーヴルと命名した。

その他の派遣議員でもっとも筋金入りの無神論者に数えられるのも、やはり元修道士だった。たとえば、フランス中部サントル地方のシャール県の元ベネディクト会士、ラプランシュは非キリスト教化運動の口火を切り、土地の無神論者たちをなすがままにした。あるいは、ドーバー海峡に臨むパ゠ド゠カレー県の元オラトワール会士ジョゼフ・ルボン、また元在俗司祭のアルビット、イザボーなどだった。また先のシャルトル聖堂区参事会員のシャールは、北部のノール県でニヴェ、タルジェ、デュフレス、カルメ゠ボーヴォワザンといったリール市の熱心な無神論者を使って、その張り紙新聞『革命家《レヴォリュショネール》』で宗教と闘った。地方レベルで、もっとも熱心な非キリスト教化運動の担い手は元聖職者たちだった。フランス中部ソーヌ゠エ゠ロワール県のラノー、メランドン、パラン、同じく中部のローヌ県のムニュ、アヴェロン県エスパリオンの司祭、アン県のトレ、ブルゴーニュ地方ではニエーヴル県のシュダンがそうだった。アルルでは元司教のアタナーズ・パリスと元司祭のフィルマン・ラルディロルが運動のリーダーに加わった。ローヌ川沿いの村、ブール゠サン゠タンデオルでも同様だった。彼らが民衆を熟知していること、民衆受けする演説の才、血気盛んな様子、教会のなかで過ごした経験、ヒューマニズムと平等と祖国愛の思想に逆転し、転換されたその信仰のおかげで、彼らは反宗教運動のもっとも確固たる主導者となった。この運動は原理的なレベルでも、また実践的なレベルでもその多くを聖職者に負っていた。

聖職者とともに重要な役割を果たしたのは弁護士、司法官、文学者、医師、中流ブルジョワジーの知識人であり、彼らは教会と信仰を放棄する先頭に立った。彼らは派遣議員の一大連隊を形づくった。平均年齢が四十歳代だった熟年者として、彼らは挑発的な言動に及ぶ際にも、熟慮された体系的な原理に従って行動した。たとえばフランス南東部バス゠ザルプ県の派遣議員ラトゥールは、つねに自分の靴を聖油で磨かせ、あるいはリヨン東方の小都市クレミューのヴォークワは聖杯で酒を飲んでは、神などいても自分を

罰することなどできはしないと、神を挑発した。

派遣議員たちは、しばしば無神論の宣教師の役割を演じた。たとえば、ピカルディー地方ソンム県のアンドレ・デュモンがそうであり、彼はおそらく最初の非キリスト教化運動の立役者だった。そこにはさらに政治委員会のメンバーが加えられなければならないが、たとえばニエーヴル県のシャンは、「神は年をとりすぎた、別の者に取り替えなくてはならない」と公言した。そして同県の小村バゾーシュで革命暦旬日最終日に説教壇にのぼり、こう無神論を説いた。

諸君は、この演壇からはじめて真理を耳にすることになる。[…] ここで諸君は、神が、地獄が、天国があると言い聞かされてきた。そんなものは何も信じてはいけない。それを作ったのは司祭連中だ、諸君はそんなものを見たことはないし、わたしもない。わたしは何ひとつそんなものは信じない。諸君には司祭がいる。そんな輩は家から追い払ってしまいなさい。諸君は、司祭など必要ではないのだ。(17)

バゾーシュに近いクラムシーでは、国家保安監督官パランが同様の説教を行い、フーシェにあててこう書いた。

今日、民衆の結社がミサを唱える癖のある者を動けなくさせましたが、この結社は、わたしが手を貸したもののなかでも一番面倒が少ないものでした。そのために、革命軍の勇敢なわがサン・キュロットたちが、またヴェズレー、ヴァルジー、クラムシーの三結社の代表三人が力を貸してくれました。そのおかげで、われわれはサン・キュロットのカップルの結婚を共和主義者の陽気さと盛大さをもって、聖職者抜きで祝いました。(18)

ピレネー沿いのアリエージュ県のアンドレサンにあてて、民事委員アラールと分遣隊長ピコ＝ベロックはこう書く。

お人好しで無知な民衆を前にして、私たちがまず説いたのは、神も悪魔も、地獄も天国もないこと、イエス＝キリストは悪党、梅毒病みで、母親は淫売であること、聖職者たちを追い払い、奴らの聖人を焼き払い、奴らの教会を打ち壊し、その鐘を大砲の一撃で撃ち落とさなければならないことでした。(19)

同じくアリエージュ県のセイックスでも、いわば同じ鐘の音が聞こえ、そこでは今度はピコが無神論をこう説いた。

イエス＝キリストは私生児で、悪党で、なんの力もないただの人間、要するにマグダラのマリアのところに通って、マリアをうまい具合に手に入れた男であり、処女マリアは淫売で、キリストはその私生児、聖ヨセフは女房を寝取られた間抜け男なのだ。つけ加えれば、悪党の神がいても、自分を木っ端みじんにする羽目になる力しか持ち合わせていないのだ。(20)

また、アキテーヌ地方の都市ラ・レオルの元市長で保健士のサバティエは次のような人物だった。

いたるところ本物の狂信主義と不和の火を吐きかけ、神も聖処女もいはしないと人をはばかることなく説

き、聖堂区の教会の打ち壊しには熱心に手を貸したが、そのときには祭壇をひっくり返し、数世紀来崇拝の対象として陳列されてきた聖像を踏みつけにした(21)。

別の者たちはもっと高いレベルに陣を張り、フィロゾフたちからアイデアを借り受け、いくつかの原理を満たそうとした。テルミドール後の革命暦三年ジェルミナル〔芽月〕にブルゴーニュ地方ニヴェルヌ州の住人、ソクラート・ダムールはこう宣言した。

私が教えていたではないかと非難される唯物論については、こう答えよう。人間の知識の誤りに関するわたしの演説はロック、コンディヤック、エルヴェシウスに基づいている。これは議員フーシェとも、またエルヴェシウスやジャン゠ジャック・ルソーの道徳に従う人々とも一致するのだ(22)。

幾人かの知識人が働いたのも、こうしたフィロゾフの路線に従ってだった。たとえば、恐怖政治下で『すべての礼拝の起源』を著したシャルル゠フランソワ・デュピュイは、イエスを天界の不可思議が生んだただの伝説上の人物に還元した。

冬の終わりに白羊宮のしるしのもとに現れて、寒い季節が世界にもたらした禍を修復する太陽と同じように、光なるキリストは、罪を贖う者、白羊宮の象徴として表され、春に新たな生命を得て、復活する。十二使徒は、黄道十二宮の十二のしるしである。

村の無神論者たち

民衆のなかに、しばしば民衆協会に結集した少数であるにせよ確固とした無神論者のグループが見つけられなかったならば、派遣議員と民事委員たちは激しい反宗教的な誹謗文書に打って出ることはけっしてできなかったであろう。ここでもまた、自然発生説はありえなかった。はっきりと認めなければならないことは、こうした数千の村の無神論者がフランス革命以前から存在していたことであり、彼らは多少控えめなやり方ではあったが、全員一致で教会の解体が開始されるときと同じように、信仰に関するその敵意を示したのだった。実践的無神論者、また文字を読めない唯物論者である無名の大衆は、本能的にあの世への信仰のばかばかしさを感じ取っていたが、《民衆の阿片》に対するこれらの反逆者は、派遣議員たちと手を結ぶことで、一挙に自分たちの存在を明らかにした。リチャード・コッブは、こう記している。「革命暦二年のフランスには、がむしゃらで騒々しい少数派ではあったが、軽率であれこれの機会を利用しては、おそらくはずっと以前からしたいと思っていたことをする、キリスト教を亡き者にしようと望んだ、数千の人々がいた。彼らは、そのことで個人的な満足を果たしたのだ[23]」。

田舎では、「それぞれの村に〈アンラジェ〉〔怒れる人々〕がいて、地方の無神論者は都市のサン＝キュロットの同盟者だった。各県では、パリの周辺同様都市の革命家たちが村の少数派からしばしば応援の要請を受けたが、この少数派はやがて革命暦三年には、自分たちの生命と平穏な暮らしをそうした大胆さの代償として支払うことになった[24]」。「農村地域のいくつもの小さなコミューンで、生命の危険を冒して理性を説いた、村の無神論者、木靴職人、革靴職人、蹄鉄工たち」こそが、その運命を担った[25]。

都市では、彼らは民衆協会に結集した。そのうちの八四の結社、一万五千人のジャコバン派に関する研究によれば、結社の社会的内訳は中産階級が支配的だったことを示している。五七パーセントが法曹人、

聖職者、自由業からなるが、三二パーセントが職人、軍人であり、一一パーセントが農民だった。たとえばマルセイユでは、地域のジャコバン派が《労働者》の六九パーセント、ブルジョワの二八パーセント、小店主の一二パーセント、自由業者の二パーセント、農民の二パーセントを占めた。〔フランス北部ピカルディー地方の〕コンピエーニュでは、一七名のメンバーが自由業者や知識人、続いて一六名が職人や商人、五人が農業従事者、一八名が軍人、四名が聖職者だった。

非キリスト教化運動のリーダーシップをとったのは、ほとんどの場合こうした底辺部の団体だった。フランス南東部の二一県から国民公会に提出され、反宗教的な措置を求めた七六〇の誓願のうち、五〇パーセントが民衆協会から、二五パーセントが市町村庁、一五パーセントが県や郡、そしてわずか二・五パーセントが派遣議員からの誓願だった。これらの誓願は、当局が発するものよりもいっそう過激な性格のものだった。わずか一六一の誓願が至高存在に言及していたが、民衆はそれには関心も示さなかった。アルベール・ソブールによれば、「サン＝キュロットにとって、少なくともその大多数にとって自覚的な無神論は無縁なものであったとしても、理神論はそれに輪をかけてサン＝キュロットには未知のものだった(26)」。サン＝キュロットたちは、地方の民衆協会のメンバー同様理論を立てることはしなかった。彼らの無神論は実践的なものであり、また反聖職者主義と結びついていた。多くの者は、たとえば国民公安委員グロスレールのように、「至高存在に関するロベスピエールの汚らしい政令」がもとで、ロベスピエールに恨みを抱いた。だがアルベール・ソブールは、「大多数のサン＝キュロットにとって、ロベスピエールが《理性の松明》をかざして火を放った無神論の像とはいったいどれほどの意味を持ち得たのだろうか」、と自問する(27)。だからといってそのことは、《清廉の士》ロベスピエールが無神論に反対し、至高存在に捧げた演説に彼らが涙するのを目の当たりにすることの妨げとはならなかった。サン＝キュロットにとっては、

理性の崇拝と至高存在の崇拝は、市民倫理の高揚のなかで一体化されていた。

パリのセクシオンで非キリスト教化運動のイニシアチブをとったのは、ブルータス・セクシオンの音楽家サレット、グラヴィリエ・セクシオンのレオナール・ブルドン、ルプルティエ・セクシオンのデフィウー、そしてマラー・セクシオンの委員会メンバー全員といったように、もちろん民衆協会の指導者たちだった。

県レベルでも、たとえば議員のクートンやモワニェとつながったフランス中部ピュイ＝ド＝ドーム県、ビヨムの革命監視委員会のように、非キリスト教化運動を開始したのはやはり底辺からだった。イル＝ド＝フランス地方のブリー＝コント＝ロベールの民衆協会は、荒々しい無神論の中核だった。宗教を題材にした仮面劇は、きわめてはっきりと無神論的性格を表していた。司教冠をかぶらされたロバの行列には、ときとして礼拝具の焼却がともなったが、これはまったく唯物論の色合いを濃くしたパロディー行為だった。サヴォワ地方のユジーヌでは、この行列のあとで次のようなサン＝キュロットの宣言がなされた。「われわれのカプチン会の司祭はペテン師的言動とは縁を切り、自分の誤りを棄てた。狂信の聖品、聖布、聖具をわれわれは投げ捨てる。今後、われわれは理性の宗教以外のいかなる宗教も望まない」。こうした仮面劇のなかには、祝福式のパロディー、ミサのでっち上げ、ひっくり返された十字架といった古い狂者の祭の多くの特徴がふたたび姿を見せている。このことは、中世の祭の本当の意味はなんだったのかという問いを振り返って提起させる。なぜならば、明らかに無神論的なコンテキストにおいて、民衆は自ずとこうした嘲弄という表現形式を見いだした以上、かつてはこうした形式が、信仰の本能的で荒削りな拒絶を無意識的に表現していたと考えられるのではないだろうか？　狂者の祭とは、唯物論的な良識の祭、たえず潜在している実践的無神論の姿を変えた象徴的な表現ではなかったのだろうか？

さらには国民公会と公安委員会が、かつての司教たちと同じ仕方で振る舞ったことを確認できるのは驚きである。反宗教的仮面劇は、キリスト教、反キリスト教を問わず、当局者のあいだで重大な不安を生み出した。ダントンは仮面劇の終演を要求し、ロベスピエールは一七九三年十一月二十一日のジャコバン派への演説で、「無神論は貴族的であり、抑圧された無辜の民を気遣い、勝ち誇る罪人を罰する大いなる存在は、ことごとく民衆のものである」と宣言した。そして十二月六日、国民公会は宗教の自由に反対するデモを禁じた。

革命的無神論が民衆的起源を持っていることは、いくつかの市町村や民衆協会の合理主義的な宣言からも確認できる。たとえば南仏ガール県では、こう宣言された。「もっとも恥ずべき偏見を被せられた理性が、聖職者や君主たちが使って責め苛んだ足かせをいたるところ揺り動かしている。人の軽信さのうえに誤謬と欺瞞が積み重ねた厚い雲を追い払いながら、理性の輝ける松明がわれわれのたどるべき道を指し示してくれる」。ここでは感情や心情、あるいは至高存在は問題とはならず、ただ純粋理性のみが導き手とならねばならなかった。それこそがアルルで、半数は職人や小売人だった平均年齢三十歳の三十人ほどの愛国者の小グループが考えたことだった。

緊急時に民衆の手立てともなった革命軍が、同様に非キリスト教化に貢献した。「いくつかの個人的な行きすぎがあったことをわれわれは示したが、それだからといって革命軍が無神論の強力な推進者だったことが正当化されるものではない」、そうリチャード・コッブは書き得たわけである[28]。それにもかかわらず、連隊の移動が各地の結社に依拠しながら非キリスト教化運動をどのように強固なものとし、あるいはそれを引き起こしたかを、コッブが自分の著書で見事に描き出したという事実には変わりがない。論争のテーマとなったのは革命期から公安委員会が、幾人かの将校や部隊の構成員の場違いな熱心さに当惑して

いたという点だった。ノルマンディー地方のヴェルノンの兵士たちは、進軍途中に東隣のオアーズ県サン＝ピエール＝レ＝ビルティに立ち寄り、「使徒伝来・ローマ・カトリック教会に関わる職務に従事する立憲派司祭〔聖職者民事基本法に宣誓した司祭〕にひどい乱暴を働き、無礼なののしり言葉を口にして、この市民司祭は自分の昔の勤めに手を染めているだけだと言った[29]」。

こうした報告が示しているように、政治的な憎しみと反宗教を区別するのは困難である。酩酊、意図的な聖像破壊、挑発、復讐心、恐怖の反動、そうしたものが部隊の兵士たちの振る舞いに作用していた。それにもかかわらず、正統な非キリスト教化の意思は多くの軍人のなかに息づいていた。ノール県、モルビアン県、ニエーヴル県、アリエ県、イゼール県、ドローム県、アリエージュ県、トゥールーズ地方での革命軍の滞在は、曖昧さのない形でその痕跡を残した。オーセール地方でのパリとリヨンの分遣隊、彼らこそ《オーセールの猛威》の首謀者だったが、そのあとには破壊と蛮行の跡が残された。軍隊の新兵募集は、極端な場合貧窮者、日雇い農民といった下層民、商人、職人といった小ブルジョワのあいだで行われたが、これはもっともキリスト教から離れた階層に対応していた。

兵士たちは、抽象的な無神論で動かされていたわけではなかった。彼らの不信仰は聖像破壊行為のなかに示されたが、人に衝撃をあたえようとの意思の表れであり、積年の恨みのうっぷん晴らしでもあったが、それは教会や大聖堂の略奪を伴った瀆神行為によく示されていた。「非キリスト教化運動は、大衆の集団的意思の自発的な発現だった」とリチャード・コッブは書いた[30]。挑発や挑戦もこうした態度の一部だった。「神がいるんだったらすぐに、ここでみんなの前で俺に雷を落としてくれ」、聖杯でブドウ酒を飲みながら、ヴォークワはイゼール県でそう叫んだ。兵士たちはときには「抽象的で、神学的な問題を取りあげている」と非難して、説教師の話をさえぎった。そうした話が伝えられている。しかし派遣議員の場合と同様

に、部隊の行動も地方の無神論者の中継がなければ、なんの効果もなかった。

無神論と理神論のあいだで揺れるリーダーたちの絶えざるジレンマ

非キリスト教化運動は、とりわけその無神論的形態において、民衆層に大きな反響をみいだした。当局やブルジョワ・エリートは、反対に深刻なまでに意見が分裂した。これは驚くべきことだった。革命のリーダーたち、啓蒙の息子たちは、広い意味で反宗教的な哲学によって教育を受けてきた。彼らがためらうのは、彼らの目には無神論に代表されると思われた、社会的既成秩序の転覆の危険を容赦なしに自覚せざるをえなくなったためだった。

立法議会のブルジョワたちはまだ寛容に関するヴォルテールの警告が頭に残ってはいたものの、信教の自由についての議論はきわめて限定的な決定で幕を閉じた。一七八九年八月二十三日に演説で、南仏ニームの三部会代表、ラボー・ド・サン゠テティエンヌは信教の自由を次のような言葉で要求した。「神を崇拝される諸氏は、どのような形で崇拝するにせよ、すべての市民権を享受すべきである。［…］すべて人間はその意見の表明において自由であり、すべて市民は自分の宗教を自由に公にする権利を持ち、何人もその宗教が原因で不安に曝されることはない[31]」。では、宗教をまったく持たない者はどうなのだろうか。そうしたケースは、いっさい考慮されなかった。『人権宣言』は、「何人もその意見について、それがたとえ宗教上のものであっても、その表明が法律の確定した公序を乱すものでない限り、これについて不安をもたないようにされなければならない」、と述べて済ませている。

大ブルジョワジーの議会にとってみれば沈黙は当然、と思われるかもしれない。しかし、非キリスト教化のプロジェクトに対しても国民公会はためらいを示した。ジャコバン・クラブでは、激しい論争がこの

問題をめぐって交わされ、多くの者は反宗教闘争が民衆のあいだでの革命への敵対運動の引き金になることを怖れた。それこそ、革命暦二年ブリュメール〔霧月〕十七日に『山岳党新聞』でラヴォーが書いたことだった。「神が何者なのかを人が子どもに言うことをわたしは望まないが、魂のなかで神の存在の観念を育んでほしいし、この広大な宇宙を動かす永遠の知性が存在していることを、子どもに感じさせてほしい」。翌日にはエベールが、「未知で抽象的な存在、神に道を開くものであり、そんな議論は神学でカプチン会士にだけ通用するものだ」と、ラヴォーを非難した。それに対してラヴォーは、「無神論に関する論争」を始めたのは自分ではないと応えたうえで、エベールの『デュシェーヌ親父』が無神論は共和主義者にふさわしいと主張したのだとやり返した。

実際のところ、エベールの意見はあまりはっきりしていなかった。たしかに『デュシェーヌ親父』には、「サン＝キュロットであるイエス」は、「すべてのユダヤ人のなかでもっとも〈アンラジェ〉〔怒れる人々〕たるジャコバン派」、「すべての民衆協会の創始者」だったとの記述が見られる。もっともこれは、エベールにとってほめ言葉だった。そして、こうも言う。「子ども泣かせの青鬼ほどにも、わたしは連中の地獄も天国も信じない。神がいればの話だが、こんなことは当たり前すぎるが、神がわれわれを作られたのはわれわれを苦しめるためではなく、幸せにするためだ」。だがエベールは自分を無神論者とすることは拒否し、フリメール〔霜月〕二十一日には、ジャコバン・クラブでこう断言する。「わたしの新聞に載せたと非難されている宗教についての意見だが、わたしはそのこと〔無神論〕を明確に否定し、地方の住民たちに伝導書を読むように説くことを宣言する。この道徳の本はわたしにはすばらしいものだと思えるし、完璧なジャコバン派になるためにはそのあらゆる格率に従う必要がある[32]」。

ショーメットにも同じような曖昧さがあった。ショーメットはパリのコミューン議会の過激派の代表者

だったが、その宗教感情は不確かなままだった。彼はフリーメーソンだったが、漠然とした形では理神論者であり、至高存在を援用し、ルソー風にセンチメンタリストであり、神として理性と自然を仰ぐある種の無神論へと向かって行った。シルヴァン・マレシャルは、自作の詩『神と聖職者に向かって』をショーメットに捧げているが、アルベール・ソブールによれば「ショーメットの無神論は、サン＝キュロットの無神論同様煎じ詰めれば反聖職者主義」だった(33)。

無神論を前にした革命のリーダーたちの逡巡に関しては、政治的・社会的考察が当然きわめて重要なものとなる。だが心理的な動機、とくに虚無を前にした古くさい反射的な尻込みももちろん欠けているわけではなかった。荒々しい山岳派、偉大な愛国者、聖職者の敵を演じてみても無駄だった。死は、その眼差しを受けとめるのは容易ではない貴婦人だった。フーシェの唯物論者としての冷ややかな厳格さは、誰もが持てるものではなかった。「死とは、長き眠り」、フーシェは墓地の入口にそう刻ませようとした。だが多くの者は、ハムレットとともにこう考えるだろう。「死ぬ、眠る、おそらくは夢を見る。そこだ、つまずくのは。この世のわずらいからかろうじて逃れ、永の眠りにつき、そこでどんな夢を見る。それがあるからためらうのだ、それを思うから。苦しい人生をいつまでも長びかすのだ」。

議員のルキニオが、革命暦二年にフランス西部ロッシュフォールの真理の寺院で行った演説で、なんとかして鎮めようとしたのも、こうした怖れだった。

違うのだ、市民諸君。来世は存在しない。そんなものはないのだ。キリスト教徒たちの天上の音楽やマホメット教徒のハレムの美しき女奴隷、永遠なる者の威厳ある顔立ち、ユピテル〔ローマ神話の天空神〕の力、古代人のタルタロス〔ギリシア神話の地獄の底〕、近代人の地獄、われわれの天国、ギリシア人のエリュシオン〔死

後に英雄が住むとされる楽園〕、サタン、ルシフェル〔魔王〕、ミノス〔伝説上のクレタ王〕、プロセルピア〔ローマ神話の冥界の女王〕、こんなものはいずれもものを考える人間からは侮蔑の対象とされるに値する幻想《キマイラ》だ。〔…〕結局われわれに残されているのは、われわれを形づくる分割された分子と過去のわれわれの存在の記憶だけだ。(34)

本当にそれが確かなことだろうか。フランソワ・ド・ヌフシャトーは「天国は魂の平安のうちにあり、そして地獄は後悔のうちにある」と言い、またシャントゥローは死んだ者たちは今ではもはや存在しないのだと穏やかに宣言したが、無駄だった。きわめて単純なことだったが、頭では無神論者のつもりの革命の頭領の幾人かは、いずれにしてももう一度死者の葬儀を復活させ、この葬儀を信仰を持たない者にも当てはめなければならないと考えていた。この線に沿って、墓地の景観の改装、死者を定期的に讃える儀式を含めたプロジェクトが革命暦十年に作成された。『墓と葬儀について』で、ジラールは虚無の恐怖を和らげる手段を提案した。

迷信は墓のただなかから生まれる。亡霊はそこを出て、俗人を驚かせ君主を震え上がらせる。〔…〕だがさらにいっそう大きな危険、それは汚らわしく冷酷な唯物論だ。唯物論は、道徳が政府の行動に及ぼす影響を削ぎおとし、政府の重要な権力手段を麻痺させる。偶然の戯れが叡智の法に取って代わり、そして人間は、その不死を夢見て安らかに眠りに就くどころか、我を忘れ、絶望し、虚無の恐怖のなかを走り回るのだ。

そんなことは、ロベスピエールには受け容れられなかった。「否、ショーメット、否、フーシェ、死は永遠の眠りなどではない。〔…〕死は不死の始まりなのだ」。ロベスピエールは理神論に忠実であり、神の

存在と魂の不死を説得（納得？）しようと試みる。

盲目的な力が運命を支配し、罪人も有徳の士も偶然に脅かされると言い、また人間の魂は墓の入り口で消え去るわずかな息にすぎないと人に説得することに、君はどんな利点があると言うのか。人間の虚無という観念が、人間の不死の観念以上に純粋で高尚な感情を人間に吹き込むと言うのか。少なくともわたしには、どうしたら自然があらゆる現実よりも有用な作り話を人間に持ち出せたのか考えもつかないし、神の存在と魂の不死が夢でしかなかったとしても、それはやはり人間精神が考え出したものすべてのなかでもっとも美しいものなのだ。(35)

至高存在は魂の休息にとっても、社会秩序にとっても必要なものだった。無神論的で乱暴な非キリスト教化政策は、民衆の精神を駄目にする危険があった。したがって、迷信と闘うことで満足しなければならない。ロベスピエールもカトリック教会と同じ曖昧さに落ち込んだ。神への信仰と迷信のあいだで、どこに限界があるのか。至高存在の信仰とは厳密には何を前提しているのか。至高存在を礼拝する際、それが迷信に染まることをどう避けるのか。この問題を検討する時間はなかっただろうが、ロベスピエールは公安委員会を動かして、節度をもって非キリスト教化運動を進めるよう民衆協会に求める、次のような回状を書かせた。

良心を抑えてはならない。この真理を良く理解したまえ。（民衆は）迷信深く、誠実だ。弱い精神の持ち主もいることが、その理由だ。［…］

民衆協会の諸君、諸君は狂信主義を葬り去り、伝説の奇蹟に自由の偉大さを、蒙昧の犠牲者に理性の殉教者を対置する。［…］

今日まで、すべての宗教は幾人かの詐欺師の野望から生み出され、互いに寄り添おう、互いに結び合おうとする生来の傾向から、声を合わせた祈りのおかげで多大なる国民的災禍のただなかでわれわれの必要とするものと超自然的な加護を天に求めるために捧げられてきた。

われらが鉄鎖は打ち砕かれた。この偉大な業を成し遂げたまえ。われわれの精神の才を活かそうではないか。［…］

諸君の集まりの場から光がほとばしり出んことを。世論に正しい方向を示そうではないか。(36)

代用宗教？

ロベスピエールが提出した至高存在の崇拝は、フィロゾフたちの理神論の正道を行くものだった。周知のことだが、この崇拝はジャコバン派のなかでも全員一致というわけではなかった。この新奇な宗教に符丁を合わせるように、皮肉混じりの言動も数を増したが、それが創始者よりも生きながらえるチャンスはほとんどなかった。もっともそうした言動も、さらなる宗教の創出にまではいたらなかった。だがこうした礼拝形式の存在からは、自然発生的であれ、組織されたものであれ、キリスト教の代わりにある原理を、とはいえその原理に従えば置き換えられる当のものは撤廃しない、名称を備えた原理を立てる必要を多くの革命家が感じていたことが明らかになった。これら試みの背後には、個人でもあれば社会的存在でもある人間は宗教を必要とするのか、宗教という次元は先天的で欠いてはならないものなのか、という根本問題が控えていた。

今はこの問題に深入りせずに、フランス革命は歴史上実践的な仕方ではじめてこの問題に直面したことだけを確認しておこう。リチャード・コッブによれば、二つの主張が対立していた。

非キリスト教化運動の担い手たちは、キリスト教を別の新しい宗教に置き換える必要を感じていたが、何を選択するかという段になるともう一致はなかった。もっとも楽観主義者だったのは、純然たる無神論者だった。ほかの者たちは依然としてカトリックの心性に支配されていて、〔…〕フランスの民衆に先のものと同様唯一で普遍的な、新しい宗教を課すことを望んだ。無神論者たちは個人主義者であり、アナーキストであり、自発的に革命運動の先頭に立つ人の良い連中だった。だが公民的宗教の支持者たちは、偽装したカトリックの、あるいはさらにジャン＝ジャック・ルソーの弟子たちでしかなく、宗教的心性の持ち主であり、個人を嫌っていた。本物の無神論者で非キリスト教化運動の担い手たちが、アナーキーな恐怖政治のこの楽天的で素朴な時期のもっとも正統的で、もっとも純粋で、もっとも勇気ある革命家をおそらくは代表していたのであろう。(37)

革命の首領たちのあいだで、民衆にとっては代用宗教が必要だと考えていたのは、ロベスピエールひとりではなかった。ノルマンディー地方、ウール県の元司教ランデは、宗教の祝日を国民の祝日に代えることを求めた。ランデによれば、その理由は農民たちは祝祭を必要としているからというものだった。それはまた派遣議員フレロンの意見でもあり、彼は一七九三年十一月にマルセイユでこう宣言した。

徳高き王殺しであるわれわれの手で瓦解させた専制君主どもの玉座の礎石の役割を果たし、魂を偏狭なものとし、また魂を隷属状態に慣らしめてきた宗教の子どもじみた儀式を、フランス民衆の尊厳とその高貴なる

定めにふさわしい国民の祝日に取って替える必要を考えよう……。

祝日は、革命暦二年に数を増した。一方で至高存在の祝日が、他方で理性の祝日がというようにそれぞれいくつも祝われた。理性の祝日は一七九三年十一月十日にパリ、ナンシー、ロッシュフォール、ル・マンで盛大に催されたが、とりわけ都市部で盛大に行われ、ときには地方にまで広がった。南仏ガール県では理性の寺院が二三三を数え、これはコミューンの三分の二にひとつという割合だった。「理性の崇拝には曖昧さがつきまとった。それは無神論だったのだろうか。全体として見ればそうとも思えなかった」と『槍と十字架』の著者たちは書いている[38]。実際のところ、神にするのか、女神である理性にするのか、あるいは至高存在にするのか、人々の心のなかでは最大級の混乱が支配していたようである[39]。自由の殉教者についても同様だった。その形式はキリスト教からとられ、《サン＝キュロット・イエス》として再利用された。「われわれは無神論者ではない」、革命暦四年ジェルミナル〔芽月〕二日にジャン＝バティスト・ルーヴェは『歩哨』に書いた。そしてさらにこう続けている。「徳に報い、罪に報復する神の存在は、われわれの目からすれば、合理的社会の維持に有用な存在である」。

こうした新たな礼拝はやはり道徳を備え、教理問答の形で一般に広められたが、形はカトリックのものを踏襲した。革命暦二年には、ヴォルネーが国民公会に『自然法あるいはフランス市民の教理問答』を提案したが、そこでヴォルネーは、「社会秩序」は「社会における人間の保存と完成」をめざすと主張した。形はローマ・カトリック教会の教理問答の物まねだった。

問い　自然法における罪とはなにか。

答え　人間と社会の維持と完成を目的として自然がうち立てた秩序を揺るがそうとするあらゆること［…］。
問い　自然法による徳とはなにか。
答え　個人と社会に有用な行いを実践すること［…］。
問い　自然法による善とはなにか。
答え　人間を維持し、完成させることに役立つことすべて。
問い　悪とはなにか。
答え　人間を破壊し、損なおうとするすべてのこと。

ここには敬神博愛主義〔一七九六年から一八〇一年に興隆した理神論的宗教〕の導入によって、古い宗教の廃墟のうえに、くわえて共和主義的原理のうえに構造化された宗教を再興しようとの試みが見て取れる。事の起こりは、本屋で元フリーメーソン、穏健派の共和主義者のシュマンが、一七九六年九月に出版した『神人共生説』で、簡素で自然な宗教を説いたことに由来するが、シュマンは神の存在と魂の不死を肯定し、道徳的・市民的徳の尊重を求めた。この新しい宗教は一七九七年一月にデビューを果たし、セバスティヤン・メルシエのようなブルジョワ知識人や穏健な共和派を集めた。国家ははじめこうした試みを好意的な目で見ていた。しかしカトリックの復興者、ボナパルトは敬神博愛主義をやがて国家機構から排除した。そのためこの新興宗教は、一八〇一年以降急速に衰退した。

至高存在の挫折、女神理性の挫折、敬神博愛主義の挫折、それはキリスト教と唯物論的不信仰とのあいだで大がかりな中間的解決を図る術がないことを示そうとするものだった。しだいに、選択は伝統的な有力宗教と無神論のあいだにあることが理解されるようになった。宗派、異端運動、分離派、在俗組織が作

られた。しかし新たな宗教はひとつとして立てられなかった。モーセ、仏陀、ゾロアスター、イエス、ムハンマドは正確に言えば、ひとつの宗教を立てたわけではなかった。彼らは仲介者であり、先行したもろもろの渇望の合流点に立っていたのであり、それなしには彼らの伝道はなんの効果も表さなかった。彼らのうち誰ひとりとして、宗教を立てる明白な意図を持ってはいなかった。その宗教はむしろ、彼らの死後少しずつ彼らの言葉を取り入れ、さらには歪めながら形を成していったのである。宗教はデクレ〔政令〕によって発令されるものではない。このことを、ロベスピエールも本屋のシュマンも理解しなかった。それだからこそ、フランス革命は、キリスト教の打倒を選択することによって、無神論に有利に作用することしかできなかったのだ。革命は、神の死の預言者たちが押し寄せる突破口を開いた。

また別の見方があるが、たとえばミシュレはこう書いている。「宗教という視点から自分を知ることがなかったこと、また己のなかに宗教を抱えていたことが分からなかったことほど、フランス革命にとって致命的なことはなかった」。このロマン派の歴史家によれば、革命は宗教の典型的な現象であって、宗教の象徴、誓い、口ぶりを内に隠したものだった。祖国の宗教、国民の宗教が、キリスト教の宗教に取って代わった。こうした考えを、最近ではジャン゠ルイ・ヴィエイヤール゠バロンがまた取りあげている(40)。革命の偉大な指導者たちは宗教的精神の持ち主だった。ロベスピエールはもちろんのこと、サン゠ジュストも然りであって、その革命的人間への讃歌は聖パウロの隣人愛の讃歌と酷似していた。「革命的人間は不撓不屈ではあるが、良識を備え、質素である。率直で偽のつましさの影で贅沢をこれ見よがしに掲げることなどしない。すべての欺瞞、すべての不寛容、すべてのわざとらしさの非妥協的な敵である」。すでに引用したシルヴァン・マレシャルの無神論者の肖像についても、同様な解釈がなされた。

さらに驚くべきことに、無神論者ダントンは宗教的存在だったとも教えられる。ダントンには革命の宗

教とその戒律があり、《わたしは真理の司祭だ》と宣言したとされる。そう言ったことだけで、《ダントンの無神論的宗教意識》というような表現を正当化し、《革命意識とは宗教意識である》ことを首肯することになるだろうか。そこには、明らかに言葉の乱用があるように思われる。宗教的なものや聖なるものに最大限曖昧な意味合いを持たせるならば、そうしたことはいたるところで見いだせるだろうが、しかしその意味内容は失われてしまう。そうなったとしても、それは宗教精神に対するのと同じようにあれこれの観念や存在に高い価値が認められているから、またキリスト教の典礼や聖書を思い出させる表現が用いられているからという理由でそうなるのではない。そんなふうに考えてしまえば、有名な匿名書『サン゠キュロットとは何か』もやはり、隣人愛についての聖パウロのテキストを思い起こさせるものとなってしまうのである。

たしかにロジェ・カイヨワは、革命家たちのケースをもカバーしうる聖なるものの定義をあたえている。

以下のようなものが実際、信仰を持たない者の場合には、聖と俗とのあいだで一線を画する決定的な試金石になるだろう。人がその振る舞いのすべてをゆだねる存在、そして物あるいは観念、議論の対象にされたり、愚弄あるいは嘲笑されるのを目にすることが受け容れられないもの、どんなことをしようとも否定したり、裏切ることのできないものが、それである。恋のとりこになった者には愛する女性、芸術家あるいは科学者にとっては自分が追い求めるもの、吝嗇家には自分が集めた金、愛国者には国家の安寧と国民の救済と国土の防衛が、革命家にとっては革命がそれにあたる。

それがどの対象に向けられているかという点を除けば、これらの態度から信仰を前にした信仰者の態度を区別することは絶対に不可能である。それは同等の自己犠牲を要求し、同じ無条件な人格的誓約、等しい禁欲

主義、平等の犠牲的精神を前提とする。(41)

ではどのような条件のもとでなら、信仰を持たない者であることが可能となるのだろうか？ 誰もが何かを信じ、誰もがなにがしかの宗教を持つ。それは自分自身についてかもしれない。そうであれば、聖なるエゴイズムと言うことも十分に可能である。しかしながら、《聖なるもの》、《宗教》という用語を超自然的な秩序に属する実在あるいは観念に限定するならば、フランス革命には宗教的秩序に属するものの顕現はいささかも見られない。それでもなお真実であるのは、逆に宗教心がさまざまな形で姿を現すことをフランス革命が可能としたことである。革命は理神論や無神論が公のものとして表現されることを可能としたが、同時に無数の多様な宗教をも可能としたのである。(42)

反聖職者主義の総括

残されているのは、信仰と不信仰との相関の歴史のなかで、革命期の非キリスト教化運動の重要性と意味を検討することである。ベルナール・プロンジュロンが十分に示したように、貴族たちの亡命後になって動き始め、ブルボン王朝の王政復古期に強化された反＝革命の伝統によって、このエピソードは長いあいだ矮小化され、フランス革命は深いところでは何も変えることのなかった表面的な例外事であるかのように扱われていた。しかし、非キリスト教化運動は、第一に民衆の信仰の深刻な内的危機の表明だった。名目上のカトリック教徒の多くは社会的な圧力もあり、習慣的にお勤めを続けてはいたものの、革命前から事実上の無関心あるいは不信仰に陥っていた。信教の自由は結局のところ、数の多寡はあるにせよ教会からの離脱を意味することになったが、それはすでに以前から存在していた教会に対する愛着の喪失の表

れだった。きわめて重要で時期的にも早かった棄教が、アリエール、ソーヌ゠エ゠ロワール、シェール、ニエーヴル、アンの各県、またエクス、ロデーズ、マンド、タナルグの各地方で起こり、かなり遅れたがきわめて特徴的な棄教がエロー、ガール、ヴォークルーズ、ドローム、ブシュ゠デュ゠ローヌの各県で起こった。

これらの県すべてで、「集団心理に隠された渇望や拒絶の感情の起爆装置として、あるいはその啓示として機能した革命の特徴が見いだされた」(43)のだ。

同時代の多くの証言から、こうした《大出血》が確認されており、またあるひとつの宗派ではなく、宗教そのものの後退が問題だったことが明らかとなった。ある宣誓拒否司祭は、一八〇一年九月三十日付の『ロンドン通信』に、こう寄稿している。

過去十年間も福音書の一節について話を聞いたことがないようなコミューンがあるものかどうか、過去二年間初聖体拝領式が行われなかったようなコミューンがあるかどうか。はっきり言って、福音書も秘蹟もないコミューンは宗教のないコミューンと、また礼拝のないコミューンと呼ばれなければならないのかどうか、わたしは疑問に思う。［…］うち立てるべきは礼拝であって、宗教ではないと言われる。手の込んだ区別で一見もっともらしく聞こえるから、おそらくしばらくは持ちこたえられるだろう。だが真面目に検討すれば、そんな区別は消え去ってしまうだろう。［…］どうか、わたしに答えてほしい。真理、教義、道徳、宗教のお勤め、それを教える教理問答、それを伝える伝道、これらも礼拝に付きものだと言えるのではないか。それがフランスの最果ての地で、礼拝なき宗教の代わりに、宗教なき礼拝を行っている村でわたしがこの目で見たことだった。そこでは農民たちは日曜日になれば教会に行き、朝晩聖歌隊席に立って聖歌を歌うが、誰ひとり告解室に

は近づかかない。［…］告解なしには霊の交わりはなく、秘蹟なしには宗教はない。(44)

テキストは、非キリスト教化運動の第二の側面を指示する。ほぼ十年間聖堂区での生活は完全に機能麻痺に陥り、聖務、秘蹟、教理問答は中断された。オート・ノルマンディー地方のセーヌ゠アンフェリウール県〔現セーヌ゠マリティーム県〕の司教、グラティアンは、こう記している。「子どもたちは教育も受けず、告解もせず、初聖体拝領式も受けないまま大きくなっていく。その結果、結婚の祝福も受けずに結婚する」。教会が立てたタブーが瓦解した。出生率が低下し、聖職者になる者も減った。結婚、無宗教の埋葬、そして離婚が増加した。モスクワの病院では、ナポレオンの指揮下にあった大陸軍の瀕死の兵士たちは全員が最後の秘蹟を拒否した。ひとつの世代が、宗教を忘却したままで成長していた。一九二五年になると、非キリスト教化運動を前にした大衆の無関心に衝撃を受けたフランワ゠アルフォンス・オーラルは、そのことからキリスト教の教化運動は信じられていた以上にずっと表面的なものではあり、それがまだ数年続くにしてもおそらくは農民の意識のなかに短い根しか張っておらず、その意識から宗教を根こそぎにするかどうかは定かではない」との結論を引き出した。(45)

もっともこの著者によれば、非キリスト教化運動は国家防衛の一方策にすぎなかった。アルベール・マチエによれば、それはロベスピエール派の公安員会と闘うためにエベール派とダントン派が用いた手段であり、他方ダニエル・ゲランによれば、私的財産所有者たちへのエベール派の牽制策だった。こうした解釈は、今日では斥けられている。ベルナール・クーザン、モニック・キュベル、ルネ・ムリナスらの最近の研究によれば、非キリスト教化運動はまさしく根底的な運動だった。「それはまったく底知れぬ場所から吹き出したものであって、誰かの狂気から生まれた人為的な運動ではない。それは少数の人々によるも

のではあるが、十八世紀の奥底の発展を継承した反宗教的意思の表明だった」[46]。

さらにこの運動は、持続的な運動だった。これが第三点である。聖職者に限って言えば、旧体制下の聖職者の四五パーセントが、その後一度も聖務に戻ろうとはしなかった。一八〇八年の調査によれば、二五パーセントの聖職者がもはや聖務についてはいなかった。かつての信者については、教会を離れた者は二度と戻らなかった。ナポレオン後の王政復古期には礼拝と信仰とが分離され、新たな心性が姿を現した。社会的・政治的圧力のもとで、ある人々は純粋に職業的な経歴という理由から聖務に就いた。それというのもエルクマン＝シャトリアンの『一八一三年の新兵』の登場人物が言うように、「このご時世では、司祭という身分は顔が広い」からだった。見せかけの信仰の支配が、とりわけブルジョワジーのあいだで開始されたのである。

要するに、革命期の非キリスト教化運動は信仰と不信仰とのあいだの新たな関係の幕開けとなったのだ。フランス革命以降、不信仰は恥ずかしい病のように隠すべきものではないこと、また不信仰を正面に掲げ、ごく当たり前の男女でありながら公の場で無神論者として暮らせることを誰もが認められるようになった。したがって各人は、罪の意識を抱くことなしに、自分の不信仰に合わせて振る舞えるようになった。さらに無神論者たちは互いに尊敬し合い、認め合い、助け合うことができる。したがって、自分のことを無神論者だと言うことにあまりためらわなくなるのだ。

時代はもはや実際問題として、一方の陣営から他方の陣営への迫害の余地などなくなっていた。むしろ対立の時代であり、それが十九世紀全体を特徴づけることになる。全員一致の神話は打ち破られ、仮に両陣営が数のうえで不平等であっても、第三の道は排除されているように見えた。信仰者か無神論者か、二つにひとつだった。たとえばサン＝マルタンはガラにこう書き送っている。「世界は全体として二つのク

ラスの人間からだけ成り立っています。一方は宗教的な人々であり、［…］他方はそれに反対する者たち、あるいは不敬の徒で無神論者です。と申しますのも、無関心な人々や中立である人々がそうであるのは、その道徳感覚が麻痺しているからにほかならないからです。惰眠から目をほんの少しでも覚ましさえすれば、即座に賛成か反対かの立場をとることになるのです(47)」。

一四〇〇年のあいだ、ローマ皇帝テオドシウス一世の時代からフランス革命の時代まで、教会は全ヨーロッパにおいて不信仰のあらゆる表現を認めようとはしなかった。不信仰はどんなときにも存在したが、このすべての期間地下生活を送ってきた。思想としても、また非公然的実践としても、不信仰は不可避的に既成秩序を破壊するものとの意味合いを受け継いだ。フランス革命とともに、不信仰は突然荒々しく、民衆や小ブルジョワたちのど真ん中で、思慮を欠き、行動的で、荒削りな形をとって合法的世界に踊り出した。不信仰は社会階級とは無縁だった。というのも、あらゆる社会階層のなかに無神論者がいたからである。しかし不信仰の勃興が生み出した政治状況が、階層相互の憎悪を引き起こすということだけはありえた。

ただ闘うことによってのみ、無神論は白日のもとに自らの居場所を確保することができたということ、またそれは当初は実践的形態において認められたのであって、啓蒙の頭脳的な、知的な無神論という形態においてではなかったことを確認しておくことは、けっして無用なことではない。地歩を固めたのは戦闘的無神論、行動する人間の無神論だった。『悪魔のような女たち』でバルベー・ドールヴィイは、王政復古期の無神論者を「完全無欠で怒り狂った者たち」として描いた。彼らは金曜日の食事に集い、ドールヴィイは『悪魔のような女たち』に収めた六番目の小説『無神論者たちのある晩餐会で』のなかで、その様子をこう記している。

それは不敬の徒、良質だが怒りやすい不敬の徒であり、聖職者の不倶戴天の敵であって、彼らは聖職者のうちに教会そのものを見ていた。また当時人はそんなふうであったし、無神論はきわめて風変わりな無神論であったので、彼らは――高飛車で怒り狂った――無神論者だった。実際無神論者は、もっとも巨大なエネルギーに突き動かされて行動する人間の時代に属し、革命と帝政期の戦争をくぐり抜け、この時代のあらゆる過激な行動のなかを変転してきた者たちである。そこから生まれてきたとはいえ、この無神論は十八世紀の無神論とはまったく異なっていた。十八世紀の無神論は、真理と思想を鼻にかけた。理屈屋で、ソフィストで、美辞麗句を弄し、とりわけ思い上がりがひどかった。もっともそこには帝政期の軍人や、一七九三年の棄教した王殺したちの厚かましさはなかった。そうした人々の後に続いたわれわれにもわれわれの無神論がある。完全無欠で、盛りだくさん、知識に富み、冷徹で、憎悪の固まり、宗教的なものすべての大黒柱に穴をうがつ虫の憎悪に等しい憎しみを抱く無慈悲な憎悪の固まりなのだ！　だがこの無神論、ほかの何にもましてこの無神論からは、自分たちの父であるヴォルテール主義者たちから従順な犬のように育てられて、人間となって以来、政治と宗教、そしてその二重の退廃という恐怖のなかにどっぷりと肩先までつかった、世紀初頭の人々の理性を欠いた無神論という観念は得られはしないのだ。(48)

十九世紀全般にわたって実践的無神論は、戦闘服を肌身離さずに進む。

第十五章
実践的無神論の高まりとその闘い

「鐘の響きが聞こえないのか。ひざまずけ。亡くなられた神に臨終の秘蹟を授けるのだ[1]」。ハインリヒ・ハイネ（一七九七―一八五六）が叫びをあげたのは、一八三四年だった。行政手続き上の必要からプロテスタントに改宗したこのユダヤ系ドイツ人は、形のうえではキリスト教に加わりはしたものの、入ったのは崩れ去った建物であり、そしてそのリーダー、「シナイ半島の年取った権力者、ユダヤ人の君主」は「知性を失って」しまったかのようだった。ハイネによれば、信仰の対象としての神は十八世紀に姿を消し、理性の神に取って代わられた。しかもその神に今度はカントが最後の一撃を加えた。『純粋理性批判』は、「ドイツでは理神論者たちを殺した両刃の剣だった」。ハイネは、自分が神の終焉に立ち会っていることを意識していた。ハイネが確認したところによれば、多くの者たちはまだ自覚してはいなかったが、すでに大部分のヨーロッパ人は事実上無神論者だった。神の死が認められ、受け容れられるにはおそらくは数世紀を要するだろう。「この葬送の知らせが広く知られるにはおそらくは幾世紀かを必要とするだろう。［…］だがわれわれは、ほかでもないこのわれわれこそずっと以前から喪に服しているのだ」。

無宗教のツール・ド・フランス

今やわたしたちはハイネの主張を実地に検証しなければならない。定量的歴史学のデビューにより、原資料や社会学的調査の量が増え、答えの材料に事欠かなくなった。十九世紀前半のフランスをおおざっぱに回って見るだけで、信仰のかなりの後退と宗教的無関心の増大が十分確認できるのである。

パリ周辺地域から始めよう。一八二六年、ヴェルサイユの司教は自分の司教区を見積もって、良い教区が四五、まずまずの教区が八七、まったく無関心な教区を一〇三とした。パリ南西のコルベーユ主席司祭管区では一万六〇〇人の住民中三〇〇人が復活祭を祝い、パリ南西のドルダン主席司祭管区では、その数は一万二三一〇人中六〇〇人であり、ブルジョワジー全体がヴォルテールに忠実だった。

ルーアン司教区に移ろう。一八二三年と一八四四年の司教、クロワ猊下の司牧視察の跡をたどってみよう。[2] 調書では、ルーアン近郊のボワ゠ギヨムでは、「男女数人の子ども、幾人かの婦人、二人の管理人を除けば教会には誰もいなかった」。サン゠ローラン゠アン゠コーでは、「カフェは人で溢れ、とくに日曜日は朝市が立つので人出が多かった。ダルネタルでは、「聖堂区は退廃し、腐敗している。織物業は宗教全体を破壊しかねない。[…] わたしは信仰の欠如、多数にのぼる教会への完璧な欠席、数々の悪しき見本を強調せねばならなかった」、と司教は書く。織物製造業が、ここでは直接に批判の対象とされている。反聖職者主義者でヴォルテール主義者だったパトロンたちは、日曜の朝も労働者を働かせ、労働者階級はこの地方で一番先に非キリスト教化された者たちのひとつだった。そしてここでもまた見られることであったが、こうした現象は産業革命よりもずっと古いものだった。というのもミシェル・ジョアン゠ランベール神父が記しているように、「十七世紀末から、急成長する製造業に職を求めてやってきた [...] ノル

マンディー、コー地方の貧しい人々は聖職者の影響力の埒外にあったからである。［…］教会を中心とした暮らしから離れて一定のグループが形づくられたが、それは一般に想像されるよりもずっと早かった(3)」。教会当局は、まとまりもなく、居酒屋、市場、悪書の販売、リベラルな新聞、商人たちによる無宗教の文書の行商を非難した。たとえば、「市場に通い、教会の戒律をないがしろにした」として、三人の小間物商が非難された。

オルレアン司教区に入って見ると、同じような状況が示された。司教デュパンルー猊下は、「わたしが着いたとき、三六万の住民のうち復活祭を祝ったのは二万から二万五千人だった。もう復活祭の祝いもない聖堂区があった」と書いた。一八六五年に、司教は司祭たちに回状を送り、以下のことについて報告するよう要請した。

労働者のあいだであれ、農民のあいだであれ、農村部でのモラルの喪失の増大と無宗教の主たる原因。つまり居酒屋、パイプ・カフェ、良くない新聞、良くない本、居酒屋やダンスホールの取締り。若年者や青年の交際状況と、交際のもたらす不幸な結果、町や村の図書館、もしあれば学校の図書や図書館の不都合、危険(4)。

寄せられた回答は雄弁であった。オルレアン司教区のロリーでは、住民七四〇名のうち女性三〇人がミサに参加していたが、男性は一人もいなかった。復活祭に聖体拝領を受けたのは四〇名だった。同じくクルトネーでは、「われわれの土地の住民が、ほとんどどんな宗教の信条も持たなくなって一世紀以上になります」、と報告された。オルレアン北のボーヌ地方のバコンでは、行商人のおかげでヴォルテールを教え込まれた住民は「懐疑論者、冷笑家」で、福音書を批判し、至高存在、あるいは「大いなるエーテル」

を信じていた。
これらの司祭たちの証言は、旅行者たちの証言からも確かめられた。たとえばカトリックで敬虔派だったドイツ・バイエルン地方のリングサイスは、一八一五年にフランス中部サントル地方を通過して、こう記した。

告白しなければなりませんが、状況は大変悪いようです。ドイツでは、カトリックのキリスト教徒は依然として聖務に関わる書物や儀式を大切にしていますが、ここでは誰もそんなものに関心を持ちません。教会は人気がなく、やって来るのはただ幾人かの婦人だけです。わたしが話を交わした司祭たちは、大部分がフェヌロンよりもボシュエを敬っています。(5)

アンドレ・ジークフリートが、次いでポール・ボワが研究したフランス西部の田舎に接近してみよう。(6)サルト県の南東部はかなり非キリスト教化されていた。ナント大学区視学官タロは一八五六年にこう記している。

宗教感情はサルト県の大部分でかなり冷め、南東部サン＝カレー郡やマメール小郡の一部ではほぼ消えかけている。政治的危機、革命と反宗教の宣伝がル・マンで生み出したもっとも忌まわしい道具のひとつ、『サルトの善人』新聞は不安を抱かせるほどにすでに古くさくなった害悪を増大させている。(7)

サルト県のひとつの村サン＝カレーの初等教育視学官も、こう断言した。「大部分のコミューンでほぼ

完璧なまでの無関心が見受けられる」。一八七三年になってもサルト県の森やランド〔荒れ地〕で暮らす炭焼きや木こりの貧しい住民に関する以下のような記述を見いだせるのも、やはりこうした初等教育巡回視学官のおかげである。

ヴォーゴーティエのランドは、本来のコミューンから二キロ離れたところから始まり、三、四キロほど広がっている。あちこちに六〇軒ほどの家が数えられるが、大部分は文字通り原始人が住むあばら屋である。まことにラ・ブリュイエールの雄と雌を目の当たりにするようだ〔ラ・ブリュイエール『人さまざま』第十章《人間について》の以下の記述を指す。「何やら野獣のごときものが見える。雄もあり雌もあって、野良に散らばっている。黒きもあり、鉛色なのもあり、いずれも陽に焼けている。大地にへばりつき、その絶ちがたき執拗さをもって、掘りかつ耕している。その声には何やら音節がある。腰を起こしたところを見ると人の顔をしている。いや、それは本当の人間だった」〕。この穴居人のひとりが惚けたような笑いを浮かべながらわたしに言うには、自分には七人の子どもがいたが（もちろんこの男は結婚してはいなかった）、それがどうなったかはまるで知らなかった。とはいえ二十五歳になる一人娘が、兵士たちと一緒にル・マンへ行って街娼になったことは知っていたが、そのことでなんの心配もしていなかった。ぼろをまとった十歳の子どもが、わたしを自分の祖母の家に連れて行ってくれた。戸口の明かりだけのぼろ屋のなかに見えたのは、二本の薪の燃えかすの前にうずくまった哀れな老婆だった。老婆の話では、たくさんの男たちから一二人もの子どもを授かったそうだ。母親から棄てられた二人の少女が老婆のところに身を寄せていた。二人は暖炉というよりもかまどの傍らで木っ端のうえの猫のように、ヒースの屑のうえで寝る。もみの林のあちこちではまだ何か良いものがないかとうろつき回る女子どもが見かけられる。この土地の《王様》は元居酒屋の亭主で九十二歳の年寄りだが、長いあいだ村役場や司祭の役目を果たしてきた。男と女

が一緒に暮らしたいと望むと、《王様》のところに行き、《王様》がカップルにブドウ酒を勧め、祝杯を挙げ、その後グラスを割る。そしてとりあえず二人が結ばれたと宣言するのだ。[8]

明らかに、これらの住民は一度もキリスト教に感化されたことはなく、ほぼ完璧な実践的無神論のなかで暮らしていた。

アンドレ・ジークフリートもポール・ボワもきわめて信仰深いサルト県の北西部と無関心な南東部のコントラストを指摘しているが、こうしたコントラストはすでに革命期に見られたものである。そして一九二九年になってもなお驚くべき事実があった。この南東部のポンヴァラン郡の住民の二・五パーセント、ブロワール郡の住民の二・六パーセント、グラン＝リュセ郡の住民の四パーセントが日曜日ごとのミサに行っているのである。これは不断にくり返される問題であり、説明が求められよう。

とはいえ、まずは反軽信主義の気風を追う旅を続けることにしよう。ブドウ酒の生産地ではいくつかの地区が完全に非キリスト教化された。シャブリ地区、シャラント地区、ボルドレ地区、オード地区、エローﾄ地区がそうだった。[9]ヨンヌ県では西部が手荒く非キリスト教化されたが、それが元でたとえば一八一九年にはアヴァロンとヴィルヌーヴ＝シュール＝ヨンヌで、また一八二四年にはオクセールで起きたように、王政復古期にはカトリック布教団との激しい衝突が起きた。同様の事件が農村部でも起き、「不敬の徒のデモが、人々が宗教に対する公然たる敵愾心を持っていることを証明した[10]」。パリからさらに遠く離れたカオールでも復活祭を祝うブルジョワはもはや一人もなく、自由業者は無関心だった。

ひとつの事例、ブルターニュ地方

深い信仰に貫かれたブルターニュ地方に入ってみよう。ここでもすでにいくつかの地域は不信仰に移っていた。一八〇二年から〇三年にかけて、サン゠ブリユーの司教、カファルリ猊下は自分の司教区の宗教生活状態に関する調査を実施したが、以下がその回答だった。「ほとんど宗教や敬虔さの風なし、見込みのない地方」（レザルドリュー郡）、「宗教には無関心のようだ」（パンヴナン郡）、「宗教には冷淡で、宗教的祭事に煩わされたくないと思っている」（コートルヴァン郡）、「無知で粗野な人々で、自分の宗教やその務めについてほとんど誤った考えしか持っていない」（トレズニー郡）、「一二人のうち一〇人は聖体を受けに寄りつきもしない。コミューンの若者はリベルタンで冒瀆者である」[11]。たしかにこの地方では非キリスト教化が活発だったし、一七九四年には県の執政官が次のような指示を出していた。

状況が許すならばあらゆる機会を利用して、人類の不幸を目的としてペテン師どもが地上に蒔き広げた信仰の愚劣さを同士市民諸君に証明していただきたい。自分たちがあまりにも長きにわたってもっともばかげた、もっとも恥ずべき偏見の餌食になっていたこと、ついに理性がその帝国を取り戻す時が来たことを彼らに分からせてほしい。

トレゴール地方では、宗教的無関心はすでに以前からのものになっていた。そのことについては、別の機会に述べた[12]。信仰にとっては、決定的に失地回復の余地のない地方だった。二世紀来、宗教的無関心の報告が続いた。一八一一年にサン゠ブリユーの司教は、「バス・ブルターニュ地方はどうなるのだろう」と嘆き、こう続けた。「ブルトン人の土地に関われば関わるほど、わたしは悲嘆にくれてしまう。司教区のこの地域はわたしを痛めつける」。そして一八一四年にはさらに口調を強めて、こう記した。

ここでは人々は無知で野卑なまま暮らし、飲んだくれで、限りない無秩序のなかにうち捨てられ、判事なら罰してしかるべきもっともおぞましい罪がたえずバス・ブルターニュで犯されてきた。宗教が唯一この者たちを道徳の原理に立ち返らせる。だが、司祭職がなければ宗教はないのだ。［…］すでに農村は野蛮な状態に陥っている。もしそこで宗教の火を消えるに任せておけば、やがて農村は本物の山賊の巣窟になってしまう。当局がその無秩序ぶりを前もって知らせておいた一人の司祭の代わりに、彼らを鎮める一〇人の憲兵が必要となるだろう。(13)

一九〇三年に司教座大聖堂のあるトレギエで、ある象徴的な出来事が起こった。それは、住民たちの精神状態をどんな演説や統計数字よりも雄弁に要約していた。エミール・コンブ〔一九〇二年左翼民主党を率いて首相となる。《コンブ主義》と呼ばれる過激な反聖職者主義を展開〕という戦闘的な非キリスト教化運動の化身のような人物が、聖イヴが聖人と定められていた教会の前に、理性の光に照らされたエルネスト・ルナン像の除幕式を行ったのだ。その前には熱狂した群衆がいて、「キャロット〔聖職者が被る椀形の帽子〕たちを倒せ」と拍子をとってはやし立て、俗謡に合わせてこう歌った。

来てくれ、来てくれ、コンブ親爺
さあさ、トレギエに来ておくれ、
司祭の奴らを追っ払え。

国会議員選挙の結果からは、このことが幾人かの扇動された者たちによる偶然的な示威行動ではなかったことが分かる。投票行動が非キリスト教運動のテストという価値を持つことを誰もが自覚していたが、すべての方面で選ばれたのはコンブ派の候補者だった。

さらに一九五四年まで先に進んでみよう。ここでも調査は、以下のことを確認している。

レオンを出て東に進み、トレギエ湾岸部の農業地区に着くと、すぐにはっきりした宗教的無関心地域に移る。この地域はその意味ではボースやヨンヌの司教区に似ている。かなりの数の聖堂区では、家族全員が日曜日に定期的にミサに通っているのはほぼ一〇軒ほどだ。(14)

王政復古期でも、この人里離れた地方では啓蒙主義の哲学を懐かしむ気持ちに出会うことさえできた。たとえば、『想い出』のなかでエルネスト・ルナンが語る《体系爺さん》が思い起こさせる、それだった。誰とも言葉を交わさない、謎めいた人物だった。

爺さんは一度も教会に行かず、自分が具体的に宗教的信仰を示さなければならなくなる機会はすべて避けていた。聖職者は彼のことをいやな目つきで見た。だが日曜の説教で彼に抗議の声があげられることもなかった。というのも、顰蹙を買うようなことはなかったからである。それでも影に回って、彼の名前があがればひどい奴と言われた。一風変わった暮らしぶりがこうした反感をつのらせたし、孤独な年寄りの周囲にある種身の毛のよだつ悪魔のような雰囲気を作り出していた。

爺さんにはかなりの大きな書斎があって、十八世紀の書物が収められていた。詰まるところカルヴァンや

ルター以上のことを成し遂げた、あらゆる偉大な哲学がそこに集められていた。勉強好きだった老人はこの哲学をそらんじ、字の読める者たちに何巻かを貸すことで得られる収入で暮らしを立てていた。彼の家こそは、聖職者にとっては恐ろしい噂の出所となった、いわば底知れない井戸だった。彼から本を借りることを禁じるのが絶対に必要だった。体系爺さんの屋根裏はあらゆる不敬の収蔵所だった。[15]

実際、爺さんは理神論者だった。一八三〇年に彼が死ぬと、司祭たちは彼の蔵書を買い取って、焼いた。トレゴール地方だけが、ブルターニュでただひとつの宗教的無関心地域だったわけではなかった。一八一五年には、ジャン＝マリー・ド・ラムネー（一七八〇―一八六〇）が、コート＝ダヌール県ディナン地域の宗教状況に怖気をふるった。コルヌアーユ東部、オー＝レオン、モルビアン東部も同じ状態だった。さらに、全般的には信心深い地域でも社会的・職業的カテゴリーのあいだにはいくつかのコントラストが存在した。すでにガブリエル・ル・ブラが十分に示してくれたことだが、十九世紀においてもほぼ全員が一致して教会に通っていたレオン地方のきわめて信心深い農民たちと、それに隣接する地域のきわめて非キリスト教化された海草採り、船乗り、海軍退役者たちとのあいだでは対照が際だっていた。[16]

サン＝ブリユー司教区の中央部、東部では、一八四六年から四九年にかけての司牧調書から、少数だが活発な幾人かの自由精神の持ち主の存在が示される。ポルディックでは、五〇人ほどの若者がミサには通っておらず、「目立った不敬の徒」がいて、日曜日には週のほかの日に比べたら二倍も精を出し、メリエを読み、「太陽しか神を認めなかった」。ルナンの体系爺さん同様、「彼はプロパガンダをしたかったのだが、笑われ、鼻であしらわれ、気違い扱いされた」。ビニックでは、大学区長の計算では八人の「悪人」がいて全員官吏であり、もうミサには来ない瀆神者が三五人いた。大学区長によればその責任は学校にあ

り、学校は「若者の心にキリスト教の徳を芽生えさせるよりも、その知能を伸ばすことにいっそうの注意を」払うからであり、また若者たちが朝早くから出かけ、そのためにあらゆる宗教教育の機会を逃してしまう。そうしたテル＝ヌーヴでの漁業は「無垢なる者の墓場」だった。プレヴァントンでは、人々のあいだで不敬が広まっていた。「手を引いてもらうために司祭を必要とする男は、男の風上にもおけぬ奴で、司祭は俺たちの下僕で俺たちに教訓を垂れることが許されるなどと考えてはならない、と言われていた」。海に近い聖堂区、ランファンでは子どもたちが町で働き口を見つけ、そのために無宗教になった。商人たちが不敬な考えを広めていたのである(17)。

とはいえこの地区では、宗教復興の努力は大変なものであり、それを十字軍の情熱をもって指揮したのが司教総代理のジャン・マリー・ド・ラムネーだった。ラムネーはもっともおぞましいやり方を前にしても引き下がらなかった。ポルディックへの巡回の際に、男が三人告解を拒否した。ラムネーは彼らに社会的制裁を加えるよう指示し、聖堂区から追放した。そのために、彼らのうちの一人は自殺したほどだった。そして埋葬許可は拒まれた。元立憲司祭〔民事基本法に従って公民宣誓をした司祭〕への正真正銘の憎しみ、それをある人々は使徒にふさわしい熱情と呼ぶが、その憎しみからラムネーは一八一八年に盲目の老人でパンポルの司祭、ル・コルネックに対して教会法上の譴責を始動させた(18)。

こうした行き過ぎた狂信主義はラムネーだけのものではなかった。彼らのやり方は抵抗を引き起こした。宣教師は脅迫状を受け取った。時はまさに対決へと向かい、とくに都市部では聖職者の率先した行動は挑発そのものと受け取られた。とはいえ、宣教師たちへの抵抗に単なる反聖職者主義のしるしを見るだけでは誤りを犯すことになるだろう。この抵抗はさらに深い意味合いを持っていた。たとえば、仲買人一人、公証人一人、弁護士一人が一八一六年に、「いんちき、くそ坊主、お前の道を行って、お前のご立派な神

様と一緒に地獄に行っちまえ」、とひどい罵りの言葉をあげて、聖体を運んでいたプレウォールの助任司祭を攻撃したが、これは無神論者による反宗教的な意思表示だった[19]。

ブレストでは、ばらばらな個人ではなく、社会グループ全体が問題となった。陸軍、海軍、近年になって生まれた自由なブルジョワジーなどの存在が、宗教再興にとって不都合な条件を生み出した。復古王政期には小競り合いが数を増したが、その理由の多くは攻撃的な司祭たちの反対による埋葬拒否だった。さらに一八一九年に司教の決定で、告解師を五〇人ひき連れたイエズス会士を先頭にした伝道隊が派遣されたが、これは衝突を起こした。敵意をむき出しにしたデモの参加者を前に、伝道は取りやめられた。同様に、聖体の祝日の行列も不可能となり、司教は、「本物の反宗教連盟」だと言った[20]。

一八二六年の伝道、これは今度は力試しだった。黙想の訓話のあいだ騒動が起こったが、司教秘書の説明はそれを内輪に見積もろうとして、こう記した。「お伝えしなければなりませんが、昨日ご高名なギュイヨン神父のお話を聞くために参った聴衆につまらぬ輩がひどい恐怖と不安をまき散らしました。つまりは奥様方やお嬢様がたのあいだにということでございます。と申しますのも、男どもは冷静にいたしておりましたし、その沈黙が女どもを落ち着かせたはずでございます[21]」。「女ども」は、実際どちらの側からも軽蔑されていた。翌日からも伝道は続けられたが、ありとあらゆる乱闘、小競り合いがあちこちで起こった。爆竹、司祭の人形を吊して振り回す者、わめき声、ついには宣教師たちを守るために外国軍の介入までであった。

カンペの司教、ド・クルゼル猊下はユルトラ派〔復古王政期の極右王党派〕の支持を取りつけ、十分に検討したうえで事にあたることにした。「無神論者たちのあの執拗さは、真面目な人々の目には司教の名誉と映るのだ」、プレシ＝パルソー伯爵はそう記した。衝突の理由のなかには、信仰を持たない者の埋葬の問

題があった。教会側の立場は、聖なる土地に埋葬することを禁じるのを正当化するために、証人をつのって危篤の病人が終湯の秘蹟を拒んだことを確認させることにあった。ひとつの例をあげよう。一八二一年に、ルクーヴランスの聖堂区司祭イニザンは、「自分を獣と同列視し、獣のように死ぬことを願っている」信仰を持たない者に手を焼いていた。イニザンは助任司祭のアバスクを送ったが、アバスクが聞いてきたのは、秘蹟はなんの意味もなく、神の存在は疑わしいということだった。イニザンは埋葬しないぞと脅かした。瀕死の病人は、そんなことはどうでもよいと応え、最後には病人の家族は司祭が家に入ることも拒んだ(22)。

ブレストは十九世紀初頭から強固な無神論の砦だった。海軍学校では、数学と並んでしばしば無宗教が教えられた。たとえばデュヴァル＝ル＝ロワ（一七三一―一八一〇）の場合がそうで、ル＝ロワは一七六二年から罰を受けることなく士官たちのあいだに懐疑論や無神論を広めてまわった。士官たちはいつでもなんのかのと難癖をつけたがる軍付き司祭が好きではなく、できればすぐにでも司祭抜きにしたかった。

駐屯地、水兵のいる町としてのブレストはまた、居酒屋、売笑、徒刑場の町だった。一八三〇年には公立病院付き司祭が上司に、こう嘆いた。

この男ときたら、宗教は持たず、品性もなく、やることと言ったらリベルティナージュを維持し、毎日売笑の数を増やすことだけで、それも自分の務めを果たすときでさえ恥知らずにも女たちを手助けしたり助言をしている。ひとりの遊女が診療所に入ってくると、彼がまず始めにすることは、女の世話をする修道女たちから聞かされることになる説教に耳を貸さないようにさせることである(23)。

教会当局の不安の激しさ

ブレストはたしかに極端な一例だった。だからといってこのことは、他の地域同様、十九世紀の始めから、もちろん地域によって温度差があるものの、大概はけんか好きな自覚的な無神論者の存在が、それにかなりの数の無関心グループの存在があらゆる資料から確認されることの妨げとはならない。司教たちの司牧書簡は、尊大な家父長主義の背後からいずれにせよ漠然とした不安が顔を見せていた。サン゠ブリユーの司教、ダヴィッド猊下は、一八六三年にむなしくこう断言した。「このことをわれわれは神の誇りをもって述べよう。われわれの司教区では、信仰はあまねく存在する。信じない者たちの数は定かでない程度である」。だが調書は、司教のこの確信を否認する。ダヴィッド猊下自身が一八六七年には説教を鼻にもかけない、高慢な精神の持ち主がほぼいたるところにいると記していた。翌年一八六八年に司教は唯物論の興隆に不安を抱き、説教壇からは読まれなかったに違いない二月五日付の司牧書簡で、司教は「家族にとっての聖域である教会で、科学という名目のもとに懐疑と唯物論の種を蒔くことになりはしないか」との心配から、女子のための公立学校の創設に反対した。

というのも、伝統的に数世紀にわたって軽蔑され、サタンとの交わりを避けるように訓練されてきた聖職者からサタンの手先と見なされてきた、この女性たち、この《雌たち》は教会の未来を暗示するものだったからである。宗教面での女性の進出は、フランス革命以降都市化とともに強められ、加速した。典礼の見てくれに敏感で、胸のうちをさらけ出したい思いを満足させられるので、女性は教会に気の置けない集まり、家庭に閉じ込められていた孤独から免れさせてくれる社会的な結びつきの場を見いだした。それに亭主の側からすれば、それはおまけの保証付きだった。敬虔な女房とであれば、女房を寝取られる憂き目に合うことは少なかったからである。

聖職者も事情は飲み込んでいた。ものごとはもう革命以前のようには運ばなくなっていた。これからは、放っておけば無神論の誘惑に負けてしまうおそれのある群衆をたえず説得しなければならないのである。一八四六年にサン＝ブリユーのもうひとりの司教、ル・メ猊下は自分の司教区民に対して、反軽信主義者と言葉を交わすことを禁じた。無神論者の自信満々な議論を前にして、自分の信徒たちがひ弱だとおそらく司教は感じたのだろう。だが、そんな警告はまったくお話にもならなかった。

また不信仰の高まりを前にして、一八一七年にふるえるような怯え声をあげたのはジャン＝マリー・ラムネーの弟でブルターニュの司祭、フェリシテ・ド・ラムネーだった。ラムネーの『宗教的無関心論』は一八二三年までの四巻が刊行されたが、宗教意識の覚醒を目的としていた。だがそこで確認された事実は厳しいものだった。全ヨーロッパが宗教的無関心に落ち込んでいたのだ。

> われわれの眼前で全ヨーロッパが沈もうとしている、だらけきった無関心、この深刻な麻痺状態、誰がそこから全ヨーロッパを引き戻すのだろうか。［…］宗教、道徳、名誉、義務、もっとも神聖な原理も、もはやもっとも高貴な感情ともどもうたかたの夢、はるかな過去の一時に役目を果たし、やがて立ち戻ることなく消えていく、まばゆく軽やかな幻影にすぎない。(24)

カトリックの教えの熱心な擁護者は、同時代の人々のあいだに見られる宗教的相対主義に我慢ならなかった。この人々は、すべての宗教は価値があり、したがってそれらを検討することは無益であり、すべてを容認しなければならない、と考えていたのだ。すべてが容認される、神でさえもが！　受け容れられないのは、このことだった。こうした《体系的無関心》は、国民の衰弱の兆候であり、その終末を予告する

ものだった。そしてこの無関心は、教会の敵から鼓舞されていた。「ルター派、ソッツィーニ派、理神論者、無神論者、同じひとつの教義の継続的段階を示すこうしたさまざまな名前のもとに、彼らは倦むことを知らない忍耐力で当局への攻撃計画を続けざまに発する」[25]。

無関心は一時的な段階にすぎず、不可避的に深淵に、無神論へと向かうが、それはフランス革命の経験が示したように、社会の死である。「したがって事実をもって証明されたことは、無神論者である民衆には生き残る術がないことである。なぜなら、宗教を無神論に置き換えようとしたただ一回の試みはフランス社会を底辺から一挙に覆してしまったからである」[26]。無神論は極めつけの悪、「疎外された理性の絶望、そして知性の自死」である。無神論者は、どのような道徳的妨げも押しとどめることのできない正真正銘の怪物である。その気になれば、食人鬼にもなる。「自分の同胞に空腹感を覚え、体力さえあれば、同胞の肉を食らい、その血を飲み干しても、ひとかけらのパンを食べ、泉の水で喉を潤すときと同じようにほとんどためらうこともない」[27]。そのような非道に陥ることがありうるだろうか。「正真正銘の無神論者などいるだろうか。多分いるのだ。というのも、哀しいことに、無神論者は人間の邪悪さの限界を知悉しているからである」[28]。

そして多くの者たちがあれこれ議論をしてきたのを受けて、ラムネーも神の存在証明の論法を取り上げ、原初の信仰の普遍性を断言する。近年になって人間精神を退廃させたのは哲学の体系である。中国においてさえ、不信仰はごく最近のものだった。選択は簡単であった。つまりカトリックの教えか、それとも「この哲学と命名され、その傾向によって速さの多寡はあれ、いずれは無神論にのめり込む首尾一貫しない臆見の寄せ集め」を取るかである。

ラムネーは当時極右カトリック正統派であり、揺るがぬ個性の持ち主で、そのために行き過ぎた判断に

いたることがあった。彼が身を置いたロマン主義的な雰囲気にも影響され、革命のトラウマも引きずり、状況を善悪二元論的に誇張した。

ラムネーは他の多くの同時代の知識人同様、歴史的断絶という感覚を抱いていた。新しい時代が始まっている。あとはそれが夜明けなのか、それとも黄昏なのかを知ることである。

リセやコレージュのブルジョワ青年の側からすれば、将来はむしろ無神論に微笑みかけているかのようだった。モンタランベールはこう自問した。「一番悪名高いコレージュでわれわれのような若いキリスト教徒は何人いるだろうか。二〇人に一人もいない。われわれが教会に足を踏み入れて、学校時代のこの若者たちの一人と出会ったとしたら、東方のモスクをキリスト教徒の旅行者が見物するのと同じくらいの驚きを生むのではないだろうか[29]」。ラムネー自身も一八二三年に『白旗』で、コレージュでどうやって三〇人の生徒たちが表向きは聖体拝領に行くふりをして、聖別された聖体のパンをうまく使って自分たちの手紙に封をしたかを伝えている。やがてフランスのオラトリオ修道会の再興者となるグラトリー(一八〇五―一八七二)は『わが青年期の回想』で、デュピュイの『すべての信仰の起原』を読んだために、リセ・アンリ四世の二年生のクラス全員が信仰を失ったと書いた。サント゠バルブのコレージュでは、自習時間に神の存在が投票にかけられ、創造主はようやく一票の差で首を救われた。一八三〇年六月十五日、パリのコレージュ付き司祭九人が、報告のなかで次のように述べた。

自分たちは落胆のどん底にあり、どんな言葉も言い表しようのない不快感を抱いている。[…]一四、五年が過ぎたが、自分たちの努力はなんの益もなかった。数学、哲学、修辞学の総合クラスと第二学年では復活祭の勤めを果たす者は九〇人から一〇〇人のうち七、八人にも満たない。修辞学や哲学を修めた者たちのなかで、

その信仰が保たれている者、それを実践している者が何人だと言わねばならないだろうか。毎年コレージュ全体で一人なのだ。(30)

不信仰の社会的ヴァリエーション

非キリスト教化を受けたこうした若者たちは、ブルジョワ階級の子弟だった。というのも、十九世紀の無神論はとりわけブルジョワ的現象だったからである。もっとも、自分の本当の考えを無関心、あるいはたまたまその時期の大勢の影に隠すこの社会カテゴリーの人々のあいだで不可知論、理神論、反聖職者主義を識別することはかなり困難だった。ブルジョワは洗礼を受け、教会で結婚し、宗教に則って埋葬される。自分の妻や娘をミサに通わせる。四旬節の説教には足を運ぶが、これは一八三五年からパリの知識人や社交界の恒例となっていた。したがって、ブルジョワは公式には《信仰者》だった。

とはいえ、ブルジョワの生活環境はまったくキリスト教とは無縁なものとなっていた。十九世紀のパリのブルジョワ階級を研究したアドリーヌ・ドマールは、そのことを十全に示した。遺産目録には宗教のしるしがまったく見られなかった。キリストの十字架像もなければ、ミサ典書もなく、多くの場合遺言書にも宗教への言及はなかった。これとは反対に、書斎は十八世紀のフィロゾフたちの著作で溢れていた。パリのブルジョワはヴォルテール崇拝を行い、この偶像同様、宗教のなかに社会的均衡のファクター、秩序の転覆活動への防波堤、秩序の担保、いくらかのまともな慈善行為で良心の担保となってくれる、名誉もあれば礼節にもかなった組織を見ていた。それにしても、これらのことのなかに神はいるのだろうか。もちろん、とアドリーヌ・ドマールは書く。「神は死んではいない。神は遠ざけられたのだ。パリのブルジョワたちの思想のなかにも、また日常の振る舞いのなかにも神は身の置き所をなくしている。［…］無神

論は論外である。尋ねられれば多くの人が、庶民階層は除いて、その属性についてよく定義はできないにせよ、なんらかの神なるものを信じているとおそらくは答えることだろう」[31]。

地方のブルジョワもパリの同僚と似たり寄ったりだったが、おそらくはもっと辛辣な反聖職者主義と過度の結束力を備えていた。たとえばブルターニュ地方の小さな町ヴァンでは二つの文学サークルが数えられたが、そのひとつはフリーメーソンのものだった。一八一七年にある名士の破産後の財産目録からは、一九〇冊の書物のうちヴォルテールとルソーがそれぞれ七二冊と三七冊という、ひときわ目立つ蔵書が明らかにされた[32]。

十九世紀中葉のプチブルジョワの信仰、あるいは不信仰の表明は、ギュスターヴ・フローベールによって不朽のものとされたが、その登場人物、薬剤師オメーは偏狭なヴォルテール精神の象徴とされた。

わたしには宗教が、わたしなりの宗教ってものがあるんです。それも曲芸やらいかさまやらをやらかす連中全員のものよりずっと高尚です！　おあいにく様ですが、わたしは神を崇めています！　至高存在を、創造主をわたしは信じているのです。それが何であろうと構いません。このお方が市民としての、家長としての義務を果たすように、この現世にわれわれを置かれたのです。だからといって、教会へ行って、銀のお皿に接吻し、われわれよりも栄養たっぷりなうじゃうじゃいる喜劇役者にお賽銭をあげて彼らを肥え太らせるつもりはありません。なぜなら、古代人と同じように野原にいても、畑にいても、さらには大空に見とれていても、人は神を敬うことができるからです。わたしの神、わたしにとっての神、それはソクラテスの神、フランクリンの神、ヴォルテールの神、そしてベランジェの神だ。わたしは『サヴォワの助任司祭の信仰告白』〔ルソー『エミール』第四編〕や一七八九年の不滅の原理〔この年に定められたいわゆる「人権宣言」を指す〕にわたしは与しま

す！　杖を手に花園を歩き回り、友人たちを鯨の腹のなかに住まわせ、叫び声をあげては死んでおいて三日後に復活する善良なる神という爺さんなんかわたしは認めません。それ自体がばかげていますし、おまけにあらゆる物理法則に完全に反しています。ついでながらこのことがわれわれに証明するのは、司祭たちはいつでも恥ずべき無知にはまり込んでいること、さらにはそこに自分たちともども住民を嫌でも引きずり込もうとすることです[33]。

オメー氏は、伝統的には田舎の商店主の視野の狭い反聖職者主義の軽蔑的な意味合いを持った好例として示されてきたし、そしてこうした肖像はカトリックの護教論に十分役立ってきた。護教論にとって重要なのは、それが俗物的無神論と粗雑な唯物論の変種であるということだった。このような侮蔑は、実際には深刻な悔しさ、ライバルの独断的なもの言い、つまりはヴォルテール的な不信仰の言い方に向かって何もできない感情を表しており、この感情は店主、法曹人、自由業者、卸売商といった十九世紀のブルジョワの大部分、それに上昇する中産階級の一部に対応していた。

それに比べて労働者階級は、近年の調査によれば、長い間信じられてきたよりも非キリスト教化された度合いは少なかった。フランスの場合、パリやリヨンの例を一般化することは避けなければならない、とジェラール・ショルヴィーは警告する。リヨンの絹織物工たちは、ジョルジュ・デュボーの言い方にならえば「熱狂的に反宗教的」だった。十九世紀末まで、パ＝ド＝カレー県の鉱夫たちは、ノール県の大部分の労働者同様、秘蹟に大きな愛着を抱いていた。「産業化という事実からいきなり非キリスト教化を語ることは、ミディ・ピレネー地方のオーバン、そして口うるさい鉱夫にとっては誤りとなるだろう。態度、慣行、気だてという面から見れば、住民たちは教会への愛着を依然として抱いているのだ[34]」。

英国では一八五一年の宗教的慣行に関する全国調査から、この年五二八万八二八四人が日曜礼拝に行っておらず、とくに産業地域ではその割合が高かったことが分かる。ところが、エドワード・パーマー・トムスンが強調するように、労働者たちは宗教に愛着を抱き続けた。十九世紀初めには労働者たちのあいだにはメソジスト派が目立ち、おそらくはそのおかげで英国は革命を免れたのである。

英国史におけるこれまでの支配的理論は十八世紀を起点とする労働者階級の連続的・漸進的世俗化の理論だった。取り返しのつかない現象で、何回かの宗教的《覚醒》もあったが、そこには限られた一時的な意味合い、「非キリスト教化という避け得ない逆流に立ち向かおうとする何ものか」があった。「そのために、《覚醒》は否定形な意味合いを持ち、しばしば貧しく、教育もない人々を意味した。彼らは、突然経済的危機に見舞われ、（一般的に）反抗的福音主義の特徴を持つ宗教的礼拝へと向かい、そこに悲劇と個人的な苦境のまったただなかでの慰めを見いだす[35]」。こうした《覚醒》は、マルクス主義の歴史学者にとっては、宗教的熱狂あるいは「打ち負かされた者、絶望した者のキリアズム〔千年至福説〕という雰囲気のなかの「階級闘争の代用物」と映るだろう[36]。

十八世紀は宗教的全一主義をとっていたという前提から出発して、その後は科学の進歩や批判の影響を受けてしだいに宗教は衰退していくといった見方は、今日ではふたたび問題視されている。歴史家たちは十九世紀の聖職者たちの繰り言にあまりにも安易に影響されすぎていたのであろうし、他方無神論は労働者階級のなかにそれほど根をおろしてはいなかったのだ。「社会構成の分析も、この問題に関するもっとも基礎的で、もっとも精確な調査技術によっても、十九世紀に教会が被ったと言われる労働者の大量喪失という事実は認められない[37]」。

なるほどこうした修正が一度認められれば、あとは長期的、あるいは世界的規模で見てということにな

るが、そうなれば、やはり伝統的な教会、とくにカトリックは工業化の時代への突入に失敗したのである。十九世紀中葉のリールのプロレタリアに関するピエール・ピエラールの結論は普遍化されうるものであろうが、ピエラールはこう主張している。「二大潮流がリールのプロレタリアの増大する大衆を導こうとしていた。カトリックの家族主義と反聖職者主義的社会主義がそれである。熱狂的なカトリック信仰者の誠実な努力の甲斐もなく、家族主義は頓挫した」[38]。次の一八四〇年のリールのある司祭の考察は、労働者大衆の宗教離れを雄弁に物語っている。「彼らをどこかの異端の宗派かと思ってしまいました。それくらい彼らはわれわれの秘蹟とは異質だったのです」。こうした非キリスト教化した大衆のために、ユートピア主義の思想家たちは、唯一の宗教が人類の宗教であるような世界、アンリ・デロッシュなら「無宗教の宗教[39]」と呼ぶであろう世界を構想した。

庶民階級のあいだでは、いくつかの別種の社会層がとりわけ不信仰に影響された。たとえば十九世紀には広く行き渡った、地方の織工団体を形成した人々がそうだった。材料を提供し、完成品を買う隣接都市の商人たちに依存していたおかげで、聖堂区の連帯の絆から解放され、個人主義、競争原理、新思想が彼らのあいだに導入された。亜麻や麻を織る夜なべ仕事の合間に語られた民謡や小話を通して、この社会グループの心性が姿を現す。ブルターニュでは、亜麻の製織工たちの小話から、はるかに反聖職者主義的で、反宗教的でさえある世界がうかがえる。そうした物語では、聖人たちは悪魔と同列に並べられ、もの笑いの種にされ、あの世、天国、地獄が軽くあしらわれた。ジャン゠イヴに天国がどうぞと示されると、ジャン゠イヴはそれを拒み、「*bara dous*（バターを塗っていないパン）」と「*baradoz*（天国）」をかけたブルトン語の言葉遊びを使って、それを嘲笑した。冷笑的で、人を不安にし、冷め切っていて、もっとも不安に満ちたものの見方だった。それが勝ちを収めれば、道徳には関わりを持たない抜け目のない者、巧妙な者、

狡猾な者たちが微笑みかけるだろう。魔法の力や超自然的な要素が働く。風、太陽、水が宇宙を司る。《ラニオンの王》〔ラニオンはブルターニュ地方サン＝ブリユー北西の町、一七九二年『祖国の危機』を訴え、くじ引きで義勇兵の応募を求めた立法議会の要求を拒み、「国王のみを認める」と宣言して、農民・船乗りたちが蜂起した〕が病から立ち直るのは、太陽の泉の水によるのみだった。世俗的な要素とキリスト教的な要素が、見境なく混在していた。獣、七つの頭を持つ蛇、魔法使い、悪魔はしばしば姿を現す登場人物だった。聖人はもはや、未来を知ろうとしてクレープをお供えした占い師ではなくなっていた。そこにあるのは、人の意表を突き、思いもよらない、反聖職者主義的で反宗教的な驚くべき攻撃性を備えた世界だった。たしかに、物語と物語作者の実際の気持ちは区別しなければならない。だが、こうした主題の強調とくり返しは耳目を驚かすものであり、そこから引き出される道徳的教訓についても同様である。教会は悪の側にあり、侮蔑の対象であり、権力を持たない。自然の神秘的な力が最強のものであり、英雄とは自分のエゴイスティックな利害にもっとも都合がいいようにこの力を用いる術を心得ている者のことである。「ビル、狡猾な悪党」、それが聖イヴよりも崇拝に値するとされるのだ(40)。

地方では、行商人、居酒屋の亭主、荷車引き、船頭が後ろ指を指され続け、そこには炭焼きや鉱夫も含まれたが、彼らは社会的な枠に収まりきれず、他人に依存せず、大概は無神論者である住民だった。海で働く人々の例は、すでに旧体制下でも指摘されていたが、こうした傾向をはっきりした形で示した。ニューファンドランドのタラ漁場が賑わっていた時代、ブルターニュ半島北部の漁港パンポルでは、船乗りの世界が二分されていた。反軽信主義者や反聖職者主義者の機関紙『パンポル新聞』は、タラ漁のシーズン開始前に催される漁師たちのパルドン祭りを嘲弄した。「多くの者は、あらゆる宗教感情から解放されて、灌水器を一降りしたところで、出漁にはなんの影響も及びはしないと、当然ながら語り合っていた。〔…〕

大漁なら、漁師たちは心のなかで宗教と冗談を結び合わせ、不信仰を増長させてとどまることなく波風を起こそうとする」[41]。一九〇八年に、新聞は改めて「船を祝福する、あの昔ながらの芝居がかったセレモニー」を批判し、誇るなら自分を誇れと船乗りたちに要求した。「哀れなるマテュラン、目を開き、警戒せよ。そのほうが摂理を持ち込むよりずっと価値があるだろう」[42]。さらに、宗教色のないアンチ・パルドン祭りが催されて、成功を収めたが、『コート＝デュ＝ノールの目覚め』、はそれをこう確認する。「パンポルでなにやら変わったことがあった。敬われてきた聖人伝が姿を消してしまった。［…］ルナンにとってのトレギエがそうだったように、パンポルはパルドン祭りから宗教臭さを取り去り、ブルトン人の精神の解放の合図とした」[43]。船乗りたちの懐疑論的な口ぶりを、新聞は異口同音に伝えた。彼らは世界中を周り、そこから相対主義の教訓を引き出した。たとえば商船の船長だったル・ドリュは、「地球の表で無数の宗教を目撃したが、そこには共通点があった。聖職者の傲慢さと金銭欲だった」[44]。

同じブルターニュのフィニステール県南部では、船乗りや漁師たちの非キリスト教化が十九世紀末でも急速に進んだ。たとえばカンペール近郊のル・ギルヴィネックでは、一九〇九年には日曜礼拝に行く者は一七〇〇人しかおらず、そのうち一二〇〇人が女性だったのに対して、千人が教会に行かず、そのほとんどが男性だった[45]。

反聖職者主義の役割

状況は明らかだった。全体的に見れば、十九世紀を通じて不信仰は大規模に進展していた。これが、確認された明らかな事実だった。他方で、不信仰はいくつかの地域で、またいくつかの社会階級でよりいっそう速く進んだ。宗教的心性に関わる歴史研究者や社会学者は、以前からこの現象の原因に問いを発して

いた。世界に関する科学的説明の前進、あまりにも厳格すぎる道徳や地獄の教えといった人を絶望させる教義の拒否、フランス革命以来非難の的とされた聖職者と一定の社会的・政治的身分とのあいだの緊密な結びつきに起因する反聖職者主義といった、一般的なレベルでのいくつかの原因はよく知られていた。そして反聖職者主義から不信仰への隔たりはかなり短いものだった。それは、たとえば以下のような人物を取りあげて、アンドレ・ジークフリートが指摘する事例に見られた。

司祭の話を教会で聞き、教会から出ればそれを忘れてしまうという、難しいことをどうにかこなそうとする人々がいる。デリケートで、信仰の全一性という点では危険なしとはしないやり方だった。部分的にせよ議論の的になるような指導者は実際に不可侵性を失い、指導者に抵抗しても罰を受けないと分かるとその支配力は弱まった。［…］結局たどり着いたのは、以下のようなきわめて単純な考えだった。つまり、聖職者至上主義は強く根づいたカトリックの教えと対になって実行されるが、他方反聖職者主義は、たとえある程度の宗教感情と共存していても、むしろ政治機能を失った教会が限られた道徳的権威だけを享受するような社会状態のしるしである、ということだった。(46)

反聖職者主義は、出発点では反宗教的ではない場合でも、ほとんど自然的と言ってもいいほどの傾きをもって、急速に反宗教的なものとなる。「前提からの自然発生的な問題の掘り下げによって、あるいはその対象の不可避的な拡大のおかげで、だんだんと反聖職者主義は、聖職者至上主義の告発と宗教的正統の尊重とのあいだに当初設定されていた分離ラインを一変させてしまうことになる」(47)。十九世紀前半にあっては、仮に反聖職者主義がどちらかと言えば理神論的だったり哲学的だったりしても、それはただちにい

っそう急進的な潮流に結びついて、無神論となるのだった。教会と不信仰との対立の過激化は、実際選択の余地を残さなかった。一八三六年以来ラムネーは、権力との妥協、また福音主義の徳の忘却、さらには思想の運動に対する無理解という理由で、反聖職者主義の興隆の責任を教会になすりつけていた。

実際、反聖職者主義は大多数がカトリックであるラテン語系の国で起こり、それらの国では国家がその運命を教会と一蓮托生にしていたので、思想の自由はこの教会との闘いによってしか獲得されなかった。フランス、イタリア、スペイン、ポルトガル、ラテンアメリカ諸国がそうだった。反聖職者主義の版図は宗教的信仰の版図の全くの否定かと言うとそうではなく、その反対だった。たとえばブルターニュのように、拒絶反応が現れるのは、論理的にも聖職者がもっとも強力な地域においてだった。あるいはさらにジャンセニストの地域、革命前まで強力な大修道院によって支配され、修道士たちの監視が悪い思い出を残していた地域だった。

社会的には、反聖職者主義は聖職者と競合する職業で深く根づいた。法曹家、教師がそれだったが、その一方でブルジョワジーはこの点では二分され、旧体制下で反聖職者的だった貴族は、政治的な理由から見事な復活を遂げていた。十九世紀末になってからのことだが、ついに情熱が鎖を解かれ、ガブリエル＝アントワーヌ・ジョガン＝パジェスの作品において極度の激越さを伴った言葉の洪水となってあふれ出した。ジョガン＝パジェスは、レオ・タクシルの名でよく知られていたが、その作品は、『カラス狩り』（一八七九年）、『聖なる愚行』（一八八〇年）、『キャロットと司祭たち』（一八八〇年）、『ピウス九世の秘められた愛』（一八八一年）などだった。レオ・タクシルが一八八一年に編集した『反聖職者主義のラ・マルセイエーズ』では、反宗教と反聖職者主義とが、次のような形で渾然化していた。

投票箱へ、市民諸君、聖職至上主義に反対せよ！
投票せよ、投票せよ、われらの声音がカラスどもを一掃せんことを！

市民諸君、罪を罰そうではないか
汚らわしい司祭どもの罪を
信仰がクレチン病患者に変えてしまった
犠牲者だけには憐憫の情を下そう（くり返し）
だが盗人や偽善者も、
だが肥え太った怠惰な修道士連中も、
だが詐欺師やペテン師も……
イエズス会には容赦などしない。

別のパロディーを紹介しよう。モンテユスの筆になるインターナショナルのパロディーで、一九〇四年に『反聖職者主義行進曲』と題されたものである。

いざ　闘わん　いざ
あらゆる聖職者どもと
あぁ反聖職者主義よ　われらがもの
いざ　闘わん　いざ

あらゆる汚らわしいキリスト教者どもと
あぁ反聖職者主義よ　宗教なき世界を作る（くり返し）

愚か事の売り手に抗し
脳を狂わせる者どもに抗して
教会の支配人たちに抗して
今ぞ高く掲げん　わが理性の旗

同じ年にジュール・レルミナは『聖職至上主義の犯罪』において、人類と社会に対する教会の罪をつぶさに数え上げ、一九〇六年には反聖職者主義の専門誌『ラ・キャロット』の創刊号が登場した。また一方で、アナーキストたちが荒れ狂った。『断頭台の唄』で、ラヴァショルはこう主張した。

幸せになりたけりゃ
畜生め
お前の地主をとっつかめろ
畜生め
教会をひっくり返してやれ
畜生め
神さまを糞まみれにしてしまえ

もっとも、十九世紀末から幾人かの社会主義思想家は反聖職者主義のキャンペーンを本質的な闘い、資本主義と私的所有との闘いから、大衆の目を背けるものと見なしていた。たとえばフランス労働者党の党首、ジュール・ゲードの場合がそうだった。フランスの政教分離運動を代表する人物のひとりだったフェルディナン・ビュイソンは、一九〇三年に、今ではすでに打ち負かされた敵に対する闘いをさらに続けることの妥当性について疑問を呈した。聖職者はもはや権力を持っていない。なぜなおも闘いなのか？　教会はどんな時でも存在する。だがもはや信仰者のあいだでしか影響力を行使できない。道徳、政治、経済、社会的諸関係は今では完全に教会の手を免れている。

では教会には何が残っているのか。唯一の権限、人が理性をもってしては教会から取り除くことができないもの、それは宗教だ。宗教だけなのだ。なぜなら、あれほど長期にわたって宗教と結びついてきた道徳さえも教会から離反した。われわれの法律、われわれの法令、われわれの学校さえもがもはや一個の非宗教的な道徳しか認めていない。

そのことに由来して、われわれがそのなかに閉じこめられている理屈の際だった力強さが見られることになる。それはこういう理屈だ。

教会は今ではもう魂の事柄に関わる次元でしか作用を及ぼせないのだから、そのまま静かにさせておけばいい。なるほどあなたがたはすでに打倒された聖職者の全能性に対してだけ闘いを挑もうとされるのではあろうが。しかし、あなたがたは今でも攻撃を続けている。そうであれば、敵だったのは反聖職者主義ではなく、宗教だったと白状すべきだ。［…］

今日の教会は、八九年以前にそうだったのと比べたら、どのようなものだろうか。かつてその力となったものすべて、タイトル、特権、富、名誉、独占権、そのすべてを教会は奪い取られてしまった。ところが教会は、今日のフランスでかつてはそんなことはできなかった場所を異論の余地のない形で占めている。貧困者救済、慈善事業、慈善団体といった活動を展開し、今日ではその多種にわたる《事業》のおかげで、かつてないほど広範で良質の人気を博している。そのために、さらには勧誘方法、貴族の高位聖職者がいなくなったこと、一世紀来聖職者の財政状況が慎ましいものになったこと、かつてはあれほどに冷淡だった非信仰者たちのあいだで教会が生み出す驚くべく熱情、寛大さ、献身のおかげで、教会は民主主義に接近したのだ。(48)

少なくとも二つの観点から興味深いテキストである。一方でフェルディナン・ビュイソンが確認しているように、聖職者は敗北している。上記の言葉を読むことで一世紀のあいだに辿った道筋がよく分かる。不信仰は地歩を固め、勝利者として語り、その勝利の広がりを評価する。他方で不信仰は、自分が寛大であることを示す。もし自らの勝利に値する者であろうと欲するならば、不信仰は信仰を尊重しなければならない。その際に反聖職者主義と反宗教を厳格に区別し、昔の教会の誤りに陥ってはならないのである。

十九世紀の信仰の後退については、反聖職者主義が推進者の役割を果したが、それは教会についての広範な敵意をひとつにまとめ上げ、反対を具体的な形で表し、形而上学的な不具合があればそれを具体的な人物に的を絞ることによってだった。信仰の代理人を称する者たちとの闘争、というよりもむしろ戦争と言ったほうがいいかもしれないが、この闘いの雰囲気はその立場を強固にし、懐疑を確信へと変貌させた。反聖職者主義者はこうして、反軍国主義者があらゆる組織された暴力の形態を拒否するのと同じく、戦争の論理そのものによって、自分自身にとってのあらゆる信仰形態を捨て去るように迫られた。信仰者

がなおも信じ続けるという事態を受け容れられるかぎりは、反聖職者主義者は寛容でいられるだろう。しかし信仰者の個人的な立場について言えば、その人がどうしてその信仰に長くとどまっていられるのかはよく分からなかった。反聖職者主義は、その信仰を代表する身分の高い者たちと闘っているのだ。反聖職者主義の生来の傾向は、彼を無神論へと導く。十九世紀の反聖職者主義の闘いは、不信仰のプロセスを加速させた。

不信仰の諸要因――トリエント公会議以降の信仰

さらに歴史家たちは信仰の後退に関して別の説明を探したが、これはかなり論争の的となった。それは、たとえばアンドレ・ジークフリートにとっては馴染みの《民族的パーソナリティ》という考え方だった。古い考え方だが、これは、もともと宗教的な民族と宗教嫌いな民族とを想定するものだった。こうしたロマン主義的な色合いの説明は、たとえばまったく同一のケルト人グループに属するレオン地方の人々とトレゴール地方の人々との対立といったような、ごく小さな地域間の対照という事実を前にしては保持されなかった。ガブリエル・ル・ブラは、そうした《ブルトン人の魂》といった一般化をすでに拒否していた。「ブルトン風神秘主義、ノルマンディー風実証主義、そうした一般性は何を意味するのだろうか。それではまるでマシュクール地方のブルトン人も、トレゴール地方のブルトン人も、海辺の者も森の者も同一の精神類型を示すとでも言うのだろうか！　こんな幻想は退けようではありませんか。この幻想の伝記は寄生虫にとりつかれているのです」(49)。だが数頁後で、この偉大な社会学者は同じ《幻想》に陥ってはいなかっただろうか。ル・ブラはこう書いている。

集団心理学からはとっておきの示唆が得られる。シャンパーニュ地方の人々、ブルゴーニュ、トゥーレーヌ、ガスコーニュ、プロヴァンス、ラングドックの各地方の人々からは重々しく天へと差しのべられた信仰よりも、懐疑主義、アイロニー、この世での至福が連想される。彼らが住んでいる地方は一般的に肥沃な土地であり、ブドウの木をもたらし、それを昼頃には太陽が温める。安逸な暮らしぶりは、あの世のことなどあまり役に立たなくさせる。それぞれの住民は予断なくまた文字通り偏見なしに観察されねばならない。たしかなこと、それは超自然的なものに無関心な者たちがいることである。この無関心の起源を探究することができよう[50]。

ここでまた顔を出すのが、生物学的で風土論的な要因を口実にしたエスニシティー決定論である。それを元に、ガブリエル・ル・ブラは、「地理的なものと民族的なものとによってあらかじめ運命づけられた土地」を話題にした。不毛で原始的な土地は、信仰に適していた。「霧や雪の多い土地では、教会は避難所である。不毛で骨の折れる土地は人間に天国への欲望をあたえる可能性がある。その一方で心地よい光、豊饒の地は隠居も大祈願もなしで済ませるようにする[51]」。あるいはさらにこうも言う。「北のブルターニュ地方の人々、南のバスク地方やルエルグ地方の人々は死や死後の世界についての感覚を備えており、その点で隣接する肥満した不信仰者とは異なる[52]」。

おそらくはこうしたことすべてのなかに一部の真理はあるだろうが、相対的なものでしかない。社会・経済的な説明に関しても同じことが確認できよう。地方においては、中規模あるいは大規模な私的所有者のいる地域では自立が保証され、個人主義が発展し、地方的な不安定さが顕著な地域よりもかなり早くから宗教離れが進む。同様に、小規模のブドウ栽培農家も、半ば都会的な人付き合いと強固な協同組合型の組織のおかげで自立の精神に富み、そのことによって信仰深い地域よりも早期の宗教離れが説明される。

もっともこうした一般化もやはりそれなりのニュアンスの差を認めなければならない。というのも、ブドウ栽培家の世界にはほとんどすべてのタイプが見られるからである[53]。

全体として、認められなければならないのは、人文地理学、自然地理学のレベルであらゆる場面で妥当し、あれこれの地域でのいっそう大きな不信仰を解明する納得のいく説明は存在しないということである。不信仰に都合のよい人間の典型も地域の典型も存在しない。それでは歴史による説明はもっと納得がいくものだろうか。たしかに、歴史からはいくつかの兆候が得られる。大修道院のある地域、異端やジャンセニズムの洗礼を受けた地域、他の地域との交流、交通の頻繁な地域は総体的に見れば早い時期から非キリスト教化される。その一方で、フリーメーソンの導入や非宗教的な学校に通うことは期待はずれの結果しかもたらさない。「世俗であれ宗教的であれ教師の影響力は、宗教的実践（そしてそれと結びついた政治的傾向）の地域的分布にいささかの光明ももたらさない、と結論しなければならない。十九世紀末においても、また二十世紀前半期においても然りである」とポール・レヴェックは記した[54]。

したがって無数の歴史的・地理的諸要因が作用し合っているために、宗教感情のある地域と他の地域との不均等性を説明するのは極度に困難である。それにくわえて、宗教感情は、他の何にもまして、個人と社会の接点に位置するものだからである。不信仰あるいは信仰の度合いは、各人が神あるいは虚無に関して抱く観念同様、認識不能である。この領域では、集団や個人の役割とは何だろうか。レオナンス・ド・グランメゾン神父によれば、「言葉を厳密に解すれば、個人的な宗教が存在することには異議を差し挟まなければならない。［…］われわれの個人的な生活は、はっきり言って、いずれにしても制約されている。［…］通常人は所属する集団と一緒に、その集団のなかで、そしてその集団に従って神を崇め、神に祈り、神に犠牲を捧げる[55]」。したがって、こうした集団の影響が原初的である。もっとも個人の意識は同時に閉

ざされた細胞でもあり、心理学者も社会学者も、そして歴史学者もそれをこじ開けることはできず、そしてこの意識はそれ自身の秘密を隠し持っている。不信仰は、意識の現象として、歴史研究者の手の届かないところにある。

しかしながら、信仰の衰退の別の因子が存在し、それは集団として受け容れ可能なものであり、また信仰の衰退はカトリックとプロテスタントの改革の帰結でもあった。後者の場合、衰退は中世の民衆の諸説混合とは逆に、聖と俗の厳格な分離によってもたらされた。こうした断絶は最終的には、科学の発展に伴う世界の完全な世俗化と、各個人の内面からまた聖職者の手中からの聖なるものの退潮に帰着せざるをえなかった。神は、物質世界からしだいに撃退されていった。信仰は内面化され、崇めるか崇めないかといった、神との個人的な問題になった。そして信仰は日常生活の現実と抱き合わせにされた。まさしく十九世紀になると、こうしたトリエント公会議以降の精神が絶頂に達する。聖なるものの領域は、集団的にはミサへの参加、個人的には祈りというように、あるかないかのぎりぎりまで切り縮められた。世俗的なものの感染をすべて封じるために、神と日常生活をない交ぜにするあらゆる《迷信的》で《神を汚す》行いは追放される。問題は、ヴォルテール的な嘲笑や軽信との非難の種にならないことだった。それゆえに神は天国に、つまりは信仰者各人の良心の裁きにゆだねられた。世界の現実と闘争から切り離された形で、各人にそれぞれの神が、それぞれのイエスがいた。そうした内面的存在が少しでもあれば、自分の内面で生きる神秘主義者や瞑想家には十分だった。そんな存在では、一般の人々は満足しなかった。彼らが満ち足りるのは行為においてだった。トリエント公会議以降の教会は、世界を広大な瞑想の場である修道院にしようと望んだ。カルメル会修道女の敬虔さを押しつけようとして、教会は一方でイエスの幼な子聖女テレーズを生みだし、他方で別の場所に自己実現を求めようとする数百万の不信仰者を生み出した。それと

いうのも、天国に備えるよりも、この世でやらなければならないほかのことがある、と彼らは考えたからだった。十九世紀の無神論はかなりの程度トリエント公会議以降のキリスト教の産物である。

ここでは、ひとつの事例を取り上げるだけで足りよう。プルードンがその例で、彼は若いときにはキリスト教徒だったが、一八三二年二十三歳のときに信仰を失った。それはボシュエやベルジエ神父、そしてその論敵だったド・メーストルやボナールといったトリエント公会議以降の教会の神学者たちの著作を読んだからだった。一八四〇年にプルードンは、こう記している。

カトリックの教えは自己改革し、科学や習俗、時代の要請の水準に身を置くことができるだろう、そうわたしはずっと信じていた。わたしはこうした考えから完全に目が覚めた。やがてわたしの所有論のなかで、教会に対する最初の小競り合いをやることになる。これ以降、わたしはさらにいっさいの努力を傾注して、ローマ教会のキリスト教を根絶しようとした。まさしくキリスト教こそ世界の癌であり、まさしくキリスト教こそ今なおあらゆるわれわれの禍をなしている。キリスト教は滅びねばならない[56]。

プルードンが目にしたのは、この時代の教会が社会正義のためのヒューマンな活動を放棄し、人の感情面と祈りで満足している事実だった。ジョルジュ・ウルダンが書いているように、「プルードンの思想がたどった道程は実証主義と唯物論に帰着したが、その道筋は、本来分離しておくべきこの二つの次元を教会側が結びつけてしまったことへの絶えざる反発だった[57]」。プルードンは、無神論への改宗を教会に負っていた。そしてそれはプルードンひとりではなかった。

自由思想、不信仰の先兵

時代の兆候ではあったが、不信仰は十九世紀に攻勢に転じた。確信がもっとも強固な者たちは結社をつのり、自分たちの思想を広げ、宗教と闘うことを目的とした。この攻撃的な不信仰の、そしてこの戦闘的合理主義の先兵が自由思想であり、その歴史は近年ジャクリーヌ・ラルエットがフランスにとってどのようなものだったかを見事に跡づけたばかりである[58]。《自由思想家》という用語が十六世紀以降に登場したとしても、十九世紀前半でもまだこの語はほとんど用いられず、一八四八年を待ってはじめて、ジュール・シモンに率いられた自由思想家の結社が姿を現すのである。シモンは、唯心論者で理神論者だったが、シモンのまわりにはこうした路線を共有する哲学者たちが集まった。第二共和制下のパリでは、別に二つの組織が作られ、そのひとつはとくにポール・ブロカを中心に医師たちがメンバーとなった。リヨンでは、反聖職者主義がきわめて過激なものとなっていたが、教会への敵対行動の先頭に立ったのは、炭焼き党〔カルボナリ結社とも言い、十九世紀初め、イタリアとフランスに作られ、自由主義的なブルジョワジー、軍人、官吏が中心となった政治的秘密結社〕の面々であり、まるで誇示するように非宗教的な埋葬に数千人を集めた。英国では、自由思想はすでに、たとえばジュージ・ホリヨーク、次いでチャールズ・ブラッドローのような人々のまわりで、数多くのクラブを数えるまでになっていた。ベルギーでは、ルイ・ナポレオン・ボナパルトのクーデターに続く大量のフランス人亡命者の流入とともに、運動は急速に広がった。

この段階ですでに自由思想の内部で理神論者と無神論者の分裂が現れ、無神論者たちは、たとえば国際自由思想協会（一八六二年）のような、国際的連盟の創設を最初に試みることで自分たちの立場の強化をはかった。さらに国際的な社会主義者との連携もこうした方向を発展させた。たとえば社会主義者ヴァル

ランがその例で、ヴァルランにとって、「神は役目を終えていた」。コミューン下でアンリ・ヴェルレが提案した、フランス自由思想家連盟の規約には、攻撃的な無神論がはっきりと認められる。

神の観念はあらゆる専制主義とあらゆる不正の源泉であることに鑑み、さらにカトリックの教えはこうした思想のもっとも完全で、もっとも恐ろしい化身であること、またその教義の全体は社会の否定そのものであることに鑑み、パリ自由思想家連盟は、誓ってカトリックの教えの迅速かつ根本的な廃棄に努める、正義と並びうるあらゆる手段によってその廃絶を求める。これらの手段には、正当防衛権の社会的適用にほかならない革命的暴力も含まれる。(59)

ここに見られるのはまさしく、宗教への宣戦布告だった。もっとも、コミューン敗北後の弾圧によってその執行が見られることはなかった。

自由思想が本当の意味で姿を変えるのは、ようやく一八八〇年代初頭からのことである。その飛躍は急速で一九一四年の第一次世界大戦開始まで続き、反聖職者主義の高揚、ライシテ〔世俗性、非宗教性〕をめぐる闘争、教会と国家の分離を利用した。一八八四年のリヨンでの反聖職者主義大会には、二〇七の自由思想家団体が代表を送り、十年後のフランス自由思想連盟には五四〇の団体が数えられたが、そこにはさらに一九〇一年から一四年にかけて創設された三〇七団体をつけ加える必要があろう。

とはいえ、多くの結社が生まれてはすぐ消えてしまう質のものだったり、また組織内ではすぐに分裂があったりしたために、その実数を正確に言うことは難しい。一八九〇年には、フランス自由思想連盟が誕生し、六千から七千の会員を擁したが、すぐに衰退し、一九〇二年にはフランス自由思想家協会がそれに

取って代わる。この協会は運動の絶頂期に対応しており、指導部には当時の反聖職者主義運動や反宗教運動の大立て者が名を連ねていた。マルスラン・ベルトロが名誉会長を務め、その後アナトール・フランス、フェルディナン・ビュイソンが会長となった。執行委員には、エドアール・エリオ、ジャン・アルマン、アリスティッド・ブリアン、マルセル・サンバ、ポール・ルクリュ、ポール・マルグリット、ヴィクトール・マルグリットをはじめ、芸術、科学、哲学、政治の各界著名人の名が見られた。協会の公式の目標は、「いかなるものであれあらゆる宗教、あらゆるドグマティズムに反対して、思想の自由を擁護し、その方法はさまざまであるが、理性を唯一の手立てとして真理の自由な探究を保証する」ことだった。一九一三年には、連盟と協会は合同を決定し、フランス自由思想連盟ユニオンを結成し、会員は一万二千人となった。

その他たとえば自由思想家・自由信仰者連合といった組織、あるいは有象無象のグループが存在したが、無神論者と唯心論者のあいだの内部対立に蝕まれていた。

自由思想は、数のうえでは会員の九二パーセントがそうだったように、男性現象であり、大抵女性にはっきりと敵意を示してさえいた。女性は、民法の精神においても、未成年者、劣った存在、宗教思想伝播の元凶とみなされていた。第二帝政末期、アンドレ・ルフェーヴルは『民主主義論』で、「女性が人に操られてきたのであれば、それは女性の本性がそう求めていたからである。女性の歴史は女性であることの所産であり［…］、宗教が拡大することに責任を負っている[60]」。ベルギーの自由思想家、ナポレオン・ナヴェは、「女性の脳の量が少ないこと、大脳回が未発達であること、そして女性のセンチメンタリズム」を根拠として、女性の生来の劣性を主張した。弱々しく、合理性を欠いた宗教的な精神の持ち主、女性に向けられた警戒の念は、教会側でも、戦闘的な無神論者側でもまったく同じだった。もっとも、その理由はさまざまだった。信じやすく、宗教的なセンチメンタリズムというのが無神論者側の理由であれば、官能

的な情熱が精神に及ぼす支配力が教会側の理由だった。女性は、ベッド、台所、教会にしか居場所がなかった。

自由思想家の大多数は、三十代から四十代の男性であり、中産階級に属していた。たとえば旅籠の主人や居酒屋の亭主といった小商人、建築業者、ブドウ園の経営者、若者の教育で司祭とは真っ向からライバル関係にあった教師たちだった。幾人かの医師、国民議会議員、元老院議員、作家、科学者たちが、全体としてはかなり凡庸だった知的レベルをある程度引き上げた。ジャクリーヌ・ラルエットが強調したのは、自由思想に内在する「一方の側に大衆がいて、騒々しい喧噪と戦闘的な態度の過度の単純化があり、他方の側には思想があったが、この思想は内面的なものであり、その歩みは目立たずとらえ難いものであること(61)」のあいだの違いだった。大衆の考え方のすべては、「坊主どもを打ち倒せ!」とのスローガンに集約されよう。それこそが、アナトール・フランスの苛立ちを隠せない、以下のような考察の元になっていた。「彼らは、われわれと同じように考える。[…]われわれの進歩的な思想を持っているのだ。いずれにしても、この思想にはできれば出会わずにいたいものだ(62)」。大衆と思想するエリートとのあいだのこうした断絶は、この時代の教会に関わるもうひとつ別の共通した特徴だった。

自由思想、教会への反動か

類似性は、そこにとどまらなかった。宗教の席を奪おうとの欲求に埋もれ、教会への憎悪に取り憑かれた自由思想家たちは、知らず知らずのうちに正真正銘の模倣の道をたどっていたのである。非宗教的な洗礼、結婚、埋葬の実施、祭日や反対説教の計画などがそれだった。すべてのこうした儀礼からは、ある逆転現象、つまり本物の自由よりも、教会への依存を示す反教会を作り上げようとする意志が見て取れるの

だ。

こうして、非宗教的な洗礼はキリスト教のそれをまねて、男女の名づけ親が理性の祭壇で名づけ子を育てることを誓うことになる。一八八一年には非宗教的結婚協会が設立されたが、市庁舎での婚礼式は時には宗教的な誓いを思わせるものだった。非宗教な埋葬については、それこそ自由思想の十八番のひとつであり、結社の根本的な目標のひとつだった。協会はそれぞれが独自の棺を覆う黒布と行進用の団旗を携えて、亡くなった会員の葬儀を執り行った。もっとも、死者の礼拝を過度に重視する立場は幾人かの指導者を不安にさせ、たとえばシャルル・カザラは一八八〇年に『自由思想』誌で、遺骨に対するほとんど迷信的とも言える重要視に抗議している。ここでもまた、自由思想は、まったく逆の理由からではあるが、教会が懸念していることに結びつく。教会も信徒たちに遺体の礼拝から遠ざかるように求めていたのである。この礼拝を終わらせるために、自由思想家たちは遺体の火葬を支持する闘いを開始し、一八八〇年には火葬促進協会を創設したが、その行動はたちまち教会から非難され、一八八六年五月十九日には、火葬は「非宗教と唯物論の公式宣言」とみなされるとの理由から、破門の罪で断罪された。

墓地は一八八一年の法令で非宗教化されたが、ここでもやはり自由思想家たちは亡くなった会員の墓の装飾を目的とした象徴を入念に作り上げた。「自由」(Liberté) と「思想」(Pensée) の頭文字LとPがそれぞれ見開き頁風に石板に刻まれ、ときには《真理、正義、科学、進歩》の四語が添えられ、三角形と水準儀の絵が描かれた。

挑発的な特徴を備えたいくつかの慣行もさらに宗教への依存を例証していた。たとえば聖金曜日〔キリストの復活前の金曜日。「受難日」、「受苦日」とも呼ばれキリストの十字架上の死を記念する日〕の祝宴の習わしがそれで、一八六八年四月十日サント・ブーヴが催した祝宴では、その席に友人のエルネスト・ルナン、ギュスター

ヴ・フローベール、エドモン・アブー、ナポレオン皇太子、イポリット・テーヌらが招かれ、おぞましいスキャンダルの種とされた。一八六九年からはパリで、続いてフランス各地の主要都市で同様の祝宴がいくつも開かれた。聖金曜日は自由思想家の暦では欠かすことのできない日付となった。祝宴では、《司祭どものミミズ》、《ルルドのノートル＝ダム》が歌われ、神の死がこんなふうに褒めたたえられた。「市民諸君、わたしは諸君の祭典に加わろう。神々は死んだのだ」、一八八一年四月十五日に詩人のクロヴィス・ユーグはディジョンの自由思想家たちにそう電文を送った。極めつきの反フリーメーソン作家でもあったレオ・タクシルは《大罪》を犯して痛飲し、ときには一八九五年のパリで行われた小豚の磔のような耐えがたいパロディーが見せ物にされた。

ここに見られるのは、いにしえの狂者の祭の精神に近いものである。そのことからすれば、こうした祭典の真の性格について疑問を投げかけてみたくなるだろう。コミューン下では、実際に宗教行進のパロディーが革命の仮装行列と同じ資格でくり広げられたが、これはかの中世の祭りの逆転の儀式に類似していた。それでは中世の祭りは、象徴という形を使って宗教の重圧に報復する、奥に秘められた無意識の無神論の表明であったのではないだろうか。あるいは自由思想家のパロディーは、それはそれとして無意識的な宗教への渇望の表現であるのかもしれない。こうした逆転の儀式がたえず行われ、激しい拒絶の形をとるが、それは中世においてもまた十九世紀においても神々の、したがって運命の主人になろうとする意思が、相対立するもの、愛と憎しみの発作的な激発として表れる、人間の意思を表すものであろう。トラウマを引き起こし、威圧的で母性的でもあった教会は、聖職者を介して信徒たちのあいだでも、またその敵たちのあいだでも、ある種のエディプス・コンプレックスを生み出した。すなわち、この母を手に入れ、神という不当で恐れられ唾棄されるこの父を排除しようとする意思、である。なぜなら、自由思想家は、

中世の先祖同様、この教会の嫡子であり、反抗した息子だったからである。《坊主ども》への彼らの執念が、それを十分に示していた。

サタンとの彼らの曖昧な関係も、別の兆候である。いくつかの演説では、悪魔は人類の解放者、プロメテウスになった。「プロメテウスの大義は、辱められた人類の大義と、とりわけ神＝専制君主の現世での代理人たちによって隷属状態に置かれてきた民衆の大義とひとつのものとなる」(63)、マックス・ミルナーはそう書いた。一八七七年にはカルヴィナックが演説でこう宣言した。「神、それは悪であり、悪魔、それは進歩であり、科学である。仮に人類が両者のうちのどちらかを認め、崇めなければならない状況に置かれたら、人類はどんなためらいもなしに悪魔の側を選ばねばならない(64)」。ここではわたしたちは、明らかにミルトンの、そしてその『失楽園』の線上にいる。ルシフェル＝サタン、それは反逆者であり、その偉大さと美しさは人を魅了し、神＝専制君主を投げ捨てさせる。とはいえ、こうした過去の遺産が唯物論的無神論の口をついて出てくることは驚きである。自分のことを神の敵と考えざるをえなかったために、自由思想家はとうとう終に神の存在を信じることになったのだろうか。そうした危険を『無神論者』誌は察知し、一八七〇年五月には次のように喚起している。「神の敵か。われわれは断じてそうではない。神が存在していてさえも、われわれはもはや神の親友でもなければ、神のひるむことのない擁護者でもない。[…] だが、神は存在しない。[…] われわれは神の敵ではない。だがこう言ってよければ、われわれはいかなる形で表されようとも、神観念の容赦ない敵ではある」。

自由思想は、同じくいくつかの祭礼において対抗教会の外観をとる。たとえば、自由思想フランス連盟の一八九二年の会報が伝えているように、無邪気にも「カトリックの初聖体拝領に取って代わる目的を有する非宗教的祭礼」と見なされた若者祭りがそうだった。さらに、一九〇二年から「自由思想のヒューマ

ンなクリスマス」となったクリスマスの祝賀を挙げておこう。その後一九三〇年代になっても、自由思想の英雄たち（男性三五〇人以上に対して女性は七人で、そこにピエール・キュリーの名が挙げられていたが、妻の名はなかった！）を祝う暦を復活させようとの試みがあった。

自由思想家として崇拝の対象とされた英雄や殉教者のなかで、エティエンヌ・ドレは、一八八九年にモベール広場に建てられた銅像の前で毎年八月の第一日曜日に行われる記念式典で抜きんでた位置を占めていた。ミシェル・セルヴェ〔三位一体説を批判したためにジュネーヴでカルヴァンの手により一五五三年火刑〕の処刑を記念し、あるいはヴォルテールやルソーのために記念碑を建てようとの考えは、自らの神話を創造し、歴史を理性の目で読み直そうとする同じ意思の一環をなすものだった。

新たな宗教へと向かう逸脱の危険を、指導者たちは見逃さなかった。一八九六年に開催された自由思想全国大会の議事日程には以下の点、「新たな宗教の創設を回避するためのグループ間の合意」が記載されていた。それこそは、信仰を持たない者にとって絶えざる危険だった。彼らは、信仰を持つ者との対抗関係で自らを定義するしかなかった。不信仰を軸に身を寄せ合おうとする不信仰者は、反教会との非難の的にされたが、それというのもなんらかの不在や非在を軸に組織されるようないかなる理由もそのものとしては存在しないからである。極言すれば、唯一論理的で首尾一貫した無神論とは、沈黙する無神論である。存在しないものについては、語るべき何ものも存在しないからである。

『神との戦争』（ポール・ラファルグ）

ところで、大部分の自由思想家は無神論者だった。とはいえ、厳密な意味でそう言えるかどうかは必ずしも明らかではない。さらに一八六〇年代までは理神論者が強力な少数派を形づくっていた。カントやル

ソーからアイデアを得て、彼らは感性と理性を調和させた《新たな信仰》をうち立てることを望んだ。それはまた、フランソワ・ユエやレオン・リシェが望んだことであり、フェリックス・ペコーは、イエスの神を教会の神に対置する一方で、《キリスト教的有神論》なる用語を提案しさえした。敬神博愛主義の精神をもって、ペコーは花で飾られた場所で儀式を行うことを提案し、無神論の破滅的性格を断罪した。

とはいえこの時期、一八七〇年代からは無神論はまったく優位に立っていた。とくに一八六五年ポール・ラファルグによる闘いの雄叫びの続く《神との戦争》といった雰囲気のなかでは、その位置は際だっていた。一八七〇年五月十二日付『自由思想』誌の「実践的無神論」と題された記事のなかで、ギュスターヴ・フルーランスはこう記している。「敵、それは神である。英知の始まり、それは神への憎悪である。この神という恐るべきペテンが哀れな人類を六千年来衰弱させ、愚弄し、隷属させてきたのだ」。自由思想の新しい雑誌のタイトル、『無神論』には一片の曖昧さもなかった。一八七〇年五月八日付の『無神論』誌は、「神か物質か。どちらかを選ばなければならない」とはっきり二者択一を迫った。それは、一八六七年十月一日の『オリゾン』誌の「神か物質かだ！　あれかこれかだ！　見せかけの芝居は通用しない。遅かれ早かれ、どちらかを選ぶのだ」、との呼びかけに呼応したものでもあった。それは理神論的に妥協することへの幾人かの思想家たちによる拒否でもあった。彼らは、エルンスト・ヘッケル（一八三四―一九一九）、もっともヘッケル自身は汎神論者だったが、さらにビュヒナー、フォークト、ウィルヒョー、モレスコットらのドイツ思想との接触によって、強化された科学的根拠に依拠し、自信を深めていた。そしてピエール＝ジュール・グルニエの医学博士論文、『自由思想の医学的・心理学的研究』は自由思想を否定し、唯物論的決定論を裏付けるものだった。

理神論者と唯物論者とのあいだの闘争が、一八五〇年代から八〇年代にかけて自由思想の内部で猛威を

ふるった。理神論者からすれば、唯物論とは世界に関する俗悪な考え方だった。この「タブラ・ラサの諸氏」は大脳の化学に取り憑かれていて、すべてを自分の自然的な欲求の品位に欠けた満足に還元する。《無神論者》という言葉は多くの人を怖れさせた。一九〇三年になってもなお、フェルディナン・ビュイソンによれば、「心の底では、この言葉に怖れを抱き、理由も分からずに《無神論》という言葉をほかの言葉と同じようには口にできない人々」がいた。(65) デュパンルー猊下は一八六三年に、「誰も、唯物論者だの、無神論者だのという冴えない名前などあえて受け容れようとはしない」と考えた。(66) そのために『無神論』誌のタイトルは、ある種のタブーに挑戦する挑発の響きを持った。この点について、一八六七年十一月十五日付の同業誌『オリゾン』はこう述べる。「かかる言葉は、誠実に論争に投げ込まれたものであれば、怖れることなくこの言葉を口にして暮らす可能性について多くの人々の目を覚ますものである、という意味で重要なものであることを認めなければならない」。今日でもなお、《無神論者》という名義は人が軽々しく引き受けることができないものであり、その名を聞くと信仰を持たない者でも多くの者は後ずさりし、反軽信主義者、不可知論者、懐疑論者といったもっと人当たりのいい用語の影に身を隠そうとするのである。そうした恐れは幾分迷信的であり、《無神論者》という言い方にも当てはまるが、ほかの言い方に比べれば深刻さの度合いは低く、そのことがこの言い方に力を持たせていた。いずれにしても、一八八六年に反無神論全国同盟が結成された際には、その列にカミーユ・フラマリオンやジュール・シモンといった唯心論的自由思想家が数えられた。

その一方で無神論者は、首尾一貫していないと理神論者を非難した。悪の問題は、神の存在を肯定するには依然として克服しがたい障害だった。「否、市民諸氏よ。神は存在せず、存在することもできないのだ。なぜなら——偉大なる哲学者ショーペンハウアーが言うように——もし神が世界を作ったのなら、わ

たしは神になぞなりたくはない。世界の悲惨さがわたしのこころを引き裂くからだ」。この一文は、一九〇三年の『燈火』で読むことができる。信仰の普遍性という古くからの問題も、論争の別の局面をなした。民族学、医学、心理学が動員された。クドロー博士によれば、単に宗教にはいかなる普遍性もないだけでなく、「観察が証明するところによれば、宗教には人間的特性も、人種的特性もなく、さらにそれは人類の知的発展の一段階ですらない」のだ。[67]

無神論者の粗雑で唯物論的な性格に向けられた、たとえばヴィクトル・ユゴーのような理神論者の嘲りに対して、無神論者も、理神論者たちが観念論の《寄せ集め》である点、またヴェルモレルの言い方に従えば「形而上学のカビの生えたひも」に固執している点に対して嘲りで応えた。無神論者にとって、理神論者はカトリックよりもましなものではなかった。というのも、そこには中間的な解決は存在しなかったからである。一八六七年六月二日付の『新思想』誌から読み取れるのは、このことである。

今日二つの陣営、人類のうちで開始された闘争の決定的な陣営が存在する。頑固者の陣営と練達の士の陣営である。〔…〕前者の陣営は、どこから見ても仇同士だが、唯心論と宗教的感情という共通の教会旗のもとでは力を合わせる無数の宗派を、古いスコラ学の要塞に囲い込むか、あるいはかき集めている。〔…〕宗教陣営の中心では、聖職者たちの城砦に鐘楼と十字架が立てられている。〔…〕これに対するレビ〔ヤコブの第三子〕族の足下やすぐ前には、色合いは様々だったが結局は同じ旗色のもとに、多少とも精神の自由の友である唯心論者のグループがひな壇を飾っている。〔…〕われわれは彼らに対してありきたりの不平以上のもっと重大な不満を抱いている。それは、彼らが意図せずに城砦の連中、神秘思想家、新思想の公然たる敵と気脈を通じていることである。

さらにもっとはっきりと、フェルディナン・ビュイソンは一九〇三年にこう記した。

もはや二つのグループしか存在しない。陣営対陣営なのだ。一方には信仰を持つ者たちが集まり、教皇の俗権の失墜や非宗教的結婚の制度化、修道会の消滅を嘆くカトリックから、個々人の神への信仰、個々人の魂の不死が姿を消すことになればこの世はもう終わりだと考える理神論者たちがいる。他方には信仰と恐怖から解放されたすべての精神の持ち主がいる。〔…〕一方の側か他方の側か、いずれかの陣営に与しなければならない。両者のあいだにあるのは、落伍者、選択を決めかねている者、猜疑心の強い者のための場所しかない。(68)

無神論者と理神論者の関係は、自由思想の内部でこれほど悪いものになっていたので、幾人かの無神論は論敵と同じ自由思想家という名前をこれ以上冠したくないと望むほどであり、さらに無神論者たちは、政治面でも自由は無神論を必要とする一方で、理神論者たちの誰もが絶対主義政府の事実上の同盟者になってしまっていることを非難した。

自由思想の大隊の大部分は、世紀末にはほとんどこうした視点に立っていた。いくつかの結社では、無神論は義務ですらあった。ジュラ地方のポリニー協会のスローガンは「無神論を普及させろ」だったし、ポワトゥー・シャルラントゥ地方のドゥー・セーヴル協会は「あらゆる形態のもとで〔…〕無神論と唯物論を普及すること」を、自分たちの責務と定めた。パリでは、一八八〇年代に反理神論協会が「世界のすべての言語から神の名を取り除くこと」を目標にかかげた。この語はなんの意味もない言葉だったからである。

下部の会員のあいだでは、安価なパンフレットや小冊子が、無神論思想の要点を広めた。そしてまたしても教理問答という試験済みの形式を採用する以上に有効な手立てが見つけられず、『無神論者の小教理問答』（一九〇三年）、『自由思想の庶民向け小教理問答』（一九〇二年）、『自由思想教理問答』（一八七七年）が出されたが、アントワーヌ・スールによる『反教理問答要項』（一九一三年）には、こう書かれている。

問い　あなたはキリスト教徒ですか。
答え　いいえ、わたしは自由思想家です。
問い　自由思想家とは、どんなものですか。
答え　自由思想家とは、信仰をもたず、科学の権威しか認めない者のことです。
［…］
問い　神お一人が創造と破壊の力をお持ちなのではありませんか。
答え　わたしは、神を信じません。
問い　なぜですか。
答え　というのも神を信じるには、神を時間と空間のうちに設定しなければなりませんが、そうなると神は物質的なものになり、その結果神はもはや神でなくなるからです。
問い　キリスト教徒たちは、神を非物質的なものとしているのではありませんか。
答え　不可能なことです。その証拠は、彼らの言い分では悪人は神が見えなくなり、善人は神の右に座する、と言っていることです。［…］
問い　魂の不死を信じますか。

答え　信じません。わたしは魂の不死を信じません。
問い　なぜですか。
答え　というのも魂を信じるには、魂を時間と空間のうちに設定しなければなりませんが、そうなると魂はもう非物質的なものではなくなるからです。

キリスト教の教義、とくに受肉、三位一体、実体変化、聖母無原罪のやどりの教義はもの笑いの種にされた。聖書は冷やかしのための無尽蔵の源泉であり、『おもしろい聖書』、『大人と子どものための楽しい聖書』といった類の、聖書からアイデアを得た無数の小冊子が編まれた。礼拝や聖務は嘲笑された。聖人伝、とくに女性の聖人は、猥褻なひやかしの口実にされた。十八世紀の苦行者ブノワ・ラブル（一七四八―一七八三）は生涯を完璧な貧困とこのうえない不潔さのうちに過ごし、一八八一年には聖別されたが、この「聖別されたシラミ」、「有名な垢まみれ」、「正真正銘のばか」、「ほめるべき汚い奴」、「ぼろ靴ひきずり」、「下劣な怠け者」、「不潔な浮浪者」、「シラミの墓穴に落ちたダニエルの二の舞」、「ウジ虫の覆われた乞食」、「垢団子、シラミの定食、南京虫の食料庫、自発的瘴気、悪臭発する堆肥」の聖別は、自由思想各紙の猛攻の的、哄笑の渦となった。「主よ、あなたの僕、ブノワ・ジョゼフ・ラブルに豚として生きる輝かしい恩寵をあたえたまえ。たえずわれらが身体のうえに、われらを永遠の生へと導く汚らわしき小動物の無数の結社を備えられるようにしたまえ」といった類の祈願の祈りが作られた(69)。わたしたちがこれらの引用を借用しているジャクリーヌ・ラルエットは、興味深い他の無数の例を提供してくれている(70)。このケースは実際、衛生学の初歩的規則に反するこうした挑戦をキリスト教のモデルとしてうち立てようとする、キリスト教の蒙昧主義を攻撃する破格の好機だった。天啓を受けた者たち、とくに修道女、処女にしてイ

エスの愛人だった者たちは、自由思想のユーモア作家たちの能弁を刺激した。

闘いのさまざまな面

《笑い殺そう》、ヴォルテールの戦術をふたたび取り上げて、レオ・タクシルはそう言った。たとえば『窮地に陥った坊主』あるいは『スータン〔法衣〕』といったちょっとした演劇作品が、聖職者を笑いものにした。庶民を聞き手として講演会が催され、宗教の秘儀を笑いものにするために、下品さが論理に取って代わった。講演会はときには討論会になり、無神論のチャンピオンに対する宗教のチャンピオンを登場させた。こうしたやり方は、かなりの成功を収め、このゲームのスペシャリストの弁士も生まれた。挑戦状がたたきつけられ、それに応じた個性の強い司祭がしばしば人目を惹いた。たとえばガルニエ神父は、無神論者からも恐れられ、できれば招かれざる客のままでいることが好まれた。ノーデ神父はまた別の恐るべき剣闘士で、神父は「下品な表現」を前にしても引き下がらなかった。そんな具合に一九〇三年の『燈火』は神父を非難したが、おそらく同紙は講演会を無神論者のためだけにとっておきたかったのであろう。集会のいくつかは大口論となり、全員の殴り合いになるのが落ちで、警察が介入してようやく会場を空にすることができた。デグランジュ神父はやはり勇敢な闘士だったが、恐れることなく敵意むき出しの公衆と向き合った。神父は一九〇五年にベーグルで討論会を組織し、そこでは対戦者同士が「互いに神の存在、非存在を証明することを競う」ことになった。広告は、この試合を数日前から告げていた。同じ弁士同士が何度も顔を合わせることがよくあった。というのも、協会はもっとも優れた者に声をかけたし、ある種の共犯関係、あるいは一種の尊敬が、信仰を持つ者と持たない者とのあいだにうち立てられ、それぞれが自分の立場を堂々と正しく擁護し合ったのである。

反聖職者主義の激しさは、いつも必ずしもこうした好意的な面を持っていたわけではなかった。司祭や修道女に対する性的堕落との非難は、サディズム的な気質として告発されたため、世論に少なからず影響した。紛れもない憎悪といった雰囲気が多くの地方で根をおろしたが、それには卑しいものから真面目なものまで無数の議論の種が材料を提供した。最初のものに数えられるのは、鐘楼の鐘の音についてとか、あるいは教会の維持に関する議論があり、たとえばヴァンドーム教会の古い鐘楼を公衆便所にするといった挑発がともなった。さらにまた、スータンについての議論があり、ある自由思想家はその禁止を求め、他の者は敵を識別するためにスータンが必要だと説いた。宗教的シンボルの問題はさらに重大だった。いくつかの市町村、たとえばカルカソンヌ（一八八一年）、アルル（一九〇一年）、リュネル（一九〇四年）では十字架、キリストの受難図、宗教的意味合いを持つ彫像の撤去を投票で決めた。野蛮な破壊行為も起こった。自由思想家は、法廷から十字架や宗教的な意味合いを持つ彫像の撤去のためのキャンペーンを行ったが、これは一九〇四年の官報に呼応したものだった。彼らはさらに海軍での聖金曜日の慣行の遵守の停止、また兵舎での宗教活動の禁止を要求した。病院では、修道女がいることに抗議し、無能、衛生学の欠如、病人への圧力の行使を非難した。公立病院の非宗教化は一九〇八年から全面的なものとなった。法曹界では、陪審員や証人にキリストの十字架像の前で要求される誓約が問題とされた。実際裁判長は、「神の前、諸氏の前で……と宣誓してください」、と宣言していた。この件に関する抗議は数を増していったが、法律が改正され、神を引き合いに出すことが取り下げられたのは一九七二年のことでしかない。

学校教育は当然のことながら、第一級の重要性のある懸案だった。これについては、一八八一年の法令が全面的な解決をもたらした。ところが、ある種の自由思想家はさらに前進することを望み、単に中立であるばかりか断固として無神論的な教育を創設することを望んだ。それが、一九〇五年にセバスティア

ン・フォールがランブイエに《ラ・リューシュ〔蜂の巣学校〕》を創立して、実現を試みたことだった。その目的は、「彼らの意志からであれ金銭欲からであれ邪悪な羊飼いによって死の淵へと導かれてゆく、泣きわめき諦めきった部隊に片をつける」ことにあった。運営がうまく行かず、《ラ・リューシュ》は一九一七年に閉鎖された。

一八八二年には、教会国家分離同盟が設立された。そこでは自由思想家が重要な役割を果たした。彼らは、無神論者が税を納めることで聖職者の給与を支払う手助けをしていると批判した。しかしながらもっとも激しい闘争が開始されたのは、死の間際の人々をめぐってだった。十八世紀の場合と同じく、埋葬の象徴的な重要性がその理由だった。それが死者の最終的な生き様を決定づけるからである。宗教的な埋葬、それは神にとっての勝利であり、非宗教的な埋葬、それは唯物論の勝利だった。闘いは、ときには前例のない激しさをともなった。人々が非宗教的な埋葬の葬列を《犬の埋葬》と罵ることも稀ではなく、その一方で遺族は司祭が死者のそばに寄るのを許さなかった。この意味でもっとも有名なケースは、ヴィクトル・ユゴーの場合だった。ユゴーはエドゥアール・ロックロワが細心の注意で見張りをしていて、フレプル猊下もギベール猊下も詩人の部屋に立ちいることができなかった。またフェリシテ・ド・ラムネーはただひとり、せめてひとりの司祭をと望む周囲の圧力に逆らって、ユゴーが息を引き取る間際まで抵抗した。

一八八一年のリトレの場合、問題はもともとまれに見る激しい論争に由来していた。無神論者の知識人リトレは、最後には奥方と娘に譲歩し、ふたりはリトレに洗礼を施し、ユヴラン神父に終油の秘蹟の執行をゆだねた。これはカトリックによる見事な勝利として有名になった出来事だった。ところが、一八八一年六月十一日付の『反聖職者』は、「またもや遺体が盗まれる。またもや司祭たちが行った破廉恥」との見出しをかかげ、記事にはこう記してあった。「かくして無神論者リトレは、教会の秘蹟をまとって死ん

だ。なんという卑劣さ！　そしてまたなんという悪辣さであろうか！　司祭たちは厚かましくも遺体は自分たちのものだと言う。彼らは遺体を自分たちの隠れ家に運び、そこで遺体に彼らの汚らしい聖水を捲いたのだ」。

こうした《くそ坊主ども》による《遺体泥棒》は、死にゆく者の心理という問題を提出した。自由思想家によれば、司祭たちは人生の最後の瞬間の精神的機能の弱体化を悪用した。とくに苦痛のおかげで、懐疑や数世紀にわたるキリスト教文化によって根づいた恐怖が生まれることがあった。だが万一、何かが起こったらどうするのか。いまはの際の自制心の喪失に備えて、自由思想家はあらかじめ準備をした。たとえばフランソワ・ルソーは、一八八九年に書いた遺言書にこう定めた。

> 体も精神も健全であるこの日、なかんずくわたしの体が死体泥棒の餌食となることを恐れ、わたしの明確で熟考のうえの意志は、いかなる宗教的礼拝に伴われることなく埋葬されることにあることを宣言する。[…]たとえもうわたしには責任がないような自制心の喪失に陥った場合においてもである。(71)

自由思想の内部で、実践的無神論が十九世紀後半の宗教に対して行っていたのは、まさに死を賭した闘いだった。最終目標は、存在しない神を一掃することか、少なくとも信仰を一掃することだった。空想的な課題、今日ならそう考えがちである。だが一世紀前には、フランス革命が引き起こした進歩の力によって、かなり実現可能と思われていたのだ。状況は、自由思想がかなり定着していたノール地方や、地中海側の南部途方やヨンヌ地方のような中西部のいくつかの地方のように、地方ごとにおおいに変わっていた。旧体制下の非宗教化を示す地図と、革命期の非キリスト教化を示す地図の連想性は驚くべきものである。

フランス北西部のサルトでは、アンドレ・ジークフリートやポール・ボワが代わる代わる先進的な非キリスト教化状態と述べた地区にまさしく自由思想協会が作られた。その一方ヨンヌ地方では、七五パーセントという宗教による結婚率を示したサンス都市部とその割合が三〇パーセントに下がったオクセール・ウエスト郡とでは大きなコントラストが見られた。世紀を越えた反聖職者主義の伝統が、宗教への敵愾心をともなって、二十世紀にいたるまでこの地方の社会的基盤にしみ込んでいた。

こうした戦闘的無神論の保塁は、一九〇〇年頃にはまだフランスの地図のうえではばらばらのしみにすぎなかった。しかしこれ以後、実践的不信仰はもはや黙して語ることのできないものとなる。不信仰ははっきりと、そして強固にうち固められた。そして日の当たる場所を要求し、信仰の自由を求める闘争の背後でダイナミックな支持者獲得運動を展開し、自由思想の潮流との内部対立、知識人界での数多くの離反、理神論ばかりでなく、神秘主義やオカルト現象への誘惑に直面していたカトリックの当局者を脅かした。一九〇〇年におけるローマ教会の勝ち誇るような総括にもかかわらず、教会自体は、無神論への途を開くと信じたこうした代用品の信仰の拡大が自分にとって危険なものであることを自覚していた。そのために、たとえそれが非宗教的な共和主義者であろうと、俗権の豪腕にすがるというお決まりの手法がまた機能することとなった。一八八七年に、元老員議員シェヌロンは、この点では純粋で強固な唯物論者たちと同意見だったが、もはや二つの陣営、信仰の陣営と無神論の陣営しかなく、国家はこの闘争を前にして手をこまねいていてはならないと宣言した。そこに文明の将来が関わっていた。シェヌロンが俗権の介入を余儀なくされたこと、それはどれほど無神論が上昇勢力と認められていたか、どれほど信仰が魅力を失っていたかを示している。シェヌロンはこう語っている。

信仰に手を差しのべるために法的強制に訴えることは、まったくわたしの意とするところではない。いかなる良心の自由に対してもなんらかの対策を講じることなど望んではいない。だがわたしが何よりも主張したいのは、神への信仰と唯物論的無神論とのあいだで無関心になっている国家、そしてとりわけ無神論に対して格別のひいきをする国家は、その神託を裏切り、その使命を放棄するものだということである。神への信仰と無神論のあいだで、法は手をこまねいていてはならない。法は宗教を保護し、これに名誉をあたえなければならない。(72)

第十六章

信仰から不信仰へ　代用の信仰箇条

十九世紀は、宗教に猛攻がかけられた時代だった。それをこれまで実践面で見てきた。だが、理論面ではどうだったのだろうか。自ら予言者たらんとしたエッセー『革命試論』のなかで、シャトーブリアンはこの一七九七年以降キリスト教にとってその前途にどれだけの時が残されているのだろうか、と問いかけた。「数年間だ」、シャトーブリアンは自分でそう答える。「キリスト教は英国では、深い無関心のなかで息絶えるだろう」。ドイツではまだ少しのあいだ生き長らえるかもしれない。だがシャトーブリアンはさらにこうたずねる。「キリスト教に代わる宗教とは、何だろうか?」、と。(1)

つまりシャトーブリアンは、無神論の勝利の可能性を一瞬たりとも念頭においてはいないのだ。歴史家たちが実際注目したのは、十九世紀が既成主要宗教への攻撃と、漠とした感傷的な宗教性の拡がりを結びつけ、この両者が信仰と不信仰の関係をかなり曖昧なものにした点である。たしかにボナルドが言うように、「理神論者とは、まだ無神論者になる時間をもてずにいる人物のことである」、と見なすことができよう。しかしこの暫定的な段階は、かなり長期にわたって続く。したがって、不信仰の歴史におけるこの段

階に足をとどめることにも価値があるだろう。

近代世界と隔絶した教会

信仰から不信仰への移行は単に年代記的な事柄ではなく、同時に論理的なものでもあった。当時隆盛だった代用の信仰箇条に関心を持つもうひとつの理由がある。根本的な事実は以下のようなものである。十九世紀になると、伝統的な主要宗教はカトリックを筆頭にヨーロッパにおけるダイナミズムを喪失した。精密科学、次いで人間科学の勃興は、それら宗教を事なかれ主義が大勢を占める守勢に立たせた。寒々しく自分の教義に閉じこもり、文化上の新事実に対してはほんのわずかな譲歩さえも拒否し、それを激しく非難した。近代文化との隔絶は誰の目にも明らかだったし、こうした閉塞状況は数多くの知識人の離反を招いた。教会の反動的な対応を目の当たりにして、彼らは信仰を失った。政治の領域であればそれはレーニンであり、社会の領域ではプルードン、聖書釈義学の領域ではルナン、テュルメルあるいはアルファリックだった。十九世紀は大筋では、不信仰への回心の時代だった。しかしこの無神論は多様な形態をとり、ラムネーの場合には曖昧なロマン主義的理神論の形をとり、マルクスの場合では非妥協的な無神論的唯物論の形をとった。

十九世紀のカトリック教会はフランス革命のトラウマに取り憑かれ、周囲の文化を敵視する城砦へと変貌した。新事実に対する恐怖症はカトリック教会にあっては、あらゆる分野での強迫観念となり、それは一八六四年の教皇回勅クアンタ・クーラとシラブス〔謬説表〕の偏執狂的な表現のうちに絶頂の表現を見た。これは近代文化の基礎の正式な非難であったが、そのすべての条項はその後教会自身によって否認されることになる。塹壕戦におけるのと同様に、教義、礼拝、道徳の各条項をカトリック教会当局は極限にまで

厳密化して防衛線の数を増やし、それに違反すればただちに教会から破門を受けた。一八七〇年のバチカン公会議は、基本法デイ・フィリウス〔神ノ子ラ〕によって人類の半数以上を無神論者、理神論者、汎神論者、実証主義者としておごそかに破門することにより、こうした対応を盛大に聖別した。

創造主にして、可視不可視を問わず万物の支配者である、唯一の真なる神を否定せんとする者に破門を宣する。

物質以外に何ものも存在しないと臆面なく主張する者に破門を宣する。

物体的なものであれ、霊的なものであれ、事物は有限だと主張し、あるいは最低限精神的な事物だけは神的実体に由来すると主張する者、神の本質はそれ自体の権限あるいは展開によって万物となると主張する者、そして最後に神は普遍的で規定しえない存在であるが、かく定義することにより、神はそのうちで類、種、個が区別される事物の普遍性を構成すると主張する者に破門を宣する。

唯一、真実の神、われらが創造主にして支配者である神は、被造的事物を介して、理性の自然の光をもってしては確実には知られえないと主張する者に破門を宣する。

これは、輝かしいばかりの孤立を鼻にかけ、過去の偉大な時代からは滑稽な尊大さだけを引き継いだ教会の無知蒙昧さと自覚のなさそのものだった。なぜなら、それでも地球は回り続けるからである。このちいったい誰が、司教冠を被った幾人かの年寄りの破門宣告を気にかけるのだろうか。ヨーロッパのいかなる場所においてであれ教会は、一八七〇年にはもはや俗権の辣腕を当てにすることもできなくなってい

た。俗権の最後の介入、シャルル十世治下の瀆聖、コレージュ・ド・フランスからのミシュレやキネーの解雇、ラムネーの投獄、そしてエルネスト・ルナンをセム語の文献学講座から追放したことも、数度の革命で吹き飛ばされてしまった。十八世紀にスペインで、十九世紀初頭にはポルトガルやメキシコでフリーメーソンに対して火花を散らした異端審問所さえもが、もはや過去のものとなった。一八〇九年には、リスボンで採択された議定書においてはじめて、不信仰や不敬が罰せられるべき罪の筆頭に置かれ、メキシコでは一八一五年にフィロゾフの弟子たちに攻撃が集中した。(2)

こうしたことすべてが変わってしまった。今や教会が近代世界を受け容れないならば、近代世界は教会なしで済ますことになる。教会がもたらしうる損害は、もっぱら教会自身の信者たちにあたえられた。もっとも才能に満ちあふれた信者たちの幾人かは離脱し、自分の知性と信仰とのあいだの溝がますます深まるにつれて、不信仰へと移ってしまう。教会と科学のあいだにあるのは、もはや溝ではなく、底なしの淵だった。わたしたちは別のところで重大な帰結を持つこの乖離について研究した。(3) たとえ幾人かの聖職者やキリスト教徒が近代科学と接触を保とうとしても、そうした態度は教会内部で激しい疑いの目に出合わざるをえなかったし、そのことはもっとも善良な意志さえをも挫くものだった。こうして一八八八年からユルスト猊下の音頭で実現したカトリック科学者大会の試みも、主催者に対する外部からの圧力で一九〇〇年以降は取りやめとなった。大部分の聖職者にとって、科学の源泉は聖書だった。天文学、地質学、生物学は受け容れられたが、それはモーセ五書に対応する限りでのことだった。実際、一八六三年にはフェリックス神父がパリのノートルダム大聖堂の祭壇からこう宣言した。「神の創造を科学的に否認すると語ってモーセを攻撃することなど、人間の能力には不可能だとわれわれは主張しよう。モーセの宇宙論は、上記三つの科学と矛盾するのではなく、逆に大筋でその方向をたどり、大部分その例証となっている」。(4)

話の種は切りがなかった。とはいえここではその代表的な例をあげることで満足しよう。一八四五年に、パリ大学神学部学部長その人であったジャン＝バティスト・グレール神父は、『復讐されたる聖書、あるいは近代不信仰、とりわけ神話学と合理主義者の批判に応え、擁護されたる新約聖書と旧約聖書の歴史的・神的真理』を公刊した。意図は明確だった。無神論者が鼻先であしらう聖書の逸話が、科学的な正確さを持っていることを示そうとするものだった。神父は一番簡単なことをはぐらかした。魚の腹の中で三日間を過ごし、生きて帰ってきたヨナについては、「すべて不可能なことだと不信仰者は言う」。それとは逆に、これ以上真実らしいものはないという。それを神父はこう論証する。

この魚が鮫だったとすれば、すべての難問は胡散霧消する。否定しえないことは、その全能をもって神が、胃のなかにあるもっとも肉食性でもっとも熱い酸の侵入と貪欲さを一時的に抑えられることである。〔…〕ヨナは生命に溢れていたし、この魚の腹のなかでもけっしてじっとしていなかった。ヨナは胃酸の餌食にはならなかった。ヨナが呼吸をできなかったのではないかという点については、全能なる神によって、ヨナの血液はそれほどしょっちゅう呼吸をしなくてもよい大いなる休息状態におかれていたのである。それはちょうど、呼吸もせずに土の下や水のなかで数ヶ月過ごす動物や、呼吸なしで母親の胎内にいる子どものようである。厳密な意味で、こうしたことすべてに不可能なことは何も、自然の法則に反するものは何もない。なるほど通常の話し方をすればこうしたことすべては自然法則を超えたもの、したがって奇蹟によるものが問題となる状況ではあるが。(5)

不信仰者のあいだに広範に広がった、こうした愚劣さに対する反響は容易に想像がつく。教会は、大喜

びの敵に大量の議論の種を提供したのであって、多くの知識人が教会から離反したことの第一の責任者であった。誤謬に陥る機会を、教会は自分の手で呼び込んだ。ダーウィニズムがそのひとつだった。教会はこれに突進した。くわえて、この英国の科学者は、自分の発見が同時代の信仰にもたらす重大な影響を自覚していた。「自分は人殺しを告白したと同じだと思う」、とダーウィンは一八四四年に書いた。この時期から、ダーウィンはおそらく自分自身不信仰になっていたのであろう。そのことを裏付けるのが、一八三七年から三九年にかけてのダーウィンの手記に見られる次のようないくつかの表現である。「自分が唯物論をどの程度信奉しているかを表に出さないようにすること」、「精神は身体との相関で機能する」。理神論者の孫、自由思想家の息子、チャールズ・ダーウィンは不可知論の立場を表明して、その血筋をたどる。「すべては謎であり、不可解であり、説明のつかない神秘である。懐疑、不確実さ、判断の停止が、この点に関するわれわれの検討から導き出される唯一の結論であるように思われる。とはいえこれこそが、熟慮のうえの懐疑にいたるまでなんとかわれわれが抱きうる人間理性のか弱さである(6)」。

ダーウィンの理論は一八五八年に公刊されたが、予想通りの反響を生んだ。カトリックの世論のほぼ大半を、スコラーユ神父の表現を借りれば、この「不愉快な空想の産物」に対する憤激まじりの拒否反応が占めた。とはいえ幾人かは、カーワンのように、「ひとつの科学理論が《啓示とカトリックの教義を破壊するのにぴったりな体系》として、唯物論者や自由思想家に受け容れられたという事実のみを決定的な攻撃と認めるのはよくない守り方だ」と考える者もいた(7)。

多くのカトリックにとって、信仰に反するのは単になにがしかの理論なのではなくて、まさしく科学の歩みそのものが無神論へといざなうと疑いの目を向けられたのである。それはすでにシャトーブリアンが述べていたことだった。「人が心配しなければならないのは、われわれの知識を物理学の記号に帰着させ、

創造による多様な種のうちに指、歯、くちばししか見ないこうした熱狂が知らないうちに若者を唯物論に導くということではないだろうか」[8]。ジョゼフ・ド・メーストルがくり返し述べたのも、このことだった。「今日では、科学者しか見かけられない。[…]いたるところで彼らは限りない影響力を不当に手に入れている。この世に確かなものがひとつあるとして、わたしの見解では、人々を導かねばならないのは科学へ向けてではない。[…]保持すべき真理の保管所、保護者となるべきは、高位聖職者、貴族、国家の高位高官である」[9]。

もたらされた結果は、教会と科学の完全な決裂だった。くわえてもちろんのこと、コーシー、ガウス、フレネル、ル・ヴェリエ、テナール、アンペールあるいはパストゥールのようなカトリックの科学者たちがいた。聖職者界と科学者界との乖離は、一個の事実だった。科学は、スペシャリストたちに属する事柄である。研究はきわめて複雑で、外部の権威のコントロールの埒外にあった。教会にはもはや、科学が引き出すもろもろの結論に直接抗議する力はなかったので、ある科学者たちを別の科学者たちに、つまり「正しい」科学者たちを「誤った」科学者たちに対立させる羽目になる。そのため、カトリック科学という考え方が広まる。一八三一年六月三十日付の『未来《アヴニール》』誌で、ラムネーは願いを込めてこう呼びかけた。「それゆえにカトリック科学は作り出されねばならない。現行科学の不十分と混乱に疲れ果てた人間精神はそれを待ち望んでいる」。一八三四年一月にはマレ神父が『宇宙《ユニヴェール》』誌で、同じテーマを取り上げた。教会は科学の成果を考慮に入れ、世界に冠たる新たなカトリック的視点を作り上げなければならない、と神父は主張した。「その暁には、科学と信仰の完璧な調和、物理世界と道徳世界の調和が示され、かくしてカトリック科学がうち立てられよう」。

こうしたカトリック科学の目的のひとつ、それは神の存在証明の問題を一新することだった。すでにジ

エルディ大司教（一七一八―一八〇二）は『物質の永遠性に反論する数学的証明』を書いていたが、それをコーシー（一七八九―一八五七）が深化させ、神に利する等式を列挙した。モワニョー司祭はやがてこうした護教論的数学のスペシャリストのひとりとなるのだが、『信仰の栄光。啓示と科学、信仰と理性の完璧な一致』で、「無神論は数学的明証性の否定である」、と書いた。その証明をモワニョーは一八六三年、『無限数の不可能性、およびそこから生じる諸帰結について。近年世界に起こった事柄に関わる教義の数学的証明』で行った。人類は六〇〇〇年前に創造され、ノアの大洪水は四二〇五年前に起こったことを、誤りのない仕方で証明したのである。さらに一九〇二年には、ルネ・ド・クレレが『神の存在の数学的必然性』を公刊したが、添えられていたのはモワニョーのものと同様まったく根拠のない数字だった。

その真向かいでは、無神論科学が同じ戦闘的雰囲気のなかで展開されていた。一八四八年以降ルナンは『科学の将来』誌で、この無神論科学を宗教に代わる目標と定め、こう主張した。「人類を科学的に組織立てること、まさしくそれこそが近代科学の最終目標であり、それこそが大胆ではあるが至当な科学の意図するところである。わたしはさらに遠くを望む。［…］理性は、人類を組織立てたあとに、神を組織立てることになろう」。ベルトロにあてた手紙で、「あつらえられつつある」この神は「存在全体と同義」となるだろう、とルナンは説明する。一八七〇年代、ニューヨーク大学教授ジョン・ウィリアム・ドレイパーは、『科学と宗教の争い』についてこう宣言して、自らの結論を述べた。「科学とローマ教会のキリスト教は互いに両立しえないこと、共存できないことを認めた。どちらかが他方に譲らねばならず、人類はその選択をすべきである[10]」。

一八九五年に科学主義の支持者たちは、科学が宗教にとって代わろうとする自分たちの意図を大喜びで宣言した。フェルディナン・ビュイソン、ルイ・リアール、ジャン・ジョーレス、エミール・ゾラ、くわ

えてあらゆる戦闘的なライシテを誇る上流社会の面々が、反聖職者主義科学の権化だったマルスラン・ベルトロの栄誉を称える祝宴を催した。フルコースに添えられた銘句はこうだった、「思考の解放の源泉、科学に敬意を」。この日の英雄ベルトロは、宗教的蒙昧主義に対する激烈な告発を行った。その大筋は、数世紀のあいだ、科学は教会によって抑圧されてきた、フランス革命が科学を解放した、唯一科学のみが知識へと到達し、道徳を基礎づけることができる、というものだった。

神学と聖書釈義学の怠慢

科学によって外側からもみくちゃにされていたのに、宗教はさらに内部からの挑戦に直面しなければならず、それが幾人かの信者の離反の原因ともなった。このことはとくにフランスにあてはまった。フランスでは、神学は戦闘隊形をとったまま固まっていた。ドイツの状況との対比は際立っていた。ドイツでは、神学研究が全般的な文化のなかに統合されていた。「他のすべての学問分野と同様に自由な知性をもって、同様に目覚めた精神をもって、なぜ人は神学にアプローチしないのか、わたしには理解できない」、とヘルダーは書いた[11]。ライン川の向こう岸では、知識人は誰もが神学教育を受け、聖職者当局はこの点に関してほとんどなんの管理の必要もなかった。「ドイツでは、人は生まれながらの神学者である」、とグッコーは書いた[12]。

このことから、ある部分ではフランス、ドイツ両国における無神論の普及の時間的なずれの説明がつく。シャルル・ド・ヴィレ（一七六五―一八一五）はゲッティンゲンに留学したが、次のように記している。「カトリック神学は教会の諸決定の頑とした権威に基づき、したがって理性を全面的に自由に用いて研究する者には禁じられている。この神学は、スコラ哲学の専門用語と野蛮な道具を保持したままである。逆

に、プロテスタント神学は検討システム、理性の無制限な使用に基づいている」[13]。それこそが、まさしくフランスの聖職者の耳目を揺るがしたものだった。そんなことをしたら無神論になるだけだ、とラムネーは一八一七年に『無関心論』に記した。

聖書を打ち壊すことがドイツではとりわけ課題とされているように思われる。とはいえ外見上は聖書を信仰の唯一の規則と認めることにはやぶさかではないのだ。〔…〕聖書釈義学と呼ばれるもの、すなわち歯止めなしの批判を手にして、預言が否定され、奇蹟が否定される。〔…〕こうしてドイツやイギリスであれほど褒めそやされる《合理神学》なるものに行き着くのだ。すべての奇蹟、すべての教義が宗教からそぎ落とされる。そんな理神論に、何が残っているだろうか。ところが、人は理神論に踏みとどまることはできない。原理そのものがそれを越えてしまうのだ[14]。

ラコルデールも、こうした視点を共有した。一八三四年に、彼はファルーにこう書き送っている。「ドイツの教会を失墜させているのは大学ですが、フランスの教会を救っているのはわれわれの神学校なのです」。

神学を周辺文化から切り離し、自分たちが俗世間と完全にずれたままで聖職者を育成していることが目に入らず、近代の挑戦に応えることも、同時代人の強い願望を満たすこともできず、もはや同じ言語を話すことすらできないこの世代の聖職者たちの驚くべき盲目さがそこにあった。こうした乖離は単に信者たちのあいだでの不信仰のぶり返しの原因だったばかりでなく、さらには聖職者のなかの優秀な者たちが、自分たちの誤謬と、この建造物を揺り動かすことの不可能性を知ったときの離反の原因ともなった。やが

てラムネー自身、自由な立場に移ろうとした時に苦い経験をすることになる。こうした状況を分析して、ジョルジュ・ギュスドルフは次のように結論する。

議論の余地のない生命力があるにもかかわらず、カトリック教会は、ガリカニズムの残滓はあるとはいえ、ローマからもたらされる圧力に屈する位階制度に由来する意志のおかげで、疎外状態にある。自分たちとは異なり、否定しがたい知的優位性を持ったキリスト教徒と向き合うこと、ドイツのカトリックが要請されたのはそのことだった。他者と対話するには、自分の立場に向き合い、他者と同程度の能力があると主張できねばならなかった。フランスのカトリックの不幸は、独占状態にあることだった。そのためにあらゆる競争が排除された。あらゆる種類の不信仰に対してとりうる唯一可能な対応は、十字軍の精神から学ぶことだった。悪と折り合いをつけようとはせず、なんとか悪をなきものにしようとした。[15]

「十九世紀を通じてフランスでは、神学研究と宗教学とは意味のないものだった」と言及しつつ、この歴史家は、自分の主張をパリ大学神学部の分析によって裏付ける。パリ大学神学部では、一八四〇年にキリスト教教義学教授のマレ神父が『汎神論試論』を公刊した。神父はこの研究で、「神学研究の視点からは、一八八六年にいたるまでの十九世紀のフランスは、無知で好奇心が欠如した砂漠だった」と結論づけた。[16]なぜ一八八六年なのだろうか。というのもまさしくこの時期に、高等研究実習院が神学を引き受け、宗教学科を創設したからだった。

こうした嘆かわしい状況は、当然のことながら聖書釈義学のレベルでも見られた。これについては、すでにヨナの魚の例で概観した。もっとも、たとえばデュイレ・ド・サン＝プロジェ、アルフレッド・ボー

ドリヤール、マンジュノー神父のようなごくわずかなカトリック知識人はフランスにおける聖書研究の貧弱さを心配していた。神学の場合と同様に、硬直して字義的な意味の保持にこだわるフランスの聖書釈義学と、ドイツのプロテスタントの批判との対照は際だっていた。後者の批判は神話思想に焦点をあて、そのおかげで聖書の常識とはかけ離れた言辞に煩わされないですんだ。神話思想には、一個の集団的文化の内部で人類史と宗教史を結び合わせる長所がある。それだからこそさらに、一八五六年にリトレが書いたように、「宗教がなければ歴史は存在しないとするならば、歴史のすべての一般法則に従わない宗教も存在しない、ということを認める必要があろう。[17]社会に関する限り、宗教に先行性はない。両者は相互に依存しており、歴史の発展法則に従う。こうした視点から、ダヴィッド・シュトラウスは一八三五年に『イエスの生涯』で、福音書の記述がどれほど正真正銘の神話を作り上げて、待ち望まれた救世主像を歴史的な人物像に重ね合わせたかを示した。

その結果は、宗教の信憑性を根拠づけるものとはならなかったのはもちろんのこと、さらにフランスでの聖書釈義学の門戸開放への拒絶反応を硬化させた。というのもそのジレンマは相当に厳しいものだったからである。一方ではドイツ流の聖書批判を受け容れ、聖書を宗教史の一分野に入れて通常の研究対象にすることが問題だったが、それは超自然的な要素を人間的なもののうちに融合し、消滅させる危険をおかすことであり、人を不信仰へ導くものだった。また他方では、あらゆる厳格さをもって聖書のテキストの神聖で霊感に満ちた特徴を維持することが問題だったが、これは聖書のうちに、そのひとつひとつの具体的なエピソードにいたるまで、わずかな人間じみた誤りを認めることを拒否することになり、そうなると理性や知識を脇に置いてあらゆる非常識を引き受ける羽目になり、理性を犠牲にするところまでは決心がつかないでいる優秀な開かれた精神の持ち主たちを落胆させる危険があった。こうしてこの立場も彼らを

不信仰へと追いやるものとなるのである。

フランスの神学校が採用したのは、後者の立場だった。だがそれには周知の破滅的な結果が伴った。教授たちの職務は容易なものではなかった。たとえば、サン＝シュルピス修道院でヘブライ語と聖書を教え、後には修道院長となる著名な学者アントワーヌ・ガルニエは、ドイツの合理主義者の批判はすべて固く退けながら、《合理主義的》聖書釈義学を導入しようと試みた。その功績は、やがてルナンの認めるところとなった。科学を蔑視したヴィクトール・ド・ボナルドの偏狭な態度を捨て、ルナンは聖書の歴史的な記述は、その文学的真実を保持しながらも解釈の対象となると考えた。ところがボナルドは、真実とはかけ離れた説明をあたえなければならないという、越えることのできない艱難に直面した。ボナルドによれば、神話に訴えること、それはただ啓蒙の《自然主義》や《合理主義》、神を嘘つきにする不敬な方法をふたたび取り上げることにすぎなかった。寓話は絵空事だったからである。

この態度はフランス的なやり方の限界を示していたし、それはサン＝シュルピス修道院におけるガルニエの後継者、ル・イールにも認められた。イールは、「計り知れない学識の持ち主だったが、不手際な、ほとんど児戯に等しい護教論を展開してカトリック正統派の厳格な当局者からの非難の的となった」、とフランソワ・ラプランシュは記している(18)。ところでル・イールはルナンの師匠でもあった。そしてルナンは、たえず知性を嘲弄し、いかなる対価を払おうとも聖書の文学的価値を維持するより他に道がないこうした方法や、全人類の歴史を六千年にして、ノアの大洪水までにあつらえてしまう年代記がもたらす結果について長々と語っている。そしてたまたま大きな困難が生じると、どんなときでも当てにされたのは奇蹟だった。こうしてものの見事に神は天使をノアのもとに遣わして、動物たちを方舟に集めさせたのだ。

神学校と聖書を介した信仰から不信仰へ――ルナン、テュルメル、ロワジ、アルファリック

この絶えざる理性への挑戦のおかげで、不信仰に走ったキリスト教徒は一人や二人ではなかった。エルネスト・ルナンのたどった知的道筋は、その典型例だった。そのことについて、ルナン自身が『少年期、青年期の回想』で詳細に説明してくれている。サン＝シュルピス神学校で、ルナンは奇妙な教授団の指導を受けることになったが、「一言でこれを特徴づけるとすれば、凡庸さだった。だがそれは自ら求めた凡庸さであり、組織立ったものだった。彼らはあえて凡庸さを装った」[19]。そのシンボルが哲学教授ゴトフレーだったが、ゴトフレーは「自分を無価値な者とするためにあらゆる工夫をし」、弟子を破滅させ、勉強しすぎると学生たちを叱った。「理性を当てにすることが反キリスト教徒にとってどういうことなのか、合理主義が信仰に浴びせる罵詈雑言について、彼はわたしに雄弁に語った。そんなとき彼は奇妙に活気づき、研究へのわたしの情熱を責めた。研究だって。そんなものがなんの役に立つんだね。大事なものはみんな見つけられてしまった。魂を救済するのは科学ではないんだよ」[20]。数学教授ピノーにも、同様の態度が見られた。ピノーは、「科学への、総じて人間精神への侮蔑を公言してはばからなかった。ときとして講義中に彼は居眠りをした。また自分の信奉者を研究からまったく遠ざけた」[21]。聖書学の教授はル・イールだったが、堅固不動、いささかの懐疑にも曝されない信仰の持ち主で、彼にとって「超自然的なものにはいかなる知的な不具合もなかった」。ル・イールのなかでは、どんな異論も彼を取り囲む「完璧な防護壁」のうえで砕け散った。だが、「わたしの精神のなかにはそんな完璧な防護壁はなかったので、ル・イール氏にあっては心のなかの深い平安をもたらす対立する要素の関連づけも、わたしの場合には奇怪な爆発となった」[22]、とルナンは記す。

教授たちには、ルナンの「爆発」が理解できなかった。ルナンが自分の最初の懐疑を表明すると、こう

した答えが返ってきた。「信仰に反する悪の誘惑だ。そんなことに気をとられてはいけない。前を向いて進みなさい」。モーセの死の記述が、どうしてモーセに帰せられる書物のなかにあるのか。その答えはこうだった。してはいけない問いというものがあるのだ。七十歳代だったのに、どうやってサラはファラオに欲望を抱かせることができたのかと問えば、こんな答えが返ってきた。「ニノン・ド・ランクロが同年のときにも、男たちは先を競っていた」。こんな具合だった。

護教論の口頭演習では、神学生たちはフィロゾフたちの説を紹介し、宗教に益する反論を示さなければならなかった。この危険なゲームをするうちに、ルナンは信仰を失った。公開演習の場で、奇妙で弱々しいものに見えた論敵の議論よりもずっと巧みにルナンが哲学的批判を展開したために、その才気に満ちた精神のおかげで教授たちは冷や汗をかかされた。ある日のことなど、教授はルナンに議論をやめさせなければならなかった。というのも、それは宗教を混乱に陥れるものだったからである。ルナンが教会によかれと思って示す議論の貧しさに教室じゅうが苦笑いをした。

どうなるかは明らかだった。この「四年間の知的・道徳的拷問」は、ルナンから信仰を奪った。ルナンに責任があるのだろうか。ある人々は今でもそう考えている。たとえばクロード・トレモンタンによれば、正真正銘の正統派のあいだで正真正銘のキリスト教精神がどう違うかをはっきりとルナンは示すべきだった。それこそが理性やルナンが神学校で教わったこととも合致するはずなのだから。「ルナンの誤り、そして彼に従った他の者たちの誤りは、正統派に関して作り上げた観念を科学に対置する人々を信じたことだった。ルナンには十分な教養があったから、こうした対置が作為的なものであり、それが不出来な哲学的・神学的分析によっていることが自ずと理解できたはずである(23)」。ある意味では、ルナンはあまりにも良い生徒すぎた。教授たちを信じなくともよかったのだ。それは、不信仰が広がるうえでの十九世紀の神

学校の役割を直接認めることだった。ルナンはまた別の解釈を持っていた。ルナンによれば、問題なのはキリスト教の構造そのもの、その構成部分のひとつにでも手をつければ建物全体が崩壊してしまうほど首尾一貫した全体を形づくる、その教義だった。すべてをとるか、それともまったく手をつけないかだった。

わたしが自分で作り上げた、あるいはそう言ってよければ師匠たちからわたしがそれを学んだ狭隘すぎる考えがなかったならば、わたしはキリスト教から離れられなかっただろう、ときわめて優れた精神の持ち主から時として聞かされることがある。ある者たちは、わたしの不信仰にはなにほどかサン＝シュルピス神学校に責任があるとして、神学校を非難した。その理由は、一方では誇張された合理主義をあてはめておいてスコラ哲学に十全とした信頼を寄せることをわたしに吹き込んだからであり、他方では正統派の『神学大全』をどうしても認めなければならないものとして示したからだった。その結果、彼らは一回にあたえられる食事の量を法外に多く見積もっておいて、その摂取口のほうは極端に小さなものとした。これはまったく不当だった。信じなければならないカードを何ひとつ隠すことなく、キリスト教を伝える自分なりの流儀で、あのサン＝シュルピスの先生方は、ただ単に誠実な人々なのだ。一連の盛りだくさんな手に負えない命題に、「信仰ニ由来スル」と形容することをつけ加えたのは、彼らではない。知的不誠実さの最悪のもののひとつは、言葉をもてあそぶことであり、巧妙な策を弄して理性に少しも犠牲を強いるものではないかのようにキリスト教を描き出すことであり、実際自分が何を誓約することになるのかも分からない人々をキリスト教に誘い込むことである。自分は自由だと言うのは、それこそ非宗教的なカトリック信者の幻想なのだ。神学も聖書釈義学も知らず、まるでひとつの党派に与するように、彼らはキリスト教に入信する。キリスト教を受け容れ、やがてキリスト教

から離れる。ある教義は認め、他の教義はしりぞけ、それでいて人から本物のカトリックではないと言われると憤慨する。神学を勉強した者なら、もうこんな支離滅裂はやっていられなかった。彼によれば、すべては聖書と教会の不謬の権威に由来するのであるから、選択の余地はない。教義がひとつ棄てられれば、そして教会の教えがひとつしりぞけられれば、それは教会と啓示の否定を意味した。神の権威に由来する教会にあっては、一点を否定しても、すべてを否定しても同じように異端だった。この建物の礎石がひとつでも引き抜かれれば、全体がまるで運命のように崩れ去る。

教会はたぶんいつの日か、わたしが自分をそれにゆだねたような決裂状態を無用とするなんらかの譲歩をするだろうし、そうなればわたしは取るに足らないことと引き替えに神の王国を手放したと人から見られるだろう、と言ったところでなんの役にも立たない。わたしは、教会ができる譲歩がどの程度のものか、また教会に求めてはいけない譲歩が何なのかは十分心得ている。教会は、そのドグマティックで正統的な体系からけっして何ひとつ捨て去ることはできない。それは不可能なのだ。〔…〕真のカトリックであれば頑としてこう言うだろう。《何かを手放さなければならないとしたら、わたしはすべてを手放す。なぜなら、わたしは不謬性の原理によってすべてを信じているからであり、不謬性の原理はただひとつの些細な譲歩によっても、また一万の大きな譲歩によっても同様に傷つけられるからである》。カトリック教会について言えば、ダニエル書は〔ユダヤの〕マカベア一族の時代の外典だったと告白することは、教会が誤りを犯したと告白するに等しく、この点で教会が誤ったならば、他の点でも誤る可能性があり、もはや教会は神から霊感を授けられたということはなくなる。(24)

クロード・トレモンタンによれば、それこそが聖なる書物にあってはすべてが真実であると欺瞞的に主

張する《キリスト単性論者の予断》だった。ところで今日のキリスト教聖書釈義学は、前世紀には教会が耳を傾けようともしなかったたくさんの事柄を認めている。つけ加えるならば、言うまでもなく教会が過去の立場を否認した、多くの他の分野もある。教会が十九世紀に教えていたことは、したがって《正統》ではなかった。ルナンもそうした立場を取るべきだったのかもしれない。しかし教会の画一的で、位階的な構造からは、それはほとんど問題とならなかった。教会との不一致を表明したおかげで、ルナンはラムネーと同じく教会から破門された。どの教会を信じればいいのだろうか。十九世紀の教会、それとも今この時の教会なのだろうか。人権を《邪悪な謬見》と呼んだグレゴリウス十六世の教会、それとも自由化を呼びかけた第二回バチカン公会議の教会だろうか。それともピウス九世とシラブス〔謬説表〕の教会か、あるいはヘルダー・カマラ〔ブラジル大司教、「解放の神学」の先駆者〕の教会だろうか。それは、神のみぞ知るだ。サン＝シュルピス神学校で信仰を失ったとルナンを非難すること、それは時代を先駆けることをしなかったと責めることとなのだ。

ジョゼフ・テュルメル神父のたどった道筋も、やはりルナンのそれを思い起こさせる。信仰篤いブルターニュ人ではあったが、一八五九年にレンヌに生まれ、一八八二年に聖職に就き、その後レンヌの大神学校教授となり、テュルメルは聖書を学ぶことで信仰を失った。テュルメルも『わたしはいかに教義に暇乞いを告げたか』で、自分の思想的道程を語っている。アンジェ大学神学部に進級した頃から、彼は懐疑にとりつかれた。一八八四年には、「教会はわたしにはろうそく消しに見え、カトリックの聖書釈義は大風呂敷との有罪判決を受けたも同然と思えた。わたしの信仰はまだ生きていた、〔…〕しかし内部を不安が蝕み始めていた」、とテュルメルは書く。テュルメルにとっては、もう取り返しがつかなかった。彼が選んだのはメリエの手法だった。自分の不信仰を隠して厄介事を避けようとし、それでも匿名で反宗教的著

作を出版しようとしたのである。しかしかなり不信を抱かれ、補佐司祭の職に左遷され、ついで一九三〇年には停職を命じられ、破門され、教会法に定められた聖職剝奪を言い渡された。テュルメルは死の間際まで、ルナンの自由思想協会に協力した。

カトリックの聖書釈義学のヴァリエーションのもうひとつの有名な犠牲者がロワジー神父だったが、神父は聖書の記述はそれが書かれた時代にとって妥当なものだったことを示そうと試みた。神は、その時代の人々の言語を使って人々に語りかけたのである。「神の霊感を受けた聖書の絶対的無謬性という理論は、人間精神を満足させるものではない。あらゆる時代にとって、真理のあらゆる秩序において絶対的に真実である書物は、四角い三角形以上の可能性を持ちえない」。パリのカトリック学院でヘブライ語と聖書学の正教授の席にあったが、それをやらなかったとクロード・トレモンタンがルナンを非難した、まさにそのことをロワジーはやってのけた。なるほど科学的・歴史的表明は相対的なものではあるとしても、聖書はその聖なる性格を保持できることの証明にロワジーは専念した。一八九二年からはその職を解かれたが、今日であれば教会において誰もが異論なく承認する立場をとったことがその理由だった。そのためにだんだんとテュルメルは信仰から離れていった。公教育省から高等研究実習院の正教授職が提供され、テュルメルは聖書釈義学に関する論文や著作を数多く公刊した。一九〇八年には破門されたが、テュルメルは一九〇九年以降コレージュ・ド・フランスの教授となった。テュルメルの私的な日記からは、魂の不死、イエスの神性、三位一体、超越的であって位格を備えた神に対して、彼がしだいに否定的傾向を広げていったことが分かる。若く、才気に溢れた釈義学者は、不信仰になった。近代におけるもっとも反動的な教皇のひとりだったピウス十世に率いられ、当時近代主義者の激発によって揺さぶりをかけられていた教会は、他の多くのケース同様、テュルメルの場合においても教会離脱の責任者だった。

またまさしくこの時期に別の司祭が、別の神学校教授プロスペール・アルファリック（一八七六―一九五五）が教会を離れて、不信仰に移った。それは同時に、たとえばハーバート・スペンサーのような哲学者の著作を読んだためであり、また科学と信仰の関係における聖職者当局の一徹さに起因していた。ジョルジュ・ウルダンが書いているように、近代主義の激発以降、相当数の信者が信仰を失ったが、「その理由は、神の御言葉の啓示を内容とする書物が歴史的には正確ではないと思われたからであり、またそれが歴史的には正しくない事実と結びつけられていたからだった」[25]。それはちょうどロジェ・マルタン・デュガールの小説、『ジャン・バロワ』の主人公のようだった。この主人公は無神論へと移ったが、それは福音書が実際には初期のキリスト教共同体の信仰の表現だったことを発見したときだった。

宗教史、不信仰の学校

このことは、近代の無神論の生成にとって、宗教の歴史が重要な意味を持っていたことを表す。宗教がそのように使われたことを最初に発見した者のひとりが、シャルル・デュピュイであり、一七九五年に公刊された『すべての礼拝の起源あるいは普遍的宗教』においてだった。フィロゾフたちの研究を体系化し、デュピュイは宗教の起源に関する人類学的探求を企図したが、その結果は宗教の純然たる人間的特徴を示すものだった。神話と宗教はひとつの原始科学であり、それは世界についての初めての解釈を人類にもたらした。しかしそこからは、啓示という考え方はすべて締め出された。「キリスト教が啓示宗教か否かをわたしは検討しようとは思わない。啓示という考えや幽霊を信じる人はもういない。理性の光によるものと自然の光によるものを別にして、神と人間との交霊を依然として議論するには、今日の哲学はあまりにも進歩しすぎた」[26]。

宗教を打ち壊すことは問題とはされなかったが、理性を媒介として宗教は人類の英知のなかに吸収され、おまけに超自然的なものが否定され、宗教は解体された。英語、ドイツ語、スペイン語に翻訳され、王政復古期にはデステュット・ド・トラシーやイデオローグたちによってデュピュイの著作は普及した。宗教学は十九世紀に目を見張る成功を収めたが、それを示したのがシュトラウス、フォイエルバッハ、ルナンらの衝撃的な著作だった。この時代が見いだしたのは、信仰は歴史のなかに溶解可能だということだった。宗教を歴史的研究の対象とすること、それは宗教を台座から引きずり下ろして、歴史家がメスを手にして開腹手術をすることであったが、無傷で手術室から出ることはまれだった。そしてそのことはまた、あらゆる宗教がその起源と展開において恐ろしいまでに人間的であることの確証だった。歴史家の手にかかると、《神聖な》歴史も当たり前の人間の歴史となった。精密科学が宇宙から宗教色をぬぐい去ったのとまったく同様に、人間科学が宗教からその宗教色をぬぐい去った。

だが時としてたとえば、一八五〇年前後のバウアーや一九〇三年のカルトッフのように、キリストを純然たる教会の作り事とするような、あるいはキリストを天体の神秘とするドリューのような行き過ぎもあった。しかし全体として見れば、歴史家の仕事ぶりは誠実なものだった。大学の活動として、宗教学はフランスでは始めはビュルヌフやヴィクトール・クーザンの仕事によって展開された。クーザンは唯心論のリーダーのひとりだったが、ドイツ思想を賞賛し、フランス神学の狭隘さを嘆いた。クーザンはフランス哲学を観念論的なものにすると同時に、カトリック思想に過去の重要性を取り戻させようと望んだ。一八六八年の論文で、哲学者のヴァシュロは宗教学の成功を讃え、それを平等の理念の膝元に、そして人類の諸法の頂に据えた。一八五八年に公刊された著作で、ヴァシュロは神義論を復活させ、諸々の宗教の廃墟のうえにひとりの神を建て直そうと試みた。[27] ヴァシュロによれば、比類なき者と現実とは両立不能だった。

つまり、完璧な神とは理想、理性的存在、世界の理念であって、世界は神の現実性だった。その意味においてヴァシュロに従えば、宗教学は無神論に落ち込むことを避けることができた。

ところがフランスの聖職者にとって、宗教学はどのような装いをとろうとも不信仰へ導くものだった。そのために、宗教学は非宗教的な世俗の教育組織という枠内で発展するという事態をもたらし、一八八〇年にはコレージュ・ド・フランスに宗教学講座が開設され、正教授にはリベラルなプロテスタント、アルベール・レヴィルが就任し、また一八八六年には高等研究実習院の第五部門（宗教学）が創設された。両者のイニシアティヴをとったのがポール・ベルトであることを知ったとき、人々はその考えが分からず、ただあれこれと推測することができるだけだった。ベルトは実際、自分の意図が「道徳に関する古生物学」を創設し、「死滅し、化石化した教義のなかから生きた教義を再発見」することにあることを認めた。(28) 一八八五年の歳出法によって、神学部の廃止が実施されたが、神学部は同じ場所で高等研究学院の《宗教学》部門に置き換えられた。つけ加えれば、二五年後に宗教史講座がリヨン大学に開設されたが、リヨン市の市長は自由思想家協会の一員、エドアール・エリオだった。正式な目的は、すべての宗教を同列に扱い、純然たる人間的な視野からとらえることだった。

脅威は同時に他の部門からも現れた。それは社会学だった。この新しく野心に満ちた学問は、今度は宗教をその研究対象とした。『宗教生活の原初形態』で、エミール・デュルケムはこのことが引き起こすためらいを知らないわけではなかった。しかしデュルケムは、「この最後の障壁も終には譲歩することになり、科学はこの独占分野においても管理者を自認することになろう」と書いた。宗教は、科学の対象となることを甘受せねばならず、そして科学は宗教に取って代わることをめざすのではなく、宗教を説明することをめざす。

宗教がこれまで満たしてきた二つの機能については、今ではひとつの機能が、ただひとつだけの機能が残っているが、それもしだいに宗教の埒外に置かれるようになっている。その機能とは思弁的機能である。科学が宗教に抗議の声を上げるのは、存在権に関してではなく、事物の本性を教義化する権利についてである。これは特殊な能力の類であって、宗教はそれをわが物顔にして人間を、世界を知るために用いる。実際には、宗教は自分自身さえ知ってはいないのだ。自分が何から作られているのか、どんな必要に対応しているのかも知らない。宗教自体、科学の対象なのだ。そしてその一方で、科学的考察が適用される現実の外部には宗教的思弁が及ぶ固有の対象は存在しないのであるから、明らかに宗教は過去におけるのと同様の役割を将来において演じることはない。

とはいえ、宗教が呼び出されたのはむしろ姿を変えるためであって、消滅するためではない。[29]

どのように姿を変えるのだろうか、そのことについてデュルケムは語っていない。だが、デュルケムは自分が転換期を生きていることを自覚していた。

今日の祭日や祭礼が将来どのようなものになるのかを思い描くうえで、われわれはおそらくは少なからず不具合を抱いているとしても、それはわれわれが移行期、道徳的な凡庸さの段階を通過しているからである。過去の偉大なもの、われわれの父祖を熱狂させたものは、われわれにとってもはや同じ熱情をかき立てはしない。あるいはそれは、われわれが気づかなくなってしまっているほど、それが当たり前のことになってしまったからか、あるいはそれがもはやわれわれの渇望に応えていないからかもしれない。いずれにしても、それに

取って代わるものは、何も作られてはいない。［…］一言で言えば、いにしえの神々は年老いたか、死んでしまい、それ以外のものは生まれていない。そのために、人為的に目覚めさせた、古い歴史の想い出を使って宗教を組織しようとしたコントの試みはむなしいものとなった。生きた信仰が生まれるのは、生そのものからであって、死んだ過去からではない。もっとも、不確かで雑然とした喧噪状態が永遠に続くわけではない。われわれの社会が、新たな理想が姿を現し、一時人類の導き手として役立つであろう新たな形態が生まれる、創造的な興奮の時を見いだす日が来るであろう。(30)

一方で「不滅の福音は存在しない」と言われ、他方で「何か永遠なものが宗教にはある」と言われる。宗教精神は、さまざまな形態を通じて永続する使命をあたえられる。だが、神々が次から次へと姿を現すことを認める社会学者デュルケムとは、無神論者ではないのか。年老いて、死んでいく神々をどのように信じるのか。

無神論への道、あるいは十九世紀における信仰の失い方

こうして、精密科学と人間科学の結合に、スコラ哲学の立場を固持した教会の拒否がつけ加えられ、伝統的な宗教信仰と近代文化とのあいだで拡大していくずれ、多くの棄教の元となったずれが生じた。この時代は、教会の頑なな態度とその知的な保守主義のために信仰を失った者の例に事欠かなかった。そして何よりも、そこには多くの聖職者がいたのだが、そうした事例は醜聞を避けるため、高位聖職者が保持する勝ち誇ったイメージを汚さないために、注意深くかき消された。実際には、一九〇七年にフランスには千人を超える還俗者がいた。いくつかのケースは評判にもなった。それはとくに、すぐに自由思想の立場

に移った聖職者だった。たとえばジュール・クララ神父は一八六八年に生まれ、一八九二年に聖職に就き、一九一〇年に教会と離縁したが、それは個人として考え抜いた末だった。その後神父はフランスじゅうをまわって、自由思想協会のために尽くした。ヴィクトール・シャルボネル神父は、一八六〇年に生まれ、キリスト教統一運動の活動家となったが、まさしくそのために上級者からは不安の目で見られた。神父は一八九七年に聖職を辞し、フリーメーソンの会員となり、一九〇二年には雑誌『理性』を創刊し、フランス自由思想協会の事務局長となった。ルネ・ロリミエ神父は一八七九年に生まれ、ディジョンで聖職者を勤めたあとやはりスータンを捨て、自由思想に改宗したが、それは神父のデュアメル、アラン、ジャンカ、リュサック、神学生のバロデ、修練者のセバスティアン・フォールも同じだった。

一般信徒のあいだでは、ある者たちは痛ましい知的遍歴の果てに信仰を失った。マルスラン・ベルトロがその例で、ベルトロはきわめてキリスト教的な家庭に育ち、教会に通っていたが、一八四五年から自分の科学の知識と宗教の信仰とをつき合わせ始めると、深刻な精神的危機に見舞われた。ルナンと親交を結んだこともあり、その結果ベルトロは終に無神論にたどり着いた。同様な展開が、同様な理由からプロテスタントのブロカにも見られた。どちらの場合にも精神的危機は、自分の周囲になんとか深い信仰を持った信仰者を見いださなければならないという悲しむべき事態によって複雑なものになっていた。テーヌの思想形成はそれほど苦痛に満ちたものではなく、むしろ自ら進んで選んだものだったようだ。信仰を捨てたが、その際信仰が理性の足かせになっていることをテーヌは自覚していた。テーヌにあっては、無神論は知性の解放という高邁な要求に由来していた。「わたしのなかで、理性は光のように姿を現した。[…]この自省的精神の前に舞い降りたもの、それはわたしの宗教的信仰だった。[…]わたしはあまりにも理性を過大評価していたので、この信仰以外の別の権威を認めようとは思わなかった。自分の振る舞いの規

則や自分の思考のあり方はただ自分自身から導き出そうと決めていた。高邁さと自分の自由への愛がわたしを吹っ切れさせてくれた[31]」。

また別の人々は、社会的・政治的に反動的な教会を目の当たりにして、無神論へと移行した。すでに、プルードンの思想形成は検討した。レーニンの例は、その典型である。信仰に包まれて育ちながら、レーニンは十六歳の年に信仰を捨てた。兄の死刑執行、ツァーリ支配下のロシア社会のさまざまな不幸を目にしたこと、そしてそれを祝福する東方教会が、ここでは決定的な役割を演じた。

エンゲルスにとって、この移行は苦痛に満ちたものだった。誠実なルター派として、ヘーゲル主義に与した後で懐疑に見舞われ、そのために激しい哀しみに包まれた。だが人は過去に後戻りはできなかった。エンゲルスは、ある友人に宛ててこう記している。「わたしは毎日お祈りを捧げています。ほとんど一日中祈りを捧げさえして、真理を知ろうとしているのです。そうし始めたのは、疑いを抱き始め、それにもかかわらずあなたがお持ちの信仰を見つけられないようになってからでした。[…]涙が目に溢れて来ます。でもこれを書きます」。事態はマルクスにとってはずっと容易だった。マルクスは実際には一度もキリスト教に与したことはなかった。

反抗、ある者は既成の教育に対してそうしたし、またある者はその者の目には神の非存在の証と映った社会的出来事に対してそうした。手始めが一九一四年から一八年にかけての戦争だった。『ラ・キャロット』誌のアンケートに答えて、ある自由思想家が書いたのは、まさにそのことだった。「神の非存在、祈りの無益さの最大の例証とは、一九一四年から一八年にわれわれにあたえられたそれである。大規模な激戦地は、キリスト教、要するに天上の金儲け主義がただの神話でしかない、俗悪で忌み嫌われる冗談にすぎないことの異論の余地のない証拠である[32]」。

反抗、それはまたたとえばH・G・ウェルズにとってのように、両親の振るまいと、両親がウェルズに課そうとする宗教的価値とのずれの発見ということもあった。ウェルズは堅信の秘蹟を受けようとするその時に、宗教を捨てた。多くの者、とくに自然学者、歴史学者、医師の場合、彼らが学ぶことの結論が宗教的教義のなんらかの側面と衝突し始めたその日に信仰は失われた。クレマンソー、ジュール・グルニエ、ポール・ベルト、ポール・ラファルグがそうだった。魂の不死を信じることは、医学部の死体解剖室では容易なことではなかった。たとえば、ピエール・ボワイエは一八六八年にこう記している。

ありとあらゆる偏見がひとつひとつ恐ろしいまでの明白さをもって崩れ去っていった。健全で勇気ある知性はやがて、神秘の夢などもう叶うものではないこの場所で、来世への希望などなしで済ませることに慣れていった。石の流し台の上で、回をむき出しにした四つ、五つの脳が大きな砂岩の壺に浸されていた。膨れあがった動脈は黒く、油脂が注入されたため真っ赤に充血していた。思考は一個の機能であり、大脳がその器官である。ここでは、その器官がバラバラにされていた。その機能がどこか他の場所で生き残っていると信じることはきわめて難しかった(33)。

ルートヴィッヒ・ビュヒナー(一八二四―一八九九)は一八八〇年に国際自由思想家連合を創設し、翌一八八一年にはドイツ自由思想家協会を設立したが、ダルムシュタットの医師だった。

こうした痛苦を伴った遍歴とは別に、ある人々はごく自然に無神論に居場所を見つけた。ヴォルテール派の医師の息子で生物学者だったフェリックス・ル・ダンテックは根っからの無神論者だった。一九〇六年に『無神論』で、ダンテックはこう書いている。「誰かが世界を創造したとする必要性を、わたしはま

ったく感じなかった。逆に世界の起源とは何かと問われれば、わたしには分からないと慎ましく答えるだろう。それに世界に起源、始原がなければならない理由が思い当たらなかった。［…］自分は無神論者だと宣言したとき、わたしがそう言うことで理解しているのはただ、わたしがこうした自然の法則はその起源を神から引き出しているとの仮定に満足していないということだ。そこではひとは、神について人間のことを話すように口にしているのである」[34]。これほどに形而上学を欠いたものはほとんどないといった態度で、ダンテックは穏やかにこう宣言する。「わたしが神を信じていないのは、わたしが無神論者だからだ。わたしが自分の不信仰にあたえられる、これが唯一妥当な説明である」[35]。

それとは異なった精神の在りようだったが、やはり無神論に落ち着いたのがミハイル・バクーニンだった。バクーニンは一八七一年に『神と国家』で、信者たちが神と呼ぶものに、自分たちが卑しいものと見ている物質が備えている特徴をどうしてあっさり割り当ててしまうのかを説明する。「自分たちのものごとを抽象する空想力が生み出した架空の存在に、自然のかの諸力、属性、発顕を帰属させた」。だがそれに背く者がいる。

> 神の観念は、人間理性と正義の放棄を意味する。それは人間の自由のもっとも決定的な否定であり、理論的にも実践的にも必然的に人間の隷属状態へと到達する。［…］
> 神が存在するなら、人間は奴隷である。しかるに人間は自由であることができ、またあらねばならない。それゆえ、神は存在しない。
> 誰であれ、この循環から出られはしないだろう。だから、今こそ選択せねばならない。［…］
> どれほど、そしてどのように宗教が人々を愚かにし、危険に曝したかを思い出す必要があるだろうか。宗

教は人間解放の中心的な手段である理性を人々のなかで圧殺し、人々を隷属の本質的な条件である愚劣さのなかに貶めた(36)。

そしてヴォルテールの逆を主張して、こう宣言する。「本当に神が存在するのなら、神に消えてもらわなければならないだろう」。

神を懐かしむ人々

こうした本能的な無神論は、知識人のあいだでは十九世紀には広まらなかった。彼らのうちの多くは、完全に不信仰ではあったが、自分の信仰拒否に関しては、《無神論者》という言い方をわざわざ拒否するほどかなりの曖昧さを残していた。多くの者たちのあいだには神へのノスタルジーが残存していた。たとえばフェルディナン・ビュイソンは、「神を信じることは、神が存在することを信じることではない。それは、神よあれかしと願うことなのだ」と書いた。ジャン＝マリー・マユールの表現を借りれば、「非宗教的な信仰」を持った人間として、ビュイソンはキリスト教型の慈愛が支配する世界に憧れていた。他方ジョルジュ・セアーユは無神論者だったが、この点での言明を避け、「極悪人扱いされずに無神論者となり、また愚か者扱いされずに神を信じられる」ことを望んだ。マルスラン・ベルトロにも、同様の遠慮が見られた。

信仰を失った者も往々その痕跡や記憶をかなりとどめていた。まるで神の死んだことの哀しみを忘れられないかのように。この点の典型が米国の哲学者、ジョージ・サンタヤーナである。一八六三年に生まれ、サンタヤーナはハーヴァード大学での学業を終えたあと熟慮の末に信仰を捨てた。彼はある雑誌でこう書

いている。「我は汝を捨てる、わが重き荷よ。かくも愛したわが信仰の絶望的な重みにもはや耐えられない。気ままに軽い足取りでわが道をたどることにしよう」[37]。無神論者、サンタヤーナは確実にそうだった。だが、けっして神の観念から抜け出せなかった無神論者だった。たえずなんとか神をもう一度使えないものかと探し続けたものだから、マックニコル神父は彼を《宗教的無神論者》と呼んだほどだった[38]。たとえサンタヤーナにとって、神々というものが「架空のもので文字通り馬鹿げたもの」だったとしても、「神という言葉、もしわれわれがそれをまだ使えるならば、それはわれわれにとって宇宙ではなく、宇宙の善を意味するに違いない」とサンタヤーナは主張し[39]、合理的なものの探求のなかに宗教の場を拒むことをしなかった。

いちばん曖昧なケースは、おそらくはエルネスト・ルナンその人の場合であろう。ルナンは、自分がもう信じてもいない宗教との結びつきを断ち切ることができなかった。絶対的信仰を抱く気質から、ルナンは神の観念を放棄できず、神を「〔人類の〕超感性的欲求の超越的要約、理念のカテゴリー、すなわちわれわれが理念を思考する際の形相」と呼んだ。もちろん人格神は存在しなかった、だが神に捧げられた深い感情がその代わりをしていた。「科学を神の探求方法に変貌させたために、ルナンはなんらかの神観念を完全に捨て去ることができず、人類を通して超越的な本性や神の召命の観念を作り上げた」、とローディス・レタは書く[40]。

オーギュスト・コントとは逆に、ルナンは人類を宗教に祭り上げはしなかった。神にはその専門領域をとっておいたのであり、ルナンにとって神的なものは人類にとっての秘められたものだった。超自然的なもの、奇蹟を捨てはしたが、それでもルナンは超感性的なものへの信仰を持っていた。ルナンは無神論を毛嫌いしたが、彼の目には無神論は神人同形説の別形態であり、それは神を特定の形式を備えたものとし

て把握できないがゆえに神を否定するものだった。「無神論はある意味ではもっとも粗野な神人同形説である。神はこの世で人間のようなやり方で振る舞いはしないことを、無神論者は正当に理解している。それで、神は存在しないと結論するのだ」。

当初宗教学に導かれたルナンは、科学の宗教化、神秘神学、禁欲主義を試みた。ルナンには、科学が信仰運動を再生させ、道徳を基礎づけることも含めて、世界に意味をあたえるものと思えた。そのことをルナンは、一八四八年の『科学の将来』で断言しているし、一八九〇年にもそれをくり返している。「わたしの宗教、それはどんなときでも理性の進歩、つまりは科学である」。とはいえこの時期、科学をドグマに祭り上げる立場の不在によって、科学には宗教を生み出す力がないことをルナンは自覚していた。「ルナンの宗教との結びつきは複雑すぎて、曖昧とさえ見えるほどであった」とローディス・レタは正当にも結論している。[41] ルナンにあっては、断絶とノスタルジーが共存していた。《父なる神》を《夢見る可能性》と権利をルナンは自分のために、少なくとも仮定としてとっておいた。「ルナンはけっして神の死の理論家にはならないだろう」ことをローディス・レタはさらに認め、こうつけ加える。「神を肯定すること、神を否定すること、それはおそらくいずれにしても逆の態度ではない。その主張する内容において、またもの言いの冷え切った態度において対立してはいても、両者はともに同一の起源から生まれている。すなわち、内面的に引き裂かれた状態、悲劇から生まれたのである[42]」。

ルナンは、イエスに対して格別の愛情を感じていた。ルナンは、イエスを神聖視せず、イエスを人間化したが、それは驚くほどロマンチックで神秘的だった。ルナンはイエスのうちに超越的な次元を認めず、感動的なまでに友、魂の伴侶を見ていたが、それはある面では二十世紀の自由主義的なカトリックの教えを先取りするものだった。『イエスの生涯』（一八六三年）に好意的な多くの読者、合理主義者や無神論者

たちは、ルナンがまるでいやいやながら、遠慮して、自分の父親を殺したかのような感覚をもって、中途半端な仕事しかしなかったことを十分理解していた。サント＝ブーヴによれば、本書は「意見が定まらず、かといって無視できない態度未定の大衆」向けのものだった。[43] テオフィル・ゴーティエは、「神ではないが、神以上のものである、この神についての持って回った言い方」を責めた。[44] ギゾーは鋭い洞察力でこう記した。「本書全体を見渡しても、おずおずと甘えた調子で解体作業を進める様子を除けば、わたしを驚かすものは何もない。築き上げた廃墟の作り手が自分だと人から思われたくない、とルナンは望んでいる」[45]。メリメも同じ考えだった。「ルナンの『イエスの生涯』を読まれましたか。これは取るに足らないと言えばそれまでですが、それでもなかなかのものです。これは、カトリックという建物に対する強烈な斧の一撃のようなものです。著者は神を否定する自分の大胆さにおびえ、我を忘れて賛嘆と崇拝の讃歌を唱えているのです」[46]。そしてミシュレもこう記した。「ルナンは無駄な議論をしている。この本では、ルナンは信じているし、信じさせようとしている。自分は疑いを持っていると言っても無駄だ。それで人はほろりとさせられるだろうが」[47]。

信仰と不信仰のあいだに宙づりになっているルナンの曖昧さを、二つの反対陣営からルナンに向けられた辛辣な攻撃以上に見事に例証しているものはない。たとえばパトリス・ラロックのような合理主義者たちは、ルナンの臆病さを非難した。[48]『自由思想』誌は、「中途半端で、次から次へと大胆になったり、臆病になったり、まるでシーソーに乗っているように懐疑のなかを揺れ動きながら、八方美人であろうとする」優柔不断な哲学者にルナンを分類した。[49] カトリックの側からは、『イエスの生涯』のとてつもない成功によってつのらされた憤激の嵐が巻き起こった。もっとも二ヶ月のあいだに五刷、さらにただちにいくつもの翻訳が出るという成功は、カトリックの激しい非難のおかげでもあった。ルナンが生まれた聖堂区、

サン＝ブリユーでは司教が、この「向こう見ずな瀆神」、この「ばかげた考え」を罵倒すべきか、また「哀れむべき考え方であり、その貧しさは不敬よりもさらに重大である」とか「最初に生まれた子どもが自分が生まれたことをありえないとするあまりにもばかげた嘘」といった言い方を無視すべきか迷っていたが、「フランスにまたひとり無神論者が現れた、それだけのことだ[50]」、との結論にいたった。デュパンルー猊下からすれば、ルナンはもちろん無神論者だった。聖職者至上主義の立場に立った宗教刊行物は、ルナンのこの本に対してあらん限りの攻撃をばらまいた。もっとも極端で、もっとも党派的なキリスト教徒にとって、ルナンは唾棄すべきものとなった。たとえばレオン・ブロワはルナンを「腐った老いぼれの雌牛」扱いしたし、ポール・クローデルはルナンを「サタン」、「豚」、「司祭職離脱者の筆頭」扱いし、「体が真ん中から裂けて死んだ」ユダ〔使徒行伝、第一章一六―二〇節〕にたとえた。

論争を引き起こしたのは、ルナン思想の別の側面だった。ルナンが宗教的な考え方と人種のあいだにうち立てた結びつきが問題とされた。ルナンによれば、セム諸族には一神論への直感的志向があり、彼らは精神文化を用意したが、それに対してギリシア人は科学によってそれに勝る文明をもたらした。しかしセム族の宗教のなかで、ルナンはイスラム教に関しては、本能的とも言える軽蔑の念を抱いた。

古代ギリシア・ローマ神話のどうにもしようのないもつれを刃物を大胆にふるって一撃のもとに断ち切ることにより、ユダヤ人やアラブ人が人類にもたらした第一級の恩恵を忘れてしまうのは不当なことであろう。だがこの恩恵は、西洋人の卓越さのおかげで、ようやく十全たる価値を持つ、否定的な恩恵でしかない。イスラム教は、それほど良い土地に芽ばえたものではなかったので、人類にとっては有益というよりも有害である。この宗教はその無味乾燥さと嘆かわしい単純さですべてを押し殺す[51]。

宗教の将来についてのルナンの直感は、きわめて正当な判断だった。ルナンによれば、宗教はしだいに個人化される方向をたどり、「人間文明の各段階で、各人の能力に応じた信仰形式を生み出す」。もっともルナン自身が、「自分に対する主観的なモノローグにすぎない」自身固有の宗教を生み出すことによって、[52]当時の状況に先駆けていたのではないだろうか。ルナンの神秘主義の背後に、ローディス・レタは宗教的精神全体を個人の不死の観念で包み込もうとする意志を見いだした。「まさしくそれゆえに、ルナンは宗教の代用品、科学的観念論や道徳に、まるで自分自身を守る壮大な企画に対するかのように執着した。それはかの存在、いわば霊的なエロスをなんとしても手放そうとはしない精神を現していた。［…］ルナンは一度も神の死を宣言したことはなかった。そんなことをすれば、それは彼自身の自殺だったからである。その代わりに、ルナンは自分が生き延びるために信仰表明（自分自身への信仰）を保持した[53]」。それこそ、ルナンの友人テーヌがまた別の仕方で表明したことであり、テーヌはルナンを「懐疑主義が穴を開けたその場所で、今度はその穴を神秘主義でふさぐ懐疑論者」と呼んだ[54]。

信仰箇条の大混乱

ルナンは、まさしく時代の子だった。キリスト教の信仰と唯物論的無神論のあいだで引き裂かれた時代、そしてこの両極のあいだで多くの人々が妥協形態を求めながら、カトリック教会の偏狭なドグマティズムと同時に神の死を宣告する哲学者たちを拒否した時代だった。フリーメーソンの内部にあってさえ、ＧＡＤＬＵ（Grand Architecte De L'Univers：宇宙の偉大な建築家）への信仰を強く求めようとする人々と、信仰の自由を強く勧める人々とのあいだで論争が開始された。ＧＡＤＬＵへの信仰は一八七一年にベルギ

ーで、一八七七年にフランスで摘発され、不可知論と懐疑主義のおかげで衰退し、偉大な建築家はしだいにその固有な重要性を喪失し、宇宙の調和の単なるシンボルになった。十九世紀のフリーメーソンは、ピエール・シュヴァリエの言い方にならえば、「ヒューマニストな宗教」と「非宗教的な秩序」とのあいだで揺れ動いていた。だからといって、そのことはフリーメーソンが教会から敵視されることの妨げとはならなかった。一九一七年の教会法教書は、「教会または至当な公権力に対して陰謀を企むフリーメーソンへ、あるいは他の同様な組織への加入」が違法行為であり、破門の対象となることを予告し、「フリーメーソンの会員が教会との和解を求める場合には、下記のごとく行わなければならない。このセクトと縁を切り、以後会費を支払わないと約束し、できる限り醜聞を避け、大きな不都合なしにそれができるのであればすぐさま自分の名前を抹消登録できるようにすることである」[55]。この禁止条項は、一九八五年にも継続された。ただし、フリーメーソンが共産主義体制下のロシア（一九一七年）でも、またヒットラー体制下のドイツ（一九三五年）でも同じように禁止されたことは、ここに記しておこう。

宗教問題を前にした十九世紀の逡巡は、本質的にはカトリック教会に抗してなされたものであり、またロマン主義の精神によって展開された多様な精神性に有益なものでもあった。たとえばラムネー主義運動のように情け容赦もなく締め出されもしたが、体制のなかからも自由思想の潮流が生まれた。テオドール・ジョフロワは「いかに教義は終焉するか」と題した『グローブ』誌の原稿で、自由検討の精神は不可避的に信仰批判に逢着すると書いた。ある人々が試みたのはキリスト教精神を拡大し、原初的な啓示という観念をあらゆる宗教に共通する基礎であると説明することだった。マレ神父の場合がそのケースであり、さらにフレデリック・オザナンは一八三一年にこう記す。「保証できると思うのは、恩寵が存在すること、そしてこの恩寵は六千年にわたって理性的被造物、人間を見捨てはしなかったということである。［…］

原初的で、起源は古代にさかのぼり、本質的に神のものであり、またそのことからして本質的に真である宗教が存在する」[56]。

別の者はさらに遠くまで進んだ。一七九九年以来、シュライエルマッハーは宗教を単なる感情に還元して、「宗教は思想でも、行動でもなく、まったく直感的なもの、感情である」と述べた。宗教は、神の作用としての宇宙の内的表象、精神状態、われわれが無限と一体であることの意識であるとされた[57]。しだいに狭苦しくなるカトリックの枠のなかで息を潜めていたスウェーデンボリの伝統にならって、『神話の書』を書いたバルザックから、個々の宗教よりも普遍的宗教の優越性を説いたユゴーまで、著名なロマン主義の作家たちがカトリックの枠から飛び出して開かれた信仰を求めようとしたのも、まさしくこうした精神によってだった。ユゴーは一八六二年、『レ・ミゼラブル』の《哲学的序文》でこう書いた。「本書の著者は、ここで信仰の自由の権利を述べているが、現下支配的なあらゆる宗教とは異質である。また同時にそうした宗教の誤謬と闘い、その神的な面とは逆のものである人間的側面を危惧しながらも、そうした宗教をすべて認め、すべてに尊敬を払う」。

この基本を定めたテキストに続いて、ヴィクトル・ユゴーはその天分によって、相対立するものの統一を見いだし、宇宙的な霊性のただなかで信仰と無神論者との隔たりを消失させた。

深淵、深淵そしてまた深淵。それが世界だ。さてそれではわたしにどうしろと言うのだろうか。そこにあるは、この途方もなさだ。そこに驚くべき断崖絶壁がある。そしてわけも分からずにわたしはそこに落ち、分かったとしてもそこに崩れ落ちる。そうだ、分かっているのだ。わたしは理解不能なものを垣間見る。わたしはそれを感じる。それはなおさら恐ろしいものだ。なんの痕跡もなしに無限が人間の大脳に影響を及ぼしうる、

と思い込んではいけない。信仰を抱く者と無神論者のあいだには、浮き彫りになった刻印と空疎な刻印の違いより他に違いがあるわけではない。否定するとは、結局のところ肯定の苛立った形式である。裂け目が壁の存在を証明する。いずれにせよ、否定することは破壊することではない。無神論が無限なものにつけた裂け目は、爆弾が海に落としてつけた傷のようなものだ。すべてがまた閉ざされて、続いていく。内にあるものは変わることなく存続する。

こうしたロマン主義的神智学は、否定的精神とベーメ流の反合理主義に類似している。この立場は、十八世紀の主知主義に反発して、人間精神が世界の意味の全体の主人となることは不可能であることを思い起こさせた。それはむき出しの状態にある神を探求するものだったが、この神は虚無に隣り合わせていた。過去のあらゆる主題が混ざり合った混沌とした思想であり、そこではスピノザまでもが有神論の陣営に大回帰していた。すでに十八世紀末から、ゲーテはスピノザに魅惑され、彼をキリスト教に取り込んでいた。「スピノザは神の存在を証明しているのではない。存在とは神なのだ。そのことを理由にして他の者たちがスピノザを無神論者ノ徒(*atheus*)扱いしたとしても、わたしは彼をキワメテ稀ナ有神論者(*theissimus*)、キワメテ稀ナキリスト教徒(*christianissimus*)とみる」[58]。レッシング、ヘルダー、シュテフェンス、シェリングらは全員が力を合わせてスピノザをロマン主義精神に合体させたが、それはきわめて折衷主義的なもので、そのために彼らは汎神論、唯物論、無神論のレッテルを貼られた。とくにマレ神父は一八四〇年に『近代社会における汎神論試論』でこう記した。「神と世界の混交、宇宙の聖化、有限と無限の同一視、実体の単一性、それこそわれわれがこの時代を難詰する大いなる錯誤である」[59]。本書のおかげでマレ神父は神学部のポストを手に入れたのだが、他方でヴィクトール・クーザンに反撃された。ク

ーザンは、汎神論と無神論の同一視は完全に受け容れたのだが、マレ神父の立場を支持することには抵抗を示した。「それにしても、わたしの友人たちやわたしが世界と神を混同しているなどと、いったい誰に信じ込ませるつもりなのだろうか。汎神論とは何か。よく言われるように、偽装した無神論ではない。そうではなくて、はっきりとした無神論なのだ。［…］しかも人がそうした教義の責任をとらせようとするのは、わたしたちに対してなのだ[60]」。

こうして、ロマン主義は舞台を好き勝手にごちゃまぜにした。信仰を持つ者とは誰なのか。信仰を持たない者とは誰なのか。ユゴーによればそこにはほとんど違いはないのだから、カトリックの聖職者の目からすれば寄せ集めができあがるのは瞬く間のことだった。「神に関して、その告発者が前提とする神の観念とは異なる観念を表明する者は、無神論者として扱われる[61]」。ところが、ロマン主義はキリスト教に関する考えをはるかに拡大してしまった。そのために、ジョルジュ・ギュスドルフはこう記している。「信仰の自由、新しい時代の獲得物はもはや問題とはされなかった。無神論に対する非難は遅まきの闘いの一部にすぎず、なんの希望もなかった。新しい状況の兆候ないしシンボルとして、この非難は精神の激変を明らかにした。関心はもはやこの非難の妥当性に向けられるのではなく、その意味するもの、ロマン主義の意識のなかで人間と神との関係がどう表されるかに向けられた[62]」。

事態は、新しい用語を作り出さなければならなくなるほど混乱していた。汎神論は、実際いくつもの解釈を受け容れ可能だった。一七〇五年に登場したこの新語は、ラランドによれば、「それに従えばすべてが神であり、神と世界は一体であるとする学説」を指し示した。はじめのケースでは、実在するのは世界であり、神は存在するもののすべての総体、唯物論や無神論の一元論に近い一個の抽象だった。第二のケースでは、実在するのは神であり、世界は永続的な実在を持つことのないただのひとかたまりの表象にすぎ

なかった。これが、スピノザ主義の意味するところだった。曖昧さを避けるため、クラウスは一八二八年に『哲学体系』で、《万有在神論》を話題とした。「世界は、神という無限存在の内部の有限な構成物である。[…] 世界は神のうちにある。しかし、神は世界以上のものである」。一八四九年には『プシケー』で、カール・グスタフ・カルスが《在神論》をとりあげた。つまり、われわれは神のうちにあることを感じるが、われわれは自分を神と同一視することはできない、というものだった。

ロマン主義者たちは、宗教的感情を抱いてはいたが、教会の硬直化した教義に飲み込まれることは拒否した。「伝統的な教派の領域の外部へのこうした移行は、西欧世界の将来にとってのもっとも重要な事実となる」、とジョルジュ・ギュスドルフは指摘した[63]。神学は十八世紀にすでにひどく衰退していて、それをギュスドルフは「神学の安楽死」とまで言ったが、十九世紀には完全に動きを止めてしまった。したがって宗教的な生命力は既成の構造の枠の外で自らを表し、ときにはそれに信仰をさらに神聖なものにしようとする意思がつきまとった。たとえばハイデルベルク大学教授、フリードリヒ・クロイツァーによれば、すべての宗教は、原初に神から人間にあたえられた同一の真理にあずかる。それはまた、ピエール＝シモン・バランシュ（一七七六―一八四七）が信じたことだった。

ヤコービはルター派の教育を受けたが、やはり宗教の古さは人間のそれに等しいと信じていた。ヤコービによれば、宗教は自然な衝動であって、無神論が登場するのはただずっと後の、反省的思惟を経てのことだった。神がご自身をわれわれにお伝えになるのは、啓示と信仰によってである。「信仰、それは科学と人間の有限な精神に内在する神慮の闇である。もしわれわれがこの信仰を科学に変えてしまうとしたら、それこそ淫らな欲望を抱いたエヴァにした蛇の約束が成就することになろうし、われわれは神のごときものになろう」[64]。ヤコービによれば、ロマン主義者たちとは反対に、スピノザ主義は紛れもなく無神論であ

り、その理由はといえば、スピノザの神は自覚と位格に欠けるからだった。

いくつもの新しい教会

革命のトラウマによってその場に釘付けになったキリスト教の無能ぶりを前にして、いくつもの思潮がそれに取って代わることを主張し、ある者たちは、自分たちこそが本物の教会だとさえ思い込んだ。彼らの宗教は現実には人類教であり、相当に曖昧な無神論だったが、まことにキリスト教への憂愁に満ちていた。たとえば、サン゠シモン主義者たちは摂理と使命を信じ、彼らが崇めた神は人間と一体化した神だった。

> われわれが奉じる神、それは高潔な行いを伝える物語を耳にし、すばらしい献身行為を目の当たりにする際に、あるいは苦しみ、あなたがたの支えを求める幾人かの人々を目にしたときにこころのなかで感じるものなのだ。つまりこの神は、全人類、つまり神を愛し、また神をそのもっとも美しい姿で人類のうちにとらえて愛した人々からの祝福によってたえず報われた神なのである。(65)

サン゠シモンによれば、本物の科学は宗教のうちに根づく。「完璧に無神論者になるならば、[…]否定の名辞のほうが、肯定の名辞よりも無神論者にはいっそうふさわしい」、とサン゠シモンは言う。

エドガー・キネーもやはり、信仰と不信仰のあいだの新たな戦線上で動き回っていた。革命が生み出した諸々の価値を手立てとして教会を蘇生させてしまい、フランス革命がカトリックか反軽信主義かという二者択一に終止符を打てなかったことを、キネーは残念に思った。『キリスト教とフランス革命』や『十

九世紀の宗教革命』で、キネーは何度もこのことをくり返した。人間には、その心底に不死への欲求があり、そのことが教会に力をあたえるのであり、教会こそがその欲求を補ってくれるのだ。

策略や慣れがそれだけでローマ教会に力をあたえるわけではない。ローマ教会の力、それは不道徳へのあらがい難い誘惑であり、それこそ宗教が永遠に再生することの絶えざる源泉なのだ。教会は独力で、世俗世界のただなかで、聖墓以外で人間精神の発達の古代からの形式を聖別した。(66)

そうした不死への欲望が根絶やしにされないために、キネーはサヴォアの助任司祭がとったのと同様の解決法に手を挙げたようであり、「民主主義的・預言者的唯心論」(67)を自分の立場としたが、キネーはそれをキリスト教の正統的完成態であると表明した。実際、キネーの理想には超越的なものは何もなかった。それは、単に道徳的で社会的な意味しかなかった。「わたしとしては、フランス全体がジュー・ド・ポムで誓った日を聖別することを望む」、とキネーは記した。(68)なるほど、ロマン主義者のあいだでは、無神論者はきわめて柔軟だった。

ミシュレは、そのもう一人の証人である。ミシュレもフランス革命をこう定義した。「神は一七九〇年には目に見えるものだった」。ミシュレによれば、「フランスが神抜きで存在したと主張することは、とてつもない瀆神行為である」。なぜなら、神は革命の偉大な日々に自らを顕現していたからだ。フランス革命は結果的にはどのような教会も採用することはできなかったが、その理由は「革命が教会そのものだったからであり、愛餐また聖体拝領として、一七九〇年に比肩しうるものは何もないから」だった。

無神論という宗教をうち立てようとする逆説は、オーギュスト・コントとともにその頂点に達する。人

間性に依拠するこの宗教の父は、人間性をその賛同者とは違ったふうに考えた。つまり、人間性とは「偉大な存在」、「新たなる至高存在」であり、それに値する個々人のみがこの存在と一体となることができる。「この宗教は、神を拒絶するが、祈り、祭式、教理問答、秘蹟といったその道具立ては保持する。そして新たな三位一体、人類、天、大地（言い方を変えれば、偉大なる存在、偉大なる物神、偉大なる世界）を叙任する。この宗教は女性の崇拝を展開し、それは聖母マリア信仰の形でその絶頂にいたる」。そうポール・ベニシューは書いた。(69)

アルフォンス＝ルイ・コンスタン神父の秘教的な思弁を例にあげよう。神父はエリファス・レヴィのペンネームで、救済におけるきわめて重要な役割を女性にあたえた。さらにシャルル・フーリエ、ピエール・ルルー、フローラ・トリスタンがいる。「奇蹟をもたらし、万事を導き、予見する神を信じないとしたら、人は恐怖するだろう」、トリスタンはそう記した。わたしたちがここに見いだすのは、おそらくは十九世紀に極端なまでに開花した無神論的宗教に関する本質的な説明であろう。フランス革命後のキリスト教の衰退は空白を生み出した。だがこの空白のために、おのれの目の前に口を開いた無に直面して、途方に暮れ、不安におびえる多くの新たな不信仰者が置き去りにされた。純粋な無神論にはまだ多くの者が怖れを抱いたし、むしろずたずたになったキリスト教の断片でもって、代用となる教義をしつらえようとした。こうした傾向は全ヨーロッパ規模で広がり、ロシアまで及んで、ロシアではイリュミニスム〔天啓説〕や無神論のさまざまなヴァリエーションが生まれた。(70)その例がたとえば、ヴィッサリオン・グリゴーリエヴィッチ・ベリンスキー（一八一〇―一八四八）だった。

古い体質の教会に失望した人々は、信仰を失い、安心できる場所を求めた。たとえばイポリット・カルノは、まるで代用宗教に入信するかのようにサン＝シモン主義に加わった。「わたしは、信仰に関する懐

疑の段階、いやむしろ絶対的な否定の段階を通り過ぎてきたばかりだ」と告白した。フィリップ・ド・セギュール（一七五三―一八三二）が指摘したのは、こうした若者たちが抱えた矛盾である。彼らは迷信という偏見から自分を解放するのだと信じたが、たちまちのうちに常軌を逸脱した信仰、イリュミニスム、そしてそれよりもさらに質の悪い迷信にとらわれた。

この時代の特異さとはまさしく次の点にあった。不信仰が流行となり、あらゆる結びつきは鉄鎖とみなされ、哲学はあらゆる古くからの信仰とあらゆる古くからの慣習を偏見扱いし、若者と新参者の賢者の大多数のうちある者は照明派の奇癖、スウェーデンボリやサン＝マルタンの説に、あるいは人間と天界の精霊との交信に熱中した。ところが他の多くの者たちは、メスメルの木桶のまわりに陣取り、催眠術の効能を信じ、催眠状態での啓示の不可謬性を当たり前のことと思い、自分たちが熱中する魔法のバケツと、自分たちがおおいに軽蔑するパリの痙攣派の奇蹟の墓とのあいだにある関係を疑いさえもしなかった、といったことである。(71)

地方の庶民レベルでは、フランス革命は結果的に、旧体制下の聖職者からとにもかくにも抑圧された自然発生的な宗教性の復活を引き起こした。聖堂区ネットワークの崩壊、司祭の不足、聖職者の影響力の低下がつけとして支払ったのは、トリエント公会議以降の洗練され、合理化された宗教の裂け目を縫い、まるで道路の敷石の間から芽生える雑草のような、異教的＝キリスト教的迷信の再生だった。エルネスト・ルナンはそのことを自分の生地トレギエにおいて見事に描き出し、どんな具合に聖職者が、正式には認可されていない古い聖人への礼拝を容認しなければならなかったかを示した。

圧力を受けて、教会ははじめは後退するよりなかったが、信徒を大量に失いたくなければ、あらためて

いくつかの形式の土着宗教を受け入れ、しかも疑問の余地ありと判断された勤行さえ同化し、再利用し、容認した。このような形で土着宗教を取り入れることは、新しい司祭たちの大部分が庶民出であり、民衆の感覚を知っていただけに容易だった。こうして、一八〇〇年代から一八六〇年代にかけて、礼拝行進、巡礼、活気に溢れたミサの執行、聖体降福式、信心会、奇蹟の出現の数が増す様子が見られたが、それは教皇権至上主義の信仰心がさらに燃え上がるそのぎりぎりの範囲においてだった。

きわめて親密なこうした民衆的要素との結びつきには、しかしながら二重の不都合があった。このやり方は、そうした幼稚さを軽蔑した知的・社会的エリートをさらに遠ざけることになったし、また民衆の棄教を先延ばしにしただけだった。実際、ジェラール・ショルヴィーが示したように[72]、ある種の停滞が一八六〇年代から一八八〇年代にかけて起こった。度を超した儀式、聖務の過度の壮麗さや長々しさ、大衆向け版画がますますとってつけたような甘美さを増すこと、祈禱や讃歌は教会の女性化をつのらせ、しだいに男性を教会から追い払った。新たな文化（スポーツ、ダンス、自転車、ラジオ）、個人主義の台頭、農村人口の都市への大量流出によるデラシネの増大、非宗教的歳事の拡大、料金に応じたさまざまなサービスが設けられた、秘蹟授与に関する階級間の差異のいっそうの顕在化、道徳次元ではいかなる譲歩をも拒絶する厳格主義、こうした多くの要素が教会に向けられた手厳しい批判の種となった。

とはいえ民衆の大規模な離反が起きるのは、次の世紀においてである。さしあたっては、教会は何にもまして無神論の哲学的総合の展開にかかずらわなければならなかった。無神論者たちは公然と神の死を主張していたのである。

第十七章

体系的な無神論あるいは神の死のイデオロギー

不信仰がさまざまな形で手探りしながら西欧社会で前進する一方で、数多くの知識人が、啓蒙の哲学が手つかずに残した問題を新たに取り上げて、新しい時代に即応した思想体系を練り上げた。神々の黄昏を事実として承認し、彼らはその事実を理論として打ち立てた。その体系は、彼らの考えによれば、誰からも死亡が認められた神をめぐって打ち立てられたがゆえにいまや考古学的骨董品のひとつに格下げされてしまった、過ぎし日の神学に取って代わるべきものだった。

無神論思想のこうした自信は、十九世紀の重要な指標のひとつだった。依然としてその振る舞いのうちにはためらいが多く見られるにしても、理論的無神論は前面に出て、ある人々から見れば早熟とも見られるやり方で、神なしで生きることに慣れる必要がある新たな世界観を作り上げた。

この世界観は多様だった。そもそもの始めから、この多様性が念頭に置かれた。人間は、神に関して分裂していたのだから、神の不在に関してもまったく同様に分裂するのだった。手始めがアプローチの多様性であり、それは教育や気質に応じていた。無神論は、哲学、歴史学、人類学、生物学、社会学、心理学、

やがては精神分析学といった角度から考察された。それに次ぐのが、取り組み方の多様性だった。自信に満ち、勝ち誇ったヘーゲルやマルクスの無神論から、ショーペンハウアーの悲観主義的で絶望的な無神論があり、その途上にはニーチェの主意主義的な無神論があった。

これらの体系は共通項として、包括的な世界観を抱き、神の不在との関わりで事柄に説明をあたえ、それを再構成することを課題とした。実際、この不在はただ認識ばかりでなく、行動をも転換した。はたして人は、神が存在するときと同じような仕方で、神が存在しないときも生きられるのだろうか？　これらの体系は新しい道徳、新しい社会関係を仕立て上げた。そうした体系は、それゆえにイデオロギーの担い手だった。

ヘーゲルの合理主義とその観念論的後継

無神論の最初の偉大な体系は、十九世紀を開き、啓蒙との橋渡しをしたヘーゲルの体系だった。それは、存在の諸側面の全体の包括を試みる壮大な体系だった。ヘーゲルのアプローチは、当然のことながら、哲学的だった。この学問は実際、無神論の体系を作り上げる点では、断然他に先駆けていた。そして十八世紀に先駆者たちが依拠したのも、まさしく哲学だった。

そうはいっても、啓蒙の無神論の延長であるどころか、ヘーゲルはそれには批判を抱いた。その立場はドルバック男爵の立場とは完全に異なっていた。ドルバックは宗教という次元に単なる感情、教育の結果である内的な確信を見ていた。

神の存在について神学があたえると称する証明を拒むやいなや、人はこの存在を否定する議論に対して、

内的な感覚、心の底で確信していること、どうしようもなくそうなってしまうことなどを引き合いに出して対抗する。それは、すべての人間の内に秘められており、また自分の精神から完全に追い払えず、他人が持ち出すもっとも強力な理屈を差し措いてでもそれを認めざるをえないような、全能の存在の観念を否が応でもまざまざと思い起こさせる[1]。

ドルバックの『良識について』のこの一節に対抗して、宗教のさらにいっそう内容豊かな考え方をヘーゲルは提出した。宗教とは、ヘーゲルによれば、人間意識の根本的な前提だった。

> いかなる宗教も持たず、宗教を知らず、宗教についてなんの観念も持たないほど、堕落し、途を失い、哀れな人間など実際にはひとりもいない。そういう者がいたとしても、それは宗教を怖れているためであり、少なくとも宗教についての欲求や憎しみを抱いているためでしかない。人間は人であって動物ではないのだから、宗教は人間にとって感情とか未知の直感などではない[2]。

ヘーゲルによれば、無神論者である哲学者などかつて一度もいたことはなかった。無神論とはどんな場合でも神に関する新たな思想、神の概念のあらゆる深化に向けられた非難だったし、ドルバックの攻撃もその例外ではなかった。この攻撃は、宗教の堕落態、すなわち旧体制下のローマ・カトリック教会にのみ向けられていたにすぎない。キリスト教は、依然として「その周囲を世界史が回る基軸」である[3]。

ヘーゲルの体系は無神論なのだろうか。解説者たちは、すでにこれまでほとんど二世紀にもわたって、この問題について長い論評をくわえてきた。本人の主張を信じるならば、ヘーゲル以上に宗教的な精神の

持ち主はおらず、彼は神の観念を自分の探求の中心に据え、熱のこもった讃辞をキリスト教に呈したのであるから、《無神論者》などという呼び方はどんなときでも憤りをもって突っ返した。しかしそれではどうしてヘーゲルの精神的後継者たちは誰もが無神論者となったのだろうか。ブルーノ・バウアーは、示唆的なタイトル、『無神論者ヘーゲルと反キリストに関する最後の審判を告げるトランペット』を掲げた一八四一年の匿名文書で、その答えをあたえてくれた。バウアーによれば、ヘーゲルの哲学は人を欺くものである。《人間の尊厳とキリスト教性》の外見のもとで、この哲学は一個の巨大な汎神論であるにすぎないその体系を手だてとして、宗教を哲学に解消する。教義を合理化することによって、ヘーゲルはそれを破壊するのだ。さらに、《神は存在するか》との問いはヘーゲルにとって、答えが明白すぎてほとんど意味をなさなかった。神、それは絶対者であり、歴史のうちに実現されている。しかもこの神は超越者ではなく、有限者のうちにあり、理念であり、有限者にとっての全であり、それは「世界なしには神ではなくなる神」[4]である。

理念は、キリスト教の諸側面を保持しながらも、哲学と宗教を和解させる。だがそれが果たされるのは、ただそうした側面が哲学の語彙のうちに置き換えられたときである。たとえば、キリストの受肉は自己自身を意識する理念の受肉となり、そこからこう主張される。

> この神は、自我として、実在の個別的人間として感官により知覚される。ただこうすることによってのみ、神は自己を意識する。神の本質のこうした受肉、あるいはさらにそれが本質的・直接的に自我の意識形態であるという事実が、まったくもって絶対的宗教の内実なのである。[5]

この受肉した神は、弁証法的な過程を経て、《思弁的な聖金曜日》に十字架の上で死に、《至高の絶対性》において復活する。こうして中核となる秘儀も含めて、キリスト教のあらゆる内容に合理的な説明を加えることによって、ヘーゲルはキリスト教の超越性を破壊し、それを単に論理過程にしてしまう。宗教的意識は、哲学的意識の下位におかれ、教義は神話、意識の不完全な現実態となり、純粋な概念のみがそれを説明できる。キリスト教は真理を語るが、不完全な仕方でしかなく、唯一哲学のみがその正確な内容を指し示すことができる。つまり、信徒は信じ、哲学者はそれを知とするのである。

キリスト教の信仰のすべての内容をひとつの哲学的な総合にまるごと移し入れることによって、この信仰を保持しようとする意志において、ヘーゲルはまさしく宗教的な世界から無神論的な世界への転換点に位置することになる。年代史的にもまた論理的にも、ヘーゲルは転換期の人間だった。宗教の内実を同化して、ヘーゲルはそれを世俗化した体系として再構成した。ヘーゲルを通じて、宗教的信仰は無神論的イデオロギーへと転移する。

哲学の分野におけるヘーゲルの直接の後継者たちのなかで、ベルトランド・スパヴェンタ（一八一七―八三）は、無神論への徐々にではあっても避けようのないこうした変化の完璧な体現者だった。スパヴェンタとともに、キリスト教はもはや思想を展開するうえでの障害のひとつでしかなくなった。絶対者の表象の神秘的形式としてのキリスト教は、哲学のために追放され、道を明け渡さなければならない。古い超越者としての神は死に、単に人間的事象の理念にすぎない内在的な神に席を譲るのである。実際の宗教がつねに粗野な人間にふさわしいものであるとしたら、合理化された宗教は完璧な人間にふさわしい。スパヴェンタは、統一をめぐる争いで沸き立つイタリアの反聖職者主義的な雰囲気のもとで仕事をし、一八四九年には司祭の身分を捨てて自分の思想を実行に移した。(6)

スパヴェンタの同時代人、アウグスト・ヴェラ（一八一三―八五）はさらにヘーゲルに忠実であり、宗教と哲学のバランスをなおいっそう維持した。両者はともに相異なる形式のもとで絶対精神を表明しているが、もっとも完全な表明は、哲学のそれである。ヘーゲル主義は、十九世紀から二十世紀初頭にかけてイタリアでマツォーニ、パセリーニ、コレッキ、クザーニ、アッジェーロ、ガッテイ、マトゥーリらによって観念論という形で大きな成功を収めたが、彼らは内在的汎神論の側面を強調した。

ジョヴァンニ・ジェンティーレ（一八七五―一九四四）とともに、宗教の暫定的な性格はいっそうはっきりしたものとなる。宗教は哲学の営みのうちに解消されなければならず、哲学が宗教を凌駕する。政治家として、ジェンティーレは一九二三年の改革により、宗教教育を哲学教育の下位に位置づけ、国家に関する非宗教的な考え方を奨励することによって、この考えを実行に移した。ジェンティーレによれば、神は思想と一体化することしかできず、完全に内在的な存在であって、神は存在と思考の同一性の現れであった。

ベネデット・クローチェ（一八六六―一九五二）は、単なる神話へと同化された宗教思想にはいっそう反抗的だった。ジャンフランコ・モーラによれば、このスパヴェンタの甥は宗教に対してまったく《耳を貸すことがなかった》(7)。ピエロ・マルティネッティ（一八七二―一九四三）は、仮に神により重要性を認めるとしても、合理主義哲学にのっとって神を非人格的で抽象的な存在としてしか考えなかった。パンタレオ・カラベレーゼ（一八七七―一九四八）について言えば、内在主義的な汎神論を極限まで推し進めて、こう主張した。「神の問題とは、神の存在に関わる問題ではなく、神の本質に関わる問題である。なぜなら、神は純粋な客体として現存するものすべての原理を構成するが、それはもっぱら神が存在しないからではなく、神が構成するからである(8)」。

ヘーゲルの観念論はしたがって、汎神論的無神論の源泉として、一八六〇年から七〇年にかけて生まれた哲学者たちの一世代を特徴づけるものとなる。またフランスにとっても、それはやはり真実だった。レオン・ブランシュヴィック（一八六九―一九四四）がその例で、ブランシュヴィックによれば、実定宗教のフェティッシュ神は、すでに過去のものとなっていた。あらゆる現実性は意識という単位の内部に見いだされるのであるから、神の存在証明にはなんの価値もない。唯一真実な宗教とは、合理的人間にとっての宗教であり、この人間にとって神は内的な精神だった。ドミニック・パローディ（一八七〇―一九五五）の視点からすれば、神に関する伝統的な考え方は粗野な神人同型説だった。つまり、超越的でこの世界とは区別された神とは幻想だということになる。ジュール・ラニョー（一八五一―一八九四）が神に言及するのは、単にそれによって善と真理の精神的理念が理解されるからである。この立場はアラン（一八六八―一九五一）に引き継がれた。イギリス海峡の向こう側では、フランソワ・ブラッドリー（一八四六―一九二四）が、非人格的な実在にして、内在的であると同時に超越的である絶対者について語るのを好んだが、その一方ジョン・マクタガート（一八六六―一九二五）や他のアングロサクソン系の哲学者たちは、自然と歴史のうちに内在する絶対者である神とともに、ヘーゲルの線をまっすぐ進んだ。もっとも、ウィリアム・ホッキング（一八七三―一九六六）はその線を越えて有神論に戻ってしまったが。(9)

フォイエルバッハと人間学的無神論

ヘーゲルの観念論的末裔のことを《右派》と呼び、彼らについては自らを無神論者とは認めなかった人々だと言うことができたとしても、哲学ではなく人間学に立脚する《左派》についてはまた事情が違ってくる。そのもっとも傑出した代表は、ルートヴィヒ・フォイエルバッハ（一八〇四―一八七二）であり、

その知的道程は次のように定義される。「神がわたしの最初の思想であり、理性がその第二、そして第三のまた最後の思想が人間だった」。プロテスタンティズムのなかで育ち、一八二三年からは牧師になるつもりでハイデルベルクで神学を学んだ。一八二五年には、哲学に魅了され、ヘーゲルの講義を受けるためにベルリンにやって来た。それが啓示となった。フォイエルバッハの使命は突然変わる。「自分が何をしなければならないか、そして自分が何を望んでいるかをわたしは知った。神学ではなく、哲学だ！　たわごとも言わず、放縦に堕することもなく、学ぶのだ！　信じるのではなく、考えるのだ！」[10]。フォイエルバッハの哲学博士論文は一八二八年に審査されたが、その内容は『統一的・普遍的・無限的理性について』とのタイトルで有名となった。フォイエルバッハはしばらく教職についたあと一八三六年には引退し、フォイエルバッハの名を長く轟かせることになる著作、『キリスト教の本質』（一八四一年）を執筆する。アプローチは人間学によるものだった。「人間学は、神学の秘儀である」、フォイエルバッハは序文でそう断言する。[11]したがって、ヘーゲル的な議論の展開は逆転された。絶対者のうちに包摂されるのはもはや人間精神なのではなく、絶対者が人間の自己意識に還元されることになる。

神の意識とは人間の自己意識であり、神の認識とは人間の自己認識である。神から発してあなたは人間を知り、逆に人間から発して神を知る。両者は一体のものである。人間にとって神であるもの、それは人間の精神、人間の魂、人間の心情であり、それが人間の神なのだ。神は人間の内面性があらわになったものであり、人間の自己が言い表されたものである。宗教とは、人間の秘められた宝物の厳粛なる開示、人間のもっとも内奥の思想の表明、人間の愛の秘密の公然たる告白である。［…］

あなたは、まるでひとつの神の性質に対するかのように、愛を信じる。なぜなら、あなた自身が愛してい

るからだ。あなたは、神が賢く善良であると信じる。なぜなら、善良さと知性以上に優れたものをあなたはあなた自身のなかに何も知らないからだ。あなたは神がいると信じ、したがって実体、人格あるいはその他どのように定義されようとも、実存するものは存在であるから、神は主体であり、存在であると信じる。なぜなら、あなた自身がいるからであり、あなた自身がひとつの存在だからだ(12)。

神を客体化するために、人間は自分の固有の属性をはぎ取り、この上位の存在にそれを帰属させる。これが疎外のプロセスである。人間は貧しくなり、結果神が豊かになる。人間は自らを卑下し、結果神が愛される。

神を富ませるためには人間は貧しくならねばならない。神が全であるためには人間は無でなければならない。だが人間は、自分自身にとって何ものかである必要はない。というのも人間が自分自身から取り去るものは、神のなかで消え去るのではなく、そこに保存されるからである。人間はその固有の本質を神のなかに持っている。それではどのようにして人間は自分の本質を即自かつ対自的に所有するのだろうか。〔…〕人間が自己から取り去るもの、人間が自分では持っていないもの、それを人間は比較を絶する高尚さと豊かの極みにおいて神のなかでのみ享受する(13)。

神は人間の投影であり、人間が外在化し、対象化する人間の固有の本質である。人間は己自身を切り刻み、無限なる神をしつらえる。「無限の意識とは、意識の無限性の意識に他ならない」。神を完全なものとすることによって、人間は神の人格の固有な自立を賞賛し、同時に神を形作るあらゆる特徴に無限な広が

りを付与する。

宗教は、人間の己自身との分裂である。人間は、自らの前に自己に対立する存在者としての神を定立する。神とは人間でないものであり、人間とは神でないものである。神は無限な存在であり、人間は有限な存在である。神は完全な存在であり、人間は不完全な存在である。神は永遠な存在であり、人間は一時的な存在である。神は全能であり、人間は非力である。神は聖潔であり、人間は罪深い。神と人間は両極である。神は端的に肯定的なもの、あらゆる実在性の総体であり、人間は端的に否定的なもの、あらゆる虚無性の総体である。(14)

神のうちに、人間はその固有の徳を称えるのであるが、宗教は「人間の自己自身との関係、あるいはさらに正確に言うならば自らの存在との関係の表出である。しかしそれは、自己とは別の存在として表象される自己の存在との関係の表出なのである。そしてこの存在は、そのために人間が自分を完全に捨て去ってしまう架空の存在である。「わたしが神のことを考えず、神を信じないならば、わたしにとって神は存在しない。神が存在するのはしたがって、神が思考の対象となり、信仰の対象となる限りにおいてである。[…]それゆえ神の存在は感性的存在と思惟的存在との媒介、矛盾に満ちた媒介である。[…]唯一想像力のみが無神論から守護してくれる」。キリスト教は、受肉を説くことによって、さらに真理をも再現する。つまり、神とは人間であり、人間は人間にとっての一個の神である。宗教は人間が自ら自覚するための不可欠な段階である。宗教は人間に人間の本質を開示する。しかしこの段階は超えられなければならず、また人間は自らの本質を取り返さなければならない。

宗教は自らの内実に関わる人間本性を意識しない。むしろ宗教は人間的なものに対立し、あるいは少なくとも自分の内実が人間的であることを認めようとはしない。歴史の転換点はしたがって、神の意識が類の意識に他ならないことを告白すること、そしてそのことを公的に認めることである[15]。

まさしくこの点において、無神論の概念が介入する。そして驚くべきことに、フォイエルバッハにとっては、人間が自らの本性を取り戻すこと、すなわち人間の疎外に終止符を打ち、神の神話的人物像の誇張を暴き出すことであったが、それは、無神論の正反対だった。なぜなら、人間はついに真の神、すなわち、自らの本性をふたたび所有するにいたった人類を賞賛できるようになるからだった。真の無神論者とは、神を信じていると口にする現代のキリスト教徒なのであり、まさしくあたかも神が存在していないかのように生きる者のことである、そうフォイエルバッハは記す。もはや事実上善も、正義も、愛も、つまりは神を定義するものすべてを信じていないキリスト教徒、もはや奇蹟ではなく技術を信じ、祈りよりも生命保険を信じるキリスト教徒がそれであり、貧困を目の前にしてもはや祈りではなく福祉国家にすがるキリスト教徒がそれである。「国家とは、宗教的信仰の実践的反駁である。今日では、信仰を持つ者もただ人間にしか助力を求めない。人間は《神のご加護》で満足するが、それにはあらゆるものがつけ加えられなければならない。だが、《神のご加護》はその背後に信仰を装う不信仰が自らの実践的無神論を覆い隠す煙幕にすぎない」。キリスト教はもはや名称でしかない。

キリスト教はずっと以前から、ただ理性からばかりでなく、人々の暮らしからも消え去っている。キリスト教はもはや固定観念に他ならず、今日の火災保険、生命保険、鉄道、機関車、絵画陳列館、彫刻陳列館、士

官学校、工業学校、劇場、自然誌博物館との、もっとも激しい矛盾のうちにある。
この死せる宗教に決着をつけること、それは無神論を証拠立てることだろうか。実際にはフォイエルバッハは、実践的無神論、神の述語のうちに生きながら神の述語を否定することと、理論的無神論、外在的な神の存在を否定するが、神の諸属性を自らのうちに所有し、内に秘めた人類の宗教を奉ずることを対立させた。キリスト教徒は実践的無神論者であり、フォイエルバッハは理論的無神論者であるが、フォイエルバッハによれば真の無神論はそこにはない。フォイエルバッハは人類の宗教を要請しており、その愛の讃歌はまごうかたなく宗教的な調べを備えている。「愛は神そのものであり、愛をおいて他に神は存しない。愛が人を神とし、神を人とする」。

もっとも、こうした文言はキリスト教徒にとっては迷惑であり、神学者は往々フォイエルバッハを前にして困惑した。彼らは時にはフォイエルバッハを、《無神論的な仕方で神を信じる人》とか《政治的反神学の神学者》と称することによって取り込もうと試みた。フォイエルバッハの誠実さ、そのほとんど宗教的といえる言葉遣いは人々の感動を誘った。とはいえ、フォイエルバッハはこれまで人が考えも及ばなかったもっとも完全な無神論を申し分なく表していると、自由主義の神学者——仮にそういう人がいるならば——であるハンス・キュングは記している。

人類史上はじめて、申し分なく考え抜かれ、まったく決然とし、なんの留保もなしに無神論者であることを自認する無神論、そしてこれが肝要であるが、実現すべきプログラムとして提出された無神論が人々の眼前に展開されている。いかなる場合においても、神学はあとになってそれを解釈し直したり、取り込もうとした

りしても、そうはできはしない。この首尾一貫した無神論はあらゆる神への信仰に絶えざる挑戦状を投げつけている。(16)

テュービンゲンの神学者〔フォイエルバッハ〕の、常日頃お目にかかることのない厳粛な口調の確かさは、フォイエルバッハの無神論を真面目に取り上げる気にさせるものだった。フォイエルバッハは、人間学的な基盤をあたえることによって不信仰に決定的な前進をもたらし、不信仰を合理主義的な範疇に属する批判の埒外に置いた。一八四八年に、フォイエルバッハはハイデルベルクで宗教の本質に関する講義を行ったが、ヨーロッパにおける革命の失敗のおかげでブリュックベルクへの隠遁を余儀なくされた。その人生の終末は孤独だった。しかし、一八七二年にニューレンベルクで彼の遺体に付き添った二万人という人々の数は、フォイエルバッハが忘れられてはいなかったことを物語る。

フォイエルバッハの分析は、一個の宗教の生成と衰退のプロセスについて、多大な妥当性を保っている。彼はこう書いている。

宗教とは、人間が自分自身の本質に対して維持する関係のことである。ここに人間の真理そして人間の救いの精神的力がある。だがこの自らの本質との関係というのは、自己の本質ではなく、自己とは区別された、自己と対立する他者の本質として自分の本質に関係することである。そこにまたこの関係の誤謬、限界、さらに理性や道徳性との矛盾が存する。そこに見いだされるのは、宗教的狂信主義の禍の大いなる源泉である。(17)

はじめ人間と神の分裂は、直接的で自然な仕方で、《いかんともし難く、無邪気で、純真な》仕方で行

われる。しかし少しずつ反省が進むにつれ、神学が登場する。神学は人間と神との分離を信者の心のうちにつなぎ止めることを使命とするが、神は疑問視され始める。

宗教が神学となるときには、神と人間との根源的に無垢でいかんともし難い分離は、意図的で学識を備えた分別となる。そしてこの分離は、すでに神学に導入されている統一を人間の意識の外へと排除することしか目的としない。[…]かくして、古代ユダヤ教においてヤハウェはただ存在することそれ自体によって個々の人間とは区別された存在だった。だが質的には、その内的な本質において人間に類似しており、同じ情念、同じ人間的なさらには身体的な属性を備えている。ただ後期ユダヤ教においてのみ、ヤハウェと人間がもっとも厳密な仕方で分離され、人は疎外のうちに逃げ込んで、神人同感同情説にそれが本来持っていたものとは別の意味をあたえようとする[18]。

まさしく同じ目的のために人々は神の存在証明を展開し、それが目的とするのは「内的なものを外在化し、内的なものを人間から分離するためである。存在することによって、神は即自存在となる」。かくして信仰は確固とした、外部からは攻撃できない体系となる。というのも、この信仰にはその固有な論理があるからである。つまり、「信仰の対象が理性と矛盾に陥るのは、信仰を持たない者たちにとっての場合だけである。ところが、神を信じる者は自分たちの真理を確信しており、この対象は神にとって至高の理性としての価値を持つ[19]」。

フォイエルバッハの指摘によれば、キリスト教とは、自らの感性を苦悩のうちに証する神を中心として組織された苦悩の宗教である。さらに苦悩には、人間を卑小なものとし神を偉大なものとするメリットが

ある。それに対して快楽には逆の効果がある。「不幸なときには、人間は神を欲求と感じる。快楽と喜びは人間のこころを広くする原因であり、不幸と苦痛は人間のこころを引き締める」[20]。

マルクス、レーニンと社会＝経済的無神論

マルクスの視点からすれば、フォイエルバッハの無神論はあまりにも理論的すぎ、宗教が成立する社会的＝経済的現実を十分に考慮したものではなかった。それにフォイエルバッハは、なぜ人間が宗教的に映し出された幻影のうちに自らを疎外するのかを説明しなかったし、そこから抜け出す具体的な手段を考察することもなかった。生涯の前半、一八四八年までは、宗教にはマルクスが興味を抱いた多くの点があった。その後は、宗教はごくまれにしかマルクスの著作には顔を出さなくなる。宗教は、宗教を生み出した社会とともにひとりでに消滅するひとつの上部構造にすぎなかった。

プロテスタンティズムのなかで成長したが、とくに確信があったわけではなかったので、特別の危機を経ることもなく、カール・マルクスは無神論者となった。痛苦を伴った変動を経て信仰を失った思想家とは反対に、マルクスは宗教問題につきまとわれることはまったくなく、デモクリトスとエピクロスに関する一八四一年の博士論文では宗教問題を間接的な仕方でとりあげただけだった。マルクスにとって無神論は自明の理だった。神は疑似問題であり、いつかは問題にされることもなくなり、そのときには無神論自体もギリシア神話の否定同様のりこえられることになる。

宗教の起源として、マルクスは、フォイエルバッハと同じく、疎外の観念を置く。人間は、不幸なことに、幻想上の別世界に自分の奪われた幸福を投影し、この世界に自分に欠けるあらゆる性質を付与する。しかしこうした信仰の成立はまさしく一定の政治的・社会的条件のうちに起原があるのであって、この条

件が人間を形成する。

人間は、抽象的な世界の外にうずくまった本質などではない。人間、それは人間の世界であり、国家であり、社会なのだ。

この国家、この社会が世界というものの転倒された意識である、宗教を生み出す。宗教［…］は、人間性の空想的実現である。なぜなら、人間性は真の現実性を保持していないからである。宗教に対する闘いはかくしてこの世界の精神的な芳香を放つ宗教との闘いとなり、間接的にこの世界に対する闘いとなる。

宗教的悲惨は、一方で現実的悲惨の表現でもあれば、他方で現実的悲惨に対する抗議でもある。抑圧された被造物のもらすため息、非情な世界感情である。あたかも霊なき時代の霊でもあるかのように。宗教は民衆のアヘンである[21]。

フォイエルバッハとの本質的な違いを考慮しなければならない。フォイエルバッハは、普遍的で同一な人間から出発して議論を組み立てたが、他方で宗教を厄介払いする手間は歴史にゆだねた。マルクスによれば宗教は、人間の本性ではなく、搾取される者たちがその救済をあの世に投影する、固有の社会的＝経済的状況の産物である。したがって、行動することが必要である。人間が自らの自己創造を具体化し、同時に宗教が廃棄されるのは、革命的な実践によってである。フォイエルバッハは神を殺したと思った。だがそれは単に理論上のことでしかなかった。搾取する側の者たちが神を用い続けるかぎり、神はつねに存在する。肝要なのは、神を生み出す歴史的諸条件を廃棄することである。

一度プロレタリア革命が実現されるならば、人間は真に自分自身となり、自己を実現し、自己を創造で

きるようになる。人間が神に取って代わる。「無神論は宗教の廃棄によって自己自身を媒介する人間主義である。ただこの媒介、それは必然的なものとして前提されているのであるが、その廃棄によってのみ無神論は積極的な人間主義となる。そしてこの人間主義は自己自身から発してのみ実際には始まる[22]」。幾人かの注釈者が、マルクス主義によるプロレタリアートの魂の救済とキリスト教の魂の救済とのあいだに類似があることを発見したと思い込んだとしても、それだからといって、マルクスが『独仏年誌』で一八四七年九月十二日に公刊した、キリスト教の社会的原理に対する激しい批判を忘れてはならないだろう。

キリスト教の社会的原理は古代の奴隷制を正当化し、中世の隷属を賛美した。さらにこの原理は、たとえいささかであれ済まなさそうな顔をしてそうするにしても、必要とあらばプロレタリアートの抑圧を擁護する術を心得ている。

キリスト教の社会的原理は支配階級と被抑圧階級の必要を説き、被抑圧階級にはただ支配階級が慈善を施すのに立ち会う敬虔な望みだけをあたえる。

キリスト教の社会的原理は立憲評議会員たちによるあらゆる卑劣な行為の埋め合わせを天国にゆだね、そうすることによって彼らが地上にのうのうと居座るのを正当化する。

キリスト教の社会的原理は被抑圧者に対する抑圧者の卑劣な行為を、原罪やほかの罪に対する正当な懲罰として、あるいはその無限な英知において、自分が救った人々に向けた主からの試練として説明する。

レーニンとともに、宗教に反対し無神論を支持する闘いはその実践段階に入り、イデオロギーにおいて

さらに重要な位置を占めることになる。レーニンはマルクス主義者になる以前、唯物論者チェルヌイシェフスキーの著作を読んで、無神論者となった。レーニンによれば、宗教は人々を支配する諸力の擬人化から生じる。「自然の諸力と闘う未開人の力の足りなさが神、悪魔、奇蹟への信仰を引き起こしたのと同様に、搾取する者と闘う搾取される階級の力の足りなさがあの世でのましな暮らしへの信仰をいかんともし難い形で引き起こす。一生涯働き、労苦を背負う者に宗教は、この世の暮らしの慎ましさと忍耐を教え、あの世での報酬を約束する」[23]。

貧困と無知から、この世で地獄の苦しみを味わう人々がそうした信仰を受け容れる理由が説明される。さらに彼らにとっては、宗教は麻薬、マルクスが言及したアヘンだった。「宗教は一種の霊的な飲み物であって、それがどれほど非人間的であろうと、資本の奴隷たちにそれをがぶ飲みさせて、彼らから人間的な顔立ち、生きる権利を失わせるのだ」。フォイエルバッハとは反対に、レーニンはいかなる実定的な役割も宗教に認めない。「社会的感情を呼び覚まし、組織するひとまとまりの観念を神が表しているというのは真実ではない。[…] 神の観念はどんな場合でも《社会的感情》を眠り込ませ、鈍化させる。というのも、この観念はつねに生ある者をガラクタに置き換え、つねに奴隷の観念だったからである[24]」。

これが起点となって、ひとつの責務、宗教の排除が課されることになる。宗教は社会的次元で有害であり、まったく反科学的である。「われわれは宗教と闘わなければならない、これが完全なマルクス主義のイロハである」。「マルクス主義、それは唯物論であり、したがってかかるものとして、マルクス主義は無慈悲に宗教に敵対する」ものであり、いかなる宗教に対してもそうである。「キリストのそれぞれのイコンの、仏陀のそれぞれの絵姿の背後に見られるのは、資本のむき出しの振る舞いのみである」。

この闘いをどう進めるのか。単に政治的・警察的手段にとって、という意味ではない。それはブルジョ

ワたちの方法であるが、ブルジョワたちはなぜ弱い者たちの心のなかで宗教が根強く残っているのかと不思議に思うことだろう。答えはこうだ。「民衆の無知の結果ではない。［…］だから、宗教を打ち倒そう。無神論万歳。無神論の思想の普及はわれわれの重要な使命である。《そんなものはウソだ》、マルクス主義者はそう言う」。肝要なことは、恐怖と闘うことである。恐怖が神々を生み出す。貧困の、失業の、空腹の、搾取の恐怖が。不公正な社会秩序を転換しなければならず、そうすれば宗教は自ずと崩れ落ちる。そして信仰者たちがこの闘いに加わろうとするならば、大歓迎である。要するに、それが無神論を行為によって実現することである。

哲学的な面でここに記しておきたいことは、一九〇九年の著作『唯物論と経験批判論』でレーニンは、物質の複雑さについての近年の発見に不安を感じて、世界の表象を主観的な要素に依拠させようとした幾人かのマルクス主義者の理論に反対したことである。レーニンは古典的な唯物論の考え方を維持し続けた。「物質、それはわれわれの感覚に反映する客観的実在である」。

歴史主義的無神論

無神論はまた、たとえばシェリング（一七七五―一八五四）の場合のように、よりいっそう歴史的な考え方に基づくこともある。一八〇三年の『大学の研究方法に関する講演』でシェリングは、キリスト教の歴史性の問題を取り上げた。彼によれば、キリスト教は歴史的に必要なものであり、したがって「神としての絶対的現象」を手つかずのまま保持しながらも、理性によって分析可能なものだった。実際には、ヘーゲルの視点からもそうだったように、宗教は哲学のなかで見失われる。超越的なものは消え去り、歴史の《即自態》としての神に取って代わられ、教義はただの象徴となる。一八〇四年の論考、『哲学と宗教』

はこうした特徴を際だたせ、そのためにシェリングは唯物論者であるとか汎神論者であると非難された。そうした印象は『啓示の哲学』によっても払拭できなかった。これはキリスト教に重要性を回復させるものだったのだが。

ドイツの学派は、この歴史主義の先端を切っていた。シュレーゲル（一七七二―一八二九）は一八〇八年にカトリックに改宗していたが、すでに宗教的なものを政治的なものに従属させていた。ヘーゲルやシェリングはそれを哲学に従属させた。ブルーノ・バウアー（一八〇九―一八八二）はさらに先まで進んだ。歴史主義の名において、バウアーは人間の自然な進歩の障害として、キリスト教を投げ捨てた。ギリシア・ローマ古典古代世界の衰退期の不幸と痛苦の時代に生まれたこの宗教は、人間の本質を受難ととらえ、《非人間的な》一個の総体をうち立てた。バウアーがこうした敵意のこもった視点を展開したのは、一八四三年、『暴かれたキリスト教』においてである。それ以前、『聖ヨハネ福音書記述批判』（一八四〇年）や『共観福音書とヨハネの福音書記述批判』（一八四一年）では、バウアーはもっと肯定的な見方を示していた。つまり、そこではキリスト教はヨハネの創作であり、ヨハネがイエスの神性の起源であって、またイエスは人類の自己意識獲得の一契機とされていたのだった。イエスは人類に比類ない尊厳をあたえたが、それは人類が神の裁量と神が作り出した教義に従うかぎりにおいてだった。かくしてイエスは今日では普遍的な自己意識が開花するうえでの障害となっているのである。

ダヴィッド・シュトラウス（一八〇八―一八七四）とともに、宗教の歴史主義的批判はいっそう深いレベルに到達し、その影響はやがて持続的なものとなる。シュトラウスは、十九世紀ではきわめてよく見かけられた神学生のタイプ、すなわち、ルナンのようにキリスト教への郷愁を抱きながら、聖書注解と哲学の研究をすることによって不信仰へと移ったタイプのもうひとつの顕著な例だった。テュービンゲンの神

学校で学び、ギリシア語、ラテン語といった古代語と聖書注解に申し分なく精通していたが、この注解をヘーゲルの鋳型に入れて一八三五年と三六年に『イエスの生涯』という二巻本にして公刊した。著作はやがてリトレによってフランス語に翻訳された。

シュトラウスは神話に関するきわめて豊穣な理論の創始者だったが、それは彼の学識によって培われたものだった。シュトラウスは、福音書に描かれた出来事は聖書の預言を信じ切っていた人々がまったくの善意から作り上げたものとの考えに依拠した。彼らは自分たちが待ち望む救い主のイメージに合わせてイエスの人物像をこしらえた。(ヘーゲルに従えば)精神に突き動かされて、彼らは神が人間のあいだに到来することをすっかり信じ込んでいたので、それを自分たちのために作り出してしまったのだ。十八世紀のフィロゾフたちが言うような恣意的な欺瞞はなかったが、それは思いこみだった。使徒たちや福音史家たちはひとつの神話、神人という神話を創造したが、それはまったくの心理的プロセスの産物だった。

逆説的ではあるが、シュトラウス自身はキリスト教の精神に忠実であると信じた。彼の考えでは、自分の著作はキリスト教を破壊するためのものではなく、反対にそれを強化し、完成させるものだった。ある意味からするならば、シュトラウス自身がその時代の神話、神格化された人類という神話の犠牲者だったとも言えるだろう。人間が神に取って代わったのだ。そうすることでまた、シュトラウスは自分がモデルとしたヘーゲルを裏切った。ヘーゲルによれば、キリスト教は精神が自己意識を獲得するうえでの不可欠の契機であり、それ自体において価値のあるものだった。シュトラウスにとっては、世界を司るのはまさしく精神だったが、この精神は純粋に人間の心理的プロセスに還元されてしまう。そこにはもはやヘーゲル的な絶対者の余地はない。シュトラウスは、自分では真の宗教のために仕事をしていると考えていたから、無神論者扱いされることを嫌った。だがその神話理論はやがて信仰にとってもっとも破壊的なものの

ひとつとなるのである。

フリードリヒ・エンゲルス（一八二〇―一八九五）にもまた歴史主義的な視点があったが、それはシュトラウスのものとはかなりかけ離れたものだった。この思想家はあまりにも長い間マルクスの影に隠されていたが、実際にはきわめて個性的な思想を、とくに宗教的主題に関して展開していた。その面での思想的道程は彼の無二の親友（*alter ego*）〔マルクス〕のそれとはきわめて異なっていた。青年期には敬虔派として過ごし、激しい危機を経験した結果、無神論への痛苦に満ちた移行を成し遂げたことが、エンゲルスの宗教哲学に影を落としており、エンゲルスはマルクス以上に宗教哲学に重要性をあたえていた。

哲学的には、エンゲルスは自然のただなかに矛盾の原理、したがってまた弁証法の原理が機能していることをはっきりと認めた。自然のなかにあっては、運動によってすべてが現存しかつもはや現存しなくなる。物質は運動であり、それによって、創造という考えが退けられる。「運動は創造されようもなく、ただ伝達されるだけである」。「運動は物質の実在様式であり、存在様態である」。したがって物質は創造されることも破壊されることもない。「このことから、超越的な創造主の最後の記憶が消し去られる」。

その結果は永劫回帰、循環の永遠の連続である。それをエンゲルスはファウストの一節を例にとって表した。「すべて生をうけるものは滅びる定めにある」（*Alles was entsteht, ist wert, dass es zugrunde geht*）。

物質が運動するのは、ある永遠の循環のなかにおいてである。それはおそらく、われわれの地球の年齢という尺度ではもはや十分には測りきれないほどの時間を経たのちになってようやくその行程が完了する循環過程であり、そこでは最高度の進化が行われる時間、有機的生命が存在する時間、さらには生命そのもの、また自己と自然を意識する諸存在が存在する時間も、生命と自己意識が産み出される空間と同様にごく限られた尺

度でしかないような循環過程であり、〔…〕物質のどのような有限存在様式も等しく一時的なもので、永遠に変化し、永遠な運動のうちにある物質や、物質が運動し、変化する法則を除けば何ひとつ永遠なものはない循環過程である。(25)

宗教に関する限りエンゲルスはまず自然的諸力を、ついで社会的諸力をというように、そうした諸力をマルクス同様人間を支配する諸力の人格化から説明する。これらの偽りの表象はある程度の自立性を獲得して自然の神々となり、ついでローマ帝国の登場とともに普遍主義的な宗教が姿を現す。歴史上のそれぞれの支配階級は自分にとって都合のよい宗教を利用するが、他方で上昇する階級は当初異端と見なされた《革命的宗教》を用いる。こうして、プロテスタンティズムは上昇するブルジョワジーの宗教となった。しかしながらこのプロセスは途断される。プロレタリアートの進出とともに、宗教は無階級社会において消滅すべく定められる。無階級社会ではもはや支配のためのイデオロギー的手段は必要ないからである。無神論が人類の将来である。

歴史主義に由来する無神論の理論のうちに、本人はそのように取り扱われることを好まなかったとしても、オーギュスト・コントの実証主義を位置づけることもできよう。コントはステュアート・ミルに宛てこう記している。

無神論というような呼称は、厳密に語源に溯る場合にしかわれわれにはあてはまりません。〔…〕それというのもわれわれには、たとえば神を信じない、そんなふうに呼ばれている人々とはなんの共通点もないからです。くわえて世界や人間の起源に関する彼らのむなしい形而上学的妄想をいかなる意味合いでも共有してはい

ませんし、さらには道徳を体系化しようとする彼らの狭隘で危険きわまりない試みなどなおさらです。(26)

これは単なる字義上での争いだった。というのも実際オーギュスト・コントは、無神論は克服されたものとみて、その彼方に立ち位置を取ろうとしていたからである。無神論者を自称する者は、信仰に反対しながらも事実上神学システムの中に身を置く。そうすることによって、もはやそうした《意味を欠いた》問題を口にしなければならない謂われはないにもかかわらず、無神論者は信仰に根拠をあたえ続ける。もはや誰ひとりとしてギリシア神話を信じないなどと公言する人はいない。それはあまりにも自明だからである。それではなぜ、はるか以前に死に果てたキリスト教の神に対しても無神論者と自ら定義する必要があるだろうか。神がいないことはあまりにも明白ではないのか。無神論者と自称すること、それは自分が否定する者に存在を授けることである。

知的な面から見ても、無神論は本質的には不十分な解放をなすものでしかない。無神論は、人知の及ぶ探求のすべてを根本的にむなしいものとして退けるかわりに、理論問題の新たな解決をたえず追い求めては、形而上学的段階を無限に先送りしようとしているからである。真の実証精神は、とりわけ諸現象の変わることのない法則の探求をその本来の意味での原因、第一原因や目的因の探究に、一言で言えばいかにとの問いを決するものによって、なぜとの問いを決するものの探求に取って代えることに存する。したがってこの精神は、宇宙の生成、動物の起源等々に関する不可解な無神論の尊大な夢想とは相容れない。われわれの子ども時代の特徴であるなぜとの問いを解決することに固執する限り、われわれの想像力がこの問いにあてがい、事実それだけが唯一この時代の問いの本性にふさわしい無邪気な在りようを投げ捨てる資格など人にありはしない。[…]

ものごとに固執する無神論者はしたがって神学者のなかでももっとも首尾一貫しない者と見なされうる。それというのも、彼らはそれにふさわしい唯一の方法を投げ捨てながら、相変わらずその問題を追いかけているからである。[27]

とはいえある人々にとっては、オーギュスト・コントは、無神論の彼岸に進む代わりに此岸に、不可知論にとどまっていると見なされた。コントは、神の存在の問題は解決不能であって、そうした条件下ではこのことには触れないことが得策と考えていたからである。いずれにしても、コントが提唱した三段階の法則の最終段階、実証的段階を飾るのは新たな宗教、神が《大いなる存在》に取って代わられ、人類の偉業のために力を合わせる諸個人から構成される人類の宗教の創設である。厳密に定義すれば、宗教にはその教義、典礼、暦が伴う。無神論の宗教、それは極度の矛盾であり、それ自体がその失敗を説明してくれるのだ。

シュティルナー、ショーペンハウアー、ハルトマンの心理学的で絶望的な個人主義的無神論

十九世紀の無神論を総括するならば、そのもっとも重要な潮流のひとつは、その基礎を実証的あるいは思弁的な科学ではなく、人間の心理学においていた。この暗澹として動乱に満ちた時代は、すでに魅力を失った世界を目前にして絶望の淵に沈みきっていた多くの人々の精神を途方に暮れさせた。それというのも、光に溢れた未来に向かって開かれ、宗教の支配から解放された人類にとって約束に満ちた前代の無神論のタイプとは異なって、心理学を起源とする無神論は悲観論的だったからである。神、父なる神は死んだ。人間は孤児としてただひとり途方に暮れる。

こうした寄る辺ない空虚の感情は、ニーチェとともにその最高点に達する。この空虚を、各人がそれぞれ埋めようと試みるが、そのことに甘い幻想を抱くことはなかった。

このタイプの無神論思想家も当然のことながら先行するさまざまな源泉から知識を得た。宗教の無益さを彼らに示したのは、歴史学であり、哲学であり、自然科学だった。けれども無神論を社会的次元、人類という世界的な次元で考え、それを文明の歩みにおける肯定的な要素とした先行する思想家たちとは異なり、彼らは内向的で不安げでおびえがちで、神の死が個々人にもたらした帰結に思いをはせた。彼ら自身にとっての結果でもあったが、とりわけそれは人間ひとりひとりにとっての帰結だった。唯名論の遺産を引き継いだ彼らには、他の者たちなら新しい神に仕立て上げたであろう人類などというものは、キリスト教の神と同じく存在しないと考える傾向があった。そしてその意味においてあえて言えば、彼らは二重に無神論者だった。彼らのペシミズムが一部そこに起因する。無神論者はすでに父なる神の代用品を人類という人格のうちに見出したが、彼らにはもはやそうした人格は存在しなかった。人類は言葉のうえのことにすぎなかったからである。ただ個々人が存在するだけであって、そこに個人をひとり加えたところで包括的な存在はけっして生まれはしなかった。個人は孤独、取り返しのつかないほど孤独だった。

そうした傾向は、一八二一年と二二年に公刊された『福音教会の原理に従ったキリスト教の信仰』二巻で、すでにシュライエルマッハー（一七六八―一八三四）が開始したものだった。彼によれば、すべては主体のうちに、神に関して自分が抱く絶対的な依存感情のうちに存する。神の存在の《証明》はまったくの幻想である。すべては個人の内的な経験のうちにあり、極言すれば「宗教を保持する者は聖書を信じる者ではなく、ただ単に聖書を必要とせず、さらにはそれを自ら生み出す力のある者のことである」。こうした文脈では、啓示はもはや意味を持たず、こうして宗教を単なる心理的な事柄とすることによって、シ

ユライエルマッハーは無神論を準備した。

やはりそれと同じように危険な立場は、キルケゴール（一八一三―一八五五）の立場であり、キルケゴールは信仰のすべての合理的基礎を拒絶した。神に心を奪われたこの人は、彼なりに信仰を持たない者の絶望を予告した。一八四一年の『あれかこれか』では、キルケゴールは一個のジレンマを提出する。「神か、さもなければ」であるが、したがってそれは神か、さもなければ無、「喪失」、絶望かである。そして信仰はいかなる合理的要素によっても獲得されない以上、信仰を授からない者に期待すべきものは何もなかった。

そして正真正銘の個人主義的不信仰者が登場するが、それがマックス・シュティルナー（一八〇六―一八五六）であり、シュティルナーは一八四四年に『唯一者とその所有』を著し、「わたしはわたしの大義を虚無に据えた（*Ich hab' mein Sach' auf Nichts gestellt*）」と記した。人は神を殺して別の欺瞞、人間に取って代えたが、そんなものは神同様存在しない、とシュティルナーは言う。ただ存在するもの、ただ重要なのは《わたし》である。「わたしにとって、わたしを超える何者も存在しない」。誰もが、人類とか階級といった幻影の影に隠れて自分を偽わることなしに、自分を認めなければならないだろう。偽りの人間の本質なるものを神格化した無神論的人間主義は、専制政治をもうひとつ別の、それよりもさらに悪いもので取って代えようとしたにすぎない。「これまで神に帰属していたものを人間に移すことによって、これ以降人間は自らの固有の本性という鎖につながれることになるのであるから、聖なるものの専制政治はさらに重荷となる」。

神もなければ、人間もない。あるのは《わたし》だけであり、すべての超越的なもの、すべての偶像を投げ捨て、さらにはいかんともし難いほどに手の届かない他者とのコミュニケーションをすべて投げ捨て、

この《わたし》を解放しなければならない。《わたし》は無規定であり、幻想のうちにではなく、自らの行為のなかで自己創造を果たさなければならない。「わたしがわたしの大義を虚無に据えるとすれば、唯一者、それは束の間のもの、自らを食らう自我の死すべき創造者の位置に身を置くことである。わたしはわたしの大義を虚無に置いてしまったのだ」[28]。《わたし》にできたのは、ただ自らの破壊の光景に立ち会うことである。

マルクス主義の無神論とシュティルナーの無神論とのあいだには、まったくの相互不理解があった。シュティルナーによれば、マルクスは人類という幻想の犠牲者だった。マルクスによれば、シュティルナーは、自分たちはバラバラな《唯一者》だと構成員が思い込んでいる個人主義的ブルジョワ社会の代表だった。

個人主義的無神論の論理的帰結、わたしたちはそれをケラー、ショーペンハウアー、ハルトマンのうちに見出す。それは、無化への意志だった。存在が無よりも価値があると、人はなんの名目で決めたのか。なぜその逆ではないのか。このことこそ、ショーペンハウアー（一七八八―一八六〇）が『意志と表象としての世界』で、一八一八年からすでに雄弁に表明していたことだった。

ショーペンハウアーの個人主義的無神論は全面的なものだった。世界があり、わたしがいる。そこで終止符が打たれ、それがすべてだった。そしてこの対立から状況の不条理さが浮かび上がる。わたしは合目的性を欠いた世界、全面的に無意味な世界にいる。この世界、それはわたしの表象であり、どこへも進まず、いかなる進歩に方向を定めることもない。もちろんこの世界は神が創造したものではない。どんな神が、これほど不条理で、これほどたちの悪い、これほど愚かしい世界を作ろうと思い立ったのだろうか。そしてわれわれはこの世界にいる。われわれはまるでモグラや盲人もかくやと思われるほど目が利かず、

なぜかを問うこともできず、おそらくは死を待ちながら時間つぶしをするために、たえずなんの役にも立たない勤めに追われる。こんなことがなんの役に立つのか。「かつて存在したものはもはや存在せず、今存在するものも、かつて存在しなかったものと同じくらいわずかなものでしかない。それにもかかわらず存在するものはすべて、すでにその一瞬のちには過ぎ去っているのだ」。

この状況下では、理性はわれわれになんの手助けもしてくれない。その逆である。理性は幻想、耐えがたいものが耐えられ、したがって耐えがたいものは持続しうるという幻想を維持するにすぎない。意識に関して言えば、それはわれわれの機能のうちで最悪のものである。意識によってわれわれとは何であるかをわれわれは知り、意識のおかげで人間は自分が死すべき者であり、この世は不条理であることを知るべき唯一の動物となるからだ。存在することは持って生まれた不幸であり、人間や世界は一度たりとも存在しない方がよかったかもしれないのである。

それでは、どうすればよいのか。才気をひけらかしても、また世界のすべての不条理に立ち向かい、あらがって引き受ける決心をして英雄を気取っても無駄である。そうだ。唯一の解決、それは不条理を永続させることでしかない、生きようとする欲求に終止符を打つことだ。そしてそれまでは、われわれは誰もがこの酔いどれ船に乗っているのだから、われわれの連帯を自覚し、互いに必死の隣人愛を施そうではないか。

ショーペンハウアーの作品は、自分では悩み事を抱えてはいても、この全面的なペシミズムにはついていけない大衆からよくは受け取られなかった。同様に一八五五年に公刊されたゴットフリート・ケラーの小説『緑のハインリヒ』は限られた人々に受け入れられただけだったが、その評価はきわめて否定的だった。この哲学小説は無神論の実存的帰結として、キリスト教の神が死んだとすれば、人は神なしで生きら

れるのか、という問いを取りあげた。このことはキリスト教の道徳よりもさらに峻厳な道徳を要求した。つまり過ちを容赦しない倫理であり、そのために主人公は最後には自殺へと追いやられた。大衆はこの帰結をとっぴなものと判断した。無神論はたしかに受け入れられた。しかしそれは前向きで、開放的な無神論だった。

したがって、それから十四年後一八六九年にエドアルト・フォン・ハルトマン（一八四二―一九〇六）の『無意識の哲学』が大成功を収め、十三年間に九版を重ねたという事実のなかに、おそらくはペシミズムに関する世論の発展を認めなければならないだろう。全面的な絶望を取り上げたこの大部の著作は、ついには実際神なき人間の苦悩の奥底に到達し、人類の集団自殺への呼びかけで幕を閉じる。こんな世界は絶対に存在すべきではなかったし、人生は欺瞞であり、その不幸は自覚するレベルが高ければ高いほど残酷に心に響くのである。集団の進歩を説く思想家は誰もが幻想の売人であり、社会主義者も実証主義者も同罪である。一八七四年に『キリスト教の自壊と将来の宗教』において、ハルトマンは次のように予言する。科学のおかげで、人々はやがて瞬時にコミュニケーションを実現できるだろう。ついには自分たちが置かれた状況の取り返しようのない不条理と不幸に気づき、彼らは意味のないこの人類という存在の集団的・全面的な抹殺を計ろうとするだろう。

ハルトマンが幾人もの子どもをもうけ、ドイツ・ナショナリズムの思想に熱狂したことに人は驚かされるだろう。だがそれは、人生は矛盾の織りなす綾であり、この矛盾が唯一ハルトマンの不条理の徴を形作っていたことを忘れるに等しい。ここでは、心理主義的無神論は、偶像、階級、ネーション、科学、進歩、民主主義、人種、あるいはとりわけ幻想的である大文字で表された〈人間〉を神に取って代えようとしない限りにおいては、おそらくはもっとも全面的なものであることを確認するにとどめよう。もはや神がい

ないとすれば、残るのはただ自分によいと思えることに従って行動することである。解決策は数多くあるわけではなかった。ニーチェは、彼なりに、自分のやり方を示した。それは超人の理論を編み出し、力への意志によって立ち向かうことだった。

ニーチェ、神の死から狂気へ

フリードリヒ・ニーチェ（一八四四―一九〇〇）は、敬虔主義の精神のなかで育てられたが、すぐにその不十分さを感じた。十八歳の年からニーチェが気づいたのは、聖書批判や観念論哲学はキリスト教に関して正面玄関もしくはうつろな貝殻だけを存続させているということであり、そのためやがて人類がこの事実に目覚めたときに、西欧のもろもろの価値が前例のない危機に遭遇するだろうということだった。ニーチェによれば、そこにこそ奥深い内面のドラマ、おそらくは彼自身のドラマがあった。ニーチェを愛した女性、ルー・アンドレアス・ザロメの証言によれば、ニーチェは宗教的な精神の持ち主で、神の死という事実の確認によって苛まれ、心底胸が締めつけられていた(29)。ニーチェは妹にこう書いている。「魂の平安と幸福を君が望むなら、信じたまえ。真理の弟子でありたいと望むなら、探求したまえ」。前者の立場はもっとも快適なものである。しかし信仰を失ってしまえば、後戻りはできなかった。

そしてまもなくニーチェはこう確認する。「近年の最大の出来事、つまり神が死に、キリスト教の神への信仰が信じられないものになったということはすでにヨーロッパにその最初の影を投げかけ始めている」。《狂乱の男》によるこの身の毛もよだつ知らせの公表は、この著者のもっとも名高い頁のひとつだが、同時にもっとも衝撃的な文学のひとつでもある。神は死んだ。そして人間たちはそれが意味するところを理解していない。

《神がどこにいるかだと》、彼は叫んだ。《わたしがお前たちに言ってやろう！　われわれが――お前たちとわたしが――神を殺したのだ。われわれは誰もが神の殺害者なのだ！　だが、どうしてそんなことをやったのか。［…］神の遺体を葬る墓掘人たちのざわめきがもう聞こえているではないか。神の腐る臭いがもうしているではないか。神々であっても、やはり腐りはするのだ！　神は死んだ！　神は死んだままだ！　そして神を殺めたのはわれわれだ！　殺害者中の殺害者であるわれわれに、どうやったら心安らぐときが来るのか。世界がこれまでに所有したもっとも神聖なもの、もっとも力あるものがわれわれの刃で血にまみれたのだ。誰がこの血をわれわれから拭い去ってくれるのか。どんな水ならわれわれは身を浄められるのか。どんな贖罪の儀式を、どんな聖なる楽曲をわれわれは作り出さねばならないのか。やり遂げた所業の偉大さは、手に余りすぎるのではないのか。われわれ自身が神となって、せめて埋め合わせの見せかけを手に入れるより他ないのではないか？　一度たりともこんな所業があったためしはなかった。そしてわれわれのあとに生まれてくる者たちは、この所業のおかげで過去のどんな歴史よりも一段と高い歴史を背負うことになるのだ！》。ここで狂乱の男は口をつぐみ、あらためて聴衆に目をやった。聴衆も口をつぐんだまま、訝しげなまなざしで彼を見つめた。ついに彼はランプを地面に投げつけ、ランプは砕け散り、明かりは消えた。《どうやら来るのが早すぎたようだ》、そう彼は言った。《まだ来るべき時ではなかった。この恐ろしい出来事の報せは途中で滞ったままのようだ。その報せはまだ人間の耳に達してはいない。稲妻と雷鳴も時間を要する、星の光にも時間が必要だ、この業についても、それが達成されて見聞きされるまでには時間が必要なのだ。この業はお前たちにとってはもっとも遠い星座よりもはるかに遠くにある。だがそれにもかかわらず、お前たちはこの所業をやり遂げてしまったのだ》。(30)

どうしたら人は神を殺せるのか。神を各人の個人的な信仰にゆだねることによって、ルターがその仕事を始めた。神はまた自分自身の誤りによって死にもする。《人間への哀れみによる死》である。神は神学によって窒息させられもした。さらには人類の発展によっても、神を「まったくの余計物」とする科学の純化や心理学によっても、神は殺される。人々は、正義を振りかざす残忍でねたみやすい神、そんな神にはもう我慢ならなかった。神は良き趣味に反する。「神、この新米の陶工はあまりにも多くの被造物で失敗を重ねた。[…] それに慈悲という事柄に関しても、良き趣味というものがあるが、《こんな神はもうたくさんだ!》と最後に口にしたのは、この良き趣味なのだ[31]」。神はさらにまた、『ツァラトゥストラはこう語った』の一節が示しているように、「人々のうちでもっとも忌まわしい者」によっても殺された[32]。わたしたちの考えではこのことは、信仰を持つ人々が考えるように、この所業を果たすには忌まわしい者がいなければならないことを意味するのではなく、むしろ悪の問題のゆえに、あのすべての罪なき忌まわしき存在が説明不能なまでに実在しているがゆえに神が死んだことを意味している[33]。つまりは、ニーチェ的に言えば、意志が神に死をもたらしたのであり、この意志がそうした苦悩する哀れな神に耐えられなかったのである。「十字架に架けられた神は、生への呪いである」。

ニーチェにとって、ショーペンハウアーこそ神の死を告げるべき最初の正真正銘の無神論者だった。ところがそれとは逆にヘーゲルは神を救おうと試みて、その曖昧な総合によってキリスト教に終末を遅らせた。

キリスト教の神への信仰の黄昏と科学的無神論の勝利はヨーロッパ全体に関わる出来事を形作り、この出

来事に対してはすべての民族がそれぞれの功績と名誉を担うべきである。他方でドイツ人――ショーペンハウアーの同時代人であるドイツ人――がもっとも長期にわたって危険きわまりないやり方でこの無神論の勝利を押しとどめたことは考慮されなければならない。ヘーゲルは、とりわけこの遅延の格別の要因であり、それは最終的にはわれわれの第六感、《歴史感覚》に訴えることで、実存の神的性格をわれわれに納得させるという壮大な試みによっていた。(34)

だから神は死んだ。この事実は既定のものである。だがニーチェを憤慨させるのは、キリスト教にまといつくすべての道徳的・形而上学的価値がまるで神が殺されたことなど何でもないかのように、生き残っていることである。今日では、そんなことにどんな言い訳も通用しない。なぜならわれわれは神が死んだことを知っており、それでいながら相変わらず神が生きているかのように装っているからである。

わたしは憂うつな用心深さで数千年来世界と呼ばれているこの精神病院を通り抜けた。人がそれをキリスト教、キリスト教信仰、キリスト教会、なんと呼ぼうとどうということはない。わたしは人類にこの精神病の責任を押しつけないようにしよう。だが近代という時代、わたしたちの時代に足を踏み入れるや、わたしの気持ちは変わり、わたしの感情は爆発する。わたしたちの時代は蒙昧な時代ではない［…］。かつては病でしかなかったものが、今日では品のないこととなる。今日キリスト教徒であるということは下品なことなのだ。そしてわたしの嫌悪感が始まるのはここからだ。ふり返ってみる。かつて《真理》として口にされた言葉はもう一言も残っていない。最低限の誠実さを求めるだけであっても、今日ではどこかの神学者、司祭、教皇が一言口にするたびに、間違っているのではないかということだけでなく、嘘をついているのではないか、《無垢》

だから、《無知》だからといって嘘をつくことはもう許されはしないということを、人は知らなければならない［…］。こんなことは誰もが知っていることだ。だが何ひとつ変わりはしない(35)。

依然として神の死を、その非存在を証明しなければならないのか。そんなことはたいしたことではない。神の存在証明を反駁しようと骨を折ったのは、昔の無神論者たちだ。今日では、そんなレベルは超えてしまっている。説明しなければならないのは、どのようにして神への信仰が生まれることができたのかということであり、それが神の存在への最良の反駁なのだ。

かつて人は、神が存在しないと証明しようとして骨を折った。今日人が示すのは、どのように神への信仰が生まれることができたのか、そしてこの信仰の重みと重要さは何にかかっているのか、ということである。だから神の非存在の反証は無益なこととなった。昔、人々が提出する《神の存在証明》を反論したとき、いま反論したばかりのものよりもさらに優れた反論が見つけられはしないか、という疑問が相変わらず残ったものだった。当時無神論者たちは、懸念を一掃することに熟達していなかった(36)。

今必要なことは、神なしで生きることに慣れることである。そしてそこから、無神論者の前には二本の道が開かれる。第一の道は大衆がたどった道だが、最後の人間へといたる道である。この道は奴隷の道徳で特徴づけられる道であり、そこでは神は進歩、科学、民主主義、真理といった新たな偶像に取って代わられる。それは神の影の影響を被り続ける道である。たとえば仏陀の影がそれであり、仏陀の死後も数世紀にわたって人はその影をどこかの洞穴で示し続けた。「神は死んだ。だがそれが人の性のなさしめると

ころであり、おそらくはなお数千年にわたって神の影が出現する幾多の洞穴が存在するであろう。そしてわれわれ、われわれはこの影をも克服しなければならないのだ」[37]。合理主義的無神論それ自体は往々偶像崇拝の別形態にすぎない。そしてこうしたものすべてが人類を最後の人間へと導く。そしてこの最後の人間についてニーチェがあたえてくれるのは、それが現在の人類の置かれている状況に見事に対応しているだけになおさら恐ろしいと思える描写である。

そのとき地球は狭くなり、そこではすべてを小さく見せる最後の人間が飛び跳ねるのが見えるだろう。こうした手合いはアブラムシ同様滅びはしない。最後の人間とはもっとも長く生きることになる者なのだ。[…]

彼らは生活が厳しい地方はうち捨ててしまう。温もりが欲しいからだ。それでも自分の隣人を愛し、互いに体をこすり合う。温もりが必要だからだ。[…]

時には少しの毒も。それがあれば気持ちの良い夢がもらえる。そして最後にはたくさんの毒を。気持ちの良い死を手に入れるために。

それでもまだ仕事はするだろう。仕事は気晴らしになるから。だがそうした気晴らしがけっして疲れにならないように気をつけるのだ。[…]

人はずる賢くなるだろう。これまでに起こったことはすべて知っていて、それを際限のない冗談の種にするのだ。つまらないことで喧嘩をするが、たちどころに仲直りをする。消化に悪いといけないからだ。

昼間にちょっとした快楽を味わい、夜にちょっとした快楽を味わう。だが尊ぶのは健康だ。

《われわれが幸福を発明したのだ》、ウインクしながら最後の人間はそう言うことだろう[38]。

もうひとつの道、この道こそが真の無神論、神なき世界というものの見方を引き受ける者に、あらゆる超越という名の幻想から解放され、その束縛から逃れた者に開かれる。これ以降この道は《意味》など存在しないことを、《何ひとつ真なるものはなく、すべてが許される》ことを理解した者に開かれる。それは超人の道である。超人にとって、道徳、それは権力への意志であり、それはキリスト教が平等というスキャンダラスな原理によって課してきた奴隷の道徳の転倒である。奴隷の原理によれば、「人間は神の前で平等である。これこそ、今日にいたるまで愚の骨頂であった」。

超人は自らを肯定しながら、自分の手で自らを創造しようとし、人の手を借りる必要はない。運命を直視するが、運命とはものごとの永劫回帰であり、これは絶望へと誘うものの見方だった。この運命を引き受けられるとしても、それはただショーペンハウアーの諦念とは逆に、英雄的な態度をもって運命を愛することによってである。こうしてニーチェは論理を突き詰めた果てに、大胆にも極限的な矛盾のなかに自分を閉じこめる。超人は自由に自ら選択し、その自由の否定そのものである抗しがたい運命を受け容れることによって自らを決する。ニーチェは自分でそのことをくり返す。「自分の実存あるいはあれこれの自分の在りようを自分で自由に選べるものと思い込むのはひとつのナンセンス」にすぎない。

ニーチェはその究極の懐疑をこう告白するが、それは狂気によってしか幕を閉じることができなかった。「だからわたしに狂気をあたえたまえ。ああ、あなたよ、天の方々よ、とにかくわたしが自分を信じるための狂気を。［…］懐疑がわたしをむさぼる。わたしは法を殺し、死体が生命ある者を苛むようにその法がわたしを苛む。そうしてわたしはあらゆる存在のうちでもっとも見捨てられた者なのだ」[39]。

心理＝生理学的・精神分析学的無神論

別の重要な道が十九世紀に無神論の開拓のために開かれた。それは医学、生理学の道であり、そこではやはりドイツ人たちがきわめて重要な役割を果たし、一八五〇年前後に一連の著作を公刊した。一八四七年には『心理学書簡』で、カール・フォークト（一八一七―一八九五）がこう記した。「思考は大脳にとって、肝臓にとっての胆汁、腎臓にとっての尿のようなものである」。『生理学と道徳の関係について』で、フォークトは生理学との関係で、道徳は厳密な依存関係にあると論じ、『炭鉱夫の信仰と科学』では、宗教について「絶対に容認しがたいおとぎ話」と揶揄した。

化学者のヤーコブ・モレスコット（一八二二―一八九三）は『人民のための食料論』（一八五〇年）と『生命の循環』（一八五二年）で、思考過程をリンの働きに基づくものとした。知性を働かせる人間における有機物質の割合を発見することは大脳の能力という問題を解決してくれ、知的レベルを改善するのに役立つとされた。一八五三年の『力と物質』の著者だったルートヴィヒ・ビュヒナー（一八二四―一八九九）にとって、心理的なものを決定するのはやはり生理学的なものだった。超自然的なもの、抽象的な観念上の産物とは決着をつけなければならなかった。人が目で見、目方を量り、想像力を働かせられるもの以外には何もない。自由はただの幻想にすぎない。それはまたエルンスト・ヘッケル（一八三四―一九一九）が考えたことであり、ヘッケルはダーウィンが採用した力動説的唯物論の視点に立った。ヘッケルによれば進化論こそ《宇宙の謎》を解く鍵だった。

宗教現象の心理＝生理学的研究は二十世紀初頭に大成功を収め、宗教を心的現象に還元するのに貢献した[40]。グランヴィル・スタンリー・ホールは、この現象における思春期危機の重要な役割を強調したが、エドウィン・ダイラー・スターバックも同様だった[41]。つまり、子どもの自己中心性から他者中心性への移行は人によっては神的な力によることもありえるのであって、この力は「客観化されるものであり、外部に

あって精神的に影響力を持つ人がもたらす作用となる」[42]。その際は、神についての内面的な発展の投影による回心が行われる。それはまたジェームズ・ヘンリー・リューバの立場でもあった[43]。

精神分析学は宗教現象の開拓に寄与することを自らの責務とした。無意識という漠然とした力は、神的なものにかかわるまた新しいタイプの態度と無関係ではないはずであり、フロイトは明らかにこうした問題に強い関心を寄せた。もっとも、満足の行くやり方でこの問題を明確にすることに成功はしなかったが。一九二七年には『幻想の未来』を著して、フロイトは宗教についての最初の精神分析学的説明をあたえ、宗教はあの世での報償と償いを約束して、社会的要請のもとに抑圧されている人間的衝動を一定の方向に向かわせる手段とされた。自然や社会や死といった幾千もの自身の限界によって欲求不満に陥り、人間は幸いなる不死への信仰のうちで自らの苦悩を克服する。ここから《宗教の必要性》が生じる。この信仰は、父親の似姿のうちに根拠を持つがゆえに一貫性を獲得する。「成長して、至上の未知なる力に対して保護なしにはけっしてすまないことを悟ったとき、子どもはこれらの力に対して父の姿が持つ特性を備えさせ、自分のために神を創造する。そして子どもは神を怖れ、神が自分に慈悲を垂れてくれるように求め、しかしながら同時に自分を保護することを神の務めとする」[44]。

したがって宗教は、孤独感や無力感に苛まれ苦悩する状況へのひとつの回答であり、父親の理想化されたイメージに固着した必要や欲求に対応する自己の投影であり、このイメージをそのあとで大人が神学的次元の論理的な議論で飾り立てた。このことがさらに無神論への発展をも説明可能とする。その場合に各人は成長すると、神とは自分の精神の作り物にすぎなかったことを知って、神を捨て去るのである。

宗教はさらに、無神論と同じく、父親の権威に対する反抗のような神経症的な現象を包摂できる。それだから、フロイトが一九〇九年にプファイスターにあてて書いているように、「精神分析学はそれ自体宗

教的でもなければ、反宗教的でもありません。それはもっぱら、悩んでいる人々を治療するときに世俗の人と同様に司祭が用いる、不完全な手段なのです[45]」。たしかにそれ自体では、精神分析学は神の世界の現実性について口出しはしない。もっとも司祭の側はそれを使って信仰を矯正したり、純化したりする。いずれにしても、ここで問題となるのは方法論的に無神論的な原理であり、それは宗教感情に純粋に心的説明をあたえることによって、かなりの度合いにおいて無神論を強化するものである。

後期の著作、『文化の中の居心地悪さ』（一九三〇年）や『モーセと一神教』（一九三九年）において、フロイトが宗教それ自体を文明のノイローゼとする批判を強調し、宗教の起源を説明し、その消滅を預言しているだけになおさらそうである。アントワーヌ・ヴェルゴットはこう記している。フロイトにとって、「とりわけユダヤ教は信仰生活の発展にとって画期をなすものだった。神を表すものをすべて禁じることにより、目に見えない神への崇拝を義務とすることにより、そして神の名をやたらに用いることを禁じることにより、宗教は父の支配の制定のためのその発展を完遂した。〈父〉の力を認知することによって人々は変化し、ついには直接的な知覚や衝動的な満足に反対して、精神的なもの、文化、言語、知性の支配に身を捧げることとなった[46]」。

フロイトはさらに、原父の歴史的殺害、モーセやイエスへの幾度となくくり返された殺害という大胆な仮説さえ提出した。こうした殺人が罪悪感、殺められた父親の神格化、そして宗教における父なる神との和解をもたらすというのである。「人格化された神は、心理学的には姿を変えた父親にほかならない」。人類の進化の必然的な段階である宗教は、理性と科学の前進がまさに退かせようとしている集団的ノイローゼである。

フロイトは自分の理論の不十分さを自覚していた。彼は自分でその理論を「科学的神話」と呼んだ。し

かしながら、精神分析学派は宗教現象の純粋に神経症的な側面をさらに強調しようとした。たとえばテオドール・ライクによれば、宗教はエディプス・コンプレックスに還元され、宗教の聖務は強迫観念の表明である[47]。カール・グスタフ・ユングは話をもっと穏やかにし、神に個人の内面的な実存を帰属させた。神は心的な実在であり、人間はそこに架空の存在に関する自分の内面の富を投影して神を外在化させる。神は個人の心の内奥そのものであり、なんら客観的な実在性を持ってはいない。「神の概念は、非合理的な本性をもった心的機能であり、絶対的に不可欠なものであるが、それは神の存在という問題とはなんの関わりもない」。「非心理学的な存在という意味での神に関する教義は支持することができない[48]」。宗教は単なる自我と自我との関係なのだ。

全体として見れば精神分析学は、神と宗教感情を意識現象に還元することによって、無神論を強化するための新たな手段となった。アントワーヌ・ヴェルゴットはこう記す。「マルクス主義以上の力をもって、精神分析学は急進的な無神論あるいはさらに公然たる倫理的反神論さえ打ち固めることのできるさまざまな議論を展開している。宗教の病的な起源に確信を抱いた精神分析学は、その固有の手段によって宗教を打ち壊すことを自らの使命としたが、それは精神分析学が改善を試みようとする、人類の名誉のためになされたのである[49]」。

こうして、十九世紀はあらゆる実践的・理論的形態における不信仰に向けて大いなる跳躍をする結果となった。あらゆる社会的カテゴリーにおける宗教的実践の後退、勝ち誇った様子の広汎な無神論者たちの統合の準備、攻撃的なまでに反宗教的で宣伝に熱心な運動の登場、一方では静謐主義的で、他方ではスコラ学的に合理的な、とはいえ相変わらず時代遅れのまま時代の文化の前進から取り残された立場に立つ信仰の退歩が見られた。哲学、科学、歴史学、社会学、医学、心理学、精神分析学は、それぞれのもっとも

権威ある代表者たちが、その埋葬にはさらに時間がかかるおそれがあることを意識しつつも、神の死を宣言した。そして神が死んだことをはっきりと示すために、神の伝記が書かれ、この幻想がどのように生まれたか、またどのように消え去ろうとしているかを説明した。

当然のことながら、信仰者も多数残っていた。彼らはヨーロッパ人の大半を占めさえした。だがこのときすでに大規模な退潮が開始されていたと考えられよう。フランス革命がこじ開けた裂け目が多くの聖像破壊論者を飲み込み、その裂け目はもっとも堅固な唯物論的無神論からもっとも軟弱な理神論にいたる多様な形態を取りながら不信仰の道を押し広げていった。ベルクソンのようなあまり科学的とは言えない精神の持ち主までもがわざわざ自分はもう信仰を持ってはいないと言うほどだった。多くの人々が一九〇〇年前後には、無神論の発展はもうこれからは抗いがたいものであるとの印象を抱いた。

しかしながら、それから一世紀ののち、不信仰は足踏みしているかに見える。すでに見てきたように、往々にして互いに敵対的とも見える無神論的視点の多様性がおそらくはその展開を遅らせたのだろう。しかしこの停滞の本当の理由は二十世紀が、とりわけ確かさの勝利を画するものであるどころか、不確かさの勃興に帰着しようとしている事実に結びつく。そこにこそおそらくは、わたしたちの時代の中心的な特徴が存するのであって、この時代は神の死の世紀に続いて、信仰も無神論も犠牲にした、確かさの死の世紀であり続けるのだろう。

第Ⅵ部　確かさの終焉（二十世紀）

第十八章

無神論と信仰　戦争から休戦へ？

二十世紀は歴史上確かさが座礁した世紀だと主張しても、誤りを犯す可能性はきわめて低いだろう。鳴り物入りの国民国家の確かさとともに始まり、この国民国家が塹壕の泥にまみれて姿を消すと、それに続いて足音を響かせたのは右翼のイデオロギーと人種主義の確かさであり、それはホロコーストと原爆の閃光によって溺れ死に、また人類の新たな夜明けを謳う共産主義の確かさは強制収容所と国営店の空っぽな商品棚のなかで身動きができなくなった。さらに自由な資本主義の確かさは失業者の群れで足踏みし、民主主義の確かさはスキャンダルの悪臭に窒息し、科学の自由は倫理問題に対決させられ、ヒューマニズムの確かさは人類の半数の貧困状態によって死に絶え、こうしてついにこの果てしない世紀は、祝おうにもその正当な理由をはっきりと確かめようのない終わりを迎えようとしている。

宗教や哲学の領域が暴風を免れていたとしたら、驚くべきことだったろう。そこでも他の領域同様、確かさは消え去ろうとしている。神を信じる者の確かさ、神を信じない者の確かさ、信仰と無神論の対立があり、蔓延した懐疑は不吉なうごめきと世紀末のちぐはぐな軽信との不協和音となって姿を現す。それは

ある意味では、ついには自分自身の理性を蔑視するに至った人類の知的挫折を記す黄昏時の雰囲気である。それゆえにこそ、この最終部の三章は、答えを出すというよりも問いをこそ提出したい。はじめにわたしたちは無神論的ドグマティズムと信仰者のドグマティズムの最近の直接の衝突を検討しよう。それから神の存在という問題が今もなお提起されうるものかどうかを知るために、さまざまな教義や態度を理論面と実践面から検討しよう。そして最後に、不信仰の総括を試みることにしたい。

ソ連邦における《神なし》(*Sans-Dieu*) 運動(一九二五—一九三五年)

一九一七年のマルクス=レーニン主義による権力掌握とともに、無神論ははじめて国家のイデオロギーとなった。たしかにマルクスやレーニンが言ったように、宗教の消滅は当然のことながらブルジョワ的社会秩序の終焉に伴うものでなければならなかった。しかし多くのボリシェヴィキにとって、反宗教闘争はそれ自体で優先権を持っており、この闘争は強制手段を必要とした。「宗教と共産主義は理論的にも実践的にも両立不能である」。そうブハーリンは『共産主義入門』で書いた。

一九一八年からすでに、憲法は国家と宗教を分離し、「すべての市民に宗教的プロパガンダ、そして反宗教的プロパガンダの自由を認めた」。一九二四年からは教会はすべての宗教に解放されたが、その使用に際してはかなりの額の税金が課せられた。新生活 (*Novaïa-Jizn*) 運動は、「労働者のあらゆる宗教的低俗化と闘う」ことをプログラムに掲げた。宗教教育はほぼ禁止された。

一九二三年には、共産党第十二回大会が《宗教的偏見》に対する組織的闘争に着手することを決める。二つの新聞、『ベズボージュニック』(*Bezbojinik*、『神なき者』) と『ベズボージュニック・ウ・スタンカ』(*Bezbojinik ou Stanka*、『工場の神なき者』) が無神論の普及にあてられた。一九二五年には、ヤロスラフ

スキーの指導下に無神者同盟が創設され、一九二六年には二四二一細胞、八万七〇三三名の会員を、一九二八年には三九八〇細胞、一二万三〇〇七名の会員を擁すると言われた。ヤロスラフスキーはその目標を明確にこう定めた。「たんに宗教の社会的つながりの批判を行動に移すだけでなく、さらには科学的批判を実行に移すこと、すなわち科学と宗教のあいだに横たわる深淵を示し、この淵を大衆が渡れるように支援すること、これが今後数年間われわれが自らの課題としなければならないことである。宗教に対する闘争、これは社会主義のための闘争である[1]」。

一九二九年六月、モスクワでの第二回大会に際して同盟は戦闘的無神者同盟（USDM）となり、スターリンの肝いりで新しい規約はさらに攻撃的なものとなった。肝心なのは、「社会主義建設と革命文化の障害となるあらゆる宗教に対して体系的で休むことのない攻勢を仕掛けるために、ソ連邦の労働者を団結させる」ことだった。

キリスト教だけでなく、ステパノフが一九二三年以来書いてきたように、すべての宗教を撲滅しなければならなかった。

> われわれは、教会の伝統的構造に照準を合わせた個々の一撃が、そして聖職者に照準を合わせた各々の一撃が宗教一般を攻撃するような仕方で行動しなければならない。[…]もっとも目先の利かない者でも、ギリシア正教会の司祭、プロテスタントの牧師、ユダヤ教のラビ〔ユダヤ教における宗教的指導者、学者のような存在〕や族長、イスラム教のムッラー〔イスラム教の法や教義に深く精通した男性に対する尊称〕、カトリックの教皇と呼ばれる者に対する闘争がどれほど不可欠なものか、そしてこの闘争がやはり不可避的にヤハウェ、イエス、仏陀、アラーと呼ばれる《神に対する》闘争に発展すべきであることが理解できよう[2]。

十年後『神なき者』の論文で、オルシュトシュークはこう断言する。

正真正銘のキリスト教徒と括弧付きのキリスト教徒とのあいだに境界線とも言うべきものを引くことは不可能である。結局のところ、信仰者は誰もが似たり寄ったりである。すべての宗教は、マルクスが宣言したように、民衆のアヘンである。すべての宗教は搾取の道具、労働者を眠り込ませる手段である。それゆえわれわれはすべての宗教に反対しなければならない(3)。

かつての神学生だったスターリンの思想は、数語にまとめられる。「科学を支持するから、わたしは宗教に反対である」。その差し金で迫害措置がくり返された。一九二九年四月八日付の内務省令は、義援金や聖書の読書会を組織することや無料診療所や図書館を運営することを宗教団体に禁じて、宗教からすべての社会的役割を取り上げることをめざした。聖職構成員は《非労働者》あるいは寄生虫と見なされ、市民権も食糧配給券も取り上げられた。多くの者たちが流刑地に送られるか処刑され、その子どもたちは親を否認するよう強制された。

大衆的なプロパガンダが組織された。一九二九年にはモスクワに反宗教中央博物館が落成したが、この博物館では宗教の悪事が展示された。新聞はその攻撃を倍増させた。戦闘的無神論の著作の洪水が国土を覆い、その多くが新聞で取り上げられ、コメントされた。大方は、『神に対抗するキャンペーン』、『学校における反宗教教育』、『通信教育反宗教講座』、『いかに宗教と闘うか』といった実践的なマニュアルだった。ＵＳＤＭ中央協議会が、イヴァン・コログリヴォフの監修で刊行した一九三三年の『反宗教教程』は

信仰が提起するそれぞれの問題を正確に研究するもので、ある専門家にその回答を求めるものだった。人々はそこでは、「宗教に反対して闘うことを学ばねばならず、宗教が今日どれほど反革命的役割を果たしているか、人間意識のなかでどれほど宗教が資本主義の残滓となっているかを示さねばならず、反宗教的活動家が勤労大衆の迷信に抗して闘うのを援護するために、闘いの武器を提供せねばならない」のであった。

宗教に反対する活動は、さまざまな社会層に及ばなければならず、『反宗教活動の組織と方法』におけるゴロヴキンによれば「宗教のもっとも確かな隠れ家」、女性を無視してはならなかった。

反宗教宣伝活動は意識状態の多様性を考慮に入れなければならない。この観点からすれば、結局のところ二つの人間のカテゴリーが、信仰を持つ者と持たない者がある。前者においては活動は宗教の基礎を根底から掘り崩すことをめざし、後者では不信仰のうちに確固としてとどまれるように、また戦闘的無神論者になるようにただ鼓舞すれば足りる。

神なき者たちは宗教に対する闘争を階級闘争から分離しない。こうした戦略がその最終目的を損なう危険がある場合には、無神論者は信仰者の宗教感情が傷つけられることがないように気をつける。

神なき者たちは、宗教の起源について、そのさまざまな展開について、その教育について、人間たちの社会との関係について広範囲に及ぶ完璧な批判を遂行するであろう。

女性のあいだでの活動をなおざりにしてはならない。その知的発達が遅れている場合には、宗教のもっとも確かな隠れ家となるのは女性たちだからである。(4)

反宗教教育は教育のなかで重要な位置を占めていた。当初は教員不足から信者である教員をそのままにしておいたが——国民教育長官ルナチャルスキーは一九二九年に、それを《馬鹿げた矛盾》と呼んだ——国家にはそれ以外に手立てはなく、彼らはゲーペーウーの職員からだけではなく、生徒からもたえず監視された。肝心なのは一九三五年にＵＳＤＭが述べているように、ただ無神論者を作るのではなく、戦闘的な神なき者を作ることだった。

われわれは、子どもに無神論的世界観をもたらし、人間の本性についての正しい観念を持つようにさせなければならない。われわれは子どもに階級闘争における宗教の役割を（当然のことながら子どもの理解力にふさわしい形で）示し、子どものなかに自分の家族や周囲の人々の抱く宗教的偏見と闘う意志を目覚めさせなければならない。(5)

報道機関はくり返し、たとえば次の女性教師の方法のような、小学校での具体的な経験を伝えた。

子どもたちが自覚的に、学校でも家でも街頭でも宗教と闘うための戦闘隊形を整えた挑戦者となれるよう、反宗教家たちを育てることにわたしは献身しました。この《仕事》は九歳の子どもたちから始まります。彼らにはこの目的に沿ったお話を聞かせます。ここでのお話は、子どもたちを宗教に対する闘争上の実践問題に面と向き合うようにさせるためのものです。こうした類のお話の後で、宗教と闘いたいですか、と子どもたちにたずねます。［…］すぐに子どもたちは、いま耳にしたばかりのことをほかのグループのなかで話して聞かせようとしたり、十字架を取り去るために家で闘おうとしたり、自分たちと同じように行動するようにほかの子

どもたちを説得したり、反宗教の張り紙を作ったり、そしてそれを学校のあちこちの場所や街頭に貼ったりしようとしました。(6)

一九三〇年初頭になるとＵＳＤＭは、三万五〇〇〇の細胞と二〇〇万人の会員を擁する本物の大衆運動となった。この時期、反宗教闘争はすでに国際的なレベルで開始され、その運動は一九三〇年から三五年にかけて頂点に達した。マルクス主義者による、国際プロレタリア自由思想家連盟（ＩＬＰ）が一九二五年にチェコのテプリッェで設立され、「プロレタリアを宗教の害毒から解放すること」をめざした。その本部は一九三〇年までウィーンに置かれ、フランス、ドイツ、チェコスロヴァキア、ポーランドの支部を傘下にした。連盟は第四回大会（一九三〇年十一月、ボーデンバッハ）までは、迫害を奨励することを拒否した。しかしそれが原因となって、国際自由思想家連盟の創設をめざしてブリュッセルの社会主義的急進派自由思想家国際協会との合同を計ろうとする穏健派と、ソ連のＵＳＤＭと合同しようとして《ブルジョワ・イデオロギー》である信仰の自由と闘う意志を表明した強硬派の分裂が起こった。機関誌『闘争』は一九三二年五月に、「今機能している自由思想という用語と縁を切ろう」と主張した。ＩＬＰはこの年に本拠をベルリンに移し、支部をスイスとスペインに作った。一九三二年のドイツ支部の分裂のあと、ＩＬＰはますますモスクワに依存するようになった。ＩＬＰのプロパガンダも強化された。一九三二年の終わりには、ＩＬＰは二四の部隊を数え、そのうち一六がヨーロッパ、四つがアメリカ、三つがアジア、ひとつがオーストラリアにあった。

当然反宗教闘争はソ連邦のなかでも展開され、国内でＵＳＤＭは一九三一年一月には三五〇万、五月には三〇〇万、一九三二年五月には七〇〇万の会員を擁するまでになり、その一方で『ベズボージュニッ

ク』紙は八頁立てで四〇万部発行された。英国のジャーナリスト、トーマス・インスキップ卿によると、まさにこの時期に宗教完全一掃五カ年計画が構想された。この計画の存在はソ連邦当局からはつねに否定されてきたが、さまざまな兆候からそうした計画が実在したことは確かであるように思われる。(7) この計画についてはヤロスラフスキー自身がその存在をほのめかしているが、それは次のようなステップから構成されていた。(8)

初年度、すべての宗教関係の学校は閉鎖されねばならず、首都における教会の閉鎖のための最初の措置がとられる。

第二年度、宗教を持つ人物はすべての国営企業、国家機関から追放されねばならない。すべての宗教文献は禁書扱いとされ、反宗教映画一五〇編が制作され、ソ連邦全域、とりわけ学校で上演されることをめざす。

第三年度、この年は無神論者細胞の活動強化、またその者が属する宗教がなんであれ、自分の身分を否認することを拒否する聖職者を全員ソ連邦から追放することにあてられる。

第四年度、すべての教会、チャペル、シナゴーグは各地のソヴィエトに解放され、映画館、クラブ、その他人々が賢く時間を過ごせる場所に作りかえられねばならない。

最終年度、この年は反宗教闘争の戦線における前進を確固たるものにすることに捧げられねばならない。一九三七年五月一日にはソ連邦の領土内にはいかなる礼拝施設も残っていないようにしなければならず、神観念そのものも民衆の精神から消し去られていなければならない。(9)

《無神論》運動の停滞と政治的豹変(一九三五年)

この計画が実行されなかったのは、おそらく一九三二年半ば以降のソ連邦における反宗教運動のある種の息切れに由来するものだったに違いない。『ベズボージュニック』の発行部数が後退し始め、『反宗教家』誌の発行部数は一九三一年の一二八頁立て三万一〇〇〇部から一九三三年の六四頁立て二万二五〇部となった。『ベズボージュニック』は運動をふたたび軌道に乗せようと、一九三二年五月一日、読者に対して次のような質問に答えるよう求めるアンケートを実施した。

一、宗教の考え方と心情の破壊に関して、もっとも強力な印象を信仰にもたらした書物はどれですか。
二、これらの書物のうちで、とくにどのような節が信仰を揺るがし、またあなたの無神論の立場を強化しましたか。
三、あなたがまだ信仰を抱いていたとき、あなたを納得させられなかった反宗教的書物はどれですか。これは答えを強制するものではありませんが、あなたが反宗教家となったときの年齢、そしてその際の社会的身分は記入してください。同じく性別、教育レベルも記入する必要があります。回答は国立反宗教出版社まで送付してください。

一九三四年六月十七日付『ベズボージュニック』は、「各地の反宗教大学が人々から寄せられた期待に応えているかどうか確かめることが必要であり、多くの場合そうした大学は出来の悪い神学校にすぎない」と見ていた。

十二月十七日の同紙の確認によれば、「創立十周年を祝うためにレニングラードの戦闘的無神論者協会が組織した大祭典のあいだ、反宗教活動の熱狂も関心ももはや数年前ほどではないことを、誰もが確かめ

ざるをえなかった。細胞は弱体化し、ほとんど活動していなかった。規律は地に落ちた」。一九三五年八月には、状況確認はさらに否定的だった。「たとえばレニングラードでは、新規加入者たちは反宗教プロパガンダを放棄し、教育は無視され、大衆活動にはかつての熱気はなく、地方組織との結びつきは緩められた。ウクライナでも同様な状況が確認された。サラトーフ地方、スターリングラード地方や北部地方では、活動は惨憺たる状況だった。シベリア地方のほとんど大部分や西部地方でも同様だった」。

反宗教的熱情のこうした低下は、『ベズボージュニック』によれば、活動が終息し、宗教がすでに死滅したか死滅しつつあり、共産主義の十年がキリスト教の千年を消し去ったとの幻想に由来した。一九三五年八月の記事にはこう記された。「多くの組織がむなしい幻想を抱いた。五カ年計画第二年度の計画の成功は偉大なものであって、階級敵は根絶されたと思い込み、そのために反宗教プロパガンダはこれ以降余計事となったと結論した。いくつかの地方、たとえばコーカサス地方や北部地方ではＵＳＤＭの組織を廃止しようとさえしたが、もう誰も宗教を持ってはいないということがその理由とされた。その他の地方では、反宗教活動は成り行き任せである」。

『ベズボージュニック』紙はこうした楽観主義に与せずにいたが、翌年一九三六年二月八日に『プラウダ』紙は無神論者活動の勝利に満ちた総括を掲げた。運動は五万の細胞と五〇〇万の会員、さらに二〇〇万の青年活動家を数え、三〇の反宗教博物館を開設し、年間八〇冊の書籍を刊行し、毎年一万の講演会を開いたらしかった。実際、被害は内奥の心性よりも聖職者や建造物のほうが甚大だった。ロシア正教会は司祭の数が五万九六〇人から数百人に、カトリック教会では八一〇人から七三人に、プロテスタント教会では牧師の数が二三〇人から八三人になった。

しかし一九三五年からは、反宗教活動はもはやソ連邦の最優先課題とはされなくなった。反ファシズム

闘争のさまざまな必要性からキリスト教徒たちへの接近を強く促されることになるのである。国際共産主義青年同盟中央委員会は青年キリスト教徒との協定を増やすことを決定した。この時期は、ちょうどフランスでモーリス・トレーズ〔フランス共産党書記長〕がラジオ＝パリの電波を通じて《和解の手》政策を奨励した。「カトリック、労働者、サラリーマン、職人、農民、われわれは君に手をさしのべよう」（一九三六年四月十七日）。ところがその三年前には、『ユマニテ』紙〔フランス共産党機関紙〕ではパリ十四区の反宗教祭への次のような熱狂的な呼びかけを読むことができた。

同志諸君にこの偉大なシャンソン酒場に大挙して来られることをわれわれは要請する。なぜなら反宗教闘争、これこそが資本主義の没落を速めるものだからである［…］。われわれの闘争には国境はなく、われわれの兄弟、たとえばソ連邦の戦闘的無神論者である兄弟たちが五百万人以上の加盟者を集めていることを、われわれは誇りに思う。共産主義社会には教会のための場所などないのだ。われわれの側としては、その同じ道を歩み、近い将来教会が過去の暗闇へと資本主義と手を携えて消え去るよう、われわれの最大限の努力を結集しよう。(10)

一九二四年以降、実際に共産党員でもあった自由思想家は分派を結成し、無神論者運動に合流した。彼らは、一九二九年には会員数二四九六名に落ち込んだフランス自由思想連盟を去って、フランス・植民地自由思想家国民連盟の名のもとに再組織され、一九三一年には会員数二万人、一九三六年には二万五千人になった。共産主義者と非共産主義者という二つの無神論のあいだの断絶、とりわけ両者間の敵愾心は明らかに弱点だった。共産主義者たちは、ヤロスラフスキーにならって、相手方を《ブルジョワ無神論》と

激しく非難した。

われわれの無神論は戦闘的な無神論であり、そしてそのことによってブルジョワ無神論とは区別される。この無神論は旧世界のすべての城砦、さらにそのイデオロギーを攻撃する。肝心なのは聖職者との共存などではなく、今なお教会に従っている労働者たちの再教育を目的とする宗教との容赦ない闘争である。それこそがわれわれの目標である。(11)

一九三二年一月には、『闘争』誌上で《無神論者か自由思想家か》との表題を掲げてアラゴンがペンをとった記事で、共産主義的自由思想家はより明白でより闘争的な無神論者の立場に与することを決意する。

無神論は、プロレタリアに固有の革命理論と唯一両立するものである。神の存在への信仰は反革命的な信仰である。なぜなら、神々は天上にはおらず、地上にいるからであり、神々とは資本主義国家の存続のための知的機構にほかならないからである。[…]言うまでもなく、自由思想はスローガンとしての価値を失い[…]、そのままの形では革命家にとっての明白な同盟者のしるしであることをやめてしまった。司祭たちが正面から聖なるおののきをもってわれわれに投げつける無神論者の呼称を手にしようではないか。そしてこの呼称を、資本主義に関する唯物論的原理を放棄し、唯心論者、観念論者、キリスト教徒であっても同時に社会主義者たりうると称する社会民主主義者から格別にわれわれを区別する指標としよう。

そうした事情から一九三二年に無神論労働者協会が創設されたが、会員は四三〇〇人ほどであり、全員

共産党員だった。名誉書記局員だったルイ・アラゴンはかなり低劣な反宗教的あるいは反聖職者主義的酷評を書き連ねたが、そこではたとえばキリスト教徒は「天上の麻薬の提供者、頼むべき淫売屋の親爺、良心の自慰行為をする輩、誰をとっても女衒、ゆすりの親分」として描かれた[12]。

こうした罵詈雑言は、一九三五年以降いずれにせよ問題とはならなくなる。この年にはトレーズの《和解の手》によって共産党員は奇妙な集団健忘症にかかるからである。そのことはジャクリーヌ・ラルエットが元党員たちへの聞き取り調査で強調したことである。誰もが彼女に「しらを切るか、無愛想ないら立ち」の態度をぶつけた[13]。フェルナン・グルニエは無神論労働者協会が話題になったことなど一度も聞いたことがなく、セーヌ＝サン＝ドニ県のバグノレの活動家、マルセル・ピカールは元無神論者協会員をただのひとりも思い出せず、ピエール・ドロンは「そんなことはみんな愚にもつかないことだ」と考えた。要するに二十年近くのこの反宗教政策は、共産党員たちにとっては表向き存在しないものとされた。フランスではヴィシー政権が、一九四〇年以降自由思想の活動を全面的に禁じた。ソ連邦ではドイツ軍を前にして民衆が分裂するのを回避するため、ＵＳＤＭは一九四一年に解散させられた。

一九四五年以降のマルクス主義諸国における戦闘的無神論

ソ連邦で反宗教闘争の努力が息を吹き返したのは、いささか幼稚すぎる方法を用いてではあったが、一九五五年から一九五六年にかけてだった。宗教的事実は、Ａ・Ａ・ズヴォリーキンが「社会意識の諸形態を対象とする」科学と呼んだ社会科学の一分野において研究された。そこに無神論も加えられた。「無神論は、人間による架空の宗教的世界観、ならびに神やあの世への信仰の排斥の歴史と法則を対象とする科学であり、無神論は宗教が鼓舞する幻想から人間精神を解放する道筋と手段を示す[14]」。

この科学の目的はしたがって、他のところでI・A・クリヴェレフが魔術と同一視した宗教の排除だった。T・M・ミハイロフの指摘によれば、キリスト教のように高度に発達した宗教よりも民間信仰のほうが無神論に対する抵抗力を持っている。さらにミハイロフは、シベリアのバイカル湖付近に住むブリャート族におけるシャーマニズムへの回帰さえ記録している。[15] 一九六〇年五月、『コミュニスト』誌はモスクワ北部の集団農場の労働者における無神論に関するアンケート調査の結果を公開した。伝統や地方の習慣から断絶し、彼らはまたたく間に宗教的な観念を喪失し、祈ることもほとんどなくなった。人々は祈りから、端的に言えば御利益しか求めなくなった。《科学的無神論講座》が、一九六三年モスクワに開設された。

こうした執念の在りようは、さらには一九五四年以降のソヴィエト文学にも現れ、また一九六一年第二十二回党大会は新たな衝撃を文学者たちにあたえた。一九六三年には、「長年のあいだ、一連の反宗教的主題がソヴィエト作家のもとにごくわずかの関心さえ引き起こしもしないことは、嘆かずにはいられない」と、公式の批判が実際に言明されさえした。その例としてあげられたのが、テンドリィヤーコフ『奇蹟のイコン』(一九五八年)、ロザーノフの『地上に降りたもうた神々』(一九六四年)、あるいはイワーノフの『昼間に影たちは姿を隠す』(一九六四年)といったいくつかのロマン主義的な作品だった。

東欧の民主共和国では、努力に見合った成果が成し遂げられた。東ドイツでは、科学的無神論講座正教授のオロフ・クロールが一九六五年に信仰の衰退度を研究し、その割合は宗教的な資源から切り離されたグループの場合には年間千人に対して六人から八人になるとした。クロールは一九六五年に、全国のマルクス主義無神論者の割合は二九・三パーセント(公務員では五六・六パーセント)と見積もった。ユーゴスラヴィアでは、フィアメンゴ教授が社会集団の技術レベルと無神論の発展とを結びつけた。

反宗教政策はチェコスロヴァキアでは一段と推進され、この国では高位聖職者がドイツの占領軍と協力したとの理由から断罪された。この訴訟のおかげで、主だった大司教や司祭が、一九四八年から五一年にかけて退けられた。一九六四年には国民教育大臣が、「学校の教育的使命のひとつは若者のための無神論、宗教観念の放棄、世界の科学的説明の受容である。学校における無神論教育はそれゆえ義務である」、と宣言した。たとえば東部スロヴァキアのレヴォチャにある看護師学校で学ぶのは、初年度に世界の諸機構の科学的説明と宗教発生のさまざまな理由、二年度には資本主義の同盟軍、教会の反動的役割、三年度には社会に関する唯物論的考え方だった。一九六三年にチェコ東部のモラヴィアで二千人を対象に実施されたアンケート調査からは、住民の三〇パーセントが無神論者、四〇パーセントが無関心、三〇パーセントは信者だったが、後者のほぼ四分の一がキリスト教信仰を掲げる各団体に加入していた。

中国では、反宗教闘争はマルクス主義の名の下に執拗に展開されたが、それぞれの宗教ごとにやり方は異なった。キリスト教徒のグループが非難されたのは、帝国主義者との共謀が理由とされたが、伝統的な宗教に対しては責任者たちを住民と対峙させる手法がとられた。こうした活動は宗教の廃絶を表立っては掲げず、むしろイデオロギー的再教育によって宗教が必要でなくなるようにすることがめざされた。結果的に試みられたことは、対立を宗教集団内部に持ち込むことだった。キリスト教徒は一九五〇年代とくに迫害された。仏教の僧侶たちは封建的迫害と同一視され、労働小組に強制的に志願させられた。

非マルクス主義的無神論運動

新規に改宗した戦闘的無神論団体はなにもマルクス主義者だけではなかった。いくつもの団体が二十世紀全体を通じて世界的な規模で反宗教活動をくり広げた。しかしマルクス主義者たちとは反対に、背後に

国家装置を持たなかったため、彼らの活動はいっそう困難であり、なかなか理解されにくかった。それが自由思想家の国際団体、世界自由思想家連盟のケースだった。その支持者はしばしば哲学者、研究者、作家、芸術家たちの小グループに限られた。バートランド・ラッセルはその中心的な活動家のひとりだった。

運動はいくつかの国内連盟をその傘下におさめたが、たとえばフランス自由思想国民連盟の場合がそれで、この連盟は教師や官吏のあいだに多くの支持者をもっていたが、カトリック教会から表面的には解放されていたにもかかわらず、それに対する根深い不信を特徴としたままであり、反宗教的戦闘精神がたえずその宣言に顔を出していた。たとえば、一九六四年のディジョン大会では以下のような動議が採択された。

自由思想は、表向きは不寛容なドグマティズムを断念したふりをしていても、教育が不十分で素朴な一般信徒に教会が吹き込む幻想にあえて逆らうことを宣言する。知的解放に自覚的な人々に対する霊的温情主義と屈辱的な哀れみを特徴とするパウロ六世の誘いは往々にして愛情を込めて受け入れられたが、自由思想はこうした哀れみを望むものではないことを宣言するとともに、他に引けを取らない理想への誇りを保持するものである。

このテキストからは、教会がヒューマニズムの理想を骨抜きにするのではないかとの不安が明らかに見て取れる。一九六五年の大会はさらに「教会のドグマティックで帝国主義的な特徴」を糾弾したが、そこでは教会はその野心をなんら失っておらず、そのエキュメニズム〔世界キリスト教統一運動〕的な態度は精神的な植民地主義と大差ないものとされた。こうして、「フランス自由思想国民連盟はあらゆる宗教とあら

ゆる聖職者を告発するとともに、人類の現状を改善することができる唯一のものである、精神の解放を追求するという本質的で固有の使命に忠実であることを再確認する」。

第二バチカン公会議が公式に発表した対話の開始さえも、自由思想からはほとんど説得力あるものとしては受け取られず、連盟の運営委員会は一九六五年十二月二十六日付でこう声明した。

われわれは、〔第二バチカン公会議で〕採択された文書について最大限明白な、かつ最大限根拠のある留保を表明する。すなわち宗教の自由に関する文書、これは《不信仰の自由》を含んではいないこと、またエキュメニズムに関する文書、これはすでにとっくの昔にわれわれが乗り越えた限定つきの、一般信徒用の理想を提示するにすぎない神秘主義や有神論の教義にしか関係しないこと、そして無神論に関する文書は、無神論が理解しようとする努力、そしてその協力や対話への呼びかけ、誠実そのものである呼びかけをさまざまな断罪、過去の最悪の非難を持ち出して断罪することによって無に帰するものであることである。その一方で〔公会議が〕有害と見なすさまざまな信仰は、信仰をもたない者にとっての道徳的理想の土台をなすのであって、この理想が唯一信仰を持たない者たちをこの種の共同へと誘うものなのである。[16]

自由思想は、とくにフランス共和国大統領の葬儀の際の公式宗教行事の執行において、教会が実際以上にメディアで場所を占めることに反対した。一九七四年には、「このような形での執行はカトリック教会に国家の公式宗教との性格を付与することに事実上ならざるをえない」と宣言した。[17]

自由思想は単に聖職者至上主義や宗教的ドグマと闘うだけでなく、「人類を発育不全なままに放置する」役割を果たすあらゆるものに対して闘う、と主張する一九七〇年に採択された決議にもかかわらず、[18] その

活動はあまりにも昔の古くさい論争の姿をとどめすぎていて、ポスト宗教の文化的革新を推し進めるにはまったくそぐわない否定的な対応に終始しているかに見えた。そのような目的のためにこそ、一九五二年にかなり野心的な国際運動、国際ヒューマニズム・倫理連盟（Internatinal Humanist and Ethical Union, IHEU）が登場したのだった。その目的は、無神論的な基礎の上に地球規模で倫理を再構築することにあった。「教会との不毛な論争を捨てて」、IHEUはその組織内に実証主義的な合理主義者から最左翼的な自由主義的であるキリスト教の理想を掲げるヒューマニストまでを受け容れた。一九五二年に採択されたこの連盟の宣言では、運動の多元主義的性格とその純粋にヒューマニスティックな方向性とが明らかにされた。そこには、こう記してあった。「倫理的ヒューマニズムはさまざまな宗派をもはや信じることができず、精神的で道徳的な存在としての人間の尊厳の上に自らの確信をうち立てようとする者すべてに結束を呼びかける[19]」。

一九五二年八月二十六日の創立大会に際して議長を務めたジュリアン・ハクスレーは、『発展的ヒューマニズム』と題した講演を行い、運動の中心命題を明らかにした。運動は一九六六年以降、数百万人の会員を擁する、二七カ国三〇を越す組織の連合体となった。

その他の無神論者の運動からは、一九七〇年三月十四日アルベール・ボーゴンが組織した無神論者連合をあげよう。この連盟は一九七七年からは毎年文学賞を発表し、『無神論論壇』を二五〇〇部発行し、たとえばインド無神論者センター、アメリカ無神論者協会、オーストラリア無神論者協会、合理主義者連盟などの他のグループと結びつきを持っていた。この合理主義者連盟は一九三〇年に創立され、知識人を対象とする方針を採用した。連盟は講演会を催し、月刊誌『カイエ・ラショナリスト』を発行している。

一九三一年に会員一二六〇名で慎ましやかなデビューを飾った合理主義者連盟は、一九三八年には会員数が三二二八名におよび、前衛としての確かな飛躍を記した。一九四五年には連盟の名誉執行委員にアルバート・アインシュタイン、バートランド・ラッセル、アルベール・バイエ、エドアール・エリオといった人物が名を連ねていた。しかしながら運動は停滞し、そのためにリーダーたちはたとえばポール・ラファエルのように自問しなければならなくなった。ラファエルは一九五七年五月に『カイエ・ラショナリスト』でこう書いた。

ライシテ〔非宗教性、政治と宗教との分離〕の原理は、それ自体において弱々しい根拠を内蔵しているのではないだろうか。

よくよく考えてみれば、それに対して肯定でもって答えなければならなかったように思われる。ライシテ、それは寛容の原理の社会的諸関係における実践的適用である。したがって、信徒はその敵対者の信仰の自由を尊重し、いかなる強制という手段も敵対者に用いることがあってはならない。ところがわれわれの敵対者はなんのためらいもなしに、ライシテを根絶やしにしようと、権力や策略を用いる。そうしながら、彼らはその行いが自分たちの教義によってあらかじめ正当化されることを知っているのだ。彼らによればライシテの精神、それは悪であり、悪を打ち砕くすべての方策はよしとされる〔…〕。

われわれの弱点は、さらにまた別の理由からわれわれ自身の原理に由来する。われわれ、ライシテを掲げる者にとって検討の精神は権利であるばかりでなく、義務である。たとえそれがわれわれの友人からのものであっても、われわれは指図を受けることはない。あるいは仮に受けることがあったとしても、われわれの原理

がわれわれに課すのは、それを判断し、それを正当と判断した場合にのみそれを受け容れることである。それゆえに行動の一貫性ということはライシテを掲げる者にとって実現困難である。というのも、行動の一貫性のためにはあらゆる事柄に関して前もってひとつひとつ検討し、それに対する態度を決めておかなければならないからである。［…］

要するに、不寛容を実践することはたやすいことであり、自分の偏見に従い、理性や道徳を惑わすことなく、敵の力量に応じて自分の力を試してみようとする喜びを満足させれば、それですむ。それとは逆に寛容であることは、あらゆる予断の排除、自己自身の統御、理想の遵守を要求する。未開人であれば労することなく不寛容でありえよう。哲学者たる者、努めていかなる場合でも万人に対して寛容たらねばならない。原理がわれわれに優越しているがゆえに、われわれは自らと闘うことを余儀なくされているのである。[20]

明らかなことだが、こうした分析は非マルクス主義的な自由思想運動の枠内においてしか、また共産主義国の外でしか妥当しない。しかしそれは、本質的には否定を基盤とする運動であり、聖職者至上主義対反聖職者主義の古くさい対立がよみがえってくるようないくつかの事件の際にしか世論のなかに確かな反響を見いだせない自由思想運動の限界をはっきりと浮き彫りにした。こうした事件のひとつで、当時かなりの物議をかもしたのが、一九五七年三月、死の間際のエドアール・エリオの教会による《取り込み》だった。エリオは無神論者あるいは不可知論者だったが、熱烈な反聖職者主義者で、自由思想協会のメンバーだった。死に瀕したエリオを訪ね、エリオは教会との平和のうちに亡くなったと宣言し、彼の宗教による葬儀（！）を執り行ったのがリヨンの大司教、ジェルリエ枢機卿だったから、騒ぎはいっそう大きなものとなった。アンドレ・ロリュロによれば、それはやりすぎだった。『ラ・キャロット』誌の火に油を注

ぐような記事で、ロリュロは「腐肉をあさるハゲタカ」、「遺体盗人」に対して、また「もっとも断固とした敵の遺体にばかげた茶番を演じさせる教会の唾棄すべき専制」に対して憤りの声をあげた。[21] ジャン・ロスタン（一八九四―一九七七）〔《一人殺せば殺人者だが何百万人殺せば征服者になれる。全滅させれば神だ》との言葉で知られる〕でさえも、「ライシテと不可知論を掲げる自分の全生涯とは一致しないいくつかの証言」を取り上げずにはいられなかった。[22]

ルネ・レモンは『フランスにおける反聖職者主義』の歴史を書くにあたって、宗教行事の過度のメディア化が引き起こした苛立ちの反応のまた別の例を提供しているが、その先鞭をつけたのがパウロ六世の歴訪の場合だった。一九六四年にはロベール・エスカルピが、この仰々しい旅行を祝賀することに不満を述べた人々が犠牲となったオストラキスモス〔陶片追放、危険人物の名を陶器片・貝殻などに書いた公衆の投票で国外に追放した古代ギリシアの制度〕に抗議して、こう述べた。「ロンドの輪の外にとどまる人々も、ロンドを踊る人々と同様に尊敬されなければならない。善意が自らの存在をもっともよく照明できるのは、いささかも強制がない場合のみである」。[23] こうした指摘は、ヨハネ＝パウロ二世の歴訪にも妥当するものだった。

一九六三年から六四年にかけて、フランスでは宗教色の濃い番組の激増に対して、またテレビという場から無神論を追放しようとするある種の道徳的迎合主義に対して抗議が相次いだ。「信仰は尊重されなければならない。これほど当たり前の礼儀が、なぜ信仰に対して払われなければならないのか。まるで無神論者に対しては、そんな礼儀はふさわしくないとでもいうように。信仰告白の時代の善良なる新聞、善良なるパンフレットに戻りたいというのか」、とモルヴァン・ルベスクは『レクスプレス』誌上で問いかけた。[24] 一九六三年には『フランス・オプセルヴァトゥール』誌で、ジルベール・ヴリアックもまた宗教現象の本来の特質について問いを発し、その結論として、宗教は今後、こじつけの手段を使って時代遅れの道

徳を強制する「帝国主義者であってはならない」と述べたが、信仰を持たない者たちの《悲劇的な孤独》が無視される一方で、メディアが信仰者たちのこころの在りようにしか関心を持たないかのような様子に驚きを隠さなかった。

第一バチカン公会議、そして今では教皇選挙会議〔コンクラーヴェ〕がわれわれにもたらした論評の大洪水のなかで、おそらくわれわれは本質的な問題がどれほど覆い隠されているのかということにあまり注目してこなかったのではないだろうか。しかしながらこの問題はローマの見事な会合から、ものを考えようとするすべての個人が関心を引き出すべき問題である。つまり、宗教は依然として人間にとって有用であるのか、という問いを立てるべきなのである。たしかに自前の演壇も公式スピーチもあるわけではないが、フランスではいずれにせよ信仰を持たない者が少なからずいるだけに、こうした隠滅は奇妙なものである。この沈黙をどう解釈すべきだろうか［…］。

これこそが、少なくとも外見上はわれわれの時代のパラドックスである。教会はわれわれの文明の非キリスト教化によって揺さぶりをかけられているが、その一方で政治や人々の精神に対する教会の支配は一世紀前と比べてかつてなく強まっているのである。

今なお用いることができる強力な手段によって、宗教がわたしを絡めとろうとしない限りは、宗教がわたしを悩ますことはずっと少なくなっている。宗教がわたしに寛容であれば、わたしはほとんどなんの苦労もなく宗教に対して寛容でいられる。とはいえ、宗教は本来帝国主義者であるしかない。あらゆる必然性を失ったずっと後になって、宗教はその道徳を押しつけ、特定の風俗習慣に肩入れし、少なくともこの美し国フランスにおいてその手から逃れようとする地上の権力を手中に収めようとする。その際、宗教は譲歩もしなければ、

自分を当てはめもしない。宗教は、あたえる以上に求める。［…］

どの宗教も今は死を前にした最後のきらめきを放っているにすぎない。宗教は堂々と、ゆっくりと、だが確実に死のうとしている。ただこの瀕死の病人は年老いた専制君主にも似て、青春の真っ盛りにでもいるかのように、無気力に自分に同意する取り巻きたちを牛耳ろうと躍起になっている。［…］

神なき人間の悲劇的な孤独が信徒たちの好奇心をそそることはないのだろうか。そうだとしても、この沈黙はなにゆえだろうか。(25)

したがって根本問題は消え去ってはいなかった。信仰を持たない者たちを苛立たせた局面のひとつは文化にかかわる検閲への宗教界の肩入れであり、たとえば一九六五年の映画『修道女』の禁止であり、一九七〇年のフランス国内テレビでのキリスト受難劇のパロディー風なスケッチの取り消しがそうだった。くわえて、ルイス・ブニュエル、ジャック・ブレル、レオ・フェレといった教会に敵対的な芸術家や演出家は、教会の新たな戦術の一部をなすと思われる回収の試みによって激昂させられた。たとえば、「信徒たちがわたしに話してくれたところでは、ブニュエルはそれと知らずに信仰を抱き、彼のうちには心ならずも神が住んでおられる」とデュラン猊下は書いた。(26)つまりブニュエルたちは誤った宗教を攻撃しているのであり、したがってブニュエルたちこそ真の宗教精神の持ち主であるというのだ。これは、すべての良心の持ち主を絡めとるうってつけの手段だっだ。

それは信仰を持つ者と持たない者のあいだのあらゆる対話の試みをねじ曲げるものだ、と一九六六年にピエール・デヴァロアは宣言した。キリスト教徒はどんな場合でも平等をベースにして他人と会話することはない。なぜなら、自分だけが真理を手にしていると信じているからだ。できることはただ、自分が持

っている真理、信仰の真理を他人が見つけられるように手助けすることだけなのだ。宗教的帝国主義がどんな場合でもそこにあり、《無信仰者》――信仰を持たない者という言い方よりもさらにいっそう否定的な用語である――、この無信仰者に向けられた同情心に満ちた言葉の背後には、そうした宗教的帝国主義が見いだされるのである。

教会の人間、キリスト教徒は異教徒に話しかけるときに対等平等な立場で話しはしない。彼は、自分だけがのっけから真理の証人なのだ。彼の目には話し相手は潜在的なキリスト教徒、対話が助産婦の役割を果たす聖なるものの預け場所に他ならない。教皇回勅でものごとをそう定めたのが、他ならないパウロ六世だった。「対話は真理の宣教を打ち消しはしない。教会は人々にこう語ろう。《あなたが求めているものをわたしは持っている。人々に教会は、真理を、正義を、自由を、進歩を、融和を、平和を、文明を語る。これらの言葉の鍵を教会は持っている。キリストがそれを教会にゆだねたのだ》」。

それでは、こうした対話はいかなるものなのか。人間としての尊厳を持ったあらゆる正当な交流が行き着く先が、こんなありふれた探求なのか。問題はむしろ、教会が保持すると公言する真理の勝利を確固とするようなアプローチなり方法なりを定めることではないのか。われわれに提出された対話がお情けの対話にすぎないのではないかと、われわれは腹立たしい思いで懸念を抱いている[27]。

一九七〇年代まで無神論者のあいだでは、対決ムードがたえず根強かった。教会を、手っ取り早く言えば信仰を後退させようとの意志が多様な仕方で発揮された。教育界では、ライシテの問題がフランスでは人々を動員できるテーマだったし、無神論者の教育学者のあいだでは、たとえばアメリカのジョン・デュ

ーイ（一八五九―一九五二）のように、学校から宗教を排除するための合理的な基盤を作り上げようとした[28]。フリーメーソンなどのいくつかの運動は、その激しい反聖職者主義的方向を保持していた。フランスのグランドオリエント〔グランドロージュ、東方社〕中央本部は総会を開き、たとえば一九六〇年のヨーロッパ連合結成の動きに乗じた聖職権主義を掲げるヨーロッパの動きが復活する様を目の当たりにして、憂慮を表明した。「どんな人であれ、アメリカのものであれロシアのものであれ、あらゆる唯物論に抗してうち立てられた教皇の霊的権威の、この見事な建造物に王冠をいだかせることを望む人はいないだろう。この《小ヨーロッパ》では、六八パーセントの聖職主義者に対して、対決しているのはわずか三二パーセントのライシテを掲げる者にすぎないとも言われているのだ」。

休戦に向かうのか？

それにしても、二十世紀の最後の二十年間は反宗教闘争の熱情が下り坂になっていくのが見られた。それに先立つ時期のはっきりした立場は、世紀末あるいは千年期末の極端な気分的沈滞のなかで衰え、解体していった。どちらの側にせよ、相変わらずの中心メンバーを別にすれば、それぞれの陣営は急速に解散していった。かつて人々の精神を熱狂させた問題に関して言えば、それを不毛、無益、ほとんど無意味と思う感情が支配的となって、懐疑が精神に浸透していった。

人々をもっとも動員できたテーマである反聖職者主義は、もうまったく何の支えにもならなくなった。司祭の着けるスータンや修道女の被るコルネットも風景から姿を消した。政治的には、司祭はもはやかつての司祭ではなくなっていた。多くの司祭は左翼の立場に移った。社会の拘束をものともしない司教たちがデモの戦闘に立ち、既成秩序に抗議することさえも見かけられたが、そのために反聖職者主義は右翼の

立場に移り、さらには教会の内部においてさえも同様なことが見られた。敵と味方を区別することが難しくなった。[29]『ラ・キャロット』誌が、たとえば以下に掲げるような戦闘的なアピールを投じた時代は、はるか遠くのことのように思われる。「それではヴィシー政権を支持した司教たち、そして今まさにドゴールのまわりでパレードをくり広げ、なんとかしてライシテを掲げる学校を抹殺し、組合への浸透工作を行いながら、共和国を、真なるものを、理性の共和国を裏切っておいて、信仰告白を主導する自分たちの王国には手をつけない、そんな司教たちが誠実と言えるのか。［…］人間の愚かさに抗して、ありとあらゆるタルチュフに抗して、諸君前進せよ！[30]」。

一九六二年にはすでに、合理主義者連盟事務局長のエルネスト・カアヌが《俗悪な反聖職者主義》の時代は過ぎ去ったことを宣言した。「もっとも深い迷信から人々の精神を解き放つことが問題だった時代にあっては、そうした反聖職者主義が歴史的役割を演じたとしても、現在フランスではその役割は二次的であると考えることも許されよう[31]」。カアヌは、そうした面は「合理主義者の伝統の些細な側面」であるにすぎないと続けてさらにこう言う。合理主義者の伝統の大いなる目標は、依然として「宗教の精神そのものとの闘い」、そして一般的に「すべてのドグマティックな精神に対する闘い」であり、「科学、唯一科学のみが人類に課せられた諸課題を解決する能力があること」を示すことである。

五年後、モーリス・カヴァンは『レゾン・プレザント』誌で非宗教的国家への教会の服従を訴える論陣を張った。そこでは、「宗教に敵対する無神論的方策ではなく、国家において社会の平和に責任を持つ政治権力の単一性の原理の適用」が見られることが必要とされた。一九八〇年にはエヴリー・シャッツマンが同誌にこう記した。「どんなものであれ、一度信仰が受け容れ可能なもの、尊敬すべきものとなったならば、わたしはためらわずにそのことを口にするだろう。もっとも、それが隣人たちの信仰と和解し、そ

れを信じている人々が、自分が真理を保持していると確信するあまり、なんとしても自分の信仰に他人を改宗させようとしない限りにおいてだが」[32]。相互的な寛容に向かって、少しずつ事態は進展しているように思われる。この寛容については、疑念や警戒心は存続しているものの主要な特徴をあとで検討することになるだろう。教会の側でも、公式声明にはなおある種の曖昧さがまとわりついているものの、やはり無神論に対するトーンは低くなっているのである。

教会による無神論者の《取り込み》

二十世紀の無神論に関するカトリック教会の言葉遣いは多様な形態をとっている。猛烈で全面的な非難は久しく継続している。一九一三年から編集の作業が続けられているヴァカンとマンジュノーによる『カトリック神学大辞典』に、その片意地なまでの表現を見いだすことができる。《無神論とそれに付随する誤謬》という項目では、その冒頭の句が議論の基調を醸し出している。そこにはこう記されている。「ごくまれな例外を除いて、《無神論者》と呼ばれることは学界でも恐怖の的であり、たいていの場合、人はそう呼ばれないようにしている」。当然のことながら、無神論は唯物論であり、そして唯物論は《下品》なのである。この辞典の説明によれば、それだから創造という考え方を拒否する者も自分が無神論者であるとは言わずに、妥協の道を探る。それが、唯物論あるいは観念論という二種のヴァリエーションを伴う汎神論だったり、実証主義、感覚論だったりするのである。

不名誉なレッテルを誰に貼ればよいのか。「ある学説が明白に神の観念と両立しがたい場合、その結論が、神は存在するとの判断をなにがしかの真理をもって表明するために絶対的に求められる最低限の観念の否定である場合、この『辞書』ではその固有の名こそ無神論としなければならない」。一方で、神にか

かわる観念の全面的な欠如を特徴とし、そしてむしろ不可知論であるような《否定的な》無神論、ないしは《精確さを求める》無神論と、他方で断固として至高存在の実在を否定する《実定的な》無神論、《断然たる》無神論を区別することが必要とされる。後者のカテゴリーではさらに二つの下位区分が設定される。思弁的な領域で神を否定する理論的無神論と、日常活動の領域におよぶ実践的無神論である。

それに反して、神の本性に関して誤った、あるいは不完全な理論を表明する哲学者は無神論者とは呼ばれないことになる。彼らには、「神性に関する決定的で精確な諸観念が欠如」しているからである。また《信仰を持たない人々》や、《ある学説の著者であっても、その結論がじかにすぐさま神の観念を破壊するものではなく、論理的帰結として結論が神の観念を危険にさらすのではないかと人が論証できる者》も、無神論者とは呼ばれない。

こうして仇敵ははっきりと名指しされ、その誤りが公然と非難されることになる。神学者の役割は信仰を持たない者に説明をあたえることであり、同時に彼らに反論することである。それこそは、カトリックのもっとも開明的な精神の持ち主のひとりだったアンリ・ド・リュバックが一九四四年にやろうとしたことだった。『無神論的ヒューマニズムのドラマ』は、こうした主題に関するキリスト教的な考え方の特徴を示した。開かれた精神の持ち主として、このイエズス会士は無神論的ヒューマニストの思想の高貴さを承認する。それはたとえば、ディートリヒ・ケルラーの次のような文言のうちに見られるものである。「神が存在することを数学的に証明できたとしても、わたしは神が存在することを望まない。神はわたしをその等身大に限ってしまうからである」。ド・リュバックによれば、わたしの自由とわたしの尊厳に限界を定める神という誤った考えには三つの源泉がある。コント、フォイエルバッハ、マルクスであり、ド・リュバックは彼らの不十分さを示すことにこだわる。しかしド・リュバックが抱いていたのは《通俗

的な無神論》に対する軽蔑であり、それを振り払おうとしているにすぎない。「われわれは通俗的な無神論はとり上げないことにする。そんなものは多かれ少なかれいつの時代にもあったし、意味あることは何も提供してはくれない。もっとも批判的な無神論も同様である。その影響は今日でも広がり続けているが、活力あるものを形づくっているわけではない。自分が打ち倒そうとするものに取って代われないことが明らかだからである」[33]。この通俗的な無神論は、古典的には、《下品な》唯物論と結びつくが、この唯物論は価値もない大衆の唯物論だとされる。「こうした無神論的ヒューマニズムはいかなる仕方においても享楽的で下品なまでの唯物論と混同されてはならない。そんなものは月並みな出来事であって、さまざまな時代で出会えるものであり、われわれが考慮の対象とする価値のないものである」[34]。まさしく注目に値する、数百万の人々の実践的無神論に向けられた侮蔑的なさげすみである。

こうした偏見を他の多くの信仰を持ったエリートたちが分け持ち、折りあらば地球上のあらゆる悪を無神論者のせいにしようと待ちかまえたが、それは二十世紀の最後の最後まで続いた。そのきわめてはっきりした例がミシェル・シューヤンスの場合であり、シューヤンスは一九九七年になってもなおこう記す。「民主主義の語によって、そのすべての構成員の幸福を目的とする社会が理解されるのであれば、当然のことながらこの社会は道徳的に中立だったり、宗教に無関心だったり、無神論的な社会ではありえない。［…］したがって多元主義とは、政体としての社会が不可知論や無神論を、また道徳的なあるいは宗教的な無関心を公言しなければならない、ということを意味するものではないだろう。そんなことにでもなれば、社会は不寛容で専制的なものになることが経験から分かる」[35]。シューヤンスによれば、神の死は人間の死であり、二十世紀のすべての全体主義的な主要イデオロギーは社会の非宗教化と無神論の結果であり、そうしたことが「人間生活に向けられたさまざまな攻撃」の元凶だとされる。「つまりそれらは実践的無

神論を開示するのであって、国家や民族や政党の崇拝に王位を授けたのち、《市場の偶像崇拝》を王位に就けようとし、そのために母なる大地の異教的崇拝を復活させようとする」[36]。「何ひとつ学ばす、また何ひとつ忘れない」カトリックのなかでも極端なこうした立場はラッツィンガー枢機卿〔のちの教皇ベネディクト十六世〕から支持を取りつけたが、枢機卿はキリスト教的な世界観が命じる生命の全面的な尊重を謳う、世界についてのこうしたキリスト教的な見方だけが唯一、存在するものに「その偉大さと尊厳」をあたえることを忘れるなと言う[37]。昔からのジレンマが相変わらずまとわりついているのだ。人間以下の貧しい暮らしをする数億の人々がいて、彼らはマザー・テレサのすばらしい奉仕活動の引き立て役になる。彼らよりも人数は少ないが、富があるおかげでいっそうの幸福を享受する人々がそれなりの男あるいは女としてまっとうな地位に就くことができるのだが、そうした富の合理的なコントロールよりも彼ら、貧しい人々が貧しいままでいることのほうに価値があるというのだろうか。

大部分の神学者は無神論に関してそれほど狭量でない観点を持っている。とはいえ、無神論を誠実な敬意をもって受け入れる人々はまれである。もっともありふれた態度のひとつは、ただ単に無神論という現実を否定することである。はっきりそれと自覚することもなくただ何とはなしに神という絶対者の存在を認めるような人々には、見かけ倒しの無神論しか存在しないのだろう。ということはすなわち、有徳な人であれば誰もが自動的に、有無を言わせず信仰者であり、それ以外の者たち、本物の無神論者たちは《罪を犯した者》ということになる。それこそがカール・ラーナーがためらわず主張したことだった。ラーナーによれば、存在するのはただ「神を信じていないと信じている者」だけであり、「さらには、自分は無神論者だと信じている無神論者もありえるのであって、そうした者は超越者を言葉にならない形で従順に受け容れてはいても、この超越者に十分にそれにふさわしい表現をあたえるまでには至らない。要するに

完璧な無神論者は存在しうるが、それゆえにこそ必然的にとがめられなければならないのである。この無神論者は恐怖からか尊大さからか、超越者を前に自らを閉ざし、はっきりそれと自覚して超越者を否定する」[38]。くわえて、ラーナーはこう記す。「それ自体で完結している無神論者の道徳はただ単に主観的なものであり、したがって可能なものではなく、したがってまた無神論そのものについても同様に言わなければならない」。

ジャック・マリタンも、《偽りの無神論者》を話題にしたときに言いたかったのは、実際このことに他ならなかった。そうした無神論者は「神を信じていないが、実際には心のなかで無意識的に信じている。なぜなら、彼らがその存在を否定する神は神ではなく、何か別のものだからである」[39]。『今日のカトリック』に引用されている証言はすべてこの線でまとめられる。「本物の無神論者は存在せず、存在しえないという考えと、わたしは同意見です。[…]そのように主張する無神論者は実のところただの反聖職主義者なのです」。「あえて神を否定することも、その存在を証明することも人にはできない。この観点からすれば、ある種の合理主義は迷信同様子どもじみていて、ばかげています。極端な場合には、結論が出せないのです。何をやったところでいつでも、何かが存在するということを確認するだけに終わるのです」[40]。また同じように、この著作は無理解の反応をよりどころにする。誰からも、何ものからも強制されないにもかかわらず、道徳を尊重する無神論者がいたら、それこそ英雄だろう。「だがそんなことは、この世では通用しない」。ベールの時代から三世紀たつが、有徳な無神論の可能性は今なお世間を納得させてはいない。たいがい勝ちを占めるのは、同情なのだ。「そういう連中は気の毒だ」、「連中は責めるより、同情すべきだ」というわけだ。

『無神論の諸問題』で神学者のクロード・トレモンタンが示したのも、これ以上の理解ではなかった。

無神論者とは、自分では気づかずにいる信仰者か、何ひとつ理解せずにキリスト教に誤った批判を加える者か、さらには説明のつかない残り滓、知的な変わり者、謎であるかである。「このレベルでは、分析はなかなか前に進むことはできない。時代を越えて姿を現し、ユダヤ教とキリスト教への主張を述べるようになったこうした憎悪に関しては、おそらく心理学者がなにほどかの光明をもたらしてくれるだろう(41)」。正統な無神論に向けられたこうしたトレモンタンの好奇心の在りようは、信仰が自由な行為であること、そして人は信仰を拒否できることを少なくともわたしたちに示してくれるメリットがある。

同書の結論には、健全な者であれば本物の無神論者になれるわけはないという、尊大な立場が炸裂している。無神論は異常者なのだ。

純粋な無神論は存在しない。それに対して、ヘブライの一神教に対立する性質をもった宗教は存在する。無神論は合理主義と利害をひとつにすることはなく、また合理主義も無神論と利害をひとつにするものではない。慎重に、だが決定的に無神論と合理主義を引き離さなければならない。[…]

無神論は一個の信仰であり、そして近代無神論は本質的には信仰絶対主義者である。それというのも、無神論は自らを哲学的に基礎づけるための根拠を提供することを放棄しているからである。今日のキリスト教徒も無神論者同様まったく信仰絶対主義者であるとも言えよう。それは確かである。しかしながらキリスト教は、それ自体信仰絶対主義ではない。

無神論は非合理的な信仰であり、その点では心理学の管轄に属する。無神論の成立と存在が理解できるような深い分析をあたえてくれるのは心理学者である。われわれが思うに、心理学者は葛藤の分析において、われわれが取りあげたいくつかの神学的な誤解を再発見することだろう(42)。

無神論は非合理的であり、それは《小児病》であり、自力でものごとを正しく考えることができなかったとされる。それではなぜ知識人も含めて、自分は無神論者だと言うたくさんの者たちがいるのだろうか。クロード・トレモンタンによれば、彼らは目標を誤ったのだという。彼らは戯画化されたキリスト教を攻撃したのである。そうは言ってもやっかいなのは、キリスト教がたくさんの戯画を自分から生み出してしまい、これまでそうしたものがあればの話だが、《正統な》キリスト教はどこに身を潜めているかと人は自問できるほどだということである。クロード・トレモンタンによるもうひとつの説明はこうである。ある種の無神論者は神という仮定に訴える必要をただ単に感じてはおらず、自然があれば十分なのだ。そしてそれ以外の無神論者はあらゆる宗教を同列に置いて、キリスト教が古代の神人同形的で非合理的な神話と同じ精神を持っていると見なす。さらにまた別の者は教会に、反動的な無知蒙昧主義を、あるいは逆に革命的な勢力を認め、さらにまた十九世紀には教会が民主主義を呪い、二十世紀にはそれをほめたたえるといったような、歴史のその時々での矛盾を非難する。もっともこれは、著者によれば矛盾ではなく、思想の発展なのだそうだが。

要するに、こうした変遷以上に遠くを見ることができない人々は、外見に誤魔化されているのだ。知的障害のおかげで、彼らは無神論者なのだ。唯一信仰者だけにはそれが分かり、その他の者たちはそれに気づかずにいる。無神論をまじめにとろうとはしない、こうした立場の際だった侮蔑性は、ほかの信者から非難の対象とされた。ジュール・ジラルディにとっては、「誤って理解された神を否定する人々は、だからといって無神論者であることをやめはしない」が、それでもまじめに受け取られることを必要としているのである。(43)

人は神の存在を証明できるか

教会には、無神論の信用を失墜させるまた別の狡猾なやり方があり、それは神の存在の《証明》という使い古された幻想をまたぞろ引き出すものだった。まずはじめに映画監督のアンリ＝ジョルジュ・クルーゾのように、最良の証明は証明の不在だと主張して、逆説をもてあそぶあまりまじめでないケースを退治することにしよう。「何かがわたしに手を貸してくれたが、それは神の存在の証明の不在だった。隠れた神だ。わたしにすれば、こうした証明の不在は、それこそ第一級の証明なのだ。というのも、もし神が人間に敬意を払うのであれば、われわれが自由に同意することを神は望まねばならないし、われわれに神を信じる必要を感じさせる謂われはないからである[44]」。こうした原理なら、明らかにどのようにでも信仰を正当化できるだろう。それゆえにこそ、神学者たちは神の存在証明というスコラ哲学の思想を手放そうとはせず、わたしたちのものである懐疑の文明によって余儀なくされた、微妙な変化や修正をそこにつけ加えるのである。そうなってみると、これはかなり奇妙な様態を呈する。

テオデュール・レイ＝メルメのような人にとってみれば、「人は証明を口にすることはできず、ただ神への《道》を、理性により神への接近だけを語ることができる」のだが[45]、他の者たちはさらにいっそう遠回しの議論をしている。聖アンセルムス、聖トマスそして無数のスコラ神学者たちの断固とした明言のあとを受けて、「正しき理性は信仰の基礎を証明する」とされた第一バチカン公会議〔一八六九—七〇〕のあとでは、理性は神の存在を証明できないと現職の神学者が言い張るのは都合のよくないことだった。それゆえ、神学の精緻さをうまく使う古典的手段に訴えた。つまり、言葉はそのままにしておいて、その意味を変え、そうすることで同じ事柄を言っても、それとは逆のことを言ったことになる。そうすることで、二

千年にわたる教義上の見事な統一を看板にすることができた。教会の適応能力は大部分こうしたやり方に由来している。

こうしたケースを二つ例としてあげよう。第一に、動詞《証明する》はいつでも同じ事柄を意味するとは限らず、《証明する》は《何かの存在を明らかにする》という意味ではない。したがって、第一回バチカン公会議の楽観的な声明は、このように特殊な意味論に照らして解釈されなければならない、と宣言される。それこそが一九九六年に『神を証明することと神を願うこと』と題された論文で、ジルベール神父がきわめて巧妙に行ったことだった。[46] それは、連続性における変容と言われるものだった。「公会議のテキストは、理性に神の〈存在を証明する〉ことが可能だとは言っていない。テキストはむしろ、理性は信仰の基礎のためのしるしとなりえると主張している」。[47] このことが何を言いたいのかあまりよく分からないという点を除けば、一八七〇年代の神父たちがこうした解釈に同意できるかどうかを知ることは興味深い問題であろう。

第二の解決法、それは、表現で言えばこうなるのだが、《魚を溺れさせる》ことだ。またしてもこの点で、教会にはエキスパートに事欠かない。パリの大司教、ジャン゠マリ・リュスティジェ枢機卿は、『神の選択』に掲載された、ジャン゠ルイ・ミシカとの対話でその見事な例をあたえてくれている。[48] ジャーナリストの質問は、「神が存在することを、人間の理性を使って証明できますか」と明白で率直だった。当然《ウィ》か《ノン》という返事を人は期待する。だからはじめはそんなふうに聞こえるような印象を持ってしまう。「答えはいわば一刀両断のようなものです。[…]第一バチカン公会議はできると答えています。[…]言葉を変えれば、そうした合理的論証は可能なはずです」、そうリュスティジェ枢機卿は言う。そこでほっとするのだろうが、答えはあたえられていない。ジャーナリストは儀礼的に言葉を重ねる。

「可能なはずなのですか、それとも可能なのですか」と。核心部分に触れ始める。枢機卿の答え、「この件についての問いは未解決のままです……」。十行下では、こう言われる。「まさしく信仰という名において、信仰者は人間理性の能力を肯定するよう導かれます。これは格別なことです。こうした逆転、こうしたパラドックスがたえずわたしを驚かせるのです」。さらに二十行先では、枢機卿はこう語る。「人間が神の存在の証明によって納得させられるためには、浄められ、叙階の秘蹟を授けられた人間理性が納得させられることを受け容れる必要があります。神を肯定するという理性の働きは、納得するというそのあらゆる力を信仰するという行いのなかで受け取らなければなりません。そしてこの行いそのものは神の癒し、そして恩寵の結果なのです」。

六つの質問、そして一頁半を費やして、ジャーナリストは話題を軌道に戻そうと努め、まず神を信じれば神の存在を証明できるという、常套手段となった論点先取の虚偽を指摘した。「あなたが展開される論法は理屈に合いませんし、それどころか矛盾しています。そのように考えたら、合理的に神の存在を証明するためには、信者になるより他ないことになります。神の存在を合理的に正々堂々と議論したいとしても、その論証は不可能であり、またそのことが理性と信仰とのあいだの限界を定めることなのだと言ったほうが、ずっと単純なことになるのではありませんか」。もっとも、それは無駄骨だった。神の存在を合理的に証明できるかどうか、わたしたちにはけっして分からないのだ。ところが、枢機卿の口から聞こえてくるのは、かつてキリスト教的だと言われた社会で虐殺が引き起こされたとしたら、その社会はキリスト教的だったのではなく、キリスト教的だと思い込んでいたのだという言い分である。反対に、今日の無神論者の行いが正しければ、それは彼らが無神論者でない証拠であり、無神論者と思い込んでいるが、実はキリスト教徒だとされるのである。「望むと望まないとにかかわらず、無神論者の社会はキリスト教社

会なのです。そうした無神論は特殊なものであって、神の破戒ではあっても、神の否定ではありません。［…］近代文明は、真実の神との避けようもない出会いによって特徴づけられます」[49]。

その証明だが、それでもなおある人々は、近代的で、反論の余地がなく、情報科学に基づき、インターネット上で調べられる証明を見つける[50]。聖書をデジタル化してその構造を研究することによって、実際ある種の人々はそこに秘められた、預言的な意味を持つセンテンスを発見することになる。この数学的構造の配置は人間の頭脳の能力をしのぎ、その解読はコンピュータ時代以前にはなしえないものだったが、それは少なくともひとつのことを証明することになるだろう。つまり神はいたずら好きで、二十世紀末にチームを組んだ少々利口な連中がIBMのおかげで解決策を見つけるのを待ちながら、自分の存在をかなり子どもじみたクロスワード・パズルでカモフラージュすることに時間を費やしたのだ。もっともこの事実から分かることは、もし同じ構造が新約聖書に見つけられなければ、崩壊するのはキリスト教全体となるということだった。

無神論に向き合う神学

教会はより深刻に、いかんともしがたく増大するばかりの不信仰者たちの存在を考慮し始めた。地球規模でのキリスト教の抗いがたい勝利への確信は少しずつ失われていった。教会は、さまざまな広がりを持った人間的信仰の、ひとつの構成要素、それもマイナーな構成要素であることを、諦めて受け容れるより他なくなった。もっともすでに見たように、自分以外の者たちを無意識的なキリスト教徒に仕立てあげ、埋め合わせをしながらではあるが。とはいえ、無神論者たちへの態度決定が残されている。

第二バチカン公会議〔一九六二―六五年〕は、この件での転換点をなした。それはまず、世界中で無神論

者の数が増加していることを認めることを通じてである。「神あるいは宗教を拒絶すること、そうしたことに気を遣わないこと、それは他の時代でも同様であるが、もはや例外的な事実なのでもなければ、幾人かの個人が何かの弾みで手に入れたものでもなくなっている。今日では、人は進んでそうした振る舞いを科学の発展、あるいはなんらかの新たなヒューマニズムからの要請だという[51]」。さらにそれに続く転換点は、こうした無神論の広がりについての信仰者の責任を認めたことである。つまり、「無神論の発生においては、自分たちの信仰の教育を怠り、その教義を誤って伝えることにより、自ら神の正統な面差しを覆い隠していると言い得る点において、信仰者の側にも責任がある」のだ。

教皇制定法『喜びと希望』は、精確なやり方で無神論のさまざまなあり方を研究した。現世の悪への抗議、神を覆い隠すほどのいくつかの価値の絶対的なものへの引き上げ、唯物論タイプの文化への惑溺、人間と科学の法外な高揚、宗教的関心の全面的な欠如などである。体系的な無神論のなかで、公会議は、人間を神と対抗させるヒューマニズム的無神論と、宗教を被抑圧階級の解放の障害とみなすマルクス主義的無神論を区別した。

実践的な対応の段になると、公会議は相補的であるとともに対立する二つの要請を発した。真の友愛なるものを世界にまざまざと示して無神論と闘い、より良き世界のために無神論者と協力する、というものである。「絶対的に無神論者を拒否しつつも、信仰を持つ者と信仰を持たない者がともに住む公正な世界の建設にすべての人々が取り組まなければならないことを、教会は率直に宣言する。それが可能であるのは、まことに信義に満ちた慎重な対話による他ない[52]」。

公会議のこうした結論は、無神論をポスト宗教に関わる態度のひとつとして取り上げた非信仰者対策事務局の資料に依拠していた。わたしたちにとってこのテキストの興味深いところは、とくにそれが用語法

にもたらした精確な使用法に存する。そこから分かるのは、『カトリック神学辞典』以来、教会が無神論の観念をかなり拡大し、ほとんどすべての非キリスト教徒がそこで取り扱われるようになったことである。それだからこそ、理論的無神論の項目には、神の存在を無視する者も、それを否定する者も、それを疑う者（懐疑論的無神論）も、それは理性の埒外だとする者（不可知論的無神論）も、そんな問題は意味がないとする者（意味論的あるいは新実証主義的無神論）も、あらゆる実効的な神の啓示を拒否する者（信仰を持たない者）も、人間の活動領域から神を締め出す者（思弁的・実践的無神論）も、神が不在の価値システムにだけもっぱら自分の関心を向けようとする者（実践的無関心主義）も含められるようになったのである。

こうした精確な分類が示すのは、どれほど無神論が真面目に受け取られているかということである。奇妙なことに、無神論は「典型的に西欧的な現象」とりわけ合理主義的心性が生みだした、ポスト・キリスト教的な現象とみなされている。そのことはつまり、キリスト教が無神論にそうした力をあたえたということであろうし、それは一方で神的なものを、他方で自然法に従う現実世界を、というように二つの世界を二元論的に強調することによっている。キリスト教が無神論を生んだのだ。ともかくも合理主義的無神論に関する限りは、このことは一面の真実を言い当てている[53]。

現代世界で無神論が重要な位置を占めていることは、教皇パウロ六世にかなりの衝撃をあたえたが、教皇はくり返し自分が「われわれの時代のもっとも重大な現象」と命名したこのことに言及した[54]。教皇は「公然と不敬を宣言し、その中心人物になろうとする者」とは区別し、その一方で次のような者の存在を語る。

創造主を崇拝し、それに仕え、その法に従うことは迷信であり、無用なこととみなすために、すべての宗教的祭式を拒絶する人々がいる。彼らはキリストへの信仰なしに、あらゆる希望を奪われ、神なしに暮らしている。それがわれわれの時代に文化、経済、社会の領域で横行している無神論である。今では時として公然と姿を現しはするが、昔は隠れ、大概は進歩顔をするか、進歩のマントで身を隠していたものだ。(55)

教会はこうしてついに目を覚まし、自分がまどろんで世界キリスト教の夢を見ているあいだに世界がキリスト教の手を離れようとしていることに気づいたようだ。目覚めは突然だった。世俗世界に浸りきっていた司祭たちは、苦い思いで敗北の重大さを認めた。神はもはや世界にはいなかった。大いなる不在の時が始まった。「この神の不在、列車のなかで、バスのなか、騒々しい仕事場のなかで、管理職のトーンを落とした雰囲気のなか、どこへ行ってもわれわれはこの不在に出会う」、レーヴ神父はそう記す。(56) パリ周辺地域の司祭たちは、そのことについてこう証言している。

無神論、人が思う以上に広がっているが、それは無数の形をとって、あらゆる階層に達している。無神論は自分を社会の抗いがたい現実だとして示し、ほとんどすべての人、信仰者の心をも通り抜ける。無神論はその意図において建設的なものであり、たくさんの無神論者が世界を作り変えようとの思いを抱いている。とはいえ同時に無神論は多くの苦痛を訴えるのであって、それは自分の人間性が奪われていると感じ、現実問題として罪、悪、死に直面している大衆の苦しみなのである。(57)

歴史のなかではじめてこうしたレベルの不信仰に向き合うことになり、教会はてんでんばらばらに対応

した。ヒエラルキーのトップは、いつものことだったが、その構造、伝統、そして会員の高齢化によって麻痺していた。トップにできたことは、無神論の《誤謬》を悲しみ、無神論を取り込もうとし、実践面・信仰上での喪失を防ぐため、道徳面でまだ無神論者である者を救おうとすることだけである。またトップは、二千年のキリスト教の歴史に落胆し、懐疑的になっている西欧旧世界に比べれば受容性のある第三世界を切り札にすることもできた。

しかしながら、教会思想家のレベルでは、彼らが表現の自由を持っている以上は、神学の革新の口火が切られたが、それはかなり注目すべき適応能力の高さを示すものだった。『神は存在するか』という挑発的なタイトルのもとに一九七八年に公刊された大部の著作で、ハンス・キュングは無神論を取り込もうとするキリスト教徒たちの試みに対して抗議した。[58]「無神論を《自己を知らざる》神への信仰であるかのように扱って、無神論を懐柔することを神学は避けなければならない。無神論者の揺るぎない心は尊敬されなければならず、それと同時に思弁の領域から排除されるべきものとしてはならない。あたかも彼らの無神論が本物ではないかのように、また彼らの不信仰がそれでもなおひとつの信仰であるかのように、そして無神論者を秘密裏に神を信じる者として扱ってはならない[59]」。同様に、無神論者に罪悪感を抱かせたり、性病にかかっているかのように扱うのはやめなければならない。つまり、「道徳的欠陥のある者であるかのように全体として無神論者の信用を貶めることは避けねばならない」。こうした第一、第二の配慮に第三のそれが加わる。つまり、超自然的なものや非合理的なものの流行が信者を教会に惹きつけ、文化的混乱や何かにしがみつきたいとの思いを利用して、教会の影響が広がると期待し、合理主義の危機につけ込むようなことはしてはならないのだ。理性は真面目に受け取られなければならない。その代わり、無神論者は彼らの側でも、「神の存在は不確かだが、しかし神の非存在もやはり不確かである」という事実を考

慮して、[60]理性の要請に従うことを受け容れなければならない。どちらの側にとっても、証明は存在しないのである。

ある種の神学者はさらに先まで進み、世俗化が全般化したことを公式に認め、この世俗化を神学の内部にまで浸透させようとした。すでにディートリヒ・ボンヘッファー牧師は、無宗教世界における宗教なきキリスト教の擁護に回った。さらに大胆な他の者たちは、とくにアングロサクソン社会において、《神の死》の思想を採用しようとさえした。それがたとえばアメリカ人のガブリエル・ヴァーニアンの場合であって、ヴァーニアンは『神の死』において世俗化された世界にキリスト教が適応可能であることを示した。あるいは『世俗世界のためのひとつの宗教』におけるレスリー・ニュービギンの場合も同様であるが、それに対して英国国教会派のジョン・ロビンソンは『神に忠実であるために』において、形而上学の言葉を捨て、行動することを通じてイエス＝キリストへの回帰を説いている。

もっとも興味深い試みは、おそらくはドイツ、マールブルクの新約聖書学教授、ルドルフ・ブルトマン（一八八四―一九七六）の場合であろう。ブルトマンの書き記すところによれば、イエス神話、キリスト教共同体が作り上げた《物語》としてのかのイエスとは、関係を絶たなければならない。「われわれはイエスの生涯もその人となりについても実際には何ひとつ知ってはいないとわたしは思う。というのも、われわれが所有しているキリスト教徒から伝えられた情報源はきわめて断片的で、伝承に彩られており、この点に関するいかなる利点も示してはいないからである」。[61]キリスト教の信仰は脱神話化されねばならない。キリスト教の信仰は神話の文化と言語に基礎を置いており、古代ギリシア思想やグノーシス主義やユダヤ教の終末思想を織り込んでいる。イエスの復活やさまざまな奇蹟、受肉の秘蹟は神話であり、現代世界に適合させせなければならず、ただその意味だけが重要なのだ。さらにシュトラウスやハイデッガーの影響を

受けて、ブルトマンはあらゆる信仰の合理化は放棄されなければならないとする。合理化などは幻想にすぎない。信仰とは、神への非合理的な《飛躍》であり、信仰はただ自らによってのみ正当化される。

そこにあるのは、構造主義のまったく世俗的な観点、とりわけ、現実を言語とエピステモロジーに還元しようとする《懐疑の巨匠たち》が表明するような観点との一致ではないだろうか。クロード・レヴィ＝ストロースが、「人間科学の最終目標は人間を構成することではなく、人間を解体することであると、われわれは信じている」と書いた際、またそれにくわえてミシェル・ド・セルトーが「人間的と称される諸科学の対象は言語であって、人間ではない」と言うとき、そこには宗教を言語に還元するブルトマンの気質と同等のものが見いだされる。『言葉と物』でミシェル・フーコーが人間に適用したものは、神にも簡単に適用できるだろう。それは、「人間とは、われわれの思想の考古学がその日付を易々と示してくれる発明である。そしておそらくはその間近な終末もそうだ……。人間科学に固有なものを明らかにするもの、それは人間という、あの特権化され、奇妙にもつれ合った対象ではないことが分かる。明らかに人間科学を構成し、それに固有の領域を提供するのは人間ではない。そうではなく、人間科学を定位し、その使命をあたえ、それを確立し、人間科学にたとえばその対象として人間を作り上げることをいわば許容するのは、エピステーメの一般的な配置である」。人間科学は、それなりの仕方で、自分の研究対象としての人間を《創造》し、神学は自分の研究の対象としての《神》を創造する。すべては言葉のなかに存在するのだ。

無神論者と信仰者はこうして相対主義と普遍化された懐疑論において互いに手を携える。虚しく真理を求めて数千年の人間思想の歴史をさ迷うことに疲れ果てた精神にはもってこいの解決法であろう。《わたしは何を知っているのだろうか *Que sais-je ?*》〔モンテーニュ〕、これこそが二十世紀の終わりに信仰を持つ

者と持たない者を和合させる三つの語なのだ。ある人々はこれに同意し、信仰と無神論のあいだでこうして得られた休戦を、しぶしぶ受け入れる。

依然として多くの人々が真理に到達できるとか、あるいは真理をもう手に入れているといった幻想を抱いているとしても、神の存在の問題は、理論的なレベルでも、そして実践的なレベルでも、今日でははっきりとした変化を被っているのであり、ある人々はそうした問題はすでに時代遅れだとさえ主張しているのである。

第十九章

神という仮定、時代遅れの問題？

「聖トマスがやり、聖アンセルムスがやり、あるいはデカルトがやったようには、人は今日ではもはやほとんど神を証明しようとはしない事実を確認することは衝撃的である。こうした証明は通常は言わずもがなの前提とされ、やることと言えば神を否定することへの反論に限られ、それも必然的存在という相変わらずの想像上の観念が顔を出すかもしれない裂け目を新しい哲学に見つけようとするか、あるいは逆にどう転んでも哲学者たちがこの観念を問題にするのであれば、彼らを無神論者だと一言で片づけようとするかなのである[1]」。

モーリス・メルロー＝ポンティのこうした考察は二十世紀後半の知識人たちの態度を見事に位置づけている。神はもはや中心問題ではない。問題は二次的な次元へと移り、誰ひとり証明をやり直す苦労をもはや負おうとはしない。神、それを認める者もいれば、認めない者もいる。そしてはっきり言わなければならないことは、数のうえで圧倒的に、現代哲学者たちが神を認めていないことである。もっともそれだからといって、ひと騒ぎもふた騒ぎもなかったわけではない。だがそれが当然の成り行きでもあるかのよう

だ。現代哲学のオリジナリティーが存するのはまさにこの点においてである。哲学者はいきなり無神論に身を置いた。もっともこの無神論は、「全面的な否定から絶対的な無関心」に移行した無神論である。(2) 十八世紀においてそうだったように、一風変わった幾人かのリベルタンの立場であるどころか、無神論は共有され、なんの媒介もなしにほとんど自明の立場となったのだ。

実存主義――自由を名目とした神の放棄

かつてはあらゆる思想の要諦だった神の存在という問題は、極論すれば明々白々すぎて、もはや一考の余地すらあたえられていない。この点で典型的なのがかの実存主義、一九五〇年から七〇年に大きな影響をあたえた晦渋な哲学の場合である。この哲学は、いきなりあらゆる絶対的なもの、あらゆる規範の拒絶という立場に身を置く。人間は、あらかじめ定められた意味など持たない世界、したがって不条理な世界に生きている。実存としてこの世に投げ込まれ、純然たる自由である人間は自らの行為を通じて自らをとどまることなく作り上げ、アンガージュマンを実現するが、それには《英雄的なニヒリズム》という態度が伴う。ジャン＝ポール・サルトルはこの個人の実現過程を分析したが、個人が備える対自態とは意識と自由であり、虚しく即自態との一致を追い求める。この両者のあいだには虚無が存在し、そうして虚しく即自態を求めた結果から生じるのは、実存的な不安である。存在しようがしまいが、神はこの件を何ひとつ変えはしない。とはいえ、サルトルによれば神が存在することはありえない。

その理由はまず、神は全体的で、理想的で、同時に即自的、したがって完璧に規定された存在でなければならず、また同時に対自態、すなわち自由でもなければならないが、このことは矛盾し、実現不能だからである。続いて神が存在しないのは、人間の本性など存在せず、したがってその創造主も存在しないか

らである。またさらには、遍在する無限の神が存在したとして、どうしたら人間は自由になりえるのだろうか。存在は原因でも、理由でも、必然でもない。それなりの仕方で自己を実現するため、人間は自分をわがものとすることをやめ、自分を無化し、そしてまた自分を創造し、不安に満ちた空虚のなかで人間は自らの行為によってその空虚を埋めようとする。人間は自らが神なのだ。「不安によって開示された自由は、自由な存在を意味する自我の再生の絶えざる更新義務によって特徴づけられる」。したがって、神の観念は忘れ去られなければならない。それはわたしの自由にとって有害であろう。何ひとつ前もって決められたものはない。人間は、自己の全面的な責任において、意味と価値を案出しなければならなず、この責任が人間を、そして人間と他の存在を拘束する。それは容易なことではない。キルケゴールについての講演で、サルトルは「好んで無神論者でいるのではない」と語った。実存的不安は居心地のいいものではない。

アルベール・カミュとともに、無神論と実存の不条理は、人間の挑戦的態度、自分が宇宙のなかでただひとりであることを知っている存在の挑戦を促すものとなった。「この世では何かが意味を持っている。そしてそれは人間だ。人間が意味を持つことを要請する唯一の存在だからだ」。反抗が人間をして人類を創造することを可能とする。「わたしは反抗する。わたしは抑圧に対して抗議する。ゆえにわれわれは存在する」。わたしが自由であるのは、神が存在しないからである。「神になること、それは単にこの地上で自由になることであり、不死の存在に仕えることではない。当然ながら、そのことはとりわけこの痛苦に満ちた独立からあらゆる結果を引き出すことである。神が存在するなら、すべては神次第であり、われわれはその意志に逆らっては何もなしえない。神が存在しないなら、すべてはわれわれ次第である」(3)。それもまた居心地のいい立場ではないし、無神論者ドン・ジュアンに関してカミュは、「理性を持ってしまっ

た者の恐ろしいまでの心の痛み」を語る[4]。

アルベール・カミュは本当に無神論者なのだろうか。この点に関して少なくとも、カミュの「神への郷愁」は語ることができよう[5]。幾度となくくり返しカミュは聖なるものへの、また神話への自分の考えを披瀝しており、一九五七年八月にはこう述べた。「わたしは神を信じていない。それは確かです。しかしそれだからといってわたしは無神論者ではありません。無宗教には何か卑俗な……そしてそうですね、陳腐なところが見られるという点では、わたしはバンジャマン・コンスタンと同意見です」。イグナス・レップによれば、これは回勅『フマニ・ゲネリス』〔『人類について』、一九五〇年教皇ピオ十二世による〕とともに教会の路線になんの譲歩もなしにとどまることであり、またテイヤール・ド・シャルダンからの非難は、カミュの転向の淡い希望をくじくものだった[6]。

モーリス・メルロー＝ポンティは、無神論においてもっと毅然としていた。絶対的なものは存在しない、すべては偶発的であり、不確定である。人間は進化の偶然のたまものであり、やがては消滅する。その間、全幅の自由をもって自らを作り上げること、それが人間のなすべきことである。そして、この自由は神の眼差しのもとでは存在しない。「この無限の眼差しは、その前に立つとわれわれには隠し事ができなくなるものであり、しかしながらまた同時に自由もなく、欲求もなく、将来もなく、われわれを目に見える事物の条件に還元してしまう眼差しである[7]」。神が実在するはずはない。というのも、そうでないとしたら、われわれはここで何をすべきなのだろうか。「神がいるなら、完全なるものは世界のこちら側ですでに実現されてしまっており、それは増えようもない。文字通り、何ひとつすることがないのだ[8]」。

マルティン・ハイデッガーは、神の問題を開いたままにしておくことを選んだ。現時点ではわれわれに答えを決めることを許すものは、何ひとつとしてない。したがって、われわれは《無関心》の立場をとら

なければならない。もっともこのことはハイデッガーにとって，問題が重要ではないとか，ある日神への道に出会う可能性がないことを意味するものではない。しかし今日の文化は神をその射程としてはいない。「ただ神々や神が姿を消してしまっただけではなく，神的なものの照り返しすらこの世界では消えてしまった」。「神へといいたる道としての聖なるものは失われた」。われわれの時代は，「神の不在」の，「神が欠如した」時代であり，悲劇的なのは，この時代が「神の欠如を欠如としてさえ感じることすらない傾向を持っている」ことである。[9]

カール・ヤスパースにとって，人間を生かしめる真理を信じることには，宗教的な外見が伴う。しかしここで問題なのはもっぱら哲学的な態度決定であり，それは真の宗教とは相容れない。「宗教的信仰に到達していて，なおかつそれ以前に哲学者だった者がいるとすれば，その者はけっして真の哲学を行使したことがなかったと想定されなければならない」[10]。

最後に取り上げるのは，こうした実存主義の立場にきわめて近い，ニコライ・ハルトマンの現象学である。ハルトマンは神は実在しないとの公準を現象学に要請し，道徳的人間にとって不可欠の自由を救済した。[11]ホセ・オルテガ・イ・ガセットについて言えば，オルテガの宗教思想は大いに議論の的になったものだったが，「神的なものは人間のうちにあるより良きものの理想化であり，宗教は各個人の半分がもう半分に，内部にあって生気を欠いた部分がもっとも神経の通った部分，もっとも英雄的な部分に課す礼式である」，と考えた。[12]

分析哲学にとっての神問題の無意味さ

実存主義者たちは人間の自由を救済するために，神を考慮の外においた。新実証主義者たちもまた，神

が存在するか否かという問題があることを至極簡単に否定した。というのもそれは形而上学の問題であり、また形而上学は信用ならないためだった。唯名論者たちの遺産を受け継いだ彼らは、形式論理によって互いに結び合った感覚的経験からすべての認識が生じると考え、またこの認識は個人にしか及ばず、もの自体は認識されることはないとしたのである。この純粋に経験的な知にあっては、生得観念などはなく、科学的アプローチによって捉えることのできないような問題は疑似問題である。そんな問題は存在しないのだ。《神は存在する》とか《神は存在しない》といった命題は意味を持たない。真でもなければ、偽でもない。実在は証明されず、ただ直感によって体験されるのみである。さらには、われわれは神の属性すら認識していない。だとすれば、どのように神を認めることができるのだろうか。

こうした立場のもっとも有名な代表者はルートヴィヒ・ウィトゲンシュタインである。ウィトゲンシュタインは『論理哲学論考』で、われわれが所有するのは世界の表象にすぎず、この表象とは言語であって、事物の現存に到達することはないことを示した。言語のうちで、いくつかの命題は真であり、他のものは偽である。任意の命題が真であるのは、それが科学的に確かめられる場合である。神学が言うことはすべて明らかに確かめられるものではなく、したがって意味をなさない。個人的には、ウィトゲンシュタインは神の存在の可能性を排除してはいない。とはいえ、神はもっぱら神話の領域に属し、人とは断絶している。というのも、神は存在したとしても、世界に自らを開示することもなく、また知の対象ともなりえないからである。この知の領域には宗教的言説も存在することができるが、その内的な首尾一貫性を研究できたとしても、その真理性を担保することはできない。ウィトゲンシュタイン以外の新実証主義者はさらにいっそうラジカルだった。ルドルフ・カルナップによれば、神を定義することには絶対的な不可能性がつきまとう。擬似的な定義は、その内容を確かめることができない言葉であるにすぎない。したがって、

なんらかの存在者の存在、非存在を議論することは問題外とされる。

とくにアングロサクソン世界で重要な役割を演じている分析哲学は、ほぼこれと同様の視点に立っている。その目的は言語を明瞭なものとすることであるが、それによって論理的なものと言語的なものの混同でしかなかった、古典的な疑似問題を退けることができるとされる。形式的に神の存在は否定され、実定的な無神論はとりあげられることもなく、問題そのものが放棄される。この問題が回避されるのは、それがわれわれの言語の可能性というレベルでは無意味だからである。もっともこのことは当然ながらそれ以外のアプローチを排除しない。

こうした一般的な枠組みのなかでも、ある種のニュアンスは区別することができる。ジョージ・エドワード・ムーアによれば、神の問題について常識は完全に中立的である。「一般に神が存在するか否かを、われわれが実際に認識可能かどうかという問題について常識は判断を下さない、と言うほうがわたしにはずっと正当であるように思われる。そうだとは言えないし、またそれ以上にそうではないとも言えない。したがって、常識は宇宙についてもその全体に関しては判断を下さない」[13]。ムーアの個人的立場はむしろ不可知論に近い。アルフレッド・ジュール・エイヤーはさらに過激だった。つまり、すべての宗教的命題は放棄されなければならないというのだ。その理由は、宗教的命題はそこに意味を付与する形式的・論理的要請を満足させられないからである。それらは無意味であり、検討の余地すらない。バートランド・ラッセルによれば、神の存在に関して人知が立てることのできた証明はすべて人を欺くものである。態度を明らかにすることは不可能であり、くわえてなぜ神に訴える必要があるのだろうか。世界は自足しているのだ。もっともラッセルは個人的な無神論を曖昧さのかけらもなく公言した。「わたしは仏教、ヒンズー教、キリスト教、イスラム教、共産主義といった世界の有力宗教は例外なしに偽りで、有害なものだとみ

なす」[14]。キリスト教について、ラッセルはとくに性道徳に関して格別の不満を抱いた。「いずれにしてもカトリックのもっとも非難すべき特徴、それは性に関する立場、きわめて不健全で、きわめて自然に反した立場であり、それを理解するにはローマ帝国の衰退期にまで溯らなければならない」[15]。

他の者たちも否定的なやり方で振る舞った。つまり宗教的な陳述は、何がそれを偽とするかがわれわれには分からないようなものであるから、意味を持たないとされたのである。それがまさにアントニー・フリューが宣言したことである。彼はこう言う。「何かが起これば《いずれにしても神はいない》とか、《こんな状態では神がわれわれを愛することはない》という言い方に、キリスト教の教育を受けた人々が譲歩するようななんらかの出来事、あるいは一連の出来事などは、思い浮かべることもできない」[16]。

ジョン・ニーマイヤー・フィンドレーはといえば、次のように主張してアンセルムスの存在論的論法に反撃する。「単に認識論的な意味においてでなく、なんらかの論理的意味において、神が存在しないことが可能であるならば、そうなると神の存在は単に疑わしいというだけでなく、むしろ不可能である。というのも非存在が可能であるようないかなるものも、神ではありえないからである」[17]。分析哲学派の論理学者は、アンセルムスの存在論的証明に当然のことながら深い関心を示し、それに対してさまざまな方向から反論を加え、そうした証明が実在に関してなんの価値もないことを示した。実在に関するすべての命題は経験的にのみ真偽が確定されるものだった。

宗教的信仰の領域はしたがって合理性と常識による議論の領域とはもはや無関係だった。ここに見られるのは、まさしくウィリアム・オッカムの唯名論の精神である。信仰が自身を正当化するには、ただ自分自身によるしかなかった。論理の世界では、信仰は不条理だった。リチャード・ビーヴァン・ブレースウエートはその『自然と宗教的信仰に関する経験論者の見解』で、こうした断絶に関する理論を提出した。

宗教的主張は道徳命題と類似的である、とブレースウェートは書く。それは、「ある行動方針への同意の宣言、ある生き方への参加の宣言」である。[18] 教義について言えば、それはこうした道徳方針にそって生きる手立てとなる物語である。こうして、「ブレースウェートの考え方の枠内では、《神は存在する》という事実の言明ととられた命題は意味を剝奪されているばかりでなく、さらにキリスト教の教義の主要部分は、それに伴うすべての歴史的言明とともに、文字通りに解されるならば偽であるとみなされ、その一方で人は十全たる意味合いにおいて宗教的言語を用いるキリスト教徒の信仰者であると主張することもできる」、とマクスウェル・ジョン・チャールズワースは書いた。[19] アルフレッド・ホワイトヘッドの立場はまた異なっていたが、それもこの問題を解消させることにあった。というのも、「神が存在する」とも、また「神が存在しない」とも同様に人は言うことができるからである。ホワイトヘッドによれば、

神は自身の本性という単位への現実世界の実現である。［…］

神は恒常的で世界は流動的であると主張することも、世界は恒常的で神は流動的であると主張することも同等に真である。

神は単一で世界は多様であると主張することも、世界は単一で神は多様であると主張することも同等に真である。

神を世界と比較するならば、神はすぐれて現実的であると主張することと、世界を神と比較するならば、世界はすぐれて現実的であると主張することは同等に真である。

世界は神に内属していると主張することも、神は世界に内属していると主張することも同等に真である。

神は世界を超越すると主張することも、世界は神を超越すると主張することも同等に真である。

神が世界を創造すると主張することも、世界が神を創造すると主張することも同等に真である。[20]

構造主義に関して言えば、それにとって、「神は単に死んだだけではない。あらゆる意味も喪失し、その名前は風景のうちにさえ姿を現すこともない[21]」。

科学――神を否定するか、あるいは概念を見直すか

神の存在の問題の退出を迫るこのような現代哲学の潮流の傍らには、もちろんより古典的な潮流も残っており、科学的な基準に則って神を否定する態度をとる者たちがいる。ジャック・モノーにとって、「神が存在しないことを証明することは問題外である。誰にしてもけっしてそんなことはできない。神とは、科学が関わることのできない仮定である[22]」。科学はこの問題とは無縁であり、それは「単なる要請であって、けっして証明できない」とされる。この言明は先の命題と結びつくものであろう。実際モノーによれば、天はまったくの虚空である。どのような企ても、どのような目的も、進化の道筋においては見いだされはしない。

進化の壮大な構造物の根源そのものに見られるまったくの偶然、単なる偶然、絶対的だが盲目的な自由、現代生物学のこうした中心的な観念は今日ではもはや、その他の可能なあるいは考えられる仮定のうちのひとつではなくなっている。この観念だけが唯一観察や実験から得られた諸事実とただひとつ合致すると、人が考えつくものなのである。この点に関するわれわれの考え方が修正されなければならないとか、修正されることがあるとは、いかなる理由によっても仮定（あるいは期待）できない[23]。

こうした神の不在を前にして、各人はそれぞれの気質に従って振る舞うことになるが、多くの場合平静でいられるものではなかった。モノーによれば、われわれに残されているのは、意味を欠いた宇宙を前にした人間の不安を、ただその「根源的な奇妙さ」において受け容れることだけである。ほぼ同じような言葉で語られるのが、ジャン・ロスタンにおける同様の不安である。「それが科学のメッセージなのだ。このメッセージは無味乾燥なものである。科学はこれまでに、この点は認めなければならないが、人間がそのなかで格闘している悪夢からいわば人間を目覚めさせようとしながら、その境遇の悲劇的な奇妙さについて人間の自覚を促すことしかほとんどしてこなかった[24]」。そしてジャン・ロスタンは次のような問いかけを発するが、それはまさしくロベール・ルノーブルがパスカル的と称したものである。「神を信じる人々はわれわれと同じように情熱をもって神がいると考えているのだろうか？　われわれはそんなことは信じていないし、神は不在だと信じているのに[25]」。

信仰者側の学者たちの著作が近年数多く出され、それぞれのやり方によってではあるが合理性の要請と自分たちの信仰との和解を信じさせようと努めているにもかかわらず[26]、学界はこの点ではほぼ半々といった割合で深刻に分裂したままである。CNRS〔国立科学研究所〕の各研究分野の代表たちに対して行われた一九八九年のアンケートによれば、数学、物理学、化学などの精密科学の分野では一一〇人の研究者が信仰を持っていると言い、一〇六人は不信仰であり、二三人が不可知論の立場をとった[27]。アンケートに答えた者のうち七〇パーセントが、科学は神の存在を排除することも証明することもけっしてなく、自分たちが考える神は福音書や教会の教義の神とはいずれにしてもきわめて遠い関係でしかないと考えている。神人同形的な神は科学の世界では受け入れられず、この世界の住人は神に人間の感情を付与し続ける祭式

のなかでくつろぐことはできない。そこには純粋で確固とした反宗教的な確信が存続し、その立場をニューヨーク、コーネル大学のウィリアム・プロヴァインが表明しているが、彼は自身の無神論を四つの証拠をもとに打ち立てた。

第一に、純粋な機械論の規則を除けば、いかなる組織的・合目的的な原理も世界には存在しない。神々も目的論的な力も存在しない。現代生物学とユダヤ＝キリスト教的伝統は両立するとの言明がくり返しなされてきたが、そうした言明は真実ではない。第二に、それ自体で道徳的な法則も、人間社会に導き手となる絶対的な原理も存在しない。第三に、人間は驚嘆すべきほど複雑に組織された機械である。各人は、遺伝と環境の影響という二つの機構の働きによって人間となる。［…］第四に、言葉の古典的な意味で理解された自由は存在しない。［…］量子力学の不確定性原理のなかに自由の基礎を見いだそうとする（すでにDNAの分子レベルでは弱まっているものだが）、あるいは複雑系の曖昧さのなかに見いだそうとする（こうした傾向は急速に消滅した）すべての試み、そうした試みは失敗するように定められている。[28]

ウィリアム・プロヴァインは断固として、宗教と科学のあいだのあらゆるコンセンサスを拒絶する。

宗教と科学は完璧に両立可能であり、ずっと以前、おそらくはビッグバンの瞬間に神は世界を創造した可能性がある、と彼らは主張する。こうした神についての考え方は、わたしが思うに知的に不誠実である。そのことについてのいかなる証拠も存在しないのだから、このことはいずれにしても現実的な無神論に等しいこととなる。数十億年の昔に世界を創造し、それに続いて世界を投げ捨てた神は、宗教の言う人格神ではない。[29]

したがって、多くの恣意的なアンケートや証言が思い込ませようとしているように、科学が全員一致で唯心論に流れ込もうとしているというのは誤りである。多くの科学者は事実上次のようなアインシュタインの宣言に自分の立場を見いだす。「わたしはスピノザの神を信じる。この神は現実の諸法則の調和のなかに自らを現すのであって、人間の運命や行為に関わる神という姿をまとうものではない。たしかに幾分とも微妙な科学のあらゆる仕事の基礎には、世界は理性に基づいていて了解可能だという宗教感情にも似た確信が見られる。こうした確信は、理性を超えるものに対する深い感情と結びつき、経験の世界に具現され、それがわたしにとって神の理念を形づくる。通常の言語表現では、それを《汎神論》と呼ぶことができる」[30]。

科学者の世界では多くの唯物論者を見いだせるが、それぞれの位置を混同しないように気をつけなければならない。科学者は誰でも方法論上の唯物論を実践し、自分の哲学的な、あるいは宗教的な見解に関して速断を下すことはない。科学者は組織者、創造者という考えを排除する。違いが生じるのは、思考はどのようにして生まれるのか、論理＝数学的な観念性はいかにして存在可能なのか、集合意識をどのように説明するのかといった伝統的な問題を科学者が取り上げるそのやり方においてである。とはいえ明らかに、このレベルでは答えはたいがい無神論的な類のものである。そのことは、人間の思想や行動をニューロンの活動の表現に還元することがその仕事である生物学者たちにおいては顕著である。ジャン＝ピエール・シャンジューの『ニューロン人間』（一九八三年）はその好例と言える。

同時に指摘しなければならないのは、科学者の世界にも曖昧な潮流が存在する点である。この流れは一九七〇年代から発展し、とくにアメリカにおいて成功を収めた。すなわち、グノーシス主義である。科学

の最新の成果、とくに世界の《再魔術化》にとって好都合に見える量子力学の成果に依拠し、グノーシス主義は《新神秘主義》の装いをとる。一九六九年に《プリンストン・グノーシス》が生まれたのは、パサドナのアメリカ人天体物理学者たちのあいだからだった。この学派は《神の感覚器官（*sensorium dei*）》というニュートンの空間概念とともに、ニュートンを自分たちの先駆者と認める。この運動は分子物理学、天文学といった最近の科学理論に基づく。それはすべての啓示宗教の外側に自分を位置づけ、あらゆる種類の神話、さらには超常現象を拒絶する。彼らが精神を見いだすのは物質内部においてであり、それがいわば神と呼ばれるものであり、「神とは脳がその世界を構成する思考である」と主張される。[31]

こうした神は本当に神なのだろうか。レーモン・リュイエは『宗教の神、科学の神』で、神という今日ではそれを使うこと自体が問題視されるほどさまざまな意味を担うことになった用語を明確化しようと試みた。[32] 神についてわれわれが抱くイメージは宇宙についての全体的なイメージに依拠しているということの確認から、リュイエは出発する。この宇宙のイメージは宗教の神のイメージとは逆の形で発展した。したがってこの事実から、宗教の神のイメージは受け入れられないものとなる。さらにどのような宗教にも少しずつ寄生的な迷信がまとわりつくようになり、この迷信は不信仰の増大に重大な責任を負っていた。つまり、こうである。

経験が示すのは、幻視、霊的臨在、巡礼地、さまざまな宗教的人物の奇蹟的昇天といったものを増やし、聖書や明白に書かれたものだとされている神の御言葉への回帰を説くことによっては、宗教運動にとっての原初的信仰が強化されることはないということである。幻視や霊的臨在は何人かの堅信家を熱狂させることはできよう。しかしそれは無言のうちに数百万の《合理的であろうとする》人々、あるいはそれが狂信的なイデオ

ロギーに満ちたものだったとしても合理主義者たらんとする人々を遠ざける。(33)

人が神と呼ぶものは、実際には全体的なものとしての神の思想である。神は世界と、また自然と緊密に結びついている。神は時空の産物であり、その将来である。あらゆる質において無限であるような、諸々の有力宗教の単一神は不可能事でしかない。それはまた、存在証明への回帰となるだろう。それだからこそ、有力宗教の誇る秩序の神であれ、人格神であれ、そのような存在は排除される。しかし逆に、神は《存在のすべて》の基軸であるから、真の無神論は不可能である。というのも、それは存在を否定することになるからである。神は概念的には空疎な観念である。神は、結果が現れるという次元でしか存在しないのだ。わたしたちは最後に、また別の仕方で、無意味というレベルで神の存在の問題を遠ざけることへと立ち戻ることにしよう。

《無神論》かそれとも《有神論》かという論争は、それが「神は存在するか」という問いの形をとるならば、何も益するところがない。「存在のすべて」は厳然として存在し、われわれは存在にとらわれている。[…] 人が意識的に神を信じていようと、あるいは無意識に信じていようと、形而上学的にはどうでもいいことである。というのもそうした二次的な意識のほかに、原初的な意識、前反省的で自らを定立する必要などなしに、神を定立する意識が存在するからである。[…] つまりは、神への信仰からは存在の顕示も、なんらかの感覚あるいは特別な価値の啓示も得られないのは、神の観念そのものが空無で役に立たないものであるからだと思われる。誰も無神論者になれないのは、まさしく誰も有神論者たりえないからであるかのようだ。誰も神を欠かせないのは、誰も神を見つけられないからであるかのようだ。[…]

それぞれの宗教の神は誇大妄想狂を優遇する。一個の宗教と考える限り、無神論も同様である。神は自分の教会を優遇していると信じる者も、自分の党が真理を法令として発布する力を持っていると信じる者も同じように偏執狂に取り憑かれているという点では似通っている。哲学の神は、まさしく抽象的であるがゆえに、また何ものにも服従しないがゆえに、その手の狂気の沙汰に対して有効であり、しかも恣意的な人格神に押しつぶされてしまうように感じる人間という逆の狂気に落ち込む恐れもない[34]。

グノーシス主義への留保付きの受け入れはどっちつかずのものだったことが理解できよう。イエズス会士、フランソワ・リュッソがこの留保を見事に説明してくれる。

神の死が宣言される時代、キリスト教徒であってさえも、科学を前にすると信仰は《保持》できないとの思いを抱く人が多数である時代にあって、科学は神を拒絶しないだけでなく、それとは逆に神の存在を肯定せざるをえないと結論するにいたったことは驚嘆にすら値する。とはいえ、グノーシス主義の神は本当のところ超越的な神ではない。それはほとんど人格ではなく、単にそれが愛の神かもしれないと思わせることのできる、何かきわめて控えめな記号のようなものである[35]。

周囲で注目する者の大部分は、グノーシス主義のやり方が興味深いものだという点では意見が一致しているが、その結論については懐疑的である。

いずれにしてもグノーシス主義は知的世界にあって近年の重要な傾向であり、信仰を持つ者と持たない者との古い対立を拒否する性質のものである。『神の存在問題は存在しない』と、ポール・ルヴェールは

自著の表題に掲げた。[36] 何人かのキリスト教徒にとってさえ、「そうした存在は思想ではなく、またはっきりとした所与の事実でもない。体中がたえず更新される有機組織のように、その違いを越えて生命を支える行為を成就し維持する諸々の意識の一致のうちに、神の存在は実現されるのである」[37]。

マルクス主義の柔軟化

神の真の否定者、古典的・実定的なやり方での真の否定者は、おそらく国が消滅するまでのソ連のマルクス・レーニン主義者たちのあいだに見いだされた。体制の公式哲学は努めてマルクス主義的な唯物論的無神論のすべての要請を維持しようとした。神の存在証明は、学校の教科書や百科事典で一度ならず反駁が加えられた。力が注がれたのは、自然の諸力の人格化としての宗教の起源の研究だった。出発点は、人類史のはじめの無宗教状態の肯定である。一九六六年に出版された後ほぼ公式教科書だった『科学的無神論の根本問題』では、次のような一節を読むことができる。

宗教のもっとも古い形態が登場する前に、人類の歴史における長い無宗教期が先行したことを科学は反論の余地のない仕方で証明している。考古学の確認しているところによれば、人間の登場は百万年前であると推定できる。発掘の現場からは、もっとも古い人類種にあって、宗教を表すものの現存を推測させるようないかなる指標も見いだされなかった。当時の人間たちが宗教的であり、信仰を持っていたと思わせる発掘品が出てくるのは、五十万年から百万年前の時代のことにすぎない。[38]

宗教のもっとも原初的な形態は物神崇拝とトーテミズムであり、上層階級による支配の同義語としての

古典的な宗教の出現が引き起こしたのは、社会的諸関係の複雑化である。公式のプロパガンダはそれと同様に、たとえば広く流布した『近代科学の成功と宗教』(一九六一年)に見られるように、さらに科学と宗教の対立を強調した。

とはいえ西欧諸国の人民民主主義国家や共産党では、宗教との実質的な協力は排除されなかった。たとえばハンガリー、とくにポーランドがその例で、レシェク・コワコウスキーやタデウシュ・プルザンスキーといった思想家との協力がなされ、彼らは保守主義的なキリスト教とテイヤール・ド・シャルダンの開かれたキリスト教とを区別した。フランスでは、一九四九年からロジェ・ガロディが人間性の概念を構築するうえでのキリスト教の実質的な価値を強調し、彼は人間と社会を考えるうえでマルクス主義者と信仰者の一致が可能と考えた。同様にイタリアでは、パルミーロ・トリアッティ、ルキオ・ロンバルド＝ラディーチェ、サルヴァトーレ・ディ・マルコらの後援で一九六〇年代に文化的多元主義へ向けての前進がはかられた。一九六二年のイタリア共産党第十回大会は、次のような宣言を採択した。「肝要なのは、社会主義社会への憧れが現実的に宗教的信仰を持つ人々のあいだにも道筋を描いているということ、また現代社会の劇的な諸問題に直面する際にこの憧れを促すものが宗教的意識そのもののうちにあることを理解することである」(39)。やがては共産主義の崩壊へといたることになる政治的事件の圧力を受けたこうした展開は、一九九八年のハバナにおける、イエスとチェ・ゲバラの巨大な肖像画の共犯者めいた、また冷笑的な(それとも悟りきった)眼差しのもとでヨハネ＝パウロ二世とフィデル・カストロが抱擁するという、シュールレアリスム張りの結果をもたらすことになった。

社会学的調査と不信仰の測定

社会的現実に戻ることにしよう。二十世紀はほとんどいたるところ、あらゆる形態での不信仰の否定しがたい増大によって特徴づけられる。宗教社会学のアンケート調査は、きわめて盛んに行われているが、すべてがそのことを裏付けている。ここでは特徴的ないくつかの例を取り上げるにとどめよう。

ガブリエル・ル・ブラは、一九三〇年代から五〇年代にかけてフランスの大部分の聖堂区が置かれた状況のパノラマを残してくれた[40]。そこに描かれた様子は十分説得力に富むものである。そこにはすでに十九世紀にあげられていた不信仰の大きな中心地がまたもや姿を現す。フランス中部リムーザン地方のラ・クルーズ県はおそらくはそのもっともはっきりした例であろう。「その敵対関係は、リモージュの司教猊下による十字架の道の祝福が憲兵隊の三人の護衛によって行われたほどだった[41]」。そしてガブリエル・ル・ブラの情報提供者は、このことから《クルーズ人の特徴》に関する次のような民族学的教訓さえ引き出している。「知的な人種で、しかし実践的なものごとにも向いた知性の持ち主であり、仕事には厳しく、夢や感情には目を閉ざし、極端な個人主義者で、平等を愛し、戦闘的である。いかにそれが行き過ぎに見えようとも、わたしにはこのクルーズ人たちが宗教を必要としていないように思える[42]」。いくつかの数字がそうした例を具体的に示してくれる。一九三五年には、人口一五〇〇人の三つの聖堂区で八〇人が日曜日のミサに参加しており、そのうち三〇人が子どもであった。女性二八人が復活祭を祝った。〔リムーザン地方の中心地〕リモージュでは一九二六年には埋葬の四分の一以上が、また結婚の三六パーセントが非宗教的なものだった。サン゠シュルピス゠デ゠シャンの司祭長区ではその割合はそれぞれ三分の二、五分の四にのぼった。そこからほど遠くないテュールでは、一九三三年には農村部住民の〔都市への〕移住が信仰に壊滅的な打撃をあたえる結果を引き起こした。「多数の移住者の存在がこの大変化の原因だった。今日のタクシー運転手にあたるかつての辻馬車の御者、都市のプロレタリアートが不信仰に、そして往々にして極

端に走った。パリから故郷に戻ると、彼らは習慣に根をおろしていた自分の家族たちに、とても堅信どころではない新聞やらチラシやらを見せびらかした。[43]〔オーヴェルニュ地方の中心都市〕クレルモン＝フェランでは、路地が立て込んだ地域で無宗教がはびこり、「多くの自由思想家の闘士たちによって経営されている旅籠の働きかけ」が指摘された。[44]

ブルゴーニュ地方は、もうひとつの不信仰の中心地であり続けた。リヨンの北方、マコンの住民たちのあいだでは、「深刻で広く蔓延した無宗教」が見られた。二五パーセントにあたる子どもたちが教理問答の教育を受けていなかった。九十歳になるある司祭の報告によれば、自分が子どもの頃には一一〇〇人のうち五〇人ほどがミサに行ったものだが、「今日では、これに加わるのは土地の者二人だけになってしまった」。観察者、ガブリエル・ル・ブラはこれに説明を試みる。いわく、「ブドウ畑のある土地は宗教的無関心の土地柄だ。神秘的というより暮らしやすく、神やその祭司に従うよりはむしろ独立を求める。マコンの人々の頑なさ、不服従は語り草となっている」[45]。オーヴェルニュ地方とブルゴーニュ地方のあいだの旧ベリー州は「クルーズ県の端に位置し、花崗岩の冷たい僻地で、住人たちは粗野で現実的な精神の持ち主であり、宗教を必要とせず、ブールジュ周辺の石灰質平野でも宗教的無関心が目立った。シャトールー、そしてとくにイスーダンがそうだった。〔…〕石灰質の平原のうえに広がるありきたりの地域だったのだが[46]」。

南西部では、エール聖堂区が「かなり以前から宗教的無関心の海」だった。ここでは男性のうち宗教の勤行をする者が五パーセントを越えることはなかった。一九三八年の先進的な説明には、「海外での兵役がそれには貢献した。普遍的な真理はない、というのがこれら旅行者の意見だった」と記された。[47]アングレーム聖堂区では、男性の五パーセント、女性の一五パーセントが復活祭を祝い、リュコン聖堂区では田

畑が生け垣などで囲まれたボカージュ地帯の男性の九〇パーセントが勤行を行っていたが、一九三六年になるとオープンな地方ではそれが二五パーセントにすぎなくなった。エクスの聖堂区でも同様なコントラストが見られ、お勤めを行う北部に対して、教会への復帰を拒絶する「マルセイユ・ベルト地帯の産業人口、コスモポリタンで根なし草の南部が対立し、この両極端のあいだに宗教的無関心が広がっていた[48]」。アミアン聖堂区では、「富裕で寛大で宗教的には無関心なサンテール地方」が取り上げられ、またアミアン周辺では「完全に病的なまでの無関心」が報告された[49]。

サン＝ジャン＝ド＝モーリエンヌでは、若者の季節的な都会移住、産業化、旅行者があたえる悪影響などが問題とされた。ブルターニュ地方では、トレギエの人々の懐疑主義がたえず疑問視されたが、このことは一九三八年に、次のようにアンジュ・カトリック大学教授、ル・ムール司祭を当惑させた。そこで「暮らしているのは、宗教の問題に関して根本的な懐疑主義に長いあいだ染まった農民たちである。こんな現象がどうした起こったのか。わたしはしばしばそう問われたが、十分な答えを見つけることはできなかった[50]」。

こうしたコントラストは、一九五二年一月一日に司教座聖堂参事会員ブラールが作成した、フランス各地の宗教地図にもきわめてはっきりした形で現れている。ブラールは《宗教的無関心》地域（パリ盆地中心部、バス・ノルマンディー地方からシャンパーニュ地方、ピカルディ地方からポワトゥー＝ベリー地方、アキテーヌ地方、地中海の各地方）と、かなり非キリスト教化を起こしている《要布教》地域（クルーズ地方、マコン地方、シャンパーニュ地方）とを区別したが、これらがキリスト教地域に対立していた[51]。

それ以降も、不信仰の増大は続いた。イヴ・ランベールは、モルビアン地方のひとつの聖堂区、リメルゼルに限定して、一世紀間にわたってこの増大をたどった[52]。一番はっきりした兆候は、日曜日のお祈りの

退行だった。一九三〇年以前は一人か二人欠けるだけだったのが、一九五八年には八〇人にのぼり、毎日の勤行は一九五八年と一九六七年のあいだには九二パーセントから七六パーセントに後退した。はじめに離れたのは男性たち、商人、職人、そして農民だったが、典礼が混乱しているというのが当初の口実だった。つまり、「何がなんだか分からない。もう行く気にならない」というものであり、聖書に記された字義通りの内容を放棄するものだった。同時に、聖職者の社会的特権も減少した。旅行者たちがやって来て、事情が変化した。宗教はもうこの世界にとっても、そしてあの世にとっても不可欠なものとは感じられなくなったというのである。

いくつかの社会集団は他の集団よりもよけいにその影響を受けた。水夫たちが際だっていた。一九八〇年にヴァンデ地方で実施されたアンケートでは、彼らのうち一パーセントが宗教生活に参加していたものの、それには聖職者や神そのものへの敵対心が伴っていた。というのも、あれこれの生活上の困難の責任は聖職者や神にあるとされたからである[53]。

カテゴリー(無神論者、不信仰者、不可知論者、宗教的無関心者)の終焉

信仰を持つ者と持たない者の境界線はだんだんとぼやけたものとなっていった。そのために、無神論とか不信仰といった用語の現代的な意味について問い直さなければならなくなった。このことは実際には、当然のことながら還元主義的な、それどころか戯画的でさえある世論調査に依拠する現代統計学に問いかけの矛先を向けることになろう。これからは、ミサを終えて出てくる人々を記帳することはなくなり、ただ「神を信じますか」と質問することになる。まるで答えは「ウィ」か「ノン」しかないかのようである! そうすれば、反論無用の一覧表が引き出されるという次第である。コルネリオ・ファブロはこう記

す。

公式の統計ほど欺瞞的なものはない。大多数は現在でもなおかくかくしかじかの宗教告白の信奉者であると宣言している。それも宗教の教義などまったく知らず、祈りとか礼拝の基礎的な儀式といった初歩的な聖務すら無視してなのである。(54)

もちろん洗礼のように、それを受けた個々人の宗教的確信と直接的な結びつきがいつもあるわけではない宗教的儀礼に依拠して宗教的統計を確立することは、さらにいっそう欺瞞的である。洗礼を受けた者のなかで、どれほどの者が無神論者、宗教的無関心者、不可知論者、理神論者、汎神論者、宗教的セクトのメンバーであることだろうか。多くの辞書、ガイドブック、百科事典の類がしているように、こういった人々を、カトリック教会のメンバー、信仰を持つ者と数えることにはなんの意味もない。数字に還元できない現象があるとすれば、それはまさしく宗教的信仰という現象なのだ。

無神論者とは何なのだろうか。ジュール・ジラルディは問いを新たに立て直して、こう述べる。

たとえば《至高存在》、世界の始まりであるような《力》の存在を認めるが、他方でそうしたものに人格的属性は認めない者を無神論者と見なさなければならないのだろうか。神の存在を否定はしないが、おおいに疑っている者、あるいは神の存在は完全に認めながら、そのことは人生になんの影響も及ぼさないと考える者、さらには無神論者であると公言しながら、倫理的理想を求める者、それを無神論者と見なさなければならない

のだろうか。こうした問いかけへの可能な解答からは、無神論という現象総体の広がりに関してかなり異なった見解が生まれることになるだろう。(55)

その一方でどんなものとの関係で、人は無神論者であるのだろうか。《本物》の神との関係、それとも《偽物》の神との関係においてだろうか。汎神論は無神論なのか。神の問題は提起できないと考える人たちはどうなのだろうか。無神論者の数は、どのような定義を採用するかに応じて倍から十倍の開きができる。

一番簡単なケースは、おそらく世界に力を及ぼす人格的超越存在の実在をきっぱりと否定する理論的な無神論の場合であろう。実践的無神論をはっきりさせるのは、ずっと難しい。ラランドのように「まるで神など存在しないかのように暮らす人々」をひとまとめにすると主張する者は、結局のところキリスト教徒の数も含めて人類の大多数を含めてしまうことになる。これは用語法の逆転である。無神論者を自分では気づかないでいるキリスト教徒と見なす代わりに、自分では気づかないでいる無神論者をキリスト教徒と見なそうというのだ。その暮らしぶりにおいて、あるいはその《信仰》においてさえ、世論調査が示すように、そこに見られる首尾一貫性の無さはこの点ではたしかに困りものである。実際、一九七七年には若いキリスト教徒の三二パーセントが自分は神を信じていないと言明しているのだ！(56) それだから、《無神論的信仰者》といったカテゴリーを作り出すより他なくなるのだ。それについては、ロベール・O・ジョアン教授がおもしろい研究をしている。(57) 彼によれば、このカテゴリーが当てはまるのは信仰がごくまれにしか実際の生活で道徳的影響を及ぼさない信者、あるいは、あたかもたまたま神がいるかのような素振りをする無神論者である。

これまでの議論をまとめよう。現代の研究は、断定的な無神論（神の存在を否定する）および不可知論的無神論（問題は解決不能と主張する）や意味論的無神論（この問いは無意味だと考える）を含む理論的ないしは思弁的無神論、実践的無神論（神など存在しないかのように暮らす）、そして思弁的＝実践的無神論（神がたとえ存在したとしても、それは人々の振る舞いになんの結果を及ぼすこともないと宣言する）の三つのカテゴリーを区別している[58]。

だが信仰を持たない者についてはどうなっているのだろうか。わたしたちはこれまで、恣意的ではあるが、《無神論者》と《不信仰者》という二つの用語を、それが《信仰者》に対立する範囲内において、多少なりとも同義的に扱ってきた。信仰を持たない者は、たとえば『モンタランベール』誌の次の記事がそのことを思い出させてくれるように、はっきりと定義するのがきわめて困難で、曖昧なものである。

この一般的な用語で、われわれはかなり多様な、そして対立しさえする現実を示唆するものである。まったくあっさりと自分の信仰が死ぬのを放置した者もいて、その場合にはけっして真に自由な行為を成し遂げることはない。子ども染み、確固としたものが持てない信仰からは、やはり子ども染み、やはりほとんど確信のない不信仰にはたいした苦痛もなしに移行する。自ら誠実で力強い者たろうとする信仰と、やはり真理の要請の名のもとで根元的なものであろうとする批判が心のなかで葛藤するという《危機》を通り抜けた者がいる。かつて自分が生きた宗教から不信仰へ、いやむしろ、その未知の経験世界で信仰が演じたであろうはずの統合し、統一する役割を果たす無神論へと移った者がいる。そして《不信仰者》というあまりにも便利な呼称が見誤らせてしまうさまざまな顔を見せる不信仰のなかで生まれ、そこで生きてきた者もいるのだ[59]。

さらに、不可知論者というきわめて重要なグループも考慮に入れなければならない。レミー・コランが報告しているように、とくに科学者の世界では数が多いのだ。

彼らのうちの複数の者たちは、自然現象には形而上学的な裏面があることを多少なりとも直感的に認めているが、自分はそうしたことを詮索するには不向きだと思っている。彼らは実際には唯物論的一元論の意見に従っているのだが、彼らには正真正銘の無神論者の攻撃性はない。人のよいあるいは冷笑的な懐疑論のおかげで、神の存在を否定する、あるいは肯定する人々からは距離を置くことができ、哲学の地平のどの方面から持ち出されようと、厄介な問題には手を出さなくて済む。われわれには、彼らが信仰を持たない科学者の軍団の中枢を形成しているように思われる。(60)

不可知論がだんだんと知識人社会を特徴づけるものとなっている。かつて一八六九年にハクスリーが作り出したこの用語は、実際のところ、信仰の領域では懐疑主義の一変種にすぎない。人間精神には形而上学的真理に到達することはできず、こうした問題では自分の判断を差し控えることが望ましいとされたのだ。

少なくとも、この不可知論はおそらくは現代大衆を代表するグループであろう。つまりこのグループは宗教的無関心を表明し、宗教は自分の問題ではないと考える。こうした立場は、《ポスト無神論主義者》とも呼ばれうる。もっともそれは、この立場が純粋に人間の次元にとどまるかぎり、また形而上学問題を提起せずにいるかぎりであって、はるか遠い昔に解決された問題、そのことについては敵意も共感も覚えない問題としての信仰、神、宗教に手を染めずに生きていくことができると考えるかぎりにおいてである。

ヨハン・バプティスト・メッツはこう記す。

今日とりわけ問題となるのは新しいタイプの不信仰、《ポスト有神論》時代の不信仰である。現代の不信仰は、それが表現する現象が極端な複雑さを示しているとはいえ、実際には信仰の明白な否定を本質的なベースとする立場である、《直接的不信仰》と呼びうるものたることを多少なりともやめてしまっているのである。現代の不信仰があたえる第一印象は、信仰に対抗して立てられた体系としての不信仰であるよりも、信仰はなしにして、完全な人間としての実存する、存在を生きることをそのまま可能とする不信仰である。(61)

このように問題をまとめることは必要であり、そのことは二十世紀における無神論や不信仰に関する地球規模での判定、さらには宗教問題に関する統計や世論調査がどれほど現実を偽るものだったかを示している。信仰者と無神論者とのあいだの完璧な分離は消失した。十九世紀までなら妥当だったかもしれないが、増大する相対主義、個人主義および個人の自立の興隆、信仰箇条やイデオロギーの後退の結果として、この分離は消え去った。それ以降、人々は純粋な無神論者から、こうした分類をやや無益なものにしてしまう、限りないニュアンスに彩られた〔カトリックの〕伝統保守的な信仰者へと移ったのである。

それだから、たとえば一九五九年にフランス人の若者の一八パーセントが《無宗教》、四パーセントが神を信じ、五パーセントが「この問題にはっきりした態度をとることをためらう」とした世論調査の結果を人々が受け容れたとしても、それには相当の慎重さが伴ったのだった。(62)一九八六年のSOFRES〔フランス世論調査会社、現TNS Sofres〕の世論調査についても同様であって、それによると八パーセントのフランス人が神の存在については別段の意見もなく、一二パーセントがそんなことは論外だとみなし、一四パー

セントは証明不能と考え、三五パーセントが多分神はいるかもしれないと、そして三一パーセントが確実にいると考えた。とはいえこの世論調査では、カトリックのあいだでは数値がそれぞれ七、六、一二、三九、そして三六パーセントとなっていることをあげよう。このことは、《無神論者である信仰者》とこの信仰という領域を侵している途方もない混乱の重大さを立証している。

二十世紀において信仰を失うこと――いくつかの例

それなりの根拠があると思われる個々のケースを研究することは、ずっと実りのあるものである。文学は無神論の例に富んでおり、多彩な彩りでそれをあたえてくれる。トーマス・ハーディの陰鬱な無神論、ジェラール・ド・ネルヴァルの哀しくも清明な無神論、ポール・ヴァレリーの不安に満ちた無神論、ジュール・ロマンあるいはロジェ・マルタン・デュ・ガールの憂愁に満ちた無神論、ジョルジュ・デュアメルの心配顔の無神論があり、デュアメルは子どもの頃の信仰を失ったことから吹き込まれた後悔の念について書いている。

三十五年来、カトリックの宗教はわたしのもとから離れている。道に迷っても、思い上がりがわれわれを慰めてくれた年はすぎ、わたしはしょっちゅう、いわば毎日それがあれば何につけ用が足りたこの信仰を失ったことを後悔した。信仰は形而上学、モラル、世界体系、それに政治すら提供するのだから。心から後悔しているのだ。だが虚しい後悔だ。パスカルの賭けはあまりにも純然としたプラグマティックなものにすぎて、もう一度わたしの心を燃え立たせるには足りない。(63)

またさらにトーマス・ハーディの社交界好きな無神論、フランソワーズ・サガンの空虚な無神論、アンドレ・ジッドの多様な姿をとる無神論、トーマス・マンの道徳的無神論、ベネディクト・クローチェの歴史主義的無神論がある。

多くのすぐれた個性の持ち主がどのように信仰を失ったかを語っており、そのことで二十世紀の宗教的信仰の解体に重要な照明があてられよう。多くの者たちが、聖書の歴史的意味を幼児のごとく信じるよう執拗に求める教会に嫌気がさしたのだ。それこそがまさしく、十二歳の年にアルバート・アインシュタインを無神論に追いやった当のものだった。

十二歳になるとただちにわたしは宗教的であることをやめてしまった。科学を大衆に普及するための本を読んで、聖書が語る多くの物語が本当ではありえないことをわたしは速やかに悟った。その結果、わたしは自由思想の熱烈な擁護者になり、さらにわたしの新たな信仰には、若者たちがペテン師的な教育を授けようとする国家によってだまされているとの印象がつけ加えられた。この印象はわたしにとって大転換だった。(64)

たしかにアインシュタインはこの後急速に汎神論タイプの信仰に向かって思想的成長をとげる。しかし、人格神という観念はすべて退けられた。

キリスト教釈義学の弱体化が動機となって不信仰へと向かったまた別の例がサン＝テグジュペリであり、彼は『手帖』の有名な頁で、福音書の歴史的基礎に関してセルティランジュ神父にこう問いかけている。

書き手も知られておらず、書き手の誰ひとりとしてイエスと同時代に生きてはいなかった資料をもとにな

ぜ復活を信じなければならないかを、われわれに言ってください。あなたの教会は、どうでもいいことですが、ヤコブの物語をあれほど強調しておいて、どうして福音書の成立、その取捨選択に重要な役割を果たした選択基準、そのいくつかが捨てられた動機にはあまり重きをお置きにならないのですか。そこで言われる正統性そのものがあなたがたの教会の天蓋の鍵であるだけに、他の場所でなら思想を尊重する者にはふさわしくないとわれわれが見なし、あなたがたも自分の論敵の仮面をはがそうとするときにはやはりわれわれと同じように主張する《論点先取の虚偽》があなたがたの教会にとって、慎ましさと従順さからなる美点となるなどと、どうして突然言わなければならなかったのですか。「福音書の選択は、それを取り仕切った公会議が無謬であるがゆえに確かである」、そうおっしゃるのですか。福音書は神の名のもとに語っているから無謬だった。それでは、その神が証明されるのは、公会議の選択が正しいかぎりであるにすぎないのですね(65)。

ジョルジュ・ウルダンによる個々人に関わる証言は、この種のケースが数多くあることを示している。とくに誠実な信仰者、聖書の研究を深めることによって、福音書が実際にはイエスを知らず、イエスを正真正銘の神話にしてしまった教団組織の集団的な労作であることに少しずつ気づいた信仰者の場合がそうだった。それはまたしてもルナンの事例のくり返しだったが、人が思う以上に頻発した。たとえば、こう告白する司祭がその例である。

わたしは十年間ローマで聖書の研究と釈義学に携わった。〔…〕そうやって仕事をしてきて、わたしは無神論へと導かれた。〔…〕キリストを神にしたのは、初期キリスト教共同体だ。彼らはキリストが言いもしなかった言葉、やりもしなかった行いを彼のものにした。

わたしは自分の聖職者としての勤めを名誉あるものとし続けることを望んだ。そして六年間説教壇に登って、もうわたしが信じてはいない真理を他人に教えてきた。そうやって説教壇にしがみついても、何ひとつ報われなかった。神へのわたしの信仰が戻ってくることはなかった。わたしは、わたし自身に対して真実である他なかった。そのためにわたしは聖職を捨て、すべての他の人々がしているのと同じやり方で生活の資を得ようとした。(66)

終わりのない真理の追究にうんざりすることで、信仰の喪失は知識人のあいだでも頻繁に見かけられた。なんとか見つけようとしても見つからないので、こんな探求など無駄だと自分に言い聞かせるのだ。それこそが、バートランド・ラッセルの結論だった。ラッセルはこう記す。「真理を探究することで、わたしの古くからの信仰の大部分が揺さぶられた［…］。それで、わたしが幸せになったとは思わない」。だが、どうすればいいのだろうか。ジャン・ロスタンはと言えば、彼は真理を憎悪するようになった。あるいはむしろ、宗教に関してであれ他の何についてであれ、真理を所有していると称し、それを他人に課そうする人々を憎悪するようになった。ロスタンはこう言う。「わたしは絶対の真理、全面的で決定的な真理、大げさにVサインを掲げる真理を恐れ、憎む。あらゆる宗教的セクト主義、あらゆる狂信主義、そしてあらゆる犯罪の影にはこの真理が潜んでいる」。

ほかの多くの者の場合、信仰から無神論への移行は反抗の形をとった。人生の不条理さへの反抗だが、それはまたアルベール・カミュにとってはこの不条理に直面するキリスト教的解決への反抗だった。『反抗的人間』はそうした立場を表しているが、それはただひとりで人間のおかれた不条理に立ち向かおうとする意志の表明である。閉鎖的なカトリック世界で育てられたジャン＝ポール・サルトルにとっては、反

抗は自分自身の自由を制限する者への反抗だった。シモーヌ・ド・ボーヴォワールにとっては、それは両親の小ブルジョワ的キリスト教の非正統性に対する反抗だった。ボーヴォワールは十四歳で不信仰になる。「《わたしはもう神を信じていないわ》、それほどたいした驚きもなく、わたしは自分に言い聞かせた。［…］永遠性を代償にしたところで、この世界はなんの値打ちもなかった。この世界に価値があるのは、わたしがそれを愛するからだ。そして突然力を失ったのは神だった。その名前が覆っているのはただの幻影でなければならなかった」(67)。さらなる不条理への反抗、死に対しての反抗もあった。大学で少年期の信仰を失ったヘミングウェイの場合がそうだった。

これらの個人的な体験は、現代社会学の観察を裏付けている。それによれば、うまく内在化されなかった信仰が、信仰を持つ者の無神論への移行に一定の役割を果たしているのである。多くの場合問題となるのは、無批判に宗教に順応するなかで育てられた人々だが、彼らはその宗教をなんの感慨もなしに捨てた。信仰喪失の過程に関する一九五六年の世論調査は、三つのモデルを区別して提示している。ある者は、非キリスト教化に肩入れする人々の影響、読書、余暇、生活の困難が理由となって信仰を捨て、ある者は宗教教育をまったく受けなかったために信仰を捨て、そしてある者は幾人かの信者の偽善に気づいて信仰を捨てた(68)。この世を支配する悪を目の当たりにすることもやはり大きな動機となったし、また教えられてきた宗教的真理とは隔たった道徳的・知的現実とのずれから生じる落胆も同様だった。

支配的となった無神論に関する心理学と社会学

無神論という現象に関する心理学的研究は、宗教的人間の心理とは反対に、研究が試みられるのもまれであって、研究がなされた場合でもつねに同じモチーフに還元され、無神論者は信仰を持たない者として

否定的に定義された[69]。アントワーヌ・ヴェルゴットは、無神論の肯定的価値を認めないこうしたやり方に対して当然のことながら異議を唱え、そうしたやり方を一覧表にしてまとめた[70]。ヴェルゴットは断固として《無神論気質》理論を退けるが、それはある種の人々は生来信仰に従おうとしない存在だとする見方である。ヴェルゴットによれば、無神論で争点となる心理過程は、まったく非合理的で魔法のようなものを前にしたときの恐怖反応、聖なるものからの逃避反応である。また別の過程、それは世界の脱神聖化であり、この脱神聖化は神がこの世に介入した痕跡をすべて消し去ろうというものである。すでに検討したが、この脱神聖化はそれ自体大部分キリスト教から生まれたものであり、キリスト教が世俗的なものを聖なるものから分離し、その結果神にこれまでとはまったく別なもの、その存在自体が問題視されるほど別なものという外観をあたえてしまったのである。魔法を解かれた世界は、科学と技術に支配され、場合によっては存在するかもしれない神にはもうほとんど自由になる余地などあたえなかったし、そうした世界に首まで漬かった個人は、もうほとんど神の働きのしるしを見ることなどできなくなった。

無神論的立場のもうひとつの重要な心理学的特徴、それは通常《宗教感情》がそこに収められるカテゴリーである感受性に対する侮蔑的な態度、とりわけ知識人におけるそうした態度である。信仰は、神的な存在に関わる内的経験に存する。ところで人間諸科学がわたしたちに教えるのは、《内的経験》がどれほど、幼児期に溯る全面的に非合理的な欲動、抑圧、脱抑圧を免れることができないかということである。こうしたことから理解されるのは、信仰への侮蔑があまりにも成長期の危機と結びついており、まさしくそれが原因となって、いったん情動面の平衡が成人期に攻撃を受けると多くの者たちが信仰を捨ててしまうことである。

そのうえ、精密科学の専門家よりもいっそう社会科学の専門家が無神論に感化されることも確認されて

いる。歴史学、社会学、心理学、精神分析学、哲学以上に信仰にとって破壊的であるものはない。あらゆる研究がそのことを示している[71]。人間科学は人間の行動を人間という因子によって説明する。したがって、絶対的なものはすべて相対化される。心理的要素としての信仰は、人間科学にとっては研究対象であり、そのことは不可避的に、信仰を純粋に人間的な感情の次元へと還元することに手を貸すようになる。

悪を経験すること、人としての苦痛を経験することは、やはり不信仰へといたる主要な原因となっており、たとえばアントワーヌ・ヴェルゴットが示すように、とくに若者では顕著である。工科学校の若者の二九パーセントは自分たちの信仰の拒絶をこのレベルに位置づけている。

現世における喜びの享受と信仰の対置も同様に、信仰の障害となる。とくに性の問題は人に充足感、満足感を手に入れさせることで、人をしてあらゆる超自然的なものの必要から目を背けさせてしまう。性の問題に関する教会の強い不信感について、アントワーヌ・ヴェルゴットはきわめて賢明な分析をあたえている[72]。

何にもまして官能的な悦びに対して教会が抱き続けていたためらいや不信感は、当の教会の曖昧な直感から説明がつく。それによれば、享受すること自体が異教的充足の特性なのだった。ここからなぜ教会が、官能的な悦びを人間生活の掟、社会奉仕に従属させて矯正し、人間らしくさせ、キリスト教化しようとするのか、その執拗な努力が理解される。それには、貞節の請願のもともとの宗教的な意味を少し思い浮かべてみれば十分である。キリスト教にあっては性的な禁欲は、人間の唯一真実の救いである、神への信仰にとっての根本的な選択として正当化される。このことは鮮明に、十全たる幸福という官能的な約束が内包する、無神論的な異教の芽生えを示しているのではないだろうか。

性的なものに対する教会の否定的な態度は、無神論にとっての重要な因子だった。このことが確認されるならば、それはありとあらゆる享受へと拡大される。悦びは神への需要を除去するが、反対に、実存の困難な時期になると、神はまた顔を出す。司祭たちは誰もがそのことに気づいていた。戦争の時期ほど、教会が人で溢れていたことはなかったのだ。信仰を持たない多くの者にとって、それだから信仰は苦痛、悲哀、生きていることの喜びの拒絶という観念と結びついていた。これにつけ加えるならば、父権が相当に拒絶され、弱められた時期には、父なる神の宗教は人を息苦しくさせ、麻痺させ、失望させ、欲求不満を引き起こすもの、人間的な自由の逆と見られていた。

無神論への重要な因子は同じく、心理的成長の過程にも含まれる。キリスト教世界において、信仰は幼児期、青年期に形づくられ、当然のことながら人生のこの時期に了解可能な形態と表現を採用する。信仰は神人同形説、魔術、道徳といった原初的な信心と密接に結びついた背景を担っている。個人は成長すればこうした子どもじみた要素を捨てるよう不可避的に導かれてゆくが、往々にして、こうした子どもっぽい言動と同一視された信仰そのものを同時に捨て去ることにもなる[73]。神人同形説はきわめてよく見かけられるこうした特徴のひとつである。神が想像のなかで人間の形をとるばかりでなく、神が人間的な感情に彩られるのであって（情動的神人同形説）、これらはしばしば両親のイメージの投影と結びつく。青年期におけるこうした神人同形説の放棄は多くの場合、迷妄からの解放という成り行きになる。幼児期の神は世界の魔術的な観念と結びつき、祈りに超自然的な力を付与させる。祈りが役に立たないことが分かると、たとえば科学的なものの見方の有効性を前にして世界のアニミズム的観念が後退するように、そのことがしばしば不信仰の原因にまで進んだ。結局のところ、幼児期の信仰はほとんどいつも強制を伴う道徳、あ

るいは抑圧的な道徳と結びついていて、後になって人間性の開花にとって——とくにここでもまた性に関わる分野では、障害だと感じられてしまう。何かを罪悪とみなすことの拒絶は、やがて信仰の拒絶となる。[74]
社会学的側面はまったく同様に根本的なものである。二十世紀の社会的・文化的激変は、不信仰の発展にとりわけ好都合な環境を生み出した。英国の例はこの点で模範的である。[75] 一九二〇年代の最初の大きな後退期のあと、ある程度停滞の時期がつづき、一九八〇年代以降は宗教の崩壊が確認された。つまり、「英国において宗教は明らかに衰微し、典礼への参加は、千年紀前半に聖堂区システムが作られて以来存在してきた極小少数派にとっての、暇つぶしの手段となった[76]」。放棄は上から開始された。ほとんどが不信仰となったブルジョワジーは、大衆の伝道への関心をまったく失った。「労働者たちが消滅したのではなく、ブルジョワジーの教会への帰属がゆっくりと浸食されていったことを、教会に通う頻度を表す最近の数字は物語っている[77]」。
大衆レジャーの到来は根本的な役割を果たした。かつては敬虔な祈りと休息のためと厳密に定められていた安息日が、大発行部数を誇る出版物、映画、サッカー、テレビで満たされるようになった。
全般的な仕方で、消費社会と豊かな社会が神を格下げし、時代遅れのアクセサリー、あるいはまさかの時の頼み綱にしてしまったのだ。伝統的な社会では、たえず窮乏という極限状態におかれていたので、飢饉、ペスト、戦争といった起こりうるあらゆる脅威に立ち向かうためには、神が欠かせなかった。こうした災厄が相対的にではあれ姿を消したことが、守護の必要を消し去る。新たな欲求が生まれては消えていくことと、浪費が宗教精神を歪めてしまった。都会生活の様式、そしてそれがたえず行動へと誘うことが、大衆のなかにあるこの実存的な空虚に蓋をしてしまう。空虚はかつて往々にして超自然的なものへの通路だった。科学と哲学に育てられたエリートたちが懐疑主義を身につける一方で、パンとゲームで満腹にな

った大衆は実践的無神論に身の置きどころを得る。合意形成というイデオロギー、ライシテを求める民主主義的なヒューマニズムが、偉大な人間的な価値とキリスト教的な価値を同列視したあとで、もう苦しまなくてもいいといった雰囲気を広げ、それが聖なるものの探求を眠り込ませた。

社会学それ自体が、宗教の需要の世界的な低下を説明することで、こうした熱狂の喪失に荷担する。たとえばリュシアン・レヴィ＝ブリュルによれば、この喪失は科学と技術によって埋め合わされるのだ。無神論は、おそらくはもっとも典型的と思われるところに深く入り込んでいるように、現代世界にとけ込んでしまっている。それは、映画を使ったヴァーチャルな世界である。現代世界はだんだんとショー・ワールドに、世界が自分で作り出した表象を通じて自分を見る世界となり、作り手の視点と周囲の世界の視点とを同時に表す映画は、アメデ・エフルが示したように、[78]神の不在のあらゆる側面を取り扱う。映画監督のなかでも、ルイス・ブニュエルはその荒々しい無神論的な世界観で際だっており、宗教の害をもたらす特徴を告発している。その一方でイングマール・ベルイマンは今ここにある不確かさを表現したが、それは「答えのない問い」を前にした不安の要因だった。「神を信じたならば、その答えがあったかもしれない。神はもう信じられないのだから、逃げ場はなかった」、ベルイマンは登場人物のひとりにそう言わせている。フェデリコ・フェリーニは魔力を失った世界、おぞましい現実を覆い隠す装飾でしかないこの世界を描いた。

映画、これが神にとっての最後の疫病神だろうか。『十戒』から『ナザレのイエス』まで、神は大ヒットを飛ばした。神の子は一九七〇―八〇年代には数年間にわたってミュージックホールのスーパースターとして広告の上部に掲げられさえした。しかしこのショービジネスという商業ルートに取り込まれた神は、良心という古くからの問題を克服し、それを見せ物にするまでにいたったポスト無神論という段階に入っ

た偶像破壊社会を象徴するものではないのだろうか。一世紀前に死を宣告された神は、信仰者にとってさえ、それとは見定めがたいほどの亡霊となってしまった。しかし、人も知るように、亡霊たちへの信仰ほど執拗なものはないのだ。

ローマ提督ピラトがイエスに投じた「真理とは何か」というこの問いかけは、世代を超えてたえず鳴り響き、人の胸をうずかせる。ヨーロッパは、数千年の信仰の時代をすごし、あらゆる回答、あらゆる宗教を汲み尽くしてしまったかのようであり、そして今では、これまでとは異なった方向に何かを追い求めている。キリスト教の時代二千年に続いて、不信仰の時代が時を告げているのだろうか。

第二十章

キリスト教二千年を経ての不信仰——いかなる総括か

西暦二〇〇〇年において、不信仰はどこに位置するのだろうか。これほど多様な現実を精確に記録することは不可能であり、こうした事実それ自体がさまざまな立場の細分化の兆候となっている。数字なら、どれも欺瞞的ではあるが、いたるところに溢れている。いずれにしても、人類の五分の一以上がどのようなものであれ神をもはや信じていない。一九九三年の算定によれば、世界中で一一億五四〇〇万人の不可知論者と無神論者を数え上げられる。(1)『世界カトリック百科事典』によれば、西暦二〇〇〇年の数字はおよそ一〇億七一〇〇万人の不可知論者、二億六二〇〇万人の無神論者という数になるとしているが、これは一世紀を隔ててみると隔世の感がある。西暦一九〇〇年にはそれぞれ数字は二九〇万人、二二万人だったからである。(2)信仰を持たない者、不可知論者、無神論者を取り混ぜたグループはしたがって、世界でもっとも大きな思想ファミリーを形成すると言える。イスラム教は約一二億人の信徒、カトリック教会は一一億三二〇〇万人の信徒を擁するだけだからである。

不信仰の重要性と戦闘的無神論の困難

ヨーロッパでは、人口の二五パーセントの人々が自らを「宗教的ではない」としているが、その数値は南欧諸国では一二パーセントから一五パーセントとより弱まる（イタリアでは一六・二パーセント。フランスでは一五・六パーセント、スペインでは二・九パーセント、ポルトガルでは四・六パーセントとなっている）。しかしすべての世論調査からは、《確固とした無神論者》のグループの相対的弱体化が見てとれる。その数はヨーロッパ全体で五パーセントだが、そこには国により大きなニュアンスの違いがある。フランスでは一二パーセント、ベルギーでは七パーセント、オランダでは六パーセント、ポルトガルでは五パーセント、英国では四パーセントである(3)。

全面的で確信に満ち、ものごとをありのままに引き受け、自分の立場を公言する無神論がきわめて少数派であるというこうした状況は、もろもろの宗教の大規模な後退を経験した二十世紀末のヨーロッパにあっては驚くべきことである。その例をわたしたちは、たとえば教育と民衆文化のための国際教育連盟、自由思想連盟、また多様な合理主義者運動にみることができる。これらの運動はさらに別グループを作る傾向がある。たとえばフランス生涯教育教員連盟は数年前に欧州ヒューマニスト連盟と合同した。

運動への新規加入者はまれである。無神論者連盟は一九九三年に二七八七名の会員を数えた。合理主義者連合の一九九六年十月総会は、『カイエ・ラショナリスト』の定期購読者数が一二九九名であり、無料相談が一七八件あったが、これは年々百人規模で減っていると報告した。また総会は連合の運営が困難であることを認め、早急な対策を奨励した(4)。一九九六年に、『カイエ・ラショナリスト』はノルウェー人、フィンガー・イオルトの調査研究「現代無神論に関する考察」を公開したが、これははっきりと無神論を掲げる世界中の組織を調査したものである。そうした組織の数は多くなく、また会員数も少ない。

もっとも古い組織は、おもしろいことにインドのものである。それはインド人ゴーラが一九四〇年に設立した、インド南東部のヴィジャヤワーダ無神論者センターだった。一九六九年からゴーラは月刊誌『無神論者』を英語で発刊し、とくにカースト最下層の不可触民たち〔インドのヒンドゥー教社会においてカースト制度の外側に位置し、最も差別される人々〕のための地方集会や活動を行っている。一九七二年の『積極的無神論』において、ゴーラはあらゆる宗教システムに不可避的にまといつく欺瞞と正統的な無神論者の誠実さを次のように対比させている。

聖書の戒律の頑なさのおかげで、信者には不誠実さが欠かせないものとなる。信者たちは自分の欲求を影にかくれて満たさざるをえない。〔…〕ヒンズー教徒はアドヴァイタ・ヴェーダンタ〔非二元論〕あるいは統一を魅力たっぷりに口にするが、人間である自分の同胞を不可触民として扱っている。キリスト教徒は愛を口にするが、そういう者たちが戦争に加わっているのがどこでも見かけられるのだ。イスラム教徒は友愛を口にするが、異教徒を皆殺しにして悦に入っている。〔…〕公然たる無神論は、道徳的で、揺るぐことがなく、完璧な人間をつくるうえでの一個の必需品である。〔…〕言行一致という条件さえ満たせば、無神論者であれば誰でも自由に自分がこうだと思うことを口にし、あるいは実行できる。かくして、社会的諸関係という状況のもとでは、個人の自由は道徳的自由なのである。もちろん、社会的関係は放埒もエゴイズムも、さらには隠し事も許すものではない。(5)

ヴィジャヤワーダ無神論者センターは会員制の組織ではない。その支持者は、今なお大部分の人々が宗教を支持しているインドでは限られた数にとどまっている。それ以外の明らかな無神論運動のなかから、

フィンガー・イオルトは二つのアメリカの組織、アメリカ無神論者（一九六三年設立）、無神論者連合をあげているが、どちらも会員が千人以下の小集団であり、激しい内部対立にむしばまれている。後者は前者からの離反者が設立したものだが、前者は弱体化が止まらず、一九九一年には新たなメンバーが離脱して、無神論者連盟を設立した。

ドイツは、たとえば一九七二年に設立された告解拒否者・無神論者国際連盟のような、無数の小規模な運動の発生地である。一九二一年にさかのぼるかつての自由思想民衆協会は一九九一年に自由世界観協会連合となったが、この連合は無神論者運動間のより良好な協力関係を奨励している。一九九三年には、ドイツヒューマニスト連盟が登場し、一万人の会員がいると主張した。

こうした運動の極端な脆弱性は、依然として否定的なニュアンスが伴う無神論という用語に具体的な内容をあたえるのが困難であることを反映している。無神論の意味するところは、何にもまして宗教的信仰へのアンチテーゼだからである。はたしてそれは、しっかりした構成をもった運動の基礎を正当化するのに十分な共通点となるだろうか。フィンガー・イオルトはそう考えてはいない。

個人的には、わたしは無神論をそのようなものだとは考えていない。わたしは無神論者であり、ゴーラの積極的な無神論やリチャード・ロビンソンの自由主義的な無神論に共感している。ルートヴィヒ・ビュヒナーの無神論や、それ以上にマルクスやエンゲルスの無神論にはあまり共感を覚えない。

すでに指摘したように、さまざまな無神論者がさまざまな主題について異なった観点をもっている。彼らはひとりの、あるいは複数の神を信じないという点では共通している。一見このことは大したことではないように見える。だが、それが重要なのだ。神の観念を放棄することは、それに伴って多くの不条理を放棄するこ

とだからである。自ら無神論者と名乗るのであれば、この点を強調しておくのがふさわしいのだ。[…]無神論は組織化を視野に入れるならば不十分なものである。このことから、純然たる無神論者の組織がまれであることが説明される。組織は通常理念以上のものを必要とする。もちろん理念として、無神論は第一級の重要さを保つではあろうが。(6)

逆説的に見えるが、無神論者の数が多ければ多いほど、それだけ無神論者を結集することが正当だと根拠づける必要は少なくなる。ひとつの理念を数多くの人々が共有することが当たり前となれば、組織に参加してまでもその理念を擁護しようとする関心はもはやなくなってしまう。とりわけ解体の過程にある現実に対立する理念が問題となるときにはなおさらである。たとえば、瀉血の実施に反対するグループを想像できるだろうか。数千万人の無神論者たちは、とくに不可知論が少しずつ地歩を固めているヨーロッパにあって、自分の不信仰を唯一の主題として組織をつくることに実際利益を感じはしないだろう。無神論者運動の脆弱性は、無神論のひろがりの最良の証拠なのである。

たしかに、また逆の状況も存在している。イスラム諸国では戦闘的無神論は禁じられている。フィンガー・イオルトがそのことを思い出させてくれるように、他の宗教には寛容で、人権には好意的なイスラム教徒はありえよう。しかし彼らにしても、無神論に関してはきわめて敵対的である。

多くの国で無神論者は無神論者の資格では組織をもつことができない。たとえば多くのイスラム諸国の場合がそうである。無論のことどんな宗教にも不寛容な人々がいる。しかし多くの寛容なイスラム教徒がいるにもかかわらず、おそらくイスラム教は有神論的宗教のなかでもっとも不寛容であろう。人権のために闘うイス

ラム教徒はいるが、無神論者の権利のために闘うイスラム教徒の数は多くない。

大多数の国家には公認のイデオロギーがある。インドネシアでは、国家イデオロギーは《パンカシラ》(五大原理)と呼ばれ、その原理のひとつが至高なる神の存在である。インドネシアのすべての組織は《パンカシラ》の原理、したがって至高なる神を承認しなければならない。インドネシアに無神論者はいるが、彼らは無神論者の資格では組織を持つことができない。(7)

同様にユダヤ人社会における無神論には、立場の曖昧さが見られる。自分がユダヤ人であるということがひとつの宗教と結びついてしまうからだ。とはいえ無神論者である新たなユダヤ人もおり、彼らのユダヤ教は倫理的で文化的である。それがヒューマニズムと世俗主義を掲げるユダヤ教である。数のうえでは五〇パーセントのユダヤ人が不信仰もしくは不可知論とみなされており、この数はフランスでは多く、イスラエルでは幾分少なくなっている。あるひとつの神の存在を認めず、彼らは「聖書や賢人の書は発展過程にある文明と、新しい状況に適応しようと試みる人々の所産である」と考える。(8) 一九八五年にはアメリカで、世俗主義ヒューマニズム・ユダヤ教国際連盟が創設され、そこには世俗主義ユダヤ人協会、世俗主義ユダヤ人組織連合、ブリュッセル世俗主義ユダヤ人センター、世俗主義ヒューマニズム・ユダヤ教をめざすイスラエル協会が加盟した。一九九一年には、世俗主義ユダヤ教第一回大会がパリで開催された。

全体的な印象としては、戦闘的な無神論は、それに対抗することで自分が姿を現し、またそれが長い間自分の存在理由でもあった有力宗教がこうむったのと同じ展開をたどっている。伝統的な宗教の解体に伴って、無神論者は、自分をそうした者と規定する必要をしだいに感じなくなり、またその結果不信仰は段々とより広範なヒューマニズムと世俗主義の全体のなかに解消されていく。なるほど依然としてその愚

かさや古くささがもはや微笑みをすら催させない体の瀆神的挑発行為や言辞を長々と披露する幾人かの個人はいるだろう。しかし一般的には、信仰を持つ者と持たない者の深刻な対立はもはや過去のものとなったと言えよう(9)。

信仰の分散——神から精神へ

さらにすでに見たように、この両者の境界がどこに敷かれているかも、今ではあまりよく分からなくなっている。そして戦闘的な運動さえ、今日では公然として好戦的な態度をとることをかなり控えるようになっている。一九九七年の『カイエ・ラショナリスト』には、次のような文章が見られる。「合理主義はまず人間が出会うさまざまな出来事における理性の根本的な役割の承認である。合理主義者連盟は教義上あるいは道徳上のいかなる独断論にも依拠しない。連盟は既成概念や人間がコントロールできない信仰をもってしては満たされることのない独立した精神すべてに開かれている(10)」。ただいくつかの時事的なエピソードが定期的に論争を活気づけることがある。たとえば一九九六年のクローヴィスの洗礼一五〇〇年記念祭がそれで、教会側の世論懐柔の新たな試みと非難された。「疑問の余地のないことであるが、クローヴィスの逸話をフランス国の洗礼であるかのように見せること、そしてこの洗礼を国をあげて祝うことは、象徴的ではあるにせよ、国民共同体からすべてのカトリック教徒以外の者を閉め出すことである(11)」。

最近フランスにおける中等教育課程に宗教史の一章が加えられたことは、やはりある程度の波乱を引き起こした。複数の自由思想家が、中等クラスの教科書の執筆者がたとえばキリスト教の起源という問題を取り上げるそのやり方に激昂した。一九九八年四月には『歴史家と地理学者』誌の《自由投稿欄》で、ミシェル・バルブがこうした不安を代弁して、「この章はわれわれの歴史教育を教理問答の一頁に変えよう

としている」と主張した。彼の議論には、不幸にも、歴史家が放置してはおけない行き過ぎと誤謬とが見られる。「教科書のこの章の執筆者たちは、教会によってもまた歴史家によってもイエスの存在は証明されなかったことをはっきりと知っている」と主張して、人間イエスの歴史的実在性に異議をとなえ、教科書の編者を「イエスの実在というおとぎ話をひろめ、歴史と教理問答をごちゃ混ぜにしようとしている」と責めるのは、単純に言ってやりすぎである。だが、「初期の福音書（ローマのキリスト教共同体にマルコが啓示したもの）の日付は西暦一四〇年である」と主張することは間違っている。この点については信仰を持たない者も含めて、すべての聖書釈義学者が一致してこのテキストをおそよ西暦七〇年頃のものとしているのだ。このような度を越した行為は、自分たちが優先しようとする大義さえも損なうことにしかならない。とはいえそれは、過去の争いに比べれば、かすかなおき火にすぎないのであろう。

混乱だろうか。事態の収束だろうか。あるいは妥協なのだろうか。いずれにしても、どちらの側からであっても歩み寄りはより妥協的という性格を帯びる。懐疑を信仰への序説とすることは信仰を持たない者の目には怪しげに映るにもかかわらず、幾人かのキリスト教徒はためらわずにそうした懐疑を賞賛する。[12]幾人かの変節者、たとえばロジェ・ガロディはこう主張する。「結局のところ、われわれの時代を特徴づけるのは無神論ではなく、（東側でも西側でも、技術に対する迷信から始まる）迷信である。［…］神を信じること、それは人生、世界、そしてその歴史を肯定することである。神を信じること、それは神が住まう人間を信じることである。それは、永遠に呪われた者は存在せず、過去に罪を背負った者たちにさえも未来があることを信じることである」[13]。元共産主義者のこうした精神主義的な情熱には当惑させられるが、なんにせよそれはあらゆる種類の改宗に付きものである。

信仰を持つのか、持たないのか。この問いは西暦二〇〇〇年において倫理学、人類学、社会のいっそう

広範な問題のなかに含まれる。神の存在は、もはやそれだけでは確実に手の届くものではなくなっている。ベルナール・セーヴはこう記す。

《神》、そう呼ばれる存在ないしは実在のステータスについて、実質的な哲学的テーゼを今日誰が立てられるだろうか。この議論はあまりにも理論的あるいは方法論的な前提条件によって重層的に決定されていて、神の存在という観念のむき出しで容赦のない意味は消え去ってしまったかのようである。つまりは神を話題にする現代哲学者の多くが実際には哲学の内部では（そう言ってかまわなければ）その意味に出会うことがなく、むしろたとえば自分の個人的な信仰といった他の領域で出会うのである。そのため神の観念には、そして神の存在の観念についてはなおさらある種の哲学的曖昧さがつきまとう。(14)

とはいえ、この問いにはこれまで一度も答えがあたえられたことがなかった。いつかそうなる日が来るのだろうか。ベルナール・セーヴは依然としてこの問いが立てられていることに驚きを隠さない。

哲学の対象としての《神》は、他の大部分の哲学概念や問題以上に浸食作用に対するかなり良好な抵抗力を提示しているように思われる。それにしても浸食作用に対する抵抗力というメタファーはあまりにも無機的であろう。むしろダイナミックな必然性すら問題にしなければならないかもしれない。つまり、そうした問題があるにもかかわらず、この問いは立てられるのである。信仰者はそこに、神が万人の魂に呼びかける形式のひとつである真理の動きや刻印を見いだすだろうし、無神論者はそこに、この不可能で非現実的な神という欲望の対象のうちに内蔵される奇妙な幻想力の兆候を見いだすだろう。(15)

信仰の修繕と取り込みの試み

実際イエス゠キリストから二千年たってもっとも驚くべきことは、まさしく解決されもしないのに、神の存在の問題が二次的なものになってしまったことである。神がいようがいまいが、この世界でどれほど違いがあるのか。誰ひとりとしてもはやあえて証明しようとも、反論しようともしないほどなのだ。ありとあらゆる論議がどちらの側でも尽くされ、くり返されてきたが、当の問題はあまりにも使い古されて、もはや大衆の関心をひくこともなくなっている。当たり前のこととして、神の存在を受け入れている人々さえも、だんだんとこの用語を使わなくなっている。このことは教会の言語においても、また説教においてさえ明らかである。話題になるのは、《精神》であることのほうがずっと多い。歴史を父の時代、息子の時代、精神〔＝精霊〕の時代に分けたフロリスのヨアキムにそれなりの理があるということだろうか。

有力宗教全体の崩壊は、良いものも悪いものも、尊敬すべきものも蔑むべきものも、ばかばかしいものも中庸を得たものも隣り合わせになって、スピリチュアリズムという混沌としたものを利する結果になったというのが実際のところである。すべての古典的な結びつきは解体され、それに代わって信仰のアトム化が生じた。そして宗教文化の消失がこの語から精確な意味を奪い去り、その常軌を逸した再構成に手を貸してしまうほど強力にアナーキーなてんでんばらばらな状態が生まれた。旧東欧諸国も、こうした現象から免れなかった。たとえばチェコ共和国では「この国の単線的な歴史経験は懐疑主義の色合いの宗教性を発展させたが、同時に正統メシア思想に民族的な理念を付与するまさしく宗教的な目的を持った種々の市民運動を生み出した[16]」。

宗教の分裂は今その絶頂にある。ジャン゠ルイ・シュレーゲルは『ア・ラ・カルトな宗教』で、信仰と

いう領域がさらされることになったとてつもない乱雑さを一覧表にして示した。[17] さらには近刊の『宗教百科事典』にも同様の記述が見られ、[18] ジャン・ドリュモーが監修した『宗教の実相』[19] や『ホモ・レリギオスス』[20] も同様である。『ホモ・レリギオスス』においてパトリック・ミシェルが正当にも指摘しているのは、「《信仰を持つ者》と《信仰を持たない者》の区別を信用のおけるものにすることがますます困難になり、そうなると理論上はともかく少なくとも事実上典拠としうるだけの信仰の《内容》はもはや存在しなくなっており、その一方で、信仰の無視することのできない大規模な非制度化が進んでいる」ことである。[21] 著者によれば、われわれは「宗教一般からではないとしても、少なくとも特定の宗教からは」離れてしまっている。そして彼は、たとえば共産主義の崩壊は世界を組織する世俗的・無神論的な考え方の失敗だと説明して、世俗化の矛盾を賭にして元手を回収しようとする教会の最後の、そして現実性のない試みを非難する。

こうした非難は根拠のないものではない。「わたしはこの岩の上にわたしの教会を建てる。陰府の力もこれに対抗できない」、と「マタイによる福音書」がイエスに言わせている〔第一六章一八節〕からという理由だけで自らを不滅だと思い込み、教会は二千年のあいだ厳格さと柔軟さとをうまい具合に組み合わせては生き延びられるだけ長いあいだ生き続けることを欲していた。現在の宗教的相対主義に教会が立ち向かうそのやり方は独特なものである。ラッツィンガー枢機卿〔教皇ベネディクト十六世〕にとって、支配的となった懐疑主義によって信仰が一掃されてしまわなかったという事実は、信仰が同時に自然的でも超自然的でもある特徴を備えていることの新たな証拠である。「現下の宗教状況を考慮するならば〔…〕、それにもかかわらずキリスト教徒としての信仰を持ち続けられていることに驚嘆の念を抱く人もあるだろう。わたしとしては、それは信仰になお成功のチャンスがあるということがどうして起こるのだろうか。

が人間本性に対応しているからだと言いたい。実際人間には、カントやカント以降のさまざまな哲学者があるとしたものよりもさらに広大な奥行きがあるのだ[22]」。

　他方、国際神学委員会は《キリスト教と諸宗教》に関する一九九七年の資料で、和解できないものを和解させようとしている。つまり、この委員会は信仰の多元主義を公式に認め、それを受け入れ、当然なことだと宣言し、それでいてカトリック教会だけが唯一救済を保証できることを再確認するのだ。「イエスとともにある歴史共同体である教会においてのみ、人はイエスの秘蹟を十全と生きることができる。［…］この秘蹟を知らない人々がイエスとどうつながりを持つのか、あるいは彼らの宗教とはどのようなものかを決定することはきわめて難しい。そうであるならば、われわれに必要なことは精神の秘蹟の道をはっきり述べることである[23]」。精神、これは魔法の言葉であり、定義づけを差し控えさえすれば、あらゆる矛盾を解決してくれる。そのおかげで国際神学委員会は、「イエスを信じる人々にとっての教会に帰属することの必要性と、救済にとっての教会という聖職の必要性」を主張し、同時に教会に属さない人々、「神の子とは異なったやり方で命を受けた人々」にとっての救済の可能性を主張する。そこにはユダヤ教徒、イスラム教徒であろうが、さらにすべての「彼らの咎ではなくキリストの福音を知らず、教会も知らないが心底神を求め、あたかも良心を介してでもあるかのように神の意志を成し遂げようと努める人々、そして第四に彼らの咎ではなくいまだ神についてのはっきりした知識を持ってはいないが、それにもかかわらず正しい道をたどろうと努める人々」がいる。言い方を変えれば、実質的にすべての人が対象となる。それでは教会はなんの役に立つのだろうか。そして教会に属することでどんな違いが生じるのだろうか。このことこそ、多くの非キリスト教徒や信仰を持たない人々が胸に問うことであろう。

　こうした言い方のおかげで現代教会は、それに反対する人々も含めて人類全体の代表を自認する栄誉を

実現することができた。同様の展開は他の分野でも、性道徳の分野でも見られ、そこでは一九九七年の仰天するような決定に従って、信者が言うことを聞かないことが予想される場合には、その信者に信仰の本当の要請を知らさない方がいいと教会当局が宣言しているのである。それこそまさしく、妊娠中絶禁止に関する家庭のための教皇評議会が刊行した『告解師用必携』が述べていることである。そこにはこう記されている。「告解者が自分では信仰に生きているつもりであっても、行いをあらためず、はっきりと罪に堕ちようとさえする場合であっても、過ちが主観的には克服しがたい無知に由来する場合には、告解者をその良心の赴くままにすることが好ましい[24]」。これでは誰もが満足する。誰ひとりとして、教会に従わぬ者はない。教会は何も求めないからだ。同様に、誰も教会に反対はしない。教会は善意の人ずべての代表をもって任ずるが、人々の抱く信仰がどのようなものかは問わないからである。こうした立場は現代世界にカスタマイズしようとする宗教性の新たな形式の特徴であるが、そこにははっきりした内容もなければ信仰箇条もなく、そしてそれは「精神」の多様性を表す互いに姿や形の異なる無限な表現を受け入れることが可能なのである。

というのも、まさしくそのことが問題なのである。フランソワーズ・シャンピオンは、「浮遊する宗教、折衷主義と混合主義」と題された論文で、こうした現象を次のように描く[25]。「今日ヨーロッパにあって、われわれはいまだ経験したことのない歴史的状況におかれている。宗教が解体されているのだが、その再組織化はめざされてはいない。われわれが相手にしているのは、「統制が効かず、適当に誂えられ、分裂したキリスト教」である。だんだんとぼやけてくる境界線はそれでも信仰を持つ者のグループ、信仰を持たない者のグループ、そしてキリスト教、秘教主義、オカルト主義、透視術、占星術に東洋の礼拝も入り交じったとりとめのない信仰の多数の信奉者たちを図式的にそれと分からせることはできるが、そこには

本当の確かさはない。理性的な精神の持ち主にとって、これは一種の崩壊現象である。この神秘的秘教的混沌は正統派を拒絶し、《経験的なもの》の優先、現世における幸福の了解をめざす全なるものという東方アジア思想から着想を得た、心身術による自我の変異によって自らを特徴づける。愛の倫理にアクセントがおかれ、一元的な世界観を持ち、類縁関係グループの枠内で実践され、その中心には任意に選ばれたリーダーがいるが、そのカリスマ性は時には疑問視される。

これを全体として見れば、聖なるものは再生されるどころか、激化しつつある個人主義のなかに解消されて、胡散霧消する脅威にさらされている。「極限にまで推し進められて、個人まかせの素人仕事となる傾向が、聖なるものに終末をもたらそうとしている」とフランソワーズ・シャンピオンは書く。というのも、それ以外のスピリチュアリズム、仏教、ヒンズー教、禅、シャーマニズムなどからうわべだけ借りてきたものは、本来の民族学的・文化的文脈から切り離されて、個人的な幸福を目的とするただの呪術的な手続きに変容しているからである。

神秘的秘教的混沌はしたがって、たえず有力宗教組織の支配力の喪失を伴いながら展開する、かの浮遊し拡散する宗教性の真に宗教的な再構成物とみなすことはできない。この混沌も宗教性に明確な形をあたえることはできるだろう。しかしそれもまた宗教的なものの解体であろうし（あるいはむしろ神秘的秘教的なものの解体であろう。というのも、いかなる魔術からも免れた純粋な宗教などといったものはけっして存在しないからである）、それに取って代わるのが心理学的なもの、再解釈されたヒューマニズムから超科学へと向かう傾向にある《ただの魔術》である。(26)

超科学の誘惑とそのあいまいさ

こうした運動内部での超科学への脱線は際立っていて、信頼性に関わる深刻な問題を提起している。ありとあらゆるルーツの信仰からとられ、予言者の荒唐無稽な話や科学の断片でおもしろおかしく味つけされ、秘教＝占星術のソースに浸りきったこの啞然とさせられる寄せ集めには、デカルト的精神を震撼させるものがあるが、そうした精神の持ち主も、ついにはキリスト教徒と唯物論的無神論とのあいだの冷戦という古き良き時代を懐かしむ羽目になる。現象はヨーロッパをしのぐ。《ニューエイジ》の霊気に満ちた愚劣な言動は、そのばかばかしさではブラジルのウンバンダ、このキリスト教と心霊主義とアニミズムの混合主義をおいて他に並ぶものがない。ウンバンダはブラジル人の心を瞬く間にとらえたが、その頃日本では三〇〇以上の宗教運動が人口の一五パーセントをとらえていた。

もはや科学と超科学の区別をしなくなり、信じられるものと信じられないものとのあいだの境界が消え去ってからは、ありとあらゆる軽信に門戸が開かれた。そうして気づかれることは、長い間期待された、わたしたちを真理へと近づけうる科学と宗教の同盟関係が、実際には修復しがたいほどにわたしたちを真理から遠ざける怪物を生み出す可能性を持っているということである。まさしくこうした場合、協力よりも対立のほうが、あるいは少なくとも一定程度の協力形態のほうが実を結ぶのではないだろうか。だからこそ、全宇宙は霊的本性を持つとする一元論的な世界観、いわば唯物論的な精神主義に依拠して、もっとも近代的な科学、素粒子物理学が宗教的で、神秘的で、秘教的な実在を発見することができると主張する数々の運動を目前にすると、わたしたちは当惑してしまう。著名な科学者がそうした運動に加わっているだけに、なおのこと困惑させられる。彼ら物理学者は、

一九七八年に『フランス・キュルチュール』が開催したコルドバ国際会議には、たとえばデヴィッド・ボーム（量子力学における重要文献の著者）、ブライアン・D・ジョゼフソン（超伝導の発見により三十三歳でノーベル賞受賞）などとりわけ物理学の著名人が招かれた。デヴィッド・ボームは自身の《含意された秩序》の思想をもとにとくに激しくクリシュナムルティと論争を交わした。ブライアン・D・ジョゼフソンはマハリシ・マヘーシュ（超越瞑想の指導者）と共同で研究を進めた。ジョゼフソンは、《科学の仕事の一部は宇宙の意識に包摂される》と考え、同時に自分が選択した研究の基本方向は自分が実践する《瞑想なしには制御され得ない》と言う(27)。

『タオ自然学』でフリッチョフ・カプラも、量子物理学と東洋思想の人を惑わす接近をはたした。領域横断的なこうした運動は、現実を多様な角度から把握することをめざす混合主義的な試みの境界域に見いだされる。形のうえでは、国際学際リサーチ研究センターとして組織されたこの運動は、一九九四年に第一回学会が開催され、宗教的信仰と無神論の古典的な対立を超克する意図をはっきりと述べている。その会長で、CNRS（国立科学研究所）の理論物理学者であるバサラバ・ニコレスクは、一九九六年の『宣言』にこう記した。

さまざまな宗教、そしてまた不可知論的・無神論的潮流も、聖なるものという問題との関わりで、ある仕方あるいは別の仕方で定義される。聖なるものは、経験としては超宗教的な立場の源泉である。超域性は宗教的でもなければ、無宗教的でもない。それは超宗教的なのである。それが超域的な立場であって、生きられた超域性に由来し、それによってわれわれにとっては異質なものとなった宗教的・非宗教的伝統の特殊性をわれ

われが把握し、認識するようになり、結果そうした伝統を基礎づけ、それによって超宗教的な世界観に到達する共通構造をいっそう感取するのである。

超宗教的立場は、いかなる宗教的伝統とも、またいかなる不可知論、無神論的潮流とも矛盾しない。もちろん、そうした伝統や潮流が聖なるものの現前を認める限りではあるが。この聖なるものの現前は、実際には世界内におけるわれわれの超現前である。もしこの現前がひろく承認されるならば、超宗教的立場はすべての宗教戦争を不可能なものとするだろう。[28]

現実には、聖なるものは神への信仰を意味するものではないことに著者は注意を促しているし、別の著作では超域性の伝統を、あの奇妙な神秘主義の思想家ヤーコプ・ベーメ（一五七五―一六二四）へと遡らせている。

ヤーコプ・ベーメの賭はかつてもそうだったが今なお決定的な挑戦であり続ける。合理的なものと非合理的なもの、物質と精神、目的のあるものと目的のないもの、善と悪、自由と法、決定論と非決定論、想像的なものと現実的なものすべてをその特殊性を保持しながらも和解させる。もっともこれらの概念は哲学という文脈において見れば、さらに限りなく豊かな概念の、貧しく滑稽な近似値としてしか姿を現さない。[29]

それだから、ニコレスクはこう書く。

断固として合理性の領域に踏みとどまりながら、超域性は合理的なものと非合理的なもの、聖と俗、単純

なものと複雑なもの、単一なものと多様なもの、自然なものと想像的なもの、人間と宇宙という無数の音がそこに響き渡る対話の出現を可能とするだろう。わたしが確信しているのは、超域性が今後数十年のあいだに複雑系の認識論を作り上げるうえで最適な手段であることを事実が証明するであろうし、新たな自然哲学を打ち立てる道を明らかにしてくれるだろう、ということである。(30)

無神論から無関心へ

こうした事例はいずれも人を面食らわせるものではあるが、ポスト宗教、そしてそれと同じくポスト無神論の新たな道に関する現在の研究の兆候的な事例でもあり、西欧文明の五千年を越える歴史を特徴づける古い敵対関係を乗り越えようとするものである。危険は研究の分散化にあり、幾人かの研究者にあってはそれが特異で危険な思弁をもたらすことも起こりうるのである。

というのも、超域性の運動がグノーシス主義とまったく同様に自分の思考を自己調整できる知的エリートに関わるものであるとすれば、《新興宗教信徒》である大衆は秘教主義、占星術、狂信主義のやり方の信奉者となっており、その教育水準はバカロレア〔高校卒業・大学入学資格試験〕を越えられないレベルにあって、思慮もなく非合理の波に飲み込まれてしまうからである。フランス人の一一パーセントが幽霊を、二一パーセントが転生を、そして四六パーセントが占星術による性格の説明を信じていると世論調査は指摘しており、わたしたちの社会のような《先進》社会の精神面でのバランスが心配される。信じる立場に立つにせよ信じない立場に立つにせよ、世界について妥当な説明をあたえ、とりわけ安定した、信頼に足る文化的価値を担保するうえでの合理主義の失敗がおそらくはこうした非合理的なものの興隆に責任を負っているのであろう。マスコミや商業主義に乗ぜられて、時として怪しげな論争に加わり、科学自体が信

じられるものと信じられないものとの区別を曖昧にする。

思い出されるのは一九八八年の《水の記憶事件》である。これはホメオパシーを古典的な科学の方法によって有効なものにできるとして、複数の高いレベルの研究者からなる国際的な科学協力に依拠したものであり、言わばもの笑いの種にされる以前に、きわめて権威のある『ネイチャー』誌にいたるまで、いくつもの著名な科学誌に発表されたものである。何にせよこの事件は、信じがたい信仰心の展開に好都合である、科学の本質や妥当性についての不確かさや疑問視という社会感情の表出であるようにわれわれには思われる(31)。

理性的なもののこうした風化は宗教にとっても、また無神論にとっても利益をもたらさない。「既成の宗教組織から距離を取るこうした立場は、無神論を利するためにとられるのではない。自分が無神論者であると宣言する人の割合はどこでもほとんど変わらないままであり、しかも低レベルにとどまっている」からである(32)。人は自分を《無宗教》だと言えるが、同時に進んで神、魂、死後の生、そしてもちろんのこと輪廻転生を信じることができる。さらに人は秘教主義、トランスパーソナル占星術に自らをゆだねることもでき、しかも現実についてのグローバルで、《ホリスティック》なアプローチでそうすることが可能であり、これは民衆的スピノザ主義とも形容可能である。心的な、あるいは霊的な《力》、《波動》、《エネルギー》を手に入れることができ、東洋の心身術を採用することもできる。これらの異種混合システムには人格神こそ欠けているが、厳密には無神論とは規定できない。

「現代人の大多数にとって、宗教問題は問題ですらない。したがって無神論は通俗化され、実存の中立的な地平となって、それを生み出した宗教現象同様それ自体消失している」とルネ・ル・コールは書く(33)。

ル・コールは続けて、「純然たる無関心が間近に迫っており、すでにそこにあるのだが、外見からは分からない」と述べる。はっきりと態度を決めた攻撃的な無神論が完全に姿を消してはいないとしても、無関心と同義語の穏健な無神論にほとんど取って代わられている。「こうした無神論は当然の成り行きであり、そうしたものであることさえ、無神論は自分では考えもつかない」。人はもう宗教を批判することもなく、宗教を単なる研究対象としている。だとすれば逆説的ではあるが、宗教研究の流行は宗教が消え去ったことのしるしではないだろうか。文化現象という状態に還元され、そうしたものとして宗教は研究されることもできよう。だが絶対的なものを表すかぎり、宗教は探求の埒外にあったのだ。宗教学へのおそらくは数を増しつつある関心に幻惑されてはならない。宗教は今や他にいくつもある文化に関わるもののうちのひとつの宗教、ひとつの研究対象、図書館の本棚の一角を占めるものとみなされる。宗教はたしかに他にいくつもある世界観のひとつにとどまってはいても、もはやかつての世界観ではない[34]」。

宗教的なものは消え失せはしない。自然宗教という形で、教会に行かない信者のあいだで《地下の慎ましやかな暮らし》を続ける。それはたとえば、ジャクリーヌ・ラグレが「実定的な宗教と不可知論のあいだに立つ内省的な立場」と示してくれたものである[35]。さらには《とらえ難い》宗教とも言われる。たぶん宗教は死ぬ準備をしてはいないと、戦闘的自由思想家シャルル・コントは一九九七年に認めた。

第一に確認できることは、その持続性である。宗教一般、とりわけカトリック教の避けられない衰退を信じられる人々が今もまだいるのだろうか。そうした消滅はおそらくは考えられないことではない。しかしそれは明日のことでもなければ明後日のことでもないことは確かだ。《幻想の未来》（フロイト）から《未来の無宗教》（ギュイヨー）にいたる仮定は実現しなかった。［…］九億人以上の人々が、一五〇万もの司祭、修道女、

修道士、二七〇〇人の司教、一人の教皇に取り囲まれて、自分のことをカトリック教徒だと定義しているのだ。歴史上最悪の事態に陥っても、カトリックは大規模な、たいがいは民衆的な運動によって生まれ変わることを経験してきた。それに真っ先に驚いたのは聖職者たちだった。[36]

とはいえ忘れてはならないのは、歴史はけっしてくり返さず、また今の状況がローマ帝国末期や十九世紀初頭の状況と多くの類似点を持っているとしても、全体的な文脈は前例のないものだということである。世界についての失望がこれほどまでに高まったことはかつて一度もなかった。マルセル・ゴーシェは一九八五年の著書でその点をはっきりと示した。つまり、宗教はその社会的役割を喪失し、先進国ではもはや神を引き合いに出すことはなくなり、仮に宗教的なものが生き延びているとしても、それはほとんどが神なき宗教であり、そこでは聖なるもの、超自然的なものが幅をきかし、そのうえで神的なものが登場しても神そのものは極端に欠如しているのである。ある種の《神学》はそれを避けがたいものと受け入れ始めている。

だからこそ、キリスト教の最終的な復活はあまり確かなものとは思えないのだ。すでに二十年以上も前にジャン・ドゥリュモーは、激しい熱狂を引き起こした著書のひとつで、《キリスト教は死のうとしているのか》と問いかけた。[37] それ以降事態の進展は著者の分析を裏付けたのであろうが、ドゥリュモーは教権主義的・教条主義的・典礼主義的・全体主義的なある種のキリスト教が別の、開かれ、世俗化された、僧籍身分を持たない宗教にしだいに置き換えられていくことを予言した。とはいえ問題は、それがつねに同じひとつの《キリスト教》なのかということである。キリスト教は時代時代に応じて自らについての多彩なイメージをあたえ、時代の流れのなかで大きな変容をとげてきたために、《本当の》キリスト教とい

ったものがあるのかどうかもはっきりとは分からないし、あるいは二千年来キリスト教と呼ばれてはきたものの、それが実はイエスという際限なく適用可能な人物像に関して西欧文明がその連続する各々の文化局面で表してきた宗教的欲求の単なる結晶化にすぎなかったのではないかということさえも、今では分からないほどなのである。その他の有為転変もありえるだろうが、それでも大衆のキリスト教、多数派でさえあるキリスト教は生きてきた。ジャン・ドリュモーはこう記す。「わたしは少数派ではあるが、刷新されたキリスト教の新しい活動が認められるように思う。体制順応的だった時期、義務を課された時期、教会と国家からともども激しい制裁を課された時期を過ごし、この第二の期待される見方としてのキリスト教はこれまでもそれでありつづけようとしたはずの当のもの、信仰を持ち、自由で、自分たちがキリストに賛意を表明することの重要性と危険性を自覚した人々の集まりになろうとしている(38)」。

若者たちと神——大規模放棄

中期的に未来の傾向を評価するために、若者に関心を向けることがしばしば見受けられる。一九六〇年代からアンケート調査や世論調査が十五歳から二十五歳の若者たちのあいだであらゆる主題、とくに宗教的信仰に関して数多く行われた。ここ半世紀にわたるこれらの調査から、全体に見ても首尾一貫した総括が引き出された。それによれば、宗教をしだいに放棄する傾向が見られ、それに代わって増加傾向にある混乱を反映した雑多な要素からなる信仰が最終的に登場する。二十世紀半ばに戻ってみよう。アメリカ合衆国では宗教行事への参加率が大学生男子で一七パーセント、女子三八パーセントまでに落ち込んでいたことをすでに一九四八年の研究が示している(39)。一方フランスでは宗教行事の実践は十三歳頃から減り始め、二十歳頃には男子九パーセント、女子一五パーセントで固定化する。同種の結果はイタリア、ドイツ、ス

イスでも認められた。[40] 教会に行かない者たちのあいだで無神論者の数はおよそ一〇パーセント以下にとどまる。合衆国では七・三パーセントだが、ここでも境界分割の問題が再び見いだされる。というのも、アメリカの若者の四分の三が神を信じていると宣言したとしても、この信仰は多くの者にとってはまったくの抽象物であり、その行動になんの影響も及ぼさず、一二パーセントは「自分が何を信じているかはっきりとは分からない」からである。

一九六〇年から七〇年にかけて、学生のあいだでは公然とした無神論の割合が目に見えて増加した。一九六二年から六三年にはロンドン大学で一七パーセントが無神論者だと認め、その割合はロンドン・スクール・オブ・エコノミクスでは四〇パーセント、ケンブリッジ大学では二一パーセントが不可知論者を自認し、オックスフォード大学では二三パーセントが不可知論者、一一パーセントが無神論者だった。[41] スイスでは、「神は存在するか」との問いに二六・五パーセントが否定の答えを出した。イタリアではパーヴィエ大学の学生の一二パーセントが懐疑論者ないしは不可知論者であると認め、七パーセントが「神を拒否」し、五パーセントが無神論者と自称した。[42]

当時はヨーロッパの知的な若者たちのあいだでマルクス主義、トロツキー主義、毛沢東主義が大流行した時代である。一九六〇年から七〇年にかけての無神論の隆盛は相対立する二つの社会的・文化的因子から説明される。こうした若者たちは、一方で宗教の価値がぼやけ世俗化された物質主義消費社会にどっぷり浸りながら、他方で無神論者のイデオロギーに与することでこの種の社会を拒否したのである。両者のどちらにおいても、そこに神はいない。この時期に行われた多くの社会学的研究が、さまざまな価値や参照基準の破壊者としてマスコミの決定的な重要性を指摘した。まったく世俗化されたモデルを伝えることによって、マスコミは宗教的価値の失墜に貢献した。ジャンカルロ・ミラネージは『若者の無神論』と題

された研究書で、一九六七年に適切にもこう書いた。

現状では明らかにマスコミが影響力を及ぼしている。新聞、ラジオ、テレビ、映画といった手段によって文化にもたらされる《メッセージ》が、その数、その不安定性、その矛盾した性格を手立てとして、そのなかにあって若者たちがもがいている文化的混乱状態を増長させている。長期的に見れば、このことによってあらゆる価値が危機に陥るだろう。実際確かなことは、こうした《メッセージ》の担い手はとりわけ宗教的な実質にもっとも緊密に依存する価値（家族、性）の文化的転換を促す傾向にあることである。宗教性への直接的な影響もそこに由来するが、それは世俗的な価値との関わりで宗教的な価値を均等化する方向にも、またそれらの価値の全般的な批判という意味合いにも作用する。(43)

現代メディアの信仰への腐食作用は、「宗教的メッセージの心理学的・社会学的構造の弱み」とは対照的に、そのメッセージに魅力的な表情をあたえる説得手段を用いているだけに、いっそう強力なものである。

著者ミラネージによれば、若者特有の無神論は、自分たちがこうむる多種多様な欲求不満に対する防御反応である。それは絶えざる変化の過程にある世界にあって、社会的な性格をもった欲求不満なのだが、若者たちはこの変化をもはや理解することも、またそれに同化することもできないでいる。そこにはたとえば家族という核の漸進的解体といった因子もつけ加えなければならないだろう。それは不和、不安定、親の保護監督の拒絶の原因である。性に関する問題もやはり早熟な棄教の元凶となる。性や道徳上の規制に甘い環境で巡り会い、ますますオープンになるさまざまな誘惑は、ますます耐えがたいものに思える宗

教の禁忌との亀裂をいっそう大きくする。「宗教はわきにのけられる。なぜなら、宗教は情緒的な均衡に直接働きかけるこうした立場を非難し、それに真っ向から反対するからである」[44]。

青年期は、社会に人格を同化させる時期である。ところが社会のほうは世俗化されているために、聖なるものが何を意味するのか表現される機会はほとんどあたえられず、若者は消費社会によってつくりだされた、とりわけ映画やスポーツのスターたちといったさまざまな《アイドル》に向かうことになる。くわえて価値のあるものと価値のないものの平準化は、エネルギーや関心や活動の分散化といった、実存の無意味化を推進するものでもって、聖なるものには不向きな文化状況を生み出す。「宗教的立場が平準化されて、宗教的実践の放棄、宗教的信仰という統一体からの離脱、そして不信仰やすべての帰属意識との断絶へと向かうこと、これこそが宗教的立場の《否定的変動性》の歩みであると思われ、この歩みはある種の心理学的＝社会学的観点からすれば、青年期の無神論の発展過程に相応するものである」[45]。

若者たちのあいだで聖なるものがある程度は生き延びることを確認して、ジャンカルロ・ミラネージはその研究を締めくくる。ミラネージによれば、それは宗教的なものの再構成の前奏曲である。つまり、「《価値や役割の一過的な混乱》に由来する現在の不安は、若者たちの宗教性の《純化》に役立ち、宗教的実践と同時に社会的＝文化的宗教統合の前奏曲となっている、と多くの者たちが考えている」というのである[46]。

ここでとくに、『若者は神に関心を示すか』と題された[47]、一九九七年三月のＣＳＡ〔世論調査分析評議会〕が実施した世論調査の結果を検討してみよう。「あなたは神を信じますか」という基本の問いに対して、五一パーセントが「いいえ」と答えている。この否定の答えが徐々に増えていることは、この三十年変わらない。一九六七年には「いいえ」の割合が一七パーセント、一九七七年には三〇パーセントだった。こ

うしてイエス＝キリスト以降二千年たって、キリスト教の強い伝統を持つ国で、若者の半数以上が神の存在を否定しているのである。さらに、この答えは若者たちが宗教への関心を欠いていることを明らかにしている。一七パーセントが一度も宗教を話題にしたことがなく、五三パーセントがまれに話題にし、一二パーセントが教会で祈り、七パーセントが大斎の時期〔復活祭前日までの日曜日をのぞく四十日の斎戒期間〕を守り、二パーセントが告解をする。カトリックの教えは、四七パーセントが現代の精神性に合致しておらず、六七パーセントがもはや近代世界に適合せず、七六パーセントが若者が提出している問いかけに答えていない、五〇パーセントが希望をもたらさない、六〇パーセントがひとりひとりの人間的開花に益するものはない、と考えている。要するに、最終結果はかなり否定的なのである。そのうえ、イスラム教はあまり評判が良くなく、仏教のイメージはそれに比べればずっと肯定的である。

ヨハネ＝パウロ二世が数十万の若者を動員したことを評価する人もあるだろう。しかし、大がかりな演出によるこうした人集めが本当に意味するものは何だろうか。その成功は、メディアや強固な支援体制の下支えによって増幅されたが、依然として曖昧なままである。数千万の若者のうち、たかだか数十万が集団効果に引きずられて、一日集まり、教皇からの教義や道徳の教えはもう受け入れなくなっていても、教皇を見物に来たのであって、それで幻惑されることはないだろう。本当の大衆現象、それはメディアが伝えるこのうわべの背後、日々の確かな事実のうちに、現場にある。一パーセントが日曜の礼拝に行き、リセの牧師を訪れる者はさらに少なく、信仰問題については広範な大衆がほぼ無関心を保っている。ヨーロッパの若者はもはや宗教的ではない。もちろん大量に無神論者になるわけでもない。若者は二つの潮流のあいだを行き来し、周囲の文化のグローバルな状況を映し出す。コメンテーターたちもこれについてはわけが分からない。神も復活も信じない若いキリスト教徒と、聖なるものについての感覚は保持している信

仰を持たない若者とのあいだを支配しているのは矛盾であり、そのために人はそれを《ブリコラージュ》〔既成のものを使って自分で作ること〕、《寄せ集め仕事》といった考えのせいにする。まるで可能なすべての思想体系が体験され、使い古されてしまったかのように、千年紀が思想の恐るべき空白によって幕を閉じようとしている。「はじめ時代は無神論的なものだと、キリスト教の拒否はイコール無神論だと思われた。出発点はキリスト教と無神論の大論争だった。そのあとでは宗教的無関心が話題となった。今日ではむしろ、宗教の劇的変化が口にされる」とジャン＝クロード・エランは記す[48]。実際今わたしたちが立ち会っているのは、「不信仰というよりも蓋然論や超科学へと横滑りする信仰」なのである。世界はもはや意味を失い、人は霊的指導者を信じることもない。一九九七年に調査対象とされた若者の七〇パーセントがその必要を拒んだ。この点では、カルト集団の人気も、またもやメディアによって増幅されているだけに、差し引いて考えなければならない。一九九六年のギュイヤールの報告によれば、フランスには一七二のカルト集団が数えられ、それらの総数をまとめても二五万人を越えることはなく、これは人口の〇・四パーセントに当たる。そのうち一〇万人がエホバの証人であり、半世紀以上もの戸別訪問の結果としてこのレベルに達したもので、その《脅威》はそれほど大きいものとは思われない。

とはいえ有力宗教に関しても、警戒心は依然として強い。それというのも言葉遣いの柔軟さにもかかわらず、東欧の人民共和国の例が示しているように、その全体主義的傾向がちょっとした機会に顔を出さないともかぎらないからである。「イデオロギー現象の解読からは、宗教とイデオロギー、異端審問所とグラーグとのあいだの重大な類縁性が垣間見られる。時代がその手段を提供してくれるかぎり、宗教は強制し、さらには抑圧する。ポーランドにおける教会の再登場のあり方は、われわれにそのことを完全に納得させてくれた」、シャンタル・ミロン＝デルソルはそう書いた[49]。

宗教的帰属意識はいたる所で後退している。男性も女性も自分を宗教に同一化する傾向は少なくなっている。一九七五年と一九九二年の数字を比べてみれば、そのことは歴然とする。ユーロバロメーター（EB）によれば、宗教に帰属していると述べた者はオランダで七一パーセントから五四パーセントへ、フランスで八一パーセントから六九パーセントへ、ベルギーで八一パーセントから七〇パーセントへ、英国で七四パーセントから六五パーセントへ低下した。後退は若者のあいだではいっそう顕著である。しかも生活レベルとはなんの関わりも見いだされない。スカンジナビアやアメリカ合衆国のようなもっとも豊かな国でも、ポルトガルやギリシアでもそうである。同様に教会のステータスともなんの関わりもない。政教条約が結ばれた国でも、教会と国家の分離体制をとる国でもポイントは同じである。歴史的な因子によってこのばらつきを説明すれば、有効な答えが得られるだろうか。イヴ・ランベールはそう考える。

実際にヨーロッパ全体を通じて宗教のおかれた立場と告解のやり方の違いを同時に理解するためには、歴史に立ち戻らなければならない。ただ本質的な諸点をまとめ上げるためだけに、われわれは急ぎ足でざっと検討することで満足しなければならないだろう。デヴィッド・マーティンに従って、とくに以下の五つのキーポイントを強調しよう。すなわち、プロテスタント宗教改革の成功あるいは失敗、啓蒙思想を前にして教会のとった態度、民主主義の浸透を前にして教会のとった態度、ネイション・アイデンティティの構築における宗教の役割、二十世紀の社会主義、共産主義の影響の大きさである。(50)

わたしたちは混乱の時代にいる。何を言えばよいのか。何をすればよいのか。何を信じればよいのか。何を考えればよいのか。懐疑が西暦二〇〇〇年のスローガンである。技術、テクノロジー、社会は加速的

な歩みで進み、体系化しようとする思想のコントロールを免れる。行為が反省に勝り、反省には理論化する時間がない。経済思想は前代未聞のアクターによって、道徳は（とりわけ生物学において）これまで見たことも聞いたこともない事例によって、哲学思想は文化の激変によって、宗教思想は信仰箇条の崩壊によって、それぞれ先を越されてしまう。行為はもはや枠に収まりきれず、思考の対象ともならず、ふたたび野生化する。

《宗教への回帰》――ひとつの幻想

現在の宗教状況に関して、一九九七年に『エスプリ』誌が、信仰を持つ者持たない者を問わず知識人グループに送付した質問状は、世界の了解可能性の喪失というこうした現状を見事に映し出している。文化を考えることを務めとする者にとってさえそうなのである。質問事項そのものが示唆的である。そのいくつかをあげよう。

話題となってまもなく二十年になろうとする《宗教への回帰》と《宗教の解体》とのあいだで、あなたの考えでは、傾向はどこに向かうのでしょうか。《再構成》があるとしたら、その骨格はどのようなものでしょうか。

われわれの前にあるのは、世界の再魔術化でしょうか、それとも反個人主義的反動でしょうか。とりわけ、現在認められるすべての兆候のなかにキリスト教（したがってユダヤ教）の何か決定的な危機を見なければならないのでしょうか、あるいはキリスト教の退場が、そしてそれに取って代わって漠然として汎神論また場合によっては多神論に基づくある種の宗教性が顔を出すことが考えられるでしょうか。それとも逆に、なにより

も新たな自己同定（カトリックの伝統完全墨守主義、イスラム原理主義、カルト集団の運動を参照）が進行しているでしょうか。［…］

少なくともこうした宗教性の回帰のいくつかの側面には、《反宗教的》、《無宗教的》そしてただ単に反教権的でない啓蒙思想や近代との関係との不可欠なバランスの回復を見なければならないのでしょうか。［…］日常化したニヒリズムを前にして宗教には何ができるでしょうか。あなたの人生で、社会で《神の問題》（単一の神、《新たな神々》）は適切なものだったでしょうか（どのような観点から、またどのような次元においてでしょうか）。［…］

カトリックの伝統完全墨守主義やイスラム原理主義ばかりでなく、さらに単なる宗教的アイデンティティを取り戻そうとするもの、キリスト教、ユダヤ教、イスラム教といった多かれ少なかれ色合いの違いも含め、伝統的なものを了解しようとする努力やその批判的で建設的な再構成といった知的作業の衰弱と符合する《宗教の回帰》を認めなければならないのでしょうか。(51)

回答は、少なくともいくつかの基本点では一致していた。とりわけ《世界の再魔術化》という前提には否定的だった。注目されるべき《宗教の回帰》も、「神の回帰」もない。流行のこうした表現は、大衆向けの雑誌や週刊誌のネタともなるのだが、個々に用いられたケースが際限なく肥大化させられ、メディアが意図して用いる言葉の誤用となっているか、あるいは《宗教》という用語をあまりにも広く用いたことの結果である。ポール・ヴァラディエによれば、ある種の運動の秘教的妄想は宗教的なものとはまったくなんの関係もない。

いずれにしても、《宗教の回帰》を語ること、あるいは幾人かの社会学者が人を驚かし、不安にさせるような性急さで行っているように、カルト集団を新興宗教運動と同一視することは避けなければならない。というのも、神秘的なもの、秘教的なもの、不可知なものをめぐる熱狂は異論の余地もなく見かけられるとはいえ、自分の体、自分の心理現象のバランスを求めて、宇宙あるいは大地の力との調和を得たいとの欲望に向かうが、擬似科学的な妄言に同意し、グルに無条件に追随することもやはり排除しない錯綜した探究に《宗教》のレッテルを貼るのはあまりにも慎重さを欠くものである。こうした思いはあまりにも雑多な要素から成り立っているために、《宗教的なもの》というカテゴリーに収めることはできず、それをこのカテゴリーに加えるためには、カテゴリーをほぼ何もかも包含しうるほど大きく、柔軟なものにまで拡張するという条件でしかありえないほどである。(52)

ジャン＝ルイ・シュレーゲルも同じ意見である。宗教社会学者にはいたるところに宗教的なもの、聖なるものを見ようとする傾向がある。だが現実には、「世界の再魔術化はほとんど日程にのぼってはいない」(53)。守護天使、心霊主義、超常現象、悪魔主義が流行し、高校生の一部――さらには校長たちの一部――の気晴らしの種になっているが、これは実際には、治療行為を目的とする子ども向けのゲームである。「なんにしても、天使の流行はすでに過ぎ去り、別のものにとって代わられている」、たとえば転生である。これらすべてを宗教的なものに分類することは、人間がそこに自らを投影する「人類学的な還元」を行うことだと、リシャール・フィギエは書いている。(54)

おまけに指摘しうるのは、こうした限度を超えた信心がかつては無神論と呼ばれたことである。用語法のずれは示唆的である。かつてはキリスト教の厳密な枠から出たものが無神論と呼ばれた。つまり無神論

は、信仰に根ざした文明に飲み込まれた信者たちの反応だったのである。今日では逆に、純粋で堅固な決定論的無神論は宗教的と呼ばれる。不信仰や無神論が染みこんだ世代の反応である。西暦二〇〇〇年の人間は自ら進んで世界を無神論的に見るのである。

もっとも、ロベール・ショルテュスはこう自問する。

神にはまだ場所があるのだろうか。神の名が《存在》、《他者》、《欲望》、《歴史》と混同される共通の場以外に、まだ神のために余地があるのだろうか。ジャン=リュック・ナンシーが記しているように、《神の死は神がもはや存在も、主体も、世界も担保しない危険があるという考えを要請し、喚起した。この極限状況、この深淵、舵の効かない状態では、どのような神も回帰のしようがない[55]》。宗教の回帰が今日自らにあたえられるものは、おそらくはその消失の最後の身ぶり、あるいは世界という洞窟に投影された神の亡霊の幻影でしかないだろう。だが神学にとっても、《事態は確定的であろう。われわれが生きているのは、神を語る場所を奪い取られた時代である。当然のことながら神、そして言葉の奔流に身を隠してさえも姿を現す、言葉を失った神学を考えることの不可能性はますます肥大化する[56]》。そしておそらく神はなお長期にわたってこの沈黙と不在の場にとどまらなければならないだろう[57]。

神秘家たちの否定神学、不在の神学がこうしてある種の現実性をふたたび見いだすことになる。それだからこそ、神的なものの回帰はないのだ。しかしそれに輪をかけて真の無神論の前進もない。イヴ・ランベールはこう記す。「注目しなければならないのは、西洋社会においては《神の報復》も口にできないが、宗教が個人から離脱していく傾向は明らかだとしても、宗教的なものの漸進的消滅もなおさら

のこと語ることはできないということである。なぜならわずかに前進してはいるものの、確固たる無神論は弱小のままであり、むしろ《隠然たる信仰》が上昇傾向にあるからである[58]」。したがって、この《隠然たる信仰》が実際には偽装した無神論ではないのかを知ることが残っているだろう。

またそうだったとしても、信仰を持つ者と信仰を持たない者との違いも、やはり基本的なものではないだろうか。そうウンベルト・エーコは自問する。対立はむしろ信じる仕方と信じない仕方のあいだにあるのではないか。聖なるものについて自由な立場をとる信仰を持つ者と、それについてオープンな無神論者のあいだよりも、むしろ前者と原理主義者のあいだのほうにいっそうの違いがあるのではないだろうか。一九九六年にこのテーマについてカルロ・マリア・マルティーニ枢機卿とウンベルト・エーコの論争を報じたのは、イタリアの『リベラル』誌だった。エーコはその論争をふり返って、こう語る。「宗教性というものには形式があり、したがってたとえ人格と摂理を持った神への信仰が欠けている場合においてさえ、聖性の意味、限界、問いかけ、期待、われわれを超えた何ものかとの交信にも形式があるのだ[59]」。

一致が頓挫するのは倫理問題に関してである。マルティーニ枢機卿にとっても、またウンベルト・エーコにとっても、参照事項に供されるのは個々の人間の尊厳である。だが枢機卿にとっては、この尊厳はそれが神によって人間にもたらされたという理由にのみ基づく。人間の尊厳はそれ以外の別のものに基づく必要があるのではないか。この尊厳にはそれ自体何か尊敬に値する次元が備わっているのではないか。まさしくこの点にこそ、信仰を持つ者と持たない者のあいだのさまざまな対立の今日的な論点が存するのである。

ヨーロッパの将来という次元においてさえも西洋文明の未来の価値をめぐる論争を伴いながら、そこには同様の曖昧さが見られる。ジャン・マリー・マユールは一九九七年に『ライシテ問題』で、ヨーロッパ

連合の加盟国の社会的・文化的伝統の多様性が引き起こした問題の輪郭を明らかにした。キリスト教をベースにした《世俗宗教》という考え方は、フェルディナン・ビュイソンの思想を思い起こさせるが、当然のことながらさまざまな反対意見をひき起した。というのも、「こうした考えは不可知論者や非キリスト教的な宗教の信奉者をあえて棚上げしてしまうからである」。だが棚上げされるのは、キリスト教の伝統よりもさらに古い伝統を持つ無神論も同様である。柔軟でプラグマティックな中立性を持ったフランス流のライシテは、おそらく代用宗教が不在の場合にはさまざまな潮流を直接和解させる最上のものであるだろう。

意味の喪失に向かって

まさしくこれが、イエス＝キリスト以降二千年たってわたしたちが今置かれている状況である。神の問題は依然として解決されていない。おそらく解かれることはないだろう。有史以来人間たちはこの問題に一定の立場をとってきたし、この問題を根本的なものと見なしてきた。そしてそのはじめから、この世界は神なしに存在し、神が死んだのではなく、神など一度も存在しなかったと主張する人々がいた。というのも、無神論は人間の思考と同じくらい古いもの、信仰と同じくらい古いものだからであり、両者の争いは西洋文明にたえずつきまとう特徴であって、そのことをたとえばアンドレ・ゴダンは次のように思い起こさせている。

ある種のキリスト教護教論者は神性への信仰心が地理的にも時間的にも普遍性を持っていること、またある種の有神論への（自覚の多少の差はあれ）一致した信奉を好んで強調する。うまいやり方だが、こうした主

張はまた別のやり方で補われるべきだろう。つまり、同様に注目に値するある種の無神論の普遍性、（多かれ少なかれ社会的に認知された）世界のはじめや世界の働きにはいかなる神もないという考えの存在がそれである。

こうした二つの傾向の共存、それは古代ギリシアの哲学者にも、神話や伝統的な祭祀を信じなくなったある種の成人における素朴な文化にも認めることができるものであるが、このことは人類にはある種の争い、ある種の心理的敵対関係がつきまとうという考えを示唆し、その解決は宗教的信仰の側であれ、不信仰の側であれ、今後の成長過程でもたらされなければならない(60)。

事の始めからわたしたちが跡をたどってきたのは、まさしくこの争いである。そこからわたしたちが確認できるのは、宗教にならって無神論も継起的かつ同時的にもさまざまな形態をとったということである。悪の存在に対して、種々の道徳的禁止に対して、人間的自由の制限に対して反抗する無神論もあれば、もろもろの道徳的価値が危機に陥った時期と結びついて、上昇階級にも没落階級にも衝撃をあたえる思弁的無神論もある。ドストエフスキーの登場人物たちはこの多様な無神論を具象化し、それを彼らは人間の熱狂として表現する。「幸せで誇り高い新しい人間がいることになるだろう。苦痛と恐怖を克服する者は自分が神となるのだ。そして天国の神はもはやいなくなる」、そう『悪霊』のキリーロフは宣言する。ところが他の作品ではドストエフスキーは無神論を完璧な信仰を準備するある種の苦行としている。つまり、「完全な無神論はきざはしの頂にあり、完璧な信仰へと導く最後から二番目の段階に位置する」のである。

オリヴィエ・ブロックの分類に従うなら、唯物論についての同じくらい多様で同じくらい古い解釈には(61)、還元主義、機械論、付帯現象主義、創発主義といったものがあるが、ブロックはさらに唯物論の立場は哲

学同様に古いとつけくわえている。実際、唯物論は信仰とはまったく無縁で、信仰との関わりで自己規定することのない構造化された哲学理論によって、無神論にその実定的な内実をあたえるものなのである。

無神論には固有の歴史がある。人類の誕生以来、無神論は二つの大きな世界の見方のひとつであった。その世界は超自然的なもののない世界、人間が独力で自分自身と、そして不動の法則に支配される自然と向き合う世界である。無神論者は神という考え方の背後に逃げ口上を感じとり、それを告発する。長い間追い払われたあとで十九世紀になって、無神論者は市民権を獲得し、そして神の死を宣言し、神を自分自身の世界体系へと取って替えられるとさえ信じた。しかし二十世紀の終わりには、人々は何も演じられはしなかったことに気づいた。神は姿を消し、そして一緒に世界の意味も連れ去ってしまったのである。人間は合理性を積み重ねることによってその意味をなんとかふたたび見つけようと、むなしい努力をした。そのことをジョルジュ・ギュスドルフはこう記す。

　ところがカオスや不条理は今日では可能性をただ抽象的に示したりはしない。可能性はいたるところ四散しているが、それは合理性の欠如に由来するものではなく、むしろ論理的なもの、技術的なもの、細分化された知性の過剰や行き過ぎによるのであり、そこは相矛盾する細部の広大な集積が人間の作り上げた秩序を覆い隠し、あるいは破壊しさえする宇宙である。[…] 神は死に、歴史は狂気となり、人は死んだ。いずれもが意味の不在の自覚やそのことへの怨念を表す絶望的な表現である。(62)

ジョルジュ・ギュスドルフは西暦二〇〇〇年の人類を情け容赦なく、しかし明快にこう描写する。

人類は大いなる諸価値の空白期を生き、誰ひとりとして終末を予見できない価値論の砂漠の横断を余儀なくされている。［…］新たな事実、それはマスコミのさまざまな技術によって各人の内奥に作用する巨大な圧力の存在である。［…］エクリチュールの感知や了解は知性の可能性、すなわち批判の可能性を喚起する。だが写真、映画、ラジオ、テレビは個人の情動機能に直接作用を及ぼし、個人は無意識的な欲動の領域で本能に働きかける魅力に抵抗する術もなく支配される。［…］ろくでもない言語や習慣がこの分野のすべての規律のゆるみを表す。当局の受け身な姿勢は悪意や悪巧みに根ざした無能ぶりのしるしである。誰ひとり責任をとらず、すべての人が罪人である。犯罪者は被害者よりも同情されるべき者となる。［…］狂乱の哲学が時代の狂乱にすがる、まるで流れに翻弄される小石のように。重要なのは今このときの人間、状況を時期に応じて語る人間、つまりテレビカメラや雑誌のレポーターの目で語る人間である。(63)

細分化されたテクノロジーが知性や道徳や世界のグローバルな理解を凌駕する。こうした合理性の挫折のなかで、神の問題それ自体が意味を失ってしまった。この事実は重大である。歴史上このような問題が起こるのははじめてであり、それゆえに将来が見通せないのである。今日もはや神の存在を肯定し、あるいは否定する必要が見られないとしたら、それは分散させる力を前にして、人間精神が降伏しつつあるということである。神という理念は宇宙全体を了解し、この全体に意味をあたえるやり方である。この存在との関係で自らの位置を決め、有神論者はこの存在に全体の導きをゆだね、無神論者はこの導きを取り戻し、世界に意味をあたえる任務を人間に課す。ところが両者はともども今日では知の分裂によって乗り越えられたかに見える。境界分割はもはや信仰を持つ者と持たない者のあいだで行われるのではなく、むしろ世界をグローバルに考える合理的可能性を主張する人々と、そこでは《今》と《ここ》、そうした局地

的な直接性が支配的となる断片的な見方にとどまる人々のあいだで行われる。仮に後者の立場が優勢になるとしたら、人類は意味の探求を放棄することになるだろう。

無神論と信仰とはしたがってかつて以上に緊密な立場であるかのように思われる。というのも、両者はともに世界についてのグローバルな主張を持っているからである。両者はともに生きながらえるか、さもなければ、ともに滅び去るだろう。

結論　二十一世紀は非宗教的となるか

アンドレ・マルローなら、「二十一世紀は宗教的となるか、それとも存在しなくなるかであろう」と言ったかもしれない。そう書くことに、あまり根拠はない。だがマルローは正当にもこう言っている。「わたしが思うに、次の世紀の務めは人類が経験したもっとも恐ろしい脅迫を前にして、神々をふたたび導き入れることである」。しかし勘違いをしてはならない。「神々は、自分を動物から引き離す道を照らすために、人間がひとつひとつ灯した松明に他ならない」とも言っているのだ。こうした表現を、宇宙にふたたび意味をあたえ、その役割をあらためて信じられるような聖なる価値の再発見が人類には緊急に必要なのだというふうに理解しなければならないとすれば、その診断はかなりの場合に当たっているだろう。これはいかなる意味においても、予想などではない。将来は全面的に開かれたままである。では無神論的になるのだろうか。

ただの臆見になる危険を冒す前に、最後にもう一度過去をふり返ってみたほうがいいだろう。そこにわたしたちが見いだせるものを通して、無神論の発展のメカニズムが認められるかもしれないのである。この発展過程をもっぱら単線的に描くことはできない。ひたすら宗教的だった状況から不信仰の避けがたい

勝利にいたる規則正しい歩みがあったわけではない。というのも、信仰と不信仰は複合的で、多様で、ニュアンスに富んだ現象であり、グローバルな文化の構成要件、歴史のはじめからつねに存在し、その度合いが科学の状況、理性の位置、社会関係や生産関係、政治権力の立場、支配的な思想や生活様式、認識論的、倫理的、さらには美学的原理といったさまざまな因子との相関で変化する構成要件のひとつでしかないからである。

古代ギリシア・ローマ以降の歴史から取り出し可能な図式からは、合理的なものが優勢な時代と非合理的なものが優勢な時代という対照が浮かび上がってくる。前者の時代には人間は理性を信頼し、実存の意味と従うべき道徳行為の原理を自分に少しずつ指し示してくれる導き手として理性を用いる。この《合理主義》の時代は啓示と理性のバランスを保ちながらしっかり組み立てられた教義を持つ有力宗教の力、そしてそれと同時に世界についての知的な考察を示す理論的無神論の潮流とによって特徴づけられる。もっとも、当時実践的無神論は相対的には弱体だった。この時代、理性はある者にとっては信仰を強化するため、他の者には信仰を破壊するために役だった。だが理性は誰にとっても参照項だった。

文化はまた非合理性の段階をも通過し、その過程で人間は理性を働かせる能力を試され、秘教的・超科学的タイプの非合理で雑然とした信仰に逃げ込む。理性に感情が、知性に情念が、明らかなものに神秘と混乱が勝ってしまうのだ。この時代、有力宗教と同時に理論的無神論も危機に陥り、その一方でカルト集団、神秘的なものへの礼拝がこれまでにない混乱のなかで大手をふるう。さらに実践的無神論が前進し、それとともに無関心も数を増し、多くの人々が宗教に触れることなく暮らす。要するに、有力宗教の発展は理論的無神論の発展と対をなしているのである。なぜならこの二つの立場は、真理へと到達可能な理性の能力への信頼に基づいているからである。他方、迷信や超常現象、秘教、そのほかの常軌を逸した信仰

は実践的無神論と対をなしている。というのもこの二つの立場は、理性の拒否を基礎とするからであり、理性は真理には到達できないものと判断され、冷酷で非人間的なものだとされる。

こうして無神論の二つの形態は、わたしたちの最初の図表が示すように、事実上宗教信仰の二つの形態とあたかもメダルの両面のように限りなく結びつく。それぞれの理性的時代は非合理的な時代を画する危機から生まれる新たな綜合によって終わりを告げる。過ぎ去ったエピソードを思い起こすことで、わたしたちは二十一世紀の夜明けを迎えることになるだろう。

古代ギリシア・ローマ的な宗教が最盛期を迎えた古典古代、ギリシアの哲学者たちは理性に依拠して、懐疑論、あるいは無神論的な体系を作り上げた。デモクリトスやエピクロス、そしてその後継者のローマ人ルクレティウスは、神々の働き、そしてその存在さえも否定した。とはいえ、当時は神々の神殿が各都市に君臨し、それを信じる人々が参拝した。こうした均衡は一世紀以降異議申し立ての対象とされ、救済への不安がかき立てられ、神秘的な宗教が急増した。その一方で人々は古くなった神々たちを少しずつ捨て去るようになり、迷信がその数を増した。キリスト教が誕生したのはまさしくこの非合理性の危機の時代であり、そしてキリスト教をめぐってやがて新たな合理的綜合が打ち立てられることになる。

この綜合は十三世紀末まで続く中世を画するものとなり、一方でアリストテレスとキリスト教の信仰を結びつけたスコラ哲学の体系となった。この体系を特徴づけるのは、一方で世界を説明し神の存在を証明する、啓示によって照らし出された理性の可能性の主張であり、他方で信仰とは矛盾を引き起こしながらも、ためらうことなく真理は二重のもの、理性による真理と信仰による真理との二つだと主張する純然たる合理主義者の潮流だった。この二重真理説が、ある種の形態の無神論を正当化するのである。

十四世紀から十六世紀、それは非合理的なものの回帰だったが、思想レベルではオッカムの唯名論によ

って開始された。信仰と理性は完全に独立した二つの領域であり、理性が現実に到達することは不可能とされた。そうなると一気にいくつもの仮説が繁茂し、異端が急速に数を増し、教会の権威は大分裂によって打ち壊された。価値が揺らぐ。人文主義の開始とともに、異教思想がふたたび力を盛り返した。エピクロスが知らぬ間に実践的無神論へと向かっていた支配階級を魅了した。地理学上の発見、コペルニクス革命、経済の大変動が人々の心に混乱をもたらし、人々は秘教主義、魔術、カバラ〔ユダヤ神秘主義〕、非合理的なものへと向かった。不信仰が生きた現実となった。それはラブレーの時代であり、もっともすぐれた現代歴史家の関心の的ともなった現象である。だが彼らの分析は一致しない。この時期には、首尾一貫した無神論体系は生み出されなかったからである。しかしそこに示された信仰への無礼な言動は実践的不信仰を表す兆候である。

理性への偉大なる回帰、それが十七世紀であり、デカルト主義だった。そしてこの回帰は宗教によっても、無神論によっても利用された。デカルトはどちらの側にも同じように論理を提供し、マールブランシュやフォントネルはふたりともどもその弟子だった。トリエント公会議以降の教会は聖と俗を区別し、理性をよりどころとする。教会は神の存在の証明に努め、教義を合理的なものにする。その正面では、やはり理性をよりどころにしてだったが、リベルタンたちが、そして懐疑論者たちが、続いては啓蒙のフィロゾフたちがだんだんと大胆な無神論の体系を作り上げ、それはメリエ司祭、ドルバックで頂点に達する。十八世紀は、宗教的理性と無神論的理性の対決の時代だった。

この不毛な対決から、非合理的なものが勝利者として抜け出した。ロマン主義の精神がそれに従った。フランス革命と十九世紀の初頭、一八三〇年代までは、はじめて公認された実践的不信仰が大規模に明らかにされた。教会は閑散として、宗教は女性の受けを狙ったが、同時に神智学、敬神博愛教、至高存在、

その他の興味を引くものを対象とした闇の礼拝が謳歌した。信仰と不信仰は新たな表現形式を求めたが、それは理性の圏外においてであり、人々は理性の冷たく非人間的な厳格さを退けた。

それにもかかわらず、新しい理性の時代が一八三〇年前後に幕を開けた。西欧人は世界を説明し、組織する人間精神の可能性への信頼を取り戻す。そして史上はじめて新たな均衡が無神論に有利に作用した。科学の飛躍が唯物論に決定的な推進力をあたえたのである。科学主義こそ台頭する力であって、実証科学こそ人類の未来だった。宗教信仰はフランス革命のショックから立ち直れず、焦っていた。とはいえ教会は理性に絶望してはいなかった。第一バチカン公会議は神の存在を証明する人間の理性の力を公式に認め、何ものにも妨げられない理性と信仰の一致を宣言した。ちょうどその頃ドイツの大学では、啓示の内容が理性の標的とされた。いずれにしても、理性はかなり無神論の側へ移って行くように見えた。技術が発達したヨーロッパ文明は、ますます不信仰的な行為によって特徴づけられる雰囲気に浸り、世俗化した。神の死が日程にのぼる。宗教の社会的・経済的・政治的・文化的役割は十九世紀を通してたえず後退し続けたが、この後退は信仰を研究対象とする人間科学の飛躍によってさらに促進された。

もし二十世紀後半における理性の能力への疑問視がこの過程を中断させてしまわなかったならば、おそらくこの運動はその終着点、無神論の勝利にまで進んだことだろう。そしてわたしたちはまたしても、先行したものと似てもいればまた違ってもいる、非合理的なものの時代にいる。理性的なものへの不信そのもの、そして非合理的なものへの愛着そのものによって類似しているのだ。しかし、もろもろの価値の危機的な現状の、もっとも根源的な側面において相違もしているのである。

四期にわたって合理性が失敗したあとで（異教的合理性、スコラ的合理性、デカルト的合理性、科学的合理性）、わたしたちは今、西洋世界の非合理性の第四の危機のさなかにある。こうしてその跡をたどっ

てみると、ヨーロッパ文明は廃墟、いやむしろまたしても作業が中断されたバベルの塔の足場にも似ている。

わたしたちがたどりついたこのバベルの塔は人間の歴史、人類史を要約しており、この人類史はジョーレスが言ったように、これまで一度も存在しなかった時代であり、自らを作り上げよう、聖書の表現に従えば自らに《名前》をあたえよう、そして世界のなかに自らの位置を記そうと努める時代である。そしてこの人類は、独力で自らをうち立て、神なしに自らを肯定することを望む人類である。仕事は合理性の時代には前進し、その際人々は自分たちが使える唯一の有効な道具、理性を用いた。建設現場は非合理性の時代には中断されたが、その際人々は自分の道具を壊し、秘教主義、超科学、超常現象、魔術といった信仰に身を寄せ、ほとんど荒削りのままで瓦解したこうした信仰の寄せ集め仕事に救いを求めた。わたしたちがいるのは、こうした時代のど真ん中である。仕事は止められ、それがいつの日にか再開されるのかどうか、誰も分からない。

なぜならそれが再開されるためには、人々の大多数にとって共同の建設作業を可能とするような新たな価値が明らかにされなければならないからである。だが四つの危機の時代を過ごしてきたあとで、どのような価値が持ちこたえられるのだろうか。問題は不信仰の歴史を越えている。しかしなににせよ、この歴史は重要な要素であり、きわめて示唆に富む。

今日不信仰はどこに位置するのだろうか。無神論者の数という人を欺く統計、子どもじみた数の操作以上に注目すべきは、この問題をめぐって今日まで論争が展開されてきた中心問題、神の存在をめぐる問題が、けっして解決されはしなかったにもかかわらず、それ自体乗り越えられてしまったことである。西暦二〇〇〇年の人間はあたかも自分の立場を決めたかのように万事が進行し、そうした問題は偽りの問い、

偽りの論争とされている。知識人も街を行く人々も、元理論的無神論者も元実践的無神論者も、ポスト無神論、あるいはポスト宗教かもしれないが、そうした立場で互いに手を結ぶ。

おそらくはここにこそ、神の問題の隠蔽を目的として姿を現したかのようなこの合意にこそ、西暦二〇〇〇年の大転換点が存するのだろう。たしかに宗教は死んではいない。そのうちのいくつかは再び攻撃性を増したかにさえ見える。しかしこれらの宗教の内実はほとんど世俗化されている。宗教が語る言葉のなかで、神はますます姿を見せなくなる。そこで問題とされるのは人間性の完成であり、内面の均衡であり、静謐さの探求であり、あるいはさらにきわめて人間関係を重視した水平的な次元での相互援助や連帯の理想の追求である。文脈を変えれば、宗教は単なる政治的な武器、あるいは混乱に陥った社会でアイデンティティを創出する手段でしかない。しかしこれらすべての場面で、神はだんだんと不在となる。このことは、各人が大仰な呼称を持ったものとは別に自分向けに作り上げる、《ブリコラージュの宗教》や《ア・ラ・カルトな宗教》の場合にはいっそうはっきりとしている。

信仰が現代社会に侵入してくるのは、こうした油断のならないやり方によってである。一世紀前のように、どちらの側にとっても立場を硬化させるにすぎない刺激的なやり方で直接対決するのではなく、信仰は内側を進み、ついには信仰の超越的実質をかじりとり、がらんどうの貝殻しか残さない。宗教建造物はきわめて多くの人が訪れる場所である。だがそれは美術館、博物館なのだ。人はもはや聖体の秘蹟にため息をつくために来るのではなく、ロマン様式の柱頭を鑑賞するために来るのである。宗教の歴史やスピリチュアリティを扱った書籍が溢れている。それが示すのは神への信仰以上に、宗教への深いノスタルジーであり、スピリチュアリティに対する治療上の必要性であって、神の姿はそこでは抗いがたいほどにかすんでいる。

これこそがまさしく無神論の勝利なのだ。だがそれは自ら名乗ることのない無神論であり、望むことなく、あらかじめ熟考することもなく、自分自身のことを気にかけさえすることなく勝利を手にした無神論である。過ぎ去った信仰を持つ者と持たない者との争いはいまやはるか彼方のことであるかのように思われる。聖なるものそれ自体も、ある者は新たなアイドルという形でいたるところに見いだすことに固執するであろうが、もはや存在しない。聖なる最後の価値は《わたし》である。それ以外のものすべてはわたしの内奥の均衡を実現する器具、手段、道具である。この無神論の勝利は悪賢いなにかマキャヴェリ的な企みの結果ではない。それは地球規模の文化の発展の結果であり、この発展がついには神、元の至高価値をも含むすべての価値を使い減らし、神が存在するかどうかさえもはや人は問わなくなったのである。

西暦二〇〇〇年の文明は無神論的である。依然として神、アラー、ヤハウェが話題となったとしても、何も変わりはしない。というのも、ディスクールの内実はもはや宗教的ではなく、政治的・社会学的・心理学的なものとなっているからである。聖なるものは廃れ去った。十九世紀には神の後継者ときわめてはっきりと見なされた人間さえも、その跡を継がなかった。人が神をどのように扱い、どのように操り、どのように虐待しているかを見るだけで、人類が神と祭り上げられはしなかったことがただちに納得できよう。もろもろの価値すべてに及ぶ壊滅のなかで、ただひとつなにものにも還元されない聖なるもの、《わたし》だけが残っている。

そして新たな合理性をうち立てるために人が依拠すべきは、結局のところ唯一この《わたし》なのである。それというのも世界は、現時点で経験しているような文化的・社会的・経済的カオスに長いあいだとどまることはできないからである。新しい神々、信じるに足る神々を創りださなければならない。一世紀前にそう言ったのがデュルケムだった。デュルケムはこう言う。「古き神々は年老い、あるいは死に、そ

れに代わるものはまだ生まれていない。それだから、古い歴史の思い出をわざわざ目覚めさせて宗教を設けることをめざしたコントの試みがむなしいものとなったのだ。生きた宗教が生まれ出ることができるのは生そのものからであって、死んだ過去からではない。それにしてもこの不確かさ、混乱した動揺のこの状態が永遠に続くことはない。新たな理想が姿を現し、一時のあいだ人類の導き手として役に立つような新たなやり方が明らかになる、熱狂の時をわれわれの社会が経験する日が訪れるだろう」。

デュルケム以降、人類はイデオロギーという形で新しい神々を創りだし、それは二十世紀には導き手として人類の役に立った。その結果は周知のものである。今度はこの新しい神々が死んだ。近代の人類は神のとてつもない消費者である。そうした経験に支えられ、今やわたしたちは幻想に惑わされず、用心深く、疑い深くなっている。人間は神々の数を増やし、神々はそのために死んだ。今や増殖するのは人間である。そして増殖すればするほど、人間は価値を減じる。それがあまりにも当たり前になって、ひとりひとりの例がたいした価値がないかのようにさえ見える。それにしても二十一世紀が信仰の時代なのか、無神論の時代なのか、それとも宗教の時代なのか、あるいは不信仰の時代なのかを知ることが問題なのではない。そうではなくて、ひしめき合う多数の人々が自らのために未来を創り出す意志と手段がまだあるかどうかを知ることが問題なのである。

訳者あとがき

二〇一二年から二〇一三年の年末年始、訳者はパリにいた。クリスマスのパリは人で賑わっていた。そしてパリは思いがけない出会いを用意してくれていた。ひとつは著者ジョルジュ・ミノワが本書のなかで「無神論史上もっとも偉大でもっとも体系的な宣言書」（四四五頁）と評した、十八世紀の無神論司祭ジャン・メリエの遺著『覚え書』（邦訳『ジャン・メリエ遺言書』法政大学出版局）とのフランス国立図書館（リシュリュー館）での出会いであった。本文にもあるように、この『覚え書』はメリエ自らが三冊を筆写して、死の床に遺したものである。それがさまざま経緯を経てフランス国立図書館に収められることになったが、かつては稀覯書扱いで閲覧不可であった。図書館には来たもののはたして今回どうなるのだろうかと思いながらたずねると、閲覧には特別許可が必要とのことであったが、この翻訳の仕事を話し、原書を見たいと言うと快諾してくれた。待つことしばし、閲覧室中央の受付に三冊が届けられ、名前が呼ばれた。閲覧は一冊ずつということで、始めに蔵書番号一九四五八が渡された。かつては――写真で見ただけだが――粗末なものとはいえ十八世紀のものと思えた装丁が、今はグレーのビニールレザーで装丁し直され、背に蔵書番号のシールが貼られただけのいかにも味気ない外観になっていた。保存にはこれが良いのだろ

う。ビロードの書見台の上に手書き本を置き、ページを開く。すでにマイクロフィルムを通して見慣れた字体ではあったが、そこには端正なペン使いが濃い赤茶色のインクの跡となってページに刻み込まれていた（この手書き本一九四五八の一ページ目がフランス国立図書館のホームページの「著者草稿」シリーズのひとつとしてカラーで公開されている〔二〇一二年一二月三一日現在〕。ここでもよく見ればインクの跡が黒でないことが分かる）。その紙面からは、マイクロフィルムからでは感じられない、自らの思想を後世に伝えようとする著者の強い気迫、情念のようなものが感じられた。蔵書番号一九四五九、一九四六〇もほぼ同様であった。

メリエが『覚え書』を遺したのは一七二九年。それから二八四年の歳月が経過しての出会いであった。メリエの死後ほどなくして『覚え書』はその一部、あるいは全部が筆写されて地下文学として流通し始め――どのようなルートを通してだったのだろうか、その経緯は今もって謎に包まれている――、一七六二年にはヴォルテールが『覚え書』の要約本を公刊し〔同年第二版からは『ジャン・メリエ遺言書』と題した〕、さらに一八五九年にはオランダ人リュドフル・シャルルが『覚え書』全体の写本から初めて『ジャン・メリエ遺言書』全三巻を公刊した。そして二十世紀、一九七〇年にロラン・デスネらによりフランス国立図書館所蔵のメリエ自筆原稿に基づく『ジャン・メリエ全集』が刊行された。メリエは自分が司祭を務めた聖堂区民のために、そして文字を読めない彼らのために近隣の司祭たちがその「遺言書」を読み聞かせることを願った。それから三世紀近くの時間が経過して、今ではメリエの名は十八世紀研究者なら知らない人はないものとなった。だがその書は、いまだメリエが望んだ聖堂区民、今日であれば一般の民衆に届いているとは言えない。メリエは、この三世紀のあいだの変化をどう見るのであろうか。

そしてもうひとつの出会いは、パリ市立美術館（プティ・パレ）での『神（々）、その使われ方』展（二

〇一二年一〇月二五日から二〇一三年二月三日）であった。入り口にインドのシヴァ神を飾ったこの展示会は、世界各地から集められた彫像や祭具一六〇点を九つのセクションに分けて紹介し、最後にはキリスト教、日本の神道、イスラム教、ヒンズー教の神事を紹介するビデオが見られ、また宗派を異にする八人の死生観を伝える録音テープをきかせていた。そこに表されたのはまさしく二十一世紀初頭、現在の宗教の多様な実像であった。

そしてこの展示会に合わせるように、週刊誌『ヌーヴェル・オプセルヴァトゥール』は二〇一二年一二月二〇日号と二〇一三年一月二日号を合併号とし、四八頁立てで「聖書、福音書、コーラン、その真のメッセージ」を掲げ、月刊誌『哲学雑誌』の年末年始号はやはり二四ページ立てで「神、よくできた観念ではないか」を特集していた。

二十一世紀になった今の時点での宗教的主題のこの「にぎやかな」登場は、何を意味するのだろうか。宗教の回帰。そうではないだろう。プティ・パレの展示会では『神（々）、その使われ方 *Dieu(x), Modes d'emploi*』という題名が掲げられた。ここでは「その使われ方」と訳したが、《*Modes d'emploi*》は電気器具などの「使用説明書」という意味でも使われるのだ。そのことを説明して、展示会のパンフレットは冒頭こう記す。

展示会には多くのものが集められているが、そこで探求の対象とされるのは宗教の本質ではない。それぞれの信仰の「真理」は訪問者の自由な評価に委ねられており、ここで求められるのはそうした本質ではなく、世界においてまた歴史において宗教がまとう無限に多様な形態に共通するいくつかの構造である。

信仰の対象とされる神、神々、神的なもの、聖なるものは、この展示会の空間全体を覆うものではなく、ただ訪問者が自らの信仰に従ってのみそこに垣間見るものである。それはまさしくウルリッヒ・ベックの言う『〈私〉だけの神』(1)となるであろうし、またさまざまな宗教を同一空間に配して展示するには他の方法はなかったとも言えよう。神々の不在とまでは言うまい。しかし神々は大きく後景に退いているように思われる。『哲学雑誌』はもっとあからさまである。特集序文にはこう書かれている。「信仰者と無神論者は長いあいだ神の存在という問題をめぐって分裂してきた。だがこの伝統的な問題を転位させるほうがおそらくはずっと実りが多いのではないだろうか。そして神が存在するかどうかではなく、この観念のもたらすものが有益なものか不利益なものかを問うべきであろう」。これについても神の不在を正面切って言えないことは明らかである。だが何世紀にもわたって議論されてきた問題、神の存在・非存在が脇に置かれようとしているのだ。これが現在の宗教へのアプローチなのであろうか。

ジョルジュ・ミノワは、本書の結論を「二十一世紀は非宗教的となるか」との問いで締めくくった。まさしくそれこそが問題なのであろう。パリでメリエの手書き本に出会い、『神(々)、その使われ方』展を見たわたしは、今度はひとりの読者としてあらためてこの浩瀚な書物が描き出す歴史をたどり、西欧世界数千年にわたる無神論と宗教との抗争を、そしてなによりもそれがもたらした現代の思想状況を考え直してみたい気持ちに駆られた。

さてあらためて紹介しよう。本書は、ジョルジュ・ミノワ著『無神論の歴史——始原から今日にいたるヨーロッパ世界の信仰を持たざる人々』(Geroges Minois, *Histoire de l'athéisme, Les incroyants dans le monde occidental des origines à nos jours*, Paris, Fayard, 1998)の全訳である。ミノワは一九四六年、パリ南方エソンヌ県アティ＝モン市に生まれ、パリ第四ソルボンヌ大学、カシャン技術教育高等師範学校を卒

業し、歴史学の高等教育教授資格ならびに博士号、文学国家博士資格を取得した。一九七一年からブルターニュ地方サン＝ブリユーのリセの歴史学教授を務める（二〇〇七年まで）とともに、ブルターニュ文化学士院会員でもある。そのミノワがこれまで刊行した著作をフランス語タイトルもつけて、以下に掲げよう。

『西欧における老いの歴史』*Histoire de la vieillesse en Occident*（1987）　邦訳筑摩書房、一九九六年

『僧侶たちのブルターニュ』*La Bretagne des prêtres en Trégor d'Ancien Régime*（1987）

『先史時代から今日までのレ・コート＝デュ＝ノール』*Les Côtes-du-Nord de la Préhistoire à nos jours*（1987）

『王の聴罪司祭、フランス君主制期の良心の指導者たち』*Le Confesseur du roi, les directeurs de conscience de la monarchie française*（1988, prix de la revue *Notre histoire* 1989）

『ヘンリー八世』*Henri VIII*（1989）

『旧体制下ブルターニュにおける修道士たち』*Les Religieux en Bretagne sous l'Ancien Régime*（1989）

『教会と科学　第一巻　聖アウグスティヌスからガリレイまでの誤解の歴史』*L'Eglise et la Science*, tome 1 : *Histoire d'un malentendu de saint Augustin à Galilée*（1990）

『教会と科学　第二巻　誤解の歴史、ガリレイからヨハネ＝パウロ二世まで』*L'Eglise et la science*, tome 2 : *Histoire d'un malentendu. De Galilée à Jean-Paul II*（1991）

『ブルターニュ地方宗教史』*Histoire religieuse de la Bretagne*（1991）

『デュ・ゲクラン』*Du Guesclin*（1993）

『地獄の歴史』*Histoire de l'enfer*（1994）
『教会と戦争』*L'Eglise et la guerre*（1994）
『旧体制下の検閲と文化』*Censure et culture sous l'Ancien Régime*（1995）
『自殺の歴史――死に直面した西欧社会』*Histoire du suicide – La société occidentale face à la mort*（1995）
『スチュアート王家』*Les Stuarts*（1996）
『チューダー朝』*Les Tudors*（1996）
『未来の歴史』*Histoire de l'avenir*（1996）　邦訳筑摩書房、二〇〇〇年
『ジョージ王朝時代のイギリス』*L'Angleterre georgienne*（1997）　邦訳白水社、二〇〇四年
『ナイフと毒、ヨーロッパにおける政治的暗殺の歴史』*Le Couteau et le poison, l'assassinat politique en Europe*（1997）
『地獄の歴史』*Histoire des enfers*（1997）
『悪魔』*Le Diable*（1998）　邦訳『悪魔の文化史』白水社、二〇〇四年
『無神論の歴史、始原から今日にいたるヨーロッパ世界の信仰を持たざる人々』*Histoire de l'athéisme, les incroyants dans le monde occidental des origines à nos jours*（1998）　本書
『アンヌ・ド・ブルターニュ』*Anne de Bretagne*（1999）
『笑いと嘲りの歴史』*Histoire du rire et de la dérision*（2000）
『ガリレイ』*Galilée*（2000）　邦訳『ガリレオ』白水社、二〇一一年
『悪の起源　原罪の歴史』*Les Origines du mal : Histoire du péché originel*（2002）
『ボシュエ』*Bossuet*（2003）

『生きにくさの歴史　メランコリーから鬱病まで』*Histoire du mal de vivre : de la mélancolie à la dépression*（2003）
『チャールズ七世　シェークスピア時代の国王』*Charles VII : Un roi shakespearien*（2004）
『チャールズ七世　中世の黄昏』*Charles VII : Le crépuscule du Moyen Age*（2005）
『偉大な教育者たち』*Les Grands Pédagogues*（2006）
『ラ・ロシュフーコー』*La Rochefoucauld*（2007）
『百年戦争』*La Guerre de cent ans*（2008）
『三詐欺師論　実在しなかった瀆神書の歴史』*Le Traité des trois imposteurs : Histoire d'un livre blasphématoire qui n'existait pas*（2008）
『黄金時代、幸福の探求の歴史』*L'Âge d'Or. Histoire de la poursuite du bonheur*（2009）
『百年戦争　二つのナシオンの誕生』*La guerre de Cent Ans : Naissance de deux nations*（2010）
『カール大帝』*Charlemagne*（2010）
『無神論者、不可知論者、懐疑論者、その他の不信仰者の辞典』*Dictionnaire des athées, agnostiques, sceptiques et autres mécréants*（2012）
『孤独と孤独なる者の歴史』*Histoire de la solitude et des solitaires*（2013）

ここに見られるのは、「歴史の商売人」（ウエストフランス新聞、インターネット版二〇一〇年一二月一七日）と評されるほどのミノワの多産で多様な著作活動である。ブルターニュ地方史、宗教心性史を専門とするミノワの著作活動の中軸をなすのは教会関係の著作であり、本書も近作の『無神論者辞典』（後出）と並

んでその系譜に属する。本書の目的は、著者が序文で述べているように、これまである観点、ある地域に関しては研究されてきはしたものの、「無神論」に関する総合的な歴史記述が存在しないという「史料編纂上の相対的な欠落」を埋めることにおかれている。

それでは「無神論」(*athéisme*) あるいは「無神論者」(*athée*) の語でミノワは何を理解し、何を叙述しようとするのだろう。

まずそれは、単に神の存在を否定すること、あるいは否定する者を意味するのではない。なぜなら、それはあらかじめ「神」や「神々」の存在、ないしはその存在を主張する言説をアプリオリな前提としてはじめて成立しうる議論だからである。すでに旧約聖書の『詩篇』では、「愚か者は心で、《神はいない》と言う」(第一四篇一節) と言われ、また『エレミア書』でも、「彼らは主をいなんで言った。《主がなんだ。災難は襲わない、剣も飢えもみるまい。預言者は、風のようなものだ。御言葉はかれらにはない》」(第五章一二節) と言われているのである。つまり、神を認識できない「愚か者」、神に反抗する者、それが旧約聖書の示す無神論者であり、そうした理解は少なくとも十六世紀までは通有の理解としてキリスト教徒のあいだで、とりわけ神学者たちのあいだで抱かれていたものであった。

だがこの頃から「無神論者」の語はその語源的意味と結びついて、別様に使われ始める。「無神論者」の語源はギリシア語の《アテオス *atheos*》(いかなる神も信じない者) であり、これは神を表す《テオス *theos*》や《テウス *theus*》に否定の接頭辞《*a-*》がつけられたものであったから、「不信仰者」に加えて、「神の存在を否定する者」を指すことになる。そしてこのように「無神論」や「無神論者」を理解することは、とりわけキリスト教との関係では、見方さえ変えれば容易に有神論の補完物に転化されてしまうの

である。

実際、「二千年の混沌と相克を超えて」と副題に掲げられた竹下節子の『無神論』[2]は、「キリスト教世界の神と無神論は光と影のようにセットになっている」と言う（「はじめに」）。そしてこの無神論を「キリスト教無神論」と呼び、「キリスト教無神論を知らなければ、キリスト教を理解することはできないし、キリスト教が生んだ近代理念とその変貌を理解できない」（同）と言う。つまり、「無神論を知ることは、神を知ること」なのだ。これは無神論を、キリスト教の神の補完物とする典型的な議論であろう。しかしそれは竹下に限られるわけではない。クセジュ文庫に収められたジャン・ヴェルネットの『無神論』[3]も冒頭に「無神論は、神の意識的で根拠ある拒否である」と記す。そして神が明白なものではない今日、「無神論が現として存在していることで、歴史の流れに沿ってそのさまざまな表現の後を追うことで、神秘的なものの経験の核心にある神の存在という真理を再発見することが可能となろう」[4]と言うのである。

それゆえここで問題とされるのは、キリスト教が成立して以降の「無神論」、「無神論者」であるに過ぎない。もちろんそこではキリスト教成立以前の時期も取り扱われる。だがそれはアプリオリに神を、あるいは神々を想定する立場からの論述にならざるをえないのである。

こうした視点のもろさは、実際に歴史の場に足を踏み入れるとただちに明らかとなる。先の竹下は、古代ギリシア・ローマ時代を論じて、「ソフィストたちは、最初の無神論となった」と言う[5]。たしかに「人間は万物の尺度である」の名言で知られるプロタゴラスは、無神論の嫌疑をかけられてアテナイを追放されたため、「最初の無神論者」と言われる。だがディオゲネス・ラエルティオスは、プロタゴラスが、「神々については、それらが存在するということも、存在しないということも、わたしにはできない。なぜなら、それを知ることを妨げるものが数多くあるのだから、事柄が不明確であるに加えて、人生は短い

のだから」、と言ったと伝えている。[6]「プロタゴラス事件」とよばれるこの追放以前には、プロタゴラスの説は公開の場で何の問題もなしに説かれていた。それは、今日では不可知論と呼ばれようが、それでも当時無神論として断罪されたのである。プロタゴラスは「神は存在しない」と断言していない。また当時「無神論者」の異名をとったテオドロスも、プルタルコスによれば、「無神論者とあだ名された者たち、テオドロスの輩たちでも神が何か滅ぶようなものであるとはあえて言わないのだ。しかし彼らは何か滅ばないものが存在するとは信じない。彼らは滅ばざるものの実在を攻撃するが、神性についての共通の観念は残しておく」のである。[7]しかし、時代は彼もまた無神論者と判断したのである。そしてこの時期以降《自然学者》に対する不敬との非難は日常茶飯事となる。その意味では、不敬の罪で死刑となったソクラテスも、「無神論者」たりえたのである。ここで注意しなければならないのは、哲学的言説がその内部においていかに神、神々に関わるかということ（理論の内的構成）と、その言説がその時代の社会的・イデオロギー状況との関わりでどのように評価されるかということ（理論の社会的機能あるいは役割）とのずれである。そのことは時代を下っても同様であり、宗教戦争の頃になると、カトリックの陣営からも、またプロテスタントの陣営からも相手側に向けて「無神論者」との非難が投げつけられた。それだからこそ、「神、神々」を前提とする立場からの「無神論」批判は、それだけでは事の当否を誤り兼ねないのである。それゆえにわたしたちは、「無神論的」と言われる言説を時代の社会的、イデオロギー的総体との関係に据えてとらえなければならない。

そして他方、今日の民族学や社会学における未開人の研究から考えられる古代人の《宗教的》心性は、神の宗教的信仰よりも自然主義的なアニミズムにずっと近いものであり、有神論と無神論の境界は、現代以上にずっとあいまいで、そのうえ無意味なものだったことが明らかにされている。こうした古代人の心

性がやがて神話的心性へと移行していくのだが、その古代人の心性についてジョルジュ・ウルダンはこう記した。「無神論という現象は、歴史的にはキリスト教文明が古いと言われるよりもさらにずっと古い。それは一個の自立した現象である。［…］したがって、神の子キリストはすでに無神論者たちが存在した時代に受肉したのだ。キリストを継承する教会は、無神論に決着をつけることができなかった(8)」。

こうして無神論を既存の神や神々の単なる否定とする観点は退けられる。もはや有神論の単なる否定として無神論を考えることは、論理的にも歴史的にも不可能なのである。ミノワの叙述はこのことの確認から始まる。

そこから二つの帰結が生じる。ミノワが対象とするのは、端的に言うならば、「宗教的信仰を問題としない立場」（序文、以下同）であり、ミノワはこれを「すべての社会の基本的、原初的、必然的、したがって社会の不可欠の構成部分である」とする。ミノワによれば、この立場は「尊大さと不安を生み出す宇宙のなかでの人間の孤独を肯定するもの」であり、「宇宙で認められる唯一の価値、人間を基盤とする道徳や倫理を生み出す」のである。それゆえに、神を信じないことは否定的な立場ではない、それは「自立的で実践的で、思弁的な選択」へといざなう固有の立場なのである。このことを序文で述べられる旧約聖書「創世記」の「バベルの塔」の物語についてのミノワの解釈から見てみよう。聖書には「バベルの塔」の物語はこう記されている。

すべての地は同じことばと同じ言語を使って、同じように用いていた。東の方から移動してきた人々は、シンアルの地の平原にいたり、そこに住みついた。

そして、《さあ、れんがをつくろう火で焼こう》と言い合った。彼らは石の代わりにれんがを、しっくいの代わりにアスファルトを用いた。そして言った。《さあ、われわれの町と塔をつくろう。塔の先が天に届くほどの。あらゆる地に散って消え去ることのないように、われわれのための名をあげよう》。

主は人の子らがつくろうとしていた町と塔を見ようとしてお下りになり、そして仰せられた。《なるほど、彼らはひとつの民で、同じことばを話している。この業は彼らの行いの始まりだが、おそらくこのこともやり遂げられることはあるまい。それなら、われわれは下って、彼らのことばを乱してやろう。彼らが互いに相手のことばを理解できなくなるように》。

主はそこから全地に人を散らされたので、彼らは町づくりをとりやめた。そのためにこの町はバベル「混乱」と名づけられた。主がそこで、全地のことばを乱し、そこから人を全地に散らされたからである。(9)


通常は人間の傲慢さへの神の罰として解されるこの物語について、ミノワは「バベルの塔とは、無神論者である人類の象徴ではないだろうか」と言う。なぜなら彼らは神とは関わらず、「誇りを持ち、団結して自分たちの未来を建設した」(同)からである。しかし神は人間の力である相互理解に嫉妬し、その言語を混乱させ、人間たちのあいだに分裂を導き入れた。人間たちが互いに争い、喧嘩するようになれば、神には再び「至高の調停者」の役割があたえられることになる。こうして不和の種となる信仰、つまり宗教は、人間的連帯のもとである無信仰に対峙することになる。こうしてミノワにとっては、「不信仰」(*incroyance*)、「無神論」は人間の根源的なあり方のひとつとなるのである。

そして第二には、ミノワの「無神論」が内包する多様性である。「無神論」あるいは「不信仰」という人間の根源的なあり方も、歴史の過程では時代の支配的なイデオロギーとの相関でしか姿を表すことはな

い。そのことはとりわけ十六世紀、近世ヨーロッパでは顕著である。中世以降、少なくともイデオロギー的にはキリスト教が圧倒的な支配力を持っていた時代にあって、自らの運命を自らの手で切り開き、他者との連帯を築くことを思想として獲得することは容易なことではなく、さまざまな試みがなされた。実際「有神論者（*théiste*）」と「無神論者（*athée*）」の間には十六世紀から十九世紀はじめにいたるまで「強き精神（*esprit fort*）」、「反軽信主義（*incrédule*）」、「リベルタン（*libertin*）」、「不可知論者（*agnostique*）」、「懐疑論者（*sceptique*）」、「理神論者（*déiste*）」といった立場が存在した。従来は「不信仰者（*incroyant*）」として一括されるものを、ミノワは丹念に追跡して、その微妙なニュアンスの差異を明らかにする。信仰と不信仰の対立が先史時代から今日までの西欧世界においてどのように展開したかを、ミノワは本書のなかで豊富な資料を用い、しかも見事な筆致でわたしたちに示してくれるのである。これも本書の特色のひとつと言えよう。

こうして原始に神を持たずに生きた人々、そしてキリスト教のイデオロギー支配下でもその枠から外れて生きる人々、さらにはキリスト教を信仰しながら実践的には「無神論者」として生きる人々から、これに自覚的に対峙し多彩なニュアンスを持って理論的無神論――そのもっとも典型的な表現がジャン・メリエの著作であった――へといたる、人々の思想的・実践的様態を明らかにすること、それが本書の副題、「始原から今日にいたるヨーロッパ世界の信仰を持たざる人々」の意味することであろう。

そこからどのような教訓を引き出し、今日を、そして未来を生きようとするかは、読み手であるわたしたちひとりひとりの課題である。ミノワ自身は今日を、シルヴァン・マレシャルの『無神論者辞典』から「二世紀以上の歳月が経って、あたかも啓蒙の光明が消え去り、非合理的な力と宗教的蒙昧主義の回帰を

利するかのようなこの分野での歴史の逡巡あるいは後退を苦々しく確認しなければならない状況」ととらえ、「無神論者が容認されるのはただ沈黙する限りにおいてである」ことに抗議して、本書の続編とも言える『無神論者、不可知論者、懐疑論者、その他の不信仰者の辞典』（二〇一二年）を著している。いずれにせよ、西欧思想史に関する「史料編纂上の相対的な欠落」は、ミノワのこの仕事によって十分に埋められたと言うことができようし、本書はわたしたちが無神論を考え、捉え直し、わたしたちにとって意味あるものとする十分な契機になるとも言えよう。

この膨大な著作がまともな日本語の一冊として日の目を見られるとすれば、ひとえに拙い訳文に出会うと即座に「これは分かりません」とコメントを投げかけ、訳者に再考を促してくれ、また誤字・脱字を丹念に拾ってくれた法政大学出版局編集部の郷間雅俊氏の努力の賜物である。ここにあらためて謝辞を呈し、同氏に心からのお礼の気持ちを伝えたい。そして本書を奥様に捧げられた著者にならい、三十年以上人生の伴侶として、また仕事上のパートナーとして共に歩んできた妻にささやかな感謝の言葉を捧げたい。「アリガトウ」。最後にこの長大な著作に最後までお付き合いいただいた読者の皆さんにも心からの感謝と敬意を捧げる次第である。

石川 光一

二〇一四年六月

注

（1）鈴木直訳、岩波書店、二〇一一年。なお原題は『自分自身の神』。
（2）中央公論社、二〇一〇年。
（3）Jean Vernette. *L'Athéisme*, puf, Que sais-je ?, 1998, p. 5.
（4）*Ibid.*
（5）竹下節子、前掲書、一七頁。
（6）ディオゲネス・ラエルティオス『ギリシア哲学者列伝』岩波文庫、下、二〇〇四年、一四〇頁。
（7）Plutarque, *De communibus, notitiis adversus Stoicos*, XXXI, 3, 1075, a.
（8）Georges Hourdin, « Conversions du christianisme à l'athéisme », dans *L'Athéisme dans la vie et la culture contemporaines*, t. I, 1re partie, Paris, 1967, p. 392.
（9）フェデリコ・バルバロ訳『聖書』講談社、一九八五年（「創世記」第一一章一節—九節）。

tion de Horst Hombourg, t. I, Paris, 1983, p. 2.

(57) *Esprit, op. cit.*, p, 83.

(58) Yves Lambert, *op. cit.*, p. 249–250.

(59) *Esprit, op. cit.*, p, 59.

(60) André Godin, «Croissance psychologique et tentation d'athéisme», dans *L'Athéisme dans la vie et la culture contemporaines, op. cit.*, I, p. 270.

(61) Olivier Bloch, *Le Matérialisme*, Paris, 1985, p. 17.

(62) Georges Gusdorf, *Mythe et métaphysique*, Paris, Flammarion, 1984, p. 44–45.

(63) *Ibid.*, p. 30–33.

(27) Françoise Champion, «De nouveaux courants mystiques et ésotériques», dans *religion et laïcité dans l'Europe des douze, op. cit.*, p. 201.

(28) Basarab Nicolescu, *La Science, le sens et l'évolution. Essai sur Jacob Boehme*, Paris, 1988, p. 27.

(29) *Ibid.*

(30) *Ibid.*, p. 137.

(31) Françoise Champion, *op. cit.*, p. 203.

(32) *Ibid.*, p. 746.

(33) *L'État des religions dans le monde*, sous la dir. de Michel Clévenot, 1987, p, 500.

(34) *Ibid.*, p. 497.

(35) Jacqueline Lagrée, *La Religion naturelle*, Paris, 1991.

(36) *Esprit*, juin 1977 (*Le temps des religions sans Dieu*), p, 203.

(37) Jean Delumeau, *Le christianisme va-t-il mourir ?*, Paris, 1977.

(38) *Ibid.*, p. 149–150.

(39) Gordon Willard Allport, James M. Gillespie, Jacqueline Young, «The religion of the Post-War College Students», *Journal of Psychology*, vol. 25, 1948, p. 3–33.

(40) Giancarlo Milanesi, «L'Athéisme des jeunes», dans *L'Athéisme dans la vie et la culture contemporaines, op. cit.*, I, 1, p. 293–370.

(41) Joan B. Brothers, «Religion in the British Universities; The Findings of Some Recent Surveys», *Archives de sociologie des religions*, 18. 1964, p. 71–82.

(42) Giancarlo Milanesi, *op. cit.*, p. 313–314.

(43) *Ibid.*, p. 338.

(44) *Ibid.*, p. 348.

(45) *Ibid.*, p. 358–359.

(46) *Ibid.*, p. 367.

(47) *La Vie,* mars 1997.

(48) *Esprit, op. cit.*, p, 87–88.

(49) *Ibid.*, p. 46.

(50) Yves Lambert, «Les régimes confessionnels et l'état du sentiment religieux», dans *Religion et laïcité dans l'Europe des douze, op. cit.*, p. 253.

(51) *Esprit, op. cit.*, p, 87–88.

(52) *Ibid.*, p. 41.

(53) *Ibid.*, p. 66.

(54) *Ibid.*, p. 78.

(55) Jean-Luc Nancy, *Des lieux divins*, Paris, 1987, p. 35.

(56) Eberhard Jungel, *Dieu mystère du monde, fondement de la théologie du Crucifié dans le débat entre théisme et athéisme*, traduit de l'allemand sous la direc-

1994, p. 259.

(4) *Cahiers rationalistes*, janvier 1997, n° 511.

(5) Gora, *Positive Atheism*, Vijayawada, 1972, p. 56–59.

(6) Finngeir Hiort, « Réflexions sur l'athéisme contemporain », *Cahiers rationalistes*, avril, 1996, n° 504, p. 25.

(7) *Ibid.*, p. 17–18.

(8) *Dictionnaire du judaïsme*, Paris, 1996.

(9) 瀆神行為の近年の例をあげよう。Alain Tête, *Contre Dieu. Court traité du blasphème*, Paris, Phébus, 1996.

(10) *Les Cahiers rationalistes*, mai 1997, n° 515.

(11) Yves Galifret, « Reims, la reculade », *Les Cahiers rationalistes*, nov. 1996, n° 7.

(12) Noël Copin, *Je doute donc je crois*, Paris, 1996.

(13) Roger Garaudy, *Appel aux vivants*, Paris, 1979, p. 313–314.

(14) Berbard Sève, *La question philosophique de l'existence de Dieu*, Paris, 1994, p. 271.

(15) *Ibid.*, p. 274–275.

(16) パトリック・ミシェル編『東欧における宗教』(sous la direction de Patrick Michel, *Les religions à l'Est*, Paris, 1992) に関する『アナール』誌の以下の書評を参照。*Annales. Histoire, science sociale*, janv.-févr. 1997, p. 226. 同号には現代世界の宗教の発展に関して最近刊行された以下の研究書についての詳細な書評が掲載されている。François-André Isambert, *De la religion à l'éthique*, Paris, 1992; Danièle Hervieu-Léger, *La Religion pour mémoire*, Paris, 1993; Jean-Marie Donegani, *La Liberté de choisir. Pluralisme religieux et pluralisme politique dans le catholicisme français contemporain*, Paris, 1993.

(17) Jean-Louis Schlegel, *Religions à la carte*, Paris, 1995.

(18) *Encyclopédie des religions*, Paris, 1997, 2 vols.

(19) Sous la direction de Jean Delumeau, *Le fait religieux*, Paris, 1993.

(20) Sous la direction de Jean Delumeau, *Homo religiosus*, Paris, 1997.

(21) Patrick Michel, « Les itinéraires de croire aujourd'hui » dans *Homo religiosus*, *op. cit.*, p. 619.

(22) 以下のラッツィンガー枢機卿講演録を参照。« Le relativisme est aujourd'hui le problème central de la foi et de la théologie », *Documentation catholique*, n° 2151, janv. 1997, p. 36.

(23) *Documentation catholique* n° 2157, avril 1997, p. 320.

(24) *Ibid.*, p. 337.

(25) Françoise Champion, « Religieux flottant, éclectisme, syncrétisme », dans *Fait religieux*, sous la dir. de Jean Delumeau, Paris, 1993, p. 742–772.

(26) *Ibid.*, p. 764.

(64) Albert Einstein *et al.*, *Albert Einstein savant et philosophe*, Turin, 1958.

(65) ジョルジュ・ウルダンの以下の論文より引用。Georges Hourdin, « L'Athéisme des croyants », dans *L'Athéisme dans la vie et la culture contemporaines, op. cit.*, p. 408.

(66) *Ibid.*, p. 406.

(67) Simone de Beauvoir, *Mémoires d'une jeune fille rangée*, Paris, 1954, p. 138.

(68) Émile Pin, *Pratique religieuse et classes sociales*, Paris, 1956.

(69) Henricus Cornelius Rümke, *The Psychology of Unbelief*, Londres, 1952.

(70) Antoine Vergote, « Analyse psychologique du phénomène de l'athéisme », dans *L'Athéisme dans la vie et la culture contemporaines, op. cit.*, p. 213-252.

(71) そうした研究は以下の例に見られるように，とくにアメリカの博士論文に際だっている。M. D. Riggs, *An Exploratory of the Concept of God Reported by Selected Samples of Physical Scientists, Bilologists, Psychologists, and Sociologists*, Southern California University, 1959; R. Mayer, *Religious attitude of Scientists*, Ohio State University, 1959.

(72) Antoine Vergote, *op. cit.*, p. 241.

(73) Richard V. McCann, « Developmental Factors in the Growth of a Mature faith », *Religious Education*, 1955, n° 50, p. 147-155.

(74) この点について，ゴダンの下記論文を参照。André Godin, « Croissance psychologique et tentation d'athéisme », dans *L'Athéisme dans la vie et la culture contemporaines, op. cit.*, p. 269-292.

(75) Edward Robert Norman, *Church and Society in England, 1770-1970. A Historical Study*, Londres, 1976; Susan Budd, *Variety of Unbelief: Atheists and Agnostics in English Society, 1850-1960*, Londres, 1977; Edward Royale, *Radicals, secularistes and Republicans: Popular Free Thought in Britain, 1866-1915*, Manchester University Press, 1980; Hugh McLeod (sous la dir. de), *Histoire religieuse de la Grande-Bretagne*, Paris, 1997.

(76) Hugh McLeod (sous la dir. de), *Histoire religieuse de la Grande-Bretage, op. cit*, p. 337.

(77) Edward Robert Norman, *op. cit.*, p. 10.

(78) Amédée Ayfre, « L'athéisme dans le cinéma contemporain », dans *L'Athéisme dans la vie et la culture contemporaines, op. cit.*, t. I, 2e partie, p. 248-286.

第20章 キリスト教二千年を経ての不信仰――いかなる総括か

(1) *Britannica Book of the Year*, 1994.

(2) *L'État des religions dans le monde*, Paris, 1987.

(3) *Religion et laïcité dans l'Europe des douze*, sous la dir. de J. Baubérot, Paris,

(38) ギュスターヴ・ヴェッテルの下記論文より引用。Gustave Wetter, «La critique de la religion du marxisme-Léninisme». dans *L'Athéisme dans la philosophie contemporaine, op. cit.*, p. 279.

(39) *Ibid.*, p. 326.

(40) Gabriel Le Bras, *Études de sociologie religieuse*, Paris, 1955, t. I.

(41) *Ibid.*, p. 151.

(42) *Ibid.*

(43) *Ibid.*, p. 188.

(44) *Ibid.*, p. 143.

(45) *Ibid.*, p. 129.

(46) *Ibid.*, p. 135.

(47) *Ibid.*, p. 121.

(48) *Ibid.*, p. 122.

(49) *Ibid.*

(50) *Ibid.*, p. 174.

(51) *Ibid.*, p. 325.

(52) Yves Lambert, *Dieu change en Bretagne. La religion à Limerzel de 1900 à nos jours*, Paris, 1985.

(53) J. Chaussade, «Anticléricalisme et religiosité dans le milieu maritime vendéen», dans *Foi chrétienne et milieux maritimes*, Paris, 1989, p. 351–359.

(54) Cornelio Fabro, «Genèse historique de l'athéisme contemporain», dans *L'Athéisme dans la philosophie contemporaine, op. cit.*, p. 27.

(55) Jules Girardi, «Athéisme: précisions terminologiques», dans *L'Athéisme dans la vie et la culture contemporaines*, Paris, 1967, t. I, 1er partie, p. 25.

(56) 以下に掲載されたCSA（Conseil Supérieur de l'Audiovisuel オーディオヴィジュアル高等審議会）の世論調査による。*La vie*, 27 mars–2 avril 1997, p. 20.

(57) Robert O. Johann, «L'Athéisme des croyants», dans *L'Athéisme dans la vie et la culture contemporaines*, Paris, 1967, t. I, 1er partie, p. 371–387.

(58) Jules Girardi, *op. cit.*, p. 54.

(59) «L'étudiant et la religion», *Revue Montalembert*, 1^{e}r trimestre, 1966, p. 118.

(60) Remy Collin, «Athéisme et science», *Lumière et Vie*, n° 13, janvier 1954, p. 17.

(61) Johann-Baptist Metz, *Concilium*, n° 16, éditorial.

(62) 1959年に実施されたIFOP（Institut français d'opinion publique, フランス世論研究所）の世論調査結果。

(63) 以下のピエール＝アンリ・シモンの著作より引用。Pierre-Henri Simon, *Georges Duhamel*, Paris, 1953, p. 151.

historicisme: Ortega y Gasset», dans *L'Athéisme dans la philosophie contemporaine, op. cit.*, p. 521.

(13) George Edward Moore, *Some Main Problems of Philosophy*, Londres, 1953, p. 17.

(14) Bertrand Russell, *Why I am not a Christian*, Londres, 1927.

(15) *Ibid.*, p. 52.

(16) Antony Flew, *Theology and Falsification*, Londres, 1955, p. 98.

(17) John Niemeyer Findlay, *Language, Mind and Value*, Londres, 1963, p. 8.

(18) Richard Bevan Braithwaite, *An Empiricist's View of the Nature of Religious Belief*, Cambridge, 1955.

(19) Maxwell John Charlesworth, «Athéisme et philosophie analytique», dans *L'Athéisme dans la philosophie contemporaine, op. cit.*, p. 651.

(20) Alfred North Whitehead, *Process and Reality, An Essay in Cosmology*, New York, 1960, p. 528.

(21) Paul Blanquart, «Athéisme et structuralisme», dans *L'Athéisme dans la philosophie contemporaine, op. cit.*, p. 709.

(22) Jacques Monod, «La science, valeur suprême de l'homme», dans *Raison présente*, n° 55, 1980, p. 63.

(23) Jacques Monod, *Le Hasard et la nécessité*, Paris, 1970, p. 127.

(24) Jean Rostand, *Pensée d'un biologiste*, Paris, 1954, p. 106.

(25) *Ibid.*, p. 130.

(26) 以下の著作を参照。Jean Delumeau, *Le Savant et la foi. Des scientifiques s'expriment*, présent. par Jean Delumeau, Paris, 1999. また以下のシリーズも参考になる。La collection «Scientifiques et croyants», chez Beauchesne.

(27) *Nouvelle Observateur*, 21–27 décembre 1989, p. 9.

(28) William B. Provine, «Mécanisme, dessein et éthique: la révolution darwinienne inachevée» dans *De Darwin au darwinisme: science et idéologie*, Congrès international pour le centenaire de la mort de Darwin, Paris-Chantilly, 13–16 septembre 1982, Paris, 1983, p. 119.

(29) *Ibid.*, p. 121.

(30) Albert Einstein, *Comment je vois le monde*, Paris, 1958, p. 210.

(31) Raymond Ruyer, *La Gnose de Princeton*, Paris, 1974, p. 248.

(32) Raymond Ruyer, *Dieu des religions, Dieu de la science*, Paris, 1970.

(33) *Ibid.* p. 34–35.

(34) *Ibid.*, p. 236–239.

(35) François Russo, *Études*, oct. 1975, p. 403.

(36) Paul Levert, *Il n'y a pas de problème de l'existence de Dieu*, Paris, 1976.

(37) *Ibid.*, p. 170.

(48) Le Choix de Dieu, Paris, 1987, p. 495–498.
(49) *Ibid.*, p. 200.
(50) Michael Drosnin, *La Bible: le code secret*, trad. franç., Paris, 1997.
(51) Constitution *Gaudium et Spes*, 7, 3.
(52) *Ibid.*, 21, 6.
(53) « L'Athéisme contemporain », *La Documentation catholique*, 19 juin 1966, col. 1111.
(54) Encyclique *Ecclesiam Suam*, 1964.
(55) Paul VI, allocution aux jésuites, *Le Monde*, 9 mai 1965.
(56) ジュリアン・ポテルの左記論文より引用。Julian Potel, « Peut-on parler aujourd'hui en France d'incroyants et d'athées », dans *L'Athéisme dans la vie et la culture contemporaines*, *op. cit.*, p. 110.
(57) *Ibid.*
(58) Hans Küng, *Existiert Gott? Antworf auf die Gottesfrage des Neuzeit*, Munich, 1978, trad. fraç., *Dieu existe-t-il ? Réponse à la question de Dieu dans les temps modernes*, Paris, 1981.
(59) *Ibid.*, p. 395.
(60) *Ibid.*, p. 384.
(61) Rudolf Bultmann, *Jésus*, trad. franç., Paris, 1968, p. 35.

第19章　神という仮定，時代遅れの問題？

(1) Maurice Merleau-Ponty, *Éloge de la philosophie*, Paris, 1953, p. 58.
(2) Claude Bruaire, « Athéisme et philosophie », dans *L'Athéisme dans la philosophie contemporaine*, *op. cit.*, p. 10.
(3) Albert Camus, *Le Mythe de Sisyphe*, éd. Folio, 1993, p. 146〔清水徹訳『シーシュポスの神話』新潮文庫，2005年，190–191頁〕.
(4) *Ibid.*, p. 106〔同前，135頁〕.
(5) Ignace Lepp, *Psychanalyse de l'athéisme contemporain*, Paris, 1961, p. 248.
(6) *Ibid.*, p. 249.
(7) Maurice Merleau-Ponty, *Sens et non-sens*, Paris, 1948, p. 362〔邦訳対応箇所不詳〕.
(8) *Ibid.*, p. 356〔同上〕.
(9) Martin Heidegger, *Holzwege*, Francfort, 1952, p. 248〔鈴木三郎訳『実存哲学』，『ヤスパース選集』1，理想社，1973年，143頁〕.
(10) Karl Jaspers, *Existenzphilosophie*, Berlin, 1938, p. 80.
(11) Nicolai Hartmann, *Ethik*, Berlin, 1949.
(12) 以下のゴヤネケアの論文より引用。Francisco Goyenechea, « Athéisme et

(19) *Proceeding of the First International Congress in Humanism and Ethical Culture*, Utrecht, 1953, p. 150.

(20) Paul Raphaël, « Tolérance et laïcité », *Les Cahiers rationalistes*, n° 163, mai 1957, p. 171 et s.

(21) André Lorulot, *La Carotte*, mai 1957.

(22) 1959年11月12日，ジャン・ロスタンのアカデミー・フランセーズ会員就任演説。

(23) *Le Monde*, 8 janvier 1964.

(24) *L'Express*, 16 avril, 1964.

(25) *France-Observateur*, 13 juin 1963.

(26) *Le Canard enchaîné*, 19 mars 1969.

(27) *École libératrice*, 9 septembre, 1966.

(28) John Dewey, *A Common Faith*, New Haven, 1934.

(29) Alec Mellor, *Histoire de l'anticléricalisme français*, Tours, 1966.

(30) *La Calotte*, oct. 1945.

(31) *Cahiers rationalistes*, janv.-févr. 1962, n° 200, p. 8.

(32) *Raison présente*, n° 55, 1980, p. 7.

(33) Henri du Lubac, *Le Drame de l'humanisme athée*, éd. 10-18, s. d., p. 5.

(34) *Ibid.*, p. 19.

(35) Michel Schooyans, *L'Évangile face au désordre mondial*, Paris, 1997, p. 144.

(36) *Ibid.*, p. 309.

(37) 同書，ラッツィンガー枢機卿による序文，p. III.

(38) Karl Rahner, Herbert Vorgrimler, *Petit Dictionnaire de théologie catholique*, art. « Athéisme ».

(39) Jacques Maritain, *La Signification de l'athéisme contemporain*, Paris, 1949, p. 9.

(40) ジュリアン・ポテルの下記論文より引用。Julian Potel, « Peut-on parler aujourd'hui en France d'incroyants et d'athées ? », dans *L'Athéisme dans la vie et la culture contemporaines*, *op. cit.*, p. 152, note 95.

(41) Claude Tresmontant, *Les problèmes de l'athéisme*, Paris, 1972, p. 431.

(42) *Ibid.*, p. 438.

(43) Jules Girardi, Introduction, dans *L'Athéisme dans la vie et la culture contemporaines*, *op. cit.*, p. 49, note 32.

(44) テオデュール・レイ＝メルメの下記文献参照。Théodure Rey-Mermet, *Croire. Pour une redécouverte de la foi*, t. I, Paris, 1976, p. 23.

(45) *Ibid.*, p. 22.

(46) *Nouvelle Revue théologique*, n° 118, 1996.

(47) *Ibid.*, p. 693

Vienne, 1919.

(48) Carl Gustav Jung, *Psychologie und Religion*, Zurich, 1957.

(49) Antoine Vergote, *op. cit.*, p. 473.

第Ⅵ部　確かさの終焉（20 世紀）

第 18 章　無神論と信仰　戦争から休戦へ？

(1) Yaroslavsky-Goubelmann, *Sans Dieu*, août, 1935.

(2) Stepanoff, *Les Problèmes et les méthodes de la propagande antireligieuse*, Moscou, 1923. 下記文献参照。*Documentation catholique*, 19 avril 1930, col. 1010.

(3) *Bezbojnik*, 29 juillet 1934.

(4) Golovkine, *Organisation et méthodes du travail antireligieux*. Moscou, 1930. 下記論集より引用。*Essai d'une Somme catholique contre les Sans-Dieu*, éd. par Ivan Kologrivof, Paris, 1936, p. 510.

(5) 前記論文集より引用。*Ibid.*, p. 510.

(6) *Antireliguioznik*, n° 7, 1930.

(7) *Britain without God, an Exposure of Anti-Godism*, préface de Sir Thomas Inskip, Londres, 1935. その手がかりは下記文献に記されている。*Essai d'une Somme catholique contre les Sans-Dieu, op. cit.*, p. 521, note 3.

(8) Emelien Yaroslavsky, *Religion in USSR*, 1934, p. 13.

(9) *Essai d'une Somme catholique contre les Sans-Dieu, op. cit.*, p. 521–522.

(10) *L'Humanité*, 25 janvier 1933.

(11) *Bezbojnik*, août 1935.

(12) Louis Aragon, *Traité du style*, Paris, 1928, p. 98.

(13) Jacqueline Lalouette, *La Libre Pensée en France, 1848–1940*, Paris, 1997, p. 74.

(14) エドワード・ヴォーグトの下記論文より引用。Edward D. Vogt, «Les Interprétations sociologiques du phénomène religieux dans l'athéisme contemporain», dans *L'Athéisme dans la vie et la culture contemporaines*, Paris, 1967, t. I, 1er partie, p. 171.

(15) T. M. Mikhailov, «*Certaines causes de la conservation des restes de chamanisme chez les Bouriates*», dans *L'Athéisme dans la vie et la culture contemporaines, op. cit.*, p. 178.

(16) *Le Monde*, 29 décembre 1965.

(17) *Le Monde*, 9 avril 1974.

(18) *Le Monde*, 18 août 1970.